Abschlussarbeiten

Abschlussarbeiten
in der Psychologie und den Sozialwissenschaften

Planen, Durchführen und Auswerten

Jan H. Peters
Tobias Dörfler

Bibliografische Information der Deutschen Nationalbibliothek
Die Deutsche Nationalbibliothek verzeichnet diese Publikation in der Deutschen Nationalbibliografie; detaillierte bibliografische Daten sind im Internet über http://dnb.dnb.de abrufbar.

Die Informationen in diesem Produkt werden ohne Rücksicht auf einen eventuellen Patentschutz veröffentlicht. Warennamen werden ohne Gewährleistung der freien Verwendbarkeit benutzt. Bei der Zusammenstellung von Texten und Abbildungen wurde mit größter Sorgfalt vorgegangen. Trotzdem können Fehler nicht vollständig ausgeschlossen werden. Verlag, Herausgeber und Autoren können für fehlerhafte Angaben und deren Folgen weder eine juristische Verantwortung noch irgendeine Haftung übernehmen. Für Verbesserungsvorschläge und Hinweise auf Fehler sind Verlag und Herausgeber dankbar.

Alle Rechte vorbehalten, auch die der fotomechanischen Wiedergabe und der Speicherung in elektronischen Medien. Die gewerbliche Nutzung der in diesem Produkt gezeigten Modelle und Arbeiten ist nicht zulässig. Fast alle Produktbezeichnungen und weitere Stichworte und sonstige Angaben, die in diesem Buch verwendet werden, sind als eingetragene Marken geschützt.
Da es nicht möglich ist, in allen Fällen zeitnah zu ermitteln, ob ein Markenschutz besteht, wird das ®-Symbol i.d.R. nicht verwendet.

Es konnten nicht alle Rechteinhaber von Abbildungen ermittelt werden. Sollte dem Verlag gegenüber der Nachweis der Rechteinhaberschaft geführt werden, wird das branchenübliche Honorar nachträglich gezahlt.

10 9 8 7 6 5 4

18

ISBN 978-3-86894-265-1 (Buch)
ISBN 978-3-86326-762-9 (E-Book)

© 2014 by Pearson Deutschland GmbH
Lilienthalstraße 2, D-85399 Hallbergmoos/Germany
Alle Rechte vorbehalten
www.pearson.de
A part of Pearson plc worldwide

Programmleitung: Kathrin Mönch, kmoench@pearson.de
Korrektorat: Toni Schmid, Puchheim
Lektorat: Elisabeth Prümm, epruemm@pearson.de
Herstellung: Claudia Bäurle, cbaeurle@pearson.de
Satz: Nadine Krumm, mediaService, Siegen (www.mediaservice.tv)
Coverabbildung: www.shutterstock.com
Druck und Verarbeitung: CPI books GmbH, Leck

Printed in Germany

Inhaltsverzeichnis

Verzeichnis der Exkurse   XI

Vorwort und Aufbau des Buches   XIII

Kapitel 1   Themenfindung, Betreuerwahl, Betreuungsleistungen und Bewertungskriterien   1

1.1 Themenfindung.   2
    1.1.1 Ausgeschriebene Themen für Abschlussarbeiten.   2
    1.1.2 Dozierende auf Themen aus ihrem Forschungsgebiet ansprechen   4
    1.1.3 Sich eigenständig ein Thema überlegen und anschließend einen Betreuer suchen   5
    1.1.4 Mehrwert spezieller Themen.   7
    1.1.5 Was es bei der Themenwahl noch zu beachten gibt.   7
1.2 Betreuerwahl.   9
    1.2.1 Trennung von Betreuer und Gutachter   9
    1.2.2 Zeitressourcen des Betreuers.   13
    1.2.3 Erfahrung des Betreuers.   14
    1.2.4 Berichte anderer Studierender   15
1.3 Absprache der Betreuungsleistungen   16
1.4 Betreuungsgespräche effektiv nutzen   19
1.5 Transparenz der Bewertungskriterien   20
1.6 Was mache ich bei Konflikten mit meinem Betreuer?   22
    1.6.1 Die üblichen Missverständnisse   23
    1.6.2 Verfestigte Fronten.   26
    1.6.3 Machtgefälle und Machtmissbrauch   28
1.7 Gemeinsame Bearbeitung von Abschlussarbeiten.   29

Kapitel 2   Arbeitsaufwand für verschiedene Arten von Abschlussarbeiten   31

2.1 Quantitative empirische Arbeiten   32
    2.1.1 Selbstberichtsdaten   33
    2.1.2 Behaviorale Daten   34
    2.1.3 Physiologische Daten.   36
    2.1.4 Beobachtungsstudien.   37
    2.1.5 Quantitative Textanalyse.   38
2.2 Qualitative empirische Arbeiten   39
2.3 Art der Stichprobe   40

2.4	Anzahl der Erhebungszeitpunkte	41
2.5	Literaturarbeiten	42
2.6	Metaanalysen	43
2.7	Arbeitsaufwand für und Länge von Bachelor-, Master- und Zulassungsarbeiten	45
2.8	Ihre eigenen Ansprüche	47

Kapitel 3 Ablauf einer wissenschaftlichen Arbeit   49

3.1	Phasen der Bearbeitung einer empirischen Arbeit	50
	3.1.1 Überblick	50
	3.1.2 Einarbeitung, Formulierung der Fragestellung und der Hypothesen	51
	3.1.3 Planung der Studie	53
	3.1.4 Durchführung der Studie	54
	3.1.5 Datenbereinigung, -aufbereitung und -auswertung	54
	3.1.6 Interpretation der Ergebnisse und Diskussion	55
	3.1.7 Überarbeiten Ihres Textes	56
3.2	Zeitplan erstellen	57
	3.2.1 Allgemeine Überlegungen zur Zeitplanung	57
	3.2.1.1 Realistische Arbeitszeiten festlegen	58
	3.2.1.2 Warum Zeitpuffer und Pausen wichtig sind	59
	3.2.1.3 Vorgehen bei der Zeitplan-Erstellung	60
	3.2.1.4 Zeitpunkt der offiziellen Anmeldung	61
	3.2.2 Konkrete Zeitpläne	62
	3.2.2.1 Masterarbeit mit Reaktionszeit-Experiment	62
	3.2.2.2 Bachelorarbeit mit Fragebogenstudie	67
	3.2.2.3 Zulassungsarbeit als Literaturarbeit	70

Kapitel 4 Praktische Hinweise zur Arbeitsorganisation am Computer   75

4.1	Datei-Management und Datensicherung	77
4.2	Auswahl der Software	80
4.3	Literaturverwaltung	80
	4.3.1 Programme	81
	4.3.2 Speicherung von Literaturquellen	82
4.4	Datenauswertung	84
	4.4.1 Tabellenkalkulationsprogramme	84
	4.4.2 Statistikprogramme: *SPSS*, *Stata* und *STATISTICA*	85
	4.4.3 Statistik-Programmiersprache *R*	86
4.5	Textverarbeitung	87
4.6	Diagramme und sonstige Abbildungen erstellen	89

Kapitel 5		Literaturrecherche und Literaturstudium	91
5.1		Ziele des Literaturstudiums	92
5.2		Arten von Quellen und ihre Zitationswürdigkeit	95
	5.2.1	Allgemeines und Übersicht über Quellenarten	95
	5.2.2	Uneingeschränkt zitationswürdige Quellen	99
	5.2.3	Eingeschränkt zitationswürde Quellen	102
	5.2.4	Nicht zitationswürdige Quellen	103
5.3		Wie nach Literatur suchen?	105
	5.3.1	Phasen der Literaturrecherche	105
	5.3.2	Explorative Phase: Den Einstieg finden	107
	5.3.3	Systematisch Suchwörter finden	110
		5.3.3.1 Unterscheidung von Stichwörtern und Schlagwörtern	110
		5.3.3.2 Weitere Suchwörter finden	112
	5.3.4	Suchtechniken anwenden	114
		5.3.4.1 Freitextsuche, Suchfelder und Expertensuche	114
		5.3.4.2 Phrasensuche	115
		5.3.4.3 Logische Verknüpfungen (Boolesche Operatoren) und die Berücksichtigung von Synonymen	116
		5.3.4.4 Wortteilsuche (Trunkierung) und Platzhalter (wildcards)	118
		5.3.4.5 Automatisch ähnliche Begriffe einbeziehen: Lemmatisierung	118
		5.3.4.6 Einschränken der Treffer (Filtern)	119
		5.3.4.7 Sortieren der Treffer	121
	5.3.5	Systematisches Vorgehen bei der thematischen Suche in Datenbanken und Bibliothekskatalogen	122
	5.3.6	Schneeballsystem und Cited-reference-search nutzen	128
5.4		Wo nach Literatur suchen?	129
	5.4.1	Überblick über Quellenarten und ihre Recherscheorte	130
	5.4.2	Recherche nach Büchern: Online-Bibliothekskataloge	131
	5.4.3	Recherche nach Zeitschriftenartikeln: fachwissenschaftliche elektronische Datenbanken	132
5.5		Literaturbeschaffung	136
	5.5.1	Bücher und Aufsätze in Sammel-/Herausgeberbänden	136
		5.5.1.1 Entleihen an der eigenen Hochschulbibliothek	136
		5.5.1.2 Fernleih- und Kopienbestellung	137
		5.5.1.3 Anschaffungswünsche äußern	137
		5.5.1.4 Selbst kaufen	137
	5.5.2	Zeitschriftenartikel	138
		5.5.2.1 Elektronische Zeitschriftenbibliothek (EZB)	138
		5.5.2.2 Bestand gedruckter Zeitschriften in Ihrer Bibliothek	139

		5.5.2.3 *Google* und *Google Scholar*........................	139
		5.5.2.4 Autoren kontaktieren.............................	140
		5.5.2.5 Fernleihkopien.................................	140
		5.5.2.6 Dokumentenlieferdienste	140
		5.5.2.7 Zugriffsrecht auf Artikel online kaufen	141
	5.5.3	Graue Literatur	141
5.6	Literaturstudium: Quellen beurteilen und verarbeiten		142
	5.6.1	Qualität der Literaturquelle einschätzen.................	142
	5.6.2	Relevanz der Literaturquelle beurteilen	146
	5.6.3	Literatur effizient verarbeiten und für die eigene Arbeit verwerten....................................	147
5.7	Weiterführende Hinweise zu Literaturrecherche und Literaturstudium		155
	5.7.1	Literaturrecherche..................................	155
	5.7.2	Literaturstudium...................................	156

Kapitel 6	**Planung einer empirischen Untersuchung**		157
6.1	Einleitung und Übersicht		158
6.2	Formulierung der Fragestellung und der Hypothesen.............		162
	6.2.1	Fragestellung.......................................	163
	6.2.2	Sachhypothesen	165
	6.2.3	Operationalisierte Hypothesen.........................	168
	6.2.4	Statistische Hypothesen	170
	6.2.5	Ableitung mehrerer Hypothesen aus einer Fragestellung.....	173
	6.2.6	Komplexe Hypothesen	174
6.3	Wahl des Forschungsansatzes bzw. Untersuchungsdesigns		175
	6.3.1	Überblick über die Forschungsansätze	175
	6.3.2	Überlegungen zur internen und externen Validität von Studien..	177
		6.3.2.1 Interne Validität..............................	177
		6.3.2.2 Externe Validität	179
	6.3.3	Experimentelle Forschung	180
		6.3.3.1 Grundlegendes zu Experimenten	180
		6.3.3.2 Experimentelle und quasiexperimentelle Designs....	187
	6.3.4	Korrelationsforschung	190
	6.3.5	Experimentell-korrelativer Forschungsansatz..............	197
6.4	Operationalisierung von Variablen............................		197
6.5	Planung des Stichprobenumfangs.............................		203
6.6	Erstellung des Untersuchungsmaterials		204
	6.6.1	Wortmaterial	205
	6.6.2	Bildmaterial.......................................	205
	6.6.3	Fragebögen	206
	6.6.4	Versuchssteuerungssoftware	208
6.7	Formulierung von Instruktionen..............................		209
6.8	Planung des Versuchsablaufs und Erstellung eines Ablaufplans		213

Kapitel 7		Durchführung einer empirischen Untersuchung	217
7.1		Verhalten als Versuchsleiter	218
7.2		Rahmenbedingungen: Räume, Geräte und sonstige Materialien	220
7.3		Probedurchführung	223
7.4		Probandenanwerbung und Terminplanung	225
	7.4.1	Wege der Probandenakquise	225
	7.4.2	Probanden zur Teilnahme motivieren	226
		7.4.2.1 Materielle Anreize	226
		7.4.2.2 Nichtmaterielle Anreize	227
		7.4.2.3 Weitere Einflüsse auf die Teilnahmebereitschaft	228
	7.4.3	Hinweise zum Ausschreibungstext	229
	7.4.4	Terminplanung und Terminvereinbarung	232
7.5		Während der Datenerhebung	234
	7.5.1	Fortlaufende Kontrolle der korrekten Durchführung	234
	7.5.2	Protokollierung von Störungen und Auffälligkeiten	235
	7.5.3	Datensicherung	235
7.6		Dateneingabe und -kontrolle	236
7.7		Online-Fragebogenerhebungen	238

Kapitel 8		Vorbereitende Datenanalyse und Datenaufbereitung	241
8.1		Überblick und Vorgehen	243
8.2		Warum Ausreißerbereinigung wichtig und gleichzeitig so schwierig ist	247
	8.2.1	Univariate Ausreißer	247
	8.2.2	Bivariate Ausreißer	249
	8.2.3	Datenbereinigung vs. Daten(ver)fälschung	250
8.3		Dateninspektion	251
	8.3.1	Allgemeine Vorüberlegungen	252
	8.3.2	Plausibilitätsüberlegungen	254
	8.3.3	Grafische Methoden	255
		8.3.3.1 Boxplots	255
		8.3.3.2 Histogramme	257
		8.3.3.3 Quantil-Quantil-Plots	258
		8.3.3.4 Streudiagramme	260
	8.3.4	Tabellen	263
	8.3.5	Statistische Kennwerte und Tests	264
		8.3.5.1 Univariate Ausreißer identifizieren: z-Werte und *MAD*	264
		8.3.5.2 Bi- und multivariate Ausreißer identifizieren: Distanz- und Einflussmaße	266
		8.3.5.3 Überprüfung der Normalverteilung: Schiefe, Kurtosis, Kolmogorow-Smirnow- und Shapiro-Wilk-Test	267
		8.3.5.4 Überprüfung der Varianzhomogenität: Levene-Test	268

8.4		Umgang mit Ausreißern	269
	8.4.1	Ursachen und allgemeine Vorgehensweisen	270
	8.4.2	Möglichkeiten zur Reduktion des Einflusses von Ausreißern	273
		8.4.2.1 Variable trimmen	274
		8.4.2.2 Ausreißer auf bestimmten Wert festsetzen (Winsorisieren)	275
		8.4.2.3 Variable transformieren	276
		8.4.2.4 Robuste statistische Kennwerte und nichtparametrische Testverfahren	277
	8.4.3	Spezialfall Reaktionszeitdaten	278
	8.4.4	Spezialfall Online-Fragebogen	289
8.5		Umgang mit fehlenden Werten	290
	8.5.1	Arten und Ursachen von fehlenden Werten	290
	8.5.2	Diagnostik fehlender Werte	295
		8.5.2.1 MCAR-Test nach Little	295
		8.5.2.2 t-Tests zum Vergleich von Probanden mit und ohne fehlende Werte	296
		8.5.2.3 Anzahl und Muster fehlender Werte	297
	8.5.3	Methoden zur Behandlung fehlender Werte	298
		8.5.3.1 Fehlende Itemwerte bei Skalenbildung	299
		8.5.3.2 Traditionelle Verfahren	301
		8.5.3.3 Moderne Verfahren	305
	8.5.4	Weiterführende Literatur	308
8.6		Datentransformation	308
8.7		Umkodierung von Items	313
8.8		Itemanalyse	313
8.9		Skalenbildung: Summen- und Mittelwertscores	316
8.10		Daten aggregieren	317
8.11		Daten umstrukturieren	321
8.12		Effekte und Differenzmaße berechnen	322
8.13		Daten aus mehreren Dateien zusammenführen	323
8.14		Literaturempfehlungen	324

Kapitel 9   Auswertung   325

Kapitel 10   Ausblick: Schreiben und Gestalten der Arbeit   333

10.1	Aufbau einer empirischen Arbeit	334
10.2	Besonderheiten von Literaturarbeiten	337

Literatur   339

Register   347

Verzeichnis der Exkurse

Zur geschlechtergerechten Sprachverwendung in diesem Buch XVI
Hierarchie in der Hochschule 11
Signatur 110
Was tun bei zu vielen bzw. zu wenigen Treffern? 126
Texte exzerpieren – noch zeitgemäß? 149
Lesemethoden 150
Zettelkasten 153
Randomisierte Zuweisung und die Sicherstellung
gleicher Gruppengrößen 183
Reliabilität und Validität von Operationalisierungen 198
Psychologische und sozialwissenschaftliche Erhebungsinstrumente
bzw. Fragebögen finden 201
Ausreißer beschreiben 272

Vorwort und Aufbau des Buches

Das Studium an einer Hochschule soll zum wissenschaftlichen Arbeiten befähigen. Mit Ihrer Abschlussarbeit müssen Sie unter Beweis stellen, dass Sie dieses Lernziel erreicht haben, also in der Lage sind, ein (kleines) Forschungsprojekt von Anfang bis Ende durchzuführen. Dies als Herausforderung zu erleben, ist normal, zumal die Vorbereitung auf das Erstellen einer Abschlussarbeit an den meisten Hochschulen eher unsystematisch erfolgt: Eigentlich zusammengehörende Themen wie das Entwickeln einer inhaltlichen Fragestellung, das Aufstellen von Hypothesen und deren Testung werden oft auf verschiedene Lehrveranstaltungen z.B. zur Methodenlehre und Statistik verteilt. Andere Kompetenzen, wie die systematische Recherche und Beschaffung von Literatur, werden mancherorts gar nicht vermittelt oder in Soft-Skills-Seminare o.Ä. ausgelagert, wo diese dann freiwillig und häufig nur oberflächlich behandelt werden. All diese Kompetenzen benötigen Sie allerdings für Ihre Abschlussarbeit.

Ein fester Bestandteil der meisten Psychologiestudiengänge ist das Empirie- oder Experimentalpraktikum. Wenn Sie eine solche Lehrveranstaltung absolviert haben, sollten Sie am ehesten in dieser einen Einblick in die Phasen eines Forschungsprojektes erhalten haben. Allerdings werden auch im Rahmen derartiger Praktika aus Zeitmangel oft einige Schritte ausgelassen (z.B. die Literaturrecherche, das eigenständige Aufstellen von Hypothesen, die vorbereitende Datenanalyse und Datenaufbereitung), obwohl diese für ein Forschungsprojekt und damit auch für eine Abschlussarbeit relevant sind. Bestenfalls beiläufig wird behandelt, wie Sie Instruktionen formulieren, Probanden anwerben und sich bei der Versuchsdurchführung gegenüber den Versuchsteilnehmern verhalten sollten.

Dennoch: Sie haben im Rahmen Ihres Studiums sehr wahrscheinlich viele Kompetenzen erworben, die Sie für Ihre Abschlussarbeit benötigen. Wir wollen Ihnen mit diesem Buch dabei helfen, diese Kompetenzen zu aktivieren. Das betrifft z.B. Bereiche wie die Erstellung von Hypothesen, die Wahl des passenden Forschungsansatzes und die Operationalisierung der untersuchten Variablen – diese Themen wiederholen wir. Zusätzlich gehen wir auf Aspekte ein, die für die Durchführung einer Studie zwar wichtig sind, aber selten im Studium vermittelt und auch in Lehrbüchern kaum erwähnt werden. Dies beinhaltet z.B. die vorbereitende Datenanalyse und Datenaufbereitung (also alles, was Sie mit Ihren Daten machen müssen, bevor Sie mit der eigentlichen Auswertung beginnen können), aber auch so scheinbar triviale Fragen, wie welche Software Sie für verschiedene, im Rahmen Ihrer Abschlussarbeit anfallende Aufgaben verwenden sollten.

Uns war wichtig, dem bestehenden Buchmarkt kein weiteres, abstrakt-wissenschaftliches Werk zur Methodenlehre hinzuzufügen. Stattdessen haben wir einen *praktischen Leitfaden* konzipiert, der Sie schrittweise durch die verschiedenen Phasen einer Abschlussarbeit führen soll. Wir beginnen mit der Frage, wie Sie überhaupt zu einem passenden Thema finden, und enden bei der Auswertung Ihrer Daten. In einem weiteren Buch mit dem Titel *Abschlussarbeiten in der Psychologie und den Sozialwissenschaften: Schreiben und Gestalten* widmen wir uns dem tatsächlichen Schreiben der Arbeit, also welche Inhalte Sie in welcher Form in Ihrer Arbeit darstellen sollten und welche Formalitäten es dabei zu beachten gibt.

Beim Verfassen dieser Bücher haben wir uns auch auf unsere langjährigen Erfahrungen als Betreuer und Gutachter von Abschlussarbeiten gestützt. Deshalb behandeln wir diejenigen Punkte eingehender, mit denen Studierende unserer Erfahrung nach immer wieder Schwierigkeiten haben. Statt einen theoretischen, „idealtypischen" Ablauf einer Abschlussarbeit darzustellen, gehen wir auch auf Unwägbarkeiten und Probleme ein – so sprechen wir beispielsweise an, was Sie machen können, wenn es zu Konflikten mit Ihrem Betreuer kommt. Dabei lassen wir Sie auch mal einen Blick hinter die Kulissen werfen und beschreiben beispielsweise, wie bestimmte Verhaltensweisen von Studierenden beim Betreuer ankommen und worauf Gutachter bei der Notengebung achten.

Tabelle 1 zeigt den Aufbau dieses Buches. Zunächst erfahren Sie, was Sie vor der Übernahme eines Themas für eine Abschlussarbeit bedenken sollten. Neben der Wahl eines passenden Betreuers und Themas geht es auch um die Einschätzung des Arbeitsaufwandes, der auf Sie zukommt. Wir stellen die Phasen einer wissenschaftlichen Arbeit dar und geben Empfehlungen, wie Sie einen Zeitplan für Ihr Projekt entwickeln können. Ferner erhalten Sie praktische Hinweise zur Wahl geeigneter Softwareprogramme, sei es zur Literaturverwaltung, zur Auswertung oder zum Schreiben der Arbeit. (Im Band *Schreiben und Gestalten* gehen wir auch ausführlich auf den professionellen Umgang mit einem Textverarbeitungsprogramm, z.B. mit *Microsoft Word*, ein.) Ebenfalls wichtig sind die Literaturrecherche und das Literaturstudium, die wir umfassend erläutern. Zur Planung, Durchführung, Datenbereinigung und -aufbereitung sowie Auswertung einer empirischen Studie führen wir insbesondere diejenigen Themen genauer aus, die in Ihrer Methodenausbildung vielleicht etwas kurz gekommen sind. Es geht also nicht darum, eine Methodik- oder Statistikvorlesung zu ersetzen, sondern Ihnen eine praktische Anleitung für die im Rahmen einer wissenschaftlichen Arbeit anfallenden Aufgaben zu geben, die in Vorlesungen und anderen Lehrveranstaltungen häufig ausgeklammert werden. Das Buch endet mit einem Ausblick auf das eigentliche Schreiben der Arbeit. Falls Sie mit dem Aufbau einer wissenschaftlichen Arbeit noch gar nicht vertraut sein sollten, lohnt es sich, die Lektüre von Kapitel 10 vorzuziehen, um die Bestandteile einer solchen Arbeit kennenzulernen.

Tabelle 1. Inhaltliche Gliederung des Buches

Kapitel	Inhalt
1	Themenfindung, Betreuerwahl, Betreuungsleistungen und Bewertungskriterien
2	Arbeitsaufwand für verschiedene Arten von Abschlussarbeiten
3	Ablauf einer wissenschaftlichen Arbeit
4	Praktische Hinweise zur Arbeitsorganisation am Computer
5	Literaturrecherche und Literaturstudium
6	Planung einer empirischen Untersuchung
7	Durchführung einer empirischen Untersuchung
8	Vorbereitende Datenanalyse und Datenaufbereitung
9	Auswertung
10	Ausblick: Schreiben und Gestalten der Arbeit

Der Band *Schreiben und Gestalten* macht dort weiter, wo dieses Buch aufhört. Zunächst erläutern wir detailliert den Aufbau der schriftlichen Arbeit und welche Inhalte Sie an welcher Stelle Ihres Textes behandeln müssen. Danach gehen wir auf etwas ein, das sich die meisten Wissenschaftler erst durch jahrelange Erfahrung langsam angeeignet haben: den wissenschaftlichen Schreibstil. Es gibt Kollegen, die behaupten, dass man so etwas gar nicht lehren könne. Wir sind da optimistischer und versuchen, Ihnen unter anderem anhand von Beispielen aufzuzeigen, was einen wissenschaftlichen Schreibstil in der Psychologie und den empirischen Sozialwissenschaften ausmacht und wie Sie diesen selbst umsetzen können. Anschließend werden Formalitäten der Gestaltung wissenschaftlicher Texte dargestellt, wobei die Schwerpunkte auf speziellen Formatierungen und Schreibweisen, der Angabe von Quellen (sowohl im Text als auch im Literaturverzeichnis), der Darstellung statistischer Ergebnisse sowie der Gestaltung von Abbildungen und Tabellen liegen.

Wir hoffen sehr, dass diese beiden Bücher Ihnen von der *Planung bis zur Auswertung* sowie beim *Schreiben und Gestalten* einer gelungenen Abschlussarbeit helfen. Über Rückmeldungen und Verbesserungsvorschläge freuen wir uns sehr.

Jan H. Peters & Tobias Dörfler
Bamberg und Heidelberg im August 2014

Exkurs: Zur geschlechtergerechten Sprachverwendung in diesem Buch

Wir sind – und das ist keine Plattitüde – für eine geschlechtergerechte Sprachverwendung, die Frauen und Männer gleichermaßen sichtbar macht und anspricht. Das sogenannte *generische Maskulinum*, also die Vorstellung, dass die männliche Form im Deutschen auch die weibliche einschließt und z. B. beim Wort „Gutachter" auch „Gutachterin" mitgedacht ist, finden wir nicht überzeugend. Leider mussten wir beim Schreiben feststellen, dass die von uns prinzipiell favorisierte Variante der Beidnennung schnell dazu führt, dass Textpassagen zumindest langatmig, wenn nicht sogar schwerer lesbar werden, wie in diesem Beispiel: „Falls Ihre Betreuerin bzw. Ihr Betreuer eine (Junior-)Professorin bzw. ein (Junior-)Professor ist, fungiert diese Person in der Regel auch als Gutachterin bzw. Gutachter." Varianten mit Binnen-I wie in „ProfessorIn", Klammerung wie in „Gutachter(in)" und Schrägstrich wie in „Betreuer/-in" bringen ähnliche (und teilweise noch weitere) Schwierigkeiten mit sich. Beispielsweise ist der Satz „Welche(r) Betreuer(in) passt am besten zu Ihnen?" relativ schwer nachzuvollziehen.

Als Alternative dazu, Frauen und Männer explizit zu benennen, werden häufig geschlechtsneutrale Formulierungen und Umschreibungen empfohlen. Auch das haben wir ausprobiert und statt von „Gutachter" und „Betreuer" von „begutachtender Person" und „betreuender Person" (übrigens nicht zu verwechseln mit „Betreuungsperson") geschrieben. Als wir dann aber formulieren wollten, dass die offiziell begutachtende Person nicht immer mit der tatsächlich begutachtenden Person identisch ist (da manchmal die betreuende Person für die begutachtende Person auch die Begutachtung übernimmt), haben wir realisiert, dass auch derartige Konstruktionen an ihre Grenzen stoßen. Wir können in diesem Buch nicht auf den semantischen Unterschied zwischen „Gutachterin bzw. Gutachter" und „begutachtender Person" verzichten, ohne zu riskieren, dass unser Text schwer- oder gar missverständlich wird. Ein anderes Beispiel: Jede Wissenschaftlerin und jeder Wissenschaftler ist wohl wissenschaftlich tätig, aber umgekehrt ist nicht jede „wissenschaftlich tätige Person" eine Wissenschaftlerin oder ein Wissenschaftler, da z. B. auch Studierende wissenschaftlich tätig sein können.

Dann hatten wir die Idee, kapitelweise immer abwechselnd die männliche und weibliche Personenbezeichnung zu verwenden. Sie hätten also in Kapitel 1 von Professorinnen, Betreuerinnen und Gutachterinnen lesen können, in Kapitel 2 hingegen von Professoren, Betreuern und Gutachtern. Wir haben das ausprobiert, aber uns auch von Leserinnen, denen wir den Text probehalber vorgelegt haben, sagen lassen, dass diese Variante beim Lesen ebenfalls irritiert. Außerdem soll das Buch auch jenen Menschen dienen, die es nicht von vorne bis hinten durchlesen, sondern nur einzelne Punkte nachschlagen, und folglich die Anmerkung zu diesem kapitelweisen Wechsel in der Personenbezeichnung übersehen. Daher haben wir auch diesen Ansatz wieder aufgegeben.

Letztendlich haben wir uns dafür entschieden, immer dort, wo dies einfach möglich ist, geschlechtsneutrale Bezeichnungen zu verwenden (z. B. Studierende), ansonsten aber auf das generische Maskulinum zurückzugreifen. Wir tun dies auch in solchen Fällen, in denen ein Wechsel zwischen verschiedenen Begriffen zumindest potenziell zu Verwirrung führen könnte (z. B. bei *Gutachter* und *begutachtender Person*). Wir haben also die Verständlichkeit und Klarheit des Textes über die Verwendung geschlechtergerechter Sprache gestellt. Damit sind wir selbst nicht zufrieden, halten es aber für die beste Option. Wir wollen jedoch betonen, dass gerade in Fächern wie der Psychologie und den Sozialwissenschaften, in denen der Frauenanteil unter den Studierenden sehr hoch ist und es erfreulicherweise auch immer mehr Professorinnen, Mitarbeiterinnen, Betreuerinnen und Gutachterinnen gibt, unseres Erachtens Sprachformen wünschenswert sind, die Frauen explizit sichtbar machen.

Themenfindung, Betreuerwahl, Betreuungsleistungen und Bewertungskriterien

1.1 Themenfindung 2
    1.1.1 Ausgeschriebene Themen für Abschlussarbeiten..... 2
    1.1.2 Dozierende auf Themen aus ihrem Forschungsgebiet ansprechen 4
    1.1.3 Sich eigenständig ein Thema überlegen und anschließend einen Betreuer suchen 5
    1.1.4 Mehrwert spezieller Themen.................... 7
    1.1.5 Was es bei der Themenwahl noch zu beachten gibt... 7

1.2 Betreuerwahl...................................... 9
    1.2.1 Trennung von Betreuer und Gutachter 9
    1.2.2 Zeitressourcen des Betreuers..................... 13
    1.2.3 Erfahrung des Betreuers......................... 14
    1.2.4 Berichte anderer Studierender 15

1.3 Absprache der Betreuungsleistungen 16

1.4 Betreuungsgespräche effektiv nutzen............ 19

1.5 Transparenz der Bewertungskriterien 20

1.6 Was mache ich bei Konflikten mit meinem Betreuer? 22
    1.6.1 Die üblichen Missverständnisse 23
    1.6.2 Verfestigte Fronten............................. 26
    1.6.3 Machtgefälle und Machtmissbrauch 28

1.7 Gemeinsame Bearbeitung von Abschlussarbeiten 29

1 Themenfindung, Betreuerwahl, Betreuungsleistungen und Bewertungskriterien

Wenn Sie eine *Hausarbeit* für ein Seminar oder einen *Experimentalbericht* für ein Empiriepraktikum schreiben müssen, dann haben Sie vermutlich ein recht konkretes Thema vorgegeben bekommen oder konnten sich vielleicht aus einer Liste von Themen eines auswählen. Sofern dies bei Ihnen der Fall ist, können Sie die Abschnitte zur *Themenfindung* und *Betreuerwahl* in diesem Kapitel überblättern.

Anders sieht es aus, wenn Sie für Ihre *Abschlussarbeit* vor der Aufgabe stehen, sich das Thema und den Betreuer zu suchen. Zwar steht in vielen Prüfungsordnungen sinngemäß, dass der Prüfungsausschuss dem Prüfungskandidaten ein Thema stellt, für das Sie – als Kandidat – allenfalls ein Vorschlagsrecht haben. In der Praxis wird es aber an fast allen Hochschulen so sein, *dass Sie sich Ihr Thema und den dazu passenden Betreuer selbst suchen*. Die Anmeldung Ihres Prüfungsthemas (beim Prüfungsamt oder Prüfungsausschuss) ist dann nur noch eine Formalität.

In diesem Kapitel behandeln wir zunächst, wie Sie zu Ihrem Thema kommen (*Themenfindung*, Abschnitt 1.1) und schließen Überlegungen zur *Betreuerwahl* (Abschnitt 1.2) an. Es folgen Abschnitte zur *Absprache der Betreuungsleistungen* (Abschnitt 1.3), dazu, wie Sie die *Betreuungsgespräche möglichst effektiv für sich nutzen* können (Abschnitt 1.4) und zur *Transparenz der Bewertungskriterien* (Abschnitt 1.5), die bei der Benotung Ihrer Arbeit angelegt werden. Was Sie bei *Konflikten mit Ihrem Betreuer* unternehmen können, aber auch, was Sie vorab tun können, um Missverständnisse und Konflikte zu vermeiden, ist Gegenstand von Abschnitt 1.6. Ob bzw. wann es empfehlenswert ist, mit einem Kommilitonen eine *gemeinsame Abschlussarbeit* zu schreiben, wird in Abschnitt 1.7 diskutiert.

1.1 Themenfindung

Wie kommen Sie nun zu Ihrem Thema? Dazu gibt es im Wesentlichen drei Optionen: (a) auf Ausschreibungen von Themen für Abschlussarbeiten reagieren (Abschnitt 1.1.1), (b) selbst Dozierende auf Themen aus ihren Forschungsgebieten ansprechen (Abschnitt 1.1.2) und (c) sich eigenständig ein Thema überlegen und einen Betreuer suchen (Abschnitt 1.1.3). Anschließend gehen wir darauf ein, ob Ihnen bestimmte Themen noch mehr bringen können als nur eine gute Note in Ihrem Abschlusszeugnis, vor allem hinsichtlich der späteren Chancen auf dem Arbeitsmarkt (Abschnitt 1.1.4). Wir schließen mit drei Hinweisen, was Sie bei der Themenwahl noch beachten sollten (Abschnitt 1.1.5).

1.1.1 Ausgeschriebene Themen für Abschlussarbeiten

An vielen Lehrstühlen oder Professuren finden Sie auf deren Internetseite oder auch als Papieraushang am Schwarzen Brett Angebote für Abschlussarbeitsthemen, für die Sie sich bei der dort benannten Person melden können. Solche Themenausschreibungen haben eine Reihe von Vorteilen. So handelt es sich meist um Themen, die auch den Betreuer inhaltlich interessieren und zu denen er selbst forscht oder künftig forschen möchte. Sie können also davon ausgehen, dass Ihr Betreuer sich in der Materie bereits auskennt und Ihnen viele wertvolle Tipps für die Bearbeitung dieses Themas geben kann. Häufig kann er Ihnen relevante Basisliteratur empfehlen oder sogar geben. Außerdem hat er sich vermutlich, bevor er dieses Thema ausgeschrieben hat, Gedanken darüber gemacht, ob es sich vom Zeitaufwand und der Komplexität her für eine Abschlussarbeit eignet (und ggf. auch für welchen Typ Abschlussarbeit, also z.B. Bachelor-, Master- oder Zulassungsarbeit). Daher ist das Thema höchstwahrscheinlich so bemessen, dass Sie es in der zur Verfügung stehenden Zeit erfolgreich bearbeiten können.

Unter den genannten Aspekten ist unseres Erachtens besonders wichtig, dass der Betreuer ein inhaltliches Interesse an Ihrer Arbeit und Ihren Ergebnissen hat, da er z.B. selbst (vielleicht in Verbindung mit weiteren Studien) die Befunde Ihrer Arbeit veröffentlichen möchte.[1] Folglich wird er Ihnen i.d.R. auch jegliche Unterstützung zukommen lassen, beispielsweise Ressourcen für die Erhebung, wie etwa Räume und Geräte oder Gelder für die Bezahlung von Probanden. Außerdem wird er sich viel Zeit für die Besprechungen mit Ihnen nehmen (z.B. zur Planung, Durchführung und Auswertung der Studie).

Ein Nachteil könnte sein, dass Ihr Betreuer schon sehr konkrete Vorstellungen hat, wie die Studie aufgebaut und durchgeführt werden soll. Das ist zwar kein prinzipiell negativer Aspekt, wenn Sie aber zu jenen Menschen gehören, die sich ihr Thema aneignen und möglichst viel selbst gestalten und entscheiden möchten, könnten Sie sich bei der Mitgestaltung der Untersuchung eingeschränkt fühlen. Zwar sollte jeder Betreuer konstruktiven Verbesserungsvorschlägen gegenüber aufgeschlossen sein, aber wenn eine Studie z.B. im Rahmen eines größeren Projektes durchgeführt wird, gibt es aus Gründen, die für das Gesamtprojekt (aber nicht unbedingt die einzelne Studie) relevant sind, möglicherweise gewisse Einschränkungen. Wie bereits angemerkt, sind diese Einschränkungen meistens inhaltlich begründet und daher durchaus sinnvoll. Wenn Sie aber von sich selbst wissen, dass Sie gerne „Ihren eigenen Weg gehen" und es Ihnen wichtig ist, kreativ an der Konzeption der Untersuchung mitzuwirken, könnten hier Konflikte entstehen. Im Zweifelsfall sollten Sie den Betreuer vorab fragen, wie detailliert die Planung der Studie bereits ist bzw. wie groß Ihre Gestaltungsfreiräume sein werden.

---

[1] Wenn aus Ihrer Abschlussarbeit tatsächlich ein Artikel in einer wissenschaftlichen Zeitschrift wird und Ihre Arbeit einen *substanziellen inhaltlichen Beitrag* dazu liefert, dann sollten Sie auch von Ihrem Betreuer als Mitautor des Artikels aufgeführt werden (APA, 2010, Abschnitt 1.13). Eine solche Koautorenschaft ist allerdings nicht üblich, wenn Sie lediglich Aufgaben wie die Durchführung und Dateneingabe übernommen haben, die Planung und Konzeption der Untersuchung allerdings bei Ihrem Betreuer lag. Sofern Sie aber tatsächlich einen eigenständigen, bedeutsamen inhaltlichen Beitrag zu der Arbeit geliefert haben, sollten Sie gegenüber Ihrem Betreuer auch möglichst frühzeitig ansprechen, dass Sie gerne als Koautor genannt werden möchten. Relevant sind solche Überlegungen vor allem dann, wenn Sie nach Ihrem Abschluss eine wissenschaftliche Karriere anstreben, da ein frühzeitig veröffentlichter Artikel einen deutlichen Pluspunkt in Ihrem Lebenslauf darstellt.

1.1.2 Dozierende auf Themen aus ihrem Forschungsgebiet ansprechen

Ein weiterer Weg an ein Thema zu gelangen ist, sich über die Forschungsthemen der Dozierenden an Ihrem Institut[2] zu informieren und zu überlegen, ob Ihnen dabei ein bestimmter Bereich besonders zusagt. Informationen zu den Arbeitsgebieten der Dozierenden finden Sie oft am einfachsten auf den Internetseiten der entsprechenden Personen bzw. Lehrstühle oder Professuren. Wenn Sie schon einige Semester studiert haben, wissen Sie vielleicht auch aus Vorlesungen oder Seminaren, zu welchen Fragestellungen Ihre Dozierenden forschen.

Wenn Sie bei einer Lehrperson einen Forschungsbereich gefunden haben, der Sie interessiert, fragen Sie bei dieser Person (z.B. per E-Mail oder in der Sprechstunde) einfach nach, ob sie auch Abschlussarbeiten in diesem Bereich anbietet. Bei diesem Vorgehen sollten Sie auf jeden Fall eine gewisse Offenheit hinsichtlich des Themas mitbringen. Wenn Sie sich z.B. darauf festgelegt haben, dass Sie „den Zusammenhang von Lese-Rechtschreib-Schwäche mit Problemen beim Fremdsprachenerwerb" untersuchen wollen, dann ist es eher unwahrscheinlich, dass Ihnen genau dieses Thema angeboten wird bzw. eine Lehrperson an Ihrem Institut Interesse an der Betreuung einer Abschlussarbeit dazu hat. Wenn Sie hingegen offen sind, „irgendetwas" zum Thema Lese-Rechtschreib-Schwäche zu untersuchen, oder vielleicht auch etwas zum Textverständnis oder zu Rechenschwäche, dann haben Sie recht gute Chancen, einen Betreuer zu finden, der zu einem dieser Bereiche forscht.

Bei diesem Weg, zu einem Thema zu gelangen, sollten Sie sich auch vorab überlegen, welches methodische Vorgehen Ihnen am meisten liegt. So kann man Lese-Rechtschreib-Schwäche auf ganz unterschiedliche Arten untersuchen: Es gibt neuropsychologische Studien, die mit Gehirnscans oder EEGs arbeiten; es gibt behavioral orientierte Studien, in denen die Leistungen von Legasthenikern in bestimmten Aufgaben untersucht werden; man kann per Fragebogen untersuchen, ob Lese-Rechtschreib-Schwäche mit bestimmten Persönlichkeitseigenschaften zusammenhängt oder einen Einfluss auf die subjektive Lebenszufriedenheit hat; und schließlich kann man qualitative Interviews mit Legasthenikern führen, um z.B. zu untersuchen, ob diese während ihrer Schulzeit andere soziale Erfahrungen machen als Nichtlegastheniker. In all diesen Studien wird Lese-Rechtschreib-Schwäche untersucht, aber auf sehr verschiedene Weise, und eine Lehrperson, die mit EEGs arbeitet, wird oft keine qualitativen Interviews durchführen bzw.

---

[2] Mit *Institut* wird an Hochschulen meistens der Zusammenschluss mehrerer Lehrstühle und Professuren einer Fachdisziplin benannt, es gibt also an Hochschulen häufig ein „Institut für Psychologie" oder ein „Erziehungswissenschaftliches Institut". An einigen Hochschulen werden die Institute auch als „Departments" bezeichnet. Wir verwenden im Folgenden den Begriff *Institut*, wohlwissend, dass Sie vielleicht an einem „Department Psychologie" o.Ä. studieren. Sehr oft sind mehrere Institute zu einer *Fakultät* oder einem *Fachbereich* zusammengeschlossen (z.B. zu der „Fakultät Humanwissenschaften" oder der „Fakultät für Sozialwissenschaften").

betreuen wollen und umgekehrt. Überlegen Sie sich also, ob das methodische Vorgehen, mit dem eine Lehrperson ein Thema untersucht, demjenigen entspricht, das Sie in Ihrer Abschlussarbeit anwenden möchten.

Schließlich sollten Sie klären, ob das, was Sie unter einem Thema verstehen, mit dem übereinstimmt, was der potenzielle Betreuer unter diesem Thema versteht. Vielleicht haben Sie bei einer Lehrkraft gelesen, dass diese zu „Stressbewältigung" forscht. Darunter verstehen Sie möglicherweise, dass untersucht wird, wie Menschen im Beruf mit einer hohen Arbeitsbelastung zurechtkommen, oder auch, wie Menschen mit Beziehungsproblemen (Stress in der Partnerschaft) umgehen. Vielleicht denken Sie bei Stressbewältigung auch an Entspannungsverfahren wie Autogenes Training oder Progressive Muskelrelaxation und wie man diese einsetzen kann, um Stress zu bewältigen. All dies sind richtige „Interpretationen" von Stressbewältigung, es kann aber durchaus sein, dass diese spezielle Lehrperson sich damit beschäftigt, wie sich die Blickbewegungen von Menschen unterscheiden, wenn man ihnen bedrohliche Bilder (z.B. Spinnen, Löwen, Waffen) zeigt. Hierbei würde unter Stress die Konfrontation mit einem angsterzeugenden Reiz verstanden werden und die Bewältigung bestünde darin, den Blick von bestimmten bedrohlichen Elementen eines Bildes abzuwenden. Daher sollten Sie sich bei der Lehrperson genauer informieren, wie ihre Forschung aussieht, damit Sie nicht in Ihrer Abschlussarbeit eine Blickbewegungsstudie mit Bildern von Spinnen durchführen (müssen), obwohl Sie sich eigentlich – vielleicht mittels qualitativer Interviews – damit beschäftigen wollten, wie Menschen mit Partnerschaftsproblemen umgehen.

Wenn Ihr potenzieller Betreuer bereits etwas zu diesem Forschungsthema publiziert hat, lohnt es sich auf jeden Fall, sich diese Publikationen anzuschauen, bevor Sie Kontakt zu ihm aufnehmen: Zum einen sind Sie somit besser informiert, in welchem Bereich und mit welchen Methoden diese Person forscht; zum anderen zeigen Sie dadurch Ihr Interesse an dem Thema und eine gewisse Selbstständigkeit bei der Informationsbeschaffung – und schließlich könnte sich der eine oder andere Dozent besonders wertgeschätzt fühlen, wenn Sie signalisieren, dass Sie seine Arbeiten gelesen haben und diese spannend finden.

1.1.3 Sich eigenständig ein Thema überlegen und anschließend einen Betreuer suchen

Die letzte Variante ist ein Vorgehen, das uns als Dozenten immer wieder begegnet, zu dem wir Ihnen aber nur mit größter Vorsicht raten können. Dabei würden Sie sich selbst zunächst ein konkretes Thema überlegen (z.B. „Verhalten sich Menschen, die in größeren Familien aufgewachsen sind, im späteren Leben sozialer?") und dann eine Person an Ihrem Institut suchen, die bereit ist, dieses Thema zu betreuen.

Bei diesem Vorgehen gibt es mehrere Probleme: (a) Zum einen überlegen Studierende sich oft Themen, die in dieser Form nur schwerlich sinnvoll zu untersuchen sind. Das kann, wie im obigen Beispiel, daran liegen, dass einige Variablen nur schwer bzw. unbefriedigend operationalisierbar sind: Wie erfassen Sie z. B. zuverlässig, ob sich jemand „im späteren Leben sozialer verhält"? Es kann auch sein, dass die Erhebung, die für eine solche Studie notwendig wäre, viel zu aufwendig ist, um sie im Rahmen einer Abschlussarbeit zu realisieren. Solche Aspekte einzuschätzen bedarf einiger Forschungserfahrung. Ein Betreuer, der Sie mit einem solchen Thema annimmt, wäre dann als Erstes mit der Aufgabe konfrontiert, mit Ihnen gemeinsam Ihre Fragestellung so umzuformulieren, dass diese sinnvoll im Rahmen einer Abschlussarbeit behandelt werden kann. Das ist vor allem dann, wenn Sie mit Herzblut an Ihrem Thema hängen, auch für den Betreuer eine mühselige und unangenehme Aufgabe, auf die er sich vermutlich nur ungern einlässt. (b) Zum anderen wissen Studierende manchmal nicht, was bereits zu einem Thema an Forschung existiert. So kann es sein, dass Sie etwas untersuchen wollen, was bereits etliche Male untersucht wurde und daher keinen „Neuheitswert" mehr besitzt. Zwar ist es üblicherweise kein Kriterium für eine Abschlussarbeit, dass etwas Neues untersucht wird und Ihre Arbeit somit einen Erkenntnisfortschritt bringen kann – vielmehr sind Abschlussarbeiten dazu da, zu demonstrieren, dass Sie wissenschaftlich arbeiten können. Aber Dozierende haben häufig kein intrinsisches Interesse an der Betreuung von Themen, die sie als in der Vergangenheit ausreichend untersucht betrachten. (c) Schließlich – und das ist hier das entscheidende Argument – werden Sie nur mit recht viel Glück auf einen Betreuer stoßen, der sich wirklich für Ihr Thema *interessiert*. Wahrscheinlicher ist es, dass Sie – vielleicht nach einigen Ablehnungen – lediglich einen Betreuer finden, der sich Ihrer „erbarmt" und Sie mit Ihrem Wunschthema annimmt. Wie wir weiter unten noch erörtern werden, ist eine gute Betreuung aber dann am wahrscheinlichsten, wenn Ihr Betreuer Ihr Thema interessant findet.

Selbstverständlich können auch Themen bzw. Untersuchungen, die Studierende sich eigenständig überlegt haben, hochrelevant sein und sich gut im Rahmen einer Abschlussarbeit realisieren lassen. Daher raten wir hier keineswegs kategorisch davon ab, auf diese Art und Weise zu einem Thema und einem Betreuer zu gelangen. Wir würden Ihnen jedoch empfehlen, sehr sorgsam (und selbstkritisch) zu überprüfen – und vielleicht auch mit Dozierenden zu diskutieren –, ob Ihre Fragestellung so originell ist, wie Sie ggf. meinen, und ob Ihr geplanter Untersuchungsansatz tatsächlich vielversprechend und als Abschlussarbeit gut umsetzbar ist. Darüber hinaus sollten Sie sich bei eigenständig überlegten Themen bewusst sein, dass die Betreuung, die Ihnen zuteilwird, häufig weniger intensiv ausfällt als bei Themen, die ein Betreuer Ihnen vorschlägt. Je nachdem, wie viel Eigenständigkeit und wie viel Unterstützung durch Ihren Betreuer Sie sich bei Ihrer Abschlussarbeit wünschen, ist ein selbstständig überlegtes Thema entsprechend mehr oder weniger gut für Sie geeignet.

1.1.4 Mehrwert spezieller Themen

Eine Abschlussarbeit dient laut den Prüfungs- bzw. Studienordnungen vor allem dazu, unter Beweis zu stellen, dass Sie eine (umgrenzte) wissenschaftliche Fragestellung (einigermaßen) eigenständig und wissenschaftlich adäquat bearbeiten können. Natürlich geht die Note der Abschlussarbeit – oft mit einer relativ hohen Gewichtung – in Ihre Abschlussnote ein, und daher sind Sie vermutlich an einer guten Bewertung Ihrer Arbeit interessiert (vielleicht aber auch an einem für Sie günstigen Verhältnis von Arbeitsaufwand und Note – vgl. dazu Abschnitt 2.8).

Es können aber auch noch weitere extrinsische Motive für bestimmte Themen sprechen: Wenn Sie z.B. wissen, dass Sie nach Ihrem Studium im Strafvollzug arbeiten wollen, könnte es nützlich sein, sich ein Masterarbeitsthema zu suchen, das in diesem Themenbereich angesiedelt ist. Sicherlich kann Ihnen so etwas im Einzelfall einen Bonus bei künftigen Bewerbungen bringen. Unserer Erfahrung nach wissen die Personen in den Personalabteilungen von Unternehmen und Organisationen allerdings, dass die Themen von Abschlussarbeiten oft eher „zufällig" sind. Daher wird häufig stärker darauf geachtet, mit welcher Note jemand abgeschlossen hat, als darauf, ob das Thema für das Unternehmen nützlich ist. Dahinter steht die Überlegung, dass wer es im Studium gelernt hat, sich im Rahmen der Abschlussarbeit selbstständig in ein Thema einzuarbeiten, dies auch mit anderen Themen schaffen wird. Der Wissensvorsprung, den jemand gegenüber anderen Bewerbern dadurch hat, dass er sich schon im Studium mit einem bestimmten Thema intensiver beschäftigt hat, ist also in der Regel nur ein Vorsprung von einigen Monaten. Ist der künftige Arbeitgeber an einem langfristigen Beschäftigungsverhältnis interessiert, wird dieser Vorsprung für ihn nicht ausschlaggebend sein. Natürlich können Sie aber dadurch, dass das Thema Ihrer Abschlussarbeit zu Ihrem künftigen Berufsziel passt, Ihrem potenziellen Arbeitgeber gegenüber bekunden, dass Sie sich für diesen Bereich besonders interessieren – und dies bereits seit Längerem. Wir gehen bei der Möglichkeit der Betreuung durch einen *externen Betreuer* (S. 11) darauf ein, dass Sie unter Umständen Ihre Abschlussarbeit auch direkt in einem Unternehmen oder einer Organisation schreiben können.

1.1.5 Was es bei der Themenwahl noch zu beachten gibt

Drei Hinweise zur Themenwahl wollen wir Ihnen noch mit auf den Weg geben. Der erste ist, dass es durchaus legitim ist, Vorwissen bzw. eigene Vorarbeiten zu nutzen. Wenn Sie also bereits im Rahmen eines Seminars ein Referat oder eine Hausarbeit zum Thema Lese-Rechtschreib-Schwäche gehalten bzw. angefertigt haben und Sie dieses Thema weitergehend interessiert, spricht nichts dagegen, dass Sie auch Ihre Bachelorarbeit zu diesem Thema schreiben und dafür Ihr Vorwissen nutzen (natürlich sollten Sie nicht Teile einer Hausarbeit eins zu eins in Ihre Abschlussarbeit kopieren, aber Ihre inhaltlichen Vorarbeiten können Sie nutzen). Ähnliche Synergieeffekte können entstehen, wenn Sie als Hilfskraft oder im Rahmen eines Forschungspraktikums an einem Forschungsprojekt mitgewirkt haben: Vielleicht entsteht aus dieser Mitarbeit ein Thema für eine Abschlussarbeit, sodass Sie auch hier Ihre Erfahrungen und Ihr Vorwissen nutzen können. In solchen Fällen sollten Sie mit Ihrem Betreuer aber klar absprechen und abgrenzen, welche Tätigkeiten Sie im Rahmen Ihrer Hilfskraft- oder Praktikumstätigkeit durchführen und welche zu Ihrer Abschlussarbeit gehören.

Der zweite Hinweis ist eine Warnung davor, sich für ein Thema zu entscheiden, das Sie emotional sehr berührt oder belastet. Gerade in der Psychologie und den Sozialwissenschaften erscheint es naheliegend, sich in der Abschlussarbeit mit etwas zu beschäftigen, was einen schon lange interessiert, weil man davon selbst betroffen ist. Beispiele für solche Themen sind Gewalterfahrungen in der eigenen Kindheit, Missbrauchs-Themen oder psychische Störungen, von denen man selbst einmal betroffen war. Aber auch, dass ein Legastheniker sich in seiner Abschlussarbeit mit Lese-Rechtschreib-Schwäche beschäftigt oder jemand mit Mobbing-Erfahrungen sich ein Thema zu Mobbing oder Bullying aussucht, würde in diese Kategorie fallen.

Prinzipiell können eigene Erfahrungen für die wissenschaftliche Bearbeitung eines Themas anregend sein und vielleicht sieht man als betroffene Person wichtige Aspekte an einem Thema, auf die Außenstehende nicht kommen würden. Daher wäre es verkehrt, kategorisch zu empfehlen, keine Themen zu behandeln, die einen selbst (emotional) betreffen. Andererseits sollten Sie sich fragen, ob es Sie – wenn Sie z.B. einmal Opfer von Missbrauch geworden sind – nicht übermäßig belastet, sich über mehrere Monate täglich mit diesem Thema auseinanderzusetzen. Ferner sollten Sie sich überlegen, ob Sie in der Lage sind, das Thema aus einer *objektiv wissenschaftlichen Perspektive* – also emotionslos und distanziert – zu behandeln. Der Anspruch, Themen unvoreingenommen und möglichst objektiv zu untersuchen, ist Kernbestandteil wissenschaftlicher Arbeit. Wenn Sie feststellen, dass Sie dies nicht können oder nicht wollen (was Ihr gutes Recht ist), sollten Sie sich überlegen, ob nicht *für den Zweck der Abschlussarbeit* ein anderes Thema sinnvoller ist.

Der dritte Hinweis, den wir Ihnen geben wollen, betrifft die intrinsische Motivation für ein Thema: Natürlich fällt es einem leichter, sich mit einem Thema zu beschäftigen, wenn man sich dafür sehr interessiert. Andererseits ist es nicht so, dass Sie sich Ihr Leben lang an das Thema Ihrer Abschlussarbeit binden – Sie gehen lediglich eine Liaison für einige Monate (vielleicht für etwas mehr als ein Jahr) ein. Daher sollten Sie unseres Erachtens die intrinsische Motivation nicht überbewerten: Für ein Thema intrinsisch motiviert zu sein, ist schön, aber keine Notwendigkeit, um es erfolgreich zu bearbeiten. Sie sollten sich zwar ein Thema suchen, das Ihnen sympathisch ist und mit dem Sie sich „anfreunden" können, aber Sie brauchen sich in Ihr Thema nicht zu „verlieben", um eine gute Abschlussarbeit zu schreiben. Unserer Erfahrung nach ist es so, dass man sich oft erst ein bisschen mit einem Thema beschäftigen muss, bevor man es wirklich interessant findet. Nach einer gewissen Einarbeitung findet man häufig auch Themen interessant, von denen man es anfangs nicht erwartet hatte. Seien Sie daher eher offen hinsichtlich der Themenfindung für Ihre Abschlussarbeit. Nehmen Sie kein Thema an, bei dem Sie ein schlechtes Gefühl haben, aber stellen Sie auch nicht den Anspruch, im Rahmen Ihrer Abschlussarbeit ein Thema zu behandeln, an dem Ihr Herzblut hängt.

1.2 Betreuerwahl

Mit einem bestimmten Thema entscheiden Sie sich in der Regel auch immer für einen bestimmten Betreuer. Die Wahl des Betreuers ist dabei nicht weniger wichtig als die Wahl des Themas. Was wir im letzten Absatz über die Themen geschrieben haben, gilt übrigens auch für den Betreuer: Eine gewisse Grundsympathie sollte vorhanden sein, mehr ist aber in der Regel nicht notwendig – auch mit Ihrem Betreuer gehen Sie ja lediglich eine „Beziehung auf Zeit" ein.

Neben einer Grundsympathie gibt es drei Gesichtspunkte, auf die wir Sie hinweisen wollen, und die für eine gute Betreuung zumindest potenziell wichtig sind: (a) Ist mein Betreuer auch der Gutachter der Arbeit, vergibt er also am Ende die Note (Abschnitt 1.2.1)? (b) Wie viel Zeit hat mein Betreuer voraussichtlich für mich (Abschnitt 1.2.2)? (c) Wie viel Erfahrung hat mein Betreuer (Abschnitt 1.2.3)? Am Schluss dieses Abschnitts gehen wir darauf ein, wie Sie Informationen anderer Studierender bei der Wahl Ihres Betreuers nutzen können (Abschnitt 1.2.4).

1.2.1 Trennung von Betreuer und Gutachter

Eine Frage, die für Sie von Bedeutung sein könnte, ist, ob Ihr Betreuer Ihre Arbeit auch offiziell begutachtet, also die Note vergibt. Da dies an jeder Hochschule bzw. jedem Institut etwas anders gehandhabt wird, sollten Sie sich bei Ihrem potenziellen Betreuer erkundigen, wie es in Ihrem Fall aussieht. Wir können hier lediglich einige allgemeine Hinweise geben.

Der erste wichtige Unterschied zwischen verschiedenen Hochschulen ist, ob Ihre Abschlussarbeit von einem oder von zwei Gutachtern benotet wird. Wenn es zwei Gutachter gibt, wird es häufig so sein, dass Ihr Erstgutachter Ihr Betreuer ist; den zweiten Gutachter müssen Sie meistens ebenfalls selbst suchen und dem Prüfungsausschuss vorschlagen, manchmal wird der zweite Gutachter Ihnen aber auch zugewiesen.[3]

---

[3] Wenn die Prüfungsordnung zwei Gutachter vorsieht, wird dies in der Praxis an verschiedenen Hochschulen sehr unterschiedlich gehandhabt. So gibt es Institute, in denen tatsächlich beide Personen – unabhängig voneinander – Ihre Arbeit lesen und benoten. Anschließend wird dann aus diesen beiden Noten eine Durchschnittsnote gebildet. An anderen Instituten soll es gelegentlich vorgekommen sein, dass der zweite Gutachter mehr oder weniger nur pro forma vorhanden war, das heißt, hier schloss sich die zweite Person eigentlich immer der Note der ersten an, sofern es nicht irgendwelche Auffälligkeiten oder Hinweise dafür gab, dass etwas mit der Arbeit nicht stimmte. Wie es an Ihrer Hochschule abläuft, erfahren Sie vermutlich nur durch *diplomatisches Nachfragen* bei Ihrem Betreuer.

Die zweite wichtige Unterscheidung ist, ob der Betreuer und der Gutachter (bzw. der Erstgutachter) identisch sind, oder ob es sich um zwei Personen handelt. Wenn Ihr Betreuer ein (Junior-)Professor ist oder wenn er habilitiert[4] ist, können Sie davon ausgehen, dass dieser auch das Gutachten für Ihre Arbeit schreibt und Ihnen somit die Note gibt. Wer habilitiert ist oder den Status eines (Junior-)Professors hat, ist nämlich befugt, eigenständig Prüfungen abzunehmen – und die Abschlussarbeit gilt hierbei auch als Prüfung. Bei Betreuern, auf die das nicht zutrifft, wird die Betreuung und die Begutachtung oft von getrennten Personen übernommen, eben weil der Betreuer nicht „prüfungsbefugt" ist, also Ihre Arbeit nicht – zumindest nicht offiziell – benoten darf. In der Praxis sieht es allerdings oft so aus, dass an einem Lehrstuhl bzw. einer Professur eine enge Zusammenarbeit zwischen dem offiziellen Gutachter (also in der Regel dem Professor) und den weiteren Betreuern besteht. Das heißt, auch wenn diese Betreuer Ihre Arbeit nicht offiziell begutachten dürfen, schreiben sie häufig (allerdings keineswegs immer – daher lohnt sich hier eine Nachfrage bei Ihrem Betreuer) auch das Gutachten über Ihre Arbeit und schlagen eine Note für die Arbeit vor. Bei eingespielten Teams von Betreuern und Gutachtern wird der offizielle (Erst-)Gutachter (also in der Regel der Vorgesetzte des Betreuers) das Gutachten einschließlich der Note dann genauso unterschreiben, wie der Betreuer es aufgesetzt hat. Offiziell verbleibt aber das Recht zur Notenvergabe und auch zur Formulierung des Gutachtens selbstverständlich bei dem Gutachter.[5]

Da, wie dargestellt, bei gut eingespielten Teams von Betreuern und Gutachtern die Betreuer oft (wenn auch nur inoffiziell) doch die eigentlichen Gutachter (und Notengeber) sind, ist es für Sie gar nicht so relevant, ob Ihr Betreuer auch offiziell Ihre Arbeit benotet. Wichtig ist hier lediglich, herauszubekommen, wie das bei Ihrem potenziellen Betreuer gehandhabt wird. Das erfahren Sie in der Regel nur, wenn Sie direkt danach fragen, wer denn das Gutachten für die Arbeit schreibt bzw. die Note vergibt.

Eigentlich sollte eine gute oder sehr gute Arbeit – unabhängig davon, wer sie begutachtet – immer eine gute bzw. sehr gute Arbeit bleiben. Allerdings werden Sie sich beim Schreiben i.d.R. auch an den spezifischen Anforderungen und Vorstellungen des Betreuers orientieren, und verschiedene Personen unterscheiden sich nun einmal darin, was sie für gut bzw. sehr gut halten. Daher sollten Sie darauf achten, ob Ihr Betreuer und Ihr Gutachter dieselbe Person sind oder – und

---

4 Wenn eine Person habilitiert ist, trägt diese entweder den Titel „Privatdozent/-in" – abgekürzt als „PD" – oder den akademischen Grad „Dr. habil.".

5 In der Praxis ist die Frage, wann jemand Ihre Arbeit auch benoten darf, sogar noch etwas komplexer als bisher dargestellt. Unter gewissen Umständen erhalten nämlich zumindest promovierte Personen auch das Recht, Abschlussarbeiten zu begutachten (z. B. wenn der entsprechende Prüfungsausschuss sie als Prüfungsberechtigte bestellt hat). Daher gibt es weitere Personenkreise als die oben genannten habilitierten Personen und Professoren, die manchmal eben doch auch offiziell Gutachter sind. Bei nichtpromovierten Betreuern können Sie aber in den allermeisten Fällen davon ausgehen, dass diese Ihre Arbeit nicht (offiziell) begutachten dürfen.

das wäre genauso gut – Ihr Betreuer Ihnen versichert, dass er zusammen mit dem Gutachter ein eingespieltes Team bildet, in dem man in der Vergangenheit immer zu den gleichen Noteneinschätzungen gelangt ist.

Eine Besonderheit sind übrigens *externe Betreuer*, also Betreuer, die nicht an Ihrer Hochschule arbeiten. Ein solcher Fall kann z.B. entstehen, wenn Sie ein Praktikum bei einem (Wirtschafts-)Unternehmen absolviert haben und Ihnen dort angeboten wird, Ihre Abschlussarbeit zu einem Thema zu schreiben, das für das Unternehmen relevant ist. Vielleicht haben Sie auch, z.B. als angehende Psychologin, ein Praktikum in einer Klinik gemacht und der Chefarzt oder die leitende Psychologin fragt Sie, ob Sie Interesse an einer Forschungs-/Abschlussarbeit haben. Ob eine solche externe Betreuung überhaupt möglich ist, wird wieder durch Ihre Prüfungsordnung geregelt. Möglich ist dies in der Regel dann, wenn Gutachter und Betreuer laut Prüfungsordnung getrennte Personen sein dürfen. In diesem Fall würden Sie sich einen Gutachter an Ihrer Hochschule suchen und der Betreuer kann jemand sein, der in dem Unternehmen bzw. der Klinik arbeitet. Allerdings sollten Sie in Erfahrung bringen, welche Anforderungen an den Betreuer gestellt werden. In der Regel muss dieser mindestens einen Diplom- oder Masterabschluss in dem Studienfach aufweisen, das Sie studieren. Manchmal werden auch darüber hinausgehende Anforderungen gestellt, z.B., dass der Betreuer habilitiert ist. Während Sie in Wirtschaftsunternehmen nur selten auf habilitierte Personen treffen werden, kann es durchaus vorkommen, dass der Chefarzt einer psychiatrischen Klinik habilitiert ist – dann dürfte dieser unter Umständen auch die Betreuung Ihrer psychologischen Abschlussarbeit übernehmen. Aber in solchen Fällen sollten Sie auf jeden Fall beim Prüfungsamt oder dem zuständigen Professor Ihres Instituts nachfragen, wie die entsprechenden Regelungen aussehen.

Exkurs: Hierarchie in der Hochschule

Auch der Lehr- und Wissenschaftsbetrieb an Hochschulen ist hierarchisch aufgebaut und die Personen auf verschiedenen Hierarchieebenen haben unterschiedliche Rechte und Pflichten. Wenn sich jemand nach seinem Studium entscheidet, im Wissenschaftsbetrieb der Hochschule zu arbeiten, fängt die Person i.d.R. als „akademischer bzw. wissenschaftlicher Mitarbeiter" an. Diese Mitarbeiter sind meistens gleichzeitig Doktoranden, d.h., sie haben einige Jahre Zeit, um an der eigenen Promotion zu arbeiten, die – als sogenannte Qualifikationsarbeit – eine notwendige Voraussetzung für den weiteren Aufstieg an der Hochschule darstellt. Wichtig für Sie ist, dass diese Personen in aller Regel nicht eigenständig Prüfungen abnehmen dürfen. Da eine Abschlussarbeit auch als Prüfung gilt, dürfen solche Personen Ihre Arbeit zumindest offiziell nicht benoten. (Dass die inoffizielle Handhabung davon oft abweicht, haben wir bereits beschrieben.) Dennoch können diese Personen sehr gute Betreuer sein, wie wir in Abschnitt 1.2.3 ausführen.

Wer erfolgreich promoviert hat (also jetzt einen Doktorgrad trägt) und an der Hochschule bleibt, ist damit eine Stufe aufgestiegen. Eine solche Person heißt dann zwar oft nach wie vor „akademischer bzw. wissenschaftlicher Mitarbeiter", manchmal aber auch „akademischer Rat (auf Zeit)", „wissenschaftlicher Assistent" oder „Postdoktorand" (informell auch „Postdoc" oder „Post-Doc").

Solange diese Personen aber nicht eine weitere Qualifikationsarbeit, die sogenannte Habilitation, abgelegt haben, verändert sich an ihren Rechten und Pflichten in der Hochschule und der Lehre relativ wenig. Im Allgemeinen sind auch diese Personen (noch) nicht zur Abnahme von Prüfungen berechtigt, wobei es hier jedoch mehr Ausnahmen gibt, und ihnen manchmal eben auch das Recht zur Begutachtung und Benotung von Abschlussarbeiten übertragen wird. Das müssen Sie allerdings im Einzelfall in Erfahrung bringen.

Die nächste Stufe nach der Promotion stellt die Habilitation, die Juniorprofessur oder auch die „reguläre" Professur dar (Letztere erlangt man meist erst nach der Habilitation oder einer Juniorprofessur, manchmal aber auch direkt). Mit der Habilitation erhält man die *Lehrbefähigung* und – sofern man bestimmte formale Voraussetzungen erfüllt (in der Regel muss man mindestens zwei Semesterwochenstunden Lehre abhalten) – meist auch unmittelbar die *Lehrbefugnis* (manchmal auch als *Lehrberechtigung* oder *Venia Legendi* bezeichnet). Diese Lehrbefugnis ist die hochoffizielle Erlaubnis, jegliche Form universitärer Prüfungen abnehmen zu dürfen, weshalb dieser Personenkreis auf jeden Fall Ihre Abschlussarbeit benoten darf. Auch alle (Junior-)Professoren haben dieses Recht. Wenn Sie von einer solchen Person betreut werden, ist diese also auch immer Ihr (Erst-)Gutachter.

Eine letzte hierarchische Unterscheidung, die hinsichtlich der Betreuung und Begutachtung für Sie allerdings irrelevant ist, da alle drei Personengruppen Ihre Arbeit begutachten dürfen, ist die zwischen (a) *Juniorprofessoren*, (b) *außerplanmäßigen Professoren* (und *Honorarprofessoren*) und (c) *ordentlichen Professoren*. Die größte Gruppe an einer Hochschule stellen meistens die *ordentlichen Professoren* dar, wobei das „ordentlich" in der Regel im Titel nicht erwähnt wird. Dies sind die unbefristeten Inhaber von Lehrstühlen und Professuren. *Außerplanmäßige Professoren* müssen in der Regel ein „apl." vor ihren Titel setzen, tragen also die Bezeichnung „apl. Prof." (gesprochen: „Appel-Prof"). Bei diesen Personen handelt es sich um Personen mit einer Lehrbefugnis, denen zusätzlich der Titel eines „außerplanmäßigen Professors" übertragen wurde (als Zeichen ihrer Würdigung bzw. Wertschätzung, erworben entweder durch mehrjährige Lehrtätigkeit und/oder besondere Verdienste in der Forschung). „Apl. Prof." ist hier also als Titel zu verstehen und bezeichnet – anders als bei ordentlichen Professoren und Juniorprofessoren – nicht gleichzeitig eine Stelle an der Hochschule. Daher kann es auch mal vorkommen, dass ein „apl. Prof." nicht hauptberuflich an einer Hochschule arbeitet. Dieser letzten Gruppe relativ ähnlich sind übrigens die sogenannten *Honorarprofessoren*, die ihre Professur ehrenhalber erhalten haben („Honorar" hat hier also nichts mit Geld, sondern etwas mit Ehre [lateinisch: *honor*] zu tun). Honorarprofessoren haben ihren Hauptaufgabenbereich fast immer außerhalb der Hochschule (hier besteht auch ein Unterschied zu den außerplanmäßigen Professoren, die *meistens* hauptberuflich an der Hochschule arbeiten), sie müssen nicht habilitiert sein und sie betreuen oft auch keine Abschlussarbeiten, wenngleich sie dies dürften. Oft wird auch prominenten Personen mit einem wissenschaftlichen Bildungshintergrund eine Honorarprofessur verliehen, z. B. Hellmuth Karasek, Peer Steinbrück und Götz Alsmann. Aber auch Wissenschaftler, die nicht an Hochschulen, sondern anderen Forschungseinrichtungen (z. B. Max-Planck-, Leibniz- oder Helmholtz-Instituten) arbeiten, erhalten manchmal Honorarprofessuren. *Juniorprofessoren* sind eine Spezies, die es in Deutschland erst seit 2002 gibt. Sie haben die gleichen Rechte und Pflichten wie ordentliche Professoren, unterscheiden sich jedoch von diesen dadurch, dass sie nur befristet – für maximal sechs Jahre – eingestellt sind.

1.2.2 Zeitressourcen des Betreuers

Sehr wichtig für eine gute Betreuung ist natürlich, dass sich Ihr Betreuer ausreichend Zeit für Sie nimmt und auch kurzfristig auf Fragen oder die Anfrage für einen Gesprächstermin reagiert. Wie viel Zeit sich jemand für die Betreuung nimmt oder nehmen kann, hängt davon ab, wie groß die Zeitressourcen dieser Person sind (also, wie viel sie sonst noch zu tun hat) und welche Priorität Ihre Abschlussarbeit bei ihr hat. Nun können Sie Ihren potenziellen Betreuer schlecht direkt fragen, ob er denn die Betreuung Ihrer Arbeit wichtig nehmen wird und ob er ansonsten wenig zu tun hat. Zumindest würden Sie Ihr Gegenüber mit einer solchen Frage wohl überraschen und könnten auch kaum darauf hoffen, dass Ihr Betreuer bereitwillig einräumt, dass er sich eigentlich die meiste Zeit des Tages langweilt und daher glücklich ist, wenn er seine Zeitressourcen auf Ihre Betreuung verwenden kann.

Tatsächlich haben die meisten Betreuer an Hochschulen recht viel zu tun, wobei es mit steigender Hierarchieebene (vgl. *Exkurs: Hierarchie in der Hochschule*) mit der Arbeitsbelastung eher mehr als weniger wird. Die „absolute Arbeitsbelastung" Ihres Betreuers werden Sie wohl kaum zuverlässig einschätzen können und zudem kann diese Belastung im Verlauf eines Jahres deutlich schwanken. Wichtiger ist daher die Frage, welche Priorität Ihre Abschlussarbeit bei Ihrem Betreuer genießt. Die meisten Menschen, die im Hochschulbetrieb arbeiten, schaffen es, sich Zeit für die Aufgaben zu nehmen, die Ihnen wirklich wichtig sind. Wenn Ihre Abschlussarbeit also bei Ihrem Betreuer in die Kategorie „wichtige Aufgabe" fällt, wird er in der Regel auch ausreichend Zeit für eine gute Betreuung finden. Fällt Ihre Abschlussarbeit aber in die Kategorie „unwichtig", wird er bei der Zuteilung seiner Zeitressourcen Ihre Abschlussarbeit eher hinten anstellen.

Woher wissen Sie nun, wie wichtig Ihrem Betreuer Ihre Abschlussarbeit sein wird? Generell gilt, was wir schon bei der Themenfindung geschrieben haben: Wenn sich Ihr Betreuer für das Thema Ihrer Arbeit interessiert und ggf. sogar plant, aus den Ergebnissen Ihrer Studie eine Publikation entstehen zu lassen, haben Sie mit Ihrer Arbeit wohl eine recht hohe Priorität. Betreut er Ihre Arbeit hingegen nur, weil eben „irgendjemand" Sie betreuen muss, ohne dass er sich für Ihr Thema interessiert, ist die Wahrscheinlichkeit schon deutlich geringer, dass er sich viel Zeit für Sie nimmt – zumindest dann, wenn es auch ansonsten viel zu tun gibt. Auch wenn Ihr Betreuer gleichzeitig sehr viele Abschlussarbeiten betreut, ist die Wichtigkeit einer einzelnen Arbeit meist geringer. Allerdings sind hier pauschale Aussagen schwierig: So vergeben manche Betreuer zwar recht viele Abschlussarbeiten, diese sollen aber insgesamt *eine* wissenschaftliche Fragestellung beantworten – jede Abschlussarbeit trägt dann ein Puzzleteil dazu bei. Da für das Gesamtbild jedes Teil wichtig ist, hat der Betreuer auch an jeder einzelnen Arbeit ein entsprechendes Interesse. Anders ist es vielleicht, wenn jemand eine große Anzahl sehr beliebig erscheinender Themen betreut. Hier wird der Betreuer vermutlich nur an einzelnen Arbeiten ein echtes inhaltliches Interesse besitzen.

1.2.3 Erfahrung des Betreuers

So wie Sie zum ersten Mal eine Abschlussarbeit schreiben, wird auch jede Lehrperson irgendwann zum ersten Mal eine Abschlussarbeit betreuen – in der Regel dann, wenn sie selbst noch Doktorand bzw. akademischer/wissenschaftlicher Mitarbeiter ist. Eine solche Betreuung durch einen „Frischling" kann durchaus seine Vorteile haben: Bei der ersten Betreuung wird man sich damit oft außerordentlich viel Mühe geben. In der Regel ist man bereit, relativ viel Zeit in die Betreuung zu investieren, und die erste selbstbetreute Abschlussarbeit ist einem oft besonders wichtig. Zudem ist es bei Doktoranden häufig so, dass sie nur Arbeiten betreuen, für die sie auch das Thema selbst ausgeschrieben haben, weil es z. B. Bestandteil ihrer eigenen Doktorarbeit ist. Daher wird auch das Interesse an den Ergebnissen der Abschlussarbeit sehr hoch sein.

Das sind zunächst einmal ideale Voraussetzungen für eine gelingende Betreuung. Nachteile können hingegen sein, dass Ihrem Betreuer gewisse Erfahrungen fehlen und er noch keine Lösungsroutinen für Schwierigkeiten, die während der Bearbeitung des Themas auftauchen können, entwickelt hat. Auch fehlen unerfahrenen Betreuern oft Vergleichsmaßstäbe, was man üblicherweise von einer Abschlussarbeit erwarten kann. Das kann gelegentlich dazu führen, dass ein solcher Betreuer besonders hohe Anforderungen stellt (z. B. weil er Ihre Arbeit mit seiner eigenen Abschlussarbeit, die ja oft noch gar nicht lange her ist, vergleicht und zu dem Schluss kommt, dass seine doch viel besser war). Dass die eigene Abschlussarbeit erst vor Kurzem verfasst wurde, kann allerdings auch den Vorteil bringen, dass Ihr Betreuer noch sehr gut nachempfinden kann, welche Schwierigkeiten man beim Schreiben einer Abschlussarbeit erlebt. Derartige Erfahrungen verblassen nach einigen Jahren, sodass routinierte Betreuer oft gar nicht mehr nachvollziehen können, wie es passieren kann, dass jemand dieses oder jenes nicht hinbekommt, obwohl es einem selbst ganz einfach erscheint.

Am meisten Erfahrung in der Betreuung von Abschlussarbeiten haben sicherlich (ältere) Professoren. Diese Personen betreuen aber oft auch viele Arbeiten gleichzeitig, sodass unter Umständen relativ wenig Zeit für die einzelne Betreuung bleibt. Auch die Wichtigkeit Ihrer Arbeit wird für diese Personen oft eher niedrig sein, zumal Professoren häufig mehr Möglichkeiten haben, Studien oder Forschungsprojekte, die sie selbst wichtig finden, von „höher qualifizierten" Mitarbeitern, beispielsweise von Doktoranden, bearbeiten zu lassen. Für ihre eigenen Erhebungen sind sie also weniger darauf angewiesen, diese von Studierenden im Rahmen von Abschlussarbeiten durchführen zu lassen. Allerdings unterscheiden sich einzelne Professoren individuell sehr stark in ihrem zeitlichen Engagement für Abschlussarbeiten, weshalb Pauschalisierungen nicht sinnvoll sind.

Wir nehmen an, dass sich bei den Betreuern die wesentlichen „Lernfortschritte" hinsichtlich der Optimierung der Art und Weise, wie sie Arbeiten anleiten, innerhalb der ersten betreuten Arbeiten vollziehen. Nach 5 bis 10 betreuten Arbeiten ist die Lernkurve vermutlich abgeflacht und weitere Lernfortschritte fallen eher gering aus. Daraus könnte man die Empfehlung ableiten, sich einen Betreuer zu suchen, der zuvor bereits ein paar Arbeiten betreut und einige Jahre Erfahrung hat. Aber wie oben angemerkt, kann auch die Betreuung bei jemandem, für den es die erste Abschlussarbeit ist, ihre Vorteile haben.

1.2.4 Berichte anderer Studierender

Um etwas über die Qualität und Art der Betreuung einer bestimmten Person zu erfahren, bietet es sich an, Kommilitonen zu fragen, die gerade bei dieser Person ihre Abschlussarbeit schreiben oder kürzlich beendet haben. Das sind wohl die direktesten Informationen, die Sie zur Qualität der Betreuung erhalten können. Allerdings sollten Sie beachten, dass verschiedene Personen die gleiche Form der Betreuung unterschiedlich positiv erleben können. So gibt es Kandidaten, die gerne recht eigenständig arbeiten und sich von ihrem Betreuer möglichst wenige Vorgaben wünschen. Andere fühlen sich wohler, wenn Sie vorab jedes Detail mit dem Betreuer abklären können und dieser sie an der Hand durch die Bearbeitung der Abschlussarbeit führt. Ein guter Betreuer sollte zwar in der Lage sein, auf verschiedene Typen von Kandidaten flexibel einzugehen, aber dennoch bedeutet die Zufriedenheit (oder Unzufriedenheit) eines Kommilitonen mit einem bestimmten Betreuer nicht zwangsläufig, dass Sie mit diesem Betreuer genauso glücklich (oder unglücklich) werden. Bedenken Sie also, dass die subjektive Zufriedenheit Ihrer Kommilitonen mit einem Betreuer nicht immer etwas mit der Qualität der Betreuung zu tun haben muss. Fragen Sie daher mehrere Kommilitonen nach ihren Urteilen.

In Zeiten, in denen die Note auf dem Abschlusszeugnis ein wichtiges (wenn auch keineswegs das einzige) Kriterium für den weiteren beruflichen Werdegang ist, gewinnt die Frage an Bedeutung, ob unterschiedliche Betreuer bzw. Gutachter unterschiedlich gute Noten vergeben. Wir wissen, dass sich Studierende darüber austauschen, wie einfach oder schwierig es ist, bei bestimmten Gutachtern gute Noten zu erzielen. Auch lässt es sich nicht von der Hand weisen, dass verschiedene Gutachter den Mittelwert ihrer Noten unterschiedlich festsetzen oder unterschiedliche (implizite oder explizite) Anforderungen an die Qualität einer Abschlussarbeit stellen. Daher erscheint es durchaus legitim, sich die Frage zu stellen, wie die Bewertungsmaßstäbe verschiedener Betreuer bzw. Gutachter aussehen. Wir würden aber davon abraten, sich zu stark oder gar einseitig an dem Aspekt der Notengebung zu orientieren. Aus einer guten Betreuung resultiert nämlich in aller Regel eine gute Arbeit, die dann auch fair benotet wird. Suchen Sie also lieber nach einer guten Betreuung, als darauf zu spekulieren, dass Sie bei einem Gutachter mit „laschen" Bewertungskriterien auch bei schlechter Betreuung – und folglich einer vermutlich nicht sonderlich guten Arbeit – eine gute Note erzielen. Was Sie sich – wie wir noch ausführen werden – unseres Erachtens vielmehr suchen sollten, ist ein Betreuer bzw. Gutachter mit *transparenten Bewertungskriterien* (vgl. Abschnitt 1.5). Zuvor gehen wir aber auf die *Betreuungsleistungen* ein, die Sie mit Ihrem Betreuer absprechen sollten.

1.3 Absprache der Betreuungsleistungen

Eine Geschichte, die wir von Kollegen immer wieder in leicht variierenden Fassungen hören, ist die, dass sie mit einem Studierenden ein Thema für eine Abschlussarbeit abgesprochen und dann Monate lang von diesem Studierenden nichts mehr gehört haben. Sie selbst hatten ihn schon fast vergessen, bis er eines Tages plötzlich bei ihnen vor der Bürotür stand – mit einem gebundenen Exemplar seiner Abschlussarbeit, die er abgeben wollte, in der Hand. In den meisten Fällen geht diese Geschichte dann so weiter, dass die Kollegen beim Lesen der Arbeit feststellten, dass der Studierende weitgehend am Thema vorbeigeschrieben oder grobe methodische Fehler begangen hatte, weshalb die Kollegen – selbst mit bestem Willen – lediglich die Note 4 vergeben konnten. Sie hätten zwar Mitleid mit diesem Studierenden, könnten aber nicht verstehen, warum er sich nicht zwischendurch gemeldet hat, um z.B. die Schwerpunkte des Theorieteils, das Vorgehen bei der Untersuchung oder die Auswertung zu besprechen. Somit sei die schlechte Note selbst verschuldet.

Die Kollegen, die eine derartige Geschichte erzählen, bedenken häufig nicht, dass der Studierende vermutlich gedacht hat, es sei so üblich, dass man ein Thema gestellt bekommt und – nach einer Phase der selbstständigen Bearbeitung – die fertige Arbeit dann termingerecht abgibt. In den meisten Prüfungsordnungen steht auch sinngemäß, dass mit der Abschlussarbeit demonstriert werden soll, dass man *selbstständig* eine gestellte Fragestellung bearbeiten kann. In der Realität sieht der Ablauf und die Betreuung einer Abschlussarbeit an den meisten Hochschulen jedoch anders aus – ein Umstand, der manchen Studierenden nicht klar ist. Den Kollegen aus unserer Geschichte war wiederum nicht bewusst, dass der Studierende den üblichen Betreuungsablauf nicht kannte. Daher haben sie ihn auch nicht darauf hingewiesen, dass er an bestimmten Punkten der Bearbeitung diese mit dem Betreuer absprechen sollte, eben um zu vermeiden, dass er am Thema vorbei schreibt oder methodische Fehler begeht.

Wir wissen aus unserer eigenen Erfahrung als Betreuer, dass der Ablauf einer Betreuung für einen selbst irgendwann selbstverständlich ist und man daher zumindest gelegentlich vergisst, explizit zu kommunizieren, wie die eigenen *Betreuungsleistungen* aussehen. Tatsächlich unterscheiden sich Betreuer sehr deutlich darin, wie engmaschig sie die Betreuung gestalten und ob sie beispielsweise bereit sind, eine Vorversion der Arbeit vor deren Abgabe zu lesen. Das Ausmaß der Betreuungsleistungen, die ein Betreuer anbietet, ist in der Regel durchaus durchdacht: Wenn es einem Betreuer darum geht, festzustellen, wie selbstständig jemand ein Thema bearbeiten kann, dann wäre „keine Betreuung" – wie im Beispiel der obigen Geschichte – durchaus legitim. Allerdings weiß jeder Betreuer mit ein wenig Erfahrung, dass das in aller Regel nicht funktionieren wird. Außerdem beinhalten

Abschlussarbeiten die Paradoxie, dass Studierende ja zuvor nicht lernen konnten, wie man eine Abschlussarbeit schreibt. Das heißt, die Fertigkeit, eine wissenschaftliche Arbeit durchzuführen und zu schreiben, wird erst im Rahmen der Abschlussarbeit erworben. Daher bedarf dieser Lernprozess in jedem Fall der Betreuung – das sehen fast alle Betreuer, die wir kennen, so. Andererseits soll die Abschlussarbeit ja auch eine Prüfungsleistung darstellen. Wenn ich als Betreuer jeden Textabschnitt einer Arbeit wiederholt solange korrigiere und zur Überarbeitung zurückgebe, bis die Arbeit perfekt ist, bewerte ich am Ende nicht mehr die Leistung des Studierenden, sondern meine eigene – nämlich, wie „gut" meine Betreuung war.

Die Frage ist also nicht, *ob* der Prozess einer Abschlussarbeit betreut werden soll, sondern vielmehr, *wie intensiv* die Betreuung ausfallen und welche Betreuungsleistungen im Detail erbracht werden sollen. Hierzu legt sich jeder Betreuer seine eigenen Maßstäbe zurecht und sogar an demselben Institut werden sich verschiedene Betreuer deutlich in ihren Betreuungsleistungen unterscheiden. Dies ist insofern unproblematisch, als diese Unterschiede in der Betreuung ja auch in die Notengebung einfließen: Wenn ich wenig intensiv betreue und mehr Eigenständigkeit erwarte, werde ich auch die Bewertungskriterien niedriger ansetzen als bei einer sehr engmaschigen Betreuung. Wichtig ist nur, dass Sie – als Schreiber bzw. Schreiberin einer Abschlussarbeit – wissen, mit welchen Betreuungsleistungen Sie rechnen können und wann Selbstständigkeit von Ihnen erwartet wird. Sofern Ihr Betreuer nicht von sich aus erzählt, wie die Betreuung bei ihm aussieht, sollten Sie konkret nachfragen und sich den Ablauf der Betreuung darlegen lassen.[6] Für den Fall, dass die Beschreibung Ihres Betreuers lückenhaft ausfällt oder Sie immer noch im Unklaren lässt, haben wir hier ein paar Fragen zusammengestellt, die Ihnen helfen können, mehr Klarheit zu erlangen:

- Soll ich vor Beginn der Arbeit ein Exposé verfassen, in dem die Fragestellung und ggf. die Planung der empirischen Untersuchung beschrieben werden und zu dem Sie mir dann Feedback geben? Wie detailliert soll das Exposé ausfallen? Was soll alles enthalten sein?
- Bei empirischen Studien: Welche Phasen der Planung soll ich mit Ihnen absprechen? Wie detailliert soll ich vor Beginn der Untersuchung den Erhebungsablauf mit Ihnen absprechen? Soll ich Ihnen die Untersuchungsmaterialien vorab zeigen (bzw. gibt es vielleicht schon fertiges Untersuchungsmaterial, das ich verwenden soll)? Möchten Sie den Aushang für die Probandenanwerbung vorab sehen?

---

6 Einige – wenngleich unseres Wissens eher wenige – Betreuer händigen ihren Kandidaten sogar einen schriftlichen Leitfaden aus, in dem sie die Stationen einer Abschlussarbeit und ihre Betreuungsleistungen aufführen. Einen solchen Leitfaden zu erstellen würden wir allen unseren Kollegen raten. Das macht zwar zunächst Arbeit, lohnt sich aber schnell, da man nicht bei jeder Abschlussarbeit alles erneut erzählen muss. Außerdem kann man auf diese Weise nichts vergessen, und für die Studierenden bietet es mehr Transparenz und Verlässlichkeit, die Betreuungsleistungen schriftlich vor sich zu haben.

- Wie ist das Vorgehen bei der Auswertung: Soll ich diese zunächst selbstständig probieren und mit den Ergebnissen bzw. bei Schwierigkeiten zu Ihnen kommen, oder zeigen Sie mir vorab die wesentlichen Schritte? (Hier wäre auch die Frage legitim, ob – bzw. in welchem Maße – es in die Benotung einfließt, wenn man den Betreuer um Unterstützung bei der Auswertung bittet.)
- Lesen und korrigieren Sie Abschnitte meiner Arbeit vor der endgültigen Abgabe? Wie sieht das konkret aus: Sind Sie bereit, einzelne (kurze) Abschnitte, bei denen ich mir unsicher bin, vorab zu lesen? Würden Sie eine „Vorversion" meiner gesamten Arbeit lesen und mir dazu Feedback geben? Lesen Sie gar keine Teile meiner Arbeit vor der offiziellen Abgabe?

Wie bereits erwähnt, vertreten wir die Ansicht, dass eine sehr große Bandbreite an Betreuungsleistungen legitim ist und es auch unproblematisch ist, wenn sich Betreuer darin unterscheiden, sofern für die Schreiber der Abschlussarbeiten Transparenz besteht. Für uns selbst hat es sich als sinnvoll herausgestellt, dass vor Beginn der empirischen Untersuchung der Theorie- und der Methodenteil (oder alternativ ein Exposé) geschrieben und vom Betreuer gelesen werden. Dann kann man noch korrigierend eingreifen und z.B. auf Aspekte hinweisen, die übersehen wurden. Auch möchten wir den genauen Erhebungsablauf und das Untersuchungsmaterial sehen, um entscheiden zu können, ob methodisch alles einwandfrei ist – es wäre schade um die Zeit aller Beteiligten, wenn eine Studie aufgrund von methodischen Mängeln bei der Planung bzw. Durchführung gar keine validen Aussagen erbringen kann (vgl. dazu Kapitel 6 und 7). Bei Literaturarbeiten wollen wir relativ früh eine Gliederung der Arbeit sehen, die so detailliert ausfallen sollte, dass man entscheiden kann, ob die weitere Ausarbeitung in die richtige Richtung läuft und die wesentlichen Aspekte des Themas behandelt werden.

Hinsichtlich der Auswertung empirischer Studien handhaben wir es so, dass die Schreiber – ggf. nach dem Hinweis auf einschlägige Literatur, mit der sie sich eigenständig einarbeiten können – zunächst selbst versuchen, die Daten auszuwerten. Wenn sie an einer Stelle aber nicht weiter wissen, können sie gerne mit Fragen zu uns kommen – das bewerten wir auch nicht negativ. Zwar stellt „Eigenständigkeit" ein Bewertungskriterium dar, es ist uns aber deutlich lieber, wenn jemand gelegentlich etwas zu viel fragt, als wenn jemand in Eigenregie falsche Entscheidungen trifft.

Negativ wird allerdings bewertet, wenn jemand mit Fragen zu uns kommt, die er sich auch leicht selbst hätte beantworten können. Wenn jemand also in seinem Studium bisher noch nicht gelernt hat, wie eine Literaturrecherche funktioniert, dann erwarten wir – zumindest nach dem Hinweis, dass es dazu Bücher und auch Kurse der Bibliothek gibt –, dass diese Person sich die fehlenden Kenntnisse und Fertigkeiten selbst beibringt. In ähnlicher Weise erwarten wir, dass sich jemand selbst in statistische Verfahren oder Programme (z.B. *SPSS*) einarbeitet, sofern es dafür Literatur gibt. Auch die Gestaltungsrichtlinien für wissenschaftliche Arbeiten oder wie man zitiert sollten sich die Personen – sofern sie hier noch Defizite haben – selbst beibringen (letztere Themen werden im Band *Schreiben und Gestalten* behandelt). Bei speziellen Fragen sind wir immer gerne bereit, diese zu beantworten, aber es sollte erkennbar sein, dass der Studierende vorher schon einiges versucht hat (z. B. in Büchern nachgeschlagen), um sein Problem zu lösen, und erst zu uns kommt, wenn seine eigenen Versuche nicht erfolgreich waren. Sofern das erkennbar ist, geht Unterstützung durch uns nicht negativ in die Bewertung der Arbeit ein.

1.4 Betreuungsgespräche effektiv nutzen

Wie im vorherigen Abschnitt dargestellt, kann die Anzahl der Gesprächstermine, zu denen Sie sich mit Ihrem Betreuer treffen, stark variieren. Bei empirischen Arbeiten gibt es aber meistens ein paar wegweisende Punkte („Meilensteine"), zu denen man sich trifft, um sicherzustellen, dass die Studie adäquat durchgeführt wird. Diese Meilensteine sind i. d. R. (a) die Besprechung der Konzeption (u. U. anhand eines Exposés), (b) vor Beginn der Erhebung die Besprechung des genauen Studienablaufs, ggf. einschließlich verwendeter Untersuchungsmaterialen, Versuchssteuerungsprogramme und Fragebögen, (c) die Besprechung der Auswertung bzw. der Ergebnisse. Diese Meilensteine sind unseres Erachtens elementar, da Fehler, die an diesen Stellen auftreten, weitere Mängel nach sich ziehen: So kann eine schlecht konzipierte oder mangelhaft durchgeführte Studie keine validen Befunde liefern; eine fehlerhafte Auswertung führt zu verfälschten oder zumindest zu nicht aussagekräftigen Ergebnissen, sodass auch die Interpretation und Diskussion dieser Ergebnisse wertlos sind.

Viele Betreuer werden mehr als diese Gesprächstermine anbieten und auch zwischendurch für Fragen zur Verfügung stehen. Allerdings kann es bei Betreuern, die gerade anderweitig zeitlich sehr eingebunden sind, auch vorkommen, dass sie Ihnen nur ein oder zwei Besprechungstermine einräumen. Auch bei Literaturarbeiten wird es häufiger der Fall sein, dass man sich auf ein oder zwei Besprechungstermine beschränkt.

Unabhängig davon, wie viele Besprechungstermine Sie tatsächlich haben, ist es sinnvoll, die Ihnen zur Verfügung gestellte Zeit effektiv zu nutzen. Daher sollten Sie sich vorab überlegen und aufschreiben, welche Punkte Sie in der Besprechung auf jeden Fall klären möchten und diese Liste auch während der Besprechung dabei haben und abhaken, damit Sie keinen wichtigen Punkt vergessen. Selbstverständlich ist es empfehlenswert, sich während der Besprechung kurze Notizen zu machen. Diese Notizen können Sie nach der Besprechung für sich selbst schriftlich ausformulieren, damit Sie sich auch in ein paar Wochen noch daran erinnern und Sie Ihrem Betreuer dieselbe Frage nicht ein zweites Mal stellen müssen, weil Sie die Antwort vergessen haben.

Manche Betreuer werden die Besprechungszeit begrenzen, also z. B. pro Besprechungstermin nur 20 oder 30 min zur Verfügung stellen. Daher lohnt es sich, im Vorfeld der Besprechung zu fragen, wie viel Zeit Ihr Betreuer an dem Termin für

Sie haben wird. Auch während des Gesprächs sollten Sie die Zeit im Auge behalten, um nicht z.B. bei einem Thema so lange hängen zu bleiben, dass Sie am Ende gar nicht mehr all Ihre Fragen unterbringen können.

In den meisten Fällen ist es sinnvoll, Ihrem Betreuer ein paar Tage vor der Besprechung eine E-Mail zu schicken, in der Sie die wichtigsten Punkte, die Sie besprechen möchten, stichwortartig auflisten. Das hat für Sie und Ihren Betreuer den Vorteil, dass Ihr Betreuer sich ggf. auf Ihre Fragen einstellen und vorbereiten kann (vielleicht fragen Sie ja etwas, worüber sich auch Ihr Betreuer noch nie Gedanken gemacht hat). Weiterhin sieht Ihr Betreuer auf diese Weise schon, was Sie alles besprechen möchten, und wird bei dem Gespräch vielleicht auch selbst darauf achten, dass in der zur Verfügung stehenden Zeit alle Punkte angesprochen und geklärt werden.

Generell gilt: Je besser Sie selbst auf eine Besprechung vorbereitet sind und für sich geklärt haben, zu welchen konkreten Fragen Sie Antworten möchten, desto effektiver können Sie die Besprechungszeit nutzen. Geben Sie Ihrem Betreuer dadurch, dass Sie ihm vorab Ihre Gesprächspunkte mitteilen, ebenfalls die Möglichkeit, sich vorzubereiten (auch wenn nicht alle Betreuer dies tun werden). Beginnen Sie die Besprechung möglichst mit den für Sie wichtigsten Themen, damit – falls die Zeit am Ende doch knapp wird – es nicht so dramatisch ist, wenn Sie die weniger wichtigen Punkte nicht mehr vollständig klären können.

1.5 Transparenz der Bewertungskriterien

So wie Sie sich von Ihrem Betreuer erklären lassen sollten, wie die Betreuung aussieht, sollten Sie sich auch erklären lassen, nach welchen Kriterien die Arbeit bewertet wird. Auch hinsichtlich der Bewertung gibt es nämlich keine allgemeinverbindlichen Kriterien. Die meisten Betreuer bzw. Gutachter haben aber einen (zumindest impliziten) Kriterienkatalog, den sie bei allen Arbeiten in gleicher Weise anwenden. Tatsächlich sollte jeder Gutachter – um die Vergleichbarkeit der Benotung zumindest der von ihm bewerteten Arbeiten sicherzustellen – schriftlich festgehalten haben, welche Kriterien bei der Bewertung angewendet werden. Ähnlich wie bei den Betreuungsleistungen erscheinen vielen Kollegen diese Kriterien so selbstverständlich, dass sie oft vergessen, sie den Studierenden mitzuteilen. Wir finden es aber für die Transparenz und Verlässlichkeit der Notengebung wichtig, dass diese Kriterien möglichst frühzeitig im Bearbeitungsprozess der Abschlussarbeit mitgeteilt werden. Falls Ihr Betreuer das nicht von sich aus tut, fragen Sie nach! Es kann sein, dass Ihr Betreuer die Bewertungskriterien nur „im eigenen Kopf" hat, aber auch dann sollte er Ihnen etwas dazu sagen können.

Im Folgenden sehen Sie die Bewertungskriterien, wie sie der Erstautor dieses Buches bei empirischen Abschlussarbeiten anlegt. Bei Literaturarbeiten oder Metaanalysen ändern sich die Kriterien etwas, da hier die Gliederung und Gewichtung der einzelnen Abschnitte nicht mit der von empirischen Arbeiten übereinstimmt.

(Genauere Angaben, welche Inhalte in den Theorieteil, den Methodenteil etc. gehören, finden Sie in Abschnitt 10.1 sowie ausführlicher im Band *Schreiben und Gestalten*.) Wir denken, dass viele Kollegen in der Psychologie und den empirischen Sozialwissenschaften ähnliche Kriterien anwenden. Wichtig ist, dass auch andere Kriterienkataloge genauso legitim sind, sofern die Kriterien transparent gemacht werden.

> ### Beispiel eines Kriterienkatalogs für die Bewertung von Abschlussarbeiten
>
> Für die Bewertung von Abschlussarbeiten werden folgende Kriterien berücksichtigt. Dabei werden für die einzelnen Teile bzw. Aspekte (A bis G) Schulnoten vergeben. Diese fließen dann – entsprechend der jeweiligen Gewichtung – in die Gesamtnote ein.
>
> **A. Theorieteil und Hypothesen** (Gewichtung: 25 %)
>
> Es werden v.a. berücksichtigt:
> - Präzision und Systematik der Darstellung
> - Angemessenheit der berücksichtigten Literatur
> - Integration der dargestellten Ansätze
> - logisch stringente Ableitung der Hypothesen
>
> **B. Methodenteil** (Gewichtung: 15 %)
>
> Es werden v.a. berücksichtigt:
> - Beschreibung der untersuchten Stichprobe
> - Beschreibung des Untersuchungsmaterials
> - Dokumentation des Ablaufs der Datenerhebung
> - ggf. Ausführungen zu den verwendeten statistischen Verfahren
>
> **C. Ergebnisteil** (Gewichtung: 20 %)
>
> Es werden v.a. berücksichtigt:
> - Systematik und Korrektheit der Darstellung
> - Beschreibung der Ergebnisse mit Bezug auf die Fragestellung
> - Adäquatheit der Beantwortung der Fragestellung
>
> **D. Diskussionsteil** (Gewichtung: 15 %)
>
> Es werden v.a. berücksichtigt:
> - Bewertung und Generalisierung der Ergebnisse
> - Integration der eigenen Befunde in den aktuellen Forschungsstand (Aufgreifen der im Theorieteil dargestellten bisherigen Forschung; ggf. Heranziehen weiterer Literatur z.B. zur Erklärung von Widersprüchen)
> - Kritische Reflexion der eigenen Arbeit
> - Vorschläge für zukünftige Forschungsaufgaben

E. **Formale Korrektheit** (Gewichtung: 10%)

Es werden berücksichtigt:
- Gliederung (formale Korrektheit und logische Konsistenz)
- Rechtschreibung, Zeichensetzung etc.
- Quellenangaben im Text und Literaturverzeichnis
- Darstellung von Tabellen und Abbildungen
- Darstellung von statistischen Ergebnissen im Text
- spezielle Schreibweisen bzw. Konventionen in der Psychologie und den empirischen Sozialwissenschaften

F. **Eigeninitiative/Kreativität/Selbstständigkeit** (Gewichtung: 10%)
- Bewertung der Eigeninitiative und (sinnvoller) eigener Ideen z.B. bei der Planung der Studie, der Durchführung der Erhebung, der Auswertung oder der Diskussion der Ergebnisse
- Selbstständigkeit bei den einzelnen Arbeitsschritten einer wissenschaftlichen Arbeit (dabei wird betont, dass Fragen und Rücksprachen mit dem Betreuer keineswegs negativ in die Note eingehen, dass aber erkennbar sein soll, dass zunächst versucht wurde, auftretende Schwierigkeiten selbst zu lösen)

G. **Datendokumentation auf CD-ROM** (Gewichtung: 5%)

Die Untersuchungsmaterialien und die Daten der Erhebung (Rohdaten, aggregierte Daten und ggf. Syntax-Dateien der Auswertung) müssen auf einer CD-ROM der Arbeit beigelegt werden. (Anmerkung: Die Datendokumentation auf der CD-ROM hat nach bestimmten Vorgaben, welche die Studierenden schriftlich erhalten, zu erfolgen.) Nicht alle Betreuer fordern eine Datendokumentation, weshalb dieser Punkt oft ganz entfallen wird.

1.6 Was mache ich bei Konflikten mit meinem Betreuer?

In diesem Abschnitt gehen wir auf Missverständnisse und Konflikte zwischen Ihnen und Ihrem Betreuer ein. Kleinere Missverständnisse oder ungleiche Erwartungshaltungen kommen sicherlich recht häufig vor, lassen sich aber meist auch einfach lösen. Auf diese *üblichen Missverständnisse* und auf mögliche Klärungsstrategien gehen wir in Abschnitt 1.6.1 ein. Im darauf folgenden Abschnitt 1.6.2 besprechen wir, was Sie machen können, wenn *die Fronten so verfestigt sind, dass Sie nicht glauben, diesen Konflikt noch allein lösen zu können* – ein Fall, der unserer Erfahrung nach sehr selten vorkommt. Abschließend widmen wir uns einem eher tabuisierten Thema: Dadurch, dass zwischen Betreuer und betreuter Person immer ein *Machtgefälle* besteht, ist nicht auszuschließen, dass *Betreuer ihre Macht zu verschiedenen Zwecken missbrauchen*. Was Sie in einem solchen Fall unternehmen können, wird in Abschnitt 1.6.3 diskutiert.

1.6.1 Die üblichen Missverständnisse

Glücklicherweise sind schwerwiegende Konflikte zwischen Betreuern und den Abschlussarbeitsschreibern unseres Wissens selten. Wo immer Menschen miteinander arbeiten, kann es aber zu Missverständnissen und – daraus resultierend – auch Konflikten kommen.

Unser erster Rat ist, solche Probleme oder Konflikte mit Ihrem Betreuer offen anzusprechen, denn häufig beruhen diese auf Missverständnissen: Die eine Person nimmt irgendetwas als selbstverständlich an, was für die andere Person gar nicht selbstverständlich ist. Wenn beide Seiten nicht darüber reden, kann dies zu Missverständnissen und ggf. Verärgerungen sowohl bei Ihnen als auch beim Betreuer führen.

Beim Ansprechen solcher Konfliktthemen sollten Sie vermeiden, dass Ihr Betreuer Ihre Äußerungen als Vorwürfe oder als persönlichen Angriff auffasst. Ein ungünstiger Gesprächseinstieg wäre: „Jedes Mal, wenn ich zu Ihnen zur Besprechung komme, ändern Sie Ihre Meinung darüber, wie die Studie gestaltet sein soll. Wenn Sie so weiter machen, werde ich mit meiner Arbeit nie fertig. Außerdem sind Ihre Ansprüche viel zu hoch. Bei Dr. Maier bekommt man auch mit der Hälfte des Arbeitsaufwandes eine Eins!" Hier werfen Sie Ihrem Betreuer vor, dass er nicht weiß, was er will, dass er schuld ist, wenn Sie nicht rechtzeitig fertig werden, und dass seine Ansprüche zu hoch sind bzw. dass Kollegen viel besser betreuen als er. Bei derartigen Vorhaltungen ist es sehr wahrscheinlich, dass Ihr Betreuer in eine „Verteidigungshaltung" verfällt und Ihnen ebenfalls Vorwürfe macht, z.B. „Das liegt doch alles nur daran, dass Sie nicht in der Lage sind, ein brauchbares Exposé zu verfassen. Ich hatte selten Studierende, die so schlampig gearbeitet haben wie Sie. Wenn Ihnen mein Niveau zu hoch ist, dann überlegen Sie sich doch mal, ob die Hochschule überhaupt der richtige Ort für Sie ist." Sie sehen, so entwickeln sich verfestigte Fronten und der Konflikt verschärft sich. Bedenken Sie, dass viele Lehrpersonen in ihrer Rolle auch ein wenig gewürdigt werden möchten und Sie mit Vorwürfen und unsachlicher Kritik meist genau das Gegenteil von dem erreichen, was Sie sich eigentlich erhoffen: nämlich Ablehnung statt Unterstützung. Ein „offener Hilferuf" wird dagegen meist erhört.

Unsere Empfehlung wäre daher: Senden Sie *Ich-Botschaften*, in denen Sie deutlich vermitteln, wie es Ihnen mit der jetzigen Situation geht; Sie können auch ansprechen, wenn Erwartungen, die Sie hatten, nicht erfüllt wurden, aber bitte nicht als Vorwurf, sondern mehr als Frage, ob Ihre Vorstellungen bzw. Erwartungen denn falsch gewesen seien. Ihre Eröffnung in einem Betreuungsgespräch könnte also sein: „Ich hatte angenommen, zum jetzigen Zeitpunkt mit meiner Arbeit schon weiter zu sein. Dass es bei der Studienplanung so viele Änderungen gibt, damit hatte ich nicht gerechnet. Läuft das immer so ab, oder ist meine Arbeit da ein Spezialfall?" Sie können auch *Ihre eigenen Sorgen benennen* und Ihren Betreuer dazu Stellung beziehen lassen, ob diese realistisch sind: „Allmählich mache ich mir auch Sorgen, ob ich den Zeitplan noch einhalten und die Arbeit rechtzeitig fertigstellen kann. Was meinen Sie dazu?" Wenn Sie glauben, dass die Ansprüche Ihres Betreuers wirklich zu hoch sind, könnten Sie auch das *als Frage formulieren:* „Ist es in dem Zeitrahmen, den man für eine Bachelorarbeit zur Verfügung hat, denn realistisch, 200 Probanden zu erheben? Ich werde mich natürlich anstrengen, aber welche Konsequenzen hätte es denn für meine Arbeit und mich, wenn ich nur 100 Probanden schaffe?"

Auch Missverständnisse lassen sich oft klären, indem man die eigenen Vorstellungen als Fragen formuliert bzw. von Anfang an einräumt, dass man auch selbst etwas Falsches angenommen haben könnte: „Ich hatte gedacht, dass ich innerhalb von drei Tagen von Ihnen Feedback zu meinem Exposé erhalte. Aber da Sie ja sicherlich sehr viel zu tun haben, war das vermutlich eine unrealistische Vorstellung. Was meinen Sie denn, wann Sie mir Feedback geben können?"

Wir sind überzeugt, dass sich die meisten Konflikte und Missverständnisse zwischen Betreuern und Betreuten dadurch klären lassen, dass Sie diese offen – aber ohne eine vorwurfsvolle oder fordernde Haltung – ansprechen. Dabei hilft es, sich auch einmal in die Position Ihres Betreuers hineinzuversetzen. Wenn Sie gerade dabei sind, Ihre Abschlussarbeit zu schreiben, wird diese sicherlich einen sehr zentralen Platz in Ihrem Leben einnehmen und Sie werden sich fast jeden Tag längere Zeit damit beschäftigen. Für Ihren Betreuer ist diese Arbeit aber weniger zentral. Vermutlich macht das Betreuen von Abschlussarbeiten maximal 1/10 seiner beruflichen Tätigkeiten aus (neben weiteren Aufgaben in der Lehre, der Forschung und der Hochschulverwaltung). Wenn er beispielsweise acht Abschlussarbeiten gleichzeitig betreut, hätte er – bei einer 40-Stunden-Woche – für jede dieser Abschlussarbeiten pro Woche durchschnittlich 30 min Zeit.[7] Von dieser halben Stunde gehen aber nicht nur Besprechungstermine und der E-Mail-Verkehr mit Ihnen ab, sondern auch die Zeiten für folgende Tätigkeiten: Lesen und Korrigieren Ihres Exposés, Anleitung und Unterstützung bei der Planung, Durchführung und Auswertung Ihrer Untersuchung, Lesen der fertigen Arbeit und Erstellen eines Gutachtens mit der Benotung. Wenn Sie nun erwarten, dass Ihr Betreuer sich jede Woche mit Ihnen zur Besprechung trifft oder seitenlange E-Mails beantwortet, werden viele Betreuer dem nicht entsprechen können.

Ein anderer potenzieller Konfliktpunkt ist, dass Ihr Betreuer, vor allem, wenn er viele Arbeiten betreut, nicht bei jeder Arbeit immer genau in Erinnerung haben wird, welche Absprachen Sie getroffen haben bzw. wie der Stand der Bearbeitung ist. Manche Betreuer notieren sich daher derartige Punkte. Wenn Ihr Betreuer so etwas nicht macht, und Sie das Gefühl haben, dass er öfter mal falsch erinnert, was Sie vereinbart hatten, sollten Sie selbst aktiv werden: Notieren Sie in Besprechungen, welche Vereinbarungen und Absprachen getroffen wurden. Wenn Sie diese Notizen bei folgenden Besprechungen dabei haben, können Sie Ihren Betreuer

---

7 Diese Rechnung verdeutlicht, dass die Überlegungen in Abschnitt 1.2 zur Betreuerwahl und insbesondere zu den Zeitressourcen des Betreuers (Abschnitt 1.2.2) durchaus für die Qualität der Betreuung relevant sind.

1.6 Was mache ich bei Konflikten mit meinem Betreuer?

auch darauf hinweisen, dass Sie damals etwas anders abgesprochen haben, als er es jetzt in Erinnerung hat. Die meisten Betreuer werden sich über so gewissenhafte Studierende freuen und Ihr Angebot, als „externe Gedächtnisstütze" zu fungieren, gerne annehmen.

Wenn Sie die Erfahrung gemacht haben, dass das noch nicht reicht bzw. Ihr Betreuer Ihnen nicht glaubt, dass Ihre Notizen auch dem entsprechen, was Sie vereinbart haben (vielleicht haben Sie ja schon bei der Besprechung etwas falsch verstanden), dann sollten Sie versuchen, sich die Kernvereinbarungen von Ihrem Betreuer in schriftlicher Form bestätigen zu lassen. Eine recht elegante Vorgehensweise wäre, nach einer Besprechung noch einmal die wichtigsten Kernpunkte (beschränken Sie sich auf maximal vier Punkte) in einer E-Mail an Ihren Betreuer festzuhalten. Eine solche E-Mail könnte folgendermaßen aussehen:

> Liebe Frau/Lieber Herr ...
> [bzw. Sehr geehrte Frau Professorin/Sehr geehrter Herr Dr. ...],
>
> vorhin [gestern] haben wir den weiteren Ablauf meiner Masterarbeit besprochen. Ich möchte mich noch einmal rückversichern, dass ich die folgenden Punkte richtig verstanden habe:
>
> - Ich schicke Ihnen mein ca. 10-seitiges Exposé bis zum 15.05. per E-Mail zu und Sie geben mir dann in einer persönlichen Besprechung spätestens zwei Wochen später Feedback dazu.
> - Es genügt, wenn ich insgesamt 80 Probanden erhebe.
> - Bei der Faktorenanalyse, die ich für die Auswertung durchführen muss, würden Sie mir zeigen, wie ich das mit dem Statistikprogramm mache.
>
> Bitte geben Sie mir Bescheid, falls ich irgendetwas falsch verstanden haben sollte.
>
> Mit bestem Dank und vielen [freundlichen] Grüßen
>
> ...

Eine derartige kurze E-Mail sollten die meisten Betreuer begrüßen, da sie auf diese Weise – auch, wenn sie sich selbst keine Notizen zu der Besprechung gemacht haben – wissen, welche Vereinbarungen sie mit Ihnen getroffen haben und wie der weitere Ablauf bei Ihnen aussieht. Auch wissen die Betreuer somit, dass sie richtig verstanden wurden bzw. können, falls es doch Fehler gibt, diese korrigieren. Beispielsweise könnte ein Betreuer auf die obige E-Mail antworten: „Sie haben soweit fast alles richtig verstanden. Lediglich bei der Faktorenanalyse würde ich erwarten, dass Sie diese – anhand des Literaturhinweises, den ich Ihnen gegeben habe – erst einmal selbst versuchen durchzuführen. Wenn Sie damit nicht zurechtkommen, können Sie gerne nochmal bei mir nachfragen."

Die hier vorgestellten Techniken sollten Ihnen helfen, Missverständnisse konstruktiv anzusprechen und zu klären oder aber – durch das schriftliche Festhalten von Vereinbarungen – gar nicht erst aufkommen zu lassen. Darüber hinaus sollten Sie sich aber auch fragen, ob die Erwartungen, die Sie möglicherweise an den Ablauf der Erstellung Ihrer Abschlussarbeit hatten, tatsächlich realistisch sind. Konkret sollten Sie sich bewusst machen, dass Forschungsprozesse weniger einem 400-m-Lauf auf einer befestigten Bahn entsprechen, sondern mehr einem Hindernis- oder Parcours-Lauf. Das heißt, es tun sich oft erst während der Planung der Studie neue Probleme oder Hindernisse auf, die nicht einfach ignoriert werden können bzw. sollten. Hier gilt es dann, neue Wege – ggf. auch Umwege – zu finden, um überhaupt ans Ziel zu kommen. Daher sind auch Fortschritte bei Forschungsarbeiten nicht gänzlich planbar. Manchmal, wenn man festgestellt hat, dass man in einer Sackgasse gelandet ist, mag es notwendig sein, einige Schritte zurückzugehen und auf einem neuen Pfad zu starten. Solche Erlebnisse sind für Schreiber von Abschlussarbeiten genauso frustrierend wie für erfahrene Forscher, aber sie lassen sich eben nicht immer vermeiden. Wenn Sie während Ihrer Abschlussarbeit solche Erfahrungen machen, hat das also nichts mit der Inkompetenz Ihres Betreuers oder dessen schlechtem Betreuungsstil zu tun, sondern ist ein unvermeidbarer Bestandteil des Forschungsprozesses.

In aller Regel sollten Betreuer solche Unwegsamkeiten auf Ihre eigene Kappe nehmen. Wenn Sie beispielsweise aufgrund von wiederholten Änderungen bei der Planung der Studie oder aufgrund anderer, nicht vorhersehbarer Schwierigkeiten am Ende nicht so viele Probanden erheben können, wie ursprünglich anvisiert waren, dann sollte sich das nicht negativ auf Ihre Beurteilung auswirken. Wenn Sie sich diesbezüglich Sorgen machen, z.B. wegen auftretender Verzögerungen, sprechen Sie Ihren Betreuer darauf an. Vermutlich wird er viele Ihrer Sorgen ausräumen können.

1.6.2 Verfestigte Fronten

Sie haben bereits alle im vorherigen Abschnitt besprochenen Vorgehensweisen ausprobiert, haben aber immer noch einen schwerwiegenden Konflikt mit Ihrem Betreuer, den Sie für nicht mehr lösbar halten, und der sich Ihres Erachtens negativ auf die Bewertung Ihrer Arbeit auswirken wird? In einem solchen Fall benötigen Sie externe Unterstützung. An den meisten Hochschulen sind die Strukturen zur Lösung solcher Konflikte leider erst wenig entwickelt. Mögliche Anlaufstellen sind aber (a) der studentische Fachschaftsrat, (b) ggf. die studentische Person im Prüfungsausschuss, (c) der Prüfungsausschuss und (d) der Studiengangsbeauftragte.

Dem Fachschaftsrat Ihr Problem mitzuteilen hat den Vorteil, dass Sie dort auf andere Studierende treffen, die vermutlich Verständnis für Ihre Schwierigkeiten haben. Vielleicht sind dem Fachschaftsrat ähnliche Fälle (vielleicht auch mit Ihrem konkreten Betreuer) bekannt und es haben sich in der Vergangenheit schon Lösungsroutinen herausgebildet. Andererseits hat der Fachschaftsrat keine offiziellen Mittel, um Konflikte anzugehen. Allenfalls könnte es sich anbieten, dass Sie ein Mitglied des Fachschaftsrates bei einem letzten Gesprächs- und Klärungsversuch mit Ihrem Betreuer begleitet und unterstützt.

Für offizielle Lösungen ist der Prüfungsausschuss Ihres Studiengangs zuständig. Der Prüfungsausschuss kann über Ihre Anträge entscheiden, wenn Sie z.B. Ihren Betreuer wechseln wollen oder auch wenn auf Ihren jetzigen Betreuer in irgendeiner Weise offiziell eingewirkt werden soll. Die offizielle Einschaltung des Prüfungsausschusses ist allerdings ein Schritt, der von den Beteiligten als sehr weitgehend empfunden werden wird und daher das letzte Mittel darstellen sollte. Zu beachten ist auch, dass der Prüfungsausschuss zumindest mehrheitlich immer aus Professoren besteht, sodass eine gewisse Parteilichkeit für den Betreuer nicht auszuschließen ist. An einigen – keineswegs an allen – Hochschulen ist auch ein Studierender (der vom Fachschaftsrat gestellt wird) Mitglied des Prüfungsausschusses. Falls das bei Ihnen so ist, können Sie sich zunächst an diese Person wenden, bevor Sie – dann in der Regel in schriftlicher Form – Ihr Anliegen offiziell beim Prüfungsausschuss einreichen.

Ein weiterer Ansprechpartner ist der Studiengangsbeauftragte, bei dem es sich oft um einen Professor, manchmal auch um einen akademischen bzw. wissenschaftlichen Mitarbeiter handelt. Diese Person könnte versuchen, erst einmal inoffiziell mit Ihrem Betreuer zu sprechen, um sich dessen Perspektive schildern zu lassen bzw. um zwischen Ihnen und dem Betreuer zu vermitteln.

Schließlich bieten viele Prüfungsordnungen die Option, dass ein bereits offiziell ausgegebenes Thema einmalig zurückgegeben werden kann. Diese Möglichkeit ist aber meist auf die ersten vier bis sechs Wochen nach Ausgabe des Themas beschränkt. Falls Ihre Prüfungsordnung diese Option eröffnet und Sie die dort angegebene Frist noch nicht überschritten haben, könnten Sie relativ einfach Ihr aktuelles Thema zurückgeben und sich einen anderen Betreuer (mit einem anderen Thema) suchen. Die Rückgabe des Themas müssen Sie sich dabei offiziell vom Prüfungsamt bzw. vom Prüfungsausschuss genehmigen und bestätigen lassen. Da Konflikte sich oft erst nach einer gewissen Zeit einstellen bzw. verfestigen, ist es eher unwahrscheinlich, dass diese Option in diesen Fällen noch greift. Sie ist eher dafür gedacht, dass man kurz nach Beginn der Bearbeitung feststellt, dass die geplante Fragestellung doch nicht gut untersuchbar ist.

1.6.3 Machtgefälle und Machtmissbrauch

Zwischen Betreuer bzw. Gutachter und dem Schreiber einer Abschlussarbeit besteht ein klares Machtgefälle: Der Betreuer bzw. Gutachter kann Ihnen mit einer schlechten Note Zukunftsperspektiven verbauen oder Sie sogar durchfallen lassen (wobei nach vielen Prüfungsordnungen ein Durchfallen nur möglich ist, wenn ein weiterer, unabhängiger Gutachter dieses Urteil bestätigt). Sie haben hingegen keine vergleichbare Macht über Ihren Betreuer bzw. Gutachter.

Es darf nicht übersehen werden, dass die Macht, die der Betreuer besitzt, mit einer Verantwortung für Sie, für Ihre Abschlussarbeit, aber auch für Ressourcen und Probanden einhergeht. Wenn Sie z.B. eine Studie durchführen wollen, die ethischen Standards zuwiderläuft, und bei der die Gefahr besteht, dass die Probanden psychischen oder sonstigen Schaden nehmen, ist es die Verantwortung und Pflicht des Betreuers, dies zu unterbinden. Auch wenn Ihnen an der Hochschule bestimmte Ressourcen zur Verfügung gestellt werden – angefangen bei Probandenstunden und Kopierkosten für Fragebögen bis hin zum Einsatz teurer Geräte oder der Bezahlung von Probanden – hat Ihr Betreuer die Verantwortung dafür, dass Sie diese Ressourcen zweckdienlich verwenden. Falls Sie also eine Studie geplant haben, die viele Ressourcen verbraucht, aber bei der absehbar ist, dass sie keine relevanten Ergebnisse liefert, wäre es ebenfalls die Pflicht Ihres Betreuers, Sie wieder auf den rechten Weg zu bringen – selbst dann, wenn Sie seine Sichtweise nicht teilen.

Die allermeisten Betreuer sehen sich zudem in der Pflicht, dafür zu sorgen, dass Sie Ihre Abschlussarbeit so durchführen, dass diese am Ende mit einer guten Note bewertet werden kann. Falls Ihr Betreuer also der Meinung ist, dass ein bestimmtes Vorgehen nicht adäquat ist oder keine verwertbaren Ergebnisse liefern wird, Sie aber vom Gegenteil überzeugt sind, haben Sie einen Konflikt. Hier würden wir eher dazu raten, auf die Erfahrung und die höhere Qualifikation des Betreuers zu setzen: Wenn Sie ihn durch Ihre Argumente nicht überzeugen können, sollten Sie im Zweifelsfall seinen Anweisungen folgen.

Wir sind überzeugt, dass die meisten Betreuer und Gutachter mit ihrer Macht verantwortungsbewusst und fair umgehen. Daher sollten Sie unseres Erachtens erst einmal nicht befürchten, dass Ihr Betreuer bzw. Gutachter seine Macht missbrauchen wird. Aber selbstverständlich gibt es Einzelfälle, in denen so etwas vorkommt. Machtmissbrauch kann damit beginnen, dass der Betreuer – für eine gute Note – von Ihnen mehr Arbeitsaufwand erwartet, als offiziell vorgesehen ist. Vielleicht verlangt er auch von Ihnen im Rahmen der Abschlussarbeit Dienstleistungen zu erbringen (wie z.B. das Kopieren von Büchern oder das Eingeben von Daten), die mit Ihrer Abschlussarbeit nur am Rande etwas zu tun haben – auch das wäre ein Machtmissbrauch.

Hier sollten Sie für sich selbst überlegen, wo Sie eine eindeutige Grenze ziehen. Vielleicht ist es für Sie in Ordnung, 10 Stunden lang Bücher zu kopieren, entweder, da Sie im Ausgleich Ressourcen der Hochschule für Ihre Abschlussarbeit nutzen konnten, die man Ihnen nicht zur Verfügung hätte stellen müssen, oder schlicht, um sich einen weiterführenden Konflikt zu ersparen. Dort, wo Ihre selbstgesetzte Grenze erreicht ist bzw. Sie sich ungerecht behandelt fühlen, sollten Sie zunächst Ihrem Betreuer gegenüber offen ansprechen, dass Sie nicht der Meinung sind, dass diese Aufgaben im Rahmen Ihrer Abschlussarbeit zu erledigen sind. Vielleicht war Ihrem Betreuer dieser Konflikt gar nicht bewusst und er zeigt sich einsichtig. Sofern Ihr Betreuer aber nicht von seinen – objektiv ungerechtfertigten – Forderungen abrückt, können Sie den in Abschnitt 1.6.2 beschriebenen Weg beschreiten.

Schließlich kann der Machtmissbrauch sogar so weit gehen, dass Ihr Betreuer sexuelle Handlungen von Ihnen verlangt und Ihnen droht, andernfalls Ihre Arbeit schlecht zu bewerten. Da sich dieses Verhalten eindeutig im Bereich der strafbaren Handlungen bewegt, sollten Sie es auf keinen Fall dulden. Leider ist uns bewusst, dass pauschale Hinweise, wie Sie sich in einer solchen Situation verhalten sollten, schwierig sind, da – sofern Sie keine Zeugen haben – Aussage gegen Aussage steht. Als Sofortmaßnahme könnten Sie darauf bestehen, dass bei Besprechungen im Büro des Betreuers die Bürotür stets geöffnet bleibt. Zudem könnten Sie eine vertraute Person mitnehmen, die vor der Bürotür in Hörweite bleibt und ggf. auch als Zeuge dienen kann. Wichtig erscheint uns darüber hinaus, dass Sie sich Verbündete suchen (das können Freunde und Bekannte oder z.B. die Frauen- bzw. Gleichstellungsbeauftragten Ihrer Hochschule sein), mit denen Sie dieses Problem erörtern. Ob eine Strafanzeige oder andere Wege die für Sie beste Option darstellen, sollten Sie gemeinsam mit diesen Personen überlegen.

1.7 Gemeinsame Bearbeitung von Abschlussarbeiten

Oft ist es möglich, Abschlussarbeiten auch zu zweit oder zu dritt zu schreiben. Dabei muss aber sichergestellt sein, dass für jede Person eine individuelle Benotung ihrer Leistung erfolgen kann. Daher wird i.d.R. im Inhaltsverzeichnis für jedes Kapitel bzw. jeden Abschnitt gekennzeichnet, wer dafür verantwortlich ist. Die Notenvergabe erfolgt, zumindest offiziell, getrennt für die Abschnitte der Schreiber, sodass es theoretisch möglich ist, dass eine Person mit einer 1, die andere Person mit einer 4 benotet wird.

Gemeinsame Bearbeitungen haben sicherlich einige Vorteile: Man kann sich gegenseitig fachlich, aber auch sozial-emotional (z.B. hinsichtlich der Motivation und des Durchhaltewillens) unterstützen, und man kann gemeinsam eine umfassendere Fragestellung bearbeiten, als es für nur eine Person realisierbar wäre. Ein Nachteil ist, dass man – trotz der unabhängigen Benotung – doch in gewisser Weise voneinander abhängig ist: Wenn die eine Person abgeben will, die andere aber noch nicht mit ihren Teilen fertig ist, muss man auf die langsamere Person warten. Eine Gefahr besteht auch darin, dass sich während des Schreibens „unüberwindbare Konflikte" ergeben können, seien diese fachlicher oder auch persönlicher Natur. Selbst langjährige Freundschaften können durch unvorhergesehene private Ereignisse in die Brüche gehen. Auch in einem solchen Fall müssten Sie es aber noch bewerkstelligen, eine gemeinsame Arbeit abzugeben. Hierfür wäre es vorteilhaft, wenn beide Schreiber konfliktfähig sind. Reden Sie vor der Entscheidung für eine gemeinsame Abschlussarbeit ruhig einmal miteinander darüber, was Sie machen würden, wenn sich im privaten Bereich Konflikte zwischen Ihnen auftun: Glauben Sie beide, dass Sie trotzdem in der Lage wären, die gemeinsame Abschlussarbeit professionell zu Ende zu bringen?

Wirklich schwerwiegende Konflikte beim Schreiben einer gemeinsamen Abschlussarbeit sind wohl eher selten. Dennoch sollten Sie diese Gefahr bei Ihrer Entscheidung berücksichtigen. Vielleicht kommen Sie auch zu dem Schluss, dass es besser wäre, mit einer Person zusammen zu schreiben, zu der Sie eine eher geschäftsmäßig-professionelle Beziehung haben, als mit dem besten Freund oder der besten Freundin, da bei Letzteren die Gefahr größer ist, dass private Konflikte sich auch negativ auf die Zusammenarbeit auswirken.

Wenn Sie sich gegen eine gemeinsame Abschlussarbeit entscheiden, aber trotzdem zusammen mit einer zweiten (oder auch dritten) Person ein Thema bearbeiten möchten, das für einen allein zu umfangreich wäre, besteht auch die Möglichkeit, Unterfragestellungen abzugrenzen, die dann in getrennten Abschlussarbeiten behandelt werden. Sie könnten also mit Ihrem Betreuer absprechen, dass Sie zu zweit (oder zu dritt) eine Studie durchführen, aber z.B. in der Auswertung Ihre Schwerpunkte auf unterschiedliche abhängige und/oder unabhängige Variablen legen. Auch bei dieser Variante können Sie von dem gegenseitigen Gedankenaustausch und der Unterstützung untereinander profitieren, sind aber von Ihren Mitstreitern weniger abhängig.

Arbeitsaufwand für verschiedene Arten von Abschlussarbeiten

2.1 Quantitative empirische Arbeiten 32
    2.1.1 Selbstberichtsdaten 33
    2.1.2 Behaviorale Daten 34
    2.1.3 Physiologische Daten......................... 36
    2.1.4 Beobachtungsstudien......................... 37
    2.1.5 Quantitative Textanalyse..................... 38

2.2 Qualitative empirische Arbeiten.................. 39

2.3 Art der Stichprobe................................. 40

2.4 Anzahl der Erhebungszeitpunkte................. 41

2.5 Literaturarbeiten 42

2.6 Metaanalysen 43

2.7 Arbeitsaufwand für und Länge von Bachelor-, Master- und Zulassungsarbeiten.................. 45

2.8 Ihre eigenen Ansprüche 47

2 Arbeitsaufwand für verschiedene Arten von Abschlussarbeiten

In diesem Kapitel wird behandelt, bei welcher Art von Abschlussarbeit (z.B. behaviorales Experiment, Fragebogenstudie, Literaturarbeit) Sie jeweils mit wie viel Aufwand in den verschiedenen Bereichen bzw. Phasen der Bearbeitung zu rechnen haben. (Eine Erläuterung der einzelnen Phasen einer empirischen Arbeit sowie Beispiele für konkrete Zeitplanungen finden Sie in Kapitel 3. Den Aufbau der schriftlichen Arbeit können Sie Kapitel 10 sowie – detaillierter – dem Band *Schreiben und Gestalten* entnehmen.) Wir unterteilen die Arbeiten daher nicht nach wissenschaftstheoretischen Gesichtspunkten, wie Sie sie vermutlich im Studium kennengelernt haben (z.B. die Unterscheidung von Experiment, Quasiexperiment, Labor- vs. Feldexperiment, Korrelationsstudie; vgl. Bortz & Döring, 2006; Huber, 2013). Stattdessen wählen wir eine Einteilung, die für die *praktische Bearbeitung* Ihrer Abschlussarbeit relevant ist: So stellt eine Literaturarbeit ganz andere Anforderungen als ein behaviorales Experiment, und eine Fragebogenstudie stellt andere Anforderungen als eine Metaanalyse. Wir beginnen mit *quantitativen empirischen Arbeiten* (Abschnitt 2.1) und *qualitativen empirischen Arbeiten* (Abschnitt 2.2). Nach zwei Einschüben, wie die *Art der Stichprobe* (Abschnitt 2.3) und die *Anzahl der Erhebungszeitpunkte* (Abschnitt 2.4) Ihren Arbeitsaufwand beeinflussen, erfahren Sie etwas zu Besonderheiten von *Literaturarbeiten* (Abschnitt 2.5) und *Metaanalysen* (Abschnitt 2.6). In Abschnitt 2.7 wird erörtert, wie sich der allgemeine *Arbeitsaufwand für Bachelor-, Master- und Zulassungsarbeiten* unterscheidet und welche Anforderungen es hinsichtlich der *Länge* dieser Abschlussarbeitstypen gibt. Beim Gesamtaufwand für Ihre Abschlussarbeit spielen *Ihre eigenen Ansprüche* eine wichtige Rolle, weshalb wir abschließend auf diese eingehen (Abschnitt 2.8).

2.1 Quantitative empirische Arbeiten

Die meisten Abschlussarbeiten in der Psychologie und den empirischen Sozialwissenschaften sind *quantitative empirische Studien*. Dabei werden Sie die Daten für Ihre Arbeit in aller Regel selbst erheben, wenngleich manchmal die Möglichkeit besteht, bereits vorhandene empirische Daten, die z.B. andere Studierende erhoben haben, zu verwenden. Wenn Sie vorhandene Daten nutzen können, reduziert dies Ihren Aufwand oft erheblich, wobei Ihr Betreuer dann aber vermutlich erwarten wird, dass Sie dies durch vermehrten Einsatz an anderer Stelle kompensieren, beispielsweise dadurch, dass Sie besonders umfangreiche oder komplexe Auswertungen durchführen. Der Unterschied zu *qualitativen* empirischen Studien besteht darin, dass sich bei *quantitativen* Studien die Daten und die Ergebnisse in Zahlen repräsentieren lassen. Bei den erfassten Variablen handelt es sich z.B. um Ausprägungen auf Eigenschaftsdimensionen, Häufigkeiten von Verhaltensweisen, Reaktionszeiten oder physiologische Daten.

Was den Aufwand bei der Erhebung betrifft, ist es gar nicht so entscheidend, ob Sie ein Experiment durchführen (also mindestens eine unabhängige Variable experimentell variieren) oder eine Korrelationsstudie (also den Zusammenhang zwischen bestehenden Ausprägungen erfassen; wir erläutern diese Forschungsansätze in Abschnitt 6.3). Wichtiger ist, welche *Art von (abhängigen) Variablen* Sie erheben. Die drei wichtigsten Klassen sind *Selbstberichtsdaten* (Abschnitt 2.1.1), *behaviorale Daten* (Abschnitt 2.1.2) und *physiologische Daten* (Abschnitt 2.1.3). Im Folgenden geben wir Ihnen Hinweise, wie Sie für jede dieser drei Klassen von Studien einschätzen können, welcher Aufwand Ihnen für die Erhebung, die Dateneingabe und -aufbereitung sowie die Auswertung entsteht. Danach sprechen wir seltenere quantitativ-empirische Verfahren an, nämlich die *Beobachtungsstudie* (Abschnitt 2.1.4) und die *quantitative Textanalyse* (Abschnitt 2.1.5).

2.1.1 Selbstberichtsdaten

Selbstberichtsdaten sind Daten, die eine Person durch Selbstauskunft über sich preisgibt. Die einfachste Form der Erhebung ist in der Regel, dem Probanden einen *Fragebogen* vorzulegen, den dieser selbst ausfüllt. Hinsichtlich der Erhebung zeitlich aufwendigere Varianten wären die *mündliche Befragung* anhand eines solchen Fragebogens bzw. eines *(teil)standardisierten Interviews*. Mündliche Befragungsvarianten haben den Vorteil, dass sie auch telefonisch durchgeführt werden können. Im Rahmen von Abschlussarbeiten wird jedoch der schriftliche Fragebogen den weitaus häufigeren Fall darstellen. Fragebogenstudien lassen sich sehr ökonomisch durchführen, da Sie sehr viele Personen gleichzeitig erheben können. Zum Beispiel könnten Sie alle Erstsemester Ihres Studiengangs in einen Hörsaal einladen und einen Fragebogen ausfüllen lassen.

Auch *Experimente* lassen sich *per Fragebogen* realisieren. Nehmen wir an, Sie möchten herausfinden, ob sich Menschen unterschiedlich fremdenfeindlich äußern, je nachdem, ob sie kurz zuvor eine positive oder eine negative Geschichte über einen Immigranten gelesen haben. Dazu können Sie die Art der Geschichte zwischen den Befragten variieren, indem Sie zwei Fragebögen erstellen, einen mit einer positiven und einen mit einer negativen Geschichte. An die Geschichten schließen sich in beiden Fragebögen dieselben Items zur Erfassung von Fremdenfeindlichkeit an. Wenn Sie Ihre Probanden soweit voneinander wegsetzen, dass sie nicht in die Fragebögen der anderen schauen können, ist es problemlos möglich, mehrere Versuchsbedingungen zeitgleich zu erheben. Die randomisierte Zuordnung der Probanden auf die Bedingungen erreichen Sie einfach durch das Mischen Ihrer Fragebögen, bevor Sie diese austeilen.

Im Idealfall können Sie auf diese Weise innerhalb einer Sitzung alle Daten erheben, die Sie für Ihre Untersuchung brauchen. In der Praxis wird es häufiger so sein, dass Sie mehrere Termine mit kleineren Gruppen anbieten, da nicht alle Probanden zum selben Zeitpunkt anwesend sein können oder Sie keinen ausreichend großen Raum zur Verfügung haben. Aber auch dann können Sie eine Erhebung mit 100 Probanden innerhalb weniger Stunden abschließen. Manchmal ist es auch möglich, dass die Probanden die Fragebögen mit nach Hause nehmen und Ihnen zu einem späteren Zeitpunkt wieder abgeben.[8]

Schließlich gibt es noch die Möglichkeit, *Fragebogenstudien im Internet* durchzuführen (weitere Hinweise dazu finden Sie in Abschnitt 7.7). Bei Internet-Fragebögen ist man oft darauf angewiesen, dass die Probanden – ohne irgendeine Entschädigung zu erhalten – aus reinem Interesse an der Studie teilnehmen (zur Probandenakquise vgl. Abschnitt 7.4). Diese Teilnahmebereitschaft sinkt i.d.R. mit der Länge des Fragebogens, sodass es schwierig werden kann, Probanden zu finden, die freiwillig einen Fragebogen von mehr als 20 min Dauer bearbeiten. Bei Erhebungen über das Internet kommt es auch häufiger als bei Papier-Bleistift-Fragebögen vor, dass Probanden die Bearbeitung abbrechen oder den Fragebogen nicht ernsthaft beantworten – auf diese Schwierigkeiten und den Umgang damit gehen wir in Abschnitt 8.4.4 ein.

Die Eingabe und Auswertung von Selbstberichtsdaten gestaltet sich in der Regel unkompliziert. Wenn Sie die Daten per Papier-Bleistift-Fragebogen erhoben haben, müssen Sie diese nun am Computer eingeben (vgl. Abschnitt 7.6). Das kann, in Abhängigkeit vom Umfang der Fragebögen und der Anzahl der Probanden, zwar zu einer Fleißaufgabe werden, sollte aber – mit etwas Monotonie-Resistenz – in wenigen Tagen zu erledigen sein. Bei Online-Fragebögen liegen Ihnen die Daten schon in einem Format vor, das Sie direkt in Ihr Auswertungsprogramm (z.B. *SPSS* oder *R*) übernehmen können.

Nach der obligatorischen Datenbereinigung und -aufbereitung (vgl. Kapitel 8) können Sie mit dem Auswerten beginnen. Die am häufigsten benötigten statistischen Methoden sind: Korrelation, (multiple) Regression, t-Tests und Varianzanalysen; zur Überprüfung der Fragebogenskalen sind zudem Reliabilitätsanalysen und ggf. Faktorenanalysen sinnvoll. Sicherlich lassen sich auch komplexere Verfahren einsetzen, wie Clusteranalysen, Strukturgleichungsmodelle oder – z.B. wenn es um die Erstellung von Fragebögen geht – Item-Response-Verfahren, aber dies wird im Rahmen von Bachelorarbeiten, Zulassungsarbeiten und auch Masterarbeiten selten erforderlich sein bzw. selten von Ihrem Betreuer gefordert werden.

Es lässt sich festhalten, dass Selbstberichtsdaten, die per Fragebogen erhoben werden, oft die einfachste Möglichkeit darstellen, eine empirische Studie zu realisieren. Im Vergleich zu anderen empirischen Studien haben Sie hierbei einen relativ geringen Durchführungsaufwand.

2.1.2 Behaviorale Daten

Bei Studien mit *behavioralen Daten* sind Sie nicht (nur) an Selbstberichten, sondern auch am *Verhalten* der Personen interessiert. Hierher gehören z.B. Reaktionszeit-Experimente, bei denen die Probanden am Computer eine Aufgabe bearbeiten und

---

[8] Nachteile dabei sind, dass die Situation, in der die Fragebögen ausgefüllt werden, dann nicht mehr standardisiert ist, und dass Sie vermutlich nicht alle Fragebögen zurückerhalten (vgl. Abschnitt 7.4.4).

gemessen wird, wie schnell sie auf bestimmte Reize bzw. Aufforderungen reagieren. Auch Blickbewegungsstudien, bei denen per Eye-Tracker die Augenbewegungen auf visuelle Reize hin registriert werden, gehören in diesen Bereich, wobei hier sowohl aus theoretischer Sicht als auch hinsichtlich des Aufwands und der Besonderheiten bei der Erhebung der Übergang zu physiologischen Daten (vgl. Abschnitt 2.1.3) fließend ist. Behaviorale Studien haben gemeinsam, dass die Erstellung des Untersuchungsmaterials meistens aufwendiger ist als bei Fragebögen, da häufig kleine Computerprogramme zur Darbietung der Reize bzw. der experimentellen Aufgabe benötigt werden. Dazu muss man sich unter Umständen erst in ein Versuchssteuerungsprogramm einarbeiten (vgl. dazu Abschnitt 6.6.4).

Eine weitere Gemeinsamkeit dieser Studien ist, dass sie – im Vergleich zu Studien, die nur Selbstberichtsdaten erfassen – i.d.R. einen zeitlich höheren Erhebungsaufwand mit sich bringen. An einigen Hochschulen werden Sie Räumlichkeiten haben, in denen mehrere Personen zeitgleich Aufgaben an Computern bearbeiten können. Oft werden Ihnen aber nur ein oder zwei Rechner parallel zur Verfügung stehen. Wenn Sie mit Eye-Trackern arbeiten, müssen Sie i.d.R. die Untersuchung mit jedem Probanden separat durchführen. Auch wenn man für derartige Studien oft kleinere Stichproben von beispielsweise 40 Probanden wählt, dauert die Erhebung trotzdem oft länger als bei 200 Probanden in einer Fragebogenstudie. Einige Reaktionszeit-Experimente lassen sich inzwischen auch per Internet realisieren (z.B. mit der Software *Inquisit Web*) – das würde Ihnen wiederum viel Erhebungsaufwand ersparen. Ein Nachteil ist aber auch hier, wie bei Online-Fragebögen, eine geringere Standardisierung der Versuchssituation.

Es gibt auch behaviorale Studien, die ohne Computer auskommen. Wenn Sie z.B. untersuchen wollen, wie lange eine Person – in Abhängigkeit von bestimmten Persönlichkeitsmerkmalen – an einer unlösbaren Denksportaufgabe arbeitet, könnten Sie zunächst die Persönlichkeitsmerkmale per Fragebogen erheben, ihr dann die Denksportaufgabe aushändigen und (verdeckt) mit einer Stoppuhr die Zeit messen, die sie für die Aufgabenbearbeitung aufbringt, bevor sie von sich aus aufgibt. In diesem Beispiel ist die Erstellung des Untersuchungsmaterials relativ einfach, aber auch hier nimmt jeder Proband separat an Ihrer Untersuchung teil und benötigt Ihre volle Aufmerksamkeit. An diesem Beispiel wird ebenfalls deutlich, dass Studien mit behavioralen Daten oft die Erhebung von Selbstberichtsdaten (vgl. Abschnitt 2.1.1) einschließen, beispielsweise wenn Sie Persönlichkeitsmerkmale mit behavioralen Daten in Zusammenhang bringen möchten.

Bei behavioralen Studien werden Sie die Daten oft bereits als Datei am Computer vorliegen haben oder aber, wie im letzten Beispiel, bei dem die Bearbeitungszeit mit einer Stoppuhr erfasst wurde, sehr einfach eingeben können. Bei Reaktionszeitdaten sind oft Ausreißerbereinigungen notwendig (vgl. Abschnitt 8.4.3), die aber keines großen Zeitaufwands bedürfen. Etwas schwieriger ist die Auswertung von Blickbewegungsdaten – hier wird zusammen mit dem verwendeten Gerät zumeist eine Software ausgeliefert, mit der man die für die eigene Studie relevanten Parameter extrahieren kann, um sie dann weiter in das eigene Auswertungsprogramm zu übertragen. Auch bei behavioralen Daten sind die wichtigsten statistischen Verfahren, mit denen man in der Regel auskommt, *t*-Tests (z.B. zwischen zwei experimentellen Bedingungen) bzw. Varianzanalysen (bei mehr als zwei Bedingungen bzw. weiteren unabhängigen Variablen), Korrelationen und (multiple) Regressionen.

Zusammenfassend gilt: Der Erhebungsaufwand von Studien mit behavioralen Daten ist gegenüber Studien, die ausschließlich Selbstberichtsdaten erfassen, oft deutlich erhöht. Dies liegt u.a. daran, dass bei behavioralen Studien die Probanden meist nur einzeln an der Erhebung teilnehmen können. In vielen Fällen ist auch die Erstellung des Untersuchungsmaterials aufwendiger, beispielsweise wenn ein Computerprogramm zur Erfassung von Reaktionen geschrieben werden muss. Die Auswertung von behavioralen Daten gestaltet sich allerdings nicht schwieriger oder zeitintensiver als die von Selbstberichtsdaten.

2.1.3 Physiologische Daten

Mit am aufwendigsten zu erheben sind sicherlich *physiologische Daten*. Physiologische Daten lassen sich unterteilen in Indikatoren des *peripheren Nervensystems* (z.B. Atemfrequenz, Puls, Muskelanspannung und Hautleitfähigkeit), Indikatoren des *zentralen Nervensystems* (EEGs bzw. ereigniskorrelierte Potenziale [EKPs] sowie mittels bildgebender Verfahren erfasste Hirnaktivität) und Indikatoren *endokriner Systeme* (z.B. die Konzentration bestimmter Hormone im Speichel; vgl. zu dieser Einteilung z.B. Bortz & Döring, 2006, Abschnitt 4.6).

Werden physiologische Daten erfasst, kann fast immer nur ein Proband zur selben Zeit teilnehmen. Zudem haben Sie einen gewissen technischen Aufwand, z.B. beim Anlegen der Geräte zur Aufzeichnung peripher-physiologischer Maße, wobei deren Erfassung noch am einfachsten ist. Studien, in denen Sie sich für Hormonkonzentrationen – z.B. für die Konzentration des Stresshormons Cortisol im Speichel – interessieren, sind meist sehr kostenintensiv, da Sie in aller Regel ein externes Labor benötigen, das für Sie die Hormon-Messung vornimmt und das bezahlt werden möchte. Klären Sie unbedingt vor der Planung solcher Studien, wer die Kosten trägt.

Den höchsten Arbeitseinsatz erfordern die Erhebungen bei EEG-Studien: Hier kann das Anbringen der Elektroden schnell eine halbe Stunde oder länger dauern und auch die Reinigung und Wartung der Geräte nimmt Zeit in Anspruch. Ebenso sollten Sie die Einarbeitungszeit in die Erhebungsmethode (also das Anlegen der Elektroden und den Umgang mit den Geräten) nicht unterschätzen. Auch die Aufbereitung von EEG-Daten ist oft komplex, wobei Sie hierbei sicherlich Unterstützung von Ihrem Betreuer erhalten, da – sofern Sie das nicht explizit im Studium gelernt haben – niemand erwarten wird, dass Sie diese Methoden beherrschen. Für die Auswertung der Daten benötigen Sie zudem spezielle Software, in deren Bedienung Sie sich auch einarbeiten müssen. Die dahinterstehenden Rechenalgorithmen sind oft komplex und nicht ohne Weiteres verständlich. Überlegen Sie also gut, ob Sie bereit sind, die erforderliche Arbeitszeit in Ihre Abschlussarbeit zu investieren. Im Rahmen von Abschlussarbeiten werden Sie vermutlich keinen Zugang zu Kernspin- oder Computertomographen haben, daher genügt es, zu erwähnen, dass diese Verfahren oft noch aufwendiger sind als EEG-Ableitungen.

Wenn Sie physiologische Daten erheben, werden Sie oft zusätzlich behaviorale Daten und/oder Selbstberichtsdaten erfassen (vgl. Abschnitte 2.1.1 und 2.1.2) und diese wiederum mit den physiologischen Daten in Beziehung setzen. Die dazu erforderlichen statistischen Verfahren unterscheiden sich nicht grundlegend von denen bei behavioralen und Selbstberichtsdaten: *t*-Tests, Varianzanalysen, Korrelationen und (multiple) Regressionen.

2.1.4 Beobachtungsstudien

Auch bei *Beobachtungsstudien* werden behaviorale Daten (und unter Umständen verbale Daten) gesammelt, das Vorgehen bei der Erfassung unterscheidet sich aber von den oben dargestellten behavioralen Studien im engeren Sinne. Wir wollen das an einem Beispiel verdeutlichen: Eine klassische Beobachtungsstudie könnte so aussehen, dass Sie untersuchen möchten, welche Auswirkung es auf die Lernmotivation von Schulkindern hat, wenn ein Unterrichtsthema statt im Frontalunterricht in Kleingruppen erarbeitet wird. Dazu könnten Sie beispielsweise vier 5. Klassen an Realschulen auswählen und von derselben Lehrerin in je zwei Klassen den Unterricht frontal bzw. in Kleingruppenarbeit gestalten lassen. Das Unterrichtsgeschehen und das Verhalten der Schüler können Sie entweder auf Video aufzeichnen, um diese Aufnahmen dann später auszuwerten, oder durch im Klassenraum anwesende Beobachter direkt protokollieren lassen. So oder so wäre es zu komplex, alle Kinder zu beobachten, sodass Sie sich auf einige Kinder pro Klasse beschränken würden. Ebenfalls in beiden Fällen müssen Sie einen *Beobachtungsplan* erstellt haben. In diesem legen Sie fest, welche Verhaltensweisen in welcher Weise protokolliert werden. Dabei stehen verschiedene Beobachtungssysteme zur Auswahl (Zeichen-, Kategorien- oder Ratingsystem) und Sie müssen sich entscheiden, ob Sie nach bestimmten Zeitabständen (beispielsweise alle 10 s) oder beim Eintreten bestimmter Ereignisse die Verhaltensweisen der Kinder kodieren. Bei der vorliegenden Fragestellung würden Sie vor allem registrieren, ob die Kinder eine Verhaltensweise zeigen, die auf Interesse oder Desinteresse am Unterrichtsinhalt schließen lässt.

Die Beurteilung von Verhaltensweisen ist oft recht subjektiv. Um die Objektivität der Daten zu erhöhen, wäre es vorteilhaft, wenn das Verhalten einer beobachteten Person unabhängig von zwei Beurteilern kodiert wird – anschließend berechnet man einen Übereinstimmungskoeffizient zwischen den beiden Beurteilern. Die Übereinstimmung zwischen Beurteilern lässt sich erhöhen, indem die zu kodierenden Verhaltensweisen in einem Beurteilermanual möglichst konkret beschrieben werden und die Beobachter vorab ein gemeinsames Training durchlaufen. Eine direkte, unmittelbare Verhaltenskodierung ist dabei noch wesentlich anspruchsvoller als die Kodierung anhand von Videoaufzeichnungen, bei denen man dasselbe

Verhalten wiederholt anschauen und vor- und zurückspulen kann. Daher müssen bei einer unmittelbaren Verhaltensprotokollierung die Vorbereitung des Beobachtungsprotokolls und die Schulung der Beobachter noch sorgfältiger erfolgen. Hierfür ist ausreichend Zeit einzuplanen.

Es gibt drei Gründe, weshalb Beobachtungsstudien aufwendig sind: (a) Es muss ein Beobachtungsplan ausgearbeitet werden. In unserem Beispiel müssten Sie sich sehr genau überlegen, welche Verhaltensweisen die Kinder zeigen werden und welche davon indikativ für Interesse bzw. Desinteresse sind. (b) Die Beobachtungssituation muss realisiert werden. Während der Beobachtungsphase müssen entweder Videoaufzeichnungen erstellt oder mehrere Beobachter anwesend sein, um die Verhaltensweisen direkt zu kodieren. In letzterem Fall müssen Sie die Beobachter vorab intensiv schulen. Wenn Sie von der Beobachtungsphase Videos erstellen, verschiebt sich die Kodierarbeit aber nur, da die Videos dann anschließend kodiert werden müssen. (c) Alle Verhaltensweisen sollten von mindestens zwei Beobachtern unabhängig voneinander kodiert werden.

Eine gut konzipierte Beobachtungsstudie ist also mit viel Arbeit verbunden. Daher werden Beobachtungsstudien im Rahmen von Abschlussarbeiten auch eher selten realisiert, wenngleich es Betreuer geben mag, die für den Zweck einer Abschlussarbeit davon absehen mögen, dass aus wissenschaftlicher Sicht mindestens zwei Beobachter erforderlich sind. Darüber hinaus wird die Methodik der Beobachtungsstudie im Studium vielerorts nur noch beiläufig behandelt, sodass Sie sich u.U. erst in diese Methode einarbeiten müssen (gute einführende Überblicke und weiterführende Literaturhinweise finden Sie z.B. bei Bortz & Döring, 2006, Abschnitt 4.5, und Seidel & Prenzel, 2010). Während die Vorbereitung und Durchführung einer Beobachtungsstudie relativ aufwendig sind, stellt die statistische Auswertung meist keine besonders hohen Anforderungen. Hier genügen in der Regel χ^2-Tests (gesprochen: Chi-Quadrat-Tests) für Häufigkeitsunterschiede, *t*-Tests und Varianzanalysen.

2.1.5 Quantitative Textanalyse

Ein weiteres, eher selten für Abschlussarbeiten verwendetes Verfahren, ist die *quantitative Text- bzw. Inhaltsanalyse*. Eine beispielhafte Fragestellung für eine quantitative Textanalyse wäre, ob sich Frauen und Männer darin unterscheiden, wie sie in Kontaktanzeigen ihr physisches Aktivitätsniveaus beschreiben. Zur Beantwortung dieser Frage könnte man Kontaktanzeigen aus Zeitungen oder dem Internet sammeln und auszählen, welchen Anteil in diesen Kontaktanzeigen Wörter ausmachen, die physische Aktivität (z.B. sportlich, unternehmungslustig, lebhaft) und physische Inaktivität (z.B. ruhig, gemütlich, häuslich) beschreiben. Anschließend würde verglichen werden, ob sich diese Nennungshäufigkeiten zwischen Frauen und Männern unterscheiden.

Prinzipiell können alle möglichen Textsorten einer quantitativen Inhaltsanalyse unterzogen werden. Bei einer quantitativen Textanalyse erheben Sie also keine Probanden, sondern Ihre Fälle sind Zeitungstexte, Tagebücher, aber unter Umständen auch Texte, die eigens zum Zwecke der Analyse erstellt wurden. Letzteres wäre dann der Fall, wenn Sie Ihre Probanden beispielsweise Aufsätze oder fiktive Liebesbriefe schreiben lassen. Da es sich bei der Anzahl der Nennungen um Häufigkeiten handelt, kommen hier bei der Auswertung vor allem χ^2-Tests zum Zuge, aber auch *t*-Tests, Varianz- und Regressionsanalysen können sich anbieten.

Wie im Falle der Beobachtungsstudien (Abschnitt 2.1.4), gehören Text- bzw. Inhaltsanalysen nicht (mehr) zum Standardrepertoire der Methodenausbildung im Studium. Einen ersten Einstieg in die Methode sowie weiterführende Literatur bieten Bortz und Döring (2006, Abschnitt 4.1.4).

2.2 Qualitative empirische Arbeiten

Der Unterschied zwischen quantitativen und qualitativen empirischen Arbeiten besteht in erster Linie darin, dass Sie bei qualitativen Studien Ihre Daten nicht in Zahlen überführen und die Auswertung in qualitativen Interpretationen und Aussagen statt in quantifizierbaren Ergebnissen mündet. Wissenschaftstheoretisch haben qualitative Arbeiten ihren Wert vor allem für die Exploration eines neuen Forschungsfeldes und für die Generierung von Hypothesen und Theorien. Geprüft werden sollten diese Hypothesen und Theorien dann in der Regel allerdings mittels quantitativer Verfahren. Rein qualitativ angelegte empirische Studien werden in den empirischen Sozialwissenschaften und der Psychologie nur selten durchgeführt, sodass auch derartige Abschlussarbeiten entsprechend selten vorkommen.

Ein Beispiel für ein qualitatives Verfahren ist die *qualitative Inhaltsanalyse*, die stärker interpretativ vorgeht als die in Abschnitt 2.1.5 dargestellte quantitative Text- oder Inhaltsanalyse. Eine übersichtliche Beschreibung dieser Methode liefern Bortz und Döring (2006, Abschnitt 5.3). Weitere qualitative Verfahren sind *qualitative (offene bzw. nicht- oder teilstandardisierte) Interviews*, bei denen die Antworten der Interviewten auf offene Fragen interpretiert werden. Auch *Beobachtungsstudien* (vgl. Abschnitt 2.1.4) können qualitativ angelegt sein, z.B. dann, wenn Sie sich als teilnehmender Beobachter für eine gewisse Zeit in eine spezielle Gemeinschaft (z.B. eine Sekte) oder Subkultur (z.B. Punk- oder Gothic-Szene) begeben, um anschließend Ihre Erlebnisse zu dokumentieren und zu interpretieren. Einzelfallstudien sind ebenfalls öfters qualitativ orientiert, z.B. wenn eine Psychotherapeutin die Behandlung eines Klienten mit einer seltenen Störung beschreibt und dabei den Erfolg der Intervention rein verbal charakterisiert, etwa im Sinne von „Herr O. war am Ende der Therapie in der Lage, seinen Alltag zu bewältigen und soziale Beziehungen aufrechtzuerhalten". Auch zu diesen Verfahren finden sich ein Einstieg und weiterführende Literatur bei Bortz und Döring (2006, Kap. 5). Eine ausführliche Einführung in qualitative Forschungsansätze bietet Mayring (2002).

Eine statistische Auswertung entfällt bei qualitativen Arbeiten. Da das methodische Vorgehen bei qualitativen Studien immer seltener an Hochschulen systematisch gelehrt wird, sollten Sie ausreichend Zeit einplanen, um sich in diese Methoden einzuarbeiten. Seit einiger Zeit werden Softwareprogramme entwickelt, die bei der qualitativen Analyse von Texten und Interviews hilfreich sind. Kuckartz (2010) stellt diese computergestützte Analyse qualitativer Daten dar. Auch wenn viele Wissenschaftler qualitativen empirischen Arbeiten skeptisch gegenüberstehen, können solche Studien für die Forschung sehr nützlich sein – vorausgesetzt, sie werden adäquat durchgeführt.

2.3 Art der Stichprobe

Ein Punkt, den es bei allen empirischen Studien zu beachten gilt, ist die Art der Stichprobe, die Sie ziehen möchten. Bei vielen Abschlussarbeiten werden Sie wahrscheinlich auf Studierende oder auch auf Schüler als Probanden zurückgreifen. Das ist dann angemessen, wenn es um Fragestellungen geht, die speziell diese Subpopulation betreffen (z.B. Fragestellungen zur Prüfungsangst bei Studierenden oder Schülern). Studentische Stichproben, wie sie an einer Hochschule leicht zu rekrutieren sind, sind aber auch in den Fällen wissenschaftlich vertretbar, in denen Sie mit einiger Sicherheit davon ausgehen können, dass Studierende sich nicht fundamental anders verhalten als der Rest der Bevölkerung. Das ist z.B. immer dann der Fall, wenn es um relativ basale Wahrnehmungs- und Informationsverarbeitungsprozesse geht, wie etwa bei der Fragestellung: Kann schwarzer Text vor weißem Hintergrund schneller gelesen werden als weißer Text vor schwarzem Hintergrund?

Bei vielen Fragestellungen wird eine studentische Stichprobe zwar nicht ideal, aber im Rahmen einer Abschlussarbeit absolut vertretbar sein, da die Ziehung einer bevölkerungsrepräsentativen Stichprobe unverhältnismäßig aufwendig bzw. kostspielig wäre. Solche Fragestellungen könnten beispielsweise sein: Haben Frauen und Männer unterschiedlich stark ausgeprägte Vorurteile gegenüber alten Menschen? Hier wären Aussagen, die Sie bei der Untersuchung von Studierenden gewinnen, nicht ohne Weiteres auf die Allgemeinbevölkerung übertragbar, da es beispielsweise Interaktionseffekte von Geschlecht und Bildungsniveau geben könnte: So könnte man vermuten, dass Männer im Vergleich zu Frauen mehr Vorurteile gegenüber alten Menschen haben, dass sich aber bei einem hohen Bildungsniveau, wie man es unter Studierenden findet, diese Geschlechtsunterschiede nivellieren. Trotzdem wäre es für eine Abschlussarbeit i.d.R. in Ordnung, für diese Fragestellung als Stichprobe auf Studierende zurückzugreifen. Lediglich bei der Interpretation der Ergebnisse ist zu berücksichtigen, dass die eigene Stichprobe hinsichtlich Bildungsniveau und Alter recht homogen war und Verallgemeinerungen nur beschränkt zulässig sind (vgl. auch Abschnitt 6.3.2.2 zur externen Validität).

Schwieriger gestaltet sich Ihre Erhebung, wenn Sie zur Beantwortung Ihrer Fragestellung Stichproben aus spezifischen Populationen benötigen, z. B. bei der Frage, ob arbeitslose Personen depressiver sind als Berufstätige oder wenn es darum geht, ob bettlägerige Krankenhauspatienten ein geringeres Selbstwertgefühl haben als eine Gruppe gleichaltriger und gleichgebildeter Gesunder. In solchen Fällen ist es oft schwierig, ausreichend viele Probanden zu finden, die Ihrer Zielpopulation entsprechen und bereit sind, an Ihrer Studie teilzunehmen. Aber auch die Durchführung der Erhebung gestaltet sich aus zwei Gründen oft mühsam: Zum einen müssen Sie diese Personen oft einzeln erheben, zum anderen kann es sein, dass Sie diese selbst aufsuchen müssen, z. B. bei bettlägerigen Patienten oder Insassen von Haftanstalten. Einige Punkte, die Sie bei derartigen spezifischen Zielpopulationen beachten sollten, behandeln wir in Abschnitt 7.2 und 7.4.

2.4   Anzahl der Erhebungszeitpunkte

Ein weiterer Aspekt, der den Aufwand Ihrer Erhebung beeinflusst, ist, ob Sie mehr als einen Erhebungszeitpunkt benötigen. So werden Sie bei Interventionsstudien i. d. R. mindestens eine Pre-Messung vor Beginn der Intervention und eine Post-Messung nach deren Ende durchführen. Wenn Sie beispielsweise überprüfen möchten, ob ein spezielles 4-wöchiges Entspannungstraining das subjektive Stresserleben reduziert, müssten Sie zumindest zu Beginn und nach Ende des Trainings das Stresserleben per Fragebogen erfassen. Wenn Sie darüber hinaus daran interessiert sind, ob dieser Effekt auch noch zwei Monate nach Ende des Trainings erhalten bleibt, hätten Sie einen dritten Erhebungszeitpunkt – ein sogenanntes *Follow-up*. Solche Forschungsprojekte sind innerhalb der für Abschlussarbeiten vorgegebenen Zeit oft kaum zu bearbeiten (vgl. Abschnitt 2.7 und 3.2).

Aber nicht nur bei Interventionsstudien, sondern auch bei Experimenten kann es vorkommen, dass Sie mehr als einen Erhebungszeitpunkt realisieren müssen. Wenn Sie beispielsweise herausfinden möchten, ob Eselsbrücken auch über einen längeren Zeitraum hinweg die Erinnerungsleistung verbessern, könnten Sie folgendermaßen vorgehen: Sie lassen Ihre Experimentalgruppe Wortlisten mit Hilfe von Eselsbrücken auswendig lernen; Ihre Kontrollgruppe lernt dieselben Wörter, allerdings ohne Eselsbrücken; nach zwei Wochen berufen Sie alle Probanden erneut ein und testen ihre Erinnerungsleistung.

Abgesehen davon, dass sich bei einem derartigen Erhebungsdesign der Zeitaufwand für die Erhebung erhöht, müssen Sie auch damit rechnen, dass ein gewisser Anteil Ihrer Probanden gar nicht zum zweiten Termin erscheint – man spricht auch von *Drop-out* oder von *Stichprobenmortalität*. Verzerrend auf Ihre Befunde wirkt sich die Stichprobenmortalität übrigens dann aus, wenn bestimmte Personen(gruppen) mit einer höheren Wahrscheinlichkeit aus der Studie ausscheiden als andere. In unserem Beispiel wäre das gegeben, wenn vor allem diejenigen Probanden nicht zum zweiten Termin erscheinen, die sich von dem Experiment genervt fühlten, da ihnen das Auswendiglernen der Wortlisten besonders schwer gefallen ist. Zumindest den absoluten Drop-out (wenn auch nicht die möglichen Verzerrungen) könnten Sie dadurch kompensieren, dass Sie zum ersten Termin etwa 10 bis 20 % mehr Probanden einbestellen, als Sie im Endeffekt für Ihre Studie benötigen. (Wie fehlende Werte Ergebnisse verzerren können und was man dagegen tun kann, wird ausführlich in Abschnitt 8.5 erläutert.)

Bei Studien mit mehr als einem Erhebungszeitpunkt verlängert sich also oft nicht nur die Erhebungsphase, sondern auch der Erhebungsaufwand vergrößert sich in vielen Fällen. Selbstverständlich gibt es Studien, die nur dann sinnvoll sind, wenn mehr als ein Erhebungszeitpunkt realisiert wird. Passen Sie aber bei der Planung Ihrer Studie auf, dass Sie sich nicht zu viel zumuten. Gleiches gilt, wenn Sie an der Mitarbeit an einer Längsschnittstudie interessiert sein sollten: Die lange Dauer und der große Stichprobenumfang derartiger Projekte machen es oft schwierig, in diesem Rahmen eine Abschlussarbeit in vertretbarer Zeit zu verfassen.

2.5 Literaturarbeiten

Literaturarbeiten versuchen, den Stand der wissenschaftlichen Erkenntnis zu einer bestimmten Fragestellung zusammenzufassen. Der Anspruch einer Literaturarbeit sollte sein, eine *qualitative Synthese* der bestehenden – oft widersprüchlichen – Befunde aus Primärstudien zu erstellen, und nicht lediglich die bestehenden Arbeiten aufzulisten und zu exzerpieren.[9] Auf den Aufbau und einige Besonderheiten von Literaturarbeiten gehen wir in Abschnitt 10.2 ein, vertieft wird dies im Band *Schreiben und Gestalten* behandelt.

Literaturarbeiten sind in der Psychologie und in den empirischen Sozialwissenschaften als Abschlussarbeiten eher selten und an einigen Instituten auch gar nicht so gerne gesehen. Das mag daran liegen, dass einige Personen – fälschlicherweise – annehmen, dass eine Literaturarbeit einfacher zu erstellen ist als eine empirische Arbeit. Schließlich enthalte jede Arbeit auch einen Theorieteil, in dem die bestehende Literatur zur konkreten Forschungsfrage aufgearbeitet wird. Eine reine Literaturarbeit sei daher nicht viel mehr als ein aufgeblähter Theorieteil – und mit einer solchen Arbeit könne ein Studierender gar nicht unter Beweis stellen, dass er auch über die in empirischen Wissenschaften notwendigen weiteren Fertigkeiten (Planung, Durchführung, Auswertung und Interpretation einer eigenen Studie) verfügt. In einigen – wenigen – Prüfungsordnungen ist daher sogar angegeben, dass die Abschlussarbeit (zumindest vorzugsweise) *empirisch zu sein hat*. Falls Sie eine Literaturarbeit verfassen wollen, sollten Sie sich vorab versichern, dass diese an Ihrer Hochschule akzeptiert wird.

---

9 Dazu, dass manche Betreuer bzw. Gutachter insbesondere bei Bachelorstudierenden reduzierte Anforderungen an eine Literaturarbeit stellen, siehe Abschnitt 10.2.

Auch manche Studierende denken vielleicht, dass eine Literaturarbeit leichter zu realisieren ist als eine empirische Arbeit, da sie sich damit einige Arbeitsschritte ersparen, die bei empirischen Studien unumgänglich sind. Wir halten diese Einschätzung des Arbeitsaufwands allerdings für falsch: Bei einer Literaturarbeit muss die vorhandene Literatur wesentlich breiter und tiefer aufgearbeitet werden, als es für den Theorieteil einer empirischen Arbeit notwendig ist. Ferner erwarten wir von einer guten Literaturarbeit, dass in der Synthese der bestehenden Literatur eigene Überlegungen und Erkenntnisse deutlich zutage treten – stärker als bei einer empirischen Arbeit. Viele Studierende unterschätzen also das Niveau einer guten Literaturarbeit bzw. den dafür erforderlichen Arbeitsaufwand. Es ist sicherlich kein Zufall, dass in Zeitschriften *Literaturüberblicksarbeiten* oder *Übersichtsarbeiten* (engl. *reviews*) überwiegend von älteren Wissenschaftlern verfasst werden, die auf ihrem Spezialgebiet meist bereits viele Jahrzehnte Erfahrung haben. Diese Erfahrung hilft beim Durchdringen der Materie – und das ist oft erforderlich, um Einblicke in Zusammenhänge zu generieren, die nicht offensichtlich sind. Gerade darin besteht der Erkenntnisfortschritt guter Literaturarbeiten.

Um eine gute Literaturarbeit zu erstellen, müssen Sie sich nicht nur intensiv mit der bestehenden Literatur auseinandersetzen, sondern Sie sollten in der Lage sein, wissenschaftlich eigenständig zu denken, Befunde kritisch zu beleuchten und möglichst durch eigene kreative Ideen zu neuen Schlussfolgerungen zu gelangen. Wir raten daher dazu, sich auf keinen Fall nur deshalb einer Literaturarbeit zu widmen, weil Sie denken, dass die Anforderungen oder der notwendige Zeitaufwand geringer sind als bei einer empirischen Arbeit – das ist nämlich nicht der Fall.

Vorteile einer Literaturarbeit können allerdings darin bestehen, dass Sie unabhängiger von äußeren Umständen sind: So müssen Sie nicht darauf hoffen, dass sich ausreichend viele Probanden für Ihre Untersuchung melden oder dass das Labor frei ist, wenn Sie erheben wollen. Lediglich von Ihrer Bibliothek sind Sie hinsichtlich der Verfügbarkeit der Literatur abhängig (vgl. Kapitel 5).

2.6 Metaanalysen

Metaanalysen kann man als *sekundär-empirische Arbeiten* auffassen. Wie Literaturarbeiten dienen Metaanalysen dazu, den Erkenntnisstand zu einer Fragestellung anhand bisheriger Studien zusammenzufassen. Anders als in Literaturarbeiten wird dabei aber quantitativ – nicht qualitativ – vorgegangen. (Statt Daten von Probanden zu erheben, erheben Sie bei einer Metaanalyse Daten aus Studien, d. h., die Primärstudien sind wie Ihre Probanden aufzufassen.) Eine typische Fragestellung für eine Metaanalyse wäre, wie effektiv verschiedene Behandlungsmethoden für Raucher, die mit dem Rauchen aufhören möchten, sind.

Das Vorgehen sähe so aus, dass zunächst alle Interventionsstudien, die jemals zur Raucherentwöhnung durchgeführt wurden, gesammelt werden. Neben veröffentlichten Studien versucht man auch nichtpublizierte Studien aufzuspüren, indem man z.B. Forscher, die sich mit diesem Thema beschäftigt haben, anschreibt oder Rundmails über die Verteiler von Fachgesellschaften versendet. Anschließend werden die interessierenden Variablen aus diesen Studien extrahiert, wobei man in unserem Beispiel im einfachsten Fall für jede Studie kodiert, welche Behandlungsmethode durchgeführt wurde und wie effektiv diese war (z.B. operationalisiert über den Anteil der behandelten Probanden, die 6 Monate nach Behandlungsende noch Nichtraucher waren). Dann werden die Behandlungseffekte der einzelnen Studien metaanalytisch integriert und man kann überprüfen, ob die verschiedenen Behandlungsmethoden unterschiedlich effektiv waren. Unter metaanalytischer Integration versteht man dabei, dass die Effektstärken der Primärstudien quasi gemittelt werden, man also einen „mittleren Effekt" (den Metaeffekt) sowie dessen Konfidenzintervall erhält. Das statistische Verfahren, das dahinter steht, ist etwas komplexer als die Berechnung eines normalen arithmetischen Mittels, da die Effekte der Primärstudien noch anhand ihrer sogenannten Präzision gewichtet werden. Die Präzision eines Effektes gibt an, mit wie viel Streuung oder Unsicherheit die Schätzung des Effektes verbunden ist. Dabei erhalten präziser geschätzte Effekte ein größeres Gewicht. Auch die Berechnung des Konfidenzintervalls um den Metaeffekt ist nicht ganz einfach, weshalb es hierfür spezielle Computerprogramme gibt (beispielsweise das Programm *Comprehensive Meta-Analysis*). Aber sogar mit *Excel* lassen sich einfache Metaanalysen durchführen.

Bei Metaanalysen können sowohl die Literaturbeschaffung, das Erstellen eines Kodiermanuals, anhand dessen die Studien dann kodiert werden, als auch das Kodieren selbst recht zeitintensive Vorarbeiten sein, bevor Sie zur eigentlichen Analyse und Interpretation Ihrer Effekte übergehen können. Falls Sie sich entscheiden, eine Metaanalyse durchzuführen, sollten Sie bei der Themenwahl sehr darauf achten, dass sowohl die Anzahl der zu kodierenden Studien als auch die Anzahl von Moderatorvariablen nicht zu groß ist, da Metaanalysen sonst schnell sehr aufwendig werden und den Rahmen von Abschlussarbeiten sprengen können. Neben etwas Einarbeitung in die metaanalytische Methode benötigen Sie auch solide allgemeine Statistikkenntnisse, um die Effekte der Studien zu kodieren. Auch eine gute Portion Durchhaltewillen ist vorteilhaft, um die oft zähe Phase der Kodierung der Studien zu meistern. Die statistischen Verfahren, die Sie zur Auswertung Ihrer Metaanalyse benötigen, sind speziell, aber nicht sonderlich kompliziert. Die Einarbeitung in die basalen Auswertungsmethoden sollte Ihnen daher nicht übermäßig schwer fallen (ein guter Einstieg findet sich z.B. bei Borenstein, Hedges, Higgins & Rothstein, 2009). Literaturempfehlungen sowohl zur Durchführung als auch zur schriftlichen Ausarbeitung einer Metaanalyse finden Sie im Band *Schreiben und Gestalten*.

2.7 Arbeitsaufwand für und Länge von Bachelor-, Master- und Zulassungsarbeiten

Die bisherigen Abschnitte in diesem Kapitel sollten Ihnen helfen, einzuschätzen, wie aufwendig die verschiedenen Phasen einer wissenschaftlichen Arbeit (z. B. Vorbereitung, Datenerhebung und Auswertung) bei verschiedenen Typen von Arbeiten (also z. B. Fragebogenstudie, Literaturarbeit oder behaviorales Experiment) ausfallen. Allerdings kann man nicht sagen, dass ein bestimmter Typ von Arbeit generell mehr oder weniger Arbeitsaufwand bereitet als ein anderer. Daher sollten Sie mit Ihrem Betreuer besprechen, wie er den Zeitbedarf im konkreten Einzelfall einschätzt. Oft ist es auch möglich, für Abschlussarbeiten Teilfragestellungen aus einem eigentlich umfangreicheren Projekt auszugliedern.

Wir wollten Ihnen in diesem Kapitel verdeutlichen, dass z. B. eine reine Literaturarbeit keineswegs weniger Arbeit bereiten muss als eine empirische Studie. Ferner wollten wir aufzeigen, wie der Aufwand bei der Durchführung einer Untersuchung von der Art der erfassten Variablen abhängt und dass Selbstberichtsmaße meistens weniger aufwendig zu erheben sind als behaviorale oder physiologische Maße. Dies kann aber z. B. dadurch kompensiert werden, dass Sie die Probandenanzahl anpassen: So mag es für eine Bachelorarbeit durchaus angemessen sein, eine Fragebogenstudie mit 80 Probanden, ein Reaktionszeit-Experiment mit 30 Personen oder auch eine EEG-Studie mit 12 Personen durchzuführen. Auf ein EEG-Experiment mit 80 Probanden sollten Sie allerdings verzichten.

Vielleicht fragen Sie sich auch, inwieweit sich der Arbeitsaufwand für eine Bachelor-, Master- oder Zulassungsarbeit unterscheidet. Wir empfehlen hier, sich an den Vorgaben in den Prüfungsordnungen bzw. Modulhandbüchern Ihres Studiengangs zu orientieren. Wenn dort für eine Bachelorarbeit 12 ECTS-Punkte angegeben werden, sollte Ihr Arbeitsaufwand bei etwa 360 Zeitstunden liegen (1 ECTS-Punkt entspricht 30 Stunden; alternative Bezeichnungen für ECTS-Punkte sind „Leistungspunkte" [LPs], „Credits" oder „Credit Points" [CPs]). Eine typische Größenordnung für Masterarbeiten sind 30 ECTS-Punkte, also 900 Zeitstunden. Diese Größen sind jedoch von Hochschule zu Hochschule unterschiedlich. Zulassungsarbeiten sollten in ihrem Umfang in der Regel zwischen Bachelor- und Masterarbeiten liegen.

Natürlich arbeiten verschiedene Personen unterschiedlich schnell. Wenn Sie beim Schreiben Ihrer Arbeit Wissenslücken bei sich feststellen und sich z. B. erst in die Verwendung statistischer Auswertungsprogramme einarbeiten müssen, kann Ihr tatsächlicher Arbeitsaufwand auch über der Angabe in der Prüfungsordnung bzw. im Modulhandbuch liegen.

Auch die offizielle Bearbeitungsdauer unterscheidet sich von Hochschule zu Hochschule erheblich und liegt für *Bachelorarbeiten* i. d. R. zwischen 2 Monaten (z. B. beim Bachelor in Psychologie an der Universität Bochum) und 8 Monaten (beim Bachelor in Psychologie an der Universität Marburg), wobei die meisten Bearbeitungszeiten zwischen 3 und 4 Monaten liegen. Für *Masterarbeiten* liegt die übliche

Bearbeitungszeit bei 5 bis 6 Monaten, wobei hier die Spannweite von 15 Wochen (beim Masterstudiengang in Erziehungs- und Bildungswissenschaften der Universität Bremen) bis zu 46 Wochen (beim Masterstudiengang in Psychologie der TU Chemnitz) reicht (alle Zeitangaben mit Stand vom August 2014). Derartige Angaben zur Bearbeitungsdauer sind allerdings nur dann hilfreich, wenn in der Studien- oder Prüfungsordnung präzisiert wird, ob diese semesterbegleitend zu verstehen sind – also davon ausgegangen wird, dass Sie parallel noch Lehrveranstaltungen besuchen und vielleicht sogar Prüfungen ablegen – oder ob das Erstellen der Abschlussarbeit in diesem Zeitraum Ihre einzige Aufgabe sein soll.

Viele Studierende möchten wissen, wie umfangreich – im Sinne einer Seitenangabe – eine Abschlussarbeit zu sein hat. In den Prüfungsordnungen einiger Hochschulen finden sich dazu tatsächlich exakte Obergrenzen, wie beispielsweise maximal 80 Seiten bzw. 24 000 Wörter für eine Masterarbeit (ggf. wird dann spezifiziert, ob Anhänge, Literaturverzeichnis etc. mitzuzählen sind). Teilweise finden sich auch gewünschte Spannweiten, wie z.B. 70 bis 100 Textseiten für eine Masterarbeit oder 10 000 bis 15 000 Wörter für eine Bachelorarbeit. Häufiger wird es dazu jedoch keine offizielle Angabe geben.

Wir meinen, dass im Bereich der Psychologie und empirischen Sozialwissenschaft die reine Seitenanzahl keinen Indikator für die Qualität einer Abschlussarbeit darstellt. Daher kann bei uns eine 20-seitige Masterarbeit mit „sehr gut" bewertet werden, eine 140-seitige Masterarbeit aber auch mit „ungenügend". Wenn Sie glauben, es sei in jedem Falle einfacher, eine kürzere Arbeit zu schreiben, liegen Sie übrigens falsch: Es ist äußerst anspruchsvoll, eine Studie oder auch eine theoretische Fragestellung auf sehr wenigen Seiten abzuhandeln, da Sie hier sehr genau zwischen Wichtigem und Unwichtigem trennen und zudem sprachlich präziser formulieren müssen, als es in einem etwas längeren und dadurch auch redundanteren Text erforderlich ist. Dass Masterarbeiten i.d.R. umfangreicher ausfallen als Bachelorarbeiten, ergibt sich daraus, dass die Fragestellungen von Masterarbeiten meist auch komplexer sind. Bei komplexeren Fragestellungen ist es oft erforderlich, mehr Konstrukte einzuführen, mehr Variablen auszuwerten und dementsprechend komplexere Zusammenhänge zu interpretieren und zu diskutieren.

Wir würden schätzen, dass es selten möglich ist, eine sehr gute (da *inhaltlich umfassende*) Arbeit – egal ob Bachelor-, Master- oder Zulassungsarbeit – auf weniger als 20 Seiten (zzgl. Literaturverzeichnis und ggf. Anhängen) zu verfassen. Da die wenigsten Betreuer erpicht darauf sind, Ihr Leben mit dem Lesen extrem dicker Abschlussarbeiten zu verbringen, halten wir für *Bachelorarbeiten* eine *maximale Länge* von 60 Seiten, für *Zulassungsarbeiten* von 80 Seiten und für *Masterarbeiten* von 120 Seiten für angebracht (alle Angaben zzgl. Literaturverzeichnis und ggf. Anhängen). Diese Umfänge sind aber als „obere Schmerzgrenzen" zu verstehen und nicht als das Maß, das Sie anstreben sollten.

Nach unseren Erfahrungen *üblich und angemessen sind Längen von zirka 30–40, 50–60 und 60–80 Seiten jeweils für Bachelor-, Zulassungs- bzw. Masterarbeiten* (wiederum alle Angaben zzgl. Literaturverzeichnis und ggf. Anhängen). Wir wollen aber noch einmal darauf hinweisen, dass die Länge für uns kein relevantes Kriterium bei der Beurteilung von Arbeiten darstellt. Allerdings kennen wir auch Kollegen, die sehr konkrete Vorstellungen davon haben, wie umfangreich eine Abschlussarbeit sein soll. Daher raten wir Ihnen, Ihren Betreuer explizit zu fragen, ob er bestimmte Vorgaben oder Wünsche hinsichtlich der Länge Ihrer Arbeit hat.

Mehr und mehr Betreuer räumen auch die Möglichkeit ein, eine Abschlussarbeit im Stil eines wissenschaftlichen Zeitschriftenartikels (unter Umständen auch auf Englisch[10]) zu verfassen. Unter welchen Voraussetzungen das unseres Erachtens sinnvoll ist, erläutern wir im Band *Schreiben und Gestalten*. Wenn man sich dabei auch an die für Zeitschriftenartikel geltenden Limits von üblicherweise 4 000 bis 8 000 Wörtern hält, fällt Ihre Arbeit vergleichsweise kurz aus. Wie oben angesprochen, sollten Sie sich aber nicht der Illusion hingeben, dass es einfacher ist, eine kurze statt einer längeren Arbeit zu schreiben.

2.8   Ihre eigenen Ansprüche

Ein Punkt, an den Sie vielleicht noch nicht gedacht haben, der aber für Ihren Arbeitsaufwand ganz entscheidend ist, sind Ihre eigenen Ansprüche. Wenn es Ihnen genügt, dass Sie mit Ihrer Abschlussarbeit „durchkommen" (also zumindest die Note „ausreichend" erhalten), brauchen Sie sich viel weniger Mühe zu geben, als wenn Sie eine 1.0 erzielen wollen. Dabei ist der Zusammenhang zwischen Arbeitsaufwand und Note in der Regel nicht linear: Der zusätzliche Arbeitsaufwand, den Sie investieren müssen, um statt einer Abschlussarbeit mit der Note 4.0 eine mit der Note 3.0 zu schreiben, ist deutlich geringer als der Aufwand, den Sie betreiben müssen, um statt einer 2.0 eine 1.0 zu erzielen.

Sicherlich variieren zwischen verschiedenen Gutachtern und verschiedenen Hochschulen die Maßstäbe, was für eine 1.0, eine 2.3 oder eine 4.0 zu erbringen ist. Allerdings reservieren die meisten Gutachter die 1.0 für „wirklich exzellente" Arbei-

---

10 Überlegen Sie sich vorab sorgfältig, ob Sie eine Arbeit auf Englisch verfassen möchten, sofern dies nicht Ihre Muttersprache ist. Häufig stellt bereits in der Muttersprache die Suche nach dem passenden Begriff oder einer präzisen Formulierung große Herausforderungen – wir selbst stellen beim Schreiben von Büchern immer wieder fest, dass es Feinheiten bzw. Zweifelsfälle der deutschen Sprache gibt, die uns ins Grübeln geraten lassen. Beim Schreiben in einer Fremdsprache potenzieren sich diese Schwierigkeiten noch und verlangsamen den Schreibprozess oft deutlich. Gelegentlich hört man das Argument, dass das Schreiben in Englisch manchmal sogar einfacher ist als das Schreiben in Deutsch – nämlich dann, wenn auch der Großteil der herangezogenen Fachliteratur in Englisch vorliegt und man im Deutschen erst einmal nach passenden Begriffen für englische Fachtermini suchen muss. Dieser letzte Punkt, obwohl teilweise zutreffend, stellt unseres Erachtens aber meistens nur eine geringe Schwierigkeit dar. Wir würden Ihnen daher nur raten, in Englisch zu schreiben, wenn Sie sich in der Sprache wirklich sicher fühlen und sehr versiert sind.

ten, die deutlich über dem Durchschnitt liegen. Eine 2.0 wird hingegen oft schon für „durchschnittliche" Arbeiten vergeben, bei denen aber erkennbar ist, dass der Schreiber sich insgesamt Mühe gegeben hat und auch ggf. versucht hat, Verbesserungsvorschläge des Betreuers zu berücksichtigen. Wenn Sie für sich entscheiden, dass Ihnen eine 2.0 als Note für Ihre Abschlussarbeit genügt, dann werden Sie diese Lebensphase sicherlich stressfreier verbringen können, als wenn Sie versuchen, auf jeden Fall eine 1.0 zu erzielen. Je nachdem, wie viel Zeit Sie investieren möchten bzw. können und wie wichtig Ihnen eine sehr gute Note ist, sollten Sie sich überlegen, mit welcher Note Sie noch zufrieden sind.

Gerade sehr perfektionistisch veranlagte Personen, die meinen, nur mit einer 1.0 zufrieden zu sein, setzen sich vielfach in der (End-)Phase ihrer Abschlussarbeit unter übermäßigen – oft sogar ungesunden – Leistungsdruck. Falls Sie denken, dass Sie zu dieser Gruppe gehören könnten, überlegen Sie doch mal, ob nicht auch eine 1.3, 1.5 oder 1.7 Noten sind, mit denen Sie gut leben könnten. Das reduziert unserer Erfahrung nach den eigenen Leistungsdruck sehr deutlich. Auch wenn Sie es uns nicht glauben mögen: Den meisten anderen Personen, selbst denen, bei denen Sie sich vielleicht einmal bewerben, wird es nicht so wichtig sein, ob Sie eine 1.0 oder eine 1.7 für Ihre Abschlussarbeit erhalten haben.

Ablauf einer wissenschaftlichen Arbeit

3.1 Phasen der Bearbeitung einer empirischen Arbeit   50
    3.1.1   Überblick 50
    3.1.2   Einarbeitung, Formulierung der Fragestellung und
            der Hypothesen 51
    3.1.3   Planung der Studie. 53
    3.1.4   Durchführung der Studie. 54
    3.1.5   Datenbereinigung, -aufbereitung und -auswertung . . . 54
    3.1.6   Interpretation der Ergebnisse und Diskussion 55
    3.1.7   Überarbeiten Ihres Textes 56

3.2 Zeitplan erstellen. 57
    3.2.1   Allgemeine Überlegungen zur Zeitplanung 57
    3.2.2   Konkrete Zeitpläne. 62

Bevor Sie mit der Bearbeitung Ihres Themas anfangen, sollten Sie sich die einzelnen Arbeitsschritte, die Sie durchlaufen werden, bewusst machen. Da in den empirischen Sozialwissenschaften und der Psychologie etwa 95 % aller Arbeiten einen empirischen Charakter haben, konzentrieren wir uns hier auf die Darstellung der *Phasen der Bearbeitung einer empirischen Arbeit* (Abschnitt 3.1). Trotzdem lassen sich die Ausführungen auch auf andere Formen wissenschaftlicher Arbeiten, insbesondere auf Literaturarbeiten, übertragen, wobei Sie die Phasen der Studienplanung, -durchführung und -auswertung weglassen (auf Besonderheiten von Literaturarbeiten gehen wir im Band *Schreiben und Gestalten* ein). In Abschnitt 3.2 erörtern wir, warum es sehr sinnvoll ist, sich einen *Zeitplan* für die Bearbeitung zu erstellen, und wie dieser aussehen sollte.

3.1 Phasen der Bearbeitung einer empirischen Arbeit

3.1.1 Überblick

Eine empirische Arbeit gliedert sich grob in die folgenden Phasen, die sich auch in den Kapiteln Ihrer (Abschluss-)Arbeit widerspiegeln: (a) Theoretische Einarbeitung und Formulierung der Fragestellung bzw. der Hypothesen (dazu gehört ein ausführliches Studium der Literatur), (b) Planung der Studie, einschließlich ggf. der Erstellung des Untersuchungsmaterials, (c) Durchführung der Studie, (d) Auswertung der erhobenen Daten, (e) Interpretation und Diskussion der Ergebnisse (auch in dieser Phase sollten Sie sich wieder intensiv mit der Forschungsliteratur beschäftigen), (f) Dokumentation der Studie – also das Schreiben der Arbeit. Diese letzte Phase, das Schreiben Ihres wissenschaftlichen Textes, wird idealerweise begleitend zu den sonstigen Phasen angegangen. Wenn Sie sich also in die Literatur einarbeiten, um zu erfahren, welche Studien und bisherigen Befunde zu Ihrer Fragestellung vorliegen, sollten Sie parallel bereits am Theorieteil Ihrer Arbeit schreiben. Wenn Sie auf Ihren theoretischen Überlegungen aufbauend die eigene Fragestellung präzisieren und Ihr Studiendesign konzipieren, sollten Sie mit dem Verfassen des Methodenteils beginnen. (Dem eigentlichen Schreiben der Arbeit widmet sich der Band *Schreiben und Gestalten*. Einen Überblick über die Bestandteile der schriftlichen Arbeit finden Sie aber auch bereits im vorliegenden Buch in Kapitel 10.)

Dieses Vorgehen, bereits frühzeitig mit dem Schreiben zu beginnen und es begleitend zu den verschiedenen Phasen der Arbeit fortzuführen, hat mehrere Vorteile: Meistens durchdringt man theoretische Modelle und Befunde von Studien dann besser, wenn man versucht, diese in eigenen Worten zusammenzufassen und dabei zu systematisieren. Auch wird einem beim Schreiben oft erst deutlich, was man bisher vielleicht nicht verstanden hat und daher noch einmal genauer nachlesen oder überdenken sollte. Auch Schwachpunkte bisheriger Studien oder z. B. divergierende Befunde werden einem oft erst bewusst, wenn man versucht, diese systematisch in einem Text darzustellen. Das Schreiben des Theorieteils ist also eine hervorragende Möglichkeit, um zu überprüfen, wo eigene Wissens- oder Verständnislücken bestehen, aber auch um Widersprüche oder Lücken in der Forschungsliteratur zu entdecken. (Wie Sie bereits während der Einarbeitung in ein Thema bzw. während des Literaturstudiums mit dem Verfassen des Theorieteils beginnen können, vertiefen wir in Abschnitt 5.6.3.)

Das Gleiche gilt für das Schreiben des Methodenteils: Wenn Sie geplant haben, wie Ihre Studie aufgebaut sein muss, um Ihre Fragestellung zu beantworten, sollten Sie dies in Form des Methodenteils aufschreiben. Auch dabei sollte zutage treten, wenn noch irgendwo Fehler oder Unstimmigkeiten in der Studienplanung verborgen liegen. Wenn Sie solche Schwachstellen entdecken, bevor Sie die Untersuchung durchführen, haben Sie noch die Gelegenheit, korrigierend einzugreifen und Verbesserungen an Ihrer geplanten Studie vorzunehmen. Fallen Ihnen Fehler erst später auf, nachdem die Durchführung begonnen wurde, ist es für solche Änderungen zu spät.

Das frühzeitige Schreiben von Theorie- und Methodenteil hat zudem den Vorteil, dass Sie nicht die gesamte Schreibarbeit am Ende Ihrer Bearbeitungsphase leisten müssen, sondern bereits vor Beginn der Erhebung etwa 30 bis 50 % der Schreibtätigkeit erledigt haben. Natürlich können Sie – und werden dies vermutlich auch – bis zur Abgabe Ihrer Arbeit immer noch Überarbeitungen am Theorie- und Methodenteil vornehmen, d. h., die Version, die Sie vor Beginn der Erhebung erstellen, muss und sollte nicht die finale sein.

Viele – wenn auch keineswegs alle – Betreuer möchten vor Beginn der Studie ein Exposé vorgelegt bekommen, das im Prinzip einem (ggf. verkürzten) Theorieteil sowie dem Methodenteil entspricht, wobei Letzterer die Planung der Studie beschreibt. Mit dem Exposé hätten Sie also auch die wesentlichen Vorarbeiten für den Theorieteil sowie den Methodenteil geleistet und könnten diese für Ihre Arbeit, mit kleineren Überarbeitungen und Abwandlungen, übernehmen. Sie können mit Ihrem Betreuer auch absprechen, ob Sie ihm statt eines Exposés den (vorläufigen) Theorie- und Methodenteil vor Beginn der Erhebung vorlegen können – das erspart Ihnen die getrennte Erstellung eines Exposés. Allerdings sind die Unterschiede zwischen diesen beiden Varianten so gering, dass auch die Erstellung eines getrennten Exposés nur wenig Mehraufwand bedeutet.

3.1.2 Einarbeitung, Formulierung der Fragestellung und der Hypothesen

Am Anfang einer jeden wissenschaftlichen Arbeit steht die Einarbeitung in das Forschungsthema. Diese Einarbeitungsphase beinhaltet ein ausführliches *Literaturstudium*. In Kapitel 5 werden wir genauer darauf eingehen, wie Sie nach Literatur recherchieren und diese sinnvoll auswerten können.

Hier sei nur als Orientierung erwähnt, dass man – wenn man gänzlich neu beginnt sich mit einem Thema zu beschäftigen – zunächst versuchen sollte, Einträge zu dem Thema in fachspezifischen Handbüchern oder Enzyklopädien zu lesen (z.B. in der *Enzyklopädie der Psychologie* des Hogrefe-Verlags). Dort findet man in der Regel auch weiterführende Literaturhinweise. Sofern das Thema in Lehrbüchern behandelt wird, sollte man sich die entsprechenden Kapitel in diesen Werken anschauen. Auch eine Internetsuche (z.B. über *Google*, *Google Scholar* oder in *Wikipedia*) ist für einen ersten Einstieg in ein Thema legitim.

All diese Schritte dienen allerdings nur dazu, sich selbst einen Überblick zu verschaffen und weitere Literatur zu finden. Das, was Sie z.B. im Internet oder in Handbüchern finden, ist in aller Regel nicht das Material, das Sie später tatsächlich zitieren werden. Dennoch hilft das geschilderte Vorgehen, das eigene Vorwissen so weit aufzubauen, dass Sie anschließend komplexere (auch englischsprachige) Fachliteratur richtig einordnen und besser verstehen können.

Nach diesem ersten Einstieg sind gezielte Stichwortsuchen in *elektronischen Datenbanken* (z.B. ERIC, Medline, PsycINFO, Psyndex, SSCI oder Web of Science) unumgänglich (vgl. Abschnitt 5.4.3). Idealerweise stoßen Sie dabei auf eine aktuelle Übersichtsarbeit (*review*) zu Ihrem Thema: In solchen Übersichtsarbeiten sollte der aktuelle Forschungsstand systematisch und gut verständlich dargestellt werden. Zudem erweisen sich solche Übersichtsarbeiten oft als wahre Fundgruben für weitere Quellen. Aber auch aktuelle empirische Studien, die als wissenschaftliche Zeitschriftenartikel vorliegen, bieten wertvolle Quellenangaben und Verweise auf andere Arbeiten. Während in wissenschaftlichen Zeitschriftenartikeln theoretische Hintergründe oft relativ kurz abgehandelt werden, sind als Monografie (also in Buchform) erschienene Dissertationen häufig sehr nützlich, um sich einen umfassenden Einblick in die Theorie zu verschaffen. Für deren Recherche eignen sich die (Verbund-)Kataloge der Hochschulbibliotheken, die sich inzwischen fast vollständig online durchsuchen lassen (vgl. Abschnitt 5.4.2). Auch eine Stichwortsuche auf den Internetseiten von Online-Buchhändlern (z.B. bei Amazon) oder im „Verzeichnis lieferbarer Bücher" (VLB; *www.buchhandel.de*) kann sehr hilfreich sein.

Ziel des Literaturstudiums ist es, sich einen tieferen Einblick über die theoretischen Hintergründe Ihres Themas zu verschaffen, aber auch zu überprüfen, wie der aktuelle Stand der Forschung dazu aussieht. Wenn Ihre *Fragestellung* beispielsweise lautet „Welchen Einfluss hat Lese-Rechtschreib-Schwäche (LRS) auf den Studienerfolg von Medizinstudierenden?", dann sollten Sie sich zunächst darüber informieren, was LRS genau ist, welche Theorien es für die Entstehung von LRS gibt, welche Studien bisher den Zusammenhang von LRS und schulischen bzw. akademischen Leistungen untersucht und welche Befunde diese Studien erbracht haben, und schließlich, ob es schon eine Studie gibt, die genau Ihr Thema behandelt.

Nehmen wir einmal an, Sie finden keine Studie, die den Einfluss von LRS auf den Studienerfolg untersucht hat. Allerdings lernen Sie aus Ihrem Literaturstudium, dass LRS negativ mit Schulleistung zusammenhängt, und das auch dann, wenn die Intelligenz der Probanden statistisch kontrolliert wird (damit ist gemeint, dass der Einfluss der Intelligenz auf die Schulleistung aus dem Zusammenhang zwischen LRS und Schulleistung herausgerechnet wird). Nun wäre es an der Zeit, dass Sie Ihre *Hypothesen formulieren*. Zum Beispiel könnte Ihre Haupthypothese lauten: „Medizinstudierende mit LRS zeigen im Vergleich zu Medizinstudierenden ohne LRS schlechtere Leistungen im Physikum". Eine weitere, nachgeordnete Hypothese wäre: „Dieser Zusammenhang bleibt auch nach Kontrolle der fluiden Intelligenz erhalten." Eventuell sind Sie bei Ihrem Literaturstudium oder durch eigenes Nachdenken darauf gekommen, dass möglicherweise weitere Variablen den Zusammenhang von Leistungen im Studium und der LRS moderieren. Hypothesen zu solchen Moderatorvariablen könnten wie folgt lauten: „Medizinstudierende mit LRS zeigen im Vergleich zu Medizinstudierenden ohne LRS nur dann schlechtere Leistungen im Physikum, wenn die LRS nie behandelt wurde" oder „Medizinstudierende mit LRS zeigen im Vergleich zu Medizinstudierenden ohne LRS lediglich in den schriftlichen Teilen des Physikums schlechtere Leistungen; in den mündlichen Teilen gibt es keine bedeutsamen Unterschiede". Ihre konkreten Hypothesen sollten Sie mit Ihrem Betreuer absprechen, bevor Sie beginnen, Ihre Studie zu realisieren. In Kapitel 6 werden wir noch genauer darauf eingehen, was Sie bei der Hypothesenformulierung beachten müssen.

Es ist wichtig zu wissen, dass die Einarbeitungsphase und das Formulieren der Fragestellung bzw. der Hypothesen so gut wie nie geradlinig verlaufen. Das heißt, Sie sollten nicht damit rechnen, dass Sie am Anfang eine Literaturrecherche durchführen, sich auf dieser Grundlage z.B. 12 Forschungsarbeiten besorgen, diese dann durchlesen und anschließend Ihre Hypothesen formulieren. Vielmehr haben Sie vermutlich bereits zu Beginn der Literaturrecherche eine Forschungsfrage und potenzielle Hypothesen im Kopf. Nachdem Sie sich dann etwas eingelesen haben, wird es oft vorkommen, dass sich die exakte Forschungsfrage bzw. die Hypothesen noch einmal verändern. Oft entdeckt man erst durch das Lesen neue Aspekte eines Themas, die für dessen weitere Bearbeitung relevant sind. Auch das Literaturstudium ist daher ein sich wiederholender Prozess aus Literaturrecherche, Lesen und sowohl kritischem als auch kreativem Nachdenken über das, was Sie gelesen haben.

3.1.3 Planung der Studie

Der nächste Schritt, der sich in der Praxis jedoch nicht von der Formulierung der Fragestellung und der Hypothesen trennen lässt, ist die Planung der Studie. Darunter verstehen wir die Auswahl der Untersuchungsmethode (z.B. Feld- oder Laborexperiment, Fragebogenstudie, Beobachtungsstudie) und des genauen Designs (Was ist die abhängige Variable und wie ist diese operationalisiert? Welche unabhängigen Variablen werden erhoben bzw. experimentell variiert?). Auch die beabsichtigte Stichprobengröße ist festzulegen.

Wenn diese Aspekte geklärt sind, müssen Sie das Untersuchungsmaterial erstellen. Das kann der Fragebogen sein, den Sie verwenden möchten, oder auch das Computerprogramm für das Reaktionszeit-Experiment, das Sie durchführen wollen. Bei vielen Studien benötigen Sie darüber hinaus bestimmtes Reiz- oder Stimulusmaterial (z. B. Bilder, Wörter, Sätze), das zusammengestellt oder angefertigt werden muss.

Ebenso wichtig ist die Planung der konkreten Versuchsdurchführung mit den Probanden: Welche einzelnen Schritte werden durchlaufen, gibt es z. B. einen Wechsel zwischen Aufgaben am Computer und dem Ausfüllen eines Papier-Bleistift-Fragebogens? Müssen bestimmte Instruktionen schriftlich ausgeteilt oder den Probanden mündlich vorgetragen werden? Wie wird ggf. das Instruktionsverständnis sichergestellt? Auch die Phasen der Begrüßung, ggf. einer Aufklärung (*Debriefing*) und der Verabschiedung sollten geplant werden. Oft sind ferner noch organisatorische Dinge mit den Probanden zu regeln, z. B. wie sie ihre Versuchspersonenstunden erhalten.

Insbesondere wenn an der Erhebung weitere Versuchsleiter außer Ihnen beteiligt sind, sollten die Aufgaben der Versuchsleiter in einem *Versuchsablauf-Plan* Schritt für Schritt schriftlich festgehalten werden. In einem solchen Plan wird – ähnlich wie in einem Testmanual – genau aufgeführt, was der Versuchsleiter wann zu tun hat. Unter Umständen, vor allem bei komplexeren Versuchsabläufen, bietet sich auch eine Versuchsleiterschulung an, in der man den Ablauf gemeinsam einübt. Diese Maßnahmen führen zu einer besseren Standardisierung der Versuchsdurchführung und schützen davor, dass durch Fehler einzelner Versuchsleiter Daten unbrauchbar werden. All diese Punkte werden ausführlich in Kapitel 6 erörtert.

3.1.4 Durchführung der Studie

Vor dem eigentlichen Erhebungsbeginn sollten Sie einen Probelauf durchführen. Dieser dient dazu, letzte Fehler im Versuchsablauf zu entdecken. Erst nachdem Sie diese bereinigt und den Versuchsablauf optimiert haben, ist Ihre Studie wirklich startklar. Wenn Sie dann noch organisiert haben, wo und wann Sie Ihre Erhebung durchführen, wer Ihre Probanden sein sollen und wie Sie diese rekrutieren, steht dem Erhebungsbeginn nichts mehr im Wege.

Diese und weitere mit der Durchführung verbundene Themen, beispielsweise wie Sie sich in Ihrer Rolle als Versuchsleiter verhalten und was Sie während der Durchführung dokumentieren sollten, werden in Lehrbüchern zum empirischen Forschen oft vernachlässigt. Daher gehen wir in Kapitel 7 genauer darauf ein.

3.1.5 Datenbereinigung, -aufbereitung und -auswertung

Bereits bei der Planung der Studie sollten Sie sich Gedanken darüber machen, mit welchen statistischen Methoden sich die Daten, die Sie erheben, auswerten lassen. Grundsätzlich implizieren schon die von Ihnen formulierten Fragestellungen und Hypothesen die Auswertungsmethoden. Wenn Sie also Fragen zum Zusammenhang von Schulleistung und Intelligenz aufstellen, werden Sie Korrelationen berechnen. Ist Ihre Fragestellung, ob Mädchen im Vergleich zu Jungen schneller lesen, berechnen Sie zur Auswertung einen *t*-Test.

Unserer Erfahrung nach ist es sehr hilfreich, wenn Sie bei der Hypothesenformulierung parallel überlegen: Wie müssen meine Daten aussehen, damit ich meine Vermutungen überprüfen kann, und welche statistischen Verfahren werde ich dafür nutzen? Andernfalls kann es Ihnen passieren, dass Sie bei der Datenauswertung nicht mehr weiterwissen. Bestenfalls kann Ihnen dann Ihr Betreuer bei der Auswertung helfen, schlimmstenfalls sind Ihre Daten zur Prüfung Ihrer Hypothesen nicht geeignet.

Die tatsächliche Auswertung erfolgt im Ablauf einer wissenschaftlichen Arbeit natürlich erst nach Abschluss der Datenerhebung. In Kapitel 9 geben wir Ihnen einen Überblick, wann Sie welche inferenzstatistische Methode verwenden können. Neben inferenzstatistischen Verfahren zur Überprüfung der Hypothesen benötigen Sie stets auch deskriptive Verfahren, mittels derer Sie dem Leser die Daten präsentieren.

Etwas, das in den allermeisten Lehrbüchern zur Statistik vernachlässigt wird, ist die *Datenbereinigung* und die *Datenaufbereitung*. *Datenbereinigung* meint das Entfernen von Ausreißern oder auffälligen Probanden: Wenn bei einem Reaktionszeit-Experiment die Reaktionszeiten der Probanden zu 95 % zwischen 800 und 2 400 ms lagen, sich aber bei einer Person ein Wert von 8 573 ms findet, dann stellt dieser Wert mit sehr großer Wahrscheinlichkeit einen Ausreißer dar, der vielleicht dadurch zustande gekommen ist, dass der Proband heftig niesen musste oder ihm etwas vom Tisch heruntergefallen ist. Derartige Werte sollte man – begründet – ausschließen. Ähnlich verhält es sich, wenn einzelne Probanden auffälliges Verhalten zeigen (z. B. Antwortmuster in Fragebögen aufweisen) – auch hier kann und sollte man in begründeten Fällen Probanden von der weiteren Auswertung ausschließen. Unter *Datenaufbereitung* verstehen wir notwendige Vorarbeiten, die erfolgen müssen, bevor mit der eigentlichen Auswertung begonnen werden kann. Dazu gehört das Einlesen von Dateien, die im Textformat vorliegen, in ein Statistikprogramm wie z. B. *SPSS*, das Transformieren und Aggregieren von Daten sowie das Erzeugen von Mittelwert- oder Summenscores aus Fragebögen. All dies sind fundamentale Schritte, bevor man überhaupt mit der Auswertung beginnen kann. Diese Schritte der Datenbereinigung und Datenaufbereitung erläutern wir in Kapitel 8.

3.1.6 Interpretation der Ergebnisse und Diskussion

Wenn Sie endlich alle Daten ausgewertet und die Ergebnisse vorliegen haben, folgt der letzte Schritt: Sie müssen Ihre Daten interpretieren und diese im letzten Abschnitt Ihrer Arbeit diskutieren. Auch wenn etwas nicht so funktioniert hat, wie Sie es sich vorgestellt haben, ist der Diskussionsteil der Ort, um dies zu erörtern. Eine gute Diskussion zu schreiben ist oft der schwierigste Teil einer Arbeit, da Sie hier keine festen Vorgaben haben: Im Einleitungsteil haben Sie die bisherige Forschungsliteratur, an der Sie sich orientieren können; im Methodenteil beschreiben Sie, was Sie gemacht haben; im Ergebnisteil berichten Sie, was Sie berechnet haben; aber in der Diskussion müssen Sie nun eigenständig interpretieren, was Ihre Ergebnisse bedeuten. Dabei geht es sowohl darum, welche Konsequenzen die Ergebnisse Ihrer Studie für den Erkenntnisstand und die Forschung innerhalb Ihrer Fachdisziplin haben, als auch ggf. darum, welche praktischen Anwendungen sich aus Ihren Erkenntnissen ableiten lassen. Zudem sollten Sie in der Diskussion selbstkritisch sein, Mängel der eigenen Studie erörtern und im Idealfall Vorschläge machen, wie künftige Studien zu Ihrem Forschungsthema optimiert werden können.

Sie sollten die Diskussion als Chance betrachten, nun einmal in größeren Zusammenhängen zu denken und Ihren Lesern Erkenntnisse sowie gute Einfälle, die Ihnen gekommen sind, mitzuteilen. Gleichgültig, ob Sie das Schreiben der Diskussion mögen oder nicht, es wird Sie motivieren, dass dies der letzte Teil und Ihre Arbeit somit fast fertig ist.

3.1.7 Überarbeiten Ihres Textes

Texte werden in aller Regel erst dadurch gut, dass man sie wiederholt überarbeitet und verbessert. Sie sollten also nicht erwarten, dass die erste Version eines Textes, den Sie erstellen, auch mit der Endfassung identisch ist. Am Ende des Arbeitsprozesses steht, dass Sie Ihren gesamten Text – gegebenenfalls mehrmals – gründlich durchgehen und sowohl inhaltlich, sprachlich als auch formal überarbeiten und optimieren.

Wenn Ihr Betreuer anbietet, eine Vorversion Ihrer Arbeit zu lesen, werden Sie von ihm sicherlich wertvolles Feedback erhalten, das Sie zur weiteren Verbesserung Ihrer Arbeit nutzen können und sollten. Diese Feedbacks sind manchmal sehr kritisch – es ist die Aufgabe der Betreuer, Schwachstellen aufzudecken und dies ehrlich zurückzumelden. Auch wenn eine derartige Kritik nicht immer selbstwertdienlich ist, sollte eine Auseinandersetzung mit den aufgezeigten Schwachstellen es Ihnen ermöglichen, Ihre Arbeit zu optimieren. Daher sollten Sie die Kritik Ihres Betreuers nicht persönlich nehmen, sondern als Chance auffassen, von seinen Erfahrungen beim Verfassen wissenschaftlicher Arbeiten zu profitieren.

Unabhängig davon, ob Ihr Betreuer eine Vorversion liest, bietet es sich an, den Text von befreundeten Kommilitonen lesen und diese unter anderem anmerken zu lassen, wo sie etwas unverständlich, unklar oder schwer nachvollziehbar finden. Auf diese Weise lassen sich inhaltliche Schwachpunkte – z.B. Mängel in einer Argumentationskette – aufspüren. Da man sprachliche Fehler in eigenen Texten oft leicht übersieht, ist es ebenfalls ratsam, andere Personen (das können wiederum Kommilitonen, aber auch sonstige Freunde sein) die Endfassung des Textes hinsichtlich sprachlicher, grammatikalischer und orthographischer Aspekte Korrekturlesen zu lassen. Wir würden Ihnen übrigens empfehlen, die Endversion Ihrer Arbeit nicht am Monitor Korrektur zu lesen, sondern vorher auszudrucken. Auf Papier erkennt man viele Fehler einfacher als am Bildschirm. Dabei führt auch der Wechsel zwischen zwei Medien (Computer und Papier) dazu, dass einem Fehler oder Unstimmigkeiten auffallen, die man zuvor übersehen hat.

Vielleicht wollen Sie vor dem Ausdrucken und Abgeben der Arbeit auch noch die eine oder andere Textformatierung oder das Layout Ihrer Arbeit optimieren – auch dafür sollten Sie ausreichend Zeit einplanen. Mit Aspekten der formalen Gestaltung von (Abschluss-)Arbeiten beschäftigt sich der Band *Schreiben und Gestalten*.

3.2 Zeitplan erstellen

Es gibt keinen einheitlichen Zeitplan, der für alle Arten von Arbeiten passt. Dafür sind wissenschaftliche Arbeiten zu unterschiedlich und es hängt zu stark von der jeweiligen Untersuchung ab, welche Arbeitsschritte wie viel Zeit beanspruchen. Daher stellen wir Ihnen zunächst einige *allgemeine Überlegungen zur Zeitplanung* vor (Abschnitt 3.2.1) und beschreiben anschließend anhand von Beispielprojekten, wie sich *Zeitpläne konkret gestalten* lassen (Abschnitt 3.2.2).

3.2.1 Allgemeine Überlegungen zur Zeitplanung

Möglichst frühzeitig sollten Sie sich Gedanken zu einem Zeitplan für die Erstellung Ihrer Arbeit machen. Viele Betreuer fordern sogar einen Zeitplan ein. Aber auch wenn Ihr Betreuer keinen Zeitplan verlangt, lohnt sich dieser trotzdem. Nur mit einem Zeitplan ist es recht wahrscheinlich, dass Sie auch kurz vor Ihrem Abgabetermin noch relativ entspannt an Ihrer (Abschluss-)Arbeit schreiben können. Zwar meinen manche Menschen, unter Zeitdruck am effizientesten zu arbeiten, und vielleicht kennen Sie es auch von sich selbst, dass Sie andere Aufgaben (z.B. Referate oder Ähnliches) mit Vorliebe kurz vor der Deadline fertigstellen. Allerdings ist dieses Vorgehen umso problematischer, je umfassender das Projekt ist – ein Referat kann man notfalls über Nacht erstellen, eine Abschlussarbeit nicht. Zudem sollten Sie sich fragen, ob Sie sich diesen Stress gegen Ende der Bearbeitungszeit tatsächlich antun wollen. Ein Zeitplan ermöglicht Ihnen, zu erkennen, zu welchem Zeitpunkt Sie in die nächste Bearbeitungsphase übertreten müssen, wenn Sie alles noch rechtzeitig schaffen wollen.

Unsere Erfahrung zeigt auch, dass Arbeiten, die am Ende unter großem Zeitdruck erstellt wurden, qualitativ meistens schlechter ausfallen als Arbeiten, bei denen der Schreiber es – aufgrund eines realistischen Zeitplans – geschafft hat, bis zum Ende relativ entspannt zu bleiben. Im Folgenden stellen wir dar, welche Aspekte Sie bei der Erstellung eines Zeitplans beachten sollten. Dabei ist der erste Schritt, sich bewusst zu machen, wie lange man pro Tag tatsächlich arbeiten kann und zu welchen Zeiten man am effektivsten ist (Abschnitt 3.2.1.1). Zudem ist es wichtig, Zeitpuffer einzuplanen und nicht auf Pausen zu verzichten (Abschnitt 3.2.1.2). In

Abschnitt 3.2.1.3 geben wir ein paar Hinweise, wie Sie bei der Erstellung eines Zeitplans vorgehen sollten. Abschlussarbeiten haben eine vorgeschriebene Bearbeitungszeit, die ab der offiziellen Anmeldung der Arbeit – in der Regel beim Prüfungsamt – zu laufen beginnt. Um auch Arbeiten zu ermöglichen, die sich über einen längeren Zeitraum erstrecken, bzw. um auf persönliche Umstände der Studierenden einzugehen, gibt es hier einige inoffizielle Freiheiten, die wir in Abschnitt 3.2.1.4 erläutern.

3.2.1.1 Realistische Arbeitszeiten festlegen

Zeitpläne leiden häufig unter dem Problem, dass sie zu ambitioniert sind, also dass unrealistisch viel tägliche Arbeitszeit eingeplant wird, die nicht wirklich erbracht werden kann. In einer Befragung an 464 Studierenden zu ihrer Prüfungsvorbereitung kam heraus, dass die Studierenden sich durchschnittlich vorgenommen hatten, 7.0 Stunden pro Tag (außer am Wochenende) zu lernen (Revenstorf & Zeyer, 1993). Die realisierte durchschnittliche Lernzeit lag bei 6.0 Stunden/Tag und die Zeit, von der die Studierenden meinten, dass sie tatsächlich *effektiv gelernt* hatten, lediglich bei 5.1 Stunden/Tag (die restliche Zeit wurde mit ablenkenden Tätigkeiten vertan).

Auch wenn es bei Ihnen nicht um das Lernen für eine Prüfung, sondern um das Erstellen einer (Abschluss-)Arbeit geht, meinen wir, dass zumindest in den Phasen des Literaturstudiums und des Schreibens ähnliche Arbeitszeiten realistisch sind. Das heißt, Sie könnten sich zwar vornehmen, 10 Stunden pro Tag Literaturstudium zu betreiben, aber es ist relativ unwahrscheinlich, dass davon deutlich mehr als 6 Stunden effektiv verbrachte Zeit ist. Natürlich gibt es „Ausnahmemenschen", und vielleicht denken auch Sie von sich, dass Sie disziplinierter sind oder sich besser konzentrieren können als Ihre Kommilitonen. Auch von Ihren Kommilitonen denken vermutlich 90%, dass sie länger und effektiver arbeiten können als der Durchschnittskommilitone – leider ist dies bei den meisten Menschen eine Selbstüberschätzung.

Wir raten Ihnen daher, für *konzentrierte, effektive Arbeit* (wie das Literaturstudium, Dateneingabe, Auswerten oder das Schreiben der Arbeit) *maximal 6 Zeitstunden/Tag* einzuplanen. Wenn Sie dann doch mehr schaffen, ist das gut, aber Sie sollten nicht fest damit rechnen. Zusätzlich zu diesen 6 Stunden konzentrierter Arbeit können Sie natürlich noch Zeit einplanen, in der Sie z.B. benötigte Literatur in der Bibliothek beschaffen, kopieren oder einscannen, sich mit dem Layout Ihrer Arbeit beschäftigen oder ähnliche Aufgaben erledigen, die weniger Konzentration erfordern. Wenn Sie neben Ihrer (Abschluss-)Arbeit noch andere Belastungen haben, z.B. durch Lehrveranstaltungen, (Neben-)Jobs oder familiäre Belastungen, sollten Sie die Arbeitszeit entsprechend weiter nach unten korrigieren.

Wie Sie sich Ihre Arbeitszeit einteilen, sollte Ihren persönlichen Vorlieben folgen: Manche Personen arbeiten gerne am Wochenende, anderen ist es wichtig, regelmäßig zwei zusammenhängende Tage frei zu haben (vgl. zu Erholungspausen auch Abschnitt 3.2.1.2). Außerdem sollten Sie Ihre persönliche Leistungskurve im Tagesverlauf beachten. Vielleicht können Sie sich vormittags besonders gut konzentrieren – dann sollten Sie diese Zeit für entsprechend anspruchsvolle Aufgaben, wie das Schreiben am Theorie- und Diskussionsteil oder die Auswertung Ihrer Daten reservieren. Einfachere Tätigkeiten, wie die Formatierung von Tabellen und Abbildungen oder das Erstellen des Literaturverzeichnisses können Sie hingegen auf Ihre persönlichen Leistungstiefs legen (viele Menschen haben diese nach der Mittagspause und auch am Abend).

3.2.1.2 Warum Zeitpuffer und Pausen wichtig sind

Die meisten Personen berücksichtigen in Ihren Zeitplänen nur unzureichend unvorhergesehene Ereignisse, beispielsweise dass die Bestellung eines Buches per Fernleihe länger dauert als geplant, dass sich für die Erhebung weniger Probanden melden als erwartet oder einzelne Probanden ohne abzusagen nicht erscheinen. Auch durch einen Computerabsturz kann bereits vollbrachte Arbeit vernichtet werden – wenn Sie sich an unsere Empfehlungen zur Datensicherung halten, aber maximal die Arbeit des laufenden Tages (vgl. dazu Abschnitt 4.1). Vielleicht fangen Sie sich auch zwischenzeitlich einen grippalen Infekt oder eine andere kleine Krankheit ein und verlieren dadurch eine Woche. Daher sollten Sie einen Puffer von mindestens 25 % der angesetzten Arbeitszeit für unvorhergesehene Ereignisse einplanen. Auch wenn das anfangs viel klingen mag, werden Sie höchstwahrscheinlich feststellen, dass dieser Puffer keineswegs zu üppig bemessen ist. Sie sollten sich zudem bewusst sein, dass sich sehr detaillierte Pläne selten so umsetzen lassen wie beabsichtigt. Andererseits haben Sie ohne einen Plan gar nicht die Möglichkeit, zu erkennen, wenn Ihr Zeitmanagement aus dem Ruder läuft und Sie eigentlich gegensteuern sollten, z.B. indem Sie in die nächste Projektphase übergehen, auch wenn Sie meinen, dass Sie in der jetzigen Phase noch viel mehr machen könnten.

Aus arbeitspsychologischen Studien ist bekannt, dass es sinnvoll ist, rechtzeitig *vor* dem Zustand totaler Erschöpfung Pausen einzulegen (z.B. Tucker, 2003). Eine Empfehlung wäre daher, nach jeweils etwa 40 Minuten eine kleine 5-Minuten-Pause einzulegen, und nach etwa 1½ Stunden für ungefähr 15 Minuten zu pausieren. Spätestens nach insgesamt etwa 4 Stunden Arbeit haben Sie sich dann auch eine längere Pause (z.B. eine Mittagspause) von 45 bis 90 Minuten Dauer verdient. Wenn Sie das befolgen, fällt es Ihnen aller Wahrscheinlichkeit nach leichter, auch einen längeren Arbeitstag effektiv zu verbringen, als wenn Sie versuchen, auf Erholungspausen weitgehend zu verzichten.

Generell würden wir Ihnen raten, in allen Phasen der Abschlussarbeit ausreichend Erholungszeiten einzuplanen und weiterhin den Freizeitaktivitäten nachzugehen, die Ihnen bisher gut getan haben. Sicherlich ist es möglich, in der „heißen Phase" auch mal für 14 Tage auf längere Erholungsphasen wie z.B. freie Wochenenden zu verzichten. Das ist aber kein sinnvoller Plan für die gesamte Bearbeitungszeit von mehreren Monaten.

3.2.1.3 Vorgehen bei der Zeitplan-Erstellung

Um einen Zeitplan zu erstellen, ist es ratsam, die einzelnen Tätigkeiten, die zu erledigen sind, zu sammeln, abzuschätzen, wie lange diese im Einzelnen dauern, und sie dann in den Zeitplan einzuordnen. Ein weiterer Tipp ist, vom Ende her zu planen: Wann müssen Sie die Arbeit abgeben? Wie lange vorher sollten Sie dann Ihrem Betreuer ggf. die vorläufige Fassung geben? Hier wird auch klar, dass Sie bei der Zeitplanung nicht nur Ihre eigenen Bedürfnisse berücksichtigen müssen, sondern auch in Erfahrung bringen, wann Ihr Betreuer für bestimmte Tätigkeiten Zeit hat (ist er vielleicht irgendwann im Urlaub?), wann Ihre Probanden können (z.B. ist es, wenn Sie Studierende erheben möchten, ungünstig, die Studie in den Semesterferien durchzuführen), und wann Ihnen ggf. bestimmte Ressourcen wie Laborräume zur Verfügung stehen.

Schließlich ist es sinnvoll, sich *Meilensteine* zu setzen, also für wesentliche Übergänge von einer in die nächste Arbeitsphase Termine festzulegen, die auf jeden Fall einzuhalten sind. Bei empirischen Studien kann man z.B. die Fertigstellung des Exposés, den Beginn der Erhebung, das Ende der Erhebung und das Ende der Auswertung als Meilensteine betrachten, die zu bestimmten Zeitpunkten erledigt sein müssen, wenn die nachfolgenden Arbeiten noch alle rechtzeitig fertiggestellt werden sollen. In Abschnitt 3.2.2 veranschaulichen wir Ihnen dieses Vorgehen an Beispielen.

Unserer Erfahrung nach ist es sinnvoll, sich immer eine Haupt- und eine – kognitiv weniger anstrengende – Nebenaufgabe vorzunehmen. Das heißt, Ihre Hauptaufgabe könnte gegen Ende Ihrer Arbeit darin bestehen, den Diskussionsteil zu schreiben, als Nebenaufgabe nehmen Sie sich das endgültige Formatieren Ihrer Arbeit und das Überprüfen der Literaturangaben vor. Wenn Sie sich tatkräftig und vital fühlen, widmen Sie sich Ihrer (anspruchsvolleren) Hauptaufgabe, wenn Sie aber mal einen „Durchhänger" oder vielleicht sogar eine vorübergehende „Schreibblockade" haben, machen Sie in der Zeit einfach mit Ihrer Nebenaufgabe weiter. Auf diese Weise können Sie Ihre Arbeit auch abwechslungsreicher gestalten.

Übrigens: Der Begriff *Schreibblockade* wird unseres Erachtens inflationär gebraucht. Während eines längeren Schreibprozesses ist es absolut normal, Phasen zu haben, in denen man das Gefühl hat, dass die Gedanken nicht richtig fließen, in denen man lange an einzelnen Sätzen herumbastelt oder auch denkt, dass gewisse Teile der Gliederung unstimmig sind oder eine bestimmte Argumentation nicht überzeugt. Das kann dann bei einigen Personen in dem verzweifelten Gedanken münden, sie könnten den Text niemals fertigstellen. Häufig hilft es in einer solchen Situation, erst einmal an einer anderen Aufgabe bzw. einem anderen Textteil weiterzuarbeiten oder auch mal einen Erholungstag einzulegen – dafür haben Sie ja zeitliche Puffer eingeplant (vgl. Abschnitt 3.2.1.2). Viele Schwierigkeiten oder Blockaden lösen sich schon dadurch auf, dass man mit etwas zeitlichem Abstand aus einer neuen Perspektive auf die problematischen Textteile blickt. Eine weitere Möglichkeit ist: Einfach drauflos schreiben und den Text zu einem späteren Zeitpunkt, wenn Sie sich leistungsfähiger fühlen, überarbeiten. All das ist jedenfalls besser, als sich an einer bestimmten Stelle krampfhaft festzubeißen. Auch bereits die Erkenntnis, dass das, was Sie als Schreibblockade empfinden und Sie verzweifeln lässt, von fast allen Schreibern in ähnlicher Form erlebt wird, hilft dabei, diese vorübergehenden Schwierigkeiten besser zu überstehen.

3.2.1.4 Zeitpunkt der offiziellen Anmeldung

Bei vielen empirischen Studien, bei denen zunächst Untersuchungsmaterial erstellt und ggf. getestet werden muss, bevor die eigentliche Erhebung beginnt, ist der in Prüfungsordnungen vorgeschriebene Bearbeitungszeitraum oft unrealistisch kurz. Was in dem offiziellen Bearbeitungszeitraum in der Regel auch nicht eingeplant ist, sind die „Reaktionszeiten" Ihres Betreuers: Das heißt, wenn sich Ihr Betreuer Ihr Exposé oder Teile Ihrer Arbeit durchliest, um Ihnen dazu Feedback zu geben, wird er dies kaum von heute auf morgen machen. Die Betreuer haben noch viele andere Aufgaben, die häufig dringlicher erscheinen als Ihre Arbeit. Im Zweifelsfall müssen Sie warten: Oft sind 14 oder mehr Tage einzuplanen, wobei Sie durch eine frühzeitige Absprache, wann Sie Ihrem Betreuer was übergeben wollen, die Zeiten kurz halten können, da dieser dann auch einplanen kann, wann er sich Ihrer Arbeit widmet. Beim offiziellen Bearbeitungszeitraum wird auch nicht berücksichtigt, dass es für manche Studierende unrealistisch ist, Ihre Abschlussarbeit in Vollzeit zu verfassen, da sie nebenher weitere Belastungen z.B. durch die Betreuung eigener Kinder oder einen für den Lebensunterhalt notwendigen (Neben-)Job haben.

Aus diesen Gründen wird in der Praxis häufig mit der Einarbeitung in ein Thema sowie mit sonstigen Vorarbeiten begonnen, bevor die offizielle Themenvergabe, also die Anmeldung der Arbeit beim Prüfungsamt, erfolgt. Sprechen Sie dies mit Ihrem Betreuer ab, in vielen Fällen sind Betreuer mit einem solchen Vorgehen einverstanden. Wie wir gehört haben, ist es mancherorts wohl sogar üblich, mit der offiziellen Anmeldung solange zu warten, bis absehbar ist, dass die Arbeit in der verbleibenden Zeit problemlos fertiggestellt werden kann. Das heißt, die Themenübernahme wird beispielsweise erst dann ans Prüfungsamt gemeldet, wenn die Erhebungsphase schon fast abgeschlossen ist. Dieses Vorgehen ist zwar nicht im Sinne der Prüfungsordnungen, laut denen Sie ja demonstrieren sollen, dass Sie ein Thema in begrenzter Zeit bearbeiten können – dennoch wird es, wie uns inoffiziell zugetragen wurde, wohl häufig praktiziert, auch wenn nicht laut darüber gesprochen wird. Aus studentischer Sicht hat eine spätere Anmeldung den Vorteil, dass Sie sich nicht so sehr unter Zeitdruck setzen müssen. Wenn es an Ihrer Hochschule üblich sein sollte, den Bearbeitungszeitraum durch diesen Trick zu verlängern, wäre es fast ein Nachteil für Sie, es nicht ebenso zu machen.

3.2.2 Konkrete Zeitpläne

An dieser Stelle zeigen wir Ihnen drei exemplarische Zeitpläne: einen für eine Masterarbeit, in der ein Reaktionszeit-Experiment durchgeführt wird (Abschnitt 3.2.2.1), einen für eine Bachelorarbeit mit einer Fragebogenstudie (Abschnitt 3.2.2.2) und einen für eine Zulassungsarbeit, die als Literaturarbeit geschrieben wird (Abschnitt 3.2.2.3). Dabei werden wir das erste Beispiel besonders ausführlich erläutern, weshalb Sie – auch wenn Ihre eigene Arbeit eher dem zweiten oder dritten Beispiel entspricht – sich auf jeden Fall den Abschnitt 3.2.2.1 zur Masterarbeit durchlesen sollten.

3.2.2.1 Masterarbeit mit Reaktionszeit-Experiment

Die sechsmonatige Masterarbeit in unserem Beispiel hat laut Prüfungsordnung einen Umfang von 900 Zeitstunden (30 ECTS), wobei davon ausgegangen wird, dass Sie nebenher keine Lehrveranstaltungen mehr besuchen müssen. Der Zeitplan für diese Arbeit, in deren Rahmen ein Labor-Experiment mit der Erfassung von Reaktionszeiten durchgeführt wird, ist in Tabelle 3.1 dargestellt. Der Schreiber der Masterarbeit hat bereits 12 Wochen vor der *offiziellen Themenvergabe* (also dem Zeitpunkt, zu dem die Masterarbeit beim Prüfungsamt angemeldet wird) begonnen, Literatur zu recherchieren, sich in diese einzuarbeiten, und auch das Exposé, das in Teilen als Theorie- und Methodenteil der späteren Arbeit verwendet werden kann, zu schreiben. Dafür wurden insgesamt 220 Stunden benötigt, die in die Gesamtberechnung der Arbeitszeit einfließen. Wenn Sie wissen, dass die wöchentliche Arbeitszeit, die Sie für Ihre Abschlussarbeit aufbringen können, niedriger ist, als es sich in unserem Rechenbeispiel ergibt, dann haben die meisten Betreuer unserer Erfahrung nach nichts dagegen, dass Sie die Gesamt-Bearbeitungsphase auch zeitlich noch stärker verteilen, also z.B. ein halbes oder dreiviertel Jahr vor der offiziellen Themenvergabe damit anfangen, sich mit dem Thema zu beschäftigen und Vorarbeiten durchzuführen (siehe dazu Abschnitt 3.2.1.4).

3.2 Zeitplan erstellen

Tabelle 3.1. Grobe Zeitplanung für eine Masterarbeit mit einem Reaktionszeit-Experiment

Wochen	Projektphase/Aufgabe	Stundenumfang (Arbeitszeit/Woche)	
Woche 20 bis 13 vor offizieller Themenvergabe	Themensuche, ggf. Gespräche mit potenziellen Betreuern		
Woche 12 bis 0 vor offizieller Themenvergabe	Fokussierung eines speziellen Themas bei einem konkreten Betreuer; erste Einarbeitung ins Thema (Literaturrecherchen, Beschäftigung mit Fragestellung); Überlegungen und Absprache mit Betreuer hinsichtlich der Studienplanung; Entscheidung, ob Sie das Thema tatsächlich übernehmen wollen → bei positiver Entscheidung: Beginn der Exposé-Erstellung	220 (18 Std./Wo.)	
0. Woche	Offizielle Übernahme des Themas		(Theoretische) Vorarbeiten (440 Stunden)
1.–2. Woche	Exposé-Erstellung und Ausarbeitung des Studienplans (kann in der Abschlussarbeit teilweise als theoretischer Hintergrund und Methodenteil verwendet werden)	64 (32 Std./Wo.)	
3.–4. Woche	Übergabe des Exposés an den Betreuer		
	Besprechung des Exposés mit Betreuer	2	
	Parallel: Erstellung des Untersuchungsmaterials	58 (30 Std./Wo.)	
5. Woche	ggf. Überarbeitung des Exposés	20	
	Finalisierung der Studienplanung	12 (32 Std./Wo.)	
6.–7. Woche	Fortsetzung der Erstellung des Untersuchungsmaterials	64 (32 Std./Wo.)	
8.–9. Woche	Probedurchführung des Experiments; ggf. letzte Korrekturen	60 (30 Std./Wo.)	Durchführungsphase (200 Stunden)
10.–13. Woche	Durchführung des Experiments (Erhebungsphase); parallel: Dateneingabe sowie Umschreiben des Exposés zu Theorie- und Methodenteil	140 (35 Std./Wo.)	

Tabelle 3.1. Grobe Zeitplanung für eine Masterarbeit mit einem Reaktionszeit-Experiment *(Forts.)*

Wochen	Projektphase/Aufgabe	Stundenumfang (Arbeitszeit/Woche)	
14.–17. Woche	Auswertung der Daten	40	
	Zwischenbesprechung der Ergebnisse mit dem Betreuer – ggf. Unterstützung bei Auswertung	4	
	Parallel zur Auswertung: Erstellung des Ergebnisteils	60 (26 Std./Wo.)	Auswertung und finale Schreibphase (260 Stunden)
18.–19. Woche	Schreiben der Diskussion (schließt ggf. Suche nach und Einbezug von weiterer Literatur ein)	70 (35 Std./Wo.)	
20. Woche	Abgabe der Vorversion an den Betreuer (vorherige Absprache dieser Abgabe und der vom Betreuer benötigten Bearbeitungszeit)		
22.–24. Woche	Rückgabe der Vorversion durch den Betreuer		
	Einarbeiten der Änderungsvorschläge des Betreuers (hängt natürlich sehr davon ab, wie gut die Vorversion war) und letzte Korrekturen; Überprüfen des Layouts (z. B. Silbentrennung)	80 (27 Std./Wo.)	
25. Woche	Puffer für Unvorhergesehenes		
26. Woche	Ausdrucken der Arbeit, Binden im Copyshop	6	
	Abgabe der Arbeit beim Prüfungsamt		
	Summe der Arbeitsstunden	900	

Dieser Plan ist natürlich nur beispielhaft für eine bestimmte Arbeit. Bei anderen Experimenten, sogar wenn es sich ebenfalls um Reaktionszeit-Experimente handelt, mag die Erstellung des Untersuchungsmaterials (hier mit etwa 120 Stunden eingeplant) viel weniger oder auch viel mehr Zeit beanspruchen. Gleiches gilt für die Erhebung und die Auswertung. Eine ganz grobe Zeiteinteilung, die sich aber für viele experimentelle Studien (v. a. für Laborexperimente) bewährt hat, ist, ca. 45 % der Zeit für die theoretischen Vorarbeiten und die Erstellung des Untersuchungsmaterials einzuplanen (hierin eingeschlossen ist bereits das Schreiben des Theorie- und Methodenteils), ca. 25 % der Zeit für die Durchführung (Erhebung der Daten) und ca. 30 % der Zeit für die Auswertung und das Schreiben der restlichen Arbeit (Ergebnisteil, Diskussion sowie die Überarbeitung der gesamten Arbeit). Bei Studien, die hinsichtlich der Erhebung weniger aufwendig sind (darunter fallen z. B. viele Fragebogenstudien; vgl. Abschnitt 2.1), verringert sich die Zeit für die Durchführung und frei gewordene Stunden können auf die (theoretischen) Vorarbeiten und das endgültige Schreiben verteilt werden.

Es gibt bestimmte Phasen, wie beispielsweise die Erhebungsphase, auf deren Länge Sie nach Beginn der Untersuchung wenig Einfluss haben. Wenn sich z.B. die Probanden für ein Laborexperiment nur sehr zögerlich anmelden, sollten Sie zunächst versuchen, die Probandenanwerbung zu intensivieren. Hilft dies aber nicht, müssen Sie ggf. Ihren Betreuer fragen, ob es möglich ist, die Probandenanzahl zu verringern, da Sie es ansonsten nicht mehr schaffen, die anderen Phasen angemessen zu bearbeiten.

Der hier dargestellte Plan enthält lediglich eine Woche Pufferzeit für Unvorhergesehenes (25. Woche), ist also relativ straff durchgeplant. Andererseits sind die wöchentlichen Arbeitszeiten mit maximal 35 Stunden/Woche so gewählt, dass man kleinere Verzögerungen wieder aufholen kann, in dem man einige zusätzliche Stunden (z.B. am Wochenende) investiert. (Siehe Abschnitt 3.2.1.4 für weitere Optionen zur zeitlichen Entlastung.)

Die tabellarische Darstellung des Zeitplans hat den Nachteil, dass sich nur schwer abbilden lässt, welche Tätigkeiten parallel ablaufen. Eine alternative Darstellungsform präsentieren wir daher in Abbildung 3.1. Derartige *Balkenpläne* sind auch unter der Bezeichnung *Gantt-Diagramm* bekannt. Ein solcher grafischer Zeitplan lässt sich z.B. mit *Excel* oder mit *PowerPoint* (aber natürlich auch per Hand) erstellen. Über das Internet finden Sie auch spezielle Software zum Erstellen von Gantt-Diagrammen, beispielsweise das kostenlose Programm *GanttProject* (*www.ganttproject.biz*; Stand vom 11.08.2014).

In Abbildung 3.1 sollte u.a. deutlich werden, dass die Literaturbeschaffung nicht mit der Fertigstellung des Theorieteils beendet ist, sondern über den gesamten Verlauf des Projektes immer wieder neu auftaucht. Allerdings fällt diese in den späteren Phasen des Projekts weniger intensiv aus als am Anfang – das wird durch die geringere Balkenhöhe angedeutet. Die Literaturbeschaffung wird dann wieder aufgenommen, wenn Sie in der Phase der Auswertung nach statistischer Literatur suchen oder beim Schreiben des Diskussionsteils feststellen, dass Sie noch weitere Forschungsliteratur zur Erklärung bestimmter Phänomene benötigen.

Wir haben in Abbildung 3.1 auch die aus unserer Sicht wichtigen *Meilensteine* eingetragen, also die Zeitpunkte, zu denen Sie bestimmte Arbeitsabschnitte auf jeden Fall beenden bzw. beginnen sollten, wenn Sie nicht Gefahr laufen möchten, den Abgabetermin nicht einhalten zu können. Zusätzlich könnten Sie noch die *Besprechungstermine mit Ihrem Betreuer* eintragen. In unserem Fall würden diese in Woche 4 (Besprechung des Exposés), in Woche 7 (zur Besprechung des Untersuchungsmaterials und vor Beginn der Probedurchführung), in Woche 9 (vor Beginn der eigentlichen Erhebung), in Woche 14 bis 17 (zur Besprechung der Auswertung bzw. der Ergebnisse) und in Woche 22 (Feedback zur Vorversion) stattfinden. Wie bereits erwähnt, kann es allerdings – in Abhängigkeit vom Betreuer und auch vom Thema und der Art der Arbeit – mehr oder weniger Besprechungstermine geben.

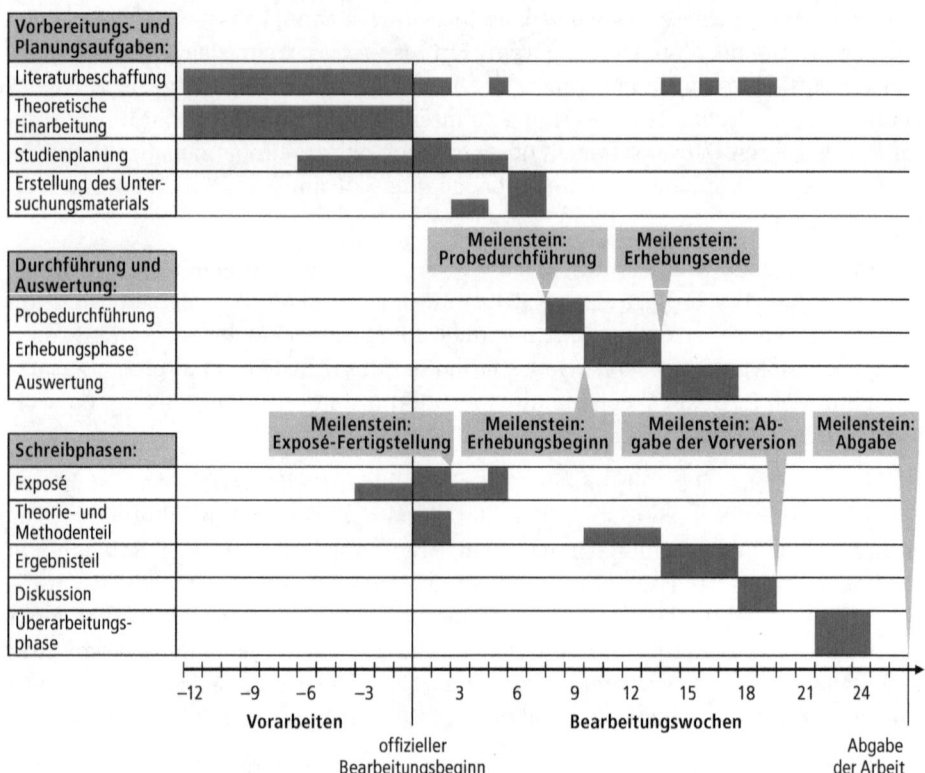

Abbildung 3.1. Grobe Zeitplanung in Balkenform für eine empirische Masterarbeit.

Neben dieser Grobplanung bietet es sich in vielen Fällen an, für einzelne Arbeitsphasen eine *Feinplanung* zu erstellen. Beispielsweise könnten Sie die vier Wochen, die für die Auswertung und die Erstellung des Ergebnisteils vorgesehen sind, noch einmal in die Phasen (a) Datenbereinigung und Datenaufbereitung, (b) deskriptive Auswertung, (c) inferenzstatistische Auswertung und (d) Schreiben des Ergebnisteils unterteilen. Auch beim Schreiben einzelner Kapitel ist es sinnvoll, sich anhand der Gliederung zu überlegen, wie viel Zeit Sie zum Schreiben welcher (Unter-)Abschnitte benötigen. Diese Feinplanung ist aber in der Regel nicht zu Beginn eines Forschungsprojektes möglich, sondern erst dann, wenn Sie an dem entsprechenden Punkt (z.B. dem Schreiben der Diskussion) angekommen sind. Dann ist es zusätzlich oft sinnvoll, sich wochenweise sowie gegebenenfalls für einzelne Tage To-do-Listen zu erstellen: In diese nehmen Sie Ihre Aufgaben für einzelne Arbeitsphasen auf und haken diese nach deren Erledigung ab. Besonders motivierend ist, wenn Sie auf diese Art am Ende des Tages sehen können, was Sie alles geschafft haben. Allerdings funktioniert dies nur, wenn Ihre Vorhaben für jeden Tag auch tatsächlich realistisch bemessen sind, sodass Sie nicht am Ende jeden Tages ganz viele Punkte von Ihrer heutigen To-do-Liste auf den morgigen Tag übertragen müssen, weil Sie diese Aufgaben doch nicht erledigt haben.

Zumindest die Meilensteine, wie sie in Abbildung 3.1 eingetragen sind, sollten Sie auch in den Kalender, den Sie regelmäßig für Ihre sonstige Terminplanung verwenden, übernehmen. Das finden viele Menschen übersichtlicher als eine Zeitleiste, wie sie in Abbildung 3.1 dargestellt ist. Außerdem haben Sie so immer vor Augen, wann Ihre nächsten Meilensteine anstehen.

3.2.2.2 Bachelorarbeit mit Fragebogenstudie

Als zweites Beispiel betrachten wir eine Bachelorarbeit, die mit 360 Zeitstunden (12 ECTS) angesetzt ist und für deren Bearbeitung offiziell 4 Monate zur Verfügung stehen. Anders als im vorherigen Beispiel der Masterarbeit wird diese Bachelorarbeit semesterbegleitend erstellt, d.h., es müssen nebenher noch Lehrveranstaltungen besucht werden. Daher beträgt die rechnerische wöchentliche Arbeitsbelastung für die Bachelorarbeit auch nur etwa 22 Stunden. (Bei der Masterarbeit in Abschnitt 3.2.2.1 waren es etwa 37 Stunden/Woche.)

In unserem Beispiel wird eine Fragebogen-Studie durchgeführt. Auch bei dieser Bachelorarbeit wäre es – unter anderem, da sie ja semesterbegleitend geschrieben wird und daher Belastungen durch Lehrveranstaltungen und ggf. auch Prüfungen hinzukommen – sinnvoll, mit Vorarbeiten bereits vor der offiziellen Themenvergabe zu beginnen (siehe Tabelle 3.2 sowie Abbildung 3.2). Das Vorgehen hinsichtlich der theoretischen Vorarbeiten unterscheidet sich nicht wesentlich von dem bei der oben dargestellten Masterarbeit. Allerdings ist es günstig, parallel zur theoretischen Einarbeitung damit zu beginnen, den Fragebogen zu erstellen, indem beispielsweise nach existierenden Fragebogenskalen gesucht wird, mit denen sich die interessierenden Konstrukte erfassen lassen, oder indem bestimmte Fragebogenitems selbst formuliert werden (zu diesen Arbeitsschritten vgl. die Abschnitte 6.4 und 6.6). Die (theoretischen) Vorarbeiten, die hier aber auch die Zusammenstellung bzw. Erstellung des Fragebogens sowie die Überarbeitung des Exposés beinhalten, werden mit 160 Arbeitsstunden angesetzt. Begonnen wird mit den Vorarbeiten neun Wochen vor der eigentlichen Themenvergabe, wobei allerdings anfangs nur 10 Stunden/Woche investiert werden.

Tabelle 3.2. Grobe Zeitplanung für eine Bachelorarbeit mit einer Fragebogen-Studie

Wochen	Projektphase/Aufgabe	Stundenumfang (Arbeitszeit/Woche)	
Woche 16 bis 10 vor offizieller Themenvergabe	Themensuche, ggf. Gespräche mit potenziellen Betreuern		(Theoretische) Vorarbeiten (160 Stunden)
Woche 9 bis 0 vor offizieller Themenvergabe	Fokussierung eines speziellen Themas bei einem konkreten Betreuer; erste Einarbeitung ins Thema (Literaturrecherchen, Beschäftigung mit Fragestellung); Überlegungen und Absprache mit Betreuer hinsichtlich der Studienplanung; Entscheidung, ob Sie das Thema tatsächlich übernehmen wollen → bei positiver Entscheidung: Beginn der Exposé-Erstellung	90 (10 Std./Wo.)	
ab Woche 6 vor offizieller Themenvergabe	Parallel zur Exposé-Erstellung: Ausarbeitung des Fragebogens (Suche nach geeigneten Skalen, ggf. Erstellung eigener Items)	48 (8 Std./Wo.)	
0. Woche	Offizielle Übernahme des Themas		
1. Woche	Übergabe des Exposés an den Betreuer		
	Besprechung des Exposés mit Betreuer	2	
2.–3. Woche	ggf. Überarbeitung des Exposés; Finalisierung und Druck des Fragebogens	20 (10 Std./Wo.)	
4.–7. Woche	Erhebung des Fragebogens (inkl. vorheriger Probandenanwerbung)	24 (6 Std./Wo.)	Durchführungsphase (60 Stunden)
	Parallel: Eingabe der Daten in ein Statistikprogramm	36 (9 Std./Wo.)	

Tabelle 3.2. Grobe Zeitplanung für eine Bachelorarbeit mit einer Fragebogen-Studie *(Forts.)*

Wochen	Projektphase/Aufgabe	Stundenumfang (Arbeitszeit/Woche)	
8.–10. Woche	Auswertung der Daten	30	
	Zwischenbesprechung der Ergebnisse mit dem Betreuer – ggf. Unterstützung bei Auswertung	2	
	Parallel zur Auswertung: Erstellung des Ergebnisteils	28 (20 Std./Wo.)	Auswertung und finale Schreibphase (140 Stunden)
11.–12. Woche	Schreiben der Diskussion (schließt ggf. Suche nach und Einbezug von weiterer Literatur ein)	40 (20 Std./Wo.)	
13. Woche	Abgabe der Vorversion an den Betreuer (vorherige Absprache über Zeitpunkt und vom Betreuer benötigte Bearbeitungszeit)		
14.–15. Woche	Rückgabe der Vorversion durch den Betreuer		
	Einarbeiten der Änderungsvorschläge des Betreuers (dies hängt natürlich sehr davon ab, wie gut die Vorversion war) und letzte Korrekturen; Überprüfen des Layouts (z. B. Silbentrennung)	36 (18 Std./Wo.)	
16. Woche	Puffer für Unvorhergesehenes		
17. Woche	Ausdrucken der Arbeit, Binden im Copyshop	4	
	Abgabe der Arbeit beim Prüfungsamt		
	Summe der Arbeitsstunden	360	

Die Erhebung des Fragebogens ist mit insgesamt 24 Stunden nicht sonderlich aufwendig, da wir davon ausgehen, dass die Durchführung gruppenweise mit mehreren Probanden gleichzeitig erfolgt. Es müssten daher in unserem Beispiel nur etwa sechs jeweils einstündige Erhebungstermine (z.B. in einem Seminarraum, Hörsaal oder Klassenzimmer) realisiert werden. Die restliche Zeit wird dafür verwendet, Aushänge und Flyer zur Probandenanwerbung zu erstellen und zu verteilen bzw. Nachrichten über verschiedene E-Mail-Verteiler zu verschicken. Mehr Zeit (36 Stunden) benötigt die Eingabe der Fragebogendaten. Insgesamt beansprucht die vierwöchige Durchführungsphase somit etwa 60 Stunden.

Die Phasen der Auswertung, des Schreibens des Ergebnisteils und der Diskussion sowie die abschließende Überarbeitungsphase laufen ähnlich ab wie bei der zuvor vorgestellten Masterarbeit, nur dass aufgrund des geringeren Umfangs und der geringeren Komplexität jeweils weniger Zeit benötigt wird. Auch beim Zeitplan für die Bachelorarbeit wird deutlich, dass die offizielle Bearbeitungszeit sehr knapp bemessen wäre, würde man erst zum offiziellen Bearbeitungsbeginn mit der Literaturrecherche beginnen.

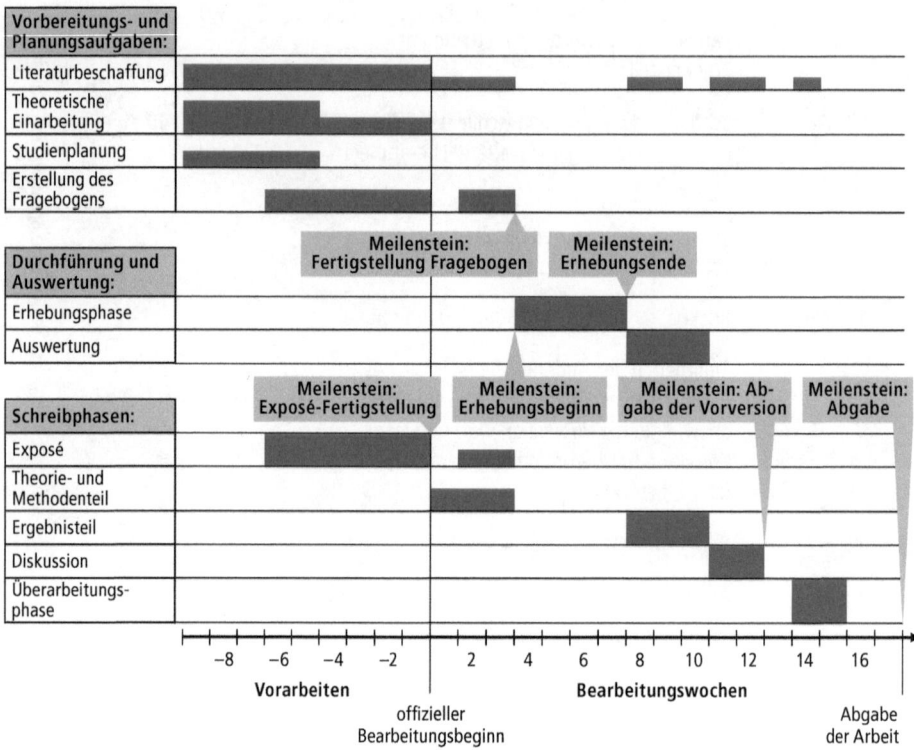

Abbildung 3.2. Grobe Zeitplanung in Balkenform für eine empirische Bachelorarbeit.

3.2.2.3 Zulassungsarbeit als Literaturarbeit

Als letztes Beispiel wollen wir die Zeitplanung einer Literaturarbeit darstellen, und zwar anhand einer Zulassungsarbeit, das heißt, der sogenannten schriftlichen bzw. wissenschaftlichen Hausarbeit, die bei Lehramts-Studiengängen für das 1. Staatsexamen notwendig ist. Zu diesen Arbeiten geben nicht alle Prüfungsordnungen eine ECTS- bzw. Leistungspunktzahl an. Daher ist der zeitliche Umfang dieser Arbeiten nicht immer so eindeutig geregelt, wie dies für Bachelor- und Masterarbeiten der Fall ist. Oft liest man aber, dass eine Bearbeitungszeit von 4 Monaten angesetzt wird, wobei in diesem Zeitraum keine oder kaum weitere Lehrveranstaltungen zu absolvieren sind. Damit würde eine Zulassungsarbeit vom Umfang her zwischen einer Bachelor- und einer Masterarbeit liegen, wobei eine Orientierung am Umfang der Bachelorarbeiten unseres Wissens üblicher ist. In unserem Beispiel gehen wir davon aus, dass der Umfang 480 Arbeitsstunden entspricht (16 Wochen mit jeweils 30 Stunden/Woche).

Das Thema dieser fiktiven Literaturarbeit sei „Lernt es sich glücklich wirklich einfacher? Der Einfluss positiver Emotionen auf den Erfolg beim schulischen Lernen". Es würde in dieser Arbeit also darum gehen, den aktuellen Forschungsstand zu der Hypothese zusammenzutragen und kritisch zu bewerten, dass Schüler dann besser lernen, wenn dieses Lernen von positiven Emotionen begleitet ist. Beginnen würde man auch hier mit einem ausführlichen Literaturstudium, das ebenfalls vor Beginn der offiziellen Themenvergabe aufgenommen werden könnte. Anders als bei empirischen Arbeiten, die immer einem sehr ähnlichen Gliederungsschema folgen (vgl. Abschnitt 10.1), ist bei einer Literaturarbeit eine Hauptaufgabe, eine sinnvolle Gliederung zu erstellen. Darauf gehen wir in Abschnitt 10.2 ein.

Zur Bearbeitung unserer Fragestellung müsste man recherchieren und in der Arbeit darstellen, welche theoretischen Überlegungen oder Modelle es dazu gibt, wie positive Emotionen das Lernen günstig beeinflussen, und wie die empirische Befundlage dazu aussieht. Ebenfalls könnte und sollte man nach widersprechenden Modellen und Befunden suchen: Gibt es z.B. Hinweise, dass auch negative Emotionen den Lernerfolg gegenüber einem emotional neutralen Zustand verbessern? Die Herausforderungen bei einer Literaturarbeit bestehen nicht so sehr in der Beschreibung von Theorien und Befunden, sondern in deren Integration, kritischen Beurteilung und ggf. in der Entwicklung eigener theoretischer Modelle.

Tabelle 3.3 enthält einen Zeitplan für die Erstellung dieser Literaturarbeit. Wie ersichtlich, wird dabei ungefähr 10 Wochen vor der offiziellen Themenübernahme mit der inhaltlichen Einarbeitung begonnen. Beim Literaturstudium geht es zwar zunächst um die Aufnahme und kognitive Verarbeitung der Literatur, aber es ist hilfreich, sich während des Lesens Notizen zu machen und Inhalte, die man für den eigenen Text nutzen möchte, festzuhalten (vgl. Abschnitt 5.6.3). Gedanken zur Gliederung macht man sich idealerweise auch parallel zum Lesen der Texte. Das Notizenmachen und das Nachdenken über die Gliederung geht dann in das Schreiben des Einleitungs- und des Hauptteils über. Spätestens jetzt benötigen Sie eine Gliederung (die allerdings später immer noch geändert werden kann), um die Literatur einzelnen Gliederungspunkten zuzuordnen und um Ihren Schreibprozess zu strukturieren.

Zum Schreiben des Hauptteils, wofür wir 7 Wochen eingeplant haben, erstellt man sich idealerweise noch eine Feingliederung und weist dem Schreiben einzelner Unterkapitel Zeitfenster zu. Ohne diese Planung besteht die Gefahr, dass man an einem eher unbedeutenden Unterkapitel oder einem Nebenaspekt hängen bleibt und dazu unverhältnismäßig viel schreibt bzw. kostbare Zeit verliert, die auf andere, wichtigere Textabschnitte hätte verwendet werden sollen.

Tabelle 3.3. Grobe Zeitplanung für eine Zulassungsarbeit als Literaturarbeit

Wochen	Projektphase/Aufgabe	Stundenumfang (Arbeitszeit/Woche)	
Woche 16 bis 11 vor offizieller Themenvergabe	Themensuche, ggf. Gespräche mit potenziellen Betreuern		Einarbeitungsphase (140 Stunden)
Woche 10 bis 0 vor offizieller Themenvergabe	Fokussierung eines speziellen Themas bei einem konkreten Betreuer; Einarbeitung ins Thema (Literaturrecherchen und -beschaffung, Lesen und Verarbeiten der Literatur); Überlegungen und Absprache mit Betreuer hinsichtlich des Themenschwerpunktes und der Gliederung; Entscheidung, ob Sie das Thema tatsächlich übernehmen wollen → bei positiver Entscheidung: Gliederung erstellen	140 (14 Std./Wo.)	
ab Woche 1 vor offizieller Themenvergabe	Beginn des Schreibens an Einleitung und Hauptteil	20 (20 Std./Wo.)	
0. Woche	Offizielle Übernahme des Themas		Schreibphase (250 Stunden)
1.–6. Woche	Schreiben des Hauptteils (Theorien und Befunde)	150 (25 Std./Wo.)	
7.–9. Woche	Schreiben der Synthese	60 (20 Std./Wo.)	
10. Woche	Schreiben des Schlussteils (Fazit) und Neuschreiben der Einleitung	20 (20 Std./Wo.)	
11.–12. Woche	Inhaltliche und sprachliche Überarbeitung der Arbeit	40 (20 Std./Wo.)	Überarbeitungsphase (90 Stunden)
13. Woche	Abgabe der Vorversion an den Betreuer (vorherige Absprache dieser Abgabe und der vom Betreuer benötigten Bearbeitungszeit)		
14.–15. Woche	Rückgabe der Vorversion durch den Betreuer		
	Einarbeiten der Änderungsvorschläge des Betreuers (dies hängt natürlich sehr davon ab, wie gut die Vorversion war) und letzte Korrekturen; Überprüfen des Layouts (z. B. Silbentrennung)	46 (23 Std./Wo.)	
16. Woche	Puffer für Unvorhergesehenes		
Ende der 16. Woche	Ausdrucken der Arbeit, Binden im Copyshop	4	
	Abgabe der Arbeit beim Prüfungsamt		
	Summe der Arbeitsstunden	480	

3.2 Zeitplan erstellen

Im Anschluss an den Hauptteil schreiben Sie eine Synthese bzw. eine kritische Bewertung der bisherigen Forschungslage. Da dies der Abschnitt ist, der die höchsten kognitiven Anforderungen an den Schreiber stellt, haben wir dafür 3 Wochen eingeplant. Während dieser Zeit wird man immer wieder auf die bereits durchgearbeitete Literatur zurückgreifen, aber auch neue Gedankengänge durch weitere Literaturbelege abzusichern versuchen – oft merkt man erst während des Schreibens, dass einem noch Literatur fehlt. Aus diesen Gründen dauern die Prozesse der Literaturrecherche und -beschaffung sowie das Literaturstudium fast bis zum Ende der Bearbeitungszeit an, wie man Abbildung 3.3 entnehmen kann.

Wie ebenfalls in Abbildung 3.3 angedeutet, nimmt die Intensität der Literatursuche jedoch im Verlauf der Arbeit ab. Dies ist schon deshalb wichtig, da zu den meisten Themen so viel Literatur existiert, dass es schlicht unmöglich wäre, diese vollständig in einer (Abschluss-)Arbeit zu berücksichtigen. Daher ist es notwendig, sich selbst zu beschränken und die Suche nach neuer, weiterer Literatur während des Schreibens des Hauptteils deutlich zu reduzieren. Von da ab wird nicht mehr breit angelegt nach neuer Literatur zu dem gesamten Themenkomplex gesucht. Stattdessen wird – sehr selektiv – nur noch nach einigen wenigen Arbeiten gefahndet, deren Aspekte sich während des Schreibprozesses als relevant herausstellen, z.B. für die Untermauerung einer bestimmten Argumentation oder für die Aufklärung von augenscheinlichen Widersprüchen.

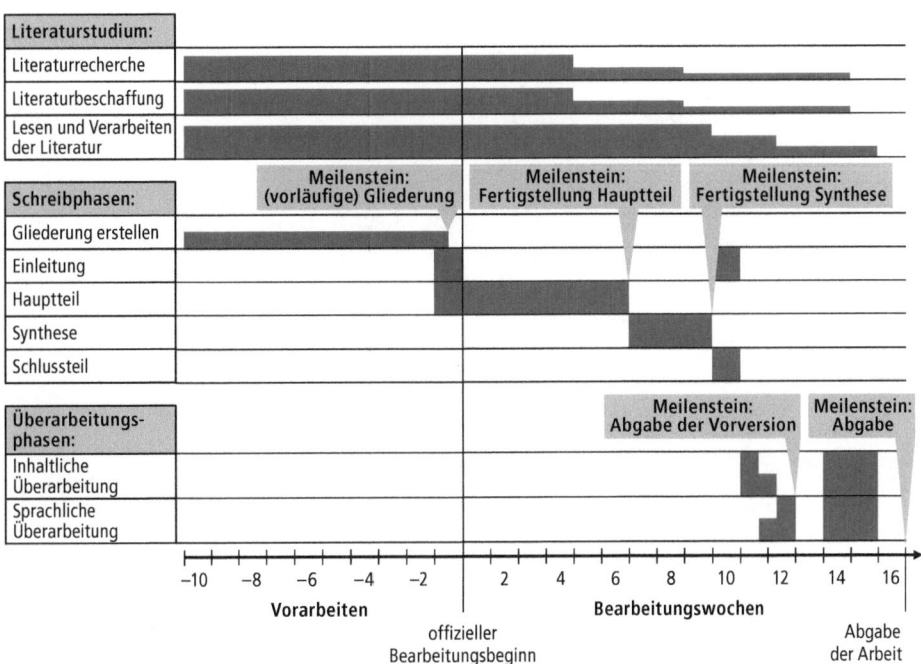

Abbildung 3.3. Grobe Zeitplanung in Balkenform für eine Zulassungsarbeit als Literaturarbeit.

Schließlich kann man im Schlussteil ein Fazit ziehen, also die wesentlichen Erkenntnisse zusammenfassen und relevante Schlussfolgerungen daraus ableiten. Nun, nachdem die gesamte Arbeit steht, sollte auch der Einleitungsteil überarbeitet werden. Zwei weitere Wochen haben wir dafür eingeplant, die ganze Arbeit noch einmal gründlich durchzugehen und dabei sowohl inhaltliche Unstimmigkeiten oder argumentative Verstrickungen als auch sprachliche Mängel zu bereinigen. Die dann erhaltene Version würde in unserem Beispiel vom Betreuer innerhalb von einer Woche gelesen und mit Anmerkungen zurückgegeben werden, wonach noch 2 Wochen verbleiben, um das Feedback des Betreuers zu übernehmen. Abbildung 3.3 veranschaulicht als Balkenplan, welche Aufgaben parallel anzugehen sind und an welchen Stellen wir bei einer Literaturarbeit Meilensteine setzen würden.

Praktische Hinweise zur Arbeitsorganisation am Computer

4.1	**Datei-Management und Datensicherung**	77
4.2	**Auswahl der Software**	80
4.3	**Literaturverwaltung**.............................	80
	4.3.1 Programme	81
	4.3.2 Speicherung von Literaturquellen.................	82
4.4	**Datenauswertung**	84
	4.4.1 Tabellenkalkulationsprogramme...................	84
	4.4.2 Statistikprogramme: *SPSS*, *Stata* und *STATISTICA*...	85
	4.4.3 Statistik-Programmiersprache *R*	86
4.5	**Textverarbeitung**................................	87
4.6	**Diagramme und sonstige Abbildungen erstellen** ..	89

Sie werden, auch wenn Sie eine empirische Studie durchführen, vermutlich die meiste Zeit Ihrer (Abschluss-)Arbeit am Computer verbringen. Daher ist es lohnend, sich frühzeitig Gedanken darüber zu machen, wie Sie diese Arbeit möglichst effizient und wenig fehleranfällig gestalten.

Es gibt wohl kaum etwas Schlimmeres, als drei Tage vor der geplanten Abgabe der Arbeit festzustellen, dass die Festplatte, auf der Sie Ihre Arbeit und all Ihre Daten gespeichert haben, defekt ist, und dass Sie keine Sicherungskopie besitzen. Vielleicht finden Sie einen Datenrettungs-Service, der es für viel Geld noch schafft, die Daten von Ihrer defekten Festplatte zu sichern. Aber diese Aufregung können Sie sich ersparen, wenn Sie entsprechend vorsorgen.

Auch Softwareprobleme während des Schreibens führen häufig zum Haare-Raufen oder verursachen gar vorzeitige Alterungsprozesse beim Schreiber. Eine weitere Quelle für Ärger und Verzweiflung ist folgendes Szenario: Sie stellen fest, dass Sie unbedingt eine Stelle aus einem Buch zitieren müssen. Dieses Buch hatten Sie sich einmal aus der Bibliothek ausgeliehen und die wichtigen Sätze herausgeschrieben, allerdings vergessen, auch die Seitenzahl zu notieren. Jetzt ist dieses Buch für die nächsten vier Wochen verliehen, und Sie müssen Ihre Arbeit schon in drei Wochen abgeben.

Wir zeigen in diesem Kapitel auf, wie Sie derartige unangenehme Erfahrungen vermeiden können. Zunächst geben wir Empfehlungen dazu, wie Sie Ihre Dateien sinnvoll organisieren und vor Datenverlust schützen können (Abschnitt 4.1). Es folgen einige allgemeine Überlegungen hinsichtlich der Auswahl und Verwendung der Software (Abschnitt 4.2). Im Anschluss gehen wir konkreter auf die Programmkategorien ein, die Sie aller Wahrscheinlichkeit nach im Verlauf Ihrer (Abschluss-)Arbeit benötigen werden, nämlich ein Programm zur *Literaturverwaltung* (Abschnitt 4.3) und eines zur *Datenauswertung* (Abschnitt 4.4). Ferner benötigen Sie ein *Textverarbeitungsprogramm* (Abschnitt 4.5) und Programme zum Erzeugen von *Diagrammen und sonstigen Abbildungen* (Abschnitt 4.6). Ein Textverarbeitungsprogramm und Programme zur Erstellung von Diagrammen und Abbildungen sind wichtige Werkzeuge beim Schreiben und Gestalten Ihrer Arbeit. Da sich der Band *Schreiben und Gestalten* mit dieser Arbeitsphase beschäftigt, gehen wir dort ausführlicher auf den professionellen Umgang mit diesen Programmen ein und geben hier nur kurze Hinweise.

Wenn Sie ein computergesteuertes Experiment durchführen wollen, benötigen Sie zudem eine sogenannte *Versuchssteuerungssoftware*. Solche Programme stellen wir in Abschnitt 6.6.4 vor, wenn es um die Erstellung des Untersuchungsmaterials geht.

4.1 Datei-Management und Datensicherung

Sie sollten Ihre Dateien so organisieren, dass sie zum einen sicher vor technischen Defekten oder sonstigen Verlusten sind, und zum anderen so übersichtlich geordnet, dass Sie jederzeit die Datei finden, die Sie gerade benötigen. Wir stellen Ihnen vor, wie wir selbst arbeiten und mit welchem Vorgehen wir gute Erfahrungen gemacht haben. Das heißt nicht, dass es nicht andere Systeme oder Verfahren gibt, die genauso gut funktionieren – wenn Sie ein solches System bereits verwenden, können Sie auch bei diesem bleiben. Falls Sie noch gar kein System zur Datensicherung und -organisation haben, raten wir Ihnen, sich an unserem zu orientieren.

Zunächst sollten Sie sich einen USB-Stick zulegen, den Sie ausschließlich Ihrer Abschlussarbeit widmen. (Auch Speicherkarten bieten sich als Alternative an.) Alles, was mit Ihrer Abschlussarbeit zu tun hat, wird auf diesem Stick gespeichert, aber keine sonstigen Dateien (wie Urlaubsfotos, Musik oder Ähnliches). Einen 16-GB-USB-Stick können Sie bereits für unter 10 Euro kaufen und darauf sollte in den meisten Fällen alles Platz finden, was Sie für Ihre Abschlussarbeit benötigen. Ausnahmen bestehen, wenn Sie mit sehr großen Datenmengen, z.B. mit hochauflösendem Videomaterial oder mit EEG-Daten, arbeiten – dann empfiehlt sich eventuell die Anschaffung einer handlichen externen Festplatte.

Auf diesem USB-Stick erstellen Sie eine Verzeichnisstruktur, die wie folgt gegliedert ist:

- Abschlussarbeit
  - Arbeit
    - Abbildungen [Dateien mit Abbildungen, die Sie in Ihrer Arbeit verwenden]
    - Text [hier speichern Sie die verschiedenen Versionen Ihrer eigentlichen Abschlussarbeit]
  - Daten
    - Rohdaten
    - aggregierte Daten
    - Auswertungsdateien
    - ggf. Syntaxdateien
  - Formalitäten [ein Ordner für alle Formalitäten wie z.B. die Anmeldung der Arbeit beim Prüfungsamt]
  - Literatur [die Literaturquellen, die Sie verwenden; vgl. dazu Abschnitt 4.3.2]
  - Organisatorisches [hier können Sie z.B. Ihren Zeitplan ablegen; vgl. dazu Abschnitt 3.2]
  - Untersuchungsmaterial
    - ggf. Fragebögen
    - ggf. Reizmaterial
    - ggf. Versuchssteuerungsprogramm

Natürlich können weitere Ordner oder Unterordner nach Ihren Bedürfnissen hinzukommen. Das Nützliche an einem solchen USB-Stick ist, dass Sie immer alle Dateien für Ihre Arbeit griffbereit haben und nicht nur an Ihrem privaten Computer arbeiten können, sondern auch an Rechnern in der Hochschule, z.B. wenn Sie Programme benötigen, die nur dort verfügbar sind. Auch wenn Sie zu einer Besprechung mit Ihrem Betreuer gehen, haben Sie auf diese Weise stets alle Dateien dabei.

Weiterhin empfehlen wir Ihnen, Dateien, an denen Sie über einen längeren Zeitraum arbeiten – das betrifft vor allem das Textdokument, das Ihre eigentliche Abschlussarbeit enthält – regelmäßig (zumindest alle paar Stunden) zu speichern, und zwar so, dass alte Versionen nicht verloren gehen.[11] Konkret bedeutet das: Sie benennen das Textdokument Ihrer Abschlussarbeit mit „Abschlussarbeit" und versehen es mit dem aktuellen Datum der Speicherung, also beispielsweise „Abschlussarbeit_2014-09-13.docx". Dabei schreiben Sie das Datum im Format Jahr-Monat-Tag, wobei Tages- und Monatsangaben immer zweistellig erfolgen (also für den 7. Februar 2015 wäre es „2015-02-07") . Wenn Sie nun die Dateien in einem Verzeichnis alphabetisch sortieren, deckt sich dies mit der chronologischen Reihenfolge der Dateien, sodass Sie schnell das aktuelle Dokument wiederfinden. Wenn Sie eine Datei mehrmals am Tag abspeichern, was wir Ihnen empfehlen, fügen Sie einen kleinen Buchstaben hinten an, also z.B. „Abschlussarbeit_2015-02-07a.docx", „Abschlussarbeit_2015-02-07b.docx" etc.

Ältere Dateiversionen nicht zu überschreiben, hat den folgenden Vorteil: Sollte es einmal technische Probleme mit einer Datei geben oder sollten Sie feststellen, dass Sie irgendeine wichtige Passage in Ihrer aktuellen Version unwiederbringlich gelöscht haben, können Sie diese problemlos anhand der älteren Dateien wiederherstellen. Das macht es übrigens auch aus psychologischer Perspektive einfacher, Textteile zu kürzen: Sie wissen ja, dass die Textteile, mit deren Erstellung Sie sich mal so viel Mühe gegeben haben, nicht endgültig gelöscht werden, sondern in den älteren Dateiversionen noch vorhanden sind. Dies ist beruhigend, falls Ihnen irgendwann einfällt, dass die gekürzte oder gelöschte Passage doch relevant war. (Natürlich müssen Sie nicht alle alten Versionen dauerhaft gespeichert halten. Wenn Sie sich irgendwann sicher sind, dass Sie beispielsweise Versionen von vor einem Monat nie wieder benötigen, können und sollten Sie diese löschen.)

Auch ein USB-Stick kann defekt werden oder verloren gehen. Daher raten wir Ihnen zu einer regelmäßigen Datensicherung. Hierfür gibt es spezielle Programme (z.B. *Nero BackItUp* oder *Synchredible*), die automatisch eine Synchronisation mit den Daten auf Ihrem Computer vollziehen können, sobald Sie den USB-Stick an diesen andocken. Auch mit Speicherplatz, den Sie über das Internet erhalten

---

11 *Word* führt – in der Standardeinstellung – regelmäßig (alle 10 min) eine Schnellspeicherung durch, anhand derer man z.B. bei Abstürzen das Dokument wiederherstellen kann. Dies ersetzt jedoch nicht das eigenständige Speichern.

können (sogenannte Cloud-Lösungen), sind derartige Backup-Varianten möglich. Bekannte Cloud-Dienste sind *Dropbox*, *iCloud* (Apple), *Microsoft OneDrive* (vormals SkyDrive), *Google Drive* und *Box*. Wenn Sie eine solche Form der Online-Datensicherung bereits verwenden, sollten Sie dies auch für Ihre Abschlussarbeit tun.

Allen anderen würden wir das folgende einfache Verfahren vorschlagen: Benutzen Sie tagsüber alleinig die Dateien auf dem USB-Stick für Ihre Arbeit. Wenn Sie abends Ihr Tagewerk beendet haben, kopieren Sie den gesamten Ordner „Abschlussarbeit" von Ihrem USB-Stick auf die Festplatte Ihres persönlichen Computers oder Laptops. Damit haben Sie die Daten gesichert. Auch am nächsten Tag arbeiten Sie ausschließlich mit Ihrem USB-Stick und kopieren am Abend wieder den kompletten Inhalt des USB-Sticks auf Ihren Rechner, diesmal aber in ein anderes Verzeichnis, damit Sie nichts überschreiben. Am Abend des dritten Tages löschen Sie dann auf Ihrem Rechner das Backup vom ersten Tag und kopieren den aktuellen Inhalt Ihres USB-Sticks dorthin; am Abend des vierten Tages gehen Sie genauso vor, nur dass Sie jetzt das Backup des zweiten Tages ersetzen und so weiter. Auf diese Weise haben Sie auf Ihrem Rechner immer eine Datensicherung des letzten und des vorletzten Tages.[12] Falls Ihr USB-Stick verloren oder kaputt geht, beschränkt sich Ihr Datenverlust auf die Arbeit maximal eines Tages. Auch wenn es mit einer aktuellen Datei einmal Probleme geben sollte (das ist nie ganz auszuschließen), haben Sie immer noch eine Sicherung der Version des Vortages, von der Sie wissen, dass Sie damit problemlos arbeiten konnten.

Die wichtigsten Dateien (z.B. Ihr aktuelles Textdokument oder die Datenauswertungs-Datei) können Sie auch gelegentlich per E-Mail an sich selbst senden. Dadurch haben Sie eine zusätzliche Sicherungskopie, die auf externen Servern gespeichert ist. (Das ist auch der Fall, wenn Sie die oben erwähnten Webdienste bzw. Clouds zur Datensicherung verwenden.) Selbst wenn Ihr Haushalt (einschließlich Computer und USB-Stick) abbrennen sollte, hätten Sie auf diese Weise immer noch eine Kopie in Ihrem E-Mail-Ordner.

Diese Vorgehensweisen sind eher „Low-tech"-Varianten der Datensicherung, haben aber den Vorzug, dass sie leicht zu praktizieren und gleichzeitig sehr sicher sind. Alles was Sie benötigen, sind Ihr USB-Stick, ein paar Gigabyte Speicher auf der Festplatte Ihres Rechners bzw. Laptops und eine E-Mail-Adresse.

Selbstverständlich sollte Ihr Computer frei von Viren sein. Dieses Thema können wir im Rahmen dieses Buches nicht ausführlicher behandeln, aber achten Sie darauf, dass Sie ein Antivirenprogramm und eine Firewall installiert haben, damit die Dateien Ihrer Abschlussarbeit nicht von bösartigen Viren infiziert werden.

---

[12] Falls Sie damit rechnen, dass Ihre Datenmenge auf dem USB-Stick sehr groß wird (größer als 8 GB), sollten Sie sich entweder einen schnellen USB-Stick kaufen oder doch ein spezielles Datensicherungsprogramm verwenden, das nur die veränderten Dateien sichert. Sonst kann das Kopieren aller Dateien recht lange dauern.

4.2 Auswahl der Software

Software soll dazu dienen, einem die Arbeit und das Leben zu erleichtern. Die meisten Menschen haben sich aber vermutlich bereits einmal gefragt, ob das tatsächlich immer der Fall ist, vor allem dann, wenn sie mit der Lösung von Problemen mit einem Computerprogramm schon einmal viel Zeit verbracht haben oder daran sogar gescheitert sind.

Bei der Verwendung von Software, mit der Sie noch nie gearbeitet haben, gilt es immer abzuwägen, wie viel Erleichterung bzw. Arbeitsersparnis Ihnen der Einsatz dieser Software bringt und wie viel zusätzliche Zeit Sie aufwenden müssen, um sich in diese einzuarbeiten. So lohnt es nicht, sich 10 Stunden in ein Literaturverwaltungsprogramm einzuarbeiten, wenn Sie mit dessen Hilfe 5 Stunden Arbeitszeit sparen. Wenn Ihnen aber eine Einarbeitungszeit von 10 Stunden später 30 Stunden Zeitersparnis bringt, ist es diese zeitliche Anfangsinvestition wert.

Was Sie bei jeder Abschlussarbeit brauchen, ist ein *Textverarbeitungsprogramm*, mit dem Sie gut umgehen können. Bei empirischen Arbeiten ebenfalls unverzichtbar ist ein *Programm zur Datenauswertung* (z.B. *SPSS* oder *R*). Bei speziellen Fragestellungen bzw. Methoden benötigen Sie weitere Auswertungssoftware (z.B. Lisrel für Strukturgleichungsmodelle, CMA für Metaanalysen, MAXQDA für qualitative Inhaltsanalysen), auf die wir hier nicht im Detail eingehen können. Ferner brauchen Sie für fast alle Abschlussarbeiten ein Programm bzw. Programme, mit denen Sie *Abbildungen und Diagramme* erstellen können. Schließlich empfehlen wir Ihnen, ab einem bestimmten Umfang Ihres Literaturverzeichnisses (ab etwa 30 bis 40 Quellen) ein *Literaturverwaltungsprogramm* zu verwenden. In den folgenden Abschnitten erhalten Sie für diese verschiedenen Programmkategorien Hinweise zur Auswahl geeigneter Software.

4.3 Literaturverwaltung

Je mehr Literaturquellen Sie für Ihre Arbeit verwenden, desto schwieriger ist es, die Übersicht darüber zu behalten. Während dies bei 10 oder 15 Literaturquellen noch ohne Hilfsmittel machbar ist, wird es bei 30 oder 40 Quellen schwierig und bei über 100 Quellen nahezu unmöglich. Um den Überblick über Ihre Literatur zu behalten, brauchen Sie aber nicht unbedingt eine spezielle Software. Auch vor dem Computerzeitalter wurden bereits Arbeiten mit vielen Hundert Quellen erstellt, wobei sich die meisten Autoren damals Karteikarten für die Literaturquellen angelegt haben. Ferner ist es möglich, die Literatureinträge einfach in einer Liste z.B. in einem Tabellenkalkulationsprogramm oder einem Textverarbeitungsprogramm zu organisieren. Auch *Word* bietet in der Verweise-Registerkarte in der Gruppe „Zitate und Literaturverzeichnis" die Möglichkeit, Quellen einzugeben und zu verwalten, Literaturbelege im Text einzufügen (heißt in *Word* etwas irreführend „Zitat einfügen") und schließlich ein Literaturverzeichnis zu erstellen. Eine spezielle Literaturverwaltungssoftware ist also keine absolute Notwendigkeit.

Allerdings würden wir Ihnen schon ab einer Quellenanzahl von 30 bis 40 Werken raten, mit einem Literaturverwaltungsprogramm zu arbeiten, da dieses Ihnen die Arbeit unseres Erachtens sehr vereinfacht und noch komfortabler ist als die Literaturverwaltungsmöglichkeiten, die *Word* selbst bereitstellt. In Abschnitt 4.3.1 stellen wir Ihnen entsprechende Programme vor und sprechen eine Empfehlung aus. Danach gehen wir in Abschnitt 4.3.2 darauf ein, wie Sie Ihre Literaturquellen, die Ihnen zu einem Großteil digital vorliegen werden, am besten speichern und organisieren.

4.3.1 Programme

Ein Literaturverwaltungsprogramm hilft Ihnen, Ordnung in Ihre Literaturquellen zu bringen, diese also übersichtlich zu verwalten. Auch die korrekte Formatierung für das Literaturverzeichnis wird Ihnen von diesen Programmen abgenommen (wichtig: wählen Sie in den Einstellungen Ihres Programms als Zitationsstil „DGPs, 3. Aufl." oder „APA 6th Edition" aus; mehr zu Zitationsstilen und dem Literaturverzeichnis erfahren Sie im Band *Schreiben und Gestalten*). Einige Programme können noch weitaus mehr: Sie können damit Quellenangaben (Kurzverweise) innerhalb eines Textes einfügen und wörtliche Zitate damit verwalten. Zudem stellen die besseren Programme Verbindungen zu Literaturdatenbanken (vgl. Abschnitt 5.4) her, sodass Sie direkt aus diesen Programmen heraus in Datenbanken und Katalogen nach Literatur recherchieren können. Die Verknüpfung mit Datenbanken über das Internet hilft Ihnen auch, sich das Eintippen von Literaturangaben (Titel, Autor, Erscheinungsjahr etc.) zu ersparen, da das Programm bei Büchern auf Eingabe der ISBN-Nummer und bei Zeitschriftenartikeln auf Eingabe der DOI (Digital Object Identifier) hin diese Angaben automatisch ergänzt. (Sie sollten die Richtigkeit dieser Angaben aber stets anhand Ihrer Originalquelle überprüfen, da die automatisch ergänzten Angaben oft nicht fehlerfrei sind.) Auch wenn Sie Quellen in einer Literaturdatenbank recherchiert haben, können Sie Ihre Trefferliste – inklusive vorhandener Abstracts – direkt in Ihre Literaturverwaltung einlesen. Damit haben Sie Ihr Suchergebnis gespeichert. Wenn Sie eine Quelle als PDF vorliegen haben, lässt sich diese mit dem Eintrag in Ihrem Literaturverwaltungsprogramm verknüpfen (vgl. Abschnitt 4.3.2). Manche Programme, wie *Citavi*, bieten darüber hinaus Möglichkeiten der sogenannten Aufgabenverwaltung, helfen Ihnen also auch bei Ihrem Aufgaben- und Zeitmanagement (vgl. Abschnitt 3.2).

Es gibt eine Reihe brauchbarer Programme auf dem Markt. Am stärksten verbreitet sind im deutschsprachigen Raum wohl *Citavi*, *EndNote*, *Zotero*, *Mendeley* und *RefWorks*, wobei *RefWorks* eine Online-Literaturverwaltung ist und somit nur über das Internet funktioniert. *EndNote* und *RefWorks* sind kostenpflichtig, wohingegen *Zotero* und *Mendeley* kostenfrei sind. (Es existieren weitere kostenfreie Programme wie z.B. *Litlink* und *Bibliographix*, die uns aber nicht überzeugen konnten.) *Citavi* (www.citavi.de) gibt es in einer kostenfreien Free-Version, deren einzige Einschränkung ist, dass sich damit maximal 100 Literaturquellen verwalten lassen. Dieser Umfang ist für die meisten Bachelor- und auch für viele Zulassungs- und Masterarbeiten ausreichend. Für Projekte mit mehr als 100 Titeln benötigen Sie *Citavi Pro*. Da inzwischen eine Reihe von Hochschulen für Ihre Studierenden kostenlose Lizenzen für *Citavi Pro* bereitstellen, müssen Sie dafür vielleicht gar nicht den regulären Kaufpreis von 119 Euro (Stand vom 11.08.2014) zahlen.

Wie bei der Auswahl von Software generell, gilt auch hier: Wenn Sie bereits ein Literaturverwaltungsprogramm kennen und damit zufrieden sind, bleiben Sie dabei! Wir selbst verwenden *Citavi* und haben damit gute Erfahrungen gemacht: Die Einarbeitung in das Programm ist recht einfach und vieles ist intuitiv zu bedienen. Der Funktionsumfang von *Citavi* ist groß und geht über die eigentliche Literaturverwaltung weit hinaus. So ist es möglich, Literaturquellen aber auch eigene Ideen sowie Zitate aus einzelnen Texten zu organisieren und verschiedenen Kapiteln Ihrer Arbeit zuzuordnen. Auch die Quellenbelege im Text und das Literaturverzeichnis lassen sich mittels eines sogenannten Publikationsassistenten bzw. eines Add-ins sehr einfach erstellen. Einen Großteil der Formalitäten zur Zitation von Quellen im Text sowie zur Formatierung des Literaturverzeichnisses erledigt *Citavi* von selbst, ohne dass Sie sich darüber Gedanken machen müssen. Aus unserer Sicht ist die Einarbeitung in dieses Programm also eine rentable Investition für das spätere Erstellen Ihrer Arbeit. Empfehlenswert ist hierzu das *Citavi Tutorial: Einführung in das wissenschaftliche Arbeiten mit Citavi*, das Sie auf der Internetseite von *Citavi* herunterladen können. Dort werden auch einige hilfreiche Youtube-Videos zum Umgang mit *Citavi* angeboten.

Citavi funktioniert zurzeit nur unter *Windows*. Wenn Sie unter *Linux* arbeiten oder einen *Mac* verwenden, sind *Zotero* und *Mendeley*, die sich ergänzen und auch gemeinsam verwendet werden können, gute Alternativen.

4.3.2 Speicherung von Literaturquellen

Viele Forschungs-/Zeitschriftenartikel lassen sich inzwischen direkt als PDF von der Internetseite der Zeitschrift bzw. über die Elektronische Zeitschriftenbibliothek Ihrer Hochschule herunterladen (vgl. Abschnitt 5.5.2.1). Manche Literaturquellen wie Buchkapitel oder auch ältere Zeitschriftenartikel sind dagegen noch eher selten als PDF verfügbar.

Wir würden Ihnen bei der Literaturbeschaffung dazu raten, zumindest alle wichtigeren Literaturquellen als PDF zu speichern. Wenn etwas nicht direkt als PDF zur Verfügung steht, können Sie den Text einscannen – fast alle Hochschulbibliotheken stellen dazu Buch- bzw. Auflichtscanner bereit. Wenn Sie über den eingescannten Text dann noch ein Texterkennungsprogramm (auch als OCR-Software bezeichnet) laufen lassen, erhalten Sie im Anschluss ein PDF, das sich auch nach Begriffen durchsuchen lässt. Das ist vor allem bei längeren Texten sinnvoll, um relevante Stellen zu finden bzw. später wiederzufinden. Eine solche Texterkennungsfunktion finden Sie in der Regel direkt an den Geräten, an denen Sie den

Text einscannen, oder z.B. in dem Programm *Adobe Acrobat*, das auf vielen Hochschulrechnern verfügbar ist (*Adobe Acrobat* ist – im Unterschied zu dem kostenlosen Programm *Adobe Reader*, mit dem sich PDFs nur lesen und nicht verändern lassen – eine kostenpflichtige Software).

Neben dieser Durchsuchbarkeit der Texte hat die Digitalisierung den Vorteil, dass Sie Ihre vollständige Literatur stets auf einem USB-Stick mitnehmen können und somit an jedem Computerarbeitsplatz dabei haben, ohne vielleicht drei Aktenordner mit Papierkopien mit sich herumtragen zu müssen. Auch geht es oft schneller, ein PDF am Computer zu öffnen als in einem Aktenordner nach der Kopie zu suchen. Selbstverständlich sollten Sie aber abwägen, ob es sich lohnt, ein 300-seitiges Buch komplett einzuscannen, wenn Sie daraus nur einmal eine Stelle zitieren wollen. Berücksichtigen Sie also die Kosten-Nutzen-Bilanz bei der Entscheidung, ob Sie eine Literaturquelle als PDF benötigen oder nicht. Quellen, die Sie als Kopie bzw. Ausdruck in Papierform vorliegen haben und die Sie nicht einscannen wollen bzw. können, sollten Sie alphabetisch nach den Autoren geordnet in einem Aktenordner abheften. In Ihrem Literaturverwaltungsprogramm können Sie dann beim Standort der Quelle beispielsweise „Aktenordner" eingeben. Möchten Sie später auf diese Quelle zugreifen, erkennen Sie sofort, dass Sie diese bereits besitzen und nicht neu beschaffen müssen.

Sehr wichtig ist, dass Sie bei Büchern, Buchkapiteln oder sonstigen Ausschnitten aus Büchern stets auch die bibliografischen Angaben einscannen, kopieren bzw. sich notieren.[13] Neben Titel und dem Namen des Verfassers bzw. der Verfasser sind das auch die Angaben zum Verlag, Verlagsort und Erscheinungsjahr. Diese Angaben benötigen Sie für Ihre Quellenangabe, wenn Sie etwas aus diesem Werk für Ihre Arbeit verwenden wollen, auch dann, wenn Sie nicht wörtlich zitieren, sondern nur einen Gedanken oder Befund aus dem Werk aufgreifen möchten. Haben Sie diese Angaben dann nicht griffbereit, ist die Quelle für Sie nicht verwertbar, da nicht zitierfähig. Welche Angaben Sie benötigen, ist im Band *Schreiben und Gestalten* im Abschnitt zum Literaturverzeichnis genauer dargestellt.

Wenn Sie die PDFs Ihrer Literaturquellen nach dem folgenden Schema in einem Ordner speichern, lassen sich diese sehr einfach wiederfinden: Erstautor_ggf. et al_Jahr_Titel-Untertitel.pdf. Ein Artikel mit mehr als einem Autor könnte also folgendermaßen benannt sein: „Peters_et al_2012_Sensitive maintenance-A cognitive process underlying individual differences in memory for threatening information.pdf". Bei langen Titeln bzw. Untertiteln können Sie den Dateinamen natürlich auch auf den Titel (ohne den Untertitel) beschränken bzw. den Titel anderweitig kürzen. Auf diese Weise stellen Sie aber sicher, dass Sie die Datei einfach wiederfinden und auch anhand des Dateinamens danach suchen können. Fast alle Literaturverwaltungsprogramme unterstützen darüber hinaus, dass Sie

---

13 Bei Artikeln aus wissenschaftlichen Zeitschriften finden Sie die benötigten Angaben (Titel der Zeitschrift, Erscheinungsjahr, Jahrgang und Seitenzahlen) auf der ersten Seite des Artikels, häufig am oberen, manchmal auch am unteren Seitenrand. Bei einigen älteren Artikeln fehlen diese Angaben jedoch – dann sollten Sie sich diese zusätzlich notieren.

das PDF mit dem Eintrag im Literaturverwaltungsprogramm verknüpfen. Somit können Sie in Ihrer Literaturdatenbank z. B. nach den Arbeiten von „Anderson" suchen und diese PDFs per Mausklick direkt öffnen.

4.4 Datenauswertung

Bei einer quantitativen empirischen Arbeit stehen Sie nach der Erhebung der Daten vor der Aufgabe, diese statistisch auszuwerten. In einfachen Fällen, wenn es z. B. um die Berechnung von Mittelwerten, Standardabweichungen oder Korrelationen geht, oder auch, wenn Sie lediglich einen *t*-Test durchführen wollen, genügt dafür ein *Tabellenkalkulationsprogramm*, wie beispielsweise *Excel* oder *OpenOffice Calc* (Abschnitt 4.4.1). Für komplexere Auswertungen, angefangen bei der Varianzanalyse über die Regression bis hin zur Faktoren- oder Clusteranalyse, empfiehlt sich ein *Statistikprogramm* (Abschnitt 4.4.2). Das Standardprogramm in der Psychologie und den Sozialwissenschaften ist *SPSS*. Weitere kostenpflichtige Alternativen, auf die wir hier nur flüchtig eingehen können, sind *Stata* und *STATISTICA*. Zunehmend gewinnt auch die kostenlos verfügbare Statistik-Programmiersprache *R* (Abschnitt 4.4.3) an Bedeutung.

Bei der Wahl des Programmes sollten Sie sich immer die folgenden Fragen stellen: (a) Welches Programm unterstützt alle statistischen Verfahren, die ich benötige? (b) Welches Programm steht mir (kostenfrei) zur Verfügung? (c) Welches Programm beherrsche ich bereits bzw. wie aufwendig ist die Einarbeitung in ein neues Programm?

4.4.1 Tabellenkalkulationsprogramme

Programme wie *Excel* oder *OpenOffice Calc* bzw. *LibreOffice Calc* werden den meisten zumindest oberflächlich vertraut sein. Die Bedienung dieser Programme ist intuitiv und schnell erlernbar und die Verfügbarkeit ist groß – *OpenOffice*[14] ist kostenlos verfügbar und *Excel* werden Sie zumindest auf den Rechnern Ihrer Hochschule finden. Ein weiterer Pluspunkt dieser Programme ist, dass sich auch die meisten Abbildungen (z. B. Balkendiagramme oder Streudiagramme) einfach und ansprechend mit ihnen gestalten lassen, teilweise ästhetisch ansprechender als mit *SPSS* (vgl. dazu Abschnitt 4.6).

Allerdings stoßen Tabellenkalkulationsprogramme auch relativ bald an ihre Grenzen, wenn es um statistisch anspruchsvollere Verfahren geht, sodass Sie sorgfältig prüfen sollten, ob diese Programme all Ihre Anforderungen erfüllen – sonst lohnt es sich, von Anfang an mit *SPSS* oder *R* zu arbeiten. Falls Sie zunächst Ihre

---

14 Das Programmpaket *OpenOffice* wurde 2011 in *Apache OpenOffice* und *LibreOffice* aufgespalten. Beides sind freie, kostenlose Office-Pakete mit zurzeit nahezu identischem Funktionsumfang, die sich beide gleich gut zur Erstellung wissenschaftlicher Arbeiten eignen. Wir werden der Einfachheit halber beide Programmpakete mit *OpenOffice* bezeichnen.

Dateneingabe mit einer Tabellenkalkulation vorgenommen haben und dann die Daten beispielsweise mit *SPSS* oder *R* auswerten möchten, ist dies übrigens kein Problem, da Sie die Daten immer in einem Dateiformat abspeichern können, das von diesen Statistikprogrammen gelesen werden kann.

4.4.2 Statistikprogramme: *SPSS*, *Stata* und *STATISTICA*

SPSS ist ein insbesondere in den Sozialwissenschaften und der Psychologie verbreitetes kommerzielles Statistikprogramm der Firma IBM, das schätzungsweise in über 90 % der Fälle alle statistischen Verfahren bietet, die für eine Abschlussarbeit benötigt werden. Vermutlich werden Sie auch im Rahmen Ihrer Statistikausbildung Kontakt mit *SPSS* gehabt haben. Wenn Sie sich also in der Benutzung dieses Programmes auskennen und keine ausgefallenen statistischen Verfahren benötigen, ist es empfehlenswert, *SPSS* zu verwenden.

Einer der Nachteile von *SPSS* ist, dass eine reguläre Lizenz sehr teuer ist. Höchstwahrscheinlich wird *SPSS* aber auf den Rechnern in den PC-Pools Ihrer Hochschule installiert und für Sie zugänglich sein. IBM bietet über *www.studyhouse.biz* günstigere Studentenlizenzen für *SPSS* an, die ein Jahr lang lauffähig sind. Das Basispaket (Base), das aber nicht alle Funktionen umfasst, kann man für unter 70 Euro erwerben. Je nach benötigten Funktionen, müssen Sie ggf. Zusatzmodule für 100 und mehr Euro hinzukaufen (Preise vom 12.08.2014). Alternativ bieten einige Hochschulen auch die Option, SPSS-Lizenzen monatsweise für wenige Euro zu mieten. Erkundigen Sie sich am besten bei Ihrem Rechenzentrum und entscheiden Sie dann, welche Lösung für Sie geeignet ist.

Ein weiterer Nachteil von *SPSS* besteht darin, dass die Diagramme, die das Programm ausgibt, häufig nicht wirklich ästhetisch gelungen sind. Zwar lässt sich die Standardausgabe durch optische Anpassungen oft deutlich verbessern, sodass man durchaus akzeptable Diagramme erhält. Aber die Verbesserungen, die man an diesen Diagrammen vornehmen kann, sind begrenzt. Vielen Gutachtern bzw. Betreuern werden die SPSS-Diagramme als Abbildungen in Ihrer Arbeit absolut genügen. Wenn Sie selbst bzw. Ihr Betreuer aber anspruchsvoller sind, lohnt es sich, manche Diagramme (z.B. Balkendiagramme) auf Grundlage der mit *SPSS* errechneten Daten in einer Tabellenkalkulation neu zu erstellen (im Band *Schreiben und Gestalten* erklären wir, wie das geht).

Die Einarbeitung in *SPSS* ist aufgrund der menügestützten Benutzersteuerung und der Dialogfelder relativ einfach, aber keineswegs intuitiv. Falls Sie also noch nie mit *SPSS* gearbeitet haben, lohnt es sich, einen SPSS-Kurs an Ihrer Hochschule zu besuchen. Viele Hochschulen bieten auch für Studierende, bei denen der Umgang mit *SPSS* nicht direkt zur Statistikausbildung gehört hat, solche Kurse meist kostenlos über die Rechenzentren an (kommerzielle SPSS-Kurse von IBM bzw. Drittanbietern sind oft sehr teuer). Es gibt zudem eine Reihe von Büchern, mit denen man sich selbst recht gut in *SPSS* einarbeiten kann. Das ist wiederum einer der Vorteile von *SPSS*: Die Zahl guter Bücher, die in *SPSS* einführen oder auch spezielle Auswertungsverfahren behandeln, ist größer als bei anderen Statistikprogrammen. Unsere Empfehlungen sind das englischsprachige Buch *Discovering Statistics Using SPSS* von Field (2013) sowie die deutschen Bücher *SPSS 22: Einführung in die moderne Datenanalyse* von Bühl (2014) und *Statistik mit SPSS* von Hatzinger und Nagel (2013). Eine Internetsuche bringt Ihnen aber auch zahlreiche frei verfügbare Unterlagen und Hilfestellungen zur Arbeit mit *SPSS*. Es gibt sogar etliche – teils gut gemachte – SPSS-Tutorials in Form von Videos, die beispielsweise über YouTube zu finden sind.

Stata und *STATISTICA* sind an deutschen Hochschulen weniger verbreitet, stellen aber wie *SPSS* bewährte (kostenpflichtige) Statistikprogramme dar. Wenn Sie mit diesen Programmen bereits Kontakt hatten und Zugang dazu haben, können Sie Ihre Auswertung damit durchführen. Aber fragen Sie vorab Ihren Betreuer, mit welchem Programm dieser arbeitet und ob er Sie unterstützen kann, wenn Sie ein anderes Programm verwenden.

4.4.3 Statistik-Programmiersprache *R*

Bei *R* handelt es sich um eine kostenfreie Programmiersprache für statistische Auswertungen. Allerdings müssen Sie die statistischen Verfahren, die Sie benötigen, nicht selbst programmieren: Seit etwa 1995 haben viele Statistiker und andere Wissenschaftler quasi ehrenamtlich sogenannte R-Pakete programmiert, in denen die statistischen Verfahren, die Sie anwenden wollen, bereits fertig vorliegen.

Dennoch ähnelt die Benutzung von *R* eher dem Vorgehen bei einer Programmiersprache: Zum Ausführen der statistischen Prozeduren müssen Sie also Befehlszeilen eintippen und können sich nicht durch ein Menü klicken, wie Sie es vielleicht von *SPSS* gewohnt sind. Zwar gibt es grafische Benutzeroberflächen und Editoren (z. B. *RStudio* und *R Commander*), die Ihnen die Arbeit mit *R* erleichtern sollen. Aber trotzdem müssen Sie sich noch mit den R-Befehlen zum Aufrufen der statistischen Verfahren vertraut machen. Daher ist die Einarbeitung in *R* verglichen mit *SPSS* aufwendiger und gerade wenig computeraffine Menschen könnten am Anfang Schwierigkeiten im Umgang mit *R* haben.

Ein Versuch, die Benutzung von *R* an die von *SPSS* anzugleichen, ist das kostenfrei verfügbare *Statistiklabor* (www.statistiklabor.de). Dabei handelt es sich um ein Programm, das auf *R* aufsetzt und eine Benutzeroberfläche bietet, die ähnlich einfach zu handhaben ist wie die von *SPSS*. Allerdings ist das *Statistiklabor* vor allem für didaktische Zwecke, also den Statistikunterricht an Hochschulen gedacht. Der Funktionsumfang des *Statistiklabors* ist daher relativ eingeschränkt und es ist wahrscheinlich, dass Sie irgendwann an dessen Grenzen stoßen. Sie können dann zwar mit *R* weiterarbeiten, aber gerade deshalb müssen Sie die Bereitschaft, sich tiefergehend mit *R* auseinanderzusetzen, auch bei Verwendung des *Statistiklabors* mitbringen.

Der Hauptvorteil von *R* ist übrigens, dass es tatsächlich *alles* kann, was im Bereich der statistischen Verfahren aktuell machbar ist (wenn *R* es nicht kann, dann brauchen Sie es auch nicht). Darüber hinaus ist *R* kostenlos und Sie können es auf jedem privaten Rechner installieren.

R wird in letzter Zeit immer populärer, weshalb es auch immer mehr (gute) Bücher zur Einarbeitung in *R* gibt. Die Zahl guter deutschsprachiger Bücher ist aber noch sehr überschaubar. Empfehlen würden wir Ihnen daher das englische Buch *Discovering Statistics Using R* von Field, Miles und Field (2012). Zwei deutsche Alternativen sind *R: Einführung durch angewandte Statistik* von Hatzinger, Hornik, Nagel und Maier (2014) und *R für Einsteiger* von Luhmann (2013).

Wenn Sie noch nie mit *R* gearbeitet haben, sich Ihre Berechnungen auch mit *SPSS* durchführen lassen und Sie an Ihrer Hochschule kostenlosen Zugang zu *SPSS* haben, ist es sehr wahrscheinlich einfacher und weniger aufwendig, sich in *SPSS* statt in *R* einzuarbeiten. Vor allem wenn Sie über wenig oder keine Vorkenntnisse mit Programmiersprachen verfügen, könnte die Arbeit mit *R* anfangs frustrierend sein. Haben Sie hingegen generell Freude am Erstellen von Programmcodes und arbeiten sich auch gerne in eine neue Programmiersprache ein, können Sie sich *R* hier kostenlos herunterladen: *www.r-project.org*.

4.5 Textverarbeitung

Dass Sie ein Textverarbeitungsprogramm zur Erstellung Ihrer Arbeit benötigen, ist selbstverständlich. Sehr wahrscheinlich arbeiten Sie bereits mit *Microsoft Word*, *OpenOffice*[15] *Writer* oder – wenn Sie Mac-User sind – mit *Pages*.[16] All diese Textverarbeitungsprogramme eignen sich für die Erstellung von Abschlussarbeiten. Auch weniger bekannte Programme wie *TextMaker2012* oder *WordPerfect Office X6* verfügen über alle Funktionen, die Sie zum Schreiben Ihrer Arbeit benötigen. Bleiben Sie also ruhig bei dem Programm, das Sie bereits besitzen bzw. das Sie am besten beherrschen!

Sofern Sie sich nicht schon sehr gut auskennen, werden Sie aber davon profitieren, Ihre Kenntnisse im Umgang mit Ihrem Textverarbeitungsprogramm zu erweitern, *bevor* Sie Ihre Arbeit schreiben. Das ist insbesondere dann der Fall, wenn Ihnen Begriffe wie „Dokumentvorlage", „Formatvorlage", „automatisches Inhalts-

---

15 Vgl. Fußnote 14.
16 Auch *LaTeX* (gesprochen: La-tech), ein kostenloses Textsatzsystem, das auch für professionelle Publikationen verwendet wird, eignet sich für die Erstellung von Abschlussarbeiten. *LaTeX* ermöglicht besonders ästhetische und professionelle Ergebnisse. Daher werden wir manchmal von Studierenden, die von diesem Programm gehört haben, gefragt, ob es empfehlenswert sei, die Abschlussarbeit damit zu erstellen. Unsere Empfehlung ist: Nur, wenn Sie sich mit dieser Software bereits gut auskennen, sollten Sie das erwägen! Ansonsten ist nämlich die Einarbeitungszeit in *LaTeX* im Vergleich zu dem Nutzen, den Sie dadurch haben, viel zu hoch. Die wenigsten Gutachter werden den Unterschied zwischen einem Text, der mit *LaTeX* gesetzt ist, und einem, der mit *Word*, *Writer* oder *Pages* erstellt wurde, bemerken.

verzeichnis", „dynamische Querverweise", „dynamische Abbildungsbeschriftung" und „manueller Abschnittswechsel" nichts sagen. Keine Sorge: Diese Dinge sind relativ leicht zu erlernen. Nehmen Sie sich aber rechtzeitig – möglichst vor Beginn Ihrer offiziellen Bearbeitungsphase – ausreichend Zeit dafür! Viele Funktionen bringen Ihnen nämlich nur dann eine Zeitersparnis, wenn Sie diese von Anfang an konsequent verwenden. Im Band *Schreiben und Gestalten* finden Sie ausführlichere Hinweise zur Arbeit mit *Microsoft Word*. Dort erörtern wir auch Fragen zur formalen Gestaltung Ihrer Arbeit, z.B. zur Wahl der Schriftarten und Schriftgrößen sowie zur Festlegung der Seitenränder.

Um mit *Word* (oder *OpenOffice Writer* oder einem ähnlichen Textverarbeitungsprogramm) effizient umgehen zu können, müssen Sie drei Prinzipien kennen. Das erste Prinzip ist das der *Dokumentvorlage*: Eine Dokumentvorlage hat in *Word* die Endung .dotx oder .dotm. In dieser Dokumentvorlage sind neben Einstellungen zum Seitenlayout insbesondere verschiedene *Formatvorlagen* gespeichert. Wenn Sie eine Dokumentvorlage mittels Doppelklick öffnen, erstellt diese Datei eine Kopie von sich selbst (dann als „normales" Dokument, in *Word* mit der Endung .docx bzw. .docm), damit die Dokumentvorlage selbst nicht verändert wird. Das neue Dokument bleibt aber mit der Dokumentvorlage verknüpft.

Die in der Dokumentvorlage enthaltenen Voreinstellungen können Sie für den Text, den Sie erstellen wollen, direkt nutzen. Wichtig sind hierbei vor allem die *Formatvorlagen*, die das zweite Prinzip, das Ihnen bekannt sein sollte, darstellen. Formatvorlagen beruhen auf der Idee, dass Ihr Text hinsichtlich der Formatierung aus wiederkehrenden Elementen besteht. Diese Elemente oder Bausteine sind: *Überschriften* verschiedener Ebenen, normale Absätze in Ihrem *Fließtext*, *Blockzitate*, *Fußnoten*, *Abbildungsunterschriften*, *Tabellenüberschriften*, ggf. *Text innerhalb von Tabellen*, *Literatureinträge im Literaturverzeichnis* und *Hervorhebungen* einzelner Wörter oder Zeichen im Text.

In den Formatvorlagen sind spezielle Formatierungsmuster gespeichert, die Sie mit einem Mausklick oder einer Tastenkombination einem Textelement zuweisen können. Beispielsweise könnten Sie einem Absatz die Formatierung „Blockzitat" zuweisen und diesen dadurch entsprechend Ihren Vorgaben in der Formatvorlage formatieren (z.B. auf eine 10-Punkt-Schriftgröße, einzeiligen Abstand, Einrückung um 1 cm vom linken Rand). Die Verwendung von Formatvorlagen ist eine große Arbeitserleichterung, da Sie nicht jedes Mal dieselben Einstellungen erneut per Hand vornehmen müssen. Auf diese Weise vermeiden Sie auch Formatierungsfehler. Wenn Sie später einmal etwas ändern wollen, also beispielsweise alle Blockzitate nicht nur links, sondern auch rechts einrücken möchten, können Sie dies einfach in der Formatvorlage ändern und *Word* formatiert automatisch alle Blockzitate entsprechend um.

Das dritte wichtige Prinzip ist das der *dynamischen Verweise*. Sofern Sie bestimmte Textelemente wie Überschriften und Tabellen- bzw. Abbildungsbeschriftungen per Formatvorlage oder über einen Word-Befehl (z.B. „Beschriftung einfügen") erstellt haben, können Sie darauf dynamisch verweisen. Beispielsweise können Sie in *Word* einer Tabelle über die *Verweise-Registerkarte* eine Tabellenüberschrift hinzufügen. Wenn Sie dann im Text auf diese Tabelle verweisen wollen, setzen Sie einen entsprechenden Querverweis, z.B. „Anhand der Ergebnisse in Tabelle 3.2 auf Seite 37 lässt sich ...". Hinter „Tabelle 3.2" und „Seite 37" verbergen sich dynamische Verweise, die sich automatisch aktualisieren, sollte sich die Nummerierung und/oder die Seitenzahl z.B. dadurch verändern, dass Sie vor Tabelle 3.2 noch eine weitere Tabelle hinzufügen oder eine Tabelle entfernen. Insbesondere in langen Texten wäre es sehr mühsam, bei derartigen Veränderungen, die während des Schreibprozesses ständig vorkommen, alle Beschriftungen und Verweise manuell anzupassen. Querverweise und automatische Beschriftungen ersparen Ihnen also viel Arbeit. Auch die Erstellung automatischer Inhaltsverzeichnisse beruht prinzipiell auf Formatvorlagen und Querverweisen – haben Sie Ihre Überschriften nicht durch Formatvorlagen erstellt, können Sie auch kein automatisches Inhaltsverzeichnis erzeugen.

In diesem Abschnitt wollten wir Sie lediglich auf einige wichtige Funktionen von Textverarbeitungsprogrammen aufmerksam machen, die Sie kennen sollten, bevor Sie mit dem Schreiben Ihrer Arbeit beginnen. Ausführlichere Informationen zum Umgang mit *Microsoft Word* finden Sie im Band *Schreiben und Gestalten*, in dem die Arbeit mit Dokumentvorlagen, Formatvorlagen und dynamischen Verweisen genau erklärt wird. Außerdem werden dort viele weitere nützliche Funktionen vorgestellt, z.B. Absatzkontrolle, Abstände vor/nach Absätzen und Überschriften, Abbildungs- und Tabellenbeschriftungen, Sonderzeichen, Navigationsbereich und Kommentarfunktion. Zum Band *Schreiben und Gestalten* existieren auch Online-Materialien, wie eine mit Screenshots bebilderte Anleitung zum Arbeiten mit *Microsoft Word 2010* (auch geeignet für die Word-Versionen 2007 und 2013) und eine Dokumentvorlage für Ihre Abschlussarbeit, die Sie höchstwahrscheinlich nur noch minimal an Ihre Erfordernisse anpassen müssen.

4.6 Diagramme und sonstige Abbildungen erstellen

In fast jeder Arbeit kommen Abbildungen vor. Bei der dafür benötigten Software sollten Sie zwischen zwei Arten von Abbildungen unterscheiden: (a) *Diagrammen* zur Darstellung statistischer Daten und (b) *sonstigen Abbildungen* z.B. zur schematischen Veranschaulichung von Versuchsaufbauten, von theoretischen Modellen oder Prozessen.

Zur Erstellung von Diagrammen können Sie zunächst Ihr Programm zur Datenauswertung verwenden. Wie in Abschnitt 4.4 beschrieben, erzeugt aber z.B. *SPSS* ästhetisch nur bedingt ansprechende Diagramme. Sofern Sie mit *SPSS* arbeiten, könnte es sich lohnen, zumindest einige Diagramme mit *Excel* oder *OpenOffice Calc* zu erstellen. Diese Programme eignen sich sehr gut, wenn Sie Mittelwertsunterschiede mit Balkendiagrammen darstellen wollen. Auch Interaktionseffekte, die sich mit Liniendiagrammen besonders anschaulich präsentieren lassen, sind mit *Excel* oder *OpenOffice Calc* einfach zu erstellen. Im Band *Schreiben und Gestalten* finden Sie entsprechende Diagrammbeispiele sowie eine Anleitung, wie Sie mit *Excel* solche Diagramme erzeugen und diesen Fehlerbalken hinzufügen.

Zur Anfertigung sonstiger Abbildungen (z.B. für Versuchsaufbauten, Abläufe und Modelle) eignen sich viele gebräuchliche Grafik- bzw. Zeichenprogramme. Sofern Sie bereits *PowerPoint* oder *OpenOffice Draw* verwenden, ist es aber nicht erforderlich, sich ein neues Programm zu besorgen bzw. in eine neue Software einzuarbeiten, da sich mit diesen Programmen sehr ansprechende Abbildungen gestalten lassen. Auch für dieses Buch haben wir alle Abbildungen (sofern es sich nicht um Diagramme handelt) mit *PowerPoint* erstellt. Wenn Sie sehr viele Strukturgleichungs- oder Entscheidungsdiagramme (Flussdiagramme) haben oder viele Prozessabläufe darstellen wollen, könnte sich die Suche nach entsprechenden (kostenlosen) Spezialprogrammen im Internet lohnen. Ein solches Programm ist z.B. *yEd* (*www.yworks.com*; Zugriff am 12.08.2014), das bei komplexen Abbildungen mit sehr vielen miteinander verbundenen Kästchen die Arbeit unter Umständen effizienter gestaltet als *PowerPoint* oder *OpenOffice Draw*.

Literaturrecherche und Literaturstudium

5

5.1 Ziele des Literaturstudiums........................ 92
5.2 Arten von Quellen und ihre Zitationswürdigkeit .. 95
    5.2.1 Allgemeines und Übersicht über Quellenarten 95
    5.2.2 Uneingeschränkt zitationswürdige Quellen 99
    5.2.3 Eingeschränkt zitationswürde Quellen............. 102
    5.2.4 Nicht zitationswürdige Quellen 103
5.3 Wie nach Literatur suchen?........................ 105
    5.3.1 Phasen der Literaturrecherche.................... 105
    5.3.2 Explorative Phase: Den Einstieg finden 107
    5.3.3 Systematisch Suchwörter finden.................. 110
    5.3.4 Suchtechniken anwenden 114
    5.3.5 Systematisches Vorgehen bei der thematischen Suche in Datenbanken und Bibliothekskatalogen 122
    5.3.6 Schneeballsystem und Cited-reference-search nutzen.. 128
5.4 Wo nach Literatur suchen? 129
    5.4.1 Überblick über Quellenarten und ihre Rechercheorte.. 130
    5.4.2 Recherche nach Büchern: Online-Bibliothekskataloge . 131
    5.4.3 Recherche nach Zeitschriftenartikeln: fachwissenschaftliche elektronische Datenbanken ... 132
5.5 Literaturbeschaffung 136
    5.5.1 Bücher und Aufsätze in Sammel-/Herausgeberbänden . 136
    5.5.2 Zeitschriftenartikel............................. 138
    5.5.3 Graue Literatur 141
5.6 Literaturstudium: Quellen beurteilen und verarbeiten 142
    5.6.1 Qualität der Literaturquelle einschätzen 142
    5.6.2 Relevanz der Literaturquelle beurteilen 146
    5.6.3 Literatur effizient verarbeiten und für die eigene Arbeit verwerten........................ 147
5.7 Weiterführende Hinweise zu Literaturrecherche und Literaturstudium........................... 155
    5.7.1 Literaturrecherche 155
    5.7.2 Literaturstudium 156

ÜBERBLICK

Wie bereits dargestellt (vgl. Abschnitt 3.1.2), steht am Anfang der Einarbeitung in ein Forschungsthema ein ausführliches Literaturstudium. In Abschnitt 5.1 wollen wir Ihr Bewusstsein dafür schärfen, welche verschiedenen Ziele ein Literaturstudium verfolgen kann. Im Anschluss stellen wir vor, welche Arten von Quellen es gibt und welche davon Sie in Ihrer Arbeit zitieren sollten (Abschnitt 5.2). *Wie* Sie nach Literatur suchen, also eine Literaturrecherche durchführen, ist Gegenstand von Abschnitt 5.3. Damit zusammen hängt die Frage, *wo* (an welchen Orten) Sie nach Literatur suchen sollten, also welche Datenbanken und Bibliothekskataloge es gibt und wie sich die Suche nach Büchern und Zeitschriftenartikeln unterscheidet (Abschnitt 5.4). Wir empfehlen, die Abschnitte 5.3 und 5.4 vollständig durchzulesen, da das *Wie* und *Wo* der Literaturrecherche eng miteinander verknüpft sind, und sich viele Zusammenhänge erst erschließen, wenn Sie beide Abschnitte kennen. Wie Sie sich die recherchierte Literatur beschaffen, erläutern wir in Abschnitt 5.5. Anschließend erfahren Sie, was Sie beim Lesen der Literatur – dem Literaturstudium – beachten sollten, um sich auf möglichst effiziente Weise mit der relevanten Literatur vertraut zu machen und um diese für Ihre eigene Arbeit nutzen zu können (Abschnitt 5.6). Weiterführende Hinweise zur Literaturrecherche und zum Literaturstudium geben wir Ihnen in Abschnitt 5.7.

5.1 Ziele des Literaturstudiums

Das Literaturstudium verfolgt verschiedene Ziele. Die drei Kernziele sind:

1. Sich über den *aktuellen Forschungsstand* hinsichtlich eines Themas informieren.
2. *Belege und Begründungen für Aussagen bzw. Theorien* finden.
3. *Methodisches Wissen* zum Vorgehen bei der eigenen Studie erhalten.

Am Anfang der Einarbeitung in ein neues Thema gilt es, einen *vertieften Überblick über das bestehende Wissen bzw. auch verschiedene (unter Umständen widersprüchliche) Theorien* zu erlangen (Ziel 1). Es gibt nur wenige Forschungsthemen, zu denen noch gar nicht gearbeitet wurde. Vielleicht wurde Ihre Forschungsfrage bereits ausführlich behandelt und ist als gelöst anzusehen? Dann erübrigt sich eine weitere Beschäftigung mit diesem Thema. Aber keine Sorge: In den wenigsten Fällen sind Forschungsfragen tatsächlich endgültig beantwortet. Viel wahrscheinlicher ist es, dass, wenn mehrere Studien zu einer Fragestellung durchgeführt wurden, die Ergebnisse zumindest teilweise widersprüchlich sind. Dann könnte Ihre Forschungsaufgabe darin bestehen, diese Widersprüche zu systematisieren und zu erklären bzw. aufzulösen. Oft ergeben sich auch bei der Beantwortung einer Frage neue (Unter-)Fragen. So könnte es unklar sein, ob ein bestimmtes Phänomen oder ein Effekt immer oder nur unter bestimmten Rahmenbedingungen auftritt. Nur wenn Sie sich über den aktuellen Forschungsstand informiert haben, können Sie begründet entscheiden, wie eine Fragestellung abgewandelt oder präzisiert werden muss, damit sie einen neuen Aspekt behandelt. Übrigens: Auch wenn es wahrscheinlich für Sie selbst und für Ihren Betreuer interessanter ist, wenn Ihre Abschlussarbeit etwas Neues erforscht, ist dies offiziell nicht der Anspruch einer Abschlussarbeit – Sie sollen lediglich demonstrieren, dass Sie die Methoden Ihres Faches adäquat auf eine Forschungsfrage anwenden können. Daher ist es auch legitim, eine bereits durchgeführte Studie zu replizieren.

Ferner zeichnet sich Wissenschaft dadurch aus, dass Aussagen nicht bloße Behauptungen sind, wie z.B. in dem Satz „Männer können besser Auto fahren als Frauen", sondern durch eigene Forschungsergebnisse, durch bisherige empirische Befunde oder auch durch theoretische Ableitungen oder Begründungen belegt werden. Beispielsweise könnte man zur Stützung dieser Aussage argumentieren, dass die Fähigkeit zur mentalen Rotation bei Männern durchschnittlich stärker ausgeprägt ist als bei Frauen (z.B. Voyer, Voyer & Bryden, 1995). Wenn mentale Rotation eine basale Fähigkeit beschreibt, die für das Autofahren wesentlich ist, hätten Sie begründet, warum Männer besser Auto fahren. Das Schwachglied in dieser Argumentationskette ist aber, dass die Relevanz der mentalen Rotation für das Autofahren keineswegs offensichtlich ist (bzw. unklar ist, ob diese Fähigkeit nicht durch andere kognitive Fähigkeiten kompensiert werden könnte). Daher müssten Sie zudem durch empirische Studien belegen, dass mentale Rotation tatsächlich eine für das Autofahren wichtige Funktion darstellt – derartige Studien würden Sie per Literaturrecherche suchen. Häufig stellt man erst beim Schreiben fest, dass z.B. für eine Vorannahme, die man bei der Konzeption der eigenen Studie trifft, ein wissenschaftlicher Beleg notwendig ist. Gleiches gilt für Schlussfolgerungen, die man aus eigenen Ergebnissen ziehen möchte – auch hier muss man für Argumentationsketten oft bestimmte Zusatzannahmen treffen. Die bestehende Literatur kann derartige *wissenschaftliche Belege und Begründungen* liefern (Ziel 2).

Schließlich kann es sein, dass es Ihnen in einem bestimmten Bereich an *praktischem Know-how* oder *Handwerkszeug* zur Planung, Durchführung oder Auswertung Ihrer eigenen Studie fehlt und Sie sich dieses mittels Literatur erschließen wollen (Ziel 3). Wenn Sie z.B. eine Clusteranalyse durchführen müssen, dann sollten Sie anhand der Literatur zu Clusteranalysen herauszufinden versuchen, welche statistische Methode für Ihre Zwecke am geeignetsten ist und wie Sie diese konkret durchführen.

Wir wollen Ihnen diese drei Hauptziele des Literaturstudiums an einem Beispiel verdeutlichen: Nehmen wir an, Ihre Arbeit soll die Hypothese untersuchen, dass Kinder, die vor Schuleintritt bereits lesen konnten, am Ende des ersten Schuljahres Schule und Unterricht negativer beurteilen als Kinder, die erst in der Schule das Lesen erlernt haben. Dahinter steht die Idee, dass Kinder, die bereits lesen konnten, sich in der Schule stärker langweilen, da ihre Erwartung, ganz viel Neues zu lernen, nicht erfüllt wird. Aufgrund dieser enttäuschten Erwartung würden sie dann die Schule negativer bewerten.

Um sich einen *Überblick zu diesem Thema und seinen Hintergründen* zu verschaffen (Ziel 1), sollten Sie nach Literatur zu den folgenden Bereichen recherchieren: (a) Arbeiten zu genau Ihrer Fragestellung (Gibt es Studien, die sich mit der Schulzufriedenheit von Kindern, die bei der Einschulung schon lesen konnten, beschäftigt haben?), (b) Studien zur Zufriedenheit von Kindern mit der (Grund-)Schule (Sind Faktoren bekannt, die die Zufriedenheit beeinflussen? Spielt Langeweile dabei eine Rolle?), (c) Prävalenz und spezifische Charakteristika von Kindern, die vor Schuleintritt bereits lesen konnten (Wie groß ist der Anteil dieser Kinder? Weisen diese Kinder besondere Merkmale auf, wie z.B. eine überdurchschnittliche Intelligenz? Haben sie häufiger eine Vorschule besucht oder stammen sie vermehrt aus überdurchschnittlich gebildeten Elternhäusern?).

Wichtig ist, zu erkennen, welche impliziten Annahmen sich in Ihrer Fragestellung verstecken. Diese Annahmen mögen auf den ersten Blick trivial erscheinen, müssen in einer wissenschaftlichen Arbeit aber *wissenschaftlich belegt* werden (Ziel 2). So wird implizit angenommen, dass sich Kinder, die zum Zeitpunkt der Einschulung bereits lesen können, im Unterricht verstärkt langweilen – aber gibt es empirische Belege für diese Annahme? Derartige Belege sollten Sie recherchieren! Ferner wird davon ausgegangen, dass sich diese Kinder stärker langweilen, *weil* sie bereits lesen können. Es könnte aber auch sein, dass sich diese Kinder langweilen, weil sie allgemein intelligenter sind als die anderen Kinder. Diese *Alternativursache* könnten Sie ausschließen, wenn Sie entweder einen Beleg dafür finden, dass Kinder, die vor der Einschulung lesen bzw. nicht lesen können, sich nicht in ihrer Intelligenz unterscheiden, oder einen Beleg dafür, dass das Ausmaß der Langeweile in der Schule unabhängig von der Intelligenz ist. Beim Schreiben des Theorieteils und später auch der Diskussion werden Sie vermutlich immer wieder Situationen erleben, in denen Sie eine Aussage treffen wollen, die in einer wissenschaftlichen Arbeit belegt werden muss und an die Sie zuvor gar nicht gedacht hatten. Das ist einer der Gründe, warum die Literaturrecherche und das Literaturstudium sich über den gesamten Bearbeitungsprozess einer (Abschluss-)Arbeit erstrecken.

Wenn Sie eine eigene empirische Studie zu dieser Fragestellung planen, werden Sie feststellen, dass es relevant ist, die Lesekompetenz der Kinder Ihrer Stichprobe kurz vor Schuleintritt zu erheben. Dazu benötigen Sie einen entsprechenden Lesekompetenz-Test. Ferner brauchen Sie ein Verfahren (z.B. ein Interview, da Ihre Probanden ja zumindest teilweise noch nicht lesen und schreiben können), um die Zufriedenheit mit der Schule und die Langeweile im Unterricht zu erfassen. Um entsprechende Verfahren – also Ihr Handwerkszeug – zusammenzustellen (Ziel 3), müssen Sie wiederum Literaturrecherchen durchführen. Sofern Sie keine speziellen und komplizierten Auswertungsmethoden verwenden, können Sie Ihre Daten ggf. ohne weiteres Studium statistischer Literatur auswerten. Es wird aber auch Datensätze geben, für deren Auswertung Sie statistische Fachliteratur heranziehen und ggf. vorab entsprechend recherchieren müssen (ebenfalls Ziel 3).

Nur dadurch, dass Sie mittels Literaturrecherche und -studium in Erfahrung bringen, welche theoretischen Überlegungen bereits angestellt und welche Studien bereits durchgeführt wurden, können Sie auch vermeiden, das Rad ein zweites Mal zu erfinden, also Fragestellungen zu untersuchen, die bereits gut erforscht sind. Zudem ist es hinsichtlich der Erfassung bzw. Operationalisierung von abhängigen und unabhängigen Variablen empfehlenswert, auf bereits erprobte Verfahren bzw. Erhebungsinstrumente zurückzugreifen: Wenn Sie beispielsweise die Intelligenz von Kindern erfassen wollen, werden Ihre Befunde fast immer wesentlich reliabler und valider ausfallen, wenn Sie einen standardisierten und für den entsprechenden Altersbereich normierten Intelligenztest einsetzen, als wenn Sie versuchen, sich selbst Intelligenztestaufgaben zu überlegen.

5.2 Arten von Quellen und ihre Zitationswürdigkeit

Nicht jede Literaturquelle ist geeignet, um sie in einer wissenschaftlichen Arbeit zu zitieren. In Abschnitt 5.2.1 erhalten Sie einen Überblick über verschiedene Quellenarten und deren Zitationswürdigkeit. Dabei gehen wir auf die Unterscheidung von *Primär- und Sekundärquellen* ein und darauf, was *graue Literatur* ist. In den folgenden Abschnitten besprechen wir ausführlicher uneingeschränkt zitationswürdige Quellen (Abschnitt 5.2.2), eingeschränkt zitationswürdige Quellen (Abschnitt 5.2.3) und Quellen, die Sie niemals zitieren sollten, weil sie nicht zitationswürdig sind (Abschnitt 5.2.4).

5.2.1 Allgemeines und Übersicht über Quellenarten

Zunächst ist wichtig, sich bewusst zu machen, *wofür* Sie eine Quelle zitieren. Häufig werden Sie Quellen zitieren, um Aussagen o.Ä. wissenschaftlich zu belegen. Das ist immer dann erforderlich, wenn Sie eine Aussage treffen wollen, die sich nicht aus Ihren eigenen Daten ableiten lässt und nicht zum Allgemeinwissen gehört (so müssten Sie keinen Beleg für die Aussage anführen, dass Paris die Hauptstadt von Frankreich ist). Für diesen Zweck sind ausschließlich *wissenschaftliche Quellen* zitationswürdig, also Texte, die von anderen Wissenschaftlern stammen und idealerweise – auch wenn das nicht zwingend ist – eine Qualitätskontrolle durchlaufen haben. Allerdings ist nicht jede Aussage, die Wissenschaftler in einer wissenschaftlichen Quelle treffen, deswegen automatisch zutreffend – auch Wissenschaftler machen manchmal (Denk-)Fehler und selbst eine Qualitätskontrolle deckt nicht alle Fehler auf.

Es ist Ihre Pflicht als Autor/-in, jede Quelle, die Sie zitieren, daraufhin zu prüfen, ob man den Aussagen und Schlussfolgerungen trauen kann, oder ob Zweifel daran angebracht sind. Wenn Sie z.B. schreiben „Es ist belegt, dass Männer und Frauen unterschiedliche Bedürfnisse hinsichtlich der Frequenz von Geschlechtsverkehr haben (Copul & Ation, 2007)", dann wird der Leser davon ausgehen, dass Sie den Text von Copul und Ation (2007) sorgfältig geprüft haben und zu dem Schluss gekommen sind, dass die von den Autoren gesammelten Daten die Richtigkeit dieser Aussage untermauern. Wenn Sie hingegen schreiben „Copul und Ation (2007) sehen es als belegt an, dass ...", dann distanzieren Sie sich von dieser Aussage – Sie lassen nämlich offen, ob Sie den Autoren darin zustimmen, dass diese Aussage fundiert ist. Sind Sie nach eingehender Prüfung der Quelle der Meinung, dass die Schlussfolgerung der Autoren nicht gerechtfertigt ist, z.B. weil die Studie methodische Mängel aufweist, sollten Sie dies auch entsprechend formulieren. Dies könnte folgendermaßen geschehen: „Copul und Ation (2007) meinen, mit ihrer Untersuchung belegt zu haben, dass Männer und Frauen ... Allerdings ist an der Untersuchung problematisch, dass ...".

Wenn wir von „zitationswürdigen Quellenarten" sprechen, dann ist damit gemeint, dass diese Quellenarten prinzipiell dazu geeignet sind, eine wissenschaftliche Argumentation zu stützen oder eine Aussage im Sinne von „es ist belegt, dass ..." zu rechtfertigen – es heißt aber nicht, dass dies auf jede einzelne Quelle dieser Quellenart zutrifft. Andersherum existieren (nichtwissenschaftliche) Quellenarten, die generell *nicht zitationswürdig* sind: Wenn z.B. in einer Zeitung steht, britische Wissenschaftler hätten herausgefunden, dass Männer und Frauen unterschiedliche Bedürfnisse hinsichtlich der Frequenz von Geschlechtsverkehr haben, dann ist diese Aussage nicht zitationswürdig. Das liegt daran, dass die Journalisten der Zeitung ja lediglich über etwas schreiben, was sie woanders gelesen haben. Zum wissenschaftlichen Arbeiten gehört aber, dass Sie sich nicht auf Informationen aus zweiter Hand verlassen, sondern – wo immer möglich – die Originalquelle heranziehen. Sie müssten sich also die Veröffentlichung der Studie der britischen Wissenschaftler besorgen – diese wäre (vermutlich) zitationswürdig.

An diesem letzten Beispiel wird eine wichtige Unterscheidung von Quellen deutlich, nämlich die zwischen *Primär- und Sekundärliteratur*. In der Psychologie und den empirischen Sozialwissenschaften werden unter Primärliteratur bzw. -quellen die Veröffentlichungen von empirischen Studien verstanden.[17] Sekundärliteratur im engeren Sinne meint *Überblicksarbeiten* (*reviews*), die – auf der Grundlage des Literaturstudiums der Primärquellen – versuchen, empirische Befunde zu integrieren und somit eine Fragestellung umfassender zu beantworten, als es die einzelnen empirischen Arbeiten vermögen. Sekundärquellen im weiteren Sinne sind alle Texte, in denen die Autoren sich nicht mit *eigenen empirischen Daten* beschäftigen, sondern in denen *über* Primärquellen berichtet wird oder die auf anderen Texten beruhen. Somit sind Texte von Journalisten, die über Forschungsergebnisse informieren, Sekundärquellen. Aber auch Lehrbuchtexte, Einträge in Enzyklopädien und populärwissenschaftliche Bücher sind in aller Regel Sekundärquellen. *Für die Darstellung von Primärquellen* sind Sekundärquellen generell nicht zitationswürdig, da es sich ja, wie oben beschrieben, um Information aus zweiter Hand handelt und es stets besser ist, die Originalquelle heranzuziehen. Allerdings gehen Überblicksarbeiten über eine bloße Darstellung oder Zusammenfassung von Primärquellen oft hinaus und bieten eine eigenständige Synthese der bestehenden Forschung oder weisen z.B. auf Widersprüche oder andere Aspekte hin, die bisher niemandem aufgefallen sind – *nur für diese eigenständigen theoretischen Denkleistungen sind Überblicksarbeiten zitationswürdig*. Andere Sekundärtexte wie (Fach-)Lexika, Lehrbücher oder populärwis-

---

[17] Für teilweise abweichende Definitionen von Primär- und Sekundärquellen in anderen Wissenschaftsdisziplinen vergleiche Niedermair (2010, Kap. II.1).

senschaftliche Bücher enthalten nur in vereinzelten Fällen ähnlich eigenständige, neuartige wissenschaftliche Leistungen. Daher sollten solche Quellen meist auch nicht zitiert werden.

Quellen, die nicht als Beleg für eine wissenschaftliche Aussage zitationswürdig sind, können dessen ungeachtet als Datenmaterial oder Beispiel dienen und als solches zitiert werden: Wenn Sie z.B. untersuchen wollen, welche Mythen oder Stereotype über Geschlechtsunterschiede in Boulevardzeitungen und Illustrierten verbreitet werden, dann können Sie derartige Quellen quasi als *Primärdaten* (oder auch als Beispiele) zitieren. So wäre es möglich zu schreiben: „In der Zeitung ‚Der Tag' war in der Ausgabe vom 23.09.2014 auf der Titelseite zu lesen, dass in Partnerschaften Männer stets häufiger Geschlechtsverkehr haben möchten als Frauen. Dass es sich dabei um einen Mythos handelt, der nicht empirisch belegt ist, zeigt sich daran, dass ...". Auf keinen Fall dürften Sie aber den Zeitungsartikel als Beleg dafür zitieren, dass Männer tatsächlich häufiger als Frauen Geschlechtsverkehr wollen. Ginge es Ihnen darum, diese Aussage zu stützen, müssten Sie z.B. nach Artikeln in wissenschaftlichen *Peer-review-Zeitschriften* recherchieren, in denen diese Hypothese empirisch untersucht wurde.

Ein weiteres Kriterium dafür, ob eine Quelle zitationswürdig ist, betrifft ihre dauerhafte *Verfügbarkeit*, wobei hier Ausnahmen erlaubt sind. Wissenschaftliches Arbeiten zeichnet sich dadurch aus, dass eine Aussage von anderen Personen nachgeprüft werden kann. Dies beinhaltet auch, dass eine Quelle noch nach vielen Jahren aufgefunden werden kann, um zu überprüfen, ob sie korrekt zitiert wurde – oder ob der zitierende Autor vielleicht etwas falsch verstanden oder verfälscht hat. Veröffentlichte Werke wie Bücher oder Zeitschriften werden von Bibliotheken archiviert – die Verfügbarkeit ist hier also auch nach Jahrzehnten noch gegeben. Auf Internetinhalte trifft dies keineswegs zu – hier können Informationen bereits nach kurzer Zeit verschwinden oder so verändert werden, dass man den Originaltext zum Zeitpunkt der Zitation nicht mehr rekonstruieren kann. Das ist der Grund, warum Internetinhalte generell nicht zitiert werden sollten. Nur für den Fall, dass eine seriöse, wissenschaftliche Primärquelle ausschließlich über das Internet verfügbar ist, sind solche Zitationen zulässig. Auch noch flüchtigere Medien können ausnahmsweise zitiert werden: Wenn Ihnen ein Fachkollege, z.B. auf einem wissenschaftlichen Kongress, etwas mündlich mitteilt und es keine andere Quelle für diese Information gibt, ist die Zitation als sogenannte *persönliche Mitteilung* gestattet.

Die dauerhafte Verfügbarkeit der Quelle stellt auch bei *grauer Literatur* ein Problem dar. Graue Literatur sind Texte, die nicht über einen Verlag veröffentlicht wurden und somit auch nicht über den Buchhandel käuflich zu erwerben waren. Abschlussarbeiten zählen ebenso zur grauen Literatur wie Forschungsberichte, die Wissenschaftlergruppen oder Institute selbst vervielfältigen und z.B. an Fachkollegen und Bibliotheken versenden. Derartige Quellen sind im Vergleich zu veröffentlichten Werken schwieriger zu beschaffen, ihre Verfügbarkeit ist also eingeschränkt, weshalb die Zitation von veröffentlichten Werken vorzuziehen ist. Da graue Literatur aber meist doch – z. B. über Bibliotheksfernleihen – beschafft werden kann, ist sie prinzipiell zitationswürdig, sofern die zitierte Information in keiner veröffentlichten zitationswürdigen Quelle vorhanden ist.

Tabelle 5.1 präsentiert eine Übersicht, welche Arten von Quellen Sie überwiegend zitieren sollten, bei welchen Quellen eine Zitation ausnahmsweise möglich ist und auf welche Quellen Sie besser ganz verzichten. Die folgenden Abschnitte gehen detaillierter auf diese Quellenarten ein.

Tabelle 5.1. Übersicht über Quellenarten und deren Zitationswürdigkeit

Quellenart	Zitationswürdigkeit	Anmerkung
1. Artikel in wissenschaftlichen Peer-review-Zeitschriften (*journal article, paper*)	uneingeschränkt	erste Wahl beim Zitieren
2. Wissenschaftliches Buch (bzw. Artikel oder Aufsatz daraus)	uneingeschränkt	
3. (Forschungs-)Bericht aus Forschungseinrichtung oder Behörde (*research report* bzw. *government report*)	uneingeschränkt, aber zweite Wahl	kann zitiert werden, gehört aber zur grauen Literatur
4. Publizierter Abstract eines Beitrags auf einem wissenschaftlichen Kongress	uneingeschränkt, aber zweite Wahl	enthält meist sehr verkürzte Information; nur zitieren, wenn keine bessere Quelle vorhanden
5. Unveröffentlichte Abschlussarbeit (z. B. Bachelor-, Master- oder Diplomarbeit)	eingeschränkt	sollte nur zitiert werden, wenn keine andere Quelle für diesen Inhalt vorhanden ist
6. Persönliche Mitteilung (durch einen Fachkollegen)	eingeschränkt	kann zitiert werden, wenn keine andere Quelle für diesen Inhalt vorhanden ist
7. Lehrbuch	eingeschränkt	besser Originalquellen beschaffen
8. Eintrag in Fachlexikon	eingeschränkt	besser Originalquellen beschaffen
9. Zeitungsartikel	nie zitationswürdig	
10. Artikel in Publikumszeitschrift	nie zitationswürdig	
11. Wikipedia-Eintrag	nie zitationswürdig	
12. Blog, Forenbeitrag, persönliche Internetseite	nie zitationswürdig	

5.2.2 Uneingeschränkt zitationswürdige Quellen

Artikel aus wissenschaftlichen Peer-review-Zeitschriften sind die Standard-Literaturquelle, die Sie in einer wissenschaftlichen Arbeit bevorzugt zitieren sollten. *Peer-review* bedeutet, dass der Herausgeber einer Zeitschrift, wenn ihm ein Artikel zur Veröffentlichung eingereicht wird, zunächst i.d.R. zwei externe Gutachten bzw. Bewertungen (engl. *reviews*) von Fachkollegen (engl. *peers*) einholt. Der Zeitschriftenherausgeber, der ebenfalls ein Fachkollege ist, nimmt den Artikel üblicherweise nur dann zur Veröffentlichung an, wenn die Gutachten der beiden Fachkollegen positiv ausfallen. Zudem ist das Gutachtenverfahren anonymisiert, d.h., die Autoren erfahren nicht, wer die Gutachter sind (bei einigen Zeitschriften erfahren die Gutachter auch nicht die Namen der Autoren). Dadurch soll vermieden werden, dass Gutachter sich unter Druck gesetzt fühlen, ein positives Gutachten zu erstellen, z.B. weil sie Anfeindungen durch die Autoren befürchten, wenn diese erfahren, wer ihre Arbeit schlecht beurteilt hat. Das Peer-review-Verfahren gewährleistet eine gewisse Qualität der veröffentlichten Artikel. Diese Qualitätssicherung entbindet Sie aber nicht davon, den Artikel selbst kritisch zu prüfen! Das heißt, Sie müssen anhand der Beschreibung der Methode und der Ergebnisse entscheiden, ob Sie den Schlussfolgerungen der Autoren des Artikels folgen, oder finden, dass deren Schlüsse nicht valide sind (zur Validität vgl. Abschnitt 6.3.2). Zu wissen, dass ein Artikel zuvor schon einmal kritisch überprüft wurde, ist aber vor allem dann vorteilhaft, wenn Sie sich auf einem Gebiet noch nicht so gut auskennen.

Es gibt übrigens auch Peer-review-Zeitschriften, die nicht (mehr) in Papierform, sondern nur noch im Internet veröffentlicht werden, beispielsweise die Online-Fachzeitschrift PLOS ONE (*www.plosone.org*). Diese sind von Ihrer Art her wie klassische Peer-review-Zeitschriften aufzufassen und eine ebenso gute Quellenart. Ob eine Zeitschrift das Peer-review-Verfahren einsetzt, können Sie im Zweifelsfall auf der Homepage der Zeitschrift nachlesen.

In wissenschaftlichen Peer-review-Zeitschriften werden neben sogenannten Originalarbeiten (also den Primärquellen) auch Überblicksarbeiten (Sekundärquellen) publiziert. Wie in Abschnitt 5.2.1 dargestellt, sind diese Überblicksarbeiten nicht als Quelle der Darstellung von Primärquellen zitationswürdig, aber sehr wohl für eigenständige Ideen hinsichtlich der Integration von Befunden oder auch der Entwicklung von Theorien und Modellen.

Von Arbeiten in wissenschaftlichen Zeitschriften sind Artikel in Publikumszeitschriften sowie Zeitungsartikel abzugrenzen (siehe die Quellenarten Nr. 9 und 10 in Tabelle 5.1). Auf diese nicht zitationswürdigen Quellenarten gehen wir genauer in Abschnitt 5.2.4 ein.

Wissenschaftliche Bücher[18] unterliegen meistens keinem Peer-review-Verfahren, obwohl bei Herausgeberbänden zumindest die Herausgeber die Beiträge der einzelnen Autoren kritisch gelesen haben sollten. Folglich sind auch wissenschaftliche Bücher als Quelle weniger zuverlässig als Peer-review-Artikel. Traditionell geht man jedoch, zumindest bei größeren und renommierten (Fach-)Verlagen, davon aus, dass der Verlag – schon im Interesse der eigenen Reputation – darauf achtet, keine „Scharlatane" als Buchautoren in seinem Verlagsprogramm zu führen. Da es allerdings immer einfacher wird, Bücher im Selbstverlag oder auch in Verlagen, die für den Autor nur die Dienstleistung der Veröffentlichung übernehmen, zu publizieren, können Sie nicht voraussetzen, dass die Informationen in Büchern kritisch geprüft sind. Hier sind die in Abschnitt 5.6.1 genannten Kriterien zur Einschätzung der Qualität einer Quelle besonders relevant. Ferner ist bei Büchern nicht immer leicht abzugrenzen, was noch eine fachwissenschaftliche und was eine populärwissenschaftliche oder gar pseudowissenschaftliche Publikation ist. Populärwissenschaftliche Bücher sollten Sie i.d.R. nicht zitieren, da sich für die dort getroffenen Aussagen, sofern diese wissenschaftlich fundiert sind, bessere Literaturbelege finden lassen – wie oben dargestellt, zählen populärwissenschaftliche Bücher zur Sekundärliteratur im weiteren Sinne und enthalten nur extrem selten eigene, zitationswürdige wissenschaftliche Leistungen. Um sich selbst zum Einstieg einen Überblick über ein Thema zu verschaffen, kann die Lektüre eines guten populärwissenschaftlichen Buches aber mitunter nützlich sein.

Auf keinen Fall zitationswürdig sind *nicht-* bzw. *pseudowissenschaftliche Bücher* (es sei denn, Sie verwenden diese Texte im Sinne von Datenmaterial; vgl. die Ausführungen in Abschnitt 5.2.1). Um diese von wissenschaftlichen Büchern zu unterscheiden, können Sie darauf achten, wie in dem Buch Aussagen durch Literaturquellen belegt werden: Wird jede Aussage, die eines Belegs bedarf, durch mindestens eine Literaturangabe gestützt? Welche Form von Literaturquellen werden in dem Buch zitiert: überwiegend wissenschaftliche Peer-review-Artikel oder auch nicht zitationswürdige Beiträge, z.B. aus Publikumszeitschriften oder anderen dubiosen Quellen? Zudem können Sie sich über den Verfasser des Buches informieren: Hat dieser auch wissenschaftliche Zeitschriftenartikel zu dem Thema verfasst bzw. ist er in der Wissenschaftsgemeinde allgemein anerkannt? Oder handelt es sich um einen wissenschaftlichen Außenseiter, der vielleicht nur seine – wissenschaftlich ggf. nicht fundierte – Privatmeinung zum Besten gibt? Als Beispiel kann man hier das Buch *Deutschland schafft sich ab* von Sarrazin (2010) heranziehen: Sarrazin zitiert hinsichtlich seiner Aussagen zu Intelligenz bunt gemischt populärwissenschaftliche Literatur (einschließlich nicht zitationswürdiger Artikel aus Publikums-

---

18 Bücher, die als Ganzes von einem oder mehreren Autoren verfasst wurden, werden oft als *Monografien* bezeichnet. Wenn verschiedene Autoren einzelne Kapitel geschrieben haben, stehen diese bei einer Monografie stets in einem engen inhaltlichen Zusammenhang und bilden ein Ganzes. Davon abzugrenzen sind sogenannte *Sammelbände* oder *Herausgeberbände*, bei denen für die einzelnen Kapitel unterschiedliche Autoren bzw. Autorenteams verantwortlich zeichnen. Zwar gibt es bei Herausgeberbänden meist ebenfalls ein gemeinsames Oberthema, aber die einzelnen Kapitel sind deutlich unabhängiger voneinander und hätten z.B. auch als einzelne Artikel in einer Zeitschrift erscheinen können.

zeitschriften und Zeitungen), Lehrbücher und wissenschaftliche Bücher sowie Artikel aus Peer-Review-Zeitschriften.[19] Insgesamt sprechen die verwendeten Quellen dafür, dass es sich bei Sarrazins Buch nicht um ein wissenschaftliches, sondern bestenfalls um ein populärwissenschaftliches Werk handelt (für weitergehende Kritik an dem Werk von Sarrazin, 2010, vergleiche Haller & Niggeschmidt, 2012). Auch wenn Sarrazin ein promovierter Volkswirtschaftler ist, hat er keine Expertise auf dem Gebiet der Intelligenzforschung vorzuweisen. Als seriöse Quelle für eine wissenschaftliche Arbeit scheidet das Buch von Sarrazin somit aus (für weitere Ausführungen zur Beurteilung von Quellen siehe Abschnitt 5.6.1).

Wissenschaftliche Bücher sowie einzelne Aufsätze daraus sind selbstverständlich uneingeschränkt zitationswürdig. Das gilt auch für Dissertations- und Habilitationsschriften. Dabei ist es unwichtig, ob ein Buch in gedruckter Form oder als E-Book vorliegt. Sie als Verfasser/-in Ihres Textes haben jedoch die Aufgabe, kritisch zu prüfen, für wie vertrauenswürdig Sie eine Information halten. Übrigens: Viele Bücher, auch Lehrbücher, enthalten trotz bester Absichten und Bemühungen kleine Fehler, die von den Verfassern und dem Verlag übersehen wurden. Nur die Feststellung, dass etwas in einem bestimmten Buch so und so steht, bedeutet also keinesfalls, dass dies auch tatsächlich so ist. Haben Sie schon Fehler in unserem Buch gefunden? Wir freuen uns über entsprechende Hinweise von Ihnen!

(Forschungs-)Berichte aus Forschungseinrichtungen oder Behörden zählen zur grauen Literatur (vgl. Abschnitte 5.2.1 und 5.5.3). Früher war es stärker als heute üblich, dass wissenschaftliche Forschungsgruppen Berichte verfasst und selbst (also ohne einen Verlag) herausgegeben haben. Oft handelte es sich dabei um in kleiner Auflage gedruckte oder kopierte Hefte, die dann an Hochschulbibliotheken und an Fachkollegen verschickt wurden. Gegenüber Peer-Review-Zeitschriftenartikeln (Quellenart Nr. 1) fehlt diesen Berichten die externe Qualitätssicherung und gegenüber wissenschaftlichen Büchern (Quellenart Nr. 2) ist ein Nachteil, dass die Berichte nicht über den Buchhandel beziehbar und nur eingeschränkt in Bibliotheken verfügbar sind. Dennoch können solche Berichte uneingeschränkt zitiert werden, wenn zu einer Aussage weder ein Peer-Review-Zeitschriftenartikel noch ein wissenschaftliches Buch existiert.

Statistische Daten (z. B. Kriminalitäts- oder Bevölkerungsstatistiken), wie sie von Behörden herausgegeben werden, liegen oft nur in dieser Berichtsform vor. Heutzutage lassen sich solche Berichte meist als PDF bei der entsprechenden Einrichtung oder Behörde online herunterladen. Aufgrund ihres offiziellen Charakters können Sie Daten und Aussagen aus derartigen Berichten bedenkenlos zitieren. Nachteilhaft ist hier lediglich, dass ungewiss ist, ob diese Berichte auch in einigen Jahren oder Jahrzehnten noch online verfügbar sind.[20]

---

19 Beispielsweise zitiert Sarrazin (2010) auf Seite 101 (Endnote 95) aus der Publikumszeitschrift *Geistig fit* so, als würde es sich dabei um eine seriöse wissenschaftliche Zeitschrift handeln.
20 Allerdings verfügen Behörden und andere große Institutionen über Archive. Zudem nehmen einige Bibliotheken (z. B. die Deutsche Nationalbibliothek) solche Berichte in ihren Bestand auf, sodass eine prinzipielle Verfügbarkeit auch nach Jahrzehnten noch gegeben ist.

Publizierte Abstracts von Beiträgen auf wissenschaftlichen Kongressen sind eine recht seltene Quellenart. Bevor jemand auf einem wissenschaftlichen Kongress einen Vortrag halten oder ein Poster präsentieren darf, muss er zumeist einen Abstract einreichen, der einen kurzen Abriss des Beitrags liefert. Ein Fachkomitee prüft diesen Abstract und entscheidet darüber, ob der Beitrag für den Kongress angenommen wird. Die angenommenen Abstracts werden dann oft in Abstract-Bänden veröffentlicht. Sofern es für eine Aussage keine andere schriftliche Quelle als einen solchen Abstract gibt (der meist zur grauen Literatur gehört, da er nicht offiziell in einem Verlag erscheint), können Sie diesen zitieren. Da die Abstracts aber üblicherweise nur 100 bis 250 Wörter lang sind, ist die Darstellung meist so sehr verkürzt, dass eine Zitation inhaltlich kaum sinnvoll ist. Die Quellenarten Nr. 1 bis 3 aus Tabelle 5.1 wären einer Zitation solcher Abstracts vorzuziehen.

5.2.3 Eingeschränkt zitationswürde Quellen

Unveröffentlichte Abschlussarbeiten (z. B. Bachelor-, Master- oder Diplomarbeiten) sind eingeschränkt zitationswürdig, sollten also nur dann zitiert werden, wenn keine andere Quelle für eine Information bzw. Aussage vorhanden ist. (Dies gilt nicht für Dissertations- und Habilitationsschriften, die der Quellenart *wissenschaftliches Buch* zugeordnet werden; vgl. Abschnitt 5.2.2.) Wie Forschungsberichte (vgl. Abschnitt 5.2.2) zählen auch nicht publizierte Abschlussarbeiten zur grauen Literatur. Während Forschungsberichte allerdings meist an einer Reihe von Hochschulbibliotheken vorhanden sind, werden Abschlussarbeiten i. d. R. nur in der Hochschule des Verfassers archiviert und nicht an andere Bibliotheken versandt oder über die Fernleihe ausgeliehen. Somit sind Abschlussarbeiten noch schwieriger zugänglich. Zudem muss man davon ausgehen, dass bei diesen von Studierenden verfassten Arbeiten die wissenschaftliche Qualität zumindest in vielen Fällen weniger gut ist als bei Forschungsberichten, die von (erfahrenen) Wissenschaftlern erstellt wurden. Abschlussarbeiten sollten daher nur dann zitiert werden, wenn sich keine bessere Quelle findet. Eine Ausnahme liegt vor, wenn Sie eine Abschlussarbeit zu einem Thema schreiben, zu dem Ihr Betreuer schon mehrere Arbeiten beaufsichtigt hat, und Ihre Arbeit darauf aufbaut – dann bietet es sich an, diese früheren Abschlussarbeiten zu zitieren.

Persönliche Mitteilungen (durch einen Fachkollegen) haben wir schon in Abschnitt 5.2.1 erwähnt. Persönliche Mitteilungen können mündlich (im direkten Kontakt oder telefonisch) oder auch schriftlich (z. B. per E-Mail oder Brief) erfolgen. Ein typischer Fall ist, dass Sie den Autor eines Artikels anschreiben und ihm eine Frage zu seiner Studie stellen. Wenn Sie die per E-Mail erhaltene Antwort in Ihrem eigenen Text verwenden wollen, ist dies über die Angabe „persönliche Mitteilung" möglich. (Details dazu, wie Sie dies im Text belegen, enthält der Band *Schreiben und Gestalten*.) Persönliche Mitteilungen können von dritten Personen nicht nachvollzogen werden, sind also nicht überprüfbar. Daher sollten diese sehr sparsam und nur dann verwendet werden, wenn die relevante Aussage in keiner anderen Quelle enthalten ist.

Lehrbücher sind deswegen nur eingeschränkt zitationswürdig, da es sich um Sekundärquellen handelt, in denen meist lediglich auf Basis der verfügbaren Primärquellen der Forschungs- bzw. Wissensstand zu einem Thema zusammengefasst wird (vgl. Abschnitt 5.2.1). Entsprechend müssen Sie vorzugsweise die verwendeten Primärquellen zitieren. Eine eigenständige wissenschaftliche Leistung im Sinne einer Synthese der Primärquellen, die auch für sich zitationswürdig wäre, ist in Lehrbüchern selten, aber nicht ausgeschlossen. Lehrbuchtexte sind zudem oft wenig aktuell.

Einträge in (Fach-)Lexika stellen, ähnlich wie es bei Lehrbüchern der Fall ist, meist nur bereits Bekanntes dar, was zuvor schon veröffentlicht wurde. Allerdings muss man bei Lexika differenzieren, ob es sich um allgemeine Lexika (z.B. *Der Große Brockhaus*) handelt oder um Fachlexika (z.B. *Enzyklopädie der Psychologie*). Allgemeine Lexika sind eigentlich nie zitationswürdig, da Sie nur Allgemeinwissen enthalten. Tatsächlich kann man den Standpunkt vertreten, dass Inhalte aus allgemeinen Lexika nicht einmal belegt werden müssen, da sie eben allgemein bekannt sind – andererseits werden die wenigsten Menschen tatsächlich alles wissen, was z.B. im *Großen Brockhaus* steht. Artikel aus Fachlexika können schon eher einmal den Anspruch erfüllen, auch eigenständige und zitationswürde Schlussfolgerungen oder Synthesen von vorhandenem Wissen darzustellen. Folglich wären Beiträge in Fachlexika für diese Schlussfolgerungen und Synthesen zitationswürdig, wie es auch bei Überblicksarbeiten der Fall ist. Für die bloße Zusammenfassung des Inhalts von Primärquellen sollten Sie aber auch Fachlexikon-Beiträge nicht zitieren, sondern auf die dort angegebenen Primärquellen zurückgreifen. Gegenüber anderen Quellenarten haben Beiträge in gedruckten Lexika den Vorteil, dass die Artikel meist auf Ihre Qualität hin überprüft wurden.

Um sich selbst einen Überblick oder Einstieg in ein Thema zu verschaffen, ist der Blick in Lehrbücher und Fachlexika oft lohnenswert (vgl. Abschnitt 5.3.2). Bevor Sie diese zitieren, sollten Sie aber sorgfältig prüfen, ob sich nicht zitationswürdigere Primärquellen finden, welche die Inhalte, die Sie zitieren möchten, bereits enthalten.

5.2.4 Nicht zitationswürdige Quellen

Zeitungsartikel und **Artikel in Publikumszeitschriften**, die für eine breitere Öffentlichkeit geschrieben sind und keinem Peer-review-Verfahren unterliegen, sind von Artikeln in wissenschaftlichen Zeitschriften abzugrenzen (vgl. Abschnitt 5.2.2). Zu den Publikumszeitschriften gehören auch durchaus seriöse Magazine wie *Focus, Spiegel, Stern, Psychologie Heute* und *soziologie heute*. Solche Zeitschriften werden, wie Zeitungen, als *nicht zitationswürdig* angesehen. Die Autoren der Artikel sind i.d.R. keine Fachwissenschaftler, sondern Journalisten, die Ihre Informationen selbst wiederum aus anderen Quellen beziehen. Selbst wenn die von den Journalisten verwendeten Quellen wissenschaftlich und zitationswürdig sind, enthalten die

Artikel in Publikumszeitschriften folglich nur Informationen aus zweiter Hand. Dadurch, und weil Journalisten eben keine Fachwissenschaftler sind, steigt die Gefahr, dass sich Fehler in derartige Texte einschleichen, die Sie übernehmen würden, wenn Sie diese Artikel zitieren.

Wissenschaftliches Arbeiten verlangt, dass Sie sich nicht auf solche fehleranfälligen Sekundärquellen verlassen, sondern die Originalquellen heranziehen. Eine Ausnahme besteht natürlich dann, wenn Sie diese Magazine und Zeitungen als Dokumente für etwas heranziehen, was sich nur dort finden lässt. Angenommen Sie untersuchen, wie nach dem 11. September 2001 ethnische Vorurteile gegen Moslems zugenommen haben, und Sie möchten dies durch das Auftreten bestimmter Wörter oder Phrasen in den Massenmedien belegen – dafür können Sie diese Medien selbstverständlich zitieren (vgl. dazu Abschnitt 5.2.1).

Wikipedia-Einträge sowie andere **Quellen aus dem Internet** haben zwei fundamentale Probleme: (a) Die Inhalte im Internet können recht schnell geändert werden und oft ist nicht mehr nachvollziehbar, welche Information zu einem gewissen Zeitpunkt im Internet verfügbar war. Wenn Sie ein Buch zitieren, könnte sich ein Leser auch noch nach Jahrzehnten dieses Buch über eine Bibliothek besorgen und kontrollieren, ob Sie den Inhalt einer Aussage in Ihrem Text tatsächlich so wiedergegeben haben, wie er im Buch vorkommt. Bei Internetseiten ist dies nach langen Zeiträumen nahezu unmöglich, wenngleich Wikipedia die Möglichkeit bietet, auch ältere Textversionen anzeigen zu lassen. Weil Internetinhalte sich schnell verändern können, ist bei der Angabe solcher Quellen auch stets das Datum zu vermerken, an dem die Internetseite aufgerufen wurde (zur Angabe von Internetquellen vgl. den Band *Schreiben und Gestalten*). (b) Ein weiteres Problem ist, dass nahezu jeder jegliche Falschinformation im Internet verbreiten kann. Dies ist prinzipiell auch bei (selbst herausgegebenen) Büchern möglich, aber die Hemmschwelle bzw. der Aufwand, ein Buch zu veröffentlichen, ist meist höher, als etwas Falsches ins Internet zu stellen. Blogs, Forenbeiträge und persönliche Internetseiten sind Sammelplätze für Fehlinformationen. Auch bei Wikipedia, einem von vielen als relativ zuverlässig eingeschätzten Onlinelexikon, macht sich mancher einen Spaß daraus, absichtlich Informationen zu verfälschen – wenn Sie Beispiele sehen möchten, geben Sie bei Wikipedia „Wikipedia:Vandalismus" ein.

Aus diesen Gründen sind weder Wikipedia-Einträge noch Blogs, Forenbeiträge oder persönliche Internetseiten zitationswürdig, nicht einmal die Internetseiten von etablierten oder berühmten Wissenschaftlern. Beachten Sie aber, dass diese Einschränkung der Zitationswürdigkeit nicht für wissenschaftliche Online-Fachzeitschriften gilt. Diese unterscheiden sich von anderen Internetquellen nämlich dadurch, dass sie ein Peer-review-Verfahren aufweisen und sicherstellen, dass alle veröffentlichten Artikel dauerhaft verfügbar bleiben. Auch Forschungsberichte oder statistische Daten, wie Sie von Behörden im Internet veröffentlicht werden, können zitiert werden, wenn es keine bessere Quelle dafür gibt (vgl. Abschnitt 5.2.2). Diesen Institutionen (z.B. dem Statistischen Bundesamt) vertraut man, dass sie ihre Daten dauerhaft in unveränderter Form zur Verfügung stellen (vgl. auch Fußnote 20).

Sie können Wikipedia und andere Internetquellen nutzen, allerdings nur, um sich selbst einen schnellen Überblick über ein Thema zu verschaffen. Wollen Sie Informationen von diesen Seiten in Ihre Arbeit übernehmen, müssen Sie sich die Originalquellen bzw. generell zitationswürdige Quellen besorgen und aus diesen zitieren. Wir wollen noch einmal betonen, dass Sie bei jeder Quelle – selbst bei Artikeln aus wissenschaftlichen Peer-review-Zeitschriften, die den höchsten Qualitätsstandard aufweisen – verpflichtet sind, inhaltlich zu überprüfen, ob die dort getroffenen Aussagen wissenschaftlich fundiert sind. In Abschnitt 5.6.1 erhalten Sie weitere Hilfestellung für die Beurteilung der Qualität einer Arbeit. Zunächst behandeln wir jedoch, wie Sie zitationswürdige Literatur recherchieren und beschaffen können.

5.3 Wie nach Literatur suchen?

In diesem Abschnitt beschäftigen wir uns mit dem Vorgehen bei der eigentlichen Literaturrecherche. Zunächst geben wir Ihnen einen Überblick über die Phasen der Literaturrecherche (Abschnitt 5.3.1). Wenn Sie mit einem Thema noch gar nicht vertraut sind, fehlen Ihnen vielleicht auch die Suchbegriffe, nach denen Sie recherchieren müssen. Wie Sie einen ersten Einstieg in ein für Sie neues Thema finden, erklären wir daher in Abschnitt 5.3.2. Danach gehen wir genauer darauf ein, wie Sie systematisch nach weiteren Suchwörtern recherchieren können (Abschnitt 5.3.3). Eine professionelle Suche erfordert auch, dass Sie komplexere Suchtechniken anwenden, also beispielsweise Ihre Suchwörter sinnvoll verknüpfen und mit Platzhaltern arbeiten (Abschnitt 5.3.4). Den vollständigen Prozess einer *systematischen thematischen Suche* in Fachdatenbanken bzw. Bibliothekskatalogen demonstrieren wir in Abschnitt 5.3.5 an einem Beispiel. Anschließend gehen wir noch darauf ein, wie Sie bereits gefundene Quellen nutzen können, um zu weiteren Quellen zu gelangen (Abschnitt 5.3.6).

5.3.1 Phasen der Literaturrecherche

Die Literaturrecherche für eine wissenschaftliche Arbeit ist ein mehrstufiger Prozess, der sich meist über einen längeren Zeitraum erstreckt. Es ist nur schwer möglich, diesen Suchprozess von Anfang an komplett durchzuplanen. Allerdings ist die Orientierung an einem Ablaufschema, wie es in Abbildung 5.1 dargestellt ist, sinnvoll.

5 Literaturrecherche und Literaturstudium

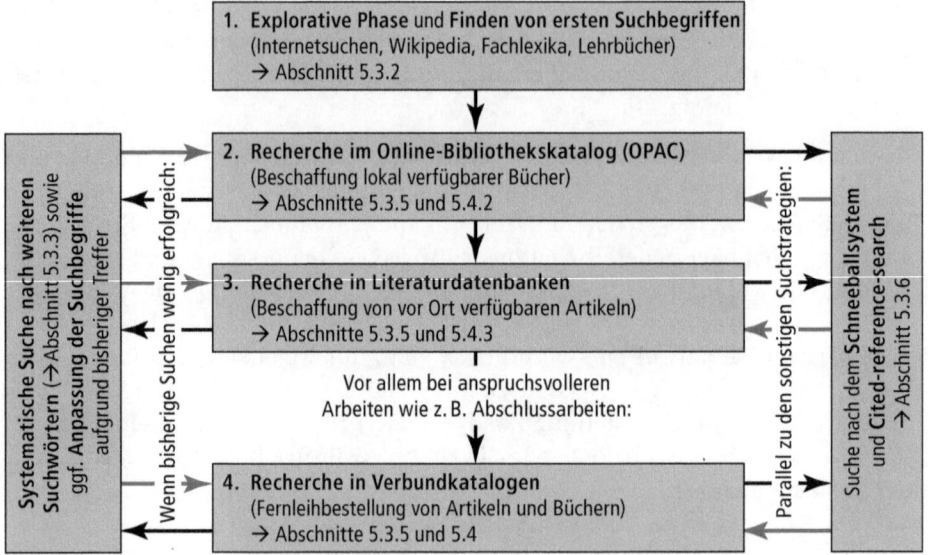

Abbildung 5.1. Phasen der Literaturrecherche.

Vor Beginn einer systematischen Literaturrecherche muss man sich zunächst mit dem Thema etwas vertraut machen und die ersten relevanten Suchbegriffe finden (vgl. Abschnitt 5.3.2). Für diese Phase eignet sich ein *exploratives Vorgehen*, bei dem Sie auch Quellen wie Wikipedia verwenden können, die Sie später in Ihrer Arbeit nicht zitieren würden. Anschließend sollten Sie diejenigen Ressourcen nutzen, die vor Ort, also in Ihrer Hochschulbibliothek, vorhanden sind. Dazu suchen Sie im Online-Katalog (OPAC; vgl. Abschnitt 5.4.2) Ihrer Bibliothek nach Büchern zu Ihrem Thema. Wenn Sie ein entsprechendes Buch finden, bietet dieses oft einen besseren und leichteren Einstieg als Forschungsartikel. Die Recherche nach Forschungsartikeln in Literaturdatenbanken wird der nächste Schritt sein (vgl. Abschnitt 5.4.3). Auch hier sollten Sie zunächst diejenigen Artikel lesen, die Sie vor Ort erhalten können – entweder über die Elektronische Zeitschriftenbibliothek Ihrer Bibliothek oder über eine dort vorhandene Druckausgabe der Zeitschrift. Wie Sie solche Suchen systematisch angehen, erklären wir in Abschnitt 5.3.5.

Während dieser Recherchen und während des Lesens der Literatur werden Sie häufig auf weitere relevante Suchbegriffe stoßen, mit denen Sie Ihre Recherche wiederholen bzw. fortsetzen können. Auch können Sie durch bereits gefundene Literatur mittels des Schneeballsystems bzw. der Cited-reference-search auf weitere Quellen stoßen (vgl. die Erklärung in Abschnitt 5.3.6). Für den Fall, dass Ihre Suche bisher wenig ergiebig war, kann es sich lohnen, noch einmal systematisch nach Suchwörtern zu recherchieren (vgl. dazu Abschnitt 5.3.3).

Bei der Planung und Durchführung Ihrer Literaturrecherche sollten Sie den Anspruch und den Umfang Ihrer Arbeit berücksichtigen. Für eine Hausarbeit oder einen Experimentalbericht werden die meisten Betreuer kaum erwarten, dass Sie vor Ort nicht verfügbare Literatur z.B. per Fernleihe bestellen. Daher würde hier die Suche in Verbundkatalogen sowie die Beschaffung von vor Ort nicht verfügbaren Büchern und Zeitschriftenartikeln, also Phase 4 in Abbildung 5.1, meist entfallen. Von einer Abschlussarbeit erwartet man hingegen in der Regel, dass die relevante Literatur in repräsentativer Weise berücksichtigt wird. Daher wäre es hier durchaus angebracht, auch den einen oder anderen wichtigen Zeitschriftenartikel per Fernleihkopie oder ein Buch aus einer anderen Bibliothek zu bestellen. Gleichwohl wird nicht erwartet, dass Sie alles, was jemals zu Ihrem Thema geschrieben wurde, finden und verwerten. Wenn Sie also gerade Ihre dreißigste Fernleihbestellung abschicken, betreiben Sie mit einiger Wahrscheinlichkeit selbst für eine Masterarbeit mehr Aufwand, als Ihr Betreuer erwartet. Auch bei der Literaturrecherche ist es notwendig, sich selbst zu begrenzen, sobald man ausreichend Literatur vorliegen hat, um das Thema adäquat zu bearbeiten.

5.3.2 Explorative Phase: Den Einstieg finden

Den Einstieg in ein Thema zu finden ist oft schwierig, da Sie am Anfang noch nicht wissen, was *einschlägige Stich- bzw. Schlagwörter* (vgl. Abschnitt 5.3.3.1) sind, nach denen man z.B. in Datenbanken recherchieren kann, oder *welche Autoren in diesem Themenbereich besonders bedeutsam sind*. Um zunächst relevante Begriffe zu identifizieren, eignet sich eine Internetsuche z.B. mit *Google*, *Google Scholar* oder mit der *Bielefeld Academic Search Engine* (kurz *BASE*; www.base-search.net), mit der frei zugängliche (*open access*) Dokumente recherchiert werden können. Seien Sie sich aber der Nachteile von Internetsuchmaschinen wie *Google* gegenüber fachwissenschaftlichen Literaturdatenbanken (vgl. Abschnitt 5.4.3) bewusst: Viele prinzipiell über das Internet verfügbare Informationen werden von Suchmaschinen wie *Google (Scholar)* nicht gefunden, da sich die Informationen in zugangsgeschützten (da kostenpflichtigen) Datenbanken befinden, an welche die Suchroboter nicht herankommen. Wer nur bei *Google (Scholar)* sucht, dem entgeht also vieles. Ferner wird bei *Google* keine wissenschaftliche Bewertung bzw. Vorauswahl der Quellen vorgenommen: Das Referat eines Erstsemesters kann daher neben einem fachwissenschaftlichen Artikel aus einer Peer-review-Zeitschrift angezeigt werden. Diese beiden Grundprobleme bestehen auch bei *Google Scholar*, obwohl hier – anders als bei *Google* – versucht wird, die Treffer auf wissenschaftliche Literatur zu beschränken. Es bleibt aber intransparent, auf welcher Basis *Google Scholar* über die Wissenschaftlichkeit einer Quelle entscheidet. Dennoch finden sich für einen Einstieg in die weitere Recherche insbesondere bei *Google Scholar* oft viele nützliche Quellen und Hinweise.

Auch *Google Books* kann für eine Einstiegssuche nach Büchern sehr hilfreich sein. *Google Books* ermöglicht es, *Volltextsuchen* über viele (aber keineswegs über alle) Bücher hinweg zu realisieren. Mit Volltextsuche ist gemeint, dass Sie den gesamten Buchtext nach bestimmten Wörtern oder Phrasen durchsuchen können. Allerdings zeigt *Google Books* aus Urheberrechtsgründen in der Regel nur ausgewählte Seiten an, deshalb müssen Sie sich ein Werk, das Ihnen interessant erscheint, über einen der in Abschnitt 5.5.1 beschriebenen Wege besorgen. Die Möglichkeit der Volltextsuche bei *Google Books* ist jedoch eine großartige Funktion, die auch von professionellen Rechercheinstrumenten für Bücher kaum angeboten wird – dort ist meist nur eine Suche anhand bestimmter Stich- und Schlagwörter sowie ggf. einer Zusammenfassungen der Bücher möglich. Die Entscheidung, ob es sich bei einem Treffer um eine seriöse Quelle handelt, müssen Sie bei Funden über *Google Books* selbst treffen (vgl. dazu Abschnitt 5.6.1).

Auch das Nachschlagen bei *Wikipedia* kann in dieser Phase der Literaturrecherche sehr nützlich sein, um auf erste Quellen und Suchwörter zu stoßen. Wichtig ist, sich bewusst zu sein, dass Sie Wikipedia konsultieren, um sich selbst einen ersten Überblick zu verschaffen, aber dass Sie den Wikipedia-Artikel nicht zitieren werden (vgl. Abschnitt 5.2).

Weitere Einstiegsmöglichkeiten bestehen über Lehrbuchtexte oder Einträge in fachspezifischen Handwörterbüchern und Enzyklopädien (z.B. die im Hogrefe-Verlag erscheinende *Enzyklopädie der Psychologie*). Wir können hier nicht alle potenziell relevanten Werke aufführen – schauen Sie einfach mal in Ihrer Bibliothek vorbei bzw. fragen Sie Ihren Betreuer, wenn Sie kein einschlägiges Werk für Ihren Themenbereich kennen. Beim Lesen solcher Werke sollten Sie immer darauf achten, welche Quellen die Autoren zitieren und ob diese Quellen Sie weiterführen können. Wenn es bei Ihrem Thema z.B. um Erwachsene mit ADHS geht, finden Sie in einem Lehrbuch der Klinischen Psychologie vermutlich nur einen kurzen Abschnitt dazu. Aber die Autoren des Lehrbuchs geben vielleicht Quellen an, die für Sie relevant sind.

Ihre Hauptrecherche sollten Sie über einschlägige *fachwissenschaftliche Datenbanken* (vgl. Abschnitte 5.4.2 und 5.4.3) durchführen. In Abschnitt 5.3.5 führen wir aus, wie Sie dabei am besten vorgehen. Wenn Sie bei Ihrer Suche eine aktuelle *Überblicksarbeit* (*review*) finden, ist dies ein „Königsweg", um sich in Ihr Thema einzuarbeiten. In einer solchen Arbeit finden Sie nämlich nicht nur eine systematische Aufarbeitung der Thematik, sondern auch eine Fülle weiterer Literaturhinweise. In der Regel können Sie Ihre Suche in elektronischen Datenbanken direkt auf solche Überblicksarbeiten einschränken. Eine weitere Möglichkeit ist, bei bestimmten Zeitschriften zu suchen, die nur Überblicksarbeiten publizieren. Eine gute Recherchequelle hierzu ist die Internetseite von *Annual Reviews* (www.annualreviews.org), einem Verlag, der über 40 Review-Zeitschriften aus verschiedenen Fächern (darunter Psychologie, Soziologie und Gesundheitswissenschaften) herausgibt.

Falls keine Überblicksarbeit zu Ihrem Thema existiert, haben Sie es etwas schwieriger, da sich dann das Wissen dazu häufig über viele Originalarbeiten verteilt. Da aber auch empirische Studien einen Theorieteil enthalten, in dem die wichtigste Literatur (wenngleich weniger umfassend als bei einer Überblicksarbeit) aufgearbeitet wird, finden Sie auch in solchen Arbeiten oft hilfreiche Literaturangaben.

Ein anderer Zugang, um einen Überblick zu einem Thema zu erhalten, ist, nach *Dissertationen* zu suchen, die sich mit Ihrem oder einem eng verwandten Forschungsgegenstand beschäftigen. Bei monografischen Dissertationen, also Doktorarbeiten, die als Buch verfasst wurden,[21] ist der Theorieteil in der Regel wesentlich ausführlicher als bei Zeitschriftenartikeln. Daher findet man hier oft eine relativ umfassende systematische Aufarbeitung der bisherigen Literatur. Analoges gilt für monografische Habilitationsschriften, die zudem durchschnittlich eine noch höhere Qualität als Dissertationen aufweisen.

Zur Recherche nach vor Ort vorhandenen Büchern sowie zur Beschaffung von Literatur ist Ihr lokaler Online-Bibliothekskatalog (OPAC) essenziell (vgl. Abschnitte 5.4.2 und 5.5.1). Zeitschriften stehen heute nicht mehr (nur) in gedruckter Form in den Bibliotheken, sondern sind zunehmend in digitaler Form direkt über die Elektronische Zeitschriftenbibliothek (EZB) verfügbar (Abschnitt 5.5.2.1).

Neben den elektronischen Recherchemöglichkeiten sollten Sie aber auch in Ihre Hochschulbibliothek gehen und dort einmal in den Regalen suchen. Die meisten Bibliotheken verfügen im Freihandbestand[22] über eine sogenannte *systematische Aufstellung*. Das heißt, die Bücher sind in den Regalen nach Themen geordnet. Beispielsweise sollten Sie Bücher, die sich mit dem Thema „Gedächtnis" beschäftigen, nebeneinander in einem Regal finden. Darüber hinaus sind diese Systematiken in aller Regel hierarchisch aufgebaut. Ein Beispiel für ein solches Ordnungssystem ist die *Regensburger Systematik* bzw. *Regensburger Verbundklassifikation* (RVK; *rvk.uni-regensburg.de*), die von sehr vielen deutschen Hochschulbibliotheken verwendet wird.[23] Wenn Sie also im Bereich der Pädagogik etwas zu „Hausaufgaben" suchen, dann finden Sie entsprechende Bücher unter dem Signaturanfang „DO 135". Dabei fangen alle Bücher, die sich mit Spezialfragen des Schulsystems beschäftigen, mit „DO" an und dies ist wiederum eine Unterkategorie der Pädagogik (D). Im *Exkurs: Signatur* wird erklärt, was Signaturen sind und weshalb Sie diese brauchen. Übrigens: Auch in den meisten Online-Bibliothekskatalogen können Sie in einem Suchfeld mit dem Namen „Systematik" z.B. nach Büchern mit dem Signaturanfang „DO 135" suchen. Wir raten Ihnen trotzdem (auch) zum Gang in Ihre Bibliothek. Dort können Sie nämlich schon einmal einen Blick in die Bücher werfen, und außerdem ist unserer Erfahrung nach die Suche im Regal – und in angrenzenden Regalfächern – oft inspirierender als eine Online-Recherche.

---

21 Neben monografischen gibt es auch kumulative Dissertationen, bei denen der Doktorand z.B. drei Zeitschriftenartikel verfasst, die dann zusammengenommen die Dissertation darstellen.
22 Mit Freihandbestand bezeichnet man diejenigen Bücher, die frei zugänglich für alle Nutzer in den Regalen stehen. Daneben verfügen Bibliotheken meist über Magazine, in denen weitere Bücher lagern, die nur auf Bestellung zugänglich gemacht werden.
23 Alternative Klassifikationssysteme, deren Namen Sie gehört haben sollten, sind die *Universelle Dezimalklassifikation* (UDK, bzw. engl. UDC), die darauf beruhende *Deutsche Dezimalklassifikation* sowie die, vor allem in den USA verwendete, *Dewey Decimal Classification* (DDC).

> **Exkurs: Signatur**
>
> Eine Signatur ist die Zeichenkette (aus Buchstaben und Ziffern), unter der Bücher in Bibliotheken eindeutig klassifiziert bzw. eingeordnet sind. Signaturen sind quasi die „Nummernschilder" der Bücher und befinden sich auf dem Buchrücken oder auch auf dem Buchdeckel. Wie bei Autokennzeichen hat nicht nur jedes Buch eine einzigartige Zeichenkette, damit man es anhand dieser eindeutig identifizieren kann, sondern so wie die ersten Buchstaben eines Autokennzeichens den Ort angeben, so geben auch die ersten Zeichen der Signatur an, in welchen thematischen Bereich ein Buch gehört.
>
> Bei der Regensburger Verbundklassifikation (*rvk.uni-regensburg.de/rvko_simple*) findet man z.B. unter Signaturen, die mit „CP 51" anfangen, Bücher zu psychologischen Lerntheorien, und unter „MR 25" Bücher zu Fragebogentechniken in der Soziologie. Die Buchstaben bzw. Zahlen, die danach kommen, dienen wie beim Autokennzeichen dazu, jedem Buch einen eindeutigen Code zuzuweisen, nach dem die Bücher auch im Regal sortiert sind. Wenn Sie also im Online-Katalog Ihrer Bibliothek ein Buch mit der Signatur „CR 100 IC 33562" gefunden haben, brauchen Sie nur zum Regal mit den „CR 100"-Büchern gehen (das steht für den Bereich der Einführungen und Lehrbücher zur Differentiellen Psychologie) und dort im Regal weiterschauen, bis Sie das Buch mit diesem Kennzeichen entdecken. In unmittelbarer Nähe zu diesem Buch sollten Sie weitere thematisch verwandte Bücher finden, durch die Sie sich auch inspirieren lassen können. In welcher Bibliothek ein Buch steht, wird übrigens durch einen weiteren, meist zwei- bis dreistelligen Code, der der eigentlichen Signatur vorangestellt ist, angegeben.

5.3.3 Systematisch Suchwörter finden

Für jede thematische Suche benötigen Sie Wörter, mit denen Sie nach Arbeiten zu dem Thema, das Sie interessiert, recherchieren. Dabei sollten Sie den Unterschied zwischen *Stichwörtern* und *Schlagwörtern* kennen (Abschnitt 5.3.3.1). In Abschnitt 5.3.3.2 geben wir Hinweise, wie Sie systematisch weitere Stich- und Schlagwörter finden können, um Ihre Suche auszubauen. Das ist vor allem dann angebracht, wenn Sie mit Ihren bisherigen Suchwörtern wenig relevante Literatur gefunden haben.

5.3.3.1 Unterscheidung von Stichwörtern und Schlagwörtern

Bei der Literaturrecherche ist es wichtig, zwischen *Stichwörtern* (engl. *keywords*) und *Schlagwörtern* (engl. *subject headings* oder *index terms*) zu unterscheiden. Im engeren Sinne werden als *Stichwörter* die sinntragenden Wörter bezeichnet, die im Titel der Publikation vorkommen – dann auch *Titelstichwörter* genannt. In dem Buchtitel *Diagnose und Behandlung von Ängsten bei Kindern und Jugendlichen* sind die Stichwörter: Diagnose, Behandlung, Ängsten, Kindern, Jugendlichen. Wörter wie *und, von, bei* etc. sind sogenannte *Stoppwörter*, die nicht als Stichwörter aufgenommen werden, da sie für die inhaltliche Beschreibung der Arbeit nicht relevant (nicht sinntragend) sind. Oft werden in einem weiteren Sinne auch all die Wörter als Stichwörter bezeichnet, die im Titel und/oder Abstract der Publikation vorkommen.[24]

Bei einer Suche nach einem Stichwort ist zu beachten, dass es standardmäßig nur in genau der Schreibweise gesucht wird, in der Sie es eingetippt haben. Wenn Sie also nach dem Titelstichwort „Angst" suchen, würden Sie eine Arbeit mit dem Titel „Diagnose und Behandlung von Ängsten" nicht finden (vgl. aber Abschnitt 5.3.4.5 zur Lemmatisierung).

Schlagwörter werden – entweder von Bibliothekaren oder von den Autoren selbst[25] – einem Werk bzw. dem Eintrag des Werks in einer Datenbank hinzugefügt, um es inhaltlich zu beschreiben (man spricht dabei von *Verschlagwortung* bzw. *Beschlagwortung* oder auch von *Indexierung*). Dazu gibt es vorgegebene Wortlisten (die sogenannten Schlagwortindizes), aus denen diese Wörter entnommen werden. Die Arbeit mit dem Titel *Diagnose und Behandlung von Ängsten bei Kindern und Jugendlichen* könnte z. B. die folgenden Schlagwörter erhalten: Angst, Diagnostik, Psychotherapie, Schulkind, Jugend. Neben einzelnen Schlagwörtern kann ein Werk auch mittels *Schlagwortketten* inhaltlich beschrieben werden. So ließe sich unser Beispielwerk unter den Schlagwortketten „Angststörung / Therapie" und „Kind / Angst / Diagnostik" einordnen. Die Schlagwortsuche nach diesem und ähnlichen Werken kann dann entweder mittels der Einzelschlagworte oder auch mittels der Schlagwortkette erfolgen, wobei Letzteres weniger irrelevante Treffer erzeugen sollte. Allerdings unterstützen nicht alle Datenbanken die Suche nach Schlagwortketten.

Die Suche nach Schlagwörtern hat gegenüber der Stichwortsuche den Vorteil, dass sich so auch Arbeiten zu einem Thema finden lassen, die durch ihren Titel oder auch Wörter im Abstract nicht zu finden wären. So würden Sie bei einer Stichwortsuche nach „short-term memory" die in diesem Bereich grundlegende Arbeit von Miller (1956) mit dem Titel „The magical number seven, plus or minus two: Some limits on our capacity for processing information" nicht finden. Das liegt daran, dass der Begriff „short-term memory" weder im Titel noch im Abstract der Arbeit vorkommt. (Tatsächlich wurde der Begriff Kurzzeitgedächtnis bzw. „short-term memory" im Jahre 1956, als der Artikel publiziert wurde, noch gar nicht verwendet.) Bei einer späteren Verschlagwortung durch einen Bibliothekar wäre dieser Arbeit aber das Schlagwort „short-term memory" zugewiesen worden, sodass Sie die Arbeit bei einer entsprechenden Schlagwortsuche angezeigt bekommen. Ferner brauchen Sie sich bei Schlagwortsuchen aufgrund des kontrollierten bzw. normierten Vokabulars (es sind nur bestimmte Begriffe und Schreibweisen

---

24 Bei einigen Datenbanken werden bei einer Stichwortsuche auch zusätzlich die Schlagwörter durchsucht, was in diesen Fällen bedeutet, dass Schlagwörter eine Untergruppe der Stichwörter darstellen. Oft wird in Datenbanken jedoch klar zwischen Stichwort- und Schlagwortsuche unterschieden.

25 Autoren verwenden bei der Vergabe von Schlagwörtern oft nicht die standardisierten Schlagwortindizes. Daher haben Autorenschlagwörter eher den Charakter weiterer Stichwörter, weshalb man im Englischen auch von *author keywords*, also Autorenstichwörtern spricht.

zulässig) keine Gedanken über flektierte oder anderweitig abgewandelte Formen eines Wortes zu machen, also darüber, ob Sie z.B. neben „Angst" auch nach „Ängsten", „Ängste", „Ängstlichkeit" oder „ängstlich" suchen müssen. Allerdings ist es erforderlich, im Schlagwortindex der Datenbank bzw. des Bibliothekskatalogs nachzuschauen, welches die relevanten Schlagwörter sind.

Die Unterscheidung von Stich- und Schlagwörtern hat teilweise historische Gründe: Vor der Einführung der elektronischen Datenverarbeitung in Bibliotheken bzw. bei Datenbankanbietern war es nicht möglich, Titel und Abstracts von Werken automatisiert nach Stichwörtern zu durchsuchen. Erst mit der zunehmenden Verbreitung elektronischer Datenbanken hat sich die Stichwortsuche ungefähr ab den 1990er-Jahren etabliert. Zuvor musste man Schlagwortsuchen in Zettelkatalogen durchführen. Das waren riesige Karteikasten-Systeme, die sich in den Bibliotheken befanden und in denen Karteikarten mit den Angaben zu Büchern, die von Bibliothekaren manuell erfasst wurden, nach Schlagwörtern einsortiert waren. Stichwortsuchen waren damals kaum möglich (selten wurde versucht, auch Stichwortsuchen manuell mit Zettelkatalogen zu ermöglichen). Seitdem Stichwortsuchen in elektronischen Datenbanken problemlos durchführbar sind, hat die Literaturrecherche anhand von Schlagwörtern etwas an Bedeutung verloren. Dabei mag auch eine Rolle spielen, dass Internetsuchmaschinen wie *Google* auf einer (Volltext-)Stichwortsuche basieren und Personen, die bereits mit der Nutzung des Internets aufgewachsen sind, das Konzept von Schlagwörtern gar nicht mehr kennen. Sie sollten sich aber bewusst sein, dass sich auch heute noch manch eine Arbeit, die Ihnen bei einer Stichwortsuche entgeht, über die Schlagwortsuche finden ließe.

5.3.3.2 Weitere Suchwörter finden

Der Schlüssel für eine erfolgreiche Literaturrecherche ist, diejenigen Suchwörter zu kennen, mit denen die Autoren (bzw. die verschlagwortenden Bibliothekare) Arbeiten zu dem Thema, das Sie interessiert, beschreiben. Wenn Sie sich für die „Behandlung von Ängsten" interessieren und als Suchwörter *Behandlung* und *Angst* eingeben, werden Sie zwar eine Reihe relevanter Werke finden. Aber mit den Begriffen *Therapie* und *Phobie* hätten Sie andere, ebenfalls für Sie relevante Arbeiten angezeigt bekommen. Die Kunst besteht also darin, ein Bündel adäquater Suchbegriffe zusammenzustellen, mit dem Sie die relevante Literatur möglichst erschöpfend finden. (In den Abschnitten 5.3.4 und 5.3.5 gehen wir darauf ein, wie Sie Suchbegriffe geschickt verwenden, sodass Sie unter anderem vermeiden, zu viele irrelevante Treffer zu erhalten.)

In Abschnitt 5.3.2 hatten wir bereits angesprochen, wie Sie auf erste Suchbegriffe stoßen (nämlich z.B. über Internetrecherchen, Wikipedia, Fachlexika und Lehrbücher). Wenn Sie sich einen Wikipedia-Artikel zu einem für Ihre Arbeit relevanten Thema durchlesen, haben Sie darüber hinaus oft die Möglichkeit, von der deutschen Version des Artikels zur englischen Version zu wechseln. Auf diese

Weise finden Sie leicht erste Suchwörter in englischer Sprache. Häufig wird es so sein, dass Sie durch das Lesen der ersten Texte, die Sie mittels dieser Suchwörter recherchiert haben, mühelos auf weitere Suchwörter stoßen. Hierfür müssen Sie lediglich darauf achten, ob in diesen Texten Synonyme zu Ihren bisherigen Suchwörtern bzw. andere für Ihre Suche möglicherweise relevante Begriffe auftauchen. Schauen Sie auch, ob auf der Arbeit selbst weitere Schlagwörter angegeben sind – das ist bei vielen Zeitschriftenartikeln der Fall. (Dabei handelt es sich aber meistens um von den Autoren selbst vergebene Schlagwörter, die sich oft nicht an den Schlagwortindizes orientieren; vgl. Fußnote 25).

Falls Sie auf diese Weise nicht weiterkommen, können Sie sich auch systematischer auf die Suche nach neuen Suchwörtern begeben. Hierzu bieten sich zwei Quellenarten an: *Synonymwörterbücher* (digital und gedruckt) sowie *Schlagwortdateien*. Um *Stichwörter* zu finden, lohnt sich das Nachschlagen in Synonymwörterbüchern bzw. Thesauri. Teilweise sind solche Thesauri bereits in die Datenbanken integriert, z.B. bei PsycINFO oder ERIC (vgl. Abschnitt 5.4.3). Auch im Internet findet man frei zugängliche Thesauri, für deutsche Begriffe z.B. *openthesaurus.de* oder das Portal *canoo.net*.

Synonymwörterbücher existieren auch in gedruckter Form, z.B. das *Duden Synonymwörterbuch* (Duden: Das Synonymwörterbuch, 2010) oder das *Brockhaus Wahrig Synonymwörterbuch* von Adolphs (2013). In Ihrer Hochschulbibliothek finden Sie vermutlich verschiedene englischsprachige Synonymwörterbücher, z.B. *Collins thesaurus* (2008). Hilfreich können zudem fachspezifische zweisprachige Wörterbücher sein, da Sie Literaturrecherchen in der Regel sowohl in deutscher als auch in englischer Sprache durchführen werden. Beispiele für derartige deutsch-englische Wörterbücher sind das zweibändige *Wörterbuch der Psychologie und Psychiatrie* von Haas (2013) sowie das *Sozialwissenschaftliche Wörterbuch* von Mohr (2001).

Wenn Sie *Schlagwörter* für Ihre Suche verwenden wollen, müssen Sie auf die entsprechenden Schlagwortkataloge zurückgreifen. Im deutschsprachigen Raum stellte bis 2012 die Deutsche Nationalbibliothek mit der *Schlagwortnormdatei* (SWD) den wohl umfangreichsten dieser Kataloge bereit. Inzwischen wurde diese durch die – noch umfassendere – *Gemeinsame Normdatei* (GND) abgelöst. Durchsuchen können Sie die GND beispielsweise unter *swb.bsz-bw.de*. Dort müssen Sie unten auf der Seite auf „Thematische Suche" klicken. Zu einem Schlagwort können Sie sich Ober- und Unterbegriffe sowie Synonyme anzeigen lassen. So wird z.B. *Prüfungsangst* als Unterbegriff von *Leistungsangst* eingeordnet und diese wiederum als Unterbegriff von *Angst*. Synonyme zu Angst sind *Ängstlichkeit* und *Ängste*, verwandte Begriffe sind *Furcht* und *Fluchtreaktion*. Wenn Sie sich alle Begriffe anzeigen lassen, die hierarchisch der Angst untergeordnet sind, werden 21 Angstbegriffe ausgegeben. Aus diesem Wörterpool können Sie sich die für Ihre Recherche relevanten Begriffe zusammenstellen. In Abschnitt 5.3.5 gehen wir darauf ein, warum neben Synonymen auch Ober- und Unterbegriffe für die Literaturrecherche interessant sein können.

Die *Gemeinsame Normdatei* ist für die Verschlagwortung von Publikationen aus allen Fachbereichen gedacht. Für die Recherche in fachspezifischen Datenbanken gibt es auch fachspezifische Thesauri, z. B. für die Psychologie die *PSYNDEX Terms* (Tuleya, 2007). Hierbei handelt es sich um einen zweisprachigen (deutsch-englischen) Schlagwortkatalog, den Sie frei zugänglich auf der Seite von *www.zpid.de* finden. Ein rein englischsprachiger Schlagwortkatalog ist in die Datenbank *PsycINFO* (vgl. Abschnitt 5.4.3) integriert (dort müssen Sie auf „Suchwerkzeuge" klicken).

Wenn Sie bereits eine oder mehrere relevante Literaturquellen gefunden haben, können Sie auch nachschauen, welche Schlagwörter diesen in Datenbanken zugeordnet sind – bei Büchern sehen Sie dazu in einem Bibliothekskatalog, bei Artikeln in einer Referenzdatenbank nach. Wenn Sie diese Schlagwörter für Ihre Suche verwenden, erzielen Sie vermutlich weitere interessante Treffer.

5.3.4 Suchtechniken anwenden

Selten werden Sie nur nach einem einzelnen Wort suchen. Wenn Sie beispielsweise im *Social Sciences Citation Index* (SSCI) das Suchwort *anxiety* eingeben, erhalten Sie etwa Hunderttausend Treffer – eine viel zu große Menge, um diese sinnvoll zu verarbeiten. Für verfeinerte Suchen und die Kombination von Suchwörtern ist es daher wichtig, einige Techniken zu kennen. Die Suchtechniken und -optionen, die wir Ihnen in diesem Abschnitt vorstellen, werden Sie in jeder Literaturdatenbank und jedem Bibliothekskatalog in ähnlicher Form nutzen können. Allerdings unterscheiden sich die Datenbanken z. T. darin, wie sich diese Funktionen aufrufen lassen. Es gibt kein standardisiertes Suchvokabular bzw. keine standardisierten Suchzeichen, die in allen Datenbanken funktionieren, auch wenn vieles sehr ähnlich ist. Daher müssen Sie ggf. in den Hilfetext der jeweiligen Datenbank schauen. Wir orientieren uns bei unserer Darstellung an der Datenbank SSCI, da diese vermutlich für alle Leser/-innen dieses Buches relevant ist. Die Übertragung auf andere Datenbanken sollte Ihnen problemlos gelingen.

5.3.4.1 Freitextsuche, Suchfelder und Expertensuche

Eine Suche bei der Internetsuchmaschine *Google* funktioniert nach dem Prinzip der *Freitextsuche*: Ein Dokument bzw. eine Internetseite wird Ihnen als Treffer angezeigt, wenn der gesuchte Begriff *irgendwo* in der Quelle vorkommt. Bei einer Suche nach dem Wort *Brown* werden also sowohl Internetseiten von Personen, Firmen und so weiter, die Brown heißen, angezeigt, als auch Einträge, bei denen es um die Farbe Braun geht.

Literaturdatenbanken und Bibliothekskataloge sind hingegen anders strukturiert. Hier besteht ein Quelleneintrag aus mehreren *Feldern*, die sich separat durchsuchen lassen. Die wichtigsten Felder sind: *Autor, Titel, Schlagwörter, Erscheinungsjahr* und ggf. ein Feld mit einem *Abstract der Arbeit*. Dennoch bieten viele Datenbanken auch eine Freitextsuche an (oft unter der Bezeichnung „Einfache

Suche"), bei der dann alle Felder durchsucht werden. Das Durchsuchen aller Datenbankfelder ist allerdings selten sinnvoll, da Ihnen so vermehrt irrelevante Treffer angezeigt werden. Wenn Sie eine Arbeit des Psychologen Roger Brown finden wollen, dann sollten Sie *Brown* im Autorenfeld suchen. Wenn Sie hingegen Arbeiten zur Farbwahrnehmung suchen, in denen es auch um die Farbe Braun geht, geben Sie *Brown* im Feld für den Titel, die Schlagwörter oder den Abstract ein. (In der Datenbank SSCI werden diese drei Felder durchsucht, wenn Sie die Feldbezeichnung *Topic* auswählen.)

Bei einigen Datenbanken müssen Sie auf *Erweiterte Suche*, *Mehrfeldersuche* o. Ä. klicken, um diese Suchfelder angeboten zu bekommen. Wenn Sie nach einer Arbeit des Psychologen Brown suchen, die dieser über die Wahrnehmung der Farbe Grün geschrieben hat, können Sie die Suchbegriffe auch entsprechend kombinieren. Dann würden Sie im Autorenfeld *Brown* eingeben und im Titel- oder Topic-Feld *green*. Meistens links neben den Feldern, in die Sie Ihre Suchwörter schreiben, können Sie auswählen, wie Sie die Begriffe verknüpfen wollen, in unserem Falle mit „UND" bzw. „AND" (vgl. Abschnitt 5.3.4.3).

Sehr viele Datenbanken bieten darüber hinaus die Option einer *Expertensuche* (in SSCI die *Advanced Search*). Hier schreiben Sie direkt mittels eines Codes in ein Suchfeld, in welchen Feldern Sie was suchen wollen. Dazu haben die Felder Abkürzungen, wie *TS* für Topic oder *AU* für Autor. Unsere obige Suche nach Arbeiten des Autors Brown über die Farbe Grün würde dann lauten: *TS = green AND AU = Brown*. Die Expertensuche bietet die umfangreichsten Möglichkeiten, Suchbegriffe zu verknüpfen und mittels Klammern hierarchisch zu organisieren (vgl. Abschnitt 5.3.4.3). Meistens wird es aber ausreichen, mit der Mehrfeldersuche zu arbeiten, sodass Sie sich nicht mit diesen Codes beschäftigen müssen. Falls Sie doch einmal etwas nicht über die Suchfelder auswählen können, finden Sie im Hilfetext der jeweiligen Datenbank in aller Regel eine Erklärung der Expertensuche.

5.3.4.2 Phrasensuche

Wenn Sie Arbeiten zum Thema Prüfungsangst suchen und dazu den englischen Begriff *test anxiety* bei SSCI eingeben, erhalten Sie über 16 000 Treffer. Allerdings werden Ihnen in diesem Fall alle Arbeiten angezeigt, in denen die beiden Wörter *test* und *anxiety* irgendwo im Titel oder Abstract auftauchen, also z. B. auch Arbeiten, in denen ein Ängstlichkeitstest (anxiety test) eine Rolle spielt. Um nur Arbeiten zu finden, die sich tatsächlich mit *test anxiety* beschäftigen, können Sie diese beiden Wörter zu einer Phrase verbinden, indem Sie sie *in Anführungszeichen* einschließen („test anxiety"). Das reduziert die Anzahl der Treffer auf etwa 1 100. Merken Sie sich also: Um nach Wörtern in einer bestimmten Anordnung zu suchen, müssen Sie diese in Anführungszeichen setzen.

5.3.4.3 Logische Verknüpfungen (Boolesche Operatoren) und die Berücksichtigung von Synonymen

Mehrere Suchbegriffe lassen sich logisch miteinander verknüpfen, indem sogenannte *Boolesche Operatoren* verwendet werden. Diese sind in Tabelle 5.2 sowohl in englischer als auch in deutscher Schreibweise dargestellt und kurz erläutert.

Tabelle 5.2. Boolesche Operatoren zur logischen Verknüpfung von Suchbegriffen in englischer, deutscher sowie ggf. alternativer Schreibweise

Englisch	Deutsch	alternative Schreibweise	Erklärung
AND	UND	+	Sucht Arbeiten, in denen beide Begriffe vorkommen. In vielen Datenbanken werden auch Wörter, zwischen denen nur ein Leerzeichen steht, standardmäßig mit AND verknüpft.
OR	ODER		Sucht Arbeiten, in denen mindestens einer der beiden Begriffe vorkommt – sogenanntes Nicht-exklusives-Oder.
NOT	NICHT	–	Sucht Arbeiten, in denen der nachfolgende Begriff nicht vorkommt.
NEAR	NAH bzw. BEI		Sucht Arbeiten, in denen zwei Begriffe in einem bestimmten (maximalen) Abstand zueinander auftauchen.

Angenommen, Sie suchen nach Interventionsmaßnahmen zu Prüfungsangst, dann ist eine Suche nach dem Stichwort „*test anxiety*" zu unspezifisch, da sich unter den Treffern auch viele Arbeiten befinden, die sich zwar mit dem Phänomen der Prüfungsangst beschäftigen, aber nicht mit Interventionsmaßnahmen. In diesem Fall sollten Sie nach Arbeiten suchen, die zusätzlich zu „*test anxiety*" das Wort *intervention* enthalten. Folglich würden Sie eingeben: „*test anxiety*" **AND** *intervention*. Nunmehr werden im SSCI nur noch 70 Treffer ausgegeben – eine Menge, die so überschaubar ist, dass man die einzelnen Titel und ggf. Abstracts durchlesen und sich dann entscheiden kann, welche Arbeiten tatsächlich relevant sind.

Mit diesem speziellen *Suchstring* (also einer Verknüpfung von Suchbegriffen mittels Boolescher Operatoren) werden Sie aber nicht alle Studien entdecken, die sich mit Prüfungsangstinterventionen befasst haben. Das liegt daran, dass einige Autoren statt *intervention* den Begriff *treatment* verwendet haben, oder statt „*test anxiety*" den Begriff „*examination anxiety*" (wie Sie derartige Synonyme bzw. verwandte Begriffe finden, ist in Abschnitt 5.3.3.2 erklärt). Ein umfassenderer Suchstring zu diesem Thema wäre also: *(„test anxiety" OR „examination anxiety") AND (intervention OR treatment)*.

In diesem Beispiel sehen Sie neben der AND-Verknüpfung die **OR**-Verknüpfung. Es sollen also alle Arbeiten angezeigt werden, in denen *„test anxiety"* oder *„examination anxiety"* vorkommt (oder auch beide Begriffe) und gleichzeitig *intervention* oder *treatment* (oder wiederum beide Wörter). Wichtig ist hierbei, dass OR für ein sogenanntes *Nicht-exklusives-Oder* steht. Das heißt, es muss nicht so sein, dass in der Arbeit nur entweder *intervention* oder *treatment* vorkommt, sondern es sollen alle Arbeiten angezeigt werden, in denen eines der beiden oder auch beide Wörter auftauchen. Sie können übrigens auch mehr als je zwei Begriffe mit AND bzw. OR miteinander verknüpfen, also z. B. in der zweiten Klammer ein *OR therapy* ergänzen. Wie bei Rechenoperationen verwenden Sie *Klammern*, um hierarchische Ordnungen vorzugeben. In unserem Beispiel würde sich das AND auf die Inhalte der Klammern beziehen, weil aus jeder Klammer (mindestens) ein Wort bzw. eine Phrase vorkommen soll.

Ein weiterer Boolescher Operator ist **NOT**. Diesen verwenden Sie, wenn Sie wollen, dass ein bestimmter Begriff *nicht* in Ihren Suchergebnissen auftaucht. Angenommen, Sie suchen nach Interventionsstudien zu Prüfungsangst, wollen aber keine Studien angezeigt bekommen, in denen Hypnotherapie als Interventionsverfahren verwendet wurde. Dann müssten Sie dem oben entwickelten Suchstring ein *NOT hypnotherapy* anfügen.

Eine Benutzung des NOT-Operators ist auch dann sinnvoll, wenn ein Begriff mehrere Bedeutungen besitzt, Sie sich aber nur für eine Bedeutung interessieren. Beispielsweise wird im Englischen mit *examination anxiety* nicht nur die Angst vor Examen bzw. Prüfungen bezeichnet, sondern auch die Angst vor medizinischen Untersuchungen (medical examination). Um also Arbeiten, die sich mit der Angst vor ärztlichen Untersuchungen beschäftigen, auszuschließen, könnten Sie Ihren Suchstring erweitern zu: *(„test anxiety" OR „examination anxiety") AND (intervention OR treatment) NOT „medical examination anxiety" NOT „physical examination anxiety"*. Bei der Wahl, was Sie ausschließen möchten, sollten Sie allerdings vorsichtig sein. So wäre es keine gute Idee gewesen, an den obigen Suchstring schlicht *NOT medical* anzuhängen. Dadurch würden nämlich alle Studien aus der Trefferliste ausgeschlossen, in denen dieses Wort vorkommt, also z. B. auch Untersuchungen zu Prüfungsangst, die an Medizinstudierenden (medical students) durchgeführt oder bei denen vielleicht zusätzlich medizinische Daten der Probanden gesammelt wurden.

Ein letzter Boolescher Operator, der eher selten Verwendung findet, ist **NEAR**. Hiermit können Sie angeben, dass zwei Wörter in einer bestimmten Nähe zueinander vorkommen sollen. Wenn der Titel einer Studie zu einer Prüfungsangstintervention z. B. lautet „Systematic desensitization reduces test and especially math anxiety", dann würden Sie diese Arbeit nicht finden, wenn Sie nur nach der Phrase

„test anxiety" im Titel suchen. Hätten Sie aber angegeben *test NEAR/5 anxiety*, was dafür steht, dass die Wörter *test* und *anxiety* in einem Abstand von maximal fünf Wörtern auftauchen sollen,[26] dann hätten Sie diese Arbeit entdeckt.

5.3.4.4 Wortteilsuche (Trunkierung) und Platzhalter (wildcards)

Mittels sogenannter *Platzhalter* (*wildcards*) ist es möglich, auch nach Wortteilen zu suchen. Wenn Sie dabei einen Teil des Wortes abschneiden, spricht man von *Trunkierung*. Angenommen, Sie wollen mit einer deutschsprachigen Suche alle Arbeiten finden, die eines der Wörter *Intervention*, *Interventionen* und *Interventionsmaßnahme* enthalten. Dann bietet es sich an, als Suchbegriff *Intervention** einzugeben. Damit werden alle Arbeiten angezeigt, in denen ein Wort vorkommt, das mit *Intervention* anfängt, egal wie das Wort weitergeht.

Neben * als *Platzhalter für beliebig viele Zeichen* bietet die Datenbank SSCI auch noch den Platzhalter $ an, der für *keinen oder genau einen Buchstaben* steht. Dieser ist beispielsweise gut geeignet, um die englische und amerikanische Schreibweise von Wörtern abzudecken, etwa im Falle von „colo$r" für „color" und „colour". Das ? steht für *genau ein Zeichen*. Sinnvoll anwenden lässt es sich z.B., wenn Sie sowohl nach „woman" als auch nach „women" suchen wollen – dann schreiben Sie einfach „wom?n". Bei der Verwendung von Platzhaltern innerhalb von Wörtern spricht man übrigens von *Maskierung*.

Platzhalter können Sie bei einigen Datenbanken auch am Wortanfang einfügen (sog. Linkstrunkierung). Beispielsweise würde „*therapie" Ihnen sowohl Texte mit „Therapie" als auch mit „Psychotherapie", „Verhaltenstherapie", „Ergotherapie" etc. ausgeben. Die Groß- bzw. Kleinschreibung des Wortes spielt dabei keine Rolle.

5.3.4.5 Automatisch ähnliche Begriffe einbeziehen: Lemmatisierung

Bei einigen Datenbanken können Sie entscheiden, ob auch nach ähnlichen Begriffen gesucht werden soll. In der Datenbank SSCI ist diese Option standardmäßig aktiviert, funktioniert allerdings nur für englischsprachige Wörter. Wenn Sie den Suchbegriff *napkin* eingeben, liefert Ihnen SSCI nicht nur Literaturquellen, die *napkin* enthalten, sondern auch solche mit dem Synonym *serviette*. Hier werden für Sie also automatisch weitere Suchbegriffe einbezogen. Auch abweichende Schreibweisen (wie z.B. *defense/defence* oder *color/colour*) werden durch diese sogenannte *Lemmatisierung* (engl. *lemmatization*) als Treffer angezeigt. Ebenso werden unregelmäßige Pluralformen (z.B. *mouse/mice*) automatisch in die Suche einbezogen. Ausschalten können Sie in SSCI die Lemmatisierung nur für einzelne Wörter, indem Sie diese in Anführungszeichen setzen.

---

26 Diese Schreibweise (NEAR/5) wird in der Datenbank SSCI verwendet. Auch wenn die meisten Datenbanken die logische Operation *NEAR* unterstützen, kann es sein, dass die Angabe des maximalen Abstands anders erfolgt. Schauen Sie daher in dem Hilfetext der jeweiligen Datenbank nach!

In manchen deutschsprachigen Datenbanken, z. B. in vielen Online-Bibliothekskatalogen (OPACs), können Sie zwischen den Optionen „genaue Suche" und „auch ähnliche Begriffe finden" wählen. Mit genauer Suche ist gemeint, dass nur nach Ihren Suchwörtern in exakt der angegebenen Schreibweise gesucht wird. Die Option „auch ähnliche Begriffe finden" entspricht der Lemmatisierung.

Die Lemmatisierung ist unseres Erachtens generell eine sinnvolle Funktion, da sie oft zu relevanten Arbeiten führt, auf die man sonst nicht gestoßen wäre. Die Funktion kann jedoch auch zu Verwirrungen führen, wenn man sich nicht bewusst ist, dass sie eingeschaltet ist. Ein Nachteil ist zudem, dass in den Datenbanken nicht explizit angegeben wird, nach welchen verwandten Begriffen zusätzlich gesucht wurde. Hier mangelt es also an Transparenz und Sie können nicht einschätzen, ob vielleicht auch Begriffe einbezogen wurden, die für Ihre Suche gar nicht relevant sind. Unter Umständen wird durch die Lemmatisierung die Trefferliste so lang, dass Sie diese zur Bearbeitung weiter einschränken müssen – eine Option ist dann, die Lemmatisierung auszuschalten.

5.3.4.6 Einschränken der Treffer (Filtern)

Wie oben ausgeführt, kann man durch die Verknüpfung von Suchbegriffen die Trefferanzahl beeinflussen. Weitere Möglichkeiten, die Treffer zu reduzieren, sind Einschränkungen bzw. das Anwenden von Filtern hinsichtlich des Publikationszeitraums der Arbeit, der Sprache, des Dokumententyps, des Forschungsfeldes und des Quellentitels.

Publikationszeitraum: So gut wie alle Datenbanken verfügen über die Option, anzugeben, dass man nur Publikationen aus einem bestimmten Zeitraum, z. B. ab 2000 bis heute, angezeigt bekommen möchte. Eine derartige Einschränkung wäre sinnvoll, wenn es einem darum geht, aktuelle Arbeiten zu einem Thema zu finden.

Sprache: In internationalen Datenbanken wie SSCI sind nur relativ wenige Arbeiten enthalten, die nicht englischsprachig sind. Dennoch finden sich z. T. Arbeiten in anderen Sprachen – wer diese Sprachen nicht beherrscht, kann solche Arbeiten durch die Auswahl der Sprache(n) ausschließen.

Dokumententyp (*document type*): Die wichtigsten Dokumententypen, die in SSCI unterschieden werden und nach denen Sie Ihre Treffer filtern können, sind in Tabelle 5.3 dargestellt. Für Ihre Literaturrecherche sollten Sie insbesondere die Typen *Review*, *Article* und *Book* beachten. Abstracts von Konferenzbeiträgen können Sie hingegen meistens ausschließen.

Tabelle 5.3. Dokumententypen

Dokumententyp	Erläuterung
Review (Überblicksarbeit)	Eine besonders wertvolle und nützliche Quelle sind Überblicksarbeiten, die den Forschungsstand zu einem Thema zusammenfassen. Bei sehr vielen Treffern lohnt es sich unter Umständen, sich zuerst nur die Reviews anzeigen zu lassen.
Article (Originalarbeit aus Fachzeitschrift)	Die primäre Quelle für wissenschaftliche Arbeiten, die auch bevorzugt zitiert werden sollte, stellen Originalarbeiten dar, die in Form von Zeitschriftenartikeln veröffentlicht sind. Diese können sowohl theoretischer als auch empirischer Art sein.
Book (Buch) und Book chapter (Buchkapitel)	Der Schwerpunkt wissenschaftlicher Datenbanken (vgl. Abschnitt 5.4.3) liegt auf Zeitschriftenartikeln, oft werden aber auch (einige) wissenschaftliche Bücher bzw. Buchkapitel in die Datenbanken aufgenommen. Da in Büchern vor allem Theorien und Hintergründe oft ausführlicher dargestellt werden als in Zeitschriftenartikeln, sind Bücher bzw. Kapitel aus Herausgeberbänden eine durchaus lohnenswerte Quelle.
Letter to the editor (Leserbrief)	Leserbriefe kommen in wissenschaftlichen Zeitschriften eher selten vor, bieten aber eine Möglichkeit, um Kritik an einem bereits veröffentlichten Artikel zu äußern. Wenn es zu einem Artikel, der Sie interessiert, einen Leserbrief gibt, sollten Sie diesen auf jeden Fall beachten. Übrigens: In einigen Zeitschriften werden auch besonders kurze Artikel als *Letter* bezeichnet (alternative Bezeichnungen sind z. B. *Brief Report* und *Rapid Communication*). Diese Originalarbeiten gehören jedoch zur Kategorie *Article* und sollten nicht mit Leserbriefen verwechselt werden.
Editorial (Herausgebervorwort)	Editorials sind in Zeitschriften die Vorworte des Herausgebers. Insbesondere bei Themenheften, in denen Artikel zu einem speziellen Forschungsgegenstand zusammengestellt sind, gibt der Herausgeber oft einen inhaltlichen Überblick über die Arbeiten und wie sich diese aufeinander beziehen. Solche Editorials sind eigentlich nur deshalb interessant, da man auf diese Weise auf Themenhefte stoßen kann. Editorials sind aber fast nie zitationswürdig.
Abstract (Zusammenfassung)	Damit ist hier die Zusammenfassung (meist max. 250 Wörter) eines Beitrags auf einer wissenschaftlichen Konferenz gemeint (vgl. Abschnitt 5.2.2). Diese Abstracts sind in aller Regel zu knapp, um verwertbare Informationen aus ihnen zu ziehen. Für Abschlussarbeiten lohnt es sich kaum, sich diesen Dokumententyp anzuschauen.

Forschungsfelder (*research areas*): Bei einigen Datenbanken, wie beim SSCI, gibt es die Möglichkeit, sich die Forschungsfelder anzeigen zu lassen, aus denen die Treffer stammen. So ist z. B. der englische Begriff *stress* nicht nur in der Psychologie relevant, sondern kommt auch in den Ingenieurwissenschaften (für die Spannung bzw. Belastung von Materialien) oder der Linguistik (für die Betonung von Silben) vor. Wenn Sie wissen, dass Arbeiten aus diesen Disziplinen für Sie aber nicht von Bedeutung sind, lohnt es sich, derartige Forschungsfelder auszuschließen. Noch einfacher ist es, gezielt die für Sie relevanten Forschungsfelder auszuwählen, im vorliegenden Beispiel also *psychology*. Die Datenbank SSCI bietet mit den *Web of Science Categories* zusätzlich eine noch feinere Untergliederung der Fachdisziplinen, sodass Sie z.B. zwischen *psychology clinical* und *psychology educational* wählen können, wenn Sie sich nur für Arbeiten aus einem speziellen Fachgebiet interessieren. Beachten Sie dabei aber, dass viele Themen sich in mehrere Fächer einordnen lassen. Durch das vorschnelle Ausschließen eines Faches können also auch relevante Treffer verloren gehen.

Quellentitel (*source titles*): Hier können Sie sich, sofern das von der Datenbank unterstützt wird, die Titel der Zeitschriften anzeigen lassen, aus denen die Arbeiten stammen. Zum einen können Sie – bei einer sehr großen Trefferzahl – gezielt renommierte Zeitschriften auswählen, deren Artikeln man zumindest statistisch eine größere Bedeutsamkeit zusprechen kann. Zum anderen können Sie bestimmte Zeitschriften, die nicht Ihrem Interessensfokus entsprechen, ausschließen. Wenn Sie z.B. nach verhaltenstherapeutischen Interventionen suchen, könnten Sie das *International Journal of Psychoanalysis* ausschließen.

5.3.4.7 Sortieren der Treffer

Sie können sich die Treffer Ihrer Suchanfrage auch nach verschiedenen Kriterien sortieren lassen. Wenn Sie an aktuellen Studien interessiert sind, bietet sich die Sortierung nach dem *Publikationsdatum* (absteigend) an: Dann sind die neuesten Arbeiten in Ihrer Liste ganz oben.

Eine weitere sinnvolle Sortierung ist die nach *Anzahl der Zitationen* (*Times Cited*). Je häufiger eine Arbeit bereits zitiert wurde, desto größer ist ihr Gewicht (ihr *Impact*) in der Wissenschaftsgemeinde (der *scientific community*). Natürlich hatten jüngere Arbeiten noch gar nicht die Möglichkeit, so häufig zitiert zu werden, sodass man nicht folgern darf, dass eine Arbeit mit wenigen Zitationen nicht wichtig wäre. Andersherum ist der Schluss aber sehr wohl möglich: Eine häufig zitierte Arbeit muss zwar nicht zwangsläufig qualitativ hochwertig, innovativ oder inhaltlich bedeutsam sein (wenngleich sie das oft ist), aber allein dadurch, dass sie so oft zitiert wurde, hat sie eine gewisse Wichtigkeit erlangt. Daher sollte man solche Arbeiten, sofern sie das eigene Thema betreffen, zumindest angeschaut haben.

Schließlich können Sie die Arbeiten nach ihrer *Relevanz* sortieren lassen. Die Relevanz wird dabei (sofern Sie OR-Verknüpfungen verwendet haben) daraus berechnet, wie viele Ihrer Suchbegriffe in dieser Arbeit auftauchen und ob diese im Titel bzw. als Schlagwort oder lediglich im Abstract vorkommen. Sie sollten sich aber bewusst sein, dass kein Computeralgorithmus darüber entscheiden kann, wie relevant eine Quelle für Ihre eigene Arbeit tatsächlich ist. Dazu müssen Sie schon selbst den Titel und ggf. den Abstract anschauen und dann Ihr Urteil fällen.

5.3.5 Systematisches Vorgehen bei der thematischen Suche in Datenbanken und Bibliothekskatalogen

In diesem Abschnitt lernen Sie ein Vorgehen kennen, mit dem Sie umfassend und systematisch die Literatur zu einem Thema recherchieren können. Dieses recht elaborierte und aufwendige Vorgehen wird nicht immer erforderlich sein, z.B. wenn Sie nur eine kleinere Arbeit (eine Hausarbeit oder einen Experimentalbericht) verfassen oder dann, wenn Sie ohnehin ausreichend relevante Literatur gefunden bzw. vorliegen haben. Aber für den Fall, dass Sie bisher nur wenige Literaturquellen ermitteln konnten oder wenn Sie eine wirklich umfassende Literaturrecherche durchführen wollen, bietet sich das hier vorgestellte Verfahren an.

Wir wollen Ihnen dieses Vorgehen bei der thematischen Suche anhand eines Beispiels veranschaulichen. Angenommen, Ihre Fragestellung ist, ob verschiedene Maßnahmen zur Reduktion von Prüfungsangst unterschiedlich wirksam sind. Da Sie sich schon etwas mit Angst und Prüfungsangst beschäftigt haben, wissen Sie, dass es zur Prüfungsangstreduktion viele verschiedene Interventionsmaßnahmen gibt, z.B. Entspannungstechniken, Methoden der Kognitiven Umstrukturierung, Systematische Desensibilisierung und Hypnotherapie. Um Ihre Fragestellung einzugrenzen, präzisieren Sie Ihr Thema und fragen nun: *Sind Entspannungstechniken und Methoden der Kognitiven Umstrukturierung unterschiedlich wirksam in der Reduktion von Prüfungsangst?*

Tabelle 5.4. Schritte bei der thematischen Literatursuche in Datenbanken und Katalogen

Schritt	Aufgabe
1.	Thema formulieren
2.	Datenbank bzw. Bibliothekskatalog auswählen
3.	Liste bzw. Schema mit Suchbegriffen erstellen
4.	(Mehrere) Suchen mit verknüpften Suchbegriffen durchführen (dabei Trunkierung etc. beachten)
5.	Treffer auswerten, ggf. Suchbegriffe anpassen (zurück zu Schritt 3)
6.	Ggf. Suche in weiteren Datenbanken durchführen (zurück zu Schritt 2)

Mit der Formulierung des Themas haben Sie den ersten Schritt einer thematischen Literaturrecherche bewältigt. In Tabelle 5.4 haben wir auch die weiteren Schritte aufgeführt. Da es von der Datenbank abhängt, ob Sie Ihre Suchbegriffe in englischer oder deutscher Sprache eingeben und ob Sie einen bestimmten Schlagwortkatalog verwenden (vgl. Abschnitt 5.3.3), ist es sinnvoll, sich bereits jetzt zu überlegen, in welchen Datenbanken bzw. welchen Bibliothekskatalogen Sie suchen wollen. (Auf die konkrete Auswahl der Datenbanken und Kataloge gehen wir in

Abschnitt 5.4 genauer ein.) Das Thema Prüfungsangst ist sowohl für die Psychologie, für die Erziehungswissenschaft als auch für die Bildungswissenschaften interessant. Allerdings kann unsere Fragestellung, bei der es um psychotherapeutische Interventionsmaßnahmen geht, wohl am ehesten der Psychologie zugeordnet werden.

Wie zu den Phasen der Literaturrecherche dargestellt (vgl. Abschnitt 5.3.1), bietet es sich an, zunächst im lokalen Bibliothekskatalog, dem OPAC (vgl. Abschnitt 5.4.2), nach Büchern zu recherchieren. Danach sollte man in einer elektronischen Referenzdatenbank (vgl. Abschnitt 5.4.3) nach weiterer Fachliteratur, vor allem nach Zeitschriftenartikeln, suchen. Ferner ist es oft sinnvoll, zunächst nach deutschsprachigen Publikationen zu suchen, um anschließend die Suche nach englischsprachigen Veröffentlichungen aufzunehmen.

Das Prinzip der Recherche ist für Bibliothekskataloge und Datenbanken gleich, die Recherche in Datenbanken ist aber – schon deshalb, weil hier meistens viel mehr Quellen erfasst sind – oft komplexer. Wir wollen Ihnen das Rechercheprinzip an einer relativ komplexen, englischsprachigen Recherche in einer Referenzdatenbank demonstrieren. Wenn Sie dieses Beispiel nachvollzogen haben, sollte es Ihnen leicht fallen, auch Recherchen im OPAC oder anderen Bibliothekskatalogen vorzunehmen. Sie können die einzelnen Schritte zudem auf die Recherche in jeder anderen Literaturdatenbank übertragen.

Als Datenbank für unser Recherchebeispiel wählen wir *Social Sciences Citation Index* (SSCI; vgl. Tabelle 5.5 auf S. 134f.), da diese fachübergreifend ist und sich somit für ein Thema, das am Schnittpunkt mehrerer Disziplinen liegt, sehr gut eignet. Ferner wird SSCI auch für fast alle Leser dieses Buches bei ihren eigenen Recherchen einen guten Startpunkt bieten, weshalb es sich anbietet, Ihnen unser Beispiel anhand dieser Datenbank vorzuführen.

Der dritte Schritt in Tabelle 5.4 ist, die Suchbegriffe zusammenzustellen. Das kann in einer Liste oder aber – und das ist für die spätere Verknüpfung der Suchbegriffe sinnvoller – in einer Tabelle geschehen, die nach dem in Abbildung 5.2 dargestellten Schema aufgebaut ist (vgl. Franke, Klein & Schüller-Zwierlein, 2010, S. 35f.; Hofmann, 2013, S. 30). In dieser Tabelle tragen Sie oben Ihr Thema ein. Daraus extrahieren Sie die Kernbegriffe, möglichst in substantivierter Form. Dabei ist es nicht immer sinnvoll, Begriffe wörtlich zu übernehmen. Beispielsweise wären bei der Fragestellung „Sind Frauen und Männer unterschiedlich ängstlich?" die Wörter *Angst* und *Geschlechtsunterschiede* passendere Kernbegriffe als *ängstlich*, *Frauen* und *Männer*.

Thema bzw. Fragestellung	Sind Entspannungstechniken und Methoden der Kognitiven Umstrukturierung unterschiedlich wirksam in der Reduktion von Prüfungsangst? Do relaxation techniques and cognitive restructuring methods differ in their efficacy in reducing test anxiety?		
Kernbegriffe des Themas	test anxiety	cognitive restructuring	relaxation techniques
Synonyme	exam anxiety, examination anxiety, test fear		relaxation therapy, relaxation training
Oberbegriffe	anxiety, performance anxiety	cognitive techniques, cognitive behavioral therapy, rational emotive therapy	relaxation, intervention, treatment, therapy
Unterbegriffe	math anxiety	reattribution, decatastrophizing	(progressive) muscle relaxation, autogenic training, meditation
Verwandte Begriffe	school anxiety, school phobia	cognitive reframing	anxiety management, guided imagery, hypnotherapy
Verknüpfungen	AND	OR	

Abbildung 5.2. Schema zur Ordnung der Suchbegriffe (in Anlehnung an Franke et al., 2010, S. 35f., sowie Hofmann, 2013, S. 30).

Die Einordnung der Kernbegriffe in Spalten ist für deren spätere Verknüpfung notwendig. Sie suchen ja Arbeiten, in denen es um Prüfungsangst und eines der beiden Behandlungsverfahren geht. Allerdings ist es nicht notwendig, dass in einer Studie beide Verfahren direkt miteinander verglichen wurden (bzw. wird es vermutlich kaum solche Arbeiten geben). Daher würden Sie mittels einer Verknüpfung durch Boolesche Operatoren nach Arbeiten suchen, in denen der Begriff *test anxiety* (bzw. ein Synonym oder Ober-/Unterbegriff) und mindestens eines der beiden Verfahren auftauchen.

Die verschiedenen Zeilen der Tabelle sind deshalb relevant, da es sein kann, dass Autoren statt *test anxiety* synonyme Begriffe wie *exam anxiety* oder *test fear* verwendet haben. Auch sind Unter-, Oberbegriffe und verwandte Begriffe nützlich, um z.B. Arbeiten zu finden, die sich mit der Reduktion von Mathematikangst – einer Unterform der Prüfungsangst – beschäftigt haben. Dabei ist allerdings die Einordnung in die verschiedenen Zeilen weniger bedeutsam. So ist es gleichgültig, ob *performance anxiety* ein Oberbegriff zu *test anxiety* ist oder vielleicht doch eher ein Synonym oder nur ein verwandter Begriff. Auch müssen Sie nicht für jedes Feld einen Begriff finden. Die verschiedenen Zeilen sind eher als Anregung zu verstehen, um sich weitere Begriffe einfallen zu lassen bzw. danach zu suchen (vgl. Abschnitt 5.3.3.2).

Die in Abbildung 5.2 verwendeten Begriffe haben wir übrigens teilweise über den Thesaurus der PsychINFO-Datenbank (vgl. Abschnitt 5.3.3.2) und teilweise über englischsprachige Wikipedia-Einträge sowie durch Internetsuchen gefunden. Da in SSCI – anders als bei einigen anderen Datenbanken – keine strikte Trennung zwischen der Stichwort- und der Schlagwortsuche besteht, war es nicht notwendig, darauf zu achten, dass für eine Schlagwortsuche nur indizierte Wörter verwendet werden. Tatsächlich durchsucht SSCI bei der Angabe des Suchfeldes *Topic* sowohl den Titel, den Abstract, als auch alle Schlagwörter, welche die Autoren angegeben haben.

Wie Tabelle 5.4 zeigt, werden im vierten Schritt der thematischen Literaturrecherche die Suchbegriffe miteinander verknüpft, wobei auch an Trunkierungen zu denken ist. Es wäre zwar möglich, alle Begriffe gleichzeitig in einen Suchstring einzufügen, aber unseres Erachtens ist ein schrittweises Vorgehen übersichtlicher. Der einfachste vollständige Suchstring, der sich aus unseren Kernbegriffen ergibt, ist: *„test anxiety" AND („cognitive restructuring" OR „relaxation technique$")*. Beachten Sie, dass bei allen drei Begriffen die einzelnen Wörter durch Anführungszeichen zu Phrasen verbunden wurden. Bei „relaxation technique$" wurde ein Platzhalter eingefügt, damit sowohl die Singular- als auch die Pluralform des Begriffs gefunden wird. Die Klammern sind notwendig, damit die Hierarchie der Verknüpfung abgebildet wird.

Im nächsten Schritt gilt es, die Treffer auszuwerten und die Suchbegriffe gegebenenfalls anzupassen. Zur Trefferauswertung lesen Sie bei Zeitschriftenartikeln neben dem Titel auch den Abstract sorgfältig durch, um zu entscheiden, ob es lohnenswert ist, sich diese Arbeit zu besorgen (zur Relevanzbeurteilung vgl. Abschnitt 5.6.2).[27] Ob eine Arbeit tatsächlich so relevant ist, dass Sie diese für Ihre eigene Arbeit verwerten, lässt sich meist erst entscheiden, wenn Sie den Volltext der Studie vorliegen und diesen zumindest überflogen haben. Unsere Suchanfrage ergab bei SSCI lediglich drei – allerdings allesamt hoch relevante – Treffer. Diese Treffer bezogen sich aber alle auf „cognitive restructuring". Die Phrase „relaxation technique$" erscheint folglich zu eng. In der nächsten Suche wurde daher stattdessen der Oberbegriff „relaxation" verwendet. Als Suchstring ergibt sich: *„test anxiety" AND („cognitive restructuring" OR relaxation)*. Diese Suche resultierte in 35 Treffern, die überwiegend relevant waren.

Nützlich ist übrigens, zu wissen, dass Sie in den meisten Datenbanken und auch Bibliothekskatalogen Ihre Trefferliste als Datei speichern können. Diese können Sie dann in ein Literaturverwaltungsprogramm (z.B. *Citavi*; vgl. Abschnitt 4.3.1) einfügen. Auf diese Weise können Sie auch Treffer aus verschiedenen Suchanfragen bzw. Trefferlisten aus verschiedenen Datenbanken und Katalogen vereinigen, um diese zu einem späteren Zeitpunkt in Ruhe daraufhin durchzugehen, welche Literatur relevant erscheint und beschafft werden sollte. Wenn Sie an einem Bibliotheksrechner arbeiten, kann auch die Option hilfreich sein, die Datei mit den Treffern aus dem Rechercheprogramm direkt an die eigene E-Mail-Adresse zu senden. Viele Literaturverwaltungsprogramme bieten zudem die automatische Entfernung von Dubletten (also doppelten Einträgen) an. Wenn Sie Suchen mit verschiedenen Suchwörtern bzw. in verschiedenen Datenbanken durchführen,

---

27 Wenn Sie in Bibliothekskatalogen nach Büchern suchen, finden Sie dort meist keine Zusammenfassung des Inhalts, aber manchmal das Inhaltsverzeichnis des Buches. Auch dieses hilft bei der Beurteilung der Relevanz.

werden sich die Treffermengen häufig überschneiden. Daher ist es nützlich, doppelte Einträge automatisch entfernen zu können.

Wenn Sie mit den erhaltenen Treffern noch nicht zufrieden sind, könnte man in weiteren Suchen die noch nicht verwendeten Ober-, Unterbegriffe und Synonyme aus Abbildung 5.2 ausprobieren und dadurch auf zusätzliche Treffer stoßen. Indem man sich die Titel und Abstracts der Treffer anschaut und die relevanten Arbeiten liest, wird man zudem häufig auf weitere Suchbegriffe kommen, die man in neue Suchen einfließen lässt.

Gelegentlich wird man feststellen, dass bei Verwendung bestimmter Begriffe die Suche viel zu weit wird. Ersetzt man beispielsweise im letzten Suchstring *test anxiety* durch den Oberbegriff *anxiety*, erhält man knapp 2 000 Treffer – zu viele, um alle zu sichten. Sofern man Verbindungen zwischen der Behandlung von Prüfungsangst und der Behandlung anderer Ängste mittels Kognitiver Umstrukturierung bzw. Entspannung herstellen möchte, könnte man allerdings unter diesen 2 000 Arbeiten die meistzitierten oder neuesten herausfiltern und nur diese betrachten (vgl. Abschnitt 5.3.4.6).

Wünschenswert ist in der Regel eine Trefferliste mit nicht mehr als 200 Arbeiten. Bei bis zu 200 Treffern ist es leicht möglich, sich alle Titel und ggf. die Abstracts durchzulesen und die relevant erscheinenden Arbeiten zu besorgen. Wenn Sie mehr als etwa 200 Treffer haben, wird dies schon sehr mühselig und vermutlich ist dann auch der allergrößte Teil der Treffer für Ihr Thema nicht relevant. Daher sollte man bei mehr als 200 Treffern versuchen, die Trefferanzahl durch engere bzw. ergänzende Suchbegriffe einzuschränken oder durch die Verwendung der Filterfunktionen die relevantesten Arbeiten zu selektieren. Im *Exkurs: Was tun bei zu vielen bzw. zu wenigen Treffern?* haben wir noch einmal konkrete Hinweise zusammengestellt, was Sie jeweils unternehmen können.

> ### Exkurs: Was tun bei zu vielen bzw. zu wenigen Treffern?
>
> Was können Sie probieren, wenn Sie bei einer Literaturrecherche viel zu viele (weit mehr als 200) Treffer angezeigt bekommen, bzw. wenn bei einer Suche gar keine bzw. kaum Arbeiten aufgeführt werden?
>
> **Tipps bei sehr vielen Treffern, von denen viele irrelevant erscheinen**
>
> Hier liegt das Problem vermutlich darin, dass Ihre Suche zwar möglicherweise effektiv (die meisten relevanten Arbeiten werden erfasst), aber ineffizient (unter den Treffern sind viele nichtrelevante Arbeiten) ist. Folgende Vorgehensweisen können Abhilfe schaffen:
>
> - Verwenden Sie spezifischere Begriffe oder Phrasen, z. B. *„visual perception"* statt *perception*.
> - Fügen Sie Ihrer Suche – mittels AND – einen weiteren Suchbegriff hinzu, der die Treffermenge einschränkt. Statt nach *performance AND intelligence* suchen Sie nach *performance AND intelligence AND school*, wenn es Ihnen um Zusammenhänge von Intelligenz und Leistung im Schulkontext geht.

- Schließen Sie, sofern möglich, bestimmte Themenbereiche aus, indem Sie den Operator NOT verwenden. Alternativ können Sie anhand von Filterfunktionen (vgl. Abschnitt 5.3.4.6) Arbeiten aus irrelevanten Wissenschaftsdisziplinen ausschließen. Wenn Sie beispielsweise nach *memory* suchen, bekommen Sie nicht nur Arbeiten zum menschlichen (und tierischen) Gedächtnis angezeigt, sondern auch Literatur zu Computern und Materialwissenschaften. Diese letzteren Disziplinen sollten Sie ausschließen.

Tipps bei sehr vielen Treffern, von denen die meisten relevant erscheinen

Vielleicht haben Sie nach einem Thema gesucht, zu dem tatsächlich sehr viele relevante Arbeiten existieren. Hier ist es nicht möglich, die komplette Literatur zu beschaffen und zu studieren. Die Strategie sollte dann sein, einen Überblick anhand der relevantesten und einschlägigsten Arbeiten zu erhalten. Dazu bieten sich folgende Strategien an, deren Umsetzung bereits in den Abschnitten 5.3.4.6 und 5.3.4.7 erläutert wurde:

- Beschränken Sie den Suchzeitraum auf aktuellere Arbeiten.
- Lassen Sie sich die Arbeiten mit den meisten Zitationen anzeigen.
- Lassen Sie sich nur Reviews (Überblicksarbeiten) anzeigen.
- Wählen Sie Arbeiten aus besonders einschlägigen Zeitschriften aus.

Tipps bei zu wenigen Treffern

Wenn Sie zu einer Suchanfrage nur sehr wenige oder auch gar keine Treffer erhalten, kann dies daran liegen, dass es tatsächlich keine oder kaum Arbeiten zu diesem Thema gibt. Es kann aber auch sein, dass Sie die entsprechenden Arbeiten mit Ihrer Suchanfrage nicht finden. Dann können die folgenden Ratschläge hilfreich sein:

- Prüfen Sie, ob Sie die Suchbegriffe korrekt geschrieben haben. Auch wenn es banal klingt, Schreibfehler in den Suchbegriffen führen dazu, dass Sie keine oder kaum Treffer erzielen.
- Haben Sie alle Schreibweisen und Abwandlungen Ihrer Suchbegriffe berücksichtigt? Denken Sie daran, dass Sie bei einer Stichwortsuche auch die flektierten Formen beachten müssen. Nutzen Sie dazu Trunkierung und Maskierung (Abschnitt 5.3.4.4). Statt nach *Angst* suchen Sie also nach *Angst* OR Ängst**. Berücksichtigen Sie auch Unterschiede in der britischen und amerikanischen Schreibweise von Wörtern (z. B. *gray* und *grey*).
- Aktivieren Sie die Lemmatisierung der Datenbank, sofern diese eine solche Funktion anbietet (vgl. Abschnitt 5.3.4.5).
- Vielleicht sind Ihre Suchbegriffe nicht einschlägig. Probieren Sie es mit Synonymen und ggf. mit verwandten Begriffen und verknüpfen Sie diese mittels OR (vgl. auch Abschnitt 5.3.3.2).
- Vielleich ist Ihr Suchbegriff zu spezifisch. Versuchen Sie es dann mit einem Oberbegriff.
- Benutzen Sie weniger Begriffe in AND-Verknüpfungen. Vielleicht haben Sie Ihre Suche durch die Kombination mehrerer Begriffe zu stark eingeschränkt. Überlegen Sie, ob Sie einen der Begriffe in einer AND-Verknüpfung weglassen können.
- Ist die Referenzdatenbank, in der Sie suchen, für Ihr Thema einschlägig? Vielleicht suchen Sie in einer soziologischen Datenbank nach einem eher psychologischen Thema? Dann probieren Sie es in einer anderen Datenbank (vgl. Abschnitt 5.4.3).

Wie oben erwähnt, sollte einer Suche in SSCI oder einer anderen internationalen Datenbank auch eine Suche im OPAC und ggf. in einer deutschsprachigen Literaturdatenbank, z.B. in PSYNDEX (vgl. Abschnitt 5.4.3), vorausgehen. Für die meisten (Abschluss-)Arbeiten dürfte eine derart umfangreiche Literaturrecherche mehr als genügen, zumindest wenn sich unter den verwendeten Datenbanken eine ähnlich umfassende wie SSCI befindet. Wenn Sie höhere Ansprüche haben bzw. wenn Sie bisher kaum relevante Quellen gefunden haben, bietet es sich an, die Suche auf weitere Datenbanken auszuweiten (letzter Schritt aus Tabelle 5.4). Dabei sollten Sie sowohl an weitere Literaturdatenbanken als auch an Verbundkataloge von Bibliotheken denken. Auf die Auswahl der Datenbanken gehen wir in Abschnitt 5.4 ein.

Sie sollten sich aber bei jeder Literaturrecherche bewusst sein, dass es nahezu unmöglich ist, alle relevanten Publikationen zu finden. Es ist allerdings auch nicht der Anspruch einer wissenschaftlichen Arbeit (und keinesfalls der einer Abschlussarbeit), dass jede bisherige Veröffentlichung berücksichtigt wird. Sofern Sie genügend Literaturquellen finden, um Ihre Argumente, Überlegungen etc. abzusichern, ist dies ausreichend. (Eine Ausnahme stellen hier Metaanalysen bzw. andere systematische Übersichtsarbeiten dar, deren erklärtes Ziel es ist, so umfassend wie möglich den Stand der Forschung wiederzugeben.) Lediglich einschlägige Arbeiten, die eine große Bedeutung in der Wissenschaftsgemeinde haben, sollten Ihnen bei Ihrer Literaturrecherche nicht entgehen. Aber das erreichen Sie in der Regel dadurch, dass Sie sich bei einer großen Trefferanzahl die Arbeiten mit den meisten Zitationen anschauen (vgl. Abschnitt 5.3.4.7). Zusätzlich sollten Sie, wie in Abschnitt 5.3.6 beschrieben, darauf achten, welche Quellen andere Autoren zitieren. Wenn Sie diese Strategien beherzigen, sollte Ihnen nichts Wesentliches entgehen.

5.3.6 Schneeballsystem und Cited-reference-search nutzen

Wenn Sie erst einmal einige relevante Arbeiten gefunden haben, findet sich weitere Literatur oft nach dem *Schneeballsystem*, also in der Weise, dass Sie von einer Arbeit aus auf weitere relevante Quellen stoßen (vgl. auch Abschnitt 5.3.2). Notieren Sie sich beim Lesen der Arbeiten einfach, welche Quellen an für Sie inhaltlich besonders interessanten bzw. wichtigen Stellen zitiert werden. Diese Quellen recherchieren Sie dann anhand der Angaben im Literaturverzeichnis.

Wenn Sie eine Arbeit, die Sie als prinzipiell relevant einstufen, nicht ganz lesen, genügt es auch, das Literaturverzeichnis dieser Arbeit durchzugehen und Arbeiten, deren Titel vielversprechend klingen, anzustreichen und anschließend in einer Literaturdatenbank zu suchen. Dort können Sie sich den Abstract durchlesen und entscheiden, ob Sie sich die Arbeit beschaffen wollen. Wenn Sie das bei mehreren Artikeln machen, stoßen Sie vermutlich schon bald auf gewisse Überschneidungen, also auf Arbeiten, die von mehreren Autoren zitiert werden. Solche Arbeiten sind vermutlich besonders relevant und verdienen Ihre Beachtung. In der Datenbank SSCI findet sich (wie auch bei einigen anderen Datenbanken) zudem die Funktion „view related records". Wenn Sie auf diesen Link klicken, werden Ihnen weitere Arbeiten angezeigt, die mit der aktuell aufgerufenen Arbeit eine Reihe von Literaturangaben teilen. Auch so können Sie auf eine eher explorative Art zu weiteren relevanten Treffern gelangen.

Das Vorgehen beim Schneeballsystem kann man auch als *Rückwärts-Suche* bezeichnen: Sie erschließen sich zeitlich frühere Arbeiten, die in den Ihnen vorliegenden Texten zitiert wurden. Dadurch stoßen Sie oft auf Arbeiten, die für ein Forschungsfeld besonders relevant waren und die aktuelle Forschung beeinflusst haben. Allerdings kommen Sie auf diese Weise nicht zu den aktuellsten Arbeiten. Dafür bietet sich ein anderes Verfahren an, die sogenannte *Cited-reference-search*.

Bei der Cited-reference-search handelt es sich um eine *Vorwärts-Suche*, mit der Sie auch sehr aktuelle Arbeiten finden. Die Strategie ist folgende: Sie wählen sich einen Artikel aus, der für Ihr Thema so relevant ist, dass man davon ausgehen kann, dass viele neuere Arbeiten, die sich mit diesem Thema beschäftigen, diesen Artikel zitieren. Dabei schadet es nichts, wenn der ausgewählte Artikel bereits etwas älter ist. Diesen Artikel recherchieren Sie in einer Referenzdatenbank und lassen sich dann alle Arbeiten anzeigen, in denen dieser zitiert wird. In der Datenbank SSCI bekommen Sie beispielsweise bei jeder Quelle unter „Times Cited" angegeben, von wie vielen anderen Arbeiten (die in der Datenbank registriert sind) dieser Artikel zitiert wurde. Wenn Sie auf diese Zahl klicken, werden Ihnen alle zitierenden Arbeiten aufgelistet und Sie können die Titel und ggf. Abstracts nach für Sie relevanten Texten durchsehen.[28] Leider unterstützen bisher erst wenige Datenbanken die Cited-reference-search, aber SSCI stellt eine gute Quelle für diese Form der Vorwärts-Suche dar.

Sowohl durch das Schneeballsystem als auch durch die Cited-reference-search findet man oft relevante Arbeiten, die einem bei einer direkten Stichwortsuche entgangen sind. Auch die Namen von Wissenschaftlern, die bereits zu Ihrem Themengebiet publiziert haben, können Sie nutzen, um nach weiteren, neueren Arbeiten dieser Personen zu suchen.

5.4 Wo nach Literatur suchen?

Bei der Frage, wo Sie nach Literatur suchen sollen, kommt es zunächst darauf an, welche Art von Literatur Sie benötigen. Wir geben Ihnen daher als Erstes einen Überblick über verschiedene Quellenarten und die Orte, an denen Sie danach suchen können (Abschnitt 5.4.1). Anschließend gehen wir genauer auf die Recherche nach Büchern über Online-Bibliothekskataloge (Abschnitt 5.4.2) sowie die Suche nach Zeitschriftenartikeln über fachwissenschaftliche elektronische Datenbanken (Abschnitt 5.4.3) ein. Bei den Datenbanken geben wir konkrete Hinweise, welche für Sie relevant sein könnten.

---

28 In der Datenbank SSCI lässt sich zu jeder Publikation sogar in einem grafischen Netzwerk – der „Citation Map" – darstellen, welche Arbeiten von dieser Publikation zitiert werden und welche wiederum diese zitieren. Aber diese Darstellung ist eher eine unnötige Spielerei.

5.4.1 Überblick über Quellenarten und ihre Rechercheorte

Eine wichtige Unterscheidung bei Literaturquellen ist die zwischen *selbstständiger* und *unselbstständiger* Literatur. Mit *selbstständiger Literatur* sind Publikationen gemeint, die als eigenständiges Werk erschienen sind und eine physische Einheit bilden. Darunter fallen *Bücher als Ganzes* (Monografien sowie Sammel- bzw. Herausgeberbände) sowie *Zeitschriften als Ganzes* (also z.B. die Zeitschrift *Psychological Bulletin*). *Unselbstständige Literatur* bezeichnet hingegen Arbeiten, die *als Teil eines selbstständigen Werkes* erschienen sind. Hierbei handelt es sich um *einzelne Kapitel in einem Sammel- bzw. Herausgeberband* sowie um *Zeitschriftenartikel*. Abbildung 5.3 stellt dar, nach welchen Literaturquellen Sie wo recherchieren müssen.

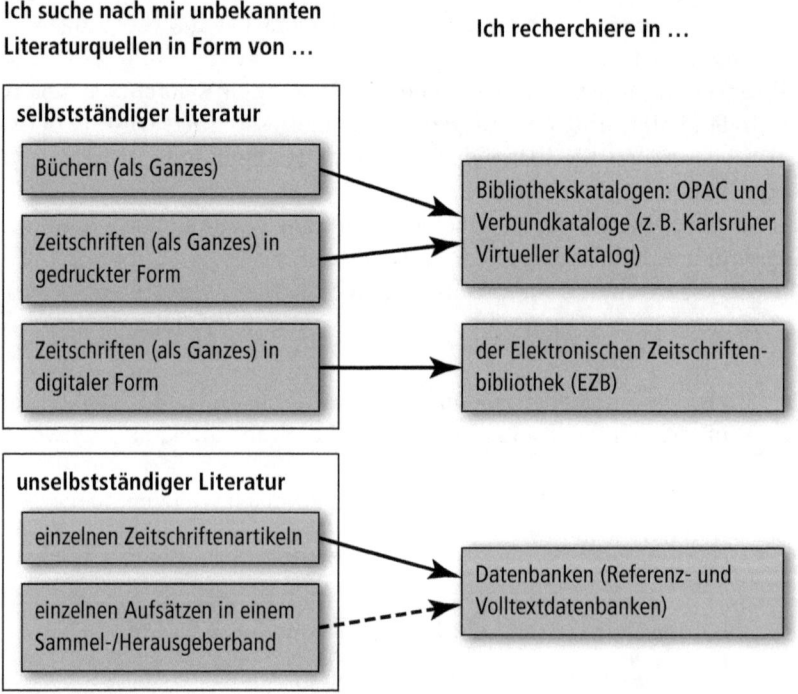

Abbildung 5.3. Wegweiser für die Recherche nach verschiedenen Literaturquellen.

Selbstständige Literatur, also insbesondere Bücher – gleichgültig ob Monografien oder Sammel-/Herausgeberwerke – sind in Bibliothekskatalogen verzeichnet. In solchen Katalogen wird Ihnen auch stets angegeben, an welchem Ort das Buch physisch vorhanden ist. Für die Suche nach vor Ort vorhandenen Büchern wählen Sie den OPAC Ihrer Hochschulbibliothek. Wollen Sie auch nach Büchern recherchieren, über die Ihre Bibliothek nicht verfügt, ist der Karlsruher Virtuelle Katalog das richtige Suchportal. Genaueres erfahren Sie in Abschnitt 5.4.2.

Suchen Sie hingegen nach Zeitschriftenartikeln, müssen Sie in Datenbanken recherchieren. In solchen Datenbanken sind auch Aufsätze aus Sammel-/Herausgeberbänden verzeichnet, wenngleich leider oft sehr unvollständig – daher der gestrichelte Pfeil in Abbildung 5.3. Für diese letzte Form von Literaturquellen gibt es keine wirklich gute und umfassende Recherchequelle. Auf Datenbanken gehen wir in Abschnitt 5.4.3 detailliert ein.

Zeitschriften als Ganzes werden Sie während Ihrer Literaturrecherche vermutlich kaum suchen. Dies wird erst relevant, wenn Sie einen Zeitschriftenartikel (z.B. über eine Suche in einer Datenbank) identifiziert haben und sich diesen dann besorgen wollen. Das wird in Abschnitt 5.5 zur Literaturbeschaffung erklärt.

5.4.2 Recherche nach Büchern: Online-Bibliothekskataloge

Wie dargestellt, macht es bei der Literaturrecherche einen Unterschied, ob Sie nach Büchern oder nach Zeitschriftenartikeln suchen, da Sie diese Quellen über verschiedene Wege finden. Für den Einstieg in ein Thema bieten sich Bücher an, aber nicht zu allen Themen existieren solche Werke. Zudem wird der Großteil der Forschungsliteratur in Zeitschriftenartikeln veröffentlicht. Spätestens dann, wenn Sie in ein Thema tiefer einsteigen und auch über den aktuellen Stand der Forschung informiert sein wollen, benötigen Sie also Zeitschriftenartikel – deren Recherche besprechen wir in Abschnitt 5.4.3.

Zunächst sollten Sie recherchieren, welche Bücher zu Ihrem Thema in der Bibliothek Ihrer Hochschule verfügbar sind. Eigentlich alle Hochschulbibliotheken verfügen über einen Online-Katalog, der meist als OPAC – für *Online Public Access Catalogue* – bezeichnet wird, und auf den Sie übers Internet zugreifen können. Dort finden Sie eine Suchmaske, in der Sie unter anderem nach Schlagwörtern oder (Titel-)Stichwörtern suchen können (zur Unterscheidung von Stich- und Schlagwörtern vgl. Abschnitt 5.3.3.1). In den meisten OPACs finden Sie inzwischen auch die Inhaltsverzeichnisse vieler Bücher. Ein Blick in das Inhaltsverzeichnis hilft bei der Entscheidung, ob ein bestimmtes Buch für Sie relevant ist.

Da Ihre Bibliothek niemals alle Bücher zu einem Thema haben wird, lohnt es sich, den Bestand weiterer Bibliotheken zu durchsuchen. Das geht beispielsweise über *Verbundkataloge*, also gemeinsame Kataloge mehrerer Bibliotheken, die sich nach Regionen zu Bibliotheksverbünden zusammengeschlossen haben. In Deutschland gibt es sechs Bibliotheksverbünde. Mittels des *Karlsruher Virtuellen Katalogs* (KVK; *www.ubka.uni-karlsruhe.de/kvk.html*) besteht die Möglichkeit, auszuwählen, in welchen dieser Verbünde Sie suchen möchten. Sie können auch gleichzeitig in all diesen Verbundkatalogen sowie in den Bibliothekskatalogen anderer Länder recherchieren. Eine weltweite Literaturrecherche nach Büchern können Sie mittels des *WorldCat* (*www.worldcat.org*), der auch über den KVK durchsuchbar ist, durchführen. Im WorldCat sind die Buchbestände von über 72 000 Bibliotheken aus 170 Ländern verzeichnet. Über die Fernleihe (vgl. Abschnitt 5.5.1.2) können Sie auch an Bücher gelangen, die nicht an Ihrer Hochschulbibliothek vorhanden sind, allerdings fallen hier unter Umständen Gebühren an.

Durchaus lohnenswert, wenn es um aktuelle Literatur geht, ist für deutschsprachige Bücher die Suche im *Verzeichnis lieferbarer Bücher*, das alle Bücher katalogisiert, die momentan in Deutschland über den Buchhandel lieferbar sind. Sie erreichen diesen Katalog über die Internetseite *www.buchhandel.de*. Für englischsprachige bzw. generell fremdsprachige Bücher gibt es ein entsprechendes Verzeichnis unter *www.booksinprint.com*. Allerdings bietet sich auch eine Suche über einen der großen Online-Buchhändler an, z.B. über *www.amazon.de* bzw. *www.amazon.com*.

5.4.3 Recherche nach Zeitschriftenartikeln: fachwissenschaftliche elektronische Datenbanken

Die Recherche in fachwissenschaftlichen elektronischen Datenbanken stellt heutzutage das wichtigste Vorgehen für eine wissenschaftliche Literaturrecherche dar, da der Großteil der wissenschaftlichen Veröffentlichungen als Zeitschriftenartikel erscheint. Diese Art von Literatur ist nur über derartige Datenbanken umfassend recherchierbar. Zunächst sollten Sie den Unterschied zwischen Volltext- und Referenzdatenbanken kennen. *Volltextdatenbanken* erlauben nach dem Finden einer Quelle auch den direkten Zugriff auf den vollständigen Text der Arbeit. Das ist sehr komfortabel, da Sie sich somit das separate Beschaffen des Artikels ersparen. Allerdings sind Volltextdatenbanken aus Gründen des Urheberrechts hinsichtlich der erfassten Arbeiten meistens sehr eingeschränkt, nämlich entweder auf frei verfügbare Quellen, für die keine Lizenzgebühren anfallen, oder auf die Quellen eines Verlages. Ein Beispiel für eine recht umfangreiche Volltextdatenbank in der Psychologie ist PsycARTICLES, in der die Artikel von Zeitschriften der American Psychological Association (APA) sowie einiger assoziierter Verlage vollständig verfügbar sind. Insgesamt handelt es sich dabei um 103 Zeitschriften (Stand: 02.05.2014). Das klingt erst einmal gut, aber wenn man sich vor Augen führt, dass es über 2 000 psychologische Fachzeitschriften gibt, umfasst diese Volltextdatenbank nur einen Bruchteil der relevanten Publikationen. Nun könnten Sie natürlich in mehreren Volltextdatenbanken suchen, aber das würde sehr mühselig werden. Daher spielen Volltextdatenbanken in unseren Fächern keine große Rolle. Wichtiger sind die *Referenzdatenbanken*. Diese werden so bezeichnet, da Sie nur die Referenz – also den Verweis – auf eine Arbeit enthalten, aber die Arbeit selbst an einem anderen Ort besorgt werden muss (vgl. Abschnitt 5.5). Für viele Arbeiten bestehen aber Links zwischen der Referenz in der Literaturdatenbank und dem Volltext, auch wenn dieser in einer separaten Datenbank gespeichert ist. Somit kommen Sie auch in der Referenzdatenbank oft mit wenigen Mausklicks an das PDF des Artikels (mehr dazu in Abschnitt 5.5.2.1). Früher erschienen „Referenzdatenbanken" als gedruckte (Fach-)Bibliografien, in denen die Artikel nach Themen sortiert aufgeführt waren. Im Zeitalter elektronischer Datenbanken spielen diese gedruckten Bibliografien keine Rolle mehr. Nur die Bezeichnung *(Fach-)Bibliografie* sollten Sie kennen, da diese manchmal auch synonym zum Begriff der Referenzdatenbank verwendet wird.

Bevor Sie Ihre Literaturrecherche beginnen, müssen Sie auswählen, in welcher Datenbank (bzw. in welchen Datenbanken) Sie suchen möchten, da diese auf bestimmte Wissenschaftsdisziplinen spezialisiert sind. Jede Hochschulbibliothek verfügt über einen Bestand an elektronischen Datenbanken, die man sich für gewöhnlich eingeschränkt auf das jeweilige Fachgebiet, das einen interessiert, anzeigen lassen kann. Sehr viele deutsche Bibliotheken bedienen sich dazu des *Datenbank-Infosystems* (DBIS; *www.bibliothek.uni-regensburg.de/dbinfo*). In diesem Infosystem sind – über alle Fachrichtungen hinweg – über 10 000 wissenschaftliche Datenbanken verzeichnet. Wählt man z. B. die Pädagogik aus, reduziert sich die Anzahl auf etwa 120 Datenbanken (für die Psychologie sind es knapp 80). Viele dieser Datenbanken sind sehr speziell und für die meisten Forschungsprojekte wenig relevant, wie z. B. die Datenbank *Töne für Kinder*, die etwa 5 000 Hörspielproduktionen für Kinder verzeichnet. Auf solche speziellen, aber meist kleinen Datenbanken kann man oft kostenlos über das Internet zugreifen.

Viele große fachwissenschaftliche Datenbanken sind für die Bibliotheken hingegen kostenpflichtig. Sie können daher nur von einem Hochschul- bzw. Bibliotheksrechner aus (also innerhalb des Hochschulnetzwerkes) darauf zugreifen, vorausgesetzt, Ihre Bibliothek besitzt die Lizenz für die jeweilige Datenbank. Tabelle 5.5 gibt eine Übersicht über einschlägige Datenbanken aus den für uns relevanten Fachgebieten. Für die Recherche von englischsprachigen Arbeiten lohnt sich fast immer eine Suche über die Datenbank *Social Sciences Citation Index* (SSCI). Diese ist Bestandteil der Datenbank „Web of Science" bzw. „Web of Knowledge", in die noch weitere Datenbanken (zu natur-, geistes- und wirtschaftswissenschaftlichen Gebieten) integriert sind. Für die Suche nach deutschsprachiger Literatur sollte aber immer noch eine weitere fachspezifische Datenbank durchsucht werden.

Datenbanken, welche dieselben Fachgebiete abdecken (z. B. SSCI und PsycINFO für die Psychologie), haben oft eine sehr hohe Überschneidung hinsichtlich der gefundenen Literaturquellen. Daher kann man sich hier meist auf die Recherche in derjenigen Datenbank beschränken, die man persönlich benutzerfreundlicher findet. Manchmal kann eine Recherche in zwei ähnlichen Datenbanken aber auch zu unterschiedlichen Treffern führen, nämlich dann, wenn sich die Datenbanken in der Auswahl der Zeitschriften unterscheiden, die sie auswerten und deren Artikel sie in die Datenbank übernehmen. Dann lohnt sich eine doppelte Suche.

Tabelle 5.5. Überblick über die wichtigsten elektronischen Datenbanken gruppiert nach Fachgebieten

Datenbank	Erläuterung
allgemein	
SSCI (Social Sciences Citation Index) – Bestandteil des „Web of Science" bzw. „Web of Knowledge"	Umfasst alle Gebiete der Gesellschafts- und Sozialwissenschaften sowie der eher naturwissenschaftlich orientierten Disziplinen Psychologie, Psychiatrie und Gesundheitswissenschaften. Ausgewertet werden ca. 2 500 sozialwissenschaftliche Fachzeitschriften und alle einschlägigen Beiträge aus weiteren 3 300 medizinischen und naturwissenschaftlichen Zeitschriften. Interessant ist an dieser Datenbank auch die Möglichkeit der Cited-reference-search (vgl. Abschnitt 5.3.6).
Bildungs- und Erziehungswissenschaft	
ERIC (Education Resources Information Center; *eric.ed.gov*)	Sehr umfangreiche, frei zugängliche bildungs- und erziehungswissenschaftliche Datenbank. Weist seit 1966 überwiegend englischsprachige Literatur (Zeitschriftenartikel, Bücher, Forschungs-, Konferenzberichte u. a.) zu allen Bereichen der Pädagogik nach (Schul- und Unterrichtswesen, Vorschulerziehung, Sonderpädagogik, Schulen und Hochschulen, Lehrerausbildung, Erwachsenenbildung, Berufsausbildung etc.).
Fachportal Pädagogik (*www.fachportal-paedagogik.de*)	Dieses frei zugängliche Portal ermöglicht die parallele Suche in zahlreichen erziehungs- und bildungswissenschaftlichen Datenbanken, die teilweise sogar Volltextzugriffe bieten. Wichtige integrierte Datenbanken sind die *FIS Bildung Literaturdatenbank*, der *Dokumentenserver pedocs* sowie die Datenbanken des Deutschen Bildungsservers. Auch die oben erwähnte Datenbank ERIC kann über dieses Fachportal durchsucht werden.
Neurowissenschaften/Psychiatrie/Klinische Psychologie	
Medline/PubMed (*www.ncbi.nlm.nih.gov/pubmed*)	Sehr umfassende Datenbank primär zur Medizin, umfasst aber auch weite Bereiche der Psychologie, Psychiatrie und Neurowissenschaften. Frei und kostenlos über das Internet verfügbar.

Tabelle 5.5. Überblick über die wichtigsten elektronischen Datenbanken gruppiert nach Fachgebieten *(Forts.)*

Datenbank	Erläuterung
Psychologie	
PsycINFO (früher: PsycLit)	PsycINFO verzeichnet überwiegend englischsprachige Zeitschriftenartikel sowie ausgewählte Bücher, Buchkapitel und Forschungsberichte zur Psychologie und verwandten Gebieten (z. B. Psychiatrie, Soziologie, Erziehungswissenschaft, Anthropologie, Pharmakologie, Physiologie, Kriminologie und Linguistik). Ausgewertet werden ca. 2 500 Zeitschriften.
PSYNDEX	Verzeichnet Arbeiten von deutschsprachigen Autoren (auch deren englischsprachige Publikationen) in der Psychologie sowie verwandten Fächern (Soziologie, Erziehungswissenschaft, Psychiatrie etc.). Die Suche kann sowohl mit deutschen als auch mit englischen Suchwörtern erfolgen. (Zu beachten ist, dass Umlaute nicht zugelassen sind.) Die Datenbank besteht aus zwei Segmenten: *PSYNDEX Literatur und Audiovisuelle Medien:* Zeitschriftenartikel, Bücher, Sammelwerksbeiträge, Berichte, Dissertationen sowie audiovisuelle Medien; *PSYNDEX Tests:* ca. 5 000 veröffentlichte und nicht-veröffentlichte Testverfahren, Skalen, Fragebögen etc.
Soziologie	
SocINDEX (with Full Text)	In dieser umfangreichen soziologischen Datenbank sind über zwei Millionen (überwiegend englischsprachige) Quellen verzeichnet. Neben Zeitschriften werden Bücher und Konferenzbeiträge erfasst. Ferner existieren über 25 000 Autorenprofile von besonders wichtigen Autoren. Von vielen Zeitschriften sind die Artikel über diese Datenbank als Volltext verfügbar.
Online Contents – SSG Sozialwissenschaften	Diese Datenbank erfasst Zeitschriftenartikel und Buchrezensionen aus den Bereichen der Soziologie und Sozialpolitik in verschiedenen Sprachen (insbesondere Deutsch und Englisch). Der Erfassungszeitraum der Zeitschriften geht überwiegend bis 1993 zurück.
Sowiport (*www.gesis.org/sowiport*)	Dieses sozialwissenschaftliche Fachportal ist frei über das Internet zugänglich. Neben der Soziologie werden verwandte Felder wie Politik-, Verwaltungs- und Wirtschaftswissenschaften sowie Sozialwesen und Sozialarbeit abgedeckt. Sowiport bündelt dabei Informationen aus 18 nationalen und internationalen Datenbanken, die gleichzeitig durchsucht werden können. Insgesamt sind über 7 Millionen (englisch- und deutschsprachige) Veröffentlichungen und Forschungsprojekte nachgewiesen.

5.5 Literaturbeschaffung

Die Literaturquellen, die Sie recherchiert haben, müssen Sie sich natürlich noch besorgen. Manchmal bietet eine Datenbank den direkten Zugriff auf den Volltext der Literaturquelle an. In allen anderen Fällen ist der Weg zur Quelle etwas weiter. Je nach Quellenart (Buch, Zeitschriftenartikel und graue Literatur) unterscheiden sich die Beschaffungswege zumindest teilweise. Daher gehen wir getrennt für diese drei Quellenarten darauf ein, wie Sie an die Werke herankommen.

5.5.1 Bücher und Aufsätze in Sammel-/Herausgeberbänden

Wir haben in Abschnitt 5.4.1 zu den Rechercheorten der Quellenarten beschrieben, dass Sie nach Büchern und nach Aufsätzen in Sammel-/Herausgeberbänden an verschiedenen Orten, nämlich einmal in Bibliothekskatalogen und einmal in Datenbanken suchen müssen. Das liegt daran, dass Aufsätze in Sammel-/Herausgeberbänden unselbstständige Werke und daher nicht in den Bibliothekskatalogen verzeichnet sind. Bei der Beschaffung der Literatur unterscheiden sich diese beiden Quellenarten jedoch nicht, da Sie ja auch dann, wenn Sie einen Aufsatz aus einem Buch möchten, nach dem Buch – als einem selbstständigen Werk – suchen. Bei der Beschaffung eines Buches empfehlen wir Ihnen, die folgenden Möglichkeiten in der vorgegebenen Reihenfolge abzuarbeiten und nur zur nächsten überzugehen, wenn die vorherige nicht funktioniert.

5.5.1.1 Entleihen an der eigenen Hochschulbibliothek

Wenn Sie ein Buch benötigen, dann ist die erste Anlaufstelle der Online-Katalog (OPAC) Ihrer Hochschulbibliothek. Wenn Sie es darin finden und sich das Buch im Präsenzbestand, also in den Regalen Ihrer Bibliothek befindet, können Sie es anhand der Signatur selbst suchen. Steht das Buch hingegen in einem Bibliotheksmagazin Ihrer Bibliothek, bestellen Sie es über Ihren Nutzeraccount im Online-Katalog. Bedenken Sie bei der zeitlichen Planung Ihrer Literaturbeschaffung immer, dass ein Buch auch einmal entliehen sein kann und dass Sie dann vielleicht mehrere Wochen warten müssen, bis der vorherige Nutzer das Buch zurückgebracht hat.

Immer mehr Bücher sind bei Bibliotheken übrigens auch als E-Books verfügbar. Allerdings kann man oft nur von einem Hochschul- bzw. Bibliotheksrechner aus auf diese Bücher zugreifen.[29] Teilweise lassen sich die Bücher oder einzelne Kapitel daraus als PDF öffnen und speichern, was Ihnen eine vom Bibliotheksrechner unabhängige Nutzung ermöglicht. Diese Option ist aus Urheberrechtsgründen aber nicht immer gegeben. Manchmal lassen sich nur einzelne Seiten ausdrucken und manchmal können Sie ein E-Book tatsächlich nur in Ihrer Bibliothek am Computer lesen.

---

[29] Viele Hochschulrechenzentren bieten die Möglichkeit, sich von zuhause aus mittels einer VPN-Verbindung in das Hochschulnetzwerk einzuloggen. Informieren Sie sich ggf. bei Ihrem Hochschulrechenzentrum.

5.5.1.2 Fernleih- und Kopienbestellung

Falls das Buch nicht in Ihrer Bibliothek vorhanden ist, können Sie es per Fernleihe aus einer anderen Bibliothek bestellen. (Das gilt allerdings nicht, wenn das Buch an Ihrer Bibliothek zwar prinzipiell vorhanden, aber gerade entliehen ist. Dann können Sie *keine* Fernleihe durchführen. Fernleihen bieten somit nicht die Möglichkeit, schneller an ein entliehenes Buch zu gelangen.) Früher musste man zur Fernleihbestellung einen Bestellzettel ausfüllen, heutzutage geht das meist online über Ihren Nutzeraccount bei Ihrer Bibliothek. Fernleihen sind oft kostenpflichtig, wobei innerhalb Deutschlands für Fernleihen meist nur eine geringe Gebühr (etwa 1.50 Euro) anfällt. Ist das Buch nur an einer ausländischen Bibliothek verfügbar, sollten Sie eher mit einer Gebühr von etwa 10 Euro rechnen. Aber hierzu erhalten Sie genauere Informationen bei Ihrer Bibliothek. Zu beachten ist, dass Fernleihen aus dem Inland manchmal wenige Tage, manchmal aber auch mehrere Wochen benötigen, bis Sie das Buch in Ihrer Bibliothek abholen können.

Wenn Sie aus einem Buch (z.B. einem Herausgeberband) lediglich ein bestimmtes Kapitel benötigen, ist es auch überlegenswert, statt des gesamten Buches nur die Kopie dieses Kapitels per Fernleihe zu bestellen. Dann wird in der Bibliothek, die das Buch besitzt, Ihr Wunschkapitel kopiert. Die Kopien werden dann an Ihre Bibliothek geschickt, wo Sie diese am Leihtresen abholen können. Auch für diesen Service fallen oft nur relativ geringe Gebühren an (bei Kopien bis zu 40 Seiten oft nur 1.50 Euro, bei mehr Seiten ein seitenweiser Aufschlag – erkundigen Sie sich dazu bei Ihrer Bibliothek). Bis zur Lieferung der Kopien müssen Sie mindestens ein paar Arbeitstage einplanen. Falls das Buch bei der anderen Bibliothek gerade entliehen sein sollte, kann es aber auch mehrere Wochen dauern.

5.5.1.3 Anschaffungswünsche äußern

Bei fast allen Bibliotheken gibt es die Möglichkeit – inzwischen oft per Online-Formular – sich die Anschaffung eines Buches, das Ihre Bibliothek noch nicht besitzt, zu wünschen. Wenn Sie das Buch nicht dringend brauchen, können Sie dies ruhig versuchen. Ob die Bibliothek Ihren Anschaffungswunsch aber realisiert, ist natürlich ungewiss (und hängt davon ab, für wie allgemein relevant die Bibliothekare das Buch halten und wie viel Geld Ihre Bibliothek gerade übrig hat). Außerdem dauert es oft sehr lange, bis Sie das Buch tatsächlich in Händen halten können, da es nach dem Kauf durch die Bibliothek erst einmal katalogisiert und in den Bestand aufgenommen werden muss.

5.5.1.4 Selbst kaufen

Wenn Sie ein Buch dringend benötigen und Sie es für sehr relevant halten, es aber über die oben beschriebenen Wege zu lange dauern würde, können Sie das Buch über einen (Online-)Buchhändler selbst erwerben. Allerdings kann spezielle, fachwissenschaftliche Literatur sehr teuer sein, da diese Bücher nur in kleinen Auflagen gedruckt werden. Ferner sind veröffentlichte Dissertationen oft nach einigen Jahren nicht mehr über den regulären Buchhandel verfügbar und auch andere, etwas ältere Werke können im Buchhandel vergriffen sein. In solchen Fällen bieten sich Internetplattformen zum Kauf antiquarischer Bücher an, für deutschsprachige Bücher vor allem das *Zentrale Verzeichnis Antiquarischer Bücher* (ZVAB; *www.zvab.com*), für Bücher in anderen Sprachen auch die Seite *www.abebooks.de*.

5.5.2 Zeitschriftenartikel

Auch bei der Beschaffung von Zeitschriftenartikeln raten wir Ihnen, die im Folgenden aufgeführten Möglichkeiten der Beschaffung in dieser Reihenfolge abzuarbeiten. Dadurch sollten Sie effizient und kostengünstig an die gewünschte Literatur gelangen.

5.5.2.1 Elektronische Zeitschriftenbibliothek (EZB)

Nahezu alle Hochschulbibliotheken verfügen über einen Zugang zur *Elektronischen Zeitschriftenbibliothek* (EZB). In dieser Datenbank sind über 55 000 elektronische Fachzeitschriften verzeichnet. Heutzutage gibt es wohl kaum eine wissenschaftliche Zeitschrift, die nicht auch in elektronischer Form erscheint. Daher sollten Sie jede aktuelle Fachzeitschrift in der EZB anhand ihres Titels finden können. Allerdings werden Sie nicht auf alle Zeitschriften im Volltext zugreifen können, was daran liegt, dass Ihre Bibliothek nicht für alle Zeitschriften Lizenzen besitzt. Die EZB arbeitet mit einer Ampelkennzeichnung: *Grün* bedeutet, dass die Zeitschrift frei über das Internet zugänglich ist; *Gelb* steht dafür, dass die Zeitschrift im Netz Ihrer Hochschule bzw. Bibliothek verfügbar ist, da Ihre Bibliothek über eine entsprechende Lizenz verfügt; *Gelb-Rot* meint, dass Ihre Bibliothek eine solche Lizenz nur für einige Jahrgänge der Zeitschrift besitzt (z.B. nicht für die neuesten Jahrgänge); *Rot* bedeutet schließlich, dass Sie diese Zeitschrift nicht im Volltext nutzen können – oft ist es aber möglich, über das Internet Inhaltsverzeichnisse und Abstracts von Artikeln der Zeitschrift anzuschauen.

Es ist vom Budget Ihrer Bibliothek und der Interessenslage an Ihrer Hochschule abhängig, für welche Zeitschriften und Jahrgänge Ihre Bibliothek eine Lizenz erworben hat. Bei einigen Zeitschriften gibt es auch eine sogenannte *Moving wall*, d.h., es besteht zwar prinzipiell Zugriff auf die Zeitschrift, aber die Artikel, die in den letzten 12 oder z.B. 24 Monaten erschienen sind, sind davon ausgenommen. Wenn eine Zeitschrift bzw. der benötigte Jahrgang einer Zeitschrift nicht über Ihren Zugang zur EZB verfügbar ist, bietet sich u.a. die Bestellung von Fernleihkopien an (Abschnitt 5.5.2.5).

Bei den Zeitschriften bzw. Jahrgängen, für die Ihre Bibliothek eine Lizenz besitzt, können Sie – sofern Sie sich mit Ihrem Rechner im Hochschulnetz befinden – Artikel als PDF öffnen und auch speichern. Das ist heutzutage sicherlich die komfortabelste Art, an Zeitschriftenartikel zu gelangen. Oft sind auch die Einträge in den elektronischen Datenbanken mit den PDFs verlinkt, sodass Sie durch einen Mausklick von dem Treffer-Eintrag bei Ihrer Literaturrecherche zum PDF des vollständigen Artikels gelangen. Wenn Sie einen Button mit der Beschriftung „Volltext" sehen, klicken Sie darauf. Ansonsten verbirgt sich ein Link zum Volltext häufig auch hinter einem Button mit der Aufschrift „SFX" oder „LinkSolver" – allerdings kann dies von Bibliothek zu Bibliothek variieren. Gibt es keinen solchen Link, müssen Sie direkt in der EZB nach der Zeitschrift und dem entsprechenden Jahr bzw. Heft suchen und von dort aus das PDF des Artikels öffnen.

5.5.2.2 Bestand gedruckter Zeitschriften in Ihrer Bibliothek

Da fast alle Zeitschriften heutzutage (auch) als Online-Version erscheinen, verlieren die gedruckten Zeitschriftenhefte an Bedeutung, wenngleich viele Bibliotheken weiterhin parallel zur digitalen eine gedruckte Version bereitstellen. Anders sieht es bei älteren Zeitschriftenjahrgängen aus: Zwar werden diese nach und nach digitalisiert, sodass auch ältere Jahrgänge immer besser über die Elektronische Zeitschriftenbibliothek verfügbar sind, aber viele ältere Jahrgänge stehen nach wie vor nur als gedruckte Version in den Bibliotheken. Beispielsweise erscheint die *Zeitschrift für pädagogische Psychologie* seit 1987. Digital verfügbar sind bisher aber erst die Jahrgänge ab 1999. Wenn Sie einen Artikel aus dem Jahr 1992 suchen, müssen Sie über den Online-Katalog (OPAC) Ihrer Bibliothek nach dieser Zeitschrift suchen. (Da es sich bei dem Zeitschriftenband – anders als bei einem Artikel – um eine selbstständige Publikation handelt, suchen Sie danach in dem Katalog, in dem auch Bücher verzeichnet sind.) Dort erhalten Sie dann entweder die Angabe, unter welcher Signatur die Zeitschrift im Regal steht, oder Sie können den gebundenen Zeitschriftenjahrgang zur Leihtheke bestellen.

5.5.2.3 *Google* und *Google Scholar*

Wenn ein Zeitschriftenartikel über die beiden obigen Wege nicht zu beschaffen ist, lohnt es sich, einfach mal den Titel bei *Google* bzw. besser bei *Google Scholar* einzugeben. Viele Autoren stellen inzwischen – mit dem Einverständnis des Zeitschriftenverlags – ein PDF ihres Artikels frei verfügbar ins Internet. Geben Sie für die Suche den Titel des Artikels – in Anführungszeichen gesetzt (das entspricht auch bei *Google* der Phrasensuche; vgl. Abschnitt 5.3.4.2) – ein. Dahinter können Sie noch *filetype:pdf* ergänzen. Damit schränken Sie ein, dass Ihnen nur Dateien angezeigt werden, die als PDF vorliegen.

Manchmal erlauben die Verlage den Autoren allerdings nicht, die endgültige Fassung des Artikels, sondern nur eine Vorabversion (in der Regel das Manuskript des Autors) ins Internet zu stellen. Solche Vorabversion können Sie zwar benutzen, um sich über etwas zu informieren, für das Zitieren einer Arbeit sind diese jedoch nicht geeignet. Das liegt zum einen daran, dass die Paginierung nicht mit dem endgültigen Artikel übereinstimmt – wenn Sie also etwas wörtlich zitieren möchten, fehlt Ihnen die notwendige Seitenangabe. Zum anderen können von der Vorabversion zum endgültigen Artikel auch noch kleinere Textänderungen erfolgt sein.

5.5.2.4 Autoren kontaktieren

Autoren freuen sich eigentlich immer, wenn sich jemand für ihre Arbeit interessiert. Sofern der Artikel nicht allzu alt ist, haben Sie gute Chancen, den Autor einer Arbeit über seine Hochschul-Homepage, wo Sie auch seine E-Mail-Adresse finden, aufzuspüren. In vielen Datenbanken (vgl. Abschnitt 5.4.3) können Sie sich übrigens auch die E-Mail-Adresse des sogenannten *Corresponding Authors*, an den Anfragen zum Artikel gerichtet werden sollen, anzeigen lassen. Da dies allerdings seine E-Mail-Adresse zum Zeitpunkt der Veröffentlichung ist, müssen Sie ggf. im Internet (z.B. über *Google*) nach dem Verbleib des Autors recherchieren, sofern seine Adresse nicht mehr aktuell ist.

Scheuen Sie sich nicht, den Erstautor (bzw. Corresponding Author) einer Arbeit anzuschreiben und ihn höflich darum zu bitten, Ihnen seinen Artikel als PDF zu schicken. Unter Wissenschaftlern ist dieses Vorgehen durchaus üblich und auch wenn Sie „nur" Studierender sind, wird der Autor Ihnen diesen Wunsch sicherlich gern erfüllen. Die Höflichkeit gebietet es aber, dass Sie zuvor versucht haben, sich den Artikel über die oben genannten Wege selbst zu beschaffen, da Sie ansonsten jemand anderem unnötig Arbeit bereiten.

5.5.2.5 Fernleihkopien

Wenn eine Zeitschrift bzw. der Jahrgang einer Zeitschrift, den Sie benötigen, weder über die Elektronische Zeitschriftenbibliothek verfügbar noch in Ihrer Bibliothek als gedruckte Version vorhanden ist, dann – und nur dann – besteht die Möglichkeit, diesen Artikel per Fernleihe als Kopie zu bestellen (vgl. die Beschreibung in Abschnitt 5.5.1.2). Auch Kopien von Zeitschriftenartikeln kosten meist nur eine geringe Gebühr (üblich sind 1.50 Euro für Artikel bis 40 Seiten). Bei Zeitschriftenartikeln ist in der Regel nur die Bestellung als Kopie, also nicht die Fernleihbestellung des gesamten Zeitschriftenbandes möglich. Da Zeitschriften meistens nicht für längere Zeit verliehen sind, können Sie in aller Regel bereits nach wenigen Arbeitstagen mit dem Eintreffen Ihrer Kopien rechnen, allerdings sind kurze Bearbeitungszeiten nicht garantiert.

5.5.2.6 Dokumentenlieferdienste

Fernleihkopien stellen eine kostengünstige Variante dar, um an Zeitschriftenartikel zu gelangen, die in der eigenen Bibliothek nicht verfügbar sind. Falls es aber einmal besonders eilig ist, bieten sich sogenannte Dokumentenlieferdienste an. Der in Deutschland bekannteste Anbieter ist *Subito* (*www.subito-doc.de*). Hier können Sie ebenfalls Kopien bzw. PDFs von Zeitschriftenartikeln bestellen. Dabei wird garantiert, dass bei einer „Normalbestellung" Ihr Auftrag innerhalb von 72 Stunden (Wochenenden und Feiertage ausgenommen) bzw. bei einer Eilbestellung innerhalb von 24 Stunden bearbeitet wird.

Die preiswerteste Variante bei einer Bestellung über *Subito* ist die Zustellung der Datei per E-Mail (alternativ sind auch Zustellungen der Kopien per Post oder Fax möglich). Die gelieferten Dateien sind aus Urheberrechtsgründen übrigens manchmal derart geschützt, dass sie nur eine begrenzte Anzahl von Malen geöffnet und gedruckt werden können. Für Studierende liegen die Kosten bei einer Lieferung per E-Mail im Rahmen einer Normalbestellung derzeit für die meisten Zeitschriften bei etwa 5 Euro. Für eine Eilzustellung fällt ein Zuschlag in ungefähr gleicher Höhe an. Allerdings sollte man bei der Bestellung aufpassen, da bei einigen Zeitschriften bzw. auch bei einigen Lieferbibliotheken die Preise höher ausfallen können.

5.5.2.7 Zugriffsrecht auf Artikel online kaufen

Eine weitere, noch kostspieligere, dafür aber auch schnellere Möglichkeit ist, sich auf der Internetseite der Zeitschrift für einen konkreten Artikel das Zugriffsrecht zu kaufen. Sie können den Artikel dann sofort online lesen. Die Kosten für einen einzelnen Artikel bewegen sich üblicherweise zwischen 10 und 40 Euro, meist aber im oberen Bereich dieser Spanne.

5.5.3   Graue Literatur

Bei *grauer Literatur* handelt es sich um Literatur, die nicht veröffentlicht ist und nicht über den Buchhandel bezogen werden kann. Ein Hinweis darauf, dass es sich um graue Literatur handelt, ist das Fehlen einer ISBN- bzw. ISSN-Nummer.[30] Von einem Verlag veröffentlichte Bücher bzw. Zeitschriften weisen eine solche Nummer auf.

Zur grauen Literatur zählen die in Abschnitt 5.2.2 erwähnten (Forschungs-)Berichte aus Forschungseinrichtungen und Behörden. Solche Berichte sind teilweise auch über Bibliotheken verfügbar – dann erfolgt die Recherche und Beschaffung wie für Bücher in Abschnitt 5.5.1 beschrieben. Allerdings gibt es keine zentrale Datenbank, über die man in größerem Umfang (Forschungs-)Berichte findet, auch wenn es Versuche gibt, solche Datenbanken zu schaffen. Ein entsprechender Versuch zur Sammlung europäischer grauer Literatur ist *OpenGrey* (*www.opengrey.eu*). Auch mittels der auf Seite 107 erwähnten Suchmaschine *BASE* lässt sich graue Literatur finden. Neuere (Forschungs-)Berichte sind oft als PDF auf den Internetseiten der herausgebenden Institution verfügbar, z.B. die Berichte des Statistischen Bundesamtes unter *www.destatis.de*. Derartige Berichte findet man auch durch Internetsuchen z.B. mittels *Google*. Wenn Sie von einem älteren Bericht wissen, der in Papierform gedruckt bzw. kopiert wurde, Sie aber über eine (Fernleih-)Bestellung bei Ihrer Bibliothek nicht an den Volltext gelangen, lohnt es sich oft, die jeweilige Einrichtung direkt anzuschreiben und um ein Exemplar zu bitten.

Neben Berichten zählen auch Abschlussarbeiten (Bachelor-, Master-, Zulassungs- und Diplomarbeiten) zur grauen Literatur. Auch hierfür gibt es keine umfassenden Datenbanken, wenngleich sich für einzelne Fächer derartige Versuche finden, die hinsichtlich der erfassten Arbeiten aber sehr unvollständig sind (z.B. die

---

30 Die ISSN-Nummer bei Zeitschriften ist das Pendant zur ISBN-Nummer bei Büchern.

ZPID-Datenbank Diplomarbeiten Psychologie, die Diplomarbeiten von 1997 bis 2006 erfasst und seitdem nicht mehr ergänzt wird). Zudem sollten Sie beachten, dass Abschlussarbeiten ohnehin nur eingeschränkt zitationswürdig sind, sodass sich eine ausgiebige Suche nach solchen Arbeiten selten lohnt (vgl. auch die entsprechenden Ausführungen in Abschnitt 5.2.3).[31]

Anders verhält es sich bei Dissertationen, bei denen man durchschnittlich von einer höheren Qualität und auch Forschungsrelevanz als bei studentischen Abschlussarbeiten ausgehen kann. In Deutschland gehören Dissertationen *nicht* zur grauen Literatur, da sie publikationspflichtig sind und deshalb wie Bücher über Online-Bibliothekskataloge recherchiert werden können (vgl. Abschnitte 5.4.2 und 5.5.1). Immer mehr Dissertationen werden nur online auf den Servern der Hochschulbibliothek des Promovenden bereitgestellt, aber auch diese Arbeiten gelten damit als veröffentlicht und sind problemlos und kostenfrei per Internet zugänglich. Finden lassen sich auch online publizierte Dissertationen über den KVK (vgl. S. 131).

In den USA hingegen müssen Dissertationen nicht veröffentlicht werden. Dort sind die meisten Dissertationen folglich graue Literatur. Allerdings gibt es mit der Datenbank *ProQuest Dissertations & Theses* (search.proquest.com) eine Option, nach diesen unveröffentlichten Dissertationen zu suchen. Sofern Ihre Bibliothek über eine entsprechende Lizenz für ProQuest verfügt, können Sie viele dieser Arbeiten direkt als Volltext herunterladen.

Sowohl die Recherche als auch die Beschaffung grauer Literatur ist ein komplexes Gebiet. Für eine Arbeit im Rahmen des Studiums brauchen Sie diese Literaturform meist nicht weiter zu beachten. Falls Sie sich dennoch mit diesem Thema genauer auseinandersetzen wollen, empfehlen wir Ihnen dazu das Buchkapitel von Rothstein und Hopewell (2009).

5.6 Literaturstudium: Quellen beurteilen und verarbeiten

In diesem Kapitel behandeln wir, was Sie beim Literaturstudium, also beim Lesen und Verwerten der Texte, beachten sollten. Dabei geht es zunächst darum, die Qualität der Literaturquellen einschätzen zu können (Abschnitt 5.6.1) und zu beurteilen, welche Texte für Sie besonders relevant sind (Abschnitt 5.6.2). Zudem sollen Sie lernen, wie Sie Texte effektiv verarbeiten und für das Schreiben Ihrer eigenen Arbeit nutzbar machen (Abschnitt 5.6.3).

5.6.1 Qualität der Literaturquelle einschätzen

In Abschnitt 5.2 zu Quellenarten und ihrer Zitationswürdigkeit haben wir bereits erläutert, dass nicht alle Quellen gleich gut sind. Darüber hinaus unterscheiden

---

31 Eine Ausnahme besteht, wenn Sie eine systematische Übersichtsarbeit (z.B. eine Metaanalyse) durchführen, da für solche Arbeiten auch nichtpublizierte Studien von besonderem Interesse sind.

sich aber auch Arbeiten, die derselben Quellenart (z.B. Artikel in wissenschaftlicher Peer-review-Zeitschrift) zuzuordnen sind, deutlich in ihrer Qualität. Bei der Beurteilung, wie gut eine Arbeit ist, lassen sich *äußere* und *innere Qualitätsindikatoren* der Arbeit unterscheiden.

Für den ersten äußeren Indikator, der einen Hinweis auf die Qualität einer Arbeit liefert, können die *Qualifikation und das Renommee des Autors bzw. der Autoren* herangezogen werden. So sollten Sie einer Arbeit, die von einem Studierenden verfasst wurde, skeptischer gegenüberstehen als einem Artikel, der von einem an einer Hochschule tätigen Professor zu seinem Spezial- bzw. Forschungsgebiet geschrieben wurde. Letzterer hat, um seine Position zu erreichen, nämlich bereits unter Beweis stellen müssen, dass er wissenschaftlich korrekt arbeiten kann. Texte von Journalisten sind, wie in Abschnitt 5.2.1 und 5.2.4 ausgeführt, in aller Regel nicht zitationswürdig.

Der zweite äußere Qualitätsindikator betrifft *Art und Renommee der Quelle*, in der eine Arbeit erschienen ist. Die Qualität bzw. Zitationswürdigkeit verschiedener Quellenarten haben wir in Abschnitt 5.2 ausführlich beschrieben. Wie erwähnt, unterliegen insbesondere Artikel in Peer-review-Zeitschriften einer vorherigen Qualitätskontrolle. Darüber hinaus wird bei Zeitschriften oft der *Impact-Faktor* als Qualitätsindikator herangezogen. Der Impact-Faktor einer Zeitschrift gibt die *durchschnittliche jährliche Zitationsrate* von Artikeln aus einem bestimmten Zeitraum (z.B. aus den vergangenen zwei Jahren) in anderen wissenschaftlichen Publikationen an.[32] Je höher dieser Wert ist, desto häufiger werden Arbeiten aus dieser Zeitschrift zitiert und desto höher ist das Ansehen der Zeitschrift. Die meisten Wissenschaftler wollen zudem in Zeitschriften mit besonders hohem Impact-Faktor publizieren, da dies wiederum ihr Ansehen steigert. Somit bekommen Zeitschriften mit hohem Impact-Faktor meist auch mehr Manuskripte zugeschickt und können sich die besten dieser Arbeiten zur Publikation aussuchen. Zur groben Orientierung kann man sagen, dass Zeitschriften ab einem Impact-Faktor von 1.5 als gut und ab 2.5 als (sehr) hochrangig anzusehen sind. Im Umkehrschluss heißt dies nicht, dass in einer Zeitschrift mit einem Impact-Faktor von 0.8 keine guten Artikel erscheinen würden, aber statistisch gesehen sind die Artikel in einer Zeitschrift mit einem hohen Impact-Faktor im Mittel bedeutsamer und qualitativ besser als in einer Zeitschrift mit niedrigem Impact-Faktor. Übrigens unterscheiden sich die Impact-Faktoren von Zeitschriften auch zwischen den Fachdisziplinen: So sind sie in der Erziehungswissenschaft durchschnittlich etwas niedriger als in der Psychologie und hier wiederum niedriger als in den Neurowissenschaften. Dieser Umstand hat allerdings nichts mit der Qualität der Arbeiten oder Zeitschriften aus diesen Bereichen zu tun, sondern mit der Publikationsaktivität: In thematischen Bereichen, in denen viele

---

[32] In der Datenbank *Journal Citation Reports*, die über das *Web of Science* zugänglich ist, findet man die Impact-Faktoren der meisten relevanten Zeitschriften. Ein dem Impact-Faktor ähnlicher Index zur Berechnung der Relevanz von Zeitschriften ist der *eigenfactor* (einsehbar unter *www.eigenfactor.org*). Dieser beruht auf Zitationen der letzten fünf Jahre, wobei auch Zitationen in nichtwissenschaftlichen Publikationen berücksichtigt werden.

Personen forschen und sich gegenseitig zitieren, werden oft höhere Impact-Faktoren erzielt als in kleinen Spezialgebieten, zu denen nur wenige Wissenschaftler arbeiten. Auch englischsprachige (internationale) Zeitschriften haben durchschnittlich höhere Impact-Faktoren als Journals in anderen Sprachen, weil bei Letzteren die Anzahl derer, die diese Artikel überhaupt lesen und zitieren können, kleiner ist. Insgesamt ist der Impact-Faktor einer Zeitschrift nur ein sehr grober Indikator für das Renommee oder die Qualität der Zeitschrift. Würde man Zeitschriften nur an ihrem Impact-Faktor messen, würde man vielen Journals Unrecht tun.

Bei Büchern können Sie das Renommee des Verlages für eine erste Einschätzung der Qualität heranziehen: Handelt es sich um einen großen, angesehenen Wissenschaftsverlag (wie Beltz, Cambridge University Press, Elsevier, Erlbaum, Guilford Press, Hogrefe, Klinkhardt, Oxford University Press, Pearson, Routledge, Sage, Springer, Waxmann, Wiley), um einen unbekannten Verlag oder sogar um einen Selbstverlag? Es gibt auch Verlage, die ihre Bücher primär über Druckkostenzuschüsse der Autoren finanzieren (z.B. LIT Verlag, Shaker, Verlag Dr. Kovač). Da hier die Autoren für die Veröffentlichung ihrer Bücher selbst bezahlen, haben die Verlage wenig Interesse an einer ausgiebigen Qualitätskontrolle bzw. der Ablehnung von Manuskripten. Auch Dissertationen werden häufig in derartigen Verlagen – mit Druckkostenzuschuss – veröffentlicht. Die Qualität der Bücher solcher Verlage ist oft sehr heterogen, von hervorragenden bis hin zu qualitativ fragwürdigen Arbeiten.

Wichtig bei allen äußeren Qualitätsindikatoren ist, dass sie nur statistische Aussagen zulassen: Der Artikel eines Professors, der in einem angesehenen Journal mit einem hohen Impact-Faktor veröffentlicht wurde, ist *im Durchschnitt* qualitativ besser als ein Artikel, der von einem wissenschaftlich noch wenig erfahrenen Doktoranden in einem unbedeutenden Journal mit niedrigem Impact-Faktor publiziert wurde. Über den individuellen Artikel erlauben diese äußeren Indikatoren aber keine Aussage, und im Einzelfall kann es sich mit der Qualität genau andersherum verhalten. Auch auf das Renommee von Autoren sollte man sich nicht blind verlassen: Nur weil eine Aussage von der renommierten Wissenschaftlerin Prof. Dr. Dr. Klara Weißesgenau stammt, bedeutet dies nicht, dass die Aussage auch wissenschaftlich fundiert ist. Daher sind Sie als Autor/-in Ihres Textes verpflichtet, bei jeder einzelnen von Ihnen verwerteten Aussage deren wissenschaftliche Qualität zu überprüfen. Das geschieht mittels innerer Qualitätsindikatoren.

Unter *inneren Indikatoren* verstehen wir, ob die Arbeit *methodischen und allgemeinen wissenschaftlichen Standards genügt* (vgl. dazu auch die Abschnitte 6.3 und 6.4). Diese sollten Sie im Rahmen Ihres Studiums, insbesondere der Methodenausbildung, kennengelernt haben. So wissen Sie sicherlich, dass es für die Validität der Befunde einen Unterschied macht, ob Sie die Veränderung einer Interventionsmaßnahme nur mittels eines Pre-Post-Vergleichs feststellen, oder ob Sie zusätzlich eine Placebokontrollgruppe zum Vergleich heranziehen. Auch andere methodische Mängel wie Selbstselektion der Probanden oder nichtkontrollierte Störfaktoren können die Aussagekraft von Befunden stark einschränken. Bei jeder empirischen Studie ist zudem zu fragen, ob die erhobenen Variablen gute Indikatoren für die Konstrukte sind, über die man inhaltliche Aussagen treffen möchte. Um über derartige Fragen zu entscheiden, müssen Sie u. a. die Methoden- und Ergebnisteile der Arbeiten sorgfältig lesen, selbst wenn Ihnen dies manchmal trocken erscheint.

Ein weiterer innerer Qualitätsindikator ist, ob die Autoren selbst die relevante Literatur kennen und auch zitieren, oder ob z. B. Quellen, die der eigenen Aussage oder Schlussfolgerung widersprechen, ausgeklammert werden. Das lässt sich natürlich erst beurteilen, wenn man sich selbst in dem Forschungsfeld schon recht gut auskennt. Worauf Sie aber immer achten können, ist, ob theoretische Annahmen und Ableitungen in sich plausibel und nachvollziehbar sind und ob getroffene Aussagen, sofern sie nicht auf den eigenen Daten beruhen, durch Literaturangaben belegt werden. Wer eine wissenschaftliche Arbeit schreibt und darin zu einer bestimmten Aussage gelangt, muss den Leser durch logische Argumente und empirische Befunde von dieser Aussage überzeugen. Gelingt es den Autoren also nicht, ihre Aussagen plausibel zu belegen und eine schlüssige Argumentation aufzubauen, spricht dies eindeutig gegen die Arbeit.

Wir wollen das an einem fiktiven Beispiel verdeutlichen, bei dem die Autoren einer Arbeit ihre Ergebnisse überinterpretiert haben. Angenommen, im Ergebnisteil einer Studie zu geschlechtsspezifischen Unterschieden beim Autofahren wird berichtet, dass in Saudi-Arabien 95 % aller Autounfälle durch Männer verursacht werden. Die Autoren schlussfolgern daraus, dass Frauen die besseren Autofahrer sind – immerhin gehen kaum Unfälle auf sie zurück. Diese Schlussfolgerung ist aber nicht legitim, da der berichtete Effekt zu einem wesentlichen Teil darauf beruht, dass in Saudi-Arabien prozentual deutlich mehr Männer als Frauen Auto fahren. In diesem Land ist Frauen das Autofahren nämlich verboten bzw. nur in Ausnahmefällen gestattet (Schmid, 2010; Steinberg, 2013).

Als Leser/-in einer Studie und insbesondere dann, wenn Sie diese in Ihrer eigenen Arbeit berichten wollen, sind Sie stets aufgefordert, selbst kritisch zu denken und die Schlussfolgerungen der Autoren zu hinterfragen. Es wäre ein Kunstfehler, die soeben beschriebene Arbeit als Beleg dafür heranzuziehen, dass Frauen bessere Autofahrer sind, selbst wenn die Autoren zu diesem Schluss gelangt sind. Selbstverständlich können Sie die Arbeit zitieren, aber eher in folgender Form: „Bounce und Crash (2009) kommen zu dem Schluss, dass Frauen besser Auto fahren als Männer, da in Saudi-Arabien in den Jahren 2004 bis 2006 über 95 % aller Autounfälle durch Männer verursacht wurden. Dabei berücksichtigen die Autoren allerdings nicht, dass laut Equal und Rights (2008) in Saudi-Arabien Frauen nur zu einem sehr geringen Anteil überhaupt Auto fahren."

Es würde zu weit führen, hier im Detail aufzuführen, welche methodischen Mängel dazu beitragen können, dass die Befunde von Studien nicht aussagekräftig sind bzw. sich keine wissenschaftlich fundierten Schlussfolgerungen ziehen lassen. Entsprechende Hinweise finden Sie aber in Lehrbüchern zu Experimenten und Forschungsmethoden (z. B. Bortz & Döring, 2006; Huber, 2013; Hussy,

Schreier & Echterhoff, 2013; Reiß & Sarris, 2012; Sedlmeier & Renkewitz, 2013). Eine gute Einführung in die Forschungsmethoden der Psychologie bietet das Buch von Renner, Heydasch und Ströhlein (2012). Zur Bewertung pädagogisch-psychologischer Studien ist das Buch von D. H. Rost (2013) zu empfehlen. Einige wichtige Aspekte zur methodischen Qualität von Arbeiten wiederholen wir zudem in Kapitel 6.

5.6.2 Relevanz der Literaturquelle beurteilen

Bei der Entscheidung, welche Literaturquellen Sie für Ihre Arbeit verwenden, ist neben der Qualität der Quelle natürlich auch deren inhaltliche Relevanz ausschlaggebend. Je genauer sich eine Arbeit mit Ihrem eigentlichen Thema bzw. mit einer konkreten Unterfrage beschäftigt, desto relevanter wird diese in der Regel für Sie sein. Etwas schwieriger wird die Entscheidung hinsichtlich der Relevanz, wenn es zu Ihrem konkreten Thema kaum oder vielleicht sogar gar keine bisherigen Arbeiten gibt. Dann stellt sich nämlich die Frage, ob nicht auch Arbeiten zu ähnlichen Themen relevant sein könnten.

Wir wollen diesen Gedanken an einem Beispiel verdeutlichen: Es findet sich kaum Literatur zu der Fragestellung, ob Prüflinge in mündlichen Prüfungen unterschiedlich gute Leistungen erbringen, je nachdem in welcher Anordnung (z.B. frontal oder über Eck) sie zum Prüfer sitzen. Daher wären hier auch Arbeiten relevant, die sich mit Sitzanordnungen in ähnlichen Situationen befassen, z.B. in Bewerbungsgesprächen oder bei der Durchführung von Intelligenztests. Von solchen, relativ ähnlichen Situationen kann man nämlich vielleicht auf die Situation einer mündlichen Prüfung verallgemeinern. Weniger relevant wären jedoch vermutlich Arbeiten, die sich damit beschäftigen, wie angenehm Personen bestimmte Sitzanordnungen beim „Ersten Date" finden, da sich die Beziehungs- und Kommunikationsgestaltung in dieser Situation stark von einer Prüfungssituation unterscheidet.

Welche Literaturquellen für Ihre Arbeit inhaltlich relevant sind, ist umso einfacher zu entscheiden, je besser Sie sich schon mit einem Thema auskennen. Daher werden Sie vermutlich nur anfangs Schwierigkeiten bei dieser Entscheidung haben. Falls derartige Entscheidungen Ihnen aber auch nach einer gewissen Zeit der Einarbeitung noch schwer fallen, könnte das daran liegen, dass Sie nicht eindeutig abgegrenzt haben, welche Aspekte Sie in Ihrer Arbeit behandeln wollen und welche Themenbereiche Sie besser außen vor lassen. Es passiert nicht selten, dass Schreiber von Abschlussarbeiten denken, sie müssten auch die Grundlagen eines Themas in enzyklopädischer Weise abhandeln. Wenn Sie solche Schwierigkeiten bei sich feststellen, versuchen Sie zunächst – ggf. im Gespräch mit Ihrem Betreuer –, die relevanten Aspekte Ihres Themas genauer einzugrenzen.

Der Fokus einer (Literatur-)Arbeit bzw. eines Theorieteils innerhalb einer empirischen Arbeit kann und darf sich durchaus im Laufe des Schreibprozesses verschieben (sprechen Sie das aber ggf. mit Ihrem Betreuer ab). Das rührt daher, dass einem bestimmte Aspekte erst bei der Sichtung bzw. beim Durcharbeiten der ersten Literatur klar werden und man dann bisher vernachlässigte Bereiche doch berücksichtigen möchte oder andere Aspekte vielleicht weniger relevant erscheinen. Um dabei allerdings nicht den roten Faden der Arbeit aus den Augen zu verlieren und auch um jederzeit zu wissen, welche Themenbereiche relevant und welche unwichtig sind, ist es hilfreich, in wenigen Sätzen zusammenzufassen, womit sich die Arbeit beschäftigen soll und welche inhaltlichen Gliederungspunkte berücksichtigt werden müssen. Ferner kann es nützlich sein, auch – ebenfalls in wenigen Sätzen oder Stichworten – aufzuschreiben, womit sich die Arbeit explizit nicht befassen soll. Beispielsweise könnten Sie bei der oben erwähnten Arbeit zum Zusammenhang von Sitzanordnung und Leistungen in mündlichen Prüfungen festlegen, dass Sie sich nicht mit Gruppenprüfungen beschäftigen, nicht mit praktischen Prüfungen und dass es Ihnen um die Leistung in der Prüfung geht, nicht um das subjektive Wohlbefinden der Prüflinge. Eine solche Absteckung der Grenzen Ihrer Arbeit hilft Ihnen bei der Entscheidung, ob eine bestimmte Literaturquelle noch zum Fokus Ihres Themas gehört und beschafft bzw. durchgearbeitet werden soll, oder ob Sie auf diese Arbeit verzichten können.

5.6.3 Literatur effizient verarbeiten und für die eigene Arbeit verwerten

Wer vorhat, eine wissenschaftliche Arbeit (insbesondere den Theorieteil einer Arbeit) zu schreiben, steht häufig vor folgendem Dilemma: Zu Beginn der Beschäftigung mit einem Thema fehlen die Übersicht und das inhaltliche Wissen, um einfach loszuschreiben oder auch um eine inhaltlich sinnvolle Gliederung zu entwerfen. Daher muss man sich zunächst einlesen. Wer aber 20 oder mehr wissenschaftliche Arbeiten liest, ohne sich dabei Notizen zu machen, wird sich beim anschließenden Versuch, etwas zu schreiben, wahrscheinlich schwertun, weil viele Inhalte bereits wieder vergessen wurden. Man müsste bei manchen Quellen erneut zu lesen beginnen, um zu wissen, ob sich Inhalte eines Textes für die eigene Arbeit verwenden lassen. Wir schlagen daher das folgende Vorgehen in sechs Schritten vor:

1. Überblick verschaffen
2. Wichtige Inhalte und Gedanken beim Lesen notieren
3. Eine (vorläufige) Gliederung erstellen und dadurch die Arbeit in kleinere Portionen unterteilen, denen man die Literaturquellen zuordnet
4. Zu schreiben beginnen, auch wenn man noch nicht „alles" gelesen hat; parallel weiterlesen und recherchieren
5. Wenn nötig: die Gliederung verändern, Teile umstellen und neu schreiben
6. Ein Ende finden

Wie Sie sehen, beziehen sich die sechs Schritte nicht nur auf das Lesen von Literatur, sondern auch auf die Gliederung Ihrer Arbeit und auf das Schreiben. Das liegt daran, dass Literaturstudium und Schreiben unseres Erachtens nicht voneinander zu trennen sind und parallel erfolgen müssen. Verabschieden Sie sich von dem Gedanken, man könne gleich die perfekte Gliederung einer Arbeit erstellen, an die Sie sich bis zur Abgabe der Arbeit halten. Sie schreiben, um den entstandenen Text wieder zu überarbeiten, insbesondere dann, wenn Sie neue, interessante und relevante Quellen im Laufe der Schreibarbeit ausfindig machen. Im Folgenden werden wir die einzelnen Schritte eingehender erläutern.

1. Verschaffen Sie sich zunächst einen Überblick über den Wissensstand zu Ihrem Thema. Im Idealfall finden Sie einen Überblicksartikel (*review*), der Ihnen nicht nur einen Einstieg in das Thema bietet, sondern auch eine Möglichkeit aufzeigt, wie Sie den Stoff thematisch gliedern können.[33] Von einer solchen Gliederung können Sie sich inspirieren lassen, um selbst zu einer – vielleicht noch besseren, zumindest aber spezifisch auf Ihr Thema zugeschnittenen – Gliederung zu gelangen. Achten Sie aber darauf, dass Sie nicht einfach abschreiben, sonst begehen Sie ein Plagiat!

Wenn es keine passende Überblicksarbeit gibt, wird die Sache schwieriger, da Sie versuchen müssen, die Literatur und Befunde aus verschiedenen Studien selbst zu ordnen. Dann ist es sinnvoll, mehrere Arbeiten zu überfliegen und einige Arbeiten genauer zu lesen, bevor Sie sich Gedanken über den eigenen Text machen. Allerdings sollten Sie nicht zu lange mit dem zweiten Schritt warten.

2. Notieren Sie sich beim Lesen wichtige Inhalte und Gedanken. Beim Lesen wissenschaftlicher Texte sollten Sie sich immer Notizen machen. Dabei ist es Geschmackssache, ob Sie sich Dinge am Computer notieren (ggf. in ein Literaturverwaltungsprogramm; vgl. Abschnitt 4.3) oder per Hand in ein Notizbuch bzw. auf lose Zettel eintragen. Allerdings haben lose Zettel – wie auch Notizen am Computer – den Vorteil, dass Sie diese später beliebig sortieren können (dazu mehr in Schritt 3).

Ihre Notizen sollten möglichst knapp und übersichtlich sein, aber dennoch so ausführlich, dass Sie selbst diese auch nach ein paar Monaten noch verstehen. Notieren Sie sich also die Kernbefunde und Aussagen eines Textes, sofern möglich bereits mit einem Hinweis, für welchen Abschnitt Ihrer eigenen Arbeit Sie diese verwenden wollen (vgl. Schritt 3). Vergessen Sie nicht, dabei ebenfalls zu notieren, aus welcher Quelle (inklusive Angabe der Seitenzahl) dieser Inhalt stammt. (Um die Quellenangabe müssen Sie sich keine Gedanken machen, wenn Sie Ihre Notizen in einem Literaturverwaltungsprogramm speichern.) Dieses Vorgehen ähnelt dem *Exzerpieren*. In dem *Exkurs: Texte exzerpieren – noch zeitgemäß?* gehen wir darauf ein, ob Exzerpieren etwas ist, was in die Zeit vor dem Fotokopiergerät und der digitalen Version von Texten gehört, oder ob und ggf. wann Exzerpieren auch heute noch nützlich ist.

---

33 Alternativ bietet sich für einen Überblick auch der Theorieteil einer Dissertation, die sich mit Ihrem Thema beschäftigt, an. Vergleiche auch Abschnitt 5.3.2 zum Einstieg in ein Thema.

Exkurs: Texte exzerpieren – noch zeitgemäß?

Unter Exzerpieren versteht man, aus einem Text die Kernaussagen herauszuschreiben, wobei man Aussagen und Gedanken in eigenen Worten zusammenfassen (paraphrasieren) oder auch besonders relevante Stellen wörtlich abschreiben (wörtlich zitieren) kann. Bis vor etwa 40 Jahren war wissenschaftliches Arbeiten ohne Exzerpieren unvorstellbar. Das liegt daran, dass Texte damals nicht in digitaler Form (z. B. als PDF) vorlagen und auch Fotokopierer noch nicht flächendeckend verfügbar bzw. Kopien recht teuer waren. Bücher und Zeitschriften konnte man zwar in Bibliotheken nutzen und teilweise ausleihen, aber wenn man wollte, dass einem eine Information auch noch nach Monaten zur Verfügung stand, war Exzerpieren das Mittel der Wahl.

Heute erhalten Sie viele Texte direkt in digitaler Form und können sie für die spätere Verwendung speichern. Gedruckte Texte können Sie kopieren bzw. einscannen. Die Notwendigkeit zum Exzerpieren besteht daher nicht mehr. Dennoch wird Exzerpieren häufig empfohlen, um einen Text wirklich tiefergehend zu verstehen und sich die Inhalte anzueignen.

Wir können die Argumente für das Exzerpieren durchaus nachvollziehen: Um ein Exzerpt zu erstellen, müssen Sie sich zunächst bewusst machen, unter welcher Fragestellung Sie den Text zusammenfassen möchten, also welche Aspekte Sie interessieren. Dann müssen Sie während des Exzerpierens aktiv darüber nachdenken, welches die wesentlichen Aussagen sind. Wenn Sie diese dann paraphrasierend zusammenfassen, üben Sie sich bereits in dem, was Sie in Ihrer schriftlichen Arbeit auch tun müssen, nämlich fremde Gedanken in eigenen Worten möglichst präzise und kurz zu beschreiben. Ein positiver Nebeneffekt dieser Tätigkeit ist, dass man so selbst oft auf kritische oder weiterführende Gedanken zu den Aussagen des Textes kommt. Da Sie den Text beim Exzerpieren tiefer verarbeiten als beim bloßen Lesen, werden Sie vieles auch besser im Gedächtnis behalten. Dies sind übrigens ähnliche Ziele, wie sie auch durch elaborierende Lesemethoden (vgl. *Exkurs: Lesemethoden*) erreicht werden sollen.

All dies spricht dafür, auch heutzutage noch Texte zu exzerpieren. Allerdings sollte man dabei berücksichtigen, dass das Exzerpieren von Texten mit einem hohen Zeitaufwand verbunden ist. Fragen Sie sich also, wie effizient diese Arbeitstechnik tatsächlich ist. Vielleicht ist es sinnvoll, einige wenige, für Ihre Arbeit tatsächlich grundlegende Texte zu exzerpieren, wohingegen Sie dies mit weniger relevanten Quellen nicht tun. Zudem ist es vielleicht möglich, die Vorteile, die das Exzerpieren bietet, auch zu nutzen, ohne tatsächlich einen Text vollständig exzerpieren zu müssen. So können Sie Kernaussagen mit Randnotizen im Quelltext (in der Datei oder auf einem Ausdruck bzw. einer Kopie) hervorheben. Kritische Gedanken, die Ihnen während des Lesens einfallen, können Sie in einer Textdatei – entweder in einer Art Ideensammlung oder auch direkt im Text Ihrer Arbeit – festhalten. Dadurch profitieren Sie von wesentlichen Bestandteilen des Exzerpierens, sparen aber unter Umständen viel Zeit.

Auch Literaturverwaltungsprogramme wie *Citavi* (vgl. Abschnitt 4.3.1) bieten teilweise sogenannte Wissensorganisationsfunktionen an. So können Sie in *Citavi* zu jeder Literaturquelle sowohl wörtliche als auch indirekte Zitate notieren, Zusammenfassungen von Texten bzw. Textabschnitten speichern und Kommentare hinzufügen. Auch eigene Gedanken, auf die Sie während der Literaturarbeit kommen, können Sie hier notieren. Der Vorteil von *Citavi* ist dabei, dass Sie diesen Elementen sowohl Schlagwörter als auch Kategorien und Unterkategorien zuweisen können. Wenn Sie also in einem Unterabschnitt Ihres Theorieteils drei verschiedene Theorien darstellen wollen, können Sie Literaturquellen aber auch einzelne Gedanken oder Zitate den entsprechenden Theorien zuordnen und sich später entsprechend sortiert ausgeben lassen. Das heißt, Sie würden in einer Unterkategorie zu „Theorie B" beispielsweise Notizen, Zitate etc. aufgelistet bekommen, die sich mit dieser Theorie beschäftigen.

Wenn Sie beim Lesen Passagen entdecken, die Sie für erwähnenswert bzw. zitationswürdig erachten, sollten Sie diese unbedingt notieren bzw. deutlich markieren – sonst ist es oft schwierig, diese Stellen später wiederzufinden. Denken Sie dabei aber daran, dass wörtliche Zitate in den empirischen Sozialwissenschaften und der Psychologie relativ selten verwendet werden und indirekte Zitate üblicher sind (mehr zum Zitieren erfahren Sie im Band *Schreiben und Gestalten*). Übrigens: Seien Sie mit dem Markieren von Textstellen eher sparsam. Wenn in einem Text mehr als die Hälfte markiert ist, springen die nicht markierten Stellen stärker ins Auge als die markierten. Zudem wird die Funktion der Markierung, nämlich möglichst schnell wieder zu den besonders relevanten Stellen geleitet zu werden, durch zu exzessives Anstreichen ad absurdum geführt.

Es gibt verschiedene Lesemethoden, die dabei helfen können, das für das eigene Thema Wesentliche in einem Text besser zu erfassen. Wir stellen das Prinzip dieser Methoden im *Exkurs: Lesemethoden* dar. Allerdings wäre es – wie beim Exzerpieren – nicht sinnvoll und viel zu zeitintensiv, jeden Text mit der Gründlichkeit zu bearbeiten, wie sie diese Lesemethoden vorsehen. Aber mit ausgewählten Kerntexten könnten Sie dies durchaus tun. Vielleicht stellen Sie auch fest, dass Ihnen bestimmte Bestandteile der Methoden weiterhelfen (z.B. sich vor dem eigentlichen Lesen einen Überblick über den Aufbau des Textes zu verschaffen). Diese einzelnen, hilfreichen Bestandteile können Sie dann künftig bei allen Texten verwenden, ohne die komplette Methode anwenden zu müssen. Probieren Sie selbst aus, ob diese Methoden bzw. zumindest bestimmte Bestandteile davon für Ihre Arbeit mit Texten nützlich sind.

Exkurs: Lesemethoden

Wer einen Text lediglich von Anfang bis Ende durchliest, kann anschließend oft nur wenig davon wiedergeben. Auch kann es passieren, dass man für die eigene Arbeit eigentlich wesentliche Aussagen übersieht oder wieder vergisst. Lesemethoden haben zum Ziel, das Lesen effizienter zu gestalten. Zwei verbreitete Lesemethoden sind die SQ3R- und die PQ4R-Methode. Das Prinzip beider Methoden ist sehr ähnlich und wir stellen Ihnen daher nur die PQ4R-Methode in Anlehnung an die Darstellung in Macke, Hanke und Viehmann (2012, S. 249f.) vor. PQ4R steht für die sechs Schritte: *P*review, *Q*uestion, *R*ead, *R*eflect, *R*ecite und *R*eview.

1. **Preview (Vorschau):** Zunächst verschafft man sich einen groben Überblick über die Gliederung und die Inhalte des Textes. Man liest ggf. vorhandene Abstracts und Inhaltsverzeichnisse bzw. überfliegt die einzelnen Abschnitte des Textes. Ein solcher Überblick ist sinnvoll, um zu wissen, was einen erwartet, aber auch, um das später Gelesene besser strukturieren und einordnen zu können. Zudem wird dadurch das eigene Vorwissen aktiviert, was das Verständnis des Textes beim späteren gründlichen Lesen erhöhen sollte.

2. **Question (Fragen formulieren):** Hier geht es darum, Fragen zu formulieren, die man vom Text beantwortet haben möchte. Was will man wissen, wenn man den Text gelesen hat? Durch die Fokussierung auf bestimmte Fragen ist es einfacher, Wesentliches von Unwesentlichem zu trennen.

3. **Read (Lesen):** Nun wird der gesamte Text gelesen, wobei man die zuvor formulierten Fragen zu beantworten versucht. Vielleicht ergeben sich während des Lesens aber auch weitere Fragen, die man zusätzlich aufnehmen kann. Man sollte sich beim Lesen zudem (Rand-)Notizen machen und wichtige Textstellen markieren. Letzteres hilft, wenn man sich später im Text orientieren bzw. bestimmte Inhalte wiederfinden möchte.

4. **Reflect (Nachdenken):** Mit dem Nachdenken über den Text ist eine tiefergehende und kritische Verarbeitung des Gelesenen gemeint. Man sollte den Text mit bisherigem Wissen in Beziehung setzen, ihn kritisch auf seine Stringenz und Gültigkeit prüfen und bewerten, vielleicht bestehende Widersprüche oder Unstimmigkeiten entlarven. Das sind wichtige Schritte, wenn man in der eigenen Arbeit Aussagen anderer Autoren nicht nur unkritisch übernehmen möchte, sondern diese reflektiert in den eigenen Text und die eigenen Überlegungen integrieren will.

5. **Recite (Wiedergeben/Rekapitulieren):** Hierunter wird verstanden, dass man den Text einzeln für die formulierten Fragen zusammenfasst, also die Fragen beantwortet, allerdings ohne auf die eigenen Aufzeichnungen oder den Text zurückzugreifen. Dadurch sollte es besser gelingen, die Kernaussagen in eigenen Worten zu formulieren.

6. **Review (Rückblick):** Dieser letzte Schritt ist dem fünften Schritt recht ähnlich, es soll nämlich der gesamte Text noch einmal in Gedanken durchgegangen und die wesentlichen Punkte wiedergegeben werden. Dabei können Sie überprüfen, ob Ihnen ein wesentlicher Punkt entgangen ist: Haben Sie alle Fragen an den Text (Punkt 2) klären können? Die Intention dieses letzten Schrittes ist zudem, das aus dem Text Gelernte noch einmal zu festigen, um es auch längerfristig erinnern zu können.

Noch ein Tipp zum *Lesen versus Überfliegen* von Texten: Die Menge an potenziell relevanten Arbeiten ist oft sehr groß. Um hier nicht unnötig viel Zeit zu verschwenden, sollten Sie darauf achten, dass Sie nicht jede Arbeit Wort für Wort von Anfang bis Ende lesen müssen. Lesen Sie Texte zunächst quer, um herauszufinden, ob sie tatsächlich für Sie relevant sind. Auch wenn dieses Urteil positiv ausfällt, ist es manchmal gar nicht notwendig, eine Arbeit vollständig zu lesen, weil Sie sich nur für einen spezifischen Punkt der Arbeit interessieren. Konzentrieren Sie sich also zunächst auf die Punkte, die Sie interessieren. Wenn Sie dann beim Lesen feststellen, dass es für das Verständnis der relevanten Inhalte notwendig ist, weitere Teile der Arbeit zu lesen, können Sie dies immer noch nachholen. Das gilt auch oder insbesondere für englischsprachige Texte: Haben Sie auch bei diesen Texten den Mut, selektiv zu lesen und halten Sie sich zudem nicht an einzelnen Vokabeln auf, die Sie vielleicht nicht genau verstehen. Der Sinn ergibt sich meist aus dem Kontext und nur bei wenigen Wörtern ist es tatsächlich erforderlich, deren Bedeutung nachzuschlagen.

Auch Ihre eigene Lesemotivation sollten Sie berücksichtigen. Ein oft gemachter Fehler ist, sich weitere Literaturquellen zu besorgen, obwohl man noch einen ganzen Stapel an nicht gesichteter Literatur bei sich liegen hat. Das führt regelmäßig dazu, dass der Berg ungelesener Literatur immer weiter wächst und man mit dem Lesen gar nicht mehr nachkommt, ja irgendwann vielleicht gar nicht mehr damit beginnen möchte, weil absehbar ist, dass man das gar nicht alles verarbeiten kann. Die Gefahr, sich zu viel Literatur auf einmal zu beschaffen, ist umso größer, je einfacher es ist, an die Texte zu gelangen, beispielsweise weil sie per Mausklick als PDF verfügbar sind. Aber auch das relativ mühsame Fotokopieren oder Einscannen eines Textes vermittelt manchmal das Gefühl, man hätte schon mit diesem Text „gearbeitet" (schließlich hat man ihn längere Zeit in Händen gehalten). Das Sammeln von Literatur „ersetzt" somit das Lesen. Hier wäre unser Rat, sich eher weniger Literatur auf einmal zu beschaffen, diese dafür aber konsequent durchzuarbeiten. Das Durcharbeiten kann dabei auch so aussehen, dass man nach dem Überfliegen eines Textes entscheidet, dass sich eine ausführlichere Lektüre nicht lohnt. Auch damit haben Sie Ihren „Literaturberg" verkleinert. Achten Sie also stets darauf, die beschaffte, aber noch nicht gelesene Literatur überschaubar zu halten.

3. Erstellen Sie frühzeitig eine vorläufige Gliederung der eigenen Arbeit, um das Literaturstudium und das Schreiben in überschaubare Portionen einzuteilen. Wenn Sie das Thema zumindest mit einer gewissen Tiefe durchdrungen haben, sollten Sie – unter Zuhilfenahme Ihrer Notizen – eine vorläufige Gliederung Ihres Theorieteils erstellen. Diese Gliederung sollte die Inhalte sinnvoll und übersichtlich strukturieren, um Ihren Lesern das Verständnis Ihres Textes zu erleichtern. Mindestens ebenso wichtig ist aber, dass eine Gliederung auch das Schreiben vereinfacht, da es Ihre Schreibabschnitte portioniert. Sie stehen dann nicht mehr vor der Aufgabe, einen Theorieteil von 20 Seiten Umfang, in dem Sie 30 oder 40 Literaturquellen verarbeiten, zu schreiben, sondern Sie arbeiten z.B. nacheinander fünf Abschnitte (Unterkapitel) ab, die jeweils etwa vier Seiten lang sind, und für die Sie auch jeweils maximal 10 Literaturquellen benötigen.

Es gibt verschiedene Möglichkeiten, zu einer guten Gliederung zu gelangen. Es ist durchaus legitim, sich zunächst an Gliederungen in anderen (Überblicks-)Arbeiten zu orientieren (vgl. Schritt 1). Sie können aber auch anhand Ihrer Notizen überlegen, wie Ihre Arbeit bzw. der Theorieteil der Arbeit aufgebaut werden sollte. Ein mögliches Vorgehen ist das Folgende: Überlegen Sie, welche Inhalte Sie in Ihrem Theorieteil besprechen müssen und formulieren Sie Überschriften für einzelne Inhaltsblöcke. Schreiben oder drucken Sie diese Überschriften – zunächst einmal unsortiert – auf Papierstreifen. Diese breiten Sie dann auf einem Tisch vor sich aus und schieben Sie so lange hin und her, bis Sie eine Gliederung haben, die Ihnen gefällt und den roten Faden der Arbeit abbildet. Dabei sollten Sie auch daran denken, dass Sie mehrere Inhaltsblöcke zu einem Komplex, dem Sie dann eine Überschrift höherer Ordnung zuweisen, zusammenfassen können. Auf diese Weise gelangen Sie zu einer hierarchischen Ordnung Ihrer Themenabschnitte mit Überschriften verschiedener Ordnung. Im Band *Schreiben und Gestalten* werden inhaltliche und formale Aspekte der Gliederung genauer behandelt. Dort erfahren Sie auch mehr zu den Inhalten, die in einem Theorieteil bzw. einer Literaturarbeit enthalten sein müssen.

Wenn Ihnen das Verschieben von Papierstreifen nicht ernsthaft genug erscheint, können Sie die Sortierung der Inhalte bzw. Überschriften natürlich direkt in einem

Textverarbeitungsprogramm vornehmen. Auch die Literaturverwaltung *Citavi* (vgl. Abschnitt 4.3.1) bietet Möglichkeiten, Themen (und dazugehörige Quellen) in Kategorien und Unterkategorien zu organisieren, die sich auch frei verschieben lassen. Manchmal erhöht es aber die Kreativität, nicht alles am Bildschirm zu machen, sondern auch einmal mit Papierstreifen zu hantieren.

Diese Methoden, um zu einer Gliederung zu gelangen und um die Literaturquellen den entsprechenden Abschnitten zuzuordnen, entsprechen dem, was Wissenschaftler vor dem Computerzeitalter mit sogenannten *Zettelkästen* realisiert haben. Im *Exkurs: Zettelkasten* stellen wir Ihnen dieses klassische Verfahren und auch seine moderne Umsetzung mit einem Computerprogramm vor. Nicht jeder arbeitet gern mit dieser Methode, aber wenn Sie sich davon angesprochen fühlen oder wenn Sie Schwierigkeiten haben Ihre Inhalte zu gliedern, sollten Sie es einmal ausprobieren.

Exkurs: Zettelkasten

Bei der Methode des klassischen Zettelkastens werden Zitate (wörtliche und indirekte), eigene Gedanken etc. auf einzelne Karteikarten notiert, wobei bei Zitaten auch stets die Quelle zu notieren ist. Diese Karteikarten werden mit bestimmten Schlagwörtern oder auch Kategorien gekennzeichnet. Will man dann beispielsweise einen Textabschnitt zu „Theorie B" schreiben, sammelt man sich alle Karteikarten mit der Kennzeichnung „Theorie B" zusammen. Damit verfügt man über eine Materialsammlung als Grundlage für das Schreiben des entsprechenden Abschnitts. Da bestimmte Zitate und Gedanken häufig für verschiedene Stellen des eigenen Textes brauchbar sind, kann man dieselben Karten auch nach einem anderen Schlagwort oder einer anderen Kategorie neu zusammenstellen.

Heutzutage werden nur noch wenige Personen wirklich mit Karteikarten arbeiten wollen, zumal man jedes Zitat und jeden Gedanken dann ja einmal per Hand auf eine Karteikarte schreiben und bei der späteren Verwendung für die eigene Arbeit neu in eine Textverarbeitung eintippen muss. Auch das handschriftliche Notieren von Quellenangaben auf den Karteikarten ist eine eher mühselige Arbeit. Glücklicherweise gibt es ein Programm, das einen solchen Zettelkasten in moderner digitaler Version simuliert, den *Zettelkasten*. Dieses Programm lässt sich kostenfrei unter *zettelkasten.danielluedecke.de* herunterladen.

Auch in die Benutzung des digitalen *Zettelkastens* muss man sich einarbeiten. Bei kleineren Arbeitsprojekten kann es daher sinnvoll sein, die Notizen lediglich in einer normalen Textdatei zu speichern oder die in *Citavi* oder anderen Literaturverwaltungsprogrammen vorhandenen Funktionen zu nutzen, auch wenn der Zettelkasten mehr Optionen bietet, wie z. B. das Verknüpfen thematisch ähnlicher Zettel. Probieren Sie aus, was Ihnen selbst am meisten liegt. Computerprogramme bieten zwar das größte Potenzial zur Zeitersparnis, aber auch die handschriftlichen Methoden haben sich in der Vergangenheit bewährt.

4. Beginnen Sie relativ frühzeitig mit dem Schreiben. Lesen und recherchieren Sie dabei weiter. Es lässt sich nicht pauschal beantworten, wann der richtige Zeitpunkt ist, um mit dem Schreiben zu beginnen. Allerdings sollten Sie den Schreibbeginn nicht zu lange hinausschieben. Das Schreiben selbst führt nämlich häufig dazu, dass einem dabei bestimmte Inhalte oder Beziehungen klarer werden, z. B. weil man sie in eigenen Worten ausdrücken muss.

Beim Schreiben werden Sie vermutlich bemerken, dass Sie einige Stellen in den Texten, die Sie sich bereits besorgt haben, noch einmal genauer durcharbeiten müssen. Mit sehr hoher Wahrscheinlichkeit stellen Sie auch fest, dass Sie weitere Texte heranziehen müssen, entweder weil auf diese Texte in der Literatur, die Sie lesen, verwiesen wird, oder weil Sie feststellen, dass sich beim Schreiben Fragen auftun, für deren Beantwortung Sie weitere Literatur recherchieren müssen.

Lesen und Schreiben sind daher Prozesse, die großteils parallel vonstattengehen. Das Schreiben hilft, eigene Gedanken zu strukturieren und Lücken oder Schwachstellen in der eigenen Argumentation zu erkennen. Manche Menschen trauen sich nicht, mit dem Schreiben zu beginnen, bevor Sie Ihren Text nicht in Gedanken vollständig strukturiert und sich alle Inhalte überlegt haben. Aber es ist gefährlich, zu erwarten, dass dies jemals so sein wird. Viele Gedanken entstehen erst beim Schreiben selbst. Haben Sie also nicht den Anspruch, dass Ihre erste Textversion schon perfekt sein muss. Im Gegenteil: Sehen Sie das Schreiben als einen Prozess, bei dem Ihnen auch die ersten unvollkommenen Formulierungsversuche dabei helfen, nach und nach einen besseren Text zu erstellen – Schreiben und Überarbeiten gehören zusammen.

5. Verändern Sie ggf. die Gliederung, stellen Sie Textteile um bzw. schreiben Sie diese neu. Sie sollten sich nicht davor scheuen, Ihre Gliederung zu verändern, auch wenn Sie bereits zu schreiben begonnen haben bzw. einige Textteile fertiggestellt haben. Es ist eher unwahrscheinlich, dass die erste – vorläufige – Gliederung, die Sie erstellt haben, die Inhalte wirklich ideal ordnet. Sie brauchen zwar eine solche vorläufige Gliederung, um mit dem Schreiben beginnen zu können, aber wenn Sie nach einer Weile das Thema noch besser durchdrungen haben, sollten Sie Ihre Gliederung noch einmal überdenken und überlegen, ob eine andere Gliederung nicht inhaltlich vorteilhafter ist. Natürlich macht es Arbeit, einen Text noch einmal umzustellen bzw. Teile zu überarbeiten oder auch neu zu schreiben, von denen Sie vielleicht dachten, dass die bereits fertig sind. Aber in aller Regel gewinnt Ihr Text durch eine derartige Überarbeitung deutlich an Qualität. Meistens ist der Arbeitsaufwand für die Überarbeitung auch gar nicht so groß, da Sie sich ja nun mit den Inhalten besser auskennen als bei Ihrem ersten Schreibversuch, sodass das Schreiben leichter von der Hand geht.

6. Finden Sie ein Ende – lassen Sie das Lesen, Schreiben und Überarbeiten nicht ausufern. Auch wenn das ein- oder zweimalige Überarbeiten der Gliederung und entsprechendes Um- bzw. Neuschreiben von Textteilen sinnvoll sein kann – Texte werden nie perfekt sein! Sofern Sie besonders selbstkritisch bzw. perfektionistisch veranlagt sind, ist es wichtig, sich klar zu machen, dass Sie irgendwann auch die Arbeit an Ihrem Text beenden müssen, selbst wenn es noch die eine oder andere Stelle gibt, mit der Sie nicht ganz zufrieden sind.

Eine ähnliche Beschränkung gilt für das Literaturstudium: Zu fast allen Themen ist die wissenschaftliche Literatur so umfangreich, dass es schlicht unmöglich ist, *alle* relevanten Texte zu lesen oder gar für Ihre Arbeit zu verwerten. Hier sollten Sie sich auch bewusst machen, was die Anforderungen für Ihre Arbeit sind: Von einer Bachelorarbeit, die in vier Monaten erstellt wird, erwartet niemand denselben Tiefgang und dieselbe Durchdringung des Themas, die man von einer Dissertation erwarten würde.

Dieser Sechs-Punkte-Plan beruht darauf, wie wir persönlich – idealerweise – beim Schreiben eines wissenschaftlichen Textes vorgehen würden, wenn wir noch kein oder wenig Vorwissen zu einem Thema hätten. Allerdings gestalten sich das Literaturstudium und der Schreibprozess auch bei uns oft eher intuitiv und es bedarf einer gewissen Übung, bis einem dieser Prozess leichter fällt. Versuchen Sie also, die Erfahrungen, die Sie bisher z.B. bei der Gestaltung von Referaten oder Hausarbeiten gesammelt haben, für sich selbst zu nutzen. Mit welchen Vorgehensweisen sind Sie gut zurechtgekommen bzw. welche waren zielführend? Welche Herangehensweisen finden Sie rückblickend betrachtet eher kontraproduktiv bzw. wenig zweckdienlich? Versuchen Sie, das Schreiben von wissenschaftlichen Arbeiten auch als Lernprozess zu sehen: Niemand (auch nicht Ihr Betreuer bzw. Gutachter) wird bei Ihrer ersten Arbeit erwarten, dass diese perfekt wird, aber nutzen Sie diese Erfahrungen, um sich kontinuierlich zu verbessern. Dies ist vor allem dann wichtig, wenn Sie im Laufe Ihres Studiums mehrere Abschlussarbeiten (z.B. eine Bachelor- und später eine Masterarbeit) schreiben.

5.7 Weiterführende Hinweise zu Literaturrecherche und Literaturstudium

5.7.1 Literaturrecherche

Wir wollen Ihnen hier noch einige weitere Informationsquellen nennen, mittels derer Sie Ihr Wissen und Ihre Fertigkeiten zur Literaturrecherche ausbauen können. Zunächst sollten Sie unbedingt die *Angebote Ihrer Bibliothek* nutzen. Fast alle Bibliotheken bieten Bibliothekseinführungen an, bei denen Sie mit der Nutzung der Kataloge und sonstiger Angebote vertraut gemacht werden. Darüber hinaus gibt es an den meisten Bibliotheken bzw. Hochschulen *Kurse zur Literatur- bzw. speziell zur Datenbankrecherche*. Hier erhalten Sie in wenigen Stunden eine praktische Einführung in Recherchemöglichkeiten und -techniken. Sofern dies an Ihrem Hochschulort angeboten wird, sollten Sie fachspezifische Kurse besuchen, also z.B. „Datenbankrecherche für Psychologie" statt einer allgemeinen Einführung in die Datenbankrecherche. Auf den Internetseiten Ihrer Hochschulbibliothek finden Sie zudem vielleicht *Online-Tutorials* zu verschiedenen Themen der Bibliotheksnutzung, Literaturrecherche und Literaturbeschaffung. Diese können Sie gezielt durcharbeiten.

Ein sehr umfangreiches Angebot an Online-Tutorials, Videos und schriftlichen Informationen rund um die Literaturrecherche und -beschaffung bietet *LOTSE* (*lotse.uni-muenster.de*) an. Dies ist ein Gemeinschaftsprojekt verschiedener Bibliotheken und Fachinformationsanbieter (z.B. des sozialwissenschaftlichen Fachportals *Sowiport*; vgl. Tabelle 5.5). Neben fachübergreifenden Informationen stellt *LOTSE* für viele Studienfächer (wie Psychologie und Sozialwissenschaften) auch fachspezifische Informationsangebote bereit, teilweise sogar mit auf Ihren Hochschulort zugeschnittenen Angeboten. Auch zur Literaturverwaltung finden Sie hier weitere Informationen und Verweise. Hinweise zu fachspezifischen Recherchemöglichkeiten finden Sie zudem über das Informationssystem *Webis* (*wikis.sub.uni-hamburg.de/webis*).

Schließlich gibt es eine Reihe nützlicher Bücher, die sich mit dem Thema Literaturrecherche beschäftigen. Ein unseres Erachtens sehr gutes Buch ist *Recherchieren und Dokumentieren* von Niedermair (2010). Auf gut 200 Seiten behandelt dieses Buch alle relevanten Aspekte der Literaturrecherche. Ebenfalls sehr empfehlenswert ist das Buch *Schlüsselkompetenzen: Literatur recherchieren in Bibliotheken und Internet* von Franke et al. (2010). Im Verlag De Gruyter erscheint die Buchreihe *Erfolgreich recherchieren*, in der es Bände für verschiedene Fachrichtungen gibt, z.B. für Erziehungswissenschaft (Hofmann, 2013) und für Politik- und Sozialwissenschaften (Bove, 2012). Diese Bücher sind aber auch jeweils für Nachbardisziplinen, also z.B. für die Psychologie, brauchbar.

5.7.2 Literaturstudium

Das Literaturstudium ist ein Prozess, der sich – anders als eine Literaturrecherche – nicht so einfach standardisieren oder formalisieren lässt, da jedem Menschen andere Vorgehensweisen oder Methoden liegen. Bis man eine Methode entwickelt hat, die für einen selbst wirklich passt, kann es eine Weile dauern. Wir haben Ihnen in Abschnitt 5.6.3 eine Vorgehensweise vorgestellt und dabei aufgezeigt, wo Sie je nach eigenen Bedürfnissen davon abweichen bzw. Variationen ausprobieren können.

Wenn Sie sich weitergehend mit dem Thema des Literaturstudiums beschäftigen möchten, empfehlen wir Ihnen Kapitel 5 in dem bereits oben genannten Buch von Niedermair (2010) zum Arbeiten mit Literatur und zum Dokumentieren von Inhalten und eigenen Gedanken. Esselborn-Krumbiegel (2008) geht in ihrem Buch mit dem Titel *Von der Idee zum Text* in Kapitel 4 unter anderem auf das Lesen und Exzerpieren ein und zeigt in Kapitel 5 auf, wie Sie – z.B. mit von uns nicht vorgestellten Visualisierungsmethoden – zu einer Gliederung gelangen können. Diese Bereiche deckt auch das Kapitel 9 in F. Rost (2012) ab. Letzteres Buch behandelt übrigens nicht primär die Abschlussarbeit, sondern allgemein Lern- und Arbeitstechniken im Studium. Dasselbe gilt für das Buch von Stickel-Wolf und Wolf (2013), in dem in Kapitel 2 Informationen zu Lesemethoden und zum Notizenmachen gegeben werden.

Planung einer empirischen Untersuchung

6.1 **Einleitung und Übersicht** 158
6.2 **Formulierung der Fragestellung und der Hypothesen** 162
    6.2.1 Fragestellung 163
    6.2.2 Sachhypothesen 165
    6.2.3 Operationalisierte Hypothesen 168
    6.2.4 Statistische Hypothesen...................... 170
    6.2.5 Ableitung mehrerer Hypothesen aus einer Fragestellung 173
    6.2.6 Komplexe Hypothesen......................... 174
6.3 **Wahl des Forschungsansatzes bzw. Untersuchungsdesigns** 175
    6.3.1 Überblick über die Forschungsansätze 175
    6.3.2 Überlegungen zur internen und externen Validität von Studien 177
    6.3.3 Experimentelle Forschung..................... 180
    6.3.4 Korrelationsforschung 190
    6.3.5 Experimentell-korrelativer Forschungsansatz 197
6.4 **Operationalisierung von Variablen** 197
6.5 **Planung des Stichprobenumfangs** 203
6.6 **Erstellung des Untersuchungsmaterials** 204
    6.6.1 Wortmaterial................................. 205
    6.6.2 Bildmaterial 205
    6.6.3 Fragebögen 206
    6.6.4 Versuchssteuerungssoftware 208
6.7 **Formulierung von Instruktionen**................... 209
6.8 **Planung des Versuchsablaufs und Erstellung eines Ablaufplans** 213

6 Planung einer empirischen Untersuchung

In diesem Kapitel wollen wir vermitteln, wie man bei der *Planung einer empirischen Untersuchung* praktisch vorgeht. Wir verzichten dabei absichtlich auf wissenschaftstheoretische Ausführungen oder z.B. auf eine systematische Darstellung aller potenziellen Störvariablen. Sie können diese Inhalte, sofern erforderlich, in einschlägigen Lehrbüchern nachlesen. Gute Lehrbücher zur Forschungsmethodik im Allgemeinen sind die Bücher von Bierhoff und Petermann (2014), Bortz und Döring (2006), Hussy et al. (2013), Renner et al. (2012) sowie – mit einer eher wissenschaftstheoretischen Orientierung – Westermann (2000). Wenn Sie ein Experiment durchführen, sind zudem die folgenden Bücher empfehlenswert: Bröder (2011), Huber (2013), Reiß und Sarris (2012) sowie Sedlmeier und Renkewitz (2013).

Im Folgenden geben wir zunächst eine *Einleitung und Übersicht* über das Vorgehen bei der Versuchsplanung (Abschnitt 6.1). Eine zentrale Rolle spielt dabei die *Formulierung der Fragestellung sowie die Ableitung der Hypothesen* (Abschnitt 6.2). Bei der Erstellung der Hypothesen ist zudem die *Entscheidung für einen Forschungsansatz bzw. ein Untersuchungsdesign* zu fällen (Abschnitt 6.3). Auch die *Operationalisierung der Variablen* ist im Prozess der Hypothesenerstellung festzulegen (Abschnitt 6.4). Für hypothesenprüfende Untersuchungen ist die *Planung des Stichprobenumfangs* wesentlich, da davon abhängt, ob ein erwarteter Effekt auch eine realistische Chance auf Signifikanz hat (Abschnitt 6.5). Eng mit der Operationalisierung der Variablen verbunden ist die *Erstellung des Untersuchungsmaterials* (Abschnitt 6.6) und die Formulierung der *Instruktionen* (Abschnitt 6.7). Schließlich ist der gesamte *Versuchsablauf zu planen und im Rahmen eines Ablaufplans festzuhalten* (Abschnitt 6.8). Dieser letzte Schritt leitet zum nachfolgenden Kapitel, also zur Durchführung der Untersuchung über.

6.1 Einleitung und Übersicht

Die Erstellung der Hypothesen, die Entscheidung für einen Forschungsansatz und ggf. für ein konkretes experimentelles Design, die Operationalisierung der Variablen und die Konzeption des Versuchsablaufs sind Aspekte, die sich bei der Planung einer Studie schwer trennen lassen. Das liegt unter anderem daran, dass Sie bei der Formulierung der Hypothesen bereits bedenken müssen, ob sich diese auch überprüfen lassen. Es gibt aus wissenschaftstheoretischer Sicht einwandfreie Hypothesen, deren Überprüfung Sie – aus welchen Gründen auch immer – nicht realisieren können. Solche Hypothesen bringen Sie in Ihrer Arbeit nicht weiter. Beispielsweise ist die Hypothese „Depressive Menschen werden zunehmend weniger depressiv, wenn Sie über einen Zeitraum von 10 Jahren jedes Jahr mindestens einen Sechser im Lotto haben" eine theoretisch einwandfreie Hypothese. In der Praxis scheitert deren Überprüfung aber daran, dass Sie kaum Zeit für eine 10-jährige Längsschnittuntersuchung haben werden und dass Sie keine Probanden finden, die jedes Jahr sechs Richtige im Lotto haben. Meistens wird es anfangs weniger offensichtlich sein, dass eine Hypothese nicht oder nur mit sehr großem Aufwand zu überprüfen ist. Aber gerade das macht es erforderlich, vorab zu überlegen, wie eine Studie zur Untersuchung einer Fragestellung aussehen kann und ggf. die Fragestellung bzw. die Hypothesen anzupassen.

In Abbildung 6.1 sehen Sie die einzelnen Schritte, die sowohl bei der Planung (Kapitel 6) als auch bei der Durchführung (Kapitel 7) einer empirischen Untersuchung zu durchlaufen sind. Die dickeren Pfeile markieren, welche Schritte Sie in welcher Reihenfolge durchführen sollten. Die dünneren Pfeile mit zwei Pfeilspitzen verweisen auf weitere Aspekte, die bei der Planung bzw. Durchführung zu beachten sind. Durch diese Doppelpfeile wird auch veranschaulicht, welche Aspekte in Wechselwirkung miteinander stehen, also dass z.B. die Sachhypothese die Wahl des Forschungsansatzes beeinflusst, aber auch umgekehrt die Entscheidung für einen Forschungsansatz auf die Formulierung der Hypothesen rückwirken kann. Dabei gibt es sicherlich noch viel mehr Wechselwirkungen bzw. Aspekte, die gleichzeitig bedacht werden müssen, als wir in diesem vereinfachenden Schema darstellen konnten.

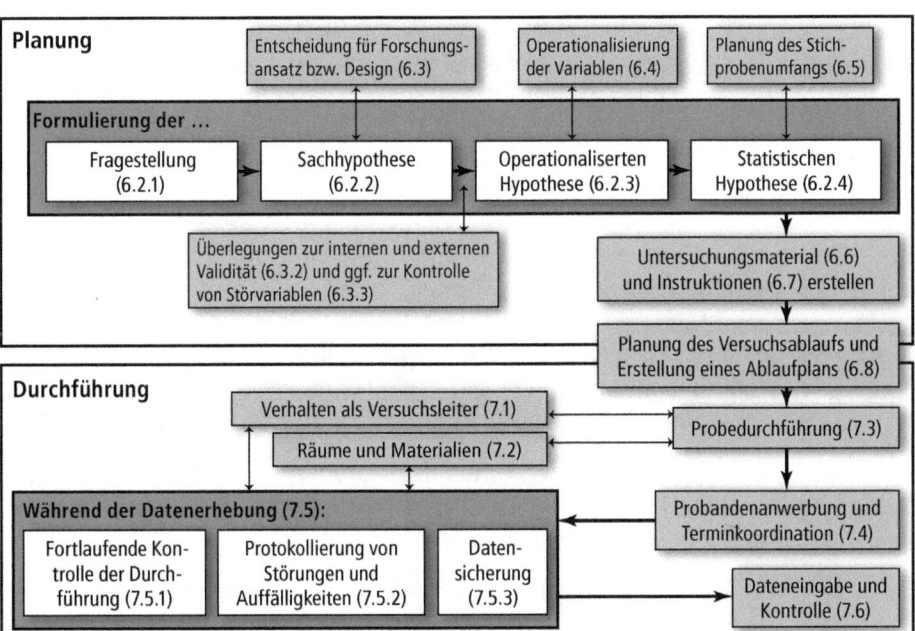

Abbildung 6.1. Schritte der Planung und Durchführung einer empirischen Untersuchung. (Die Zahlen in Klammern geben die entsprechenden Abschnitte in Kapitel 6 und 7 an.)

Im Folgenden demonstrieren wir Ihnen an einem Beispiel, wie die Planung einer Studie abläuft. Dabei haben Sie auch die Möglichkeit, selbst zu überlegen, welche Hypothesen Sie formulieren und wie Sie bei der Planung vorgehen würden.

Unserer Erfahrung nach finden viele Studierende es leicht, eine Forschungsfrage zu formulieren, wie z.B. „Welchen Einfluss hat die Sitzanordnung in mündlichen Prüfungen auf die in der Prüfung erlebte Angst des Prüflings?". Schwerer fällt den meisten das Aufstellen von überprüfbaren Hypothesen und die Erstellung eines realisierbaren Untersuchungsplans. Bevor Sie weiter lesen: Versuchen Sie einmal, anhand der oben genannten Fragestellung konkrete Sachhypothesen aufzustellen, und überlegen Sie zudem, wie Sie diese Hypothesen überprüfen würden!

Haben Sie diese Übung gemacht? Hier zwei Hypothesen, die uns eingefallen sind:

- Die Angst von Prüflingen ist geringer, wenn Prüfling und Prüfer über Eck an einem Tisch sitzen, als wenn Sie sich frontal gegenüber sitzen (und daher gezwungen sind, sich in die Augen zu schauen).
- Sowohl eine zu weite (≥ 1.5 m) als auch eine zu geringe (≤ 50 cm) Entfernung zwischen Prüfer und Prüfling löst bei den Prüflingen mehr Angst aus als eine mittlere Entfernung (100 cm).

Wie würden Sie diese beiden Hypothesen überprüfen? Der Königsweg wäre sicherlich, ein Experiment durchzuführen, bei dem Sie variieren, wie sich Prüfer und Prüfling gegenübersitzen (frontal vs. über Eck) und welche Distanz (50 cm vs. 100 cm vs. 150 cm) zwischen ihnen liegt. In einem *vollständig gekreuzten* Versuchsdesign erhielten Sie sechs Versuchsbedingungen: 2 Sitzrelationen (*frontal vs. über Eck*) × 3 Distanzen (*50 cm* vs. *100 cm* vs. *150 cm*). Diese Bedingungen könnten Sie in realen Prüfungen inszenieren. Dafür brauchen Sie allerdings Prüfer und Prüflinge, die bei Ihrer Studie mitmachen. Um zu vermeiden, dass es Einflüsse der *Person* des Prüfers gibt (vielleicht riecht ein bestimmter Prüfer unangenehm nach Knoblauch, sodass die Prüflinge eine größere Entfernung zu ihm vorziehen, selbst falls das ihre Angst erhöht), sollten Sie mehrere Prüfer (z. B. fünf Prüfer) organisieren. Diese könnten dann in jeder Prüfung eine – per Zufall ausgewählte – Sitzanordnung realisieren, wobei allerdings jeder Prüfer in jeder der sechs Sitzanordnungen z. B. acht Personen prüft. Während der Prüfung sollen die Prüflinge in festgelegten Zeitintervallen (z. B. alle 10 min) auf einer Skala von 1 bis 10 angeben, wie viel Angst sie empfinden.

Dies wäre eine durchaus sinnvolle Studie, die allerdings in der Praxis vor einigen Umsetzungsschwierigkeiten steht. Erkennen Sie, wo bei dieser Studie die Schwachstellen liegen und was man verändern sollte?

Der wesentliche Schwachpunkt an dieser Studie ist, dass bei einem solchen *Feldexperiment* alle Beteiligten – sowohl die Prüflinge als auch die Prüfer – kooperieren müssen. Gerade bei den Prüflingen wäre das problematisch, da einige befürchten könnten, dass das Experiment negative Auswirkungen auf ihre Prüfungsleistung bzw. -note hat. Die Einschätzung der eigenen Angst alle 10 min würde zudem den Prüfungsablauf stören bzw. unterbrechen. Aus ethischen Gründen ist es nicht vertretbar, die Probanden gegen ihren Willen diesem Versuch zu unterziehen, weswegen man auf die freiwillige Teilnahme der Prüflinge angewiesen ist. Das könnte aber dazu führen, dass gerade hochängstliche Personen nicht an der Studie teilnehmen.

Aber auch Prüfer zu finden, die bereit sind, bei immerhin 48 Prüfungen ihre Sitzanordnung zu variieren und die Prüflinge die Angst-Einstufung vornehmen zu lassen, könnte schwierig werden. Dann kommt bei dieser Versuchsanordnung noch hinzu, dass viele es in der Prüfung für sozial unerwünscht halten könnten oder sich schämen, Angst einzugestehen. Daher ist fraglich, inwieweit die Prüflinge ehrliche Angaben zu ihrem Angstniveau machen. Als Lösung für dieses Problem könnte man versuchen, die Erhebung zu anonymisieren, beispielsweise indem der Prüfling seine Angaben verdeckt macht und den Antwortbogen nach der Prüfung in eine Urne außerhalb des Prüfungsraumes einwirft. Damit die eigentliche Prüfung nicht durch die Einschätzung der Angst unterbrochen wird, könnte man außerdem statt der 10-minütlichen Einschätzung nur eine Einschätzung nach Ende der Prüfung vornehmen lassen. Diese einmalige Einschätzung hätte den Nachteil, dass sie vermutlich davon beeinflusst wird, wie positiv oder negativ die Prüfung für den Prüfling verlaufen ist. Aber dieser Kompromiss wäre durchaus akzeptabel, um eine derartige Studie dennoch als Feldexperiment realisieren zu können. Insgesamt wäre es unseres Erachtens jedoch fraglich, ob sich eine solche Studie im Rahmen einer Abschlussarbeit verwirklichen lässt, und wir würden Ihnen von diesem Versuchsaufbau eher abraten.

Wenn sich ein bestimmter Versuchsaufbau als nicht realisierbar erweist, sollten Sie nach Alternativen suchen. Eine Alternative wäre, diese Studie mit nicht-realen Prüfungssituationen durchzuführen. Das heißt, anstelle der tatsächlichen Prüfungen erschaffen Sie in einem sogenannten *Laborexperiment* eine künstliche Prüfungssituation. Dazu können Sie den Probanden z.B. Fragen zum Allgemeinwissen stellen oder Aufgaben aus Intelligenztests, die sich mündlich präsentieren lassen, darbieten. Als Anreiz zur freiwilligen Teilnahme könnten Sie den Probanden ggf. eine Entschädigung in Form von Versuchspersonenstunden, Geld oder einem kleinen Geschenk anbieten. In einer solchen Studie würden auch die realen Prüfer wegfallen und Sie müssten die Prüferrolle übernehmen (oder diese Aufgabe einer anderen Person, vor der die Probanden möglichst Respekt haben, übertragen). Dadurch erhöht sich Ihr Erhebungsaufwand deutlich. Da die Effekte der Sitzanordnung nicht sonderlich groß sein werden, wären – unter der Annahme einer Effektstärke von Cohens $d = 0.30$ und einer angezielten Teststärke von 80 % (vgl. Abschnitt 6.5) – 139 Probanden pro Gruppe erforderlich, sofern man Unterschiede zwischen einzelnen Gruppen prüfen möchte (und nicht z.B. nur Haupteffekte in einer Varianzanalyse). Bei sechs Experimentalbedingungen wären dies 834 Probanden. Allerdings ist es mehr als fraglich, ob Sie eine derart groß angelegte Erhebung umsetzen können, also ob ausreichend Probanden an Ihrer Studie teilnehmen wollen und Sie die für die Erhebung erforderliche Zeit aufwenden können. Daher bietet es sich an, sich auf die Variation einer der beiden unabhängigen Variablen (Sitzrelation oder Distanz) zu beschränken, sodass Sie nur 276 bzw. 417 Probanden erheben müssen. Selbst diese reduzierten Stichprobengrößen wären aber für eine Abschlussarbeit immer noch unrealistisch groß.

Eine zweite Alternative, die noch einfacher realisierbar ist und sich z.B. auch für eine Bachelorarbeit eignet, wäre, die Studie als reine Fragebogenerhebung durchzuführen. In dieser könnte man den Probanden Skizzen bzw. Bilder von Prüfungssituationen zeigen, in denen die interessierenden Variablen (Sitzrelation und Distanz) variiert werden. Zu diesen Bildern schätzen die Probanden dann auf einer Skala von 1 bis 10 ein, wie viel Angst sie als Prüfling in dieser Situation verspüren würden. Eine solche Studie wäre weniger ökologisch (extern) valide als die ersten beiden Varianten, hätte aber eine durchaus gute interne Validität (vgl. Abschnitt 6.3.2). Zudem lässt sie sich auch an einer größeren Probandenanzahl relativ einfach durchführen und es wäre möglich, sie als Online-Fragebogen zu realisieren (vgl. Abschnitt 7.7). Anders als bei den ersten beiden Studienentwürfen können Sie hier die unabhängigen Variablen auch problemlos in einem Within-subject-Design variieren (vgl. S. 185). Das heißt, jeder Proband schätzt alle sechs Konstellationen ein. Dadurch benötigen Sie für die gleiche Teststärke nun eine deutlich geringere Probandenanzahl von insgesamt lediglich 71 Personen (vgl. Abschnitt 6.5).

Dieses Beispiel einer Untersuchungsplanung sollte Ihnen verdeutlichen, wie Überlegungen hinsichtlich der Realisierbarkeit einer Studienidee oft zu Abwandlungen des ursprünglichen Plans führen. Dieselbe Forschungsfrage lässt sich meist auf sehr unterschiedliche Weisen untersuchen. Die folgenden Abschnitte behandeln die einzelnen Schritte bzw. Aspekte der Untersuchungsplanung im Detail.

6.2 Formulierung der Fragestellung und der Hypothesen

Am Anfang einer Studie steht immer die Formulierung einer *Fragestellung* (Abschnitt 6.2.1). Bei *hypothesenprüfenden Studien* werden von dieser Fragestellung ausgehend im weiteren Verlauf der Planung *Sachhypothesen* (Abschnitt 6.2.2) abgeleitet. In diesem Zusammenhang erklären wir auch, welche Gütekriterien Hypothesen erfüllen müssen. Als nächstes müssen *operationalisierte Hypothesen* (Abschnitt 6.2.3) gebildet werden. Zur Überprüfung der Annahmen ist zudem die Ableitung *statistischer Hypothesen* notwendig (Abschnitt 6.2.4). Auch wenn diese – wie auch die operationalisierten Hypothesen – nicht immer im Text der Forschungsarbeit explizit angegeben werden, so sind sie implizit stets vorhanden. Ferner weisen wir darauf hin, dass aus einer Fragestellung häufig mehrere Hypothesen abzuleiten sind (Abschnitt 6.2.5). Abschließend wollen wir dafür sensibilisieren, dass viele Hypothesen komplexer sind, als Sie es möglicherweise in Ihrer Methodikausbildung kennengelernt haben (Abschnitt 6.2.6).

Wissenschaftler formulieren in ihren Forschungsarbeiten (z.B. in Zeitschriftenartikeln) meist nur die Fragestellung und manchmal die Sachhypothesen explizit, da sie erwarten, dass der geschulte Leser die operationalisierten und die statistischen Hypothesen selbst aus der weiteren Beschreibung der Studie bzw. aus der Ergebnisdarstellung ableiten kann. Manche Betreuer wünschen sich auch für studentische (Abschluss-)Arbeiten die Orientierung an diesem Modell und möchten ebenfalls nur die Forschungsfrage und die Sachhypothesen im Theorieteil der Arbeit formuliert sehen. Andere Betreuer vertreten hingegen die Meinung, in einer Abschlussarbeit solle – anders als in einer späteren Forschungsarbeit – demonstriert werden, dass der Kandidat alle Bestandteile des Forschungsprozesses beherrscht. Um das überprüfen zu können, verlangen diese Betreuer dann auch die explizite Formulierung der operationalisierten Hypothesen und manchmal auch der statistischen Hypothesen. Fragen Sie also Ihren Betreuer unbedingt, welche Erwartungen er hat und bis zu welcher Ebene (Ebene 1: Sachhypothese, Ebene 2: operationalisierte Hypothese, Ebene 3: statistische Hypothese) die Hypothesen explizit aufgeführt werden sollen.

Unabhängig davon, ob Ihr Betreuer operationalisierte und/oder statistische Hypothesen verlangt, ist es hilfreich, diese für sich selbst zu formulieren. Schwierigkeiten bei der Formulierung solcher Hypothesen deuten nämlich oft auf Schwachstellen in der Versuchsplanung bzw. bei der Planung der Auswertung hin. Vielen Studierenden und auch so manchem Wissenschaftler haben Schwierigkeiten bei der Formulierung der statistischen Hypothesen noch rechtzeitig zu der Einsicht verholfen, dass ihre Daten gar nicht sinnvoll auswertbar gewesen wären (in Kapitel 9 veranschaulichen wir das an einem Beispiel).

6.2.1 Fragestellung

Die Fragestellung oder Forschungsfrage ist der Ausgangspunkt jeder wissenschaftlichen Untersuchung. Sie beschreibt, was Sie untersuchen möchten, quasi Ihr Erkenntnisinteresse. Fragestellungen sind anfangs oft relativ vage und breit formuliert und werden erst im weiteren Verlauf der Planung präzisiert. Mögliche Fragestellungen wären:

1. Sind Männer und Frauen unterschiedlich gute Autofahrer?
2. Ist es für die Aneignung des Lernstoffes besser, allein oder in einer Gruppe zu lernen?
3. Lässt sich die Leistung in einer Prüfung durch Kaugummikauen verbessern?

Fragestellungen können auf ganz unterschiedliche Arten zustande kommen, beispielsweise durch Alltagserfahrungen („Die Männer in meinem privaten Umfeld behaupten oft, dass sie besser Auto fahren können als Ihre Lebenspartnerinnen."), durch praktische Anforderungen („Soll ich besser in einer Gruppe oder allein Lernen?"), durch Berichte in den (Massen-)Medien („Frauen verursachen weniger Autounfälle als Männer.") und natürlich durch bisherige Forschungsergebnisse (z.B. einen Forschungsartikel zum Einfluss von Kaugummikauen auf die kognitive Leistung: D. H. Rost, Wirthwein, Frey & Becker, 2010). Im Rahmen studentischer Arbeiten wird zumindest die übergeordnete Fragestellung oft durch einen Betreuer vorgegeben.

Wie eine Fragestellung zustande kommt, ist für den weiteren Ablauf der Untersuchungsplanung allenfalls insofern relevant, als zu Fragestellungen, die sich aus bisheriger Forschung ergeben, oft bereits mehr Erkenntnisse vorliegen. Bisherige Forschung kann zudem bei der theoretischen Ableitung der *vermuteten Antwort auf Ihre Forschungsfrage* – also der *Sachhypothese* (vgl. Abschnitt 6.2.2) – helfen. Wenn im Theorieteil einer Arbeit die Erwartung formuliert wird, dass Kaugummikauen die Prüfungsleistung verbessert, müsste man diese Annahme auch begründen. Für solche Begründungen sollten zum einen bisherige Forschungsergebnisse herangezogen, zum anderen aber auch theoretische Hintergründe geliefert werden. So könnte man argumentieren, dass Kaugummikauen die Prüfungsleistung verbessert, weil durch die Kaubewegung die Durchblutung der linken Gehirnhemisphäre erhöht wird, was sich wiederum positiv auf die kognitive Leistungsfähigkeit auswirkt (vgl. D. H. Rost et al., 2010).

Achten Sie darauf, dass es sich bei Ihrer Fragestellung tatsächlich um eine *Frage* handelt. Zum Beispiel wäre das Vorhaben, eine Abschlussarbeit zu „Bühnenangst bei Musikern" zu schreiben, noch keine Fragestellung, da es in diesem Bereich eine Fülle möglicher Unterthemen bzw. -fragen gibt. Sie müssten sich also genauer überlegen, welche Frage Sie hinsichtlich der Bühnenangst bei Musikern beantworten möchten. Geht es Ihnen um die Verbreitung der Bühnenangst? Dann wäre eine adäquate Fragestellung „Wie verbreitet ist Bühnenangst unter Berufsmusikern?". Sie könnten aber auch fragen: „Wie beeinflussen die Anzahl und die musikalische Expertise der Zuhörer die Bühnenangst von Berufsmusikern?". Damit würden Sie ein gänzlich anderes Unterthema behandeln.

Auch wenn die meisten empirischen Arbeiten zum Ziel haben, Hypothesen zu prüfen, gibt es auch Untersuchungen, deren Ziel lediglich die Beschreibung eines Phänomens ist. In solchen Fällen würden Sie nur eine Fragestellung, aber keine Hypothesen formulieren. Beispiele für entsprechende Fragestellungen sind „Wie verbreitet ist Bühnenangst unter Berufsmusikern?" oder „Wie lange schauen Deutsche durchschnittlich täglich fern?". Bei derartigen Studien geht es um die – möglichst genaue – Schätzung von Anteilen, Häufigkeiten oder Mittelwerten. Da es hier keine Annahme zu überprüfen gilt, ist auch keine Hypothese erforderlich. Man bezeichnet solche Studien übrigens als *populationsbeschreibende Untersuchungen* (vgl. Abschnitt 6.3.1; weiterführende Informationen gibt Bortz & Döring, 2006, Kap. 7).

Auch bei der Fragestellung „Welche Strategien wenden Studierende an, um nach einer schlechten Prüfung ein möglichst positives akademisches Selbstkonzept aufrechtzuerhalten?" geht es um die Beschreibung eines Phänomens. Hypothesen werden daher nicht benötigt. Ferner ist die Formulierung einer Fragestellung für eine Studie ausreichend, wenn etwas explorativ untersucht wird oder wenn – häufig mit qualitativen Methoden – Hypothesen generiert werden sollen. So wird eine Untersuchung, die der Fragestellung „Welche Themen beschäftigen junge

Menschen nach der Trennung vom ersten Partner?" nachgeht, betroffene Personen beispielsweise mittels narrativer Interviews befragen (vgl. Mayring, 2002). Aus der Analyse dieser Interviews können dann anschließend Hypothesen abgeleitet werden, deren Prüfung wäre aber nicht mehr Bestandteil derselben Arbeit.

6.2.2 Sachhypothesen

Unter einer *Sachhypothese* verstehen wir eine Annahme oder Vermutung über einen Sachverhalt, wobei noch nicht spezifiziert wird, wie diese überprüft werden kann. Sachhypothesen werden auch als *theoretisch-inhaltliche Hypothesen* bezeichnet (Hussy et al., 2013, S. 40). Der Zusammenhang zwischen der Sachhypothese und der Fragestellung besteht darin, dass die Sachhypothese in Form einer – vermuteten bzw. vorläufigen – *Antwort auf die Fragestellung* formuliert wird. Beispiele für Sachhypothesen zu den in Abschnitt 6.2.1 formulierten Fragestellungen sind:

1. Frauen sind bessere Autofahrer als Männer.
2. Lernen in Gruppen führt zu einer besseren Lernstoffaneignung als allein zu lernen.
3. Kaugummikauen verbessert die Leistung in einer Prüfung.

Wie bereits erläutert, sollten Sachhypothesen begründet werden. Sie sollten also z. B. erklären können, warum Sie annehmen, dass Frauen – und nicht Männer – die besseren Autofahrer sind.

Sachhypothesen stellen im Rahmen einer empirischen Arbeit einen Zwischenschritt auf dem Weg zu operationalisierten Hypothesen (vgl. Abschnitt 6.2.3) dar. Neben dieser Funktion als Zwischenschritt geben sie Aufschluss darüber, wie allgemein und umfassend die Aussage sein soll, die man mit der eigenen Studie belegen bzw. prüfen möchte.

Die hier formulierten Sachhypothesen haben alle einen recht *umfassenden Geltungsanspruch*. So wird in Hypothese 1 formuliert, dass Frauen *insgesamt* besser Auto fahren als Männer. Die Hypothese beschränkt sich also nicht darauf, dass Frauen weniger Unfälle verursachen, dass sie vorsichtiger fahren oder dass Sie besser rückwärts einparken können. Auch die zweite und dritte Hypothese haben einen breiten Geltungsanspruch. So sollte laut Hypothese 2 in Gruppen stets eine bessere Lernstoffaneignung erfolgen, ohne dass diese Aussage auf eine bestimmte Art von Lernstoff oder bestimmte Personen(gruppen) eingeschränkt wird. Hypothese 2 beansprucht also Gültigkeit sowohl für das Lernen von Vokabeln als auch für das Lernen komplexer Theorien. Hypothese 3 ist ebenfalls breit angelegt, da hier die Art der Prüfung nicht genauer definiert wird. Damit Hypothese 3 zutrifft, müsste Kaugummikauen sowohl die Leistung in Abiturprüfungen, Fahrprüfungen als auch in Sportprüfungen steigern.

Damit eine (Sach-)Hypothese als wissenschaftlich gelten kann, muss sie bestimmte Gütekriterien erfüllen. Die wichtigsten Kriterien, auf die Sie bei Ihren Hypothesen achten sollten, sind:

- präzise Formulierung,
- innere Widerspruchsfreiheit,
- empirische Überprüfbarkeit bzw. prinzipielle Widerlegbarkeit,
- Begründbarkeit,
- Operationalisierbarkeit.

Den ersten Punkt, die *präzise Formulierung*, haben wir gerade schon angesprochen. Unsere drei oben aufgeführten Beispielhypothesen sind nicht gerade sehr präzise formuliert. Tatsächlich vermitteln die Hypothesen in dieser relativ unpräzisen Formulierung einen umfassenderen Geltungsanspruch, als es tatsächlich der Fall ist. Zudem wird in Hypothese 1 und in Hypothese 2 offengelassen, was mit „bessere Autofahrer" bzw. „besserer Lernstoffaneignung" genau gemeint ist. Bedeutet eine „bessere Lernstoffaneignung", dass der Stoff langfristig besser behalten wird? Oder dass er tiefer verarbeitet und in bestehendes Wissen integriert wird? Dass er besser praktisch angewendet werden kann? Oder dass der Abruf schneller vonstattengeht? Aufgrund dieser Unklarheiten wäre es sinnvoll, unsere Hypothesen z.B. in folgender Weise umzuformulieren:

1. Frauen begehen im Vergleich zu Männern beim Autofahren weniger Fahrfehler.
2. Für die Aneignung komplexer Lerninhalte ist das Lernen in Gruppen effizienter (d.h. bei gleicher Lernzeit wird mehr Stoff behalten), als wenn allein gelernt wird.
3. Kaugummikauen verbessert die kognitive Leistung in einer Prüfung.

Ferner müssen Hypothesen auf jeden Fall *in sich selbst widerspruchsfrei* formuliert sein. Ein Beispiel für eine in sich widersprüchliche Hypothese wäre: „Kaugummikauen verbessert die kognitive Leistung in einer Prüfung; beim Kauen von zuckerfreiem Kaugummi verschlechtert sich die kognitive Leistung in einer Prüfung." Der erste Teilsatz der Hypothese besagt, dass das Kauen jeglichen Kaugummis die Leistung verbessert, wohingegen der zweite Teilsatz aussagt, dass das Kauen von zuckerfreiem Kaugummi (einer Untergruppe von Kaugummi) die Leistung verschlechtert – das ist ein Widerspruch in sich, und eine solche Hypothese wäre nicht akzeptabel. Selbstverständlich sind widerspruchsfreie Spezifikationen oder Differenzierungen von Hypothesen möglich, wie z.B. in diesem Fall: „Das Kauen von zuckerhaltigem Kaugummi verbessert die kognitive Leistung in einer Prüfung; das Kauen von zuckerfreiem Kaugummi verschlechtert hingegen die kognitive Leistung in einer Prüfung."

Eine weitere, wesentliche Anforderung an Hypothesen ist ihre *empirische Überprüfbarkeit* bzw. *prinzipielle Widerlegbarkeit* (*Falsifizierbarkeit*). Insbesondere müssen Ereignisse denkbar sein, bei deren Eintreten sich die Hypothese als falsch herausstellt. So wäre die Aussage „Das Spielen von Ego-Shooter-Computerspielen kann zu aggressivem Verhalten der Spieler führen" keine wissenschaftliche Hypothese, da die „Kann-Aussage" (es kann, muss aber nicht) auch zulässt, dass das Spielen solcher Computerspiele nicht zu aggressivem Verhalten führt. Wenn man diese Hypothese „retten" möchte, müsste man sie folgendermaßen umformulieren: „Das Spielen von Ego-Shooter-Computerspielen führt im Mittel zu einer Erhöhung des aggressiven Verhaltens der Spieler." Auch diese Hypothese behauptet nicht, dass sich die Aggressivität bei jedem Spieler erhöht – es kann einzelne Spieler geben, bei denen die Aggressivität gleich bleibt oder sogar sinkt. Allerdings wäre diese letztere Hypothese widerlegt, wenn sich herausstellt, dass sich die Aggressivität der Spieler im Mittel nicht erhöht.

Hypothesen in der Psychologie und in den empirischen Sozialwissenschaften sind fast immer probabilistisch, also Wahrscheinlichkeitsaussagen, die nicht für jedes einzelne Individuum Gültigkeit beanspruchen, sondern nur für die Mehrzahl der Individuen. Daher müssen Sie in Ihrer Sachhypothese auch nicht unbedingt explizit erwähnen, dass etwas nur „im Mittel" gilt. Bei der Aussage „Männer sind größer als Frauen" ist klar, dass nicht behauptet wird, dass jeder einzelne Mann größer ist als jede einzelne Frau, sondern dass sich diese Aussage auf die Mittelwerte der Körpergrößen von Männern und Frauen bezieht. Auch bei der obigen Hypothese zu Ego-Shooter-Computerspielen verändert sich die Aussage nicht, wenn Sie das „im Mittel" weglassen.

Wünschenswert ist, dass Hypothesen *begründet* werden. Je ausgereifter in einem Forschungsbereich die Theoriebildung ist und/oder je mehr Forschung es zu einer Frage bereits gibt, desto detaillierter sollte die Begründung für eine Hypothese ausfallen. Sofern kein relevantes Vorwissen existiert, kann auch die Begründung sparsam bleiben. Wenn man allerdings noch gar kein Vorwissen über einen Sachverhalt besitzt, sollte man überlegen, ob man tatsächlich eine Hypothese aufstellt, oder ob man lieber eine explorative Untersuchung durchführt (vgl. Abschnitt 6.3.1). Statt zu postulieren „Der Verzehr von Schokolade steigert die Konzentrationsfähigkeit", könnte man es bei der explorativen Fragestellung „Existiert ein Zusammenhang zwischen dem Konsum von Schokolade und der Konzentrationsfähigkeit?" belassen.

Wesentlich für jede Untersuchung ist, dass die aufgestellten Hypothesen *operationalisiert* werden können. Operationalisierung meint die *Messbarmachung* von Variablen. In einigen Fällen ist das sehr einfach, z. B. Körpergröße und Gewicht lassen sich physikalisch mit Maßband und Waage erfassen. Die Messung solcher *manifester* (also direkt beobachtbarer) Variablen ist in der Regel leicht zu bewerkstelligen. Schwieriger ist die Erhebung von *latenten* (nicht direkt beobachtbaren) Variablen wie beispielsweise Intelligenz, Konzentrationsfähigkeit oder Ängstlichkeit. Bei diesen drei latenten Variablen handelt es sich um theoretische Konstrukte, zu deren Erfassung allerdings etablierte Indikatoren bzw. Verfahren existieren: Für Intelligenz und Konzentrationsfähigkeit gibt es validierte Tests, zur Erfassung von Ängstlichkeit bestehen erprobte Selbstberichtsverfahren (Fragebögen) sowie Möglichkeiten der Verhaltensbeobachtung. Man sollte sich bewusst machen, dass jeder dieser Indikatoren nur jeweils *eine* Möglichkeit der Operationalisierung darstellt. Mit einem anderen Messverfahren werden unter Umständen auch andere Ergebnisse produziert. Ein gutes Beispiel dafür ist die Intelligenzmessung: Es gibt nicht „die Intelligenz", sondern verschiedene Intelligenzmodelle differenzieren unterschiedliche Intelligenzkomponenten, z.B. fluide und kristalline Intelligenz oder verbale, numerische und figural-bildhafte Denkfähigkeiten. Je nachdem, welcher Operationalisierung man sich bedient, können sich auch die Ergebnisse von Studien unterscheiden.

Darüber hinaus gibt es Konstrukte, deren Operationalisierung bis heute allenfalls unbefriedigend gelungen ist. Beispielsweise wäre bei der Hypothese „Die unbewussten Motive von Menschen stehen häufig zu ihren bewussten Motiven im Widerspruch" unklar, wie man „unbewusste Motive" erfassen soll. In der Psychologie gibt es zwar Versuche, unbewusste Präferenzen zu erfassen, etwa mit dem *Impliziten Assoziationstest* von Greenwald, McGhee und Schwartz (1998), aber bis heute besteht Uneinigkeit, was von diesem oder ähnlichen Verfahren tatsächlich gemessen wird. Zum heutigen Zeitpunkt wäre eine derartige Hypothese also nicht überprüfbar. Allerdings ist nicht auszuschließen, dass künftig neue Verfahren entwickelt werden, mit denen man auch unbewusste Motive valide erheben kann.

Die *Operationalisierung der interessierenden Variablen* ist für jede empirische Untersuchung wesentlich, weshalb wir dieses Thema in Abschnitt 6.4 noch gesondert behandeln. Im Folgenden geht es zunächst darum, wie Sie operationalisierte Hypothesen formulieren.

6.2.3 Operationalisierte Hypothesen

Mittels *operationalisierter Hypothesen* (auch als *empirisch-inhaltliche Hypothesen* bezeichnet; Hussy et al., 2013, S. 40) wird angegeben, wie die interessierenden Variablen gemessen werden sollen. Bei Experimenten betrifft dies sowohl die abhängigen als auch die unabhängigen Variablen. Operationalisierte Hypothesen enthalten somit die Entscheidung für eine bestimmte Operationalisierung. Eine Möglichkeit, die obige Beispielhypothese 1 zu operationalisieren, wäre:

1. In einer praktischen Autofahrprüfung begehen Frauen im Vergleich zu Männern weniger Fahrfehler.

Die Operationalisierung der „Fahrfehler beim Autofahren" wird also dadurch vorgenommen, dass eine praktische Fahrprüfung – ähnlich einer Führerscheinprüfung – durchgeführt und dabei ausgezählt wird, wie viele Fahrfehler während einer z.B. 30-minütigen Fahrt auftreten. Bei dieser Form der Operationalisierung ließe sich allerdings fragen, ob die reine Anzahl der Fehler ein guter Indikator für die Fahrfertigkeit ist, oder ob es sinnvoll wäre, Fehler nach ihrer Schwere zu gewichten: Der Fehler, bei einer roten Ampel über eine Kreuzung zu fahren, ist schwerwiegender, als eine leichte Geschwindigkeitsüberschreitung. Dieser Ansatz eröffnet jedoch das keineswegs triviale Problem, definieren zu müssen, um wie viel schwerwiegender das Überfahren einer roten Ampel im Vergleich zu einer Geschwindigkeitsübertretung von z.B. 15 km/h ist.

In den meisten Fällen gibt es eine Reihe alternativer Operationalisierungen. Bezüglich der obigen Hypothese wären alternative operationalisierte Hypothesen beispielsweise:

2. Im Fahreignungsregister ist die für Frauen eingetragene Punktzahl in Mittel geringer als die der Männer. (Umgangssprachlich: Frauen haben weniger „Punkte in Flensburg" als Männer.)
3. Die Anzahl der polizeilich erfassten Unfälle, die von Frauen verursacht wurden, ist geringer als die Anzahl solcher Unfälle, die von Männern verursacht wurden.
4. In einem Fahrsimulator begehen Frauen in kritischen Situationen weniger Fahrfehler als Männer.

All diese Hypothesen stellen legitime Operationalisierungen von Fahrfehlern dar, sind aber unterschiedlich valide (zur Validität vgl. den Exkurs auf S. 198f.). So könnten Befunde, die für die Annahme der operationalisierten Hypothesen 2 und 3 sprechen, dadurch verzerrt sein, dass Frauen im Durchschnitt seltener Auto fahren als Männer, also weniger Gelegenheiten haben, Punkte zu sammeln bzw. Unfälle zu verursachen. Man kann hier von einer *Konfundierung* der Fahrfehler mit der Fahrhäufigkeit bzw. -dauer sprechen. Eine Bestätigung dieser beiden Hypothesen berechtigt also nicht zu dem Schluss, dass Frauen – proportional gesehen – weniger Fahrfehler begehen, also bessere Autofahrer sind. Zu Hypothese 3 sei angemerkt, dass es hier noch darauf ankommt, welche Art von Unfällen man betrachtet: leichte Unfälle mit Sachschaden (z.B. Auffahrunfälle), Unfälle mit Personenschäden oder Unfälle mit Todesfolgen. Daher sollte Hypothese 3 noch für verschiedene Unfallarten differenziert werden, beispielsweise im Sinne der Erwartung, dass Frauen im Vergleich zu Männern zwar mehr leichte Unfälle, aber weniger schwere Unfälle verursachen.

Valider erscheinen die Operationalisierungen, die in Hypothese 1 und 4 vorgeschlagen werden. Vergleicht man diese beiden Hypothesen miteinander, erscheint die Operationalisierung von Hypothese 1 lebensnäher (extern valider), die von Hypothese 4 kontrollierter (intern valider; vgl. Abschnitt 6.3.2). Aus beiden operationalisierten Hypothesen geht aber noch nicht hervor, welche einzelnen Elemente in der Fahrprüfung bzw. der Fahrsimulation vorkommen. Man könnte vermuten, dass es einen Unterschied macht, ob Situationen im Stadtverkehr, auf der Landstraße, auf der Autobahn oder im Gelände realisiert werden. Auch ob z.B. rückwärts einzuparken Bestandteil der Fahrprüfung bzw. -simulation ist, kann einen Einfluss auf das Abschneiden von Männern und Frauen haben.

Wie Sie gesehen haben, können verschiedene Operationalisierungen zu unterschiedlichen (sich teilweise sogar widersprechenden) Ergebnissen führen. Daher ist die Wahl einer passenden Operationalisierung bei der Planung einer Studie von entscheidender Bedeutung (vgl. auch Abschnitt 6.4). Überlegungen zu den operationalisierten Hypothesen sind daher auch dann wichtig, wenn Ihr Betreuer nicht verlangt, dass diese in Ihrem Text explizit angegeben werden.

6.2.4 Statistische Hypothesen

Statistische Hypothesen (manchmal auch als *Testhypothesen* bezeichnet) geben die Aussage der operationalisierten Hypothesen in formalisierter Weise an, sodass leicht erkennbar ist, welche Art von inferenzstatistischem Test (Signifikanztest) zur Hypothesenprüfung durchzuführen ist. Sie wissen sicherlich aus Ihrer Statistikausbildung, dass mit Signifikanztests zwei sich ausschließende Hypothesen überprüft werden, nämlich die *Nullhypothese* (H_0) und die *Alternativhypothese* (H_1). Die Alternativhypothese beschreibt in der Regel einen erwarteten Unterschied bzw. Zusammenhang. Die Nullhypothese stellt das logische Gegenteil der Alternativhypothese dar, beinhaltet also meist die Aussage, dass kein Unterschied bzw. Zusammenhang existiert. Für die Festlegung der statistischen Hypothesen ist die Unterscheidung von drei Hypothesentypen sinnvoll:

- Zusammenhangshypothesen,
- Unterschiedshypothesen und
- Veränderungshypothesen.

Zusammenhangshypothesen weisen folgende Struktur auf: „Je mehr ..., desto mehr/weniger ..." oder anders formuliert „A steht in einem positiven/negativen Zusammenhang mit B". Beispiele sind „Je intelligenter ein Kind ist, desto schneller lernt es lesen" oder „Ängstlichkeit und die Wahrscheinlichkeit, Steuern zu hinterziehen, stehen in einem negativen Zusammenhang". Beide Formulierungsweisen lassen sich ineinander überführen, also z.B. „Je ängstlicher eine Person ist, desto geringer ist die Wahrscheinlichkeit, dass sie Steuern hinterzieht." Zur Prüfung von Zusammenhangshypothesen berechnet man im einfachsten Fall einen Korrelationskoeffizienten. Übrigens: Da sich statistische Hypothesen in Ihrer Aussage auf die Population (und nicht auf die konkrete Stichprobe) beziehen, werden griechische Buchstaben für die statistischen Kennwerte verwendet (für Mittelwerte μ, für Zusammenhänge ρ und für Häufigkeiten π).

Sie erinnern sich sicherlich, dass man ferner zwischen *ungerichteten* und *gerichteten Hypothesen* unterscheidet. Ungerichtete Hypothesen postulieren nur, dass es einen Zusammenhang (bzw. einen Unterschied oder eine Veränderung) gibt, machen aber keine Aussage zur Richtung des Effekts, also beispielsweise ob der Zusammenhang positiv oder negativ ist. Die meisten Hypothesen liegen, wie Sie auch an unseren obigen Beispielhypothesen gesehen haben, in gerichteter Form vor. Bei ungerichteten Alternativhypothesen besagt die Nullhypothese, dass es keinen Zusammenhang bzw. Unterschied gibt; bei gerichteten Alternativhypothesen ist die Aussage der Nullhypothese, dass kein Zusammenhang bzw. Unterschied existiert oder dass ein Effekt in entgegengesetzter Richtung zur Alternativhypothese vorliegt.

Das statistische Hypothesenpaar zu unserer letztgenannten Hypothese wäre in Worten:

- Alternativhypothese: Es besteht eine negative Korrelation zwischen Ängstlichkeit und der Wahrscheinlichkeit, Steuern zu hinterziehen.
- Nullhypothese: Es besteht keine oder eine positive Korrelation zwischen Ängstlichkeit und der Wahrscheinlichkeit, Steuern zu hinterziehen.

Formalisiert lässt sich dieses Hypothesenpaar wie folgt darstellen (vgl. auch Tabelle 6.1):

- $H_1: \rho < 0$,
- $H_0: \rho \geq 0$, wobei ρ den Zusammenhang zwischen Ängstlichkeit und der Wahrscheinlichkeit, Steuern zu hinterziehen, repräsentiert.

Bei *Unterschiedshypothesen* werden zwei (oder mehr) Gruppen hinsichtlich ihrer Ausprägungen auf einer Variablen verglichen. Dabei handelt es sich in der Regel um Mittelwerte oder Häufigkeiten. Die Grundstruktur ist: „In Gruppe A ist X größer/kleiner/häufiger/seltener als in Gruppe B." Beispiele sind: „Männer sind größer als Frauen." (ausführlich: „Mitglieder der Gruppe der Männer haben im Mittel eine größere Ausprägung auf der Variablen Körpergröße als Mitglieder der Gruppe der Frauen.") und „Kaugummikauen verbessert die kognitive Leistung in einer Prüfung." (ausführlich: „Mitglieder der Gruppe, die während der Prüfung Kaugummi kauen, erzielen im Mittel eine bessere kognitive Leistung als Mitglieder der Gruppe, die dies während der Prüfung nicht tun."). Das statistische Hypothesenpaar für die letztere Hypothese lautet in Worten:

- Alternativhypothese: Prüflinge, die während der Prüfung Kaugummi kauen, erzielen eine bessere kognitive Leistung als Prüflinge, die dies während der Prüfung nicht tun.
- Nullhypothese: Prüflinge, die während der Prüfung Kaugummi kauen, erzielen eine gleich gute (oder schlechtere) kognitive Leistung als Prüflinge, die dies während der Prüfung nicht tun.

Das zugehörige formalisierte Hypothesenpaar ist (vgl. auch Tabelle 6.1):

- $H_1: \mu_1 > \mu_2$,
- $H_0: \mu_1 \leq \mu_2$, wobei μ_1 die mittlere kognitive Leistung der Prüflinge angibt, die während der Prüfung Kaugummi kauen, und μ_2 die mittlere kognitive Leistung der Prüflinge, die dies während der Prüfung nicht tun.

Veränderungshypothesen sind prinzipiell auch Unterschiedshypothesen, nur dass sich hier der Unterschied nicht auf zwei Gruppen oder Bedingungen, sondern auf zwei Zeitpunkte bezieht. Beispiele sind: „Kinder können zwei Jahre nach der Einschulung besser rechnen als zum Zeitpunkt der Einschulung." oder „Eine kognitive Verhaltenstherapie reduziert bei depressiven Personen die Depressivität." (ausführlich: „Zum Zeitpunkt nach der kognitiven Verhaltenstherapie ist die Depressivität der behandelten depressiven Personen geringer als zum Zeitpunkt vor der kognitiven Verhaltenstherapie."). In Tabelle 6.1 werden für die drei Hypothesenarten die formalisierten statistischen Hypothesenpaare sowohl für gerichtete als auch für ungerichtete Hypothesen gegenübergestellt.

Tabelle 6.1. Formalisierte Schreibweise der Null- und der Alternativhypothese (jeweils gerichtet und ungerichtet) für Zusammenhangs-, Unterschieds- und Veränderungshypothesen

Hypothesenart	ungerichtete Hypothesen		gerichtete Hypothesen	
	Alternativ-hypothese	Null-hypothese	Alternativ-hypothese	Null-hypothese
Zusammenhangs-hypothesen	$H_1: \rho \neq 0$	$H_0: \rho = 0$	$H_1: \rho < 0$ bzw. $H_1: \rho > 0$	$H_0: \rho \geq 0$ bzw. $H_0: \rho \leq 0$
Unterschiedshypothesen und Veränderungs-hypothesen	$H_1: \mu_1 \neq \mu_2$	$H_0: \mu_1 = \mu_2$	$H_1: \mu_1 < \mu_2$ bzw. $H_1: \mu_1 > \mu_2$	$H_0: \mu_1 \geq \mu_2$ bzw. $H_0: \mu_1 \leq \mu_2$

Ihnen ist vermutlich klar, dass sich Hypothesen gleichzeitig auch auf mehr als zwei Variablen beziehen können. So könnte man vermuten, dass die Lesekompetenz von 12-jährigen Hauptschülern (μ_1) geringer ist als die von 12-jährigen Realschülern (μ_2) und diese wiederum geringer als die von 12-jährigen Gymnasiasten (μ_3). Die H_1 wäre also: $\mu_1 < \mu_2 < \mu_3$. Die H_0 wäre: $\mu_1 \geq \mu_2$ und/oder $\mu_2 \geq \mu_3$ (darin ist die mathematische Aussage $\mu_1 \geq \mu_3$ enthalten).

Bei allen bisher als Beispiel angeführten Hypothesen handelt es sich um *unspezifische* Hypothesen, d.h. um Hypothesen, bei denen nicht spezifiziert wird, wie groß der (mindestens) erwartete Effekt ist. Gerade bei anwendungsorientierten Studien, also z.B. bei Interventionsmaßnahmen oder Behandlungen, kann es allerdings sinnvoll sein, eine Mindestgröße für einen Effekt zu definieren, die überschritten werden muss, damit dieser als *praktisch relevant* gelten kann. So könnte man postulieren: „Eine kognitive Verhaltenstherapie reduziert bei depressiven Personen die Depressivität um mindestens 5 Punkte auf der zur Operationalisierung von Depressivität verwendeten Skala". Die formalisierten – spezifischen – statistischen Hypothesen wären dann: $H_1: \mu_1 > \mu_2 + 5$, $H_0: \mu_1 \leq \mu_2 + 5$, wobei μ_1 die Depressivität vor Beginn und μ_2 die Depressivität nach Abschluss der Therapie angibt. Anders formuliert: Die Alternativhypothese wäre bestätigt, wenn der Pre-Wert (μ_1) statistisch signifikant mehr als 5 Punkte größer ist als der Post-Wert (μ_2).

Beachten Sie, dass Wissenschaftler in ihren Arbeiten (z.B. in wissenschaftlichen Zeitschriftenartikeln) nur sehr selten statistische Hypothesen angeben. Auch Sie sollten statistische Hypothesen in Ihrer Arbeit daher nur dann formulieren, wenn Ihr Betreuer dies möchte – fragen Sie ggf. nach.

6.2.5 Ableitung mehrerer Hypothesen aus einer Fragestellung

Auch wenn die bisherigen Ausführungen zur Formulierung von Hypothesen den Anschein erweckt haben mögen, dass aus einer Forschungsfrage jeweils nur eine Hypothese hervorgeht, lassen sich meistens mehrere Hypothesen aus einer Frage ableiten. Das liegt oft an der Struktur der Frage, wie das folgende Beispiel veranschaulicht.

Bei der Fragestellung „Wie beeinflussen die Anzahl und die musikalische Expertise der Zuhörer die Bühnenangst von Berufsmusikern?" wird davon ausgegangen, dass zwei Variablen (Anzahl der Zuhörer sowie Expertise der Zuhörer) die Bühnenangst der Berufsmusiker beeinflussen. Wenn man nun eine konkretere Vorstellung davon hat, wie diese Variablen mit Bühnenangst zusammenhängen, könnte man beispielsweise die folgenden drei Sachhypothesen aufstellen:

- Hypothese 1: Bei Berufsmusikern nimmt die Bühnenangst mit der Anzahl der Zuhörer zu.
- Hypothese 2: Bei Berufsmusikern nimmt die Bühnenangst mit der Expertise der Zuhörer zu.
- Hypothese 3: Die Expertise der Zuhörer prädiziert die Bühnenangst von Berufsmusikern besser als die Anzahl der Zuhörer.

Erst durch dieses Set von Hypothesen wird es möglich, das dahinterstehende Annahmenbündel vollständig zu überprüfen, nämlich dass sowohl die Anzahl der Zuhörer als auch deren Expertise voneinander unabhängige positive Effekte auf die Bühnenangst haben, dass aber der Effekt der Expertise stärker ist. Es kann auch sein, dass Sie mehrere Indikatoren (Operationalisierungen) heranziehen wollen, für die Sie unterschiedliche Zusammenhänge mit einer anderen Variablen annehmen. So könnten Sie zur Beantwortung der Frage, ob das Kauen von Kaugummi die kognitive Leistungsfähigkeit steigert, die Probanden verschiedene Aufgaben zur Erfassung der abhängigen Variablen bearbeiten lassen, z.B. einen Konzentrationstest, einen Test zur fluiden Intelligenz und einen Test zur kristallinen Intelligenz. In Ihren Hypothesen könnten Sie formulieren, dass sich Kaugummikauen nicht auf die Leistung im Test zur kristallinen Intelligenz auswirkt, da diese durch aktuelle Befindlichkeiten nur wenig beeinflussbar ist, wohingegen sich in den beiden anderen Tests positive Effekte zeigen sollten.

Häufig hat man auch eine Haupt- und eine oder mehrere Nebenfragestellungen bzw. Hypothesen. So könnte man erwarten, dass Prüfungsangst und die Leistung in mündlichen Prüfungen negativ zusammenhängen, dass dieser Effekt aber von anderen Variablen (z.B. der Intelligenz oder der Erfahrung mit mündlichen Prüfungen) moderiert wird. Ferner kann man für bestimmte Subgruppen unterschiedliche Effekte annehmen. Beispielsweise könnte man vermuten, dass für sehr prüfungs- aber wenig sozialängstliche Personen der Zusammenhang zwischen aktueller Prüfungsangst und der Prüfungsleistung geringer ausfällt als für Personen, die gleichzeitig hoch prüfungs- und sozialängstlich sind.

6.2.6 Komplexe Hypothesen

Die bisher vorgestellten Hypothesen waren alle noch relativ einfach. Bis auf die Beispiele in Abschnitt 6.2.5 waren stets maximal zwei Variablen beteiligt, wobei einfache Zusammenhänge bzw. Unterschiede betrachtet wurden. Viele Hypothesen sind aber deutlich komplexer. Beispielsweise erwartet man oft Interaktionen, wie in der folgenden Hypothese, in der das Geschlecht damit interagiert, wie belastend bzw. entlastend das Sprechen über ein traumatisches Ereignis erlebt wird: „Nach einem traumatischen Ereignis wird das Sprechen darüber von Frauen als entlastend empfunden, von Männern hingegen als belastend." Wollte man dafür eine statistische Alternativhypothese aufstellen, würde diese so aussehen:

H_1: $\mu_{M,sp} > \mu_{M,nsp}$ und $\mu_{F,sp} < \mu_{F,nsp}$, wobei μ für den Mittelwert der Belastung steht. Durch die Indizes werden vier Gruppen definiert: M und F geben die Zugehörigkeit zur Gruppe der *Männer* bzw. *Frauen* an und *sp* bzw. *nsp* stehen dafür, ob über das traumatische Ereignis *gesprochen* oder *nicht gesprochen* wurde.[34]

Die Hypothese drückt also die Erwartung aus, dass bei Männern die Belastung in der Gruppe, die darüber gesprochen hat, höher ist als bei denen, die nicht darüber gesprochen haben. Bei den Frauen wäre dieser Zusammenhang entgegengesetzt. Prüfen kann man Interaktionsannahmen dieser Art mittels einer Varianzanalyse (*Analysis of variance*; ANOVA).

Manchmal möchte man auch den Zusammenhang zwischen zwei Variablenkomplexen untersuchen. Bortz und Döring (2006, S. 513f.) führen das Beispiel an, dass man untersuchen möchte, wie das Wetter und die Befindlichkeit des Menschen zusammenhängen. Nun lassen sich Wetter und Befindlichkeit aber schlecht durch nur einen Indikator erfassen. So spielen beim Wetter die Temperatur, die Luftfeuchtigkeit, die Niederschlagsmenge, die Windgeschwindigkeit und die Sonnenscheindauer oder Helligkeit wichtige Rollen. Die Befindlichkeit muss zumindest in eine physische und eine psychische Befindlichkeit unterteilt werden, wobei diese sich gegenseitig beeinflussen können (wie übrigens auch die Wetterparameter). Nimmt man nun an, dass mehrere Prädiktorvariablen (die des Wetters) mit mehreren Kriteriumsvariablen (denen der Befindlichkeit) zusammenhängen, spricht man von einem *kanonischen Zusammenhang*, der mittels der *kanonischen Korrelation* überprüft werden kann. Alternativ könnte man zur Untersuchung dieser Zusammenhänge ein *Strukturgleichungsmodell* erstellen, in das latente Variablen für die „Güte des Wetters" und die „Güte der Befindlichkeit" aufgenommen werden (vgl. Abschnitt 6.3.4).

Mit diesem Abschnitt wollten wir Sie dafür sensibilisieren, dass die von uns gewählten Beispielhypothesen aus didaktischen Gründen recht einfach gehalten sind, die Forschungsrealität aber oft komplexer ist. Auch in den meisten (allge-

---

[34] Beachten Sie, dass man in wissenschaftlichen Arbeiten solche Annahmen üblicherweise lediglich als Sachhypothese und nicht als statistische Hypothese beschreibt. Die hier verwendete Darstellungsform werden Sie also kaum benötigen.

meinen) Methodenlehrbüchern werden zur Veranschaulichung nur einfache Beispiele verwendet, was dazu führt, dass Studierenden das Formulieren und Überprüfen komplexerer Hypothesen oft schwer fällt. Eine Ausnahme, auf die wir Sie verweisen möchten, ist Bortz und Döring (2006, insbesondere Abschnitt 8.2). Hier werden verschiedene komplexere Hypothesen erläutert und auch Hilfestellungen für die Wahl des geeigneten Untersuchungsdesigns gegeben. Mit Letzterem beschäftigt sich auch der folgende Abschnitt.

6.3 Wahl des Forschungsansatzes bzw. Untersuchungsdesigns

Unterschiedliche Fragestellungen bzw. Hypothesen bedürfen zu ihrer Beantwortung verschiedener Forschungsansätze. Dieser Abschnitt soll Ihnen helfen, den für Ihre Arbeit geeigneten Forschungsansatz auszuwählen und bei dieser Entscheidung wichtige Aspekte – insbesondere die interne und externe Validität einer Studie – zu berücksichtigen. Daher geben wir zunächst einen Überblick über die vier Forschungsansätze *Experiment, Korrelationsstudie, populationsbeschreibende Studie* und *hypothesengenerierende Studie* (Abschnitt 6.3.1). Später gehen wir ausführlicher auf die beiden am häufigsten verwendeten Ansätze, das *Experiment* (Abschnitt 6.3.3) und die *Korrelationsforschung* (Abschnitt 6.3.4) ein. Die Verbindung dieser beiden Ansätze ist der *experimentell-korrelative Forschungsansatz* (Abschnitt 6.3.5). Bevor wir diese Konzepte erläutern, führen wir zwei Konzepte ein, die für jede Studienplanung essenziell sind: *interne und externe Validität* (Abschnitt 6.3.2).

6.3.1 Überblick über die Forschungsansätze

Es existieren verschiedene Möglichkeiten, Forschungsansätze zu klassifizieren. Wir haben uns für die folgende Einteilung entschieden:

1. Hypothesenprüfende Ansätze
    1.1. Experimentelle Forschung
        1.1.1. Echte experimentelle Designs
        1.1.2. Quasiexperimentelle Designs
    1.2. Korrelationsforschung
2. Populationsbeschreibende bzw. deskriptive Forschung
3. Hypothesengenerierende bzw. explorative Forschung

Unter der Bezeichnung *hypothesenprüfende Ansätze* werden zwei bedeutende Forschungsansätze zusammengefasst, die beide zum Ziel haben, vorab erstellte Hypothesen zu überprüfen. Wenn in der Untersuchung eine unabhängige Variable aktiv manipuliert wird, fällt die Studie in die Kategorie *experimentelle Forschung*. Wird nach Zusammenhängen zwischen natürlich (also ohne die Manipulation durch den Experimentator) variierenden Variablen gesucht, handelt es sich um *Korrelationsforschung*. Der experimentelle und der korrelative Ansatz sind die beiden meist verwendeten Forschungsansätze in der Psychologie und den empirischen Sozialwissenschaften. Wir gehen weiter unten detaillierter auf diese beiden Ansätze ein (Abschnitte 6.3.3 und 6.3.4).

Daneben gibt es den *populationsbeschreibenden* oder *deskriptiven Ansatz*. Populationsbeschreibende Studien haben zum Ziel, Antworten auf Fragen folgender Art zu liefern: „Wie hoch ist die Prävalenz von Prüfungsangst unter Schülerinnen und Schülern?", „Wie viel Zeit wenden Studierende im Mittel pro Woche für den Gelderwerb auf?" (vgl. S. 164 für weitere Beispiele). Es sollen also bestimmte Phänomene oder Häufigkeiten möglichst exakt beschrieben werden. Als populationsbeschreibend werden die Studien bezeichnet, da sie die Ausprägung eines Merkmals in einer Population (z.B. alle Schülerinnen und Schüler, alle Studierenden, alle Deutschen) schätzen. Die Genauigkeit solcher Schätzungen wird vor allem durch Verzerrungen in der Stichprobenzusammensetzung gefährdet. Wenn Sie z.B. nur Schülerinnen und Schüler *eines* Gymnasiums erfassen, kann durch ein besonders gutes oder schlechtes Schulklima die Häufigkeit von Prüfungsangst in der Zielpopulation unter- oder überschätzt werden. Auch sind Gymnasiasten sicherlich nicht repräsentativ für Schülerinnen und Schüler anderer Schulformen. Bei populationsbeschreibenden Studien ist daher die Beschäftigung mit Stichprobentheorien und verschiedenen Formen der Stichprobenziehung erforderlich (z.B. einfache Zufallsstichprobe, geschichtete Stichprobe, Klumpenstichprobe, mehrstufige Stichprobe; Informationen dazu finden sich in Bortz & Döring, 2006, Kap. 7).

Schließlich gibt es noch Ansätze, mit denen *Hypothesen generiert* werden sollen, die dann in späteren Forschungsprojekten zu überprüfen sind. Solche *hypothesengenerierenden* oder *explorativen* (erkundenden) Studien sind eher selten Gegenstand von Abschlussarbeiten. Sie sind vor allem in solchen Forschungsfeldern wichtig, in denen noch zu wenig Vorwissen besteht, um begründete Hypothesen zu erstellen. Die methodischen Verfahren, die für hypothesengenerierende Studien verwendet werden können, sind sehr heterogen. So lassen sich explorative Korrelationsstudien durchführen, bei denen ähnlich vorgegangen wird wie beim korrelativen Ansatz (vgl. Abschnitt 6.3.4), nur dass eben vorab keine Hypothese aufgestellt wird. Beispielsweise könnte man für die Fragestellung „Wie hängen Persönlichkeitseigenschaften und Alkoholkonsum zusammen?" die Probanden einen umfassenden Persönlichkeitsfragebogen ausfüllen lassen und anschließend die verschiedenen Persönlichkeitseigenschaften mit dem Alkoholkonsum der Personen korrelieren. Wichtig ist, dass aufgrund der Vielzahl der berechneten Korrelationen einzelne davon auch lediglich zufallsbedingt signifikant werden können. Daher bedürfen solche Studien der *Kreuzvalidierung*, das heißt der Bestätigung an einer neuen, unabhängigen Stichprobe. Haben Sie beispielsweise in der ersten explorativen Studie gefunden, dass Extraversion und Alkoholkonsum zu $r = .34$ korrelieren, müssten Sie dies an einer neuen Stichprobe überprüfen, bevor Sie behaupten, diesen Zusammenhang belegt zu haben.

Unter den hypothesengenerierenden Ansatz fallen aber auch Einzelfallstudien. Bei Einzelfallstudien kann es sowohl um die Untersuchung einzelner Personen, als auch um Gruppen oder historische Ereignisse gehen. So kann man einzelne Patienten mit unfallbedingten Gehirnläsionen auf kognitive Defizite oder Persönlichkeitsveränderungen untersuchen und daraus Hypothesen ableiten, welche Hirnareale für welche Funktionen zuständig sind. Ebenso könnte man untersuchen, welche gruppendynamischen Prozesse (z.B. Groupthink-Effekte) unter den NASA-Ingenieuren und Managern im Jahre 1986 dazu beigetragen haben, dass es zur Challenger-Katastrophe (der Explosion eines bemannten Space Shuttles) kam, obwohl bereits vor dem Start Hinweise auf technische Defekte an Dichtungsringen bekannt waren. Das Ziel einer derartigen Einzelfallstudie wäre, abzuleiten, welche Rahmenbedingungen dazu führen, dass Menschen bzw. Gruppen erhöhte Risiken eingehen.

Zu den Methoden, die bei hypothesengenerierenden Studien zum Einsatz kommen, gehört ferner das gesamte Arsenal qualitativer Verfahren, wie z.B. die (teilnehmende) Beobachtung (Feldforschung), qualitative Interviews, Gruppendiskussionen und qualitative Inhaltsanalysen. Diese Verfahren bedürften jeweils einer eigenen ausführlichen Darstellung, weshalb wir Sie zur Einführung in diese Methoden auf das Buch von Mayring (2002) sowie auf das Kapitel 5 in Bortz und Döring (2006) verweisen möchten.

6.3.2 Überlegungen zur internen und externen Validität von Studien

Bei empirischen Studien sind die interne und externe Validität von Schlussfolgerungen, die aus der Studie gezogen werden, entscheidend für die Güte einer Untersuchung. Diese Formen der Validität sind von der Validität der Operationalisierung zu unterscheiden (vgl. *Exkurs: Reliabilität und Validität von Operationalisierungen* auf S. 198f.) und werden daher hier getrennt behandelt. Ob eine Studie intern und extern valide ist, sollte man bereits während der Studienplanung überlegen und nicht erst bei der Interpretation der Ergebnisse. Interne und externe Validität sind Konzepte, die im Rahmen der experimentellen Forschung entwickelt wurden. Allerdings spielen sie bei allen Forschungsansätzen eine wichtige Rolle.

6.3.2.1 Interne Validität

Allgemein, also auf alle Forschungsansätze bezogen, liegt interne Validität vor, wenn es *keine (plausiblen) Alternativerklärungen* für den von der Untersuchungshypothese beschriebenen Zusammenhang oder Effekt gibt. Im Rahmen von Experimenten besteht interne Validität insbesondere dann, wenn Veränderungen der abhängigen Variablen eindeutig auf den Einfluss der unabhängigen Variablen zurückzuführen sind.

Angenommen, Sie haben über sechs Monate hinweg alle 14 Tage ein Konzentrationstraining mit 12-jährigen Schülern durchgeführt. Mittels eines Tests wurde vor und nach dem Training die Konzentrationsfähigkeit erfasst. Es fand sich, dass am Ende des Trainings die Konzentrationsfähigkeit im Mittel um 20% gegenüber dem Status vor dem Training gestiegen ist. Diese Zunahme war auch statistisch signifikant. Warum wäre die Schlussfolgerung, dass dieses Training bei 12-jährigen Schülern die Konzentrationsfähigkeit steigert, *nicht intern valide*?

Der Grund für die mangelnde interne Validität ist, dass es *Alternativerklärungen* gibt, mit denen man diesen Effekt erklären kann, ohne dass das Training irgendeinen Effekt gehabt hat. Das liegt bei dieser Studie vor allem daran, dass es keine adäquate Kontrollgruppe gibt, sondern nur der Pre- und der Post-Wert der Konzentrationstestung miteinander verglichen wurden. Allerdings könnte es sein, dass bei 12-jährigen Kindern die Konzentrationsfähigkeit auch ohne jegliche Intervention über einen Zeitraum von sechs Monaten zunimmt, da Reifungsprozesse vonstattengehen. Vielleicht haben die Kinder aber auch *außerhalb* des Trainings, z.B. in der Schule, besondere Erfahrungen gemacht, die zur Steigerung der Konzentrationsfähigkeit geführt haben. Eine weitere Alternativerklärung ist, dass das bessere Abschneiden bei der zweiten Testung auf einem sogenannten Testwiederholungseffekt beruht: Wurde derselbe Konzentrationstest zwei Mal (einmal vor und einmal nach dem Trainingszeitraum) durchgeführt, kannten die Kinder den Test bereits und hatten beim zweiten Mal mehr Übung.

Aus diesen Gründen ist die interne Validität dieser Studie als sehr gering einzustufen. In Abschnitt 6.3.3 zeigen wir auf, wie derartige Schwachpunkte von Studien durch das richtige experimentelle Vorgehen ausgeräumt werden können. Bei der oben dargestellten Versuchsplanung wäre es, wie bereits erwähnt, insbesondere wichtig, eine Kontrollgruppe hinzuzufügen. Dies könnte in Form einer Placebokontrollgruppe geschehen. Die Kinder in der Kontrollgruppe würden sich also im selben Zeitraum ebenfalls alle 14 Tage für dieselbe Zeitdauer treffen, aber nicht an einem Konzentrationstraining teilnehmen, sondern während dieser Zeit z.B. Videofilme anschauen – eine Aktivität, von der man keine Verbesserung der Konzentrationsfähigkeit erwartet. Wichtig wäre ferner die randomisierte (zufällige) Zuweisung der Kinder auf die Trainings- und die Placebokontrollgruppe. Ein Effekt des Trainings wäre dann belegt, wenn auch im Vergleich mit der Placebokontrollgruppe die Trainingsgruppe eine signifikant stärkere Steigerung der Konzentrationsfähigkeit verzeichnet. Die obigen Alternativerklärungen würden nicht mehr greifen, da von den dort beschriebenen Effekten (Reifungsprozesse, sonstige zwischenzeitliche Einflüsse, Testwiederholung) auch die Placebokontrollgruppe betroffen sein müsste. Unterschiede zwischen der Trainings- und der Kontrollgruppe ließen sich also nicht mehr auf diese von den Alternativerklärungen beschriebenen Effekte zurückführen.

6.3.2.2 Externe Validität

Die externe Validität betrifft folgende Frage: Können die Effekte, die in einer Studie – mit einer ganz bestimmten Stichprobe – gefunden wurden, auch auf andere Personen bzw. Populationen und auf andere Situationen oder Kontexte übertragen, also verallgemeinert werden? Bortz und Döring (2006, S. 53) definieren externe Validität wie folgt: „Eine Untersuchung ist extern valide, wenn ihre Ergebnisse über die besonderen Bedingungen der Untersuchungssituation und über die untersuchten Personen hinausgehend generalisierbar sind. Die externe Validität sinkt mit wachsender Unnatürlichkeit der Untersuchungsbedingungen bzw. mit abnehmender Repräsentativität der untersuchten Stichproben."

Das klingt abstrakt, aber nehmen wir an, Sie haben die oben beschriebene – durch die Hinzufügung einer Placebokontrollgruppe verbesserte – Aufmerksamkeitstrainings-Studie an einer Stichprobe von 12-jährigen lernbehinderten Schülern einer Förderschule durchgeführt. Die Studie wäre nach dieser Veränderung intern valide, aber unter Umständen wenig extern valide.

Hinsichtlich der externen Validität stellt sich zunächst die Frage, ob dieses Training auch für nicht lernbehinderte Schüler bzw. für Schüler anderer Schulformen ähnlich effektiv ist. Davon ist nicht per se auszugehen, da die Stichprobe lernbehinderter Schüler sicherlich nicht repräsentativ für die Population aller Schüler ist. Vielleicht finden nicht lernbehinderte Schüler das Training zu einfach oder zu wenig motivierend, sodass sich für diese keine vergleichbaren Effekte einstellen. Weiterhin ist unklar, ob das Training auch für jüngere oder ältere Kinder geeignet ist. Hinsichtlich der Situationen und Kontexte müsste überprüft werden, ob das Training weniger effektiv ist, wenn es nicht über sechs Monate hinweg alle 14 Tage, sondern z. B. über drei Monate hinweg wöchentlich durchgeführt wird. Auch ist zu klären, inwiefern die Gruppengröße, in der das Training durchgeführt wurde, eine Bedeutung für den Trainingserfolg besitzt, oder ob auch kleinere bzw. größere Gruppen genauso effektiv sind.

Darüber hinaus muss man sich fragen, ob der verwendete Konzentrationstest ein guter Indikator für die allgemeine Konzentrationsfähigkeit ist. So könnte es sein, dass in dem Training gerade jene Fertigkeiten geübt wurden, die zur erfolgreichen Bearbeitung des speziellen Konzentrationstests, mit dem die Pre- und Postmessung durchgeführt wurden, wichtig sind. Es wäre aber nicht auszuschließen, dass sich die Teilnehmer des Trainings in anderen Konzentrationstests, die anders aufgebaut sind bzw. andere Aspekte der Konzentrationsfähigkeit erfassen, nicht verbessern. Dies sollte durch den Einsatz unterschiedlicher Tests überprüft werden.

Schließlich kann es sein, dass das Training zwar die allgemeine Fertigkeit verbessert, Konzentrationstests zu bearbeiten, aber dass sich dieser Effekt nicht auf den Alltag der Probanden übertragen lässt, die Trainingsteilnehmer sich im Alltag also nicht wirklich besser konzentrieren können. Dieser letzte Aspekt betrifft die „Natürlichkeit" der Untersuchungssituation bzw. der Operationalisierung der interessierenden Variablen und wird daher manchmal auch als *ökologische Validität* bezeichnet. Die ökologische Validität ist dabei ein Unteraspekt der externen Validität.

Um zu zeigen, dass ein Untersuchungsbefund extern valide ist, muss man die hier angeführten Bedenken ausräumen können. Das kann z.T. durch inhaltliche Überlegungen erfolgen, etwa indem man Argumente darstellt, warum die Teilnehmeranzahl pro Gruppe – zumindest in bestimmten Grenzen – höchstwahrscheinlich keinen relevanten Einfluss auf die Effektivität des Trainings hat. Ferner sollte man empirische Evidenz zur externen Validität sammeln. Beispielsweise könnte man zusätzlich einen zweiten, sehr unterschiedlich aufgebauten Konzentrationstest durchführen, um die Verallgemeinerbarkeit der Ergebnisse zu stützen. Um zu untermauern, dass ein Transfer der erhöhten Aufmerksamkeit auf reale Lebenssituationen stattfindet, sollte man *Außenkriterien* heranziehen, also z.B. durch Verhaltensbeobachtung im Klassenraum absichern, dass die Schüler konzentrierteres Verhalten an den Tag legen.

6.3.3 Experimentelle Forschung

Das Experiment wird oft als „Königsweg" der Forschung bezeichnet, da nur dieses Kausalaussagen, also Aussagen über Ursache-Wirkungs-Beziehungen, wie die folgende zulässt: „Die Leistung in der Prüfung hat sich gesteigert (= Wirkung), *weil* währenddessen Kaugummi gekaut wurde (= Ursache)". Wir setzen voraus, dass Sie bereits im Rahmen Ihres Studiums gelernt haben, was Experimente sind und welche unterschiedlichen experimentellen Designs bzw. Versuchspläne[35] es gibt. Wir werden daher vor allem wesentliche Punkte, die für die Planung experimenteller Studien wichtig sind, auffrischen (Abschnitt 6.3.3.1). Anschließend stellen wir einige (quasi-)experimentelle Designs dar (Abschnitt 6.3.3.2). Dabei verstehen wir unter einem Design im engeren Sinne ein formalisiertes Schema, das angibt, ob bzw. auf welche Art die Probanden Versuchsgruppen zugeteilt werden, welche Kombinationen von Versuchsbedingungen realisiert werden und in welcher zeitlichen Abfolge bestimmte Maßnahmen und Messungen erfolgen.[36]

6.3.3.1 Grundlegendes zu Experimenten

Die erste Besonderheit von Experimenten ist, dass mindestens eine *unabhängige Variable* absichtlich und systematisch variiert wird, um die Auswirkung dieser Variation auf die *abhängige(n) Variable(n)* zu beobachten (vgl. z.B. Huber, 2013, S. 67). Die unabhängige Variable wird oft mit uV bzw. UV (im Englischen IV für *independent variable*) abgekürzt, die abhängige Variable mit aV bzw. AV (im Englischen DV für *dependent variable*). Alternative Bezeichnungen für die unabhängige

---

35 (Untersuchungs-)Design und Versuchsplan sind synonyme Begriffe.
36 Manchmal wird der Begriff des Untersuchungsdesigns sehr weit gefasst und umfasst dann weitere Aspekte der Planung einer Studie (z.B. welche Stichprobe untersucht wird). Auch nichtexperimentelle Studien (z.B. Korrelationsstudien) können in diesem Sinne ein Untersuchungsdesign aufweisen.

Variable sind *experimenteller Faktor* und *Treatment*. Dabei sind mit Treatment nicht nur „Behandlungen" oder Interventionen im psychotherapeutischen Sinne gemeint, sondern auch wenn Probanden verschiedenen Situationen oder Reizen ausgesetzt werden, wird dies als Treatment bezeichnet. Jede Ausprägung einer unabhängigen Variablen (oder bei mehreren unabhängigen Variablen jede Kombination dieser Ausprägungen) wird als *Versuchsbedingung* bzw. – wenn die Variation zwischen Probandengruppen stattfindet – als *Versuchsgruppe* bezeichnet. Insbesondere dann, wenn lediglich zwei Versuchsgruppen existieren, verwendet man für diese oft die Begriffe *Experimentalgruppe* (EG) und *Kontrollgruppe* (KG).[37] An der EG wird dabei ein bestimmtes Treatment angewandt. Bei der KG fehlt dieses Treatment oder wird durch ein anderes Treatment ersetzt, von dem man sich aber keine vergleichbare Auswirkung auf die abhängige Variable erwartet. Insbesondere bei Interventionsstudien ist es hinsichtlich der KG wichtig, ob es sich um eine *Wartekontrollgruppe* handelt, mit der gar nichts geschieht, oder um eine *Placebokontrollgruppe*, der genauso lange wie der Behandlungsgruppe Aufmerksamkeit geschenkt, mit der aber keine wirksame Intervention durchgeführt wird.

Im Kaugummi-Beispiel wird also die Auswirkung der Variation der unabhängigen Variablen (*Kaugummikauen* [EG] vs. *nicht Kaugummikauen* [KG]) auf die abhängige Variable (die Leistung in der Prüfung) beobachtet. Dabei wird erwartet, dass unter der Bedingung *Kaugummikauen* die Leistung höher ist als unter der Bedingung *nicht Kaugummikauen*.

Konfundierung und Störvariablen. Auch bei Experimenten besteht immer die Gefahr, dass die (interne) Validität der Befunde durch die Wirkung von *Störvariablen* beeinträchtigt wird. Dazu zwei Beispiele, in denen die Variation der unabhängigen Variablen mit der Wirkung einer Störvariablen *konfundiert* (vermengt) ist, sodass nicht mehr nachvollziehbar ist, worauf Veränderungen der abhängigen Variablen zurückzuführen sind:

1. Angenommen, die Prüflinge konnten sich selbst entscheiden, ob sie während der Prüfung Kaugummi kauen oder nicht, dann könnte es sein, dass gerade diejenigen Personen sich für das Kaugummikauen entschieden haben, die besonders intelligent waren oder den Stoff besonders gut beherrschten. Eine mögliche Begründung dafür wäre, dass gerade die guten Prüflinge sich gedacht haben: „Die Prüfung stellt für mich eh kein Problem dar, da kann ich auch entspannt nebenher ein bisschen Kaugummi kauen." Die weniger guten Prüflinge dachten vielleicht: „Oh je, die Prüfung bereitet mir jetzt schon Sorgen; wenn ich nebenher noch an einem Experiment teilnehmen und Kaugummi kauen soll, dann kann ich mich noch weniger auf den Stoff konzentrieren."

---

37 Gelegentlich, wenn mehrere Experimentalgruppen vorliegen, werden diese einfach durchnummeriert und als EG1, EG2 etc. bezeichnet. Allerdings sind inhaltlich sinntragende Abkürzungen meist vorzuziehen (zur Wahl und zur Verwendung von Abkürzungen siehe den Band *Schreiben und Gestalten*).

2. Im zweiten Beispiel wurden die Prüflinge vollständig randomisiert (also zufällig) einer Gruppe von *Kauern* und *Nicht-Kauern* zugewiesen, sodass man die im vorherigen Beispiel dargestellte Konfundierung ausschließen kann. Allerdings wurden die beiden Gruppen zu verschiedenen Tageszeiten getestet. So hat die Gruppe der Kauer die Prüfung um 10 Uhr vormittags absolviert, wohingegen die Nicht-Kauer dieselbe Prüfung um 14 Uhr geschrieben haben. Hier liegt also eine Konfundierung der unabhängigen Variablen mit der Tageszeit vor. Nun könnte es sein, dass die Personen um 10 Uhr vormittags noch frisch und erholt waren, die Probanden um 14 Uhr aber gerade ihr „Nachmittagstief" durchlebten und sich schlechter konzentrieren konnten. Dann könnte der Effekt, dass die Kauer besser abschneiden als die Nicht-Kauer, auch (zumindest teilweise) darauf zurückzuführen sein, dass die Kauer zur günstigeren Tageszeit geprüft wurden.

Um solche Konfundierungen, die die Aussagekraft von Experimenten stark einschränken, zu vermeiden, weisen Experimente eine weitere Besonderheit auf: Es wird versucht, die Wirkung von Störvariablen, die mit der Variation der unabhängigen Variablen konfundiert sein können, auszuschalten. Dazu gibt es verschiedene sogenannte *Kontrolltechniken*, von denen wir die wichtigsten nachfolgend vorstellen. In einem Experiment werden üblicherweise mehrere Kontrolltechniken kombiniert.

Kontrolltechnik: Randomisierung. Die erste Kontrolltechnik haben wir schon erwähnt: Die *zufällige (randomisierte) Zuweisung der Probanden auf die Versuchsbedingungen* schützt davor, dass Probanden z.B. durch Selbstselektion – also dadurch, dass Sie sich einer Versuchsbedingung selbst zuordnen können – Gruppen bilden, die von Anfang an ungleiche Voraussetzungen haben. Wie man bei der Randomisierung praktisch vorgehen kann, erklärt der *Exkurs: Randomisierte Zuweisung und die Sicherstellung gleicher Gruppengrößen*. Randomisierung funktioniert allerdings erst ab einer gewissen Anzahl von Probanden pro Bedingung. Erst ab etwa 20 Probanden pro Bedingung kann man mit einiger Sicherheit davon ausgehen, dass der Zufall für eine Gleichverteilung der relevanten Merkmale auf die Gruppen sorgt. Die randomisierte Probandenzuweisung auf die experimentellen Bedingungen unterscheidet übrigens *echte Experimente* von *Quasiexperimenten* (vgl. Abschnitt 6.3.3.2).

Alternativ zur Randomisierung gibt es, insbesondere für kleine Versuchsgruppen, die Möglichkeit der *Parallelisierung*. Dabei werden anhand ausgewählter Variablen die Personen so aufgeteilt, dass die resultierenden Gruppen hinsichtlich dieser Merkmale (z.B. Intelligenz und Alter) sehr ähnlich zusammengesetzt sind. Das Problem bei der Parallelisierung besteht neben dem Aufwand (z.B. muss bei allen Probanden vorab die Intelligenz getestet werden, wenn danach parallelisiert werden soll) darin, dass nur für bekannte Störvariablen parallelisiert werden kann. Auch bei vielen potenziellen Störvariablen stößt die Parallelisierung schnell an ihre Grenzen (vgl. zur Parallelisierung z.B. Bröder, 2011, S. 154ff.; Huber, 2013, S. 103ff.).

> **Exkurs: Randomisierte Zuweisung und die Sicherstellung gleicher Gruppengrößen**
>
> Um die randomisierte Zuweisung von Personen zu Versuchsbedingungen zu gewährleisten, benötigen Sie einen *Zufallsgenerator*. Den einfachsten „Zufallsgenerator" stellen Sie selbst dar, wenn Sie eine Münze bzw. einen Würfel werfen. Wollen Sie Probanden zufällig auf zwei Gruppen verteilen, können Sie für jede Person eine Münze werfen und die Person bei Kopf der Gruppe A und bei Zahl der Gruppe B zuweisen. Haben Sie drei Gruppen, können Sie würfeln, wobei immer zwei Augenzahlen einer Gruppe zugeordnet werden, also z. B. die Augenzahlen 1 und 2 der Gruppe A, 3 und 4 der Gruppe B und 5 und 6 der Gruppe C.
>
> Häufig möchte man, dass alle Gruppen mit gleich vielen Personen besetzt werden. Man spricht dann von „randomisierter Zuweisung unter der Restriktion (Einschränkung) gleicher Gruppengrößen". Wenn Sie z. B. zwei Gruppen mit je 20 Probanden bilden möchten, können Sie für deren Zuweisung eine Münze werfen. Sobald sich in einer der beiden Gruppen 20 Personen befinden, weisen Sie die weiteren Probanden nur noch der anderen Gruppe zu, bis auch diese auf 20 Personen angewachsen ist.
>
> Die „einfachen Zufallsgeneratoren" wie Münzwurf und Würfeln stoßen an ihre Grenzen, wenn Sie z. B. Probanden auf fünf Gruppen verteilen möchten. Hierfür bietet es sich an, eine Zufallszuweisung mittels einer Tabellenkalkulation zu erstellen. Wir demonstrieren das an einem Beispiel, bei dem Sie 100 Probanden gleichmäßig auf fünf Gruppen verteilen wollen. Dazu könnten Sie z. B. in *Excel* in der *zweiten* Spalte eines Arbeitsblattes je 20 Mal die Buchstaben A bis E untereinander schreiben, also erst 20 Mal A, dann 20 Mal B usw. Diese Buchstaben geben die Zuordnung zu den Gruppen A bis E an. In der *ersten* Spalte schreiben Sie in die oberste Zeile den Befehl „=Zufallszahl()" (ohne die Anführungszeichen) und kopieren diesen in die darunter stehenden 99 Felder. Dadurch haben Sie 100 zufällige Zahlen erzeugt. (Die Zahlen liegen bei diesem Befehl standardmäßig zwischen 0 und 1, aber auch andere Spannweiten wären gleichermaßen geeignet.) Anschließend lassen Sie die Spalten 1 und 2 automatisiert anhand der Größe der Zahlen in Spalte 1 sortieren. Dadurch werden die Buchstaben in Spalte 2 in eine zufällige Reihenfolge gebracht, bei der sichergestellt ist, dass alle Gruppen mit genau 20 Probanden vertreten sind. Bei der Erhebung arbeiten Sie diese Liste von oben nach unten ab und weisen den Probanden in der Reihenfolge ihres Erscheinens die entsprechende Gruppe (A bis E) zu.

Kontrolltechnik: Konstanthaltung. Eine weitere Kontrolltechnik ist die *Konstanthaltung* von z. B. situativen Rahmenbedingungen. Dies wäre beim zweiten Konfundierungsbeispiel von Seite 182, bei dem die Tageszeit einen Einfluss auf die Leistung in einer Prüfung haben kann, angebracht gewesen. Sofern man sich schon dafür entscheidet, die Gruppen zu verschiedenen Zeitpunkten zu erheben, was generell ungünstig ist, hätte man beide Gruppen an aufeinanderfolgenden Wochentagen jeweils zur selben Uhrzeit testen können. Die Technik der Konstanthaltung dient auch dazu, nicht nur systematische Fehler (z. B. den Einfluss unterschiedlicher Tageszeiten) zu vermeiden, sondern auch *unsystematische Fehlervarianz* zu reduzieren. So könnten Versuchsleiter sich (ggf. tagesformabhängig) unterschiedlich verhalten und dadurch dazu beitragen, dass Probanden mehr oder weniger motiviert am Experiment teilnehmen. Diese unterschiedliche

Motivation kann sich wiederum auf die abhängigen Variablen auswirken. Daher ist es wichtig, das Versuchsleiterverhalten sowie die Instruktionen mittels Standardisierung (Schulung der Versuchsleiter, schriftliche bzw. computerisierte Darbietung von Instruktionen) möglichst konstant zu halten.

Kontrolltechnik: Ausbalancierung. Alternativ bzw. ergänzend zur Konstanthaltung kann auch die Kontrolltechnik der *Ausbalancierung* verwendet werden. Wenn es aus organisatorischen Gründen (z.B. eine eingeschränkte Verfügbarkeit von Räumen) notwendig ist, die Probanden aus dem Kaugummi-Experiment zu unterschiedlichen Tageszeiten zu erheben, dann sollte man darauf achten, dass von den beiden Versuchsgruppen jeweils die Hälfte z.B. um 10 Uhr bzw. um 14 Uhr erhoben wird. Damit hätte die Tageszeit in beiden Gruppen einen vergleichbaren Einfluss auf die Leistung und wäre ausbalanciert. In gleicher Weise wäre es sinnvoll, bei mehreren Versuchsleitern darauf zu achten, dass nicht einige nur Probanden der Experimentalgruppe und andere nur Probanden der Kontrollgruppe erheben, sondern dass jeder Versuchsleiter gleich viele Probanden jeder Bedingung erhebt. Dadurch wird vermieden, dass unterschiedliches Verhalten oder Eigenarten von Versuchsleitern einen systematischen Einfluss auf die Ergebnisse haben.

Kontrolltechnik: Elimination. Schließlich gibt es noch die Kontrolltechnik der *Elimination*, womit gemeint ist, dass Störungen, wo immer möglich, ganz ausgeschaltet werden. Das kann sich darauf beziehen, dass während eines Experiments niemand ungeplant in den Versuchsraum kommt (deshalb sollte man ein „Bitte nicht stören"-Schild an die Tür hängen) oder dass potenzielle Geräuschquellen (z.B. klingelnde Handys sowohl vom Versuchsleiter als auch vom Probanden) vorab abgestellt werden.

Versuchsleitereffekte. Ebenfalls zu den potenziellen Störvariablen gehören *Versuchsleitereffekte*. Allein die Erwartung, dass etwas einen bestimmten Effekt hat, kann dazu führen, dass Versuchsleiter Probanden verschiedener Versuchsbedingungen (unbewusst) unterschiedlich behandeln, was wiederum zu verfälschenden Auswirkungen auf die abhängige Variable führen kann. Das ist der Grund, warum Medikamentenversuche in aller Regel als *Doppelblindstudien* durchgeführt werden, in denen weder die Mediziner noch die Patienten wissen, wer das wirksame Medikament und wer das Placebo erhält. Bei psychologischen und sozialwissenschaftlichen Experimenten ist es meist schwieriger zu vermeiden, dass die Versuchsleiter die Hypothesen kennen. Daher muss hier besonders darauf geachtet werden, dass alle Probanden standardisiert behandelt werden. Das kann man dadurch sicherstellen, dass man sich strikt an einen detaillierten Versuchsablaufplan hält und, sofern mehrere Versuchsleiter beteiligt sind, diese gezielt schult (vgl. dazu die Abschnitte 6.8, 7.3 und 7.5.1). Zudem kann man auch versuchen, möglichst viele Abschnitte des Experiments schriftlich oder computergesteuert darzubieten, sofern der Aufbau der Untersuchung dies erlaubt.

Within-subject- und Between-subjects-Designs. Ein weiterer wichtiger Punkt ist, ob eine Variation der unabhängigen Variablen innerhalb derselben Person (*Within-subject-Design*) oder zwischen Personen (*Between-subjects-Design*) erfolgt. Beim Kaugummi-Experiment bedeutet ein Between-subjects-Design, dass jeder Proband nur einer Bedingung bzw. Versuchsgruppe (*kauen* vs. *nicht kauen*) zugewiesen wird und die Prüfung unter dieser Bedingung absolviert. Bei einem Within-subject-Design würde jeder Proband beide Bedingungen durchlaufen, also die Prüfung einmal mit Kaugummikauen und einmal ohne Kaugummikauen bearbeiten. Damit es aber zu keiner Konfundierung zwischen der Versuchsbedingung und der relativen Position der Prüfung (erster vs. zweiter Test) kommt, muss hier wieder ausbalanciert werden: Eine Hälfte der Probanden absolviert die beiden Prüfungen in der Abfolge „erst kauen, dann nicht kauen", die andere Hälfte in umgekehrter Abfolge. Diese Ausbalancierung der Reihenfolge ist wichtig, da sowohl Übungs- als auch Ermüdungseffekte auftreten können: Vielleicht haben die Probanden beim Absolvieren der zweiten Prüfung mehr Übung und schneiden daher besser ab; oder aber sie finden die Prüfung beim zweiten Mal langweiliger bzw. sind bereits erschöpft, weshalb sie dann ein schlechteres Resultat erzielen. Wegen Übungs- und Demotivationseffekten würde man übrigens auch nicht genau denselben Test zwei Mal absolvieren lassen, sondern einen Test suchen bzw. konstruieren, von dem eine Parallelversion existiert, also ein zweiter Test, der zwar sehr ähnlich aufgebaut ist, aber andere Aufgaben enthält.

Der Vorteil von Within-subject-Designs ist, dass man mit einer deutlich kleineren Stichprobe auskommt, um dieselbe Teststärke zu erreichen (vgl. Abschnitt 6.5 zum Stichprobenumfang). Allerdings sind Within-subject-Designs aus inhaltlichen Gründen nicht immer möglich. Immer dann, wenn sich im Experiment etwas Überraschendes ereignen soll (z.B. ein unerwarteter Erinnerungstest), was vom Probanden nicht antizipiert werden darf, ist ein Within-subject-Design ausgeschlossen. Auch wenn Sie prüfen wollen, ob eine minimalinvasive oder eine klassische Blinddarmoperation langfristig weniger unerwünschte Folgen zeigt, ist offensichtlich, dass sich ein solches Experiment nur im Between-subjects-Design durchführen lässt.

Da Experimente mehrere unabhängige Variablen enthalten können, ist es übrigens auch möglich, einige dieser Variablen im Between-subjects- und die anderen im Within-subject-Design zu realisieren. Solche Studien werden als *gemischt faktorielle Designs* (*mixed factorial design*) bezeichnet.

Mehrfaktorielle Experimente und Faktorstufen. Häufig interessieren bei einem Experiment *Variationen auf mehr als einer unabhängigen Variablen*, dann spricht man von *mehrfaktoriellen Experimenten*. Vielleicht wollen Sie für ein neues Diätprogramm untersuchen, wie Sport und Kalorienzufuhr hinsichtlich des Gewichtsverlusts interagieren, weil Sie vermuten, dass viel Sport und wenig Kalorien zu einem deutlich schnelleren Abnehmen führen, als es sich aus der Summe der Haupteffekte ergibt. So könnten Sie als erste unabhängige Variable die *tägliche Dauer der sportlichen Betätigung* (*45 min* vs. *90 min*) und als zweite unabhängige

Variable die *tägliche Kalorienzufuhr* (*1 400 kcal* vs. *2 000 kcal*) definieren. Wenn Sie diese beiden Faktoren kreuzen, erhalten Sie ein *zweifaktorielles* Design. Da die unabhängigen Variablen bzw. Faktoren jeweils zwei *Stufen* aufweisen (zwei Ausprägungen der *Dauer der sportlichen Betätigung* sowie zwei Ausprägungen der *Kalorienzufuhr*), kann dieses Design formalisiert als 2 × 2-Design beschrieben werden. Wenn Sie jede Stufe des einen Faktors mit jeder Stufe des anderen Faktors kombinieren, spricht man zudem von einem *vollständig gekreuzten Design* (Synonyme: *faktorielles Design, vollständiger Versuchsplan*). Diese vollständige Kreuzung ist notwendig, um *Interaktionseffekte* untersuchen zu können (vgl. auch Abschnitt 6.2.6). Würden Sie dem Faktor der täglichen Kalorienzufuhr eine weitere Stufe hinzufügen, z. B. 1 700 kcal, dann wäre dieser Faktor dreifach gestuft. Das neue Design kann als 2 × 3-Design bezeichnet werden.

Methoden zur Reduktion der benötigten Probandenzahl bei komplexen Versuchsplänen. Komplexe Versuchspläne mit mehreren Faktoren bzw. mehr als zwei Stufen pro Faktor erfordern in einem Between-subjects-Design viele Probanden. Bei einem 3 × 3 × 3-Design liegen bei vollständiger Kreuzung bereits 27 Versuchsbedingungen vor. Möchte man pro Versuchsbedingung 20 Probanden erheben, benötigt man also 540 Personen. Hat man einen sogenannten *quadratischen Versuchsplan*, bei dem alle Faktoren die gleiche Stufenanzahl aufweisen, lässt sich dieser in Form eines *lateinischen* oder eines *griechisch-lateinischen Quadrats* realisieren. Das ist allerdings nur sinnvoll, wenn man davon ausgeht, dass ausschließlich Haupt- und keine Interaktionseffekte bestehen. Lateinische bzw. griechisch-lateinische Quadrate sind Schemata, in denen nur bestimmte Stufenkombinationen realisiert werden, die aber trotzdem ausbalanciert sind, sodass die Testung von Haupteffekten möglich ist. Der Nachteil dieser Schemata besteht darin, dass Interaktionseffekte nicht überprüft werden können. Am Beispiel des 3 × 3 × 3-Designs würde man statt 27 (= 3^3) lediglich 9 (= 3^2) Versuchsbedingungen benötigen und könnte die Probandenanzahl entsprechend auf 180 Personen reduzieren. Eine weitere Möglichkeit, um Probanden einzusparen, ist die Verwendung hierarchischer bzw. geschachtelter Versuchspläne (engl. *nested designs*), die jedoch ähnliche methodische Einschränkungen wie die lateinischen und griechisch-lateinischen Quadrate mit sich bringen: Es lassen sich nur Haupteffekte prüfen und diese sollten zudem nur interpretiert werden, wenn Interaktionen unwahrscheinlich sind. Bei Bortz und Döring (2006, Abschnitt 8.2.4) können Sie nachlesen, wie sich diese Quadrate und geschachtelten Versuchspläne umsetzen lassen.

Pretest und Posttest. Bei Veränderungshypothesen, beispielsweise wenn der Effekt einer Intervention erfasst werden soll, muss die abhängige Variable (mindestens) einmal vor (*Pretest*) und einmal nach (*Posttest*) dem Treatment erfasst werden. Aus der Differenz von Pre- und Posttest kann die Veränderung für jede der Versuchsgruppen (z. B. die Behandlungs- und die Kontrollgruppe) ermittelt werden. Diese Differenzwerte lassen sich dann miteinander vergleichen bzw. auf Unterschiedlichkeit testen. Auch wenn es nicht um Veränderungen, sondern lediglich um Unterschiede zwischen Versuchsgruppen nach dem Treatment geht, kann ein Pretest sinnvoll sein, um sicherzustellen, dass die Gruppen sich nicht schon vor dem Treatment unterschieden haben. So wäre auch bei der oben aufgestellten Hypothese „Für die Aneignung komplexer Lerninhalte ist das Lernen in Gruppen effizienter als allein zu lernen" ein Pretest für den später zu lernenden Stoff sinnvoll. Dadurch lässt sich ausschließen, dass in einer der Gruppen (Alleinlerner vs. Gruppenlerner) der Stoff vorab bereits besser bekannt war.

6.3.3.2 Experimentelle und quasiexperimentelle Designs

Der einfachste vollwertige experimentelle Versuchsplan ist, die Probanden per Zufall zwei Gruppen zuzuweisen. Diese beiden Gruppen werden unterschiedlichen Versuchsbedingungen bzw. Treatments ausgesetzt (z.B. erhält die eine Gruppe eine Intervention, mit der anderen Gruppe geschieht nichts). Schematisiert lässt sich dieser Versuchsplan wie folgt darstellen:

1. Versuchsplan: Randomisierter Zweigruppen-Plan ohne Pretest:
R → EG: – X O
R → KG: – – O

Dabei steht „R →" für die randomisierte, also zufällige Zuweisung der Probanden auf die Experimentalgruppe (EG) oder die Kontrollgruppe (KG). „O" steht für *Observation* und gibt an, ob bzw. wann eine Messung der abhängigen Variablen vorgenommen wird. „X" steht für das Treatment, das die Gruppe erhält. Wie erwähnt, wird der Begriff Treatment nicht nur für eine Behandlung, sondern für jegliche Form einer Versuchsbedingung verwendet. Der Strich „–" bedeutet, dass an dieser Stelle nichts geschieht. Der erste Strich zeigt somit an, dass keine Premessung erfolgt. Der zweite Strich bei der KG bedeutet, dass anstelle des Treatments X, das die EG erhält, mit der KG nichts gemacht wird, es handelt sich bei dieser KG also um eine Wartekontrollgruppe (vgl. S. 181).

Dieser Versuchsplan wird häufig eingesetzt und erlaubt in aller Regel, intern valide Schlussfolgerungen zu ziehen. Das einzige Manko ist, dass man nicht sicher sein kann, ob die randomisierte Probandenzuweisung den gewünschten Erfolg hatte, nämlich dass sich die Probanden in den beiden Gruppen vor Beginn des Treatments nicht bedeutsam voneinander unterscheiden (vgl. die Ausführungen zur Randomisierung auf S. 182f.).

Möchte man sicher gehen, dass die Randomisierung ihren Zweck erfüllt hat, kann man diesen ersten Versuchsplan zu einem Versuchsplan mit Pretest ausbauen. Schematisch sieht dieser wie folgt aus:

2. Versuchsplan: Randomisierter Zweigruppen-Plan mit Pre- und Posttest:
R → EG: O X O
R → KG: O – O

Allerdings ist ein Pretest nicht immer sinnvoll, da dieser manchmal zu unerwünschten Effekten führt. So kann der Effekt des Treatments dadurch beeinflusst werden, dass die Probanden einen Pretest durchführen. Unter Umständen werden die Probanden nämlich durch den Pretest erst für das Treatment *sensibilisiert* (man spricht hier von *instrumenteller Reaktivität*). Dazu ein Beispiel: Man möchte untersuchen, wie viel Personen inzidentell (also unabsichtlich und beiläufig) über geschichtliche Ereignisse lernen, indem sie sich zur Unterhaltung Mittelalter-Historienfilme anschauen. Dazu sehen die Probanden der Experimentalgruppe unter dem Vorwand, beurteilen zu sollen, wie unterhaltsam sie diese Filme finden, an drei aufeinanderfolgenden Tagen jeweils einen Historienfilm an. Mit der Kontrollgruppe geschieht währenddessen nichts. Anschließend bearbeiten beide Gruppen als Posttest einen Geschichtstest zum Mittelalter. Es wird erwartet, dass die Kontrollgruppe in diesem Test schlechter abschneidet. Die Zuordnung zur Experimental- bzw. zur Kontrollgruppe erfolgt randomisiert. Wenn man nun sicherstellen möchte, dass die Randomisierung erfolgreich war, könnte man – wie im Versuchsplan 2 vorgesehen – zusätzlich einen Pretest zum Wissen über das Mittelalter durchführen. Durch diesen Pretest könnte die Experimentalgruppe allerdings auf die Idee gebracht werden, dass es bei der Untersuchung um ihr Geschichtswissen und gar nicht um die Unterhaltsamkeit der Filme geht. Dementsprechend könnten die Probanden versuchen, sich besonders viele historische Fakten aus den Filmen zu merken. Was man dann aber mit dem Posttest erfasst, ist nicht mehr beiläufiges (inzidentelles), sondern absichtliches (intentionales) Lernen. Das Experiment hätte folglich durch die Einführung des Pretests seinen Zweck verfehlt.

Um zu untersuchen, ob der Pretest tatsächlich einen Einfluss auf die Wirkung des Treatments hat, wurde der *Solomon-Viergruppen-Plan* entwickelt. In diesem wird der soeben dargestellte Versuchsplan mit Pretests um zwei Gruppen ohne Pretests erweitert. Anders ausgedrückt handelt es sich um die Kombination der beiden bisher dargestellten Versuchspläne:

3. Versuchsplan: Solomon-Viergruppen-Plan:
R → EG_1: O X O
R → KG_1: O – O
R → EG_2: – X O
R → KG_2: – – O

Vergleicht man die EG_1 mit der EG_2 und die KG_1 mit der KG_2, so kann man den Effekt der Pretestung separieren. Trotz seiner theoretischen Vorteile wird der Solomon-Viergruppen-Plan selten eingesetzt, da er den Erhebungsaufwand aufgrund der zusätzlichen Gruppen gegenüber den ersten beiden Versuchsplänen verdoppelt.

Alle dargestellten Versuchspläne lassen sich beliebig um weitere Gruppen erweitern, wenn es mehr als ein Treatment bzw. mehrere Versuchsbedingungen gibt. Im Folgenden ein Beispiel für einen Dreigruppen-Plan:

4. Versuchsplan: Randomisierter Dreigruppen-Plan mit Pre- und Posttest:
R → EG$_1$: O X$_1$ O
R → EG$_2$: O X$_2$ O
R → KG : O − O

Dabei stehen X$_1$ und X$_2$ für zwei verschiedene Treatments. Neben dieser Erweiterung um zusätzliche Gruppen bzw. Bedingungen gibt es die Möglichkeit, mehr als einen Pretest und mehr als einen Posttest zu realisieren. Mehrere Pretests werden häufig dann durchgeführt, wenn man eine *Baseline* bestimmen möchte, die von zeitlichen Schwankungen (z.B. der Tagesform der Probanden) unabhängig ist. Mehrere Posttests sind dann sinnvoll, wenn man prüfen möchte, ob ein Effekt nicht nur unmittelbar nach dem Treatment besteht, sondern auch über einen längeren Zeitraum Bestand hat. Wenn es sich bei dem Treatment um ein Interventionsverfahren handelt, bezeichnet man die späteren Posttests oft als *Follow-up-Messungen*. So ist man bei einem Raucherentwöhnungsprogramm nicht nur daran interessiert, ob die Teilnehmer am Ende des Programms nicht mehr rauchen (das ist ein relativ einfach zu erzielender Erfolg), sondern auch, ob sie z.B. sechs Monate nach Progammende noch Nichtraucher sind (das ist deutlich schwerer zu erreichen).

Bei den Versuchsplänen 1 bis 4 handelt es sich um *echte experimentelle Designs*. Lässt man bei diesen Plänen die randomisierte Zuweisung der Probanden weg, handelt es sich um *quasiexperimentelle Designs*. Wie in Abschnitt 6.3.3.1 zur Konfundierung dargestellt, schränkt das die interne Validität der Studien deutlich ein. Daher sollte man auf quasiexperimentelle Designs tunlichst verzichten. Allerdings ist dies nicht immer möglich, wenn man aus ethischen oder praktischen Gründen die Probanden nicht beliebig den Versuchsbedingungen zuweisen kann. Dann ist eine quasiexperimentelle Studie zumindest besser, als gänzlich auf die Untersuchung der Fragestellung zu verzichten. Zudem lässt sich das Problem der fehlenden Randomisierung dadurch reduzieren, dass man einen Pretest durchführt, wie im folgenden Design (beachten Sie, dass das „R →" fehlt):

5. Versuchsplan: Nichtrandomisierter (quasiexperimenteller) Zweigruppen-Plan mit Pre- und Posttest:
EG: O X O
KG: O − O

Durch den Pretest kann man kontrollieren, ob zu Beginn der Studie hinsichtlich der erfassten Variablen Unterschiede zwischen den Gruppen bestehen. Nicht ausschließen kann man hingegen, dass sich die Probanden der EG und KG auf anderen potenziell relevanten Variablen unterscheiden. Ferner ist es möglich, dass diese nichtrandomisierten Gruppen zwischenzeitlich (also zwischen Pre- und Posttest) unterschiedlichen Ereignissen ausgesetzt sind: Wenn es sich bei der EG und KG z.B. um zwei verschiedene Schulklassen handelt, könnte sich in der einen Klasse etwas Unerwartetes ereignen (z.B. Tod einer Lehrkraft), wovon die andere Klasse nicht betroffen ist. Dieses Ereignis kann sich dann in unvorhersagbarer Weise auch auf andere (abhängige) Variablen (z.B. die Schulleistung) auswirken. Auf das zusätzliche Problem, dass auch eine Pretestung mit der Treatmentwirkung interagieren kann, wurde bereits im Zusammenhang mit dem Versuchsplan 2 eingegangen.

Wenn Sie bei den experimentellen Designs die Kontrollgruppe(n) weglassen, entstehen übrigens sogenannte *vorexperimentelle Designs*. Aus Versuchsplan 1 und Versuchsplan 2 ergeben sich die folgenden Designs:

> **6. Versuchsplan: Vorexperimenteller Eingruppen-Plan ohne Pretest:**
> EG: – X O
>
> **7. Versuchsplan: Vorexperimenteller Eingruppen-Plan mit Pre- und Posttest:**
> EG: O X O

Dass Versuchsplan 6 keine validen Aussagen zulässt, ist offensichtlich. Man kann überhaupt nicht sagen, welchen Effekt das Treatment hatte, da man keinen Vergleich mit einer anderen Gruppe oder einem Pretest hat. Wenn Sie z.B. 100 Personen kurz vor dem Schlafengehen jeweils eine Tasse Kaffee trinken lassen und feststellen, dass am nächsten Morgen 40 % der Personen berichten, dass sie schlecht schlafen konnten, dann wissen Sie nicht, ob der Kaffee dazu geführt hat, dass die Menschen schlechter geschlafen haben (weil vorher z.B. nur 20 % Schlafschwierigkeiten hatten), oder ob der Kaffee den Schlaf sogar verbessert hat (weil zuvor 60 % unter Schlaflosigkeit litten).

Wenn Sie dasselbe Treatment mit Versuchsplan 7 durchführen, haben Sie zwar durch den Pretest einen Anhaltspunkt, ob die 40 % Schlafschwierigkeiten über oder unter dem Ausgangsniveau liegen. Allerdings ist unklar, ob das an dem Kaffee lag oder vielleicht an irgendwelchen anderen, möglicherweise mit dem Experiment einhergehenden Umständen. Schon zu wissen, dass man am nächsten Tag über sein Schlafverhalten befragt wird, könnte dazu führen, dass man schlechter (oder vielleicht auch besser) schläft. Auch Versuchsplan 7 eignet sich daher nur als *explorative Voruntersuchung*, um eine Hypothese zu generieren, ist aber nicht zur Hypothesentestung geeignet.

6.3.4 Korrelationsforschung

Wie dargestellt, lassen sich Kausalannahmen nur mit Hilfe von Experimenten überprüfen. Abgesehen davon gewährleistet das Experiment bei korrekter Planung und Durchführung ein hohes Maß an interner Validität. Allerdings ist die externe Validität, insbesondere bei Laborexperimenten, aufgrund der Künstlichkeit der Situation nicht immer gleichermaßen gegeben (zur Validität siehe Abschnitt 6.3.2).

Die Grundvoraussetzung für ein Experiment, nämlich dass die unabhängige Variable experimentell variiert werden kann, ist bei vielen Fragestellungen nicht erfüllt. Das ist bei sogenannten *Organismusvariablen* der Fall, also bei Variablen, deren Ausprägung im Individuum schon festgelegt ist und nicht experimentell verändert werden kann. Organismusvariablen sind beispielsweise Geschlecht, Alter, Intelligenz und Persönlichkeitseigenschaften. Wenn mich der Zusammenhang zwischen

Geschlecht und Lebenszufriedenheit oder zwischen Ängstlichkeit (als Persönlichkeitseigenschaft) und dem Hinterziehen von Steuern interessiert, ist klar, dass ich Geschlecht und Ängstlichkeit nicht experimentell manipulieren kann.

In anderen Fällen ließe sich die unabhängige Variable zwar prinzipiell variieren, aber ethische Prinzipien verbieten dies, z.B. wenn ich die Hypothese prüfen möchte, ob Misshandlungen in der Kindheit und Aggressivität im Erwachsenenalter zusammenhängen. Schließlich gibt es noch Fälle, in denen es zwar prinzipiell möglich und ethisch vertretbar wäre, eine unabhängige Variable zu variieren, der Aufwand dafür aber unangemessen hoch bzw. nicht realisierbar ist.

In all diesen Fällen ist man darauf angewiesen, dass Variationen der interessierenden Variablen auf natürliche Weise vorkommen (z.B. unterschiedliche Ausprägungen in Persönlichkeitseigenschaften, unterschiedliches Erziehungsverhalten). Dann lassen sich mittels korrelativer Forschungsansätze Zusammenhänge zwischen diesen Variablen untersuchen.

Dabei ist Korrelationsforschung nicht darauf beschränkt, dass nur (bivariate) Korrelationen zwischen zwei Variablen berechnet werden. Auch die regressionsanalytischen Verfahren, mittels derer Einflüsse von mehreren Prädiktoren auf ein Kriterium untersucht werden können, gehören hierzu. Ebenso fallen faktorenanalytische Verfahren, mit denen – zum Beispiel in Strukturgleichungsmodellen – komplexe Beziehungsgeflechte zwischen erfassten (manifesten) und theoretisch angenommenen (latenten) Variablen modelliert werden können, in den Bereich der Korrelationsforschung. Wir stellen im Folgenden dar, welche Arten von Fragestellungen mit verschiedenen Methoden der Korrelationsforschung untersucht werden können. Einen guten Überblick dazu findet man auch in Bortz und Döring (2006, Abschnitt 8.2.3).

Bivariate Zusammenhänge. Bivariate Zusammenhänge betreffen den Zusammenhang von zwei Variablen, wie er in den folgenden Hypothesen formuliert ist: „Extraversion und die Anzahl der Freunde, die jemand hat, hängen positiv miteinander zusammen." oder „Das Geschlecht und die Persönlichkeitseigenschaft Verträglichkeit hängen zusammen." Im ersten Beispiel handelt es sich um zwei (mindestens) intervallskalierte Variablen, sodass der Zusammenhang mittels des Ihnen geläufigen *Pearson-Korrelationskoeffizienten* (auch *Produkt-Moment-Korrelation* genannt) berechnet werden kann. Im zweiten Beispiel ist das Merkmal Geschlecht dichotom, d.h., es existieren nur zwei Ausprägungen, wohingegen Verträglichkeit intervallskaliert ist. In diesem Fall berechnen Sie Zusammenhänge mittels der *Punktbiserialen Korrelation*. In Bortz und Döring (2006, S. 508) finden Sie eine Übersicht, welcher Korrelationskoeffizient bei welchen Skalenniveaus der zu korrelierenden Variablen geeignet ist.

Nichtlineare Zusammenhänge. Meistens geht man, wie auch in den obigen Beispielen, davon aus, dass Zusammenhänge linear sind. Also z.B. „Die Anzahl der Freunde, die jemand hat, steigt stetig und gleichmäßig mit der individuellen Ausprägung auf der Persönlichkeitseigenschaft Extraversion." Dass Zusammenhänge linear sind, ist häufig aber nur eine (notwendige) Vereinfachung. Tatsächlich ist es für sehr viele Zusammenhänge in der Psychologie und den empirischen Sozialwissenschaften aufgrund der zur Verfügung stehenden Daten und der unvermeidbaren Messfehler nicht möglich, sonderlich exakte Aussagen über die mathematische Funktion zu machen, mit der sich ein Zusammenhang am besten beschreiben lässt. Linearität wird häufig unterstellt, da dies der einfachste Zusammenhang ist und die Datenlage meistens nicht ausreicht, um zwischen einem linearen und einem komplexeren Zusammenhang, z.B. einer logistischen bzw. exponentiellen Zunahme, zu unterscheiden.

Es gibt allerdings Ausnahmen. So haben Sie vermutlich von der Vergessenskurve nach Ebbinghaus (1885/1966) gehört. Ebbinghaus hatte herausgefunden, dass, wenn man sinnfreie Silben auswendig lernt und diese in bestimmten Zeitabständen abgefragt werden, man am Anfang wesentlich schneller vergisst als später, dass sich das Vergessen also verlangsamt. Folglich ist der Zusammenhang zwischen Vergessen und Zeit nicht linear. Allerdings wird an diesem Beispiel auch deutlich, dass es schwierig ist, eine exakte mathematische Funktion für das Vergessen zu bestimmen. Bis heute besteht nämlich ein Diskurs darüber, ob sich Vergessen besser durch eine *Exponentialfunktion* (*Behaltensmenge* = $a \times e^{-b \times Zeit}$, wobei *e* die Basis des natürlichen Logarithmus ist und *a* und *b* Parameter darstellen, die sich je nach Material und Lernkriterium unterscheiden können) oder durch eine – negativ beschleunigte – *Potenzfunktion* (*Behaltensmenge* = $a \times Zeit^{-b}$) beschreiben lässt (vgl. D. C. Rubin & Wenzel, 1996, für einen empirischen Vergleich sowie eine Diskussion dieser und anderer Funktionen, sowie Sikström, 2002, für eine weiterführende Diskussion).

Eindeutiger ist häufig die Abgrenzung von linearen und quadratischen (parabelförmigen) Zusammenhängen. Wir hatten auf Seite 160 die Hypothese formuliert, dass bei Prüflingen in mündlichen Prüfungen sowohl eine zu weite (≥ 1.5 m) als auch eine zu geringe (≤ 50 cm) Entfernung zwischen Prüfer und Prüfling mehr Angst auslösen als eine mittlere Entfernung (100 cm). Eine solche parabelförmige Beziehung wird oft als „u-förmiger Zusammenhang" bezeichnet (oder ggf. als „umgekehrt u-förmiger Zusammenhang"), da wie bei einem U bei einer mittleren Ausprägung des Prädiktors (hier: Entfernung) die Ausprägung auf der Kriteriumsvariablen (hier: Prüfungsangst) niedriger (bzw. höher) liegt als bei einer hohen oder niedrigen Ausprägung des Prädiktors.

Die mathematisch einfachste Funktion, die einen derartigen Zusammenhang beschreibt, ist die quadratische Potenzfunktion, also: *Prüfungsangst* = $a \times Entfernung^2 + b$, wobei *a* und *b* freie Parameter sind. Um festzustellen, dass ein Zusammenhang *nicht linear* ist, können drei Messpunkte genügen (in unserem Beispiel also drei Ausprägungen der Entfernung, z.B. 30 cm, 100 cm und 170 cm). Die Annahme, dass dieser Zusammenhang tatsächlich quadratisch ist, stellt aber meistens nur eine grobe Näherung dar, und es müssten viele Messpunkte realisiert werden, um diesen spezifischen Zusammenhang wirklich zu belegen.

Nichtlineare Zusammenhänge lassen sich mit nichtlinearen Regressionsanalysen (oder auch mit sog. Wachstumskurvenmodellen) untersuchen. Dabei kann man auch verschiedene mathematische Varianten eines nichtlinearen Zusammenhangs ausprobieren und schauen, welche Variante am besten zu den Daten passt. Da Potenzfunktionen höherer Ordnung (z. B. $y = x^5$) aber fast immer besser passen als Potenzfunktionen niedrigerer Ordnung (z. B. $y = x^2$), gilt hier das Prinzip der Sparsamkeit: Im Zweifelsfall wird die mathematisch einfachere Funktion gewählt. Von zwei gleich guten Erklärungen sollte in der Wissenschaft nämlich diejenige vorgezogen werden, die einfacher ist bzw. mit weniger Hilfsannahmen auskommt.

Multivariate Zusammenhänge. Die meisten sozialwissenschaftlichen und psychologischen Zusammenhänge sind multivariat, das heißt, es sind mehr als zwei Variablen beteiligt. So wird die Anzahl der Freunde, die jemand hat, nicht nur von seiner Extraversion beeinflusst. Andere wichtige Prädiktoren sind seine Verträglichkeit, sein Altruismus, sein Wohnort (Stadt vs. Land), sein Alter, sein Geschlecht, sein sozioökonomischer Status und wahrscheinlich noch eine ganze Reihe weiterer Faktoren. Mittels *multipler Regression* kann man den gleichzeitigen Einfluss mehrerer Variablen auf ein Kriterium (hier: Anzahl der Freunde) überprüfen. Dabei geben die sogenannten *Beta-Gewichte* Auskunft darüber, wie stark die einzelnen Prädiktoren mit dem Kriterium zusammenhängen, also welche Prädiktoren die stärkste Vorhersagekraft und welche weniger Vorhersagekraft aufweisen. Die *insgesamt aufgeklärte Varianz* (R^2 oder *Bestimmtheitsmaß*) gibt an, wie gut die Erklärungskraft des gesamten Regressionsmodells ist. Regressionsmodelle lassen sich sowohl zur Beschreibung eines Zusammenhangs als auch zur Vorhersage nutzen. Wenn man also für das Kriterium *Anzahl der Freunde* ein Regressionsmodell mit mehreren Prädiktoren berechnet, erhält man eine Beschreibung, welche Variablen im Mittel wie stark mit diesem Kriterium zusammenhängen. Ebenso kann man das Modell aber auch verwenden, um vorherzusagen, wie viele Freunde eine Person wahrscheinlich besitzt, sofern man ihre Werte auf den Prädiktoren kennt. In der Praxis spielen solche Modelle beispielsweise bei der Vorhersage von Berufserfolg eine Rolle.

In einer multiplen Regression kann ein Prädiktor im Zusammenspiel mit anderen Prädiktoren einen schwächeren Zusammenhang mit dem Kriterium aufweisen als bei einer bivariaten Korrelation, in die nur dieser Prädiktor und das Kriterium eingehen. Das liegt daran, dass die anderen Prädiktoren mit diesem Prädiktor Varianz teilen. Ein Teil der Varianz, die durch diesen Prädiktor prinzipiell aufgeklärt werden kann, wird daher bereits durch andere Prädiktoren erklärt. Man spricht auch davon, dass die anderen Prädiktoren *Varianz binden*.

Dieser Prozess spielt auch beim Aufdecken von *Scheinzusammenhängen* bzw. *Scheinkorrelationen* (engl. *spurious correlations*) eine Rolle. Mit Scheinkorrelation ist gemeint, dass der Zusammenhang zwischen zwei Variablen eigentlich auf den Zusammenhang dieser beiden Variablen mit einer Drittvariablen zurückzuführen ist. Nehmen wir an, Sie finden in einer Stichprobe unterschiedlich alter Kinder, dass die Schuhgröße und die kognitiven Fähigkeiten der Kinder hoch miteinander korreliert sind. Dieser Zusammenhang ist allerdings auf eine Drittvariable, nämlich das Alter, zurückzuführen: Mit dem Alter der Kinder nehmen sowohl die Größe ihrer Füße, als auch ihre kognitiven Fähigkeiten zu. Dies kann man belegen, indem man das Alter *herauspartialisiert*, also den Zusammenhang zwischen Schuhgröße und kognitiver Fähigkeit um den Zusammenhang mit dem Alter bereinigt. Technisch geht man dabei so vor, dass man in eine Regressionsanalyse zur Vorhersage der kognitiven Fähigkeiten zuerst die Schuhgröße und dann, in einem zweiten Schritt, das Alter aufnimmt. Nach der Aufnahme des Alters besitzt die Schuhgröße keine Vorhersagekraft mehr für die kognitiven Fähigkeiten. Der Begriff Scheinkorrelation ist etwas ungünstig gewählt, da die Korrelation zwischen Schuhgröße und kognitiver Fähigkeit ja tatsächlich existiert. Lediglich wenn man sie in einem kausalen Sinne interpretiert – was ja aber in der korrelativen Forschung ohnehin problematisch ist –, würde sie einen in die Irre führen, da der Zusammenhang eigentlich in einer dritten Variablen, dem Alter, begründet liegt.

Manchmal kommt es vor, dass der Zusammenhang zwischen einem Prädiktor und dem Kriterium in einer multiplen Regression größer ist als in der entsprechenden bivariaten Korrelation. Das ist dann der Fall, wenn irrelevante Varianzanteile durch einen der anderen Prädiktoren (einen sog. *Suppressor*) gebunden und somit unterdrückt werden. Diesen eher seltenen Fall nennt man *Suppressions-* oder *Suppressoreffekt* (vgl. z. B. Sedlmeier & Renkewitz, 2013, S. 275).

Mittels sogenannter *hierarchischer Regressionsanalysen*, bei denen Prädiktoren in mehreren Schritten aufgenommen werden, kann man unter anderem auch *Moderator-* und *Mediatoranalysen* vornehmen, also untersuchen, ob der Zusammenhang zwischen zwei Variablen durch eine dritte Variable entweder moderiert oder mediiert wird (wegweisend für die Unterscheidung von Moderatoren und Mediatoren ist der Artikel von Baron & Kenny, 1986; ein aktuelles Buch zu Moderator- und Mediatoranalysen stammt von Hayes, 2013). Ferner ist es möglich, Interaktionseffekte von Prädiktoren zu untersuchen.

Faktorielle Zusammenhänge: explorative Faktorenanalyse. Auch bei den faktoriellen Zusammenhängen handelt es sich eigentlich um multivariate Zusammenhänge. Da hier aber andere statistische Verfahren eine Rolle spielen, betrachten wir diese getrennt. Die explorative Faktorenanalyse ist, wie der Name schon sagt, ein exploratives und kein hypothesentestendes Verfahren. Zur Anwendung kommt die explorative Faktorenanalyse dann, wenn man eine Vielzahl von gemessenen Variablen zu einer geringeren Anzahl von Faktoren oder Dimensionen zusammenfassen möchte. Ein Beispiel dafür könnte ein Fragebogen zu Prüfungsängstlichkeit sein. Der Verfasser des Fragebogens versucht erst einmal, möglichst viele Items zu formulieren, mit denen verschiedene Aspekte von Prüfungsängstlichkeit erfasst werden. Anschließend lässt er diesen Fragebogen von vielen Probanden ausfüllen und unterzieht ihn einer explorativen Faktorenanalyse. Bei dieser Faktorenanalyse kommt heraus, dass sich fast alle Items des Fragebogens einem von vier Faktoren zuordnen lassen. Nachdem der Fragebogenautor sich die Inhalte der Items, die jeweils einem Faktor zugeordnet sind, genauer betrachtet hat, gelangt er zu der Interpretation, dass die Faktoren für die folgenden vier Dimensionen stehen: *Aufgeregtheit*, *Besorgtheit*, *Interferierende Gedanken* und *Mangelnde Zuversicht* (vgl. Hodapp, Rohrmann & Ringeisen, 2011). Dies scheinen die vier Dimensionen zu sein, mit denen sich das subjektive Prüfungsangsterleben beschreiben lässt und auf denen verschiedene Personen individuelle Profile aufweisen. Ob diese Faktorenstruktur allerdings Bestand hat, müsste an weiteren Stichproben überprüft (kreuzvalidiert) werden – schließlich handelt es sich ja nur um ein exploratives Verfahren (zum explorativen Forschungsansatz vgl. S. 176f.).

Faktorielle Zusammenhänge: konfirmatorische Faktorenanalyse, Pfadanalysen und Strukturgleichungsmodelle. Mit Strukturgleichungsmodellen lassen sich sehr komplexe Modelle über die Beziehungen von manifesten und latenten Variablen prüfen. Konfirmatorische Faktorenanalysen und Pfadanalysen sind Spezialfälle von Strukturgleichungsmodellen. Bei konfirmatorischen Faktorenanalysen werden keine direktionalen (gerichteten) Beziehungen zwischen latenten Variablen angenommen, das heißt, es wird nicht postuliert, dass eine latente Variable eine andere latente Variable kausal beeinflusst. Dabei muss man sich aber bewusst sein, dass es auch in Strukturgleichungsmodellen prinzipiell nicht möglich ist, die Kausalität von Beziehungen zu überprüfen, sondern dass es sich bei der gerichteten Beeinflussung einer Variablen durch eine andere lediglich um eine theoretische Annahme handelt. Pfadanalysen sind insofern ein Spezialfall der Strukturgleichungsmodelle, dass nur Beziehungen zwischen manifesten Variablen in das Modell aufgenommen werden. Abbildung 6.2 zeigt ein Beispiel, das die Möglichkeiten von Strukturgleichungsmodellen illustriert. Mit dem dargestellten Modell wird versucht zu erklären, wovon die Beliebtheit einer Person abhängt. Beliebtheit ist eine latente Variable, die sich nicht direkt erfassen lässt. Daher wird Beliebtheit operationalisiert über die Anzahl der Freunde, die Anzahl der Partyeinladungen und die Anzahl der Verabredungen, die jemand hat. (Sicherlich gibt es auch noch andere Möglichkeiten, Beliebtheit zu operationalisieren.) Die Beliebtheit wiederum wird in unserem Modell beeinflusst durch die Extraversion und die Verträglichkeit einer Person. Auch Extraversion und Verträglichkeit sind Konstrukte, die operationalisiert werden müssen. In unserem Beispiel werden diese Persönlichkeitseigenschaften mittels Fragebogenitems erfasst. Zusätzlich soll Beliebtheit aber auch vom sozioökonomischen Status abhängen. Dieser wird gebildet aus dem Berufsstatus, der Bildung (höchster erreichter Bildungsabschluss) und dem Einkommen bzw. materiellen Besitz der Person.

Wichtig ist die Unterscheidung zwischen manifesten Variablen, die direkt erfasst werden können und in grafischen Darstellungen von Strukturgleichungsmodellen mit Rechtecken dargestellt werden, sowie latenten Variablen (dargestellt durch Ellipsen), die sich als theoretisches Konstrukt aus den manifesten Variablen ergeben. Ferner unterscheidet man zwischen *Messmodellen*, mit denen latente Variablen erfasst werden, und dem *Strukturmodell*, das die Beziehung von latenten Variablen untereinander angibt. Zwecks besserer Übersichtlichkeit wurden aus dem Modell in Abbildung 6.2 die Messfehler weggelassen, die man z.B. durch Pfeile an den latenten Variablen symbolisieren kann.

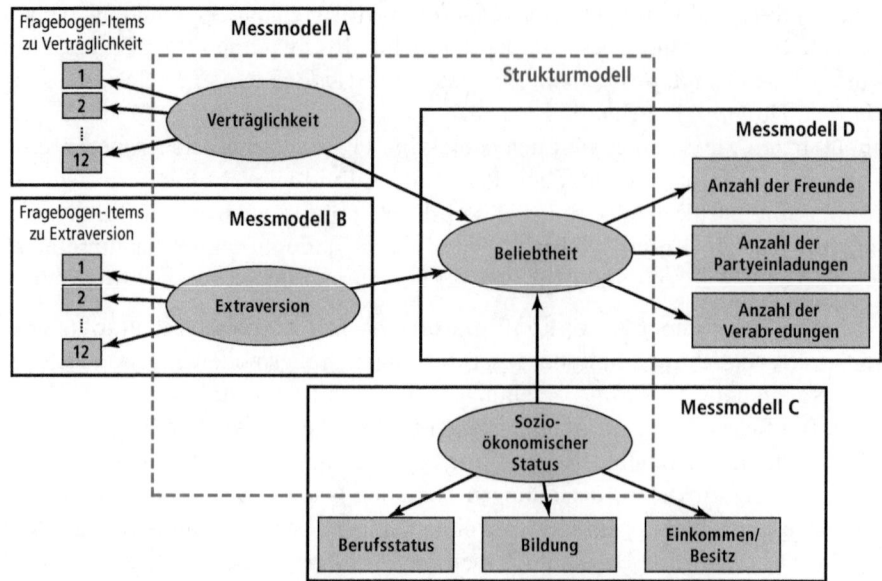

Abbildung 6.2. Strukturgleichungsmodell für den Einfluss von Verträglichkeit, Extraversion und sozioökonomischem Status auf die Beliebtheit. Manifeste Variablen werden durch Rechtecke dargestellt, latente Variablen durch Ellipsen. Veranschaulicht wird auch der Unterschied zwischen dem Messmodell und dem Strukturmodell.

Mit Strukturgleichungsmodellen kann man überprüfen, wie gut die erhobenen Daten zu einem Modell, das man sich überlegt hat, passen. Zur Angabe, wie gut dieser *Modellfit* ist, existieren verschiedene *Fitindizes* (z.B. χ^2, CFI, RMSEA, SRMR). Bei der Verwendung von Strukturgleichungsmodellen sollte einem bewusst sein, dass man nie die Bestätigung erhält, ob das eigene theoretische Modell dasjenige ist, das die Daten am besten beschreibt. Man erhält lediglich eine Information darüber, wie gut die Daten zum erstellten Modell passen. Es kann aber immer ein oder mehrere andere Modelle geben, die besser zu den Daten passen.

Wer Strukturgleichungsmodelle berechnet, hat oft viel Spielraum bei deren Ausgestaltung, und häufig werden nachträglich Modellveränderungen vorgenommen, damit das veränderte Modell besser zu den Daten passt als die ursprüngliche Modellidee. Durch ein derartiges Vorgehen werden Strukturgleichungsmodelle aber mehr zu einem explorativen als zu einem hypothesentestenden Verfahren. Streng genommen müsste ein Strukturgleichungsmodell, das man „datengeleitet" anhand der bereits erhobenen Daten entwickelt hat, an einer neuen Stichprobe überprüft (kreuzvalidiert) werden, um eine verlässliche Aussage über die Güte dieses Modells zu erhalten.

Strukturgleichungsmodelle sind, wie auch die einfacheren Unterformen, nämlich Pfadanalyse und konfirmatorische Faktorenanalysen, eine komplexe Angelegenheit. Ein sehr empfehlenswertes Buch zum Einstieg ist das englischsprachige Werk von Kline (2011). Ein deutschsprachiges Statistiklehrbuch, das auch eine kurze Einführung in Strukturgleichungsmodelle und die Unterformen bietet, ist Eid, Gollwitzer und Schmitt (2010).

6.3.5 Experimentell-korrelativer Forschungsansatz

Es gibt viele Fälle, in denen der experimentelle und der korrelative Forschungsansatz kombiniert werden. So ist es nicht selten, dass man im Rahmen einer experimentellen Untersuchung zusätzlich Einflüsse von Persönlichkeitseigenschaften oder von anderen Organismusvariablen erfassen möchte. Ein Beispiel wäre unsere oben aufgestellte Hypothese, dass das Lernen in Gruppen effizienter ist als allein zu lernen (vgl. Abschnitt 6.2.2). Ob allein oder in einer Gruppe gelernt wird, könnte man experimentell variieren. Allerdings ist es durchaus plausibel, anzunehmen, dass nicht alle Personen in Gruppen besser lernen, sondern dass es Persönlichkeitseigenschaften wie z.B. Verträglichkeit gibt, die diesen Zusammenhang moderieren: Vielleicht lernen wenig verträgliche Personen allein besser und nur für verträgliche Personen gilt, dass sie in Gruppen besser lernen.

Um diese Annahme zu überprüfen, würde man ein Experiment durchführen, bei dem die Lernform (Gruppe vs. allein) variiert wird. Zusätzlich wird Verträglichkeit mittels eines Fragebogens erfasst. In einer solchen Studie hätte man also den experimentellen und den korrelativen Ansatz kombiniert.

6.4 Operationalisierung von Variablen

Im Kontext der Erstellung operationalisierter Hypothesen (Abschnitt 6.2.3) sind wir schon darauf eingegangen, wie wichtig die Operationalisierung – also Messbarmachung – von Variablen für die Planung einer Untersuchung ist. Insbesondere die Operationalisierung latenter Variablen ist keineswegs trivial. Bei einer empirischen Studie müssen alle interessierenden Variablen operationalisiert werden, bei Experimenten also sowohl die unabhängige als auch die abhängige Variable. Möchten Sie z.B. erfassen, ob sich die Expertise der Zuhörer auf die Bühnenangst von Musikern auswirkt, müssen Sie nicht nur die Bühnenangst, sondern auch die Expertise der Zuhörer operationalisieren.

Operationalisierungen können unterschiedlich gut sein. Die Probanden einfach mit Ja bzw. Nein beantworten zu lassen, ob sie Bühnenangst haben, wäre zwar eine mögliche, aber keine sonderlich gute Operationalisierung für Bühnenangst. Das Problem hierbei ist zum einen, dass sich Menschen stark darin unterscheiden, was sie als Angst definieren. So könnten zwei Menschen vor Auftritten die gleichen körperlichen Symptome empfinden und der eine deklariert das als Bühnenangst, wohingegen der andere es als normale Aufgeregtheit abtut. Zum anderen ist eine dichotome Einteilung in Personen mit bzw. ohne Bühnenangst wenig differenziert. Da das Konstrukt der Bühnenangst als eine kontinuierliche Variable anzusehen ist, sollte auch ihre Operationalisierung dies widerspiegeln und Abstufungen von wenig bis viel Bühnenangst ermöglichen. Eine solche Abstufung wird beispielsweise mittels eines Fragebogens möglich, bei dem aus den Antworten auf einzelne Items ein Bühnenangst-Score berechnet wird. Wichtige Gütekriterien bei der Operationalisierung sind die *Reliabilität* sowie die *Validität* des erhobenen Maßes (siehe *Exkurs: Reliabilität und Validität von Operationalisierungen*).

> ### Exkurs: Reliabilität und Validität von Operationalisierungen
>
> **Reliabilität.** Reliabilität bezeichnet die *Zuverlässigkeit* oder *Messgenauigkeit* eines Messinstruments. Wenn ein Merkmal sich nicht verändert, dann sollte eine wiederholte Messung zum selben Ergebnis führen wie die vorherige. Allerdings ist jede Messung mit einem Messfehler behaftet, der unterschiedlich groß sein kann. Relevant ist die Reliabilität von Messverfahren deshalb, weil sie die Größe des maximal möglichen Zusammenhangs zwischen Variablen beschränkt.
>
> Wenn Sie z.B. untersuchen möchten, wie stark der Zusammenhang zwischen der Persönlichkeitseigenschaft Gewissenhaftigkeit und der Schulleistung ist, dann könnten Sie die Gewissenhaftigkeit mittels eines Fragebogens und die Schulleistung mittels der Durchschnittsnote im Jahreszeugnis operationalisieren. Nehmen wir an, die Reliabilität des Gewissenhaftigkeitsfragebogens liegt bei $r = .80$ und die der Durchschnittsnote bei $r = .70$, dann wäre die *maximale manifeste Korrelation* zwischen Note und Gewissenhaftigkeit $r = .56$ (nämlich $.70 \times .80$). Ferner nehmen wir an, dass der wahre (latente) Zusammenhang zwischen Gewissenhaftigkeit und Schulleistung $r = .50$ beträgt. Dann beträgt die *manifeste* Korrelation, also der Korrelationswert, den Sie bei Ihrer Studie (ohne Stichprobenverzerrung) erhalten würden, $r = .28$ ($.56 \times .50$).
>
> Sie sehen, dass diese Korrelation deutlich kleiner ist als der wahre Zusammenhang. Dabei sind die Reliabilitäten des Gewissenhaftigkeitsfragebogens und der Jahresdurchschnittsnote noch relativ hoch. Würden Sie weniger reliable Verfahren verwenden, würde die manifeste Korrelation weiter sinken. *Daher ist es wichtig, möglichst reliable – also wenig messfehlerbehaftete – Operationalisierungen für die Variablen zu finden, die Sie erfassen möchten.*
>
> Experimentelle Paradigmen weisen oft erschreckend niedrige Reliabilitäten auf. Ein Beispiel ist das sogenannte *Dot-Probe-Paradigma*, das verwendet wird, um interindividuelle Unterschiede in der Aufmerksamkeitszuwendung auf bedrohliche Reize zu untersuchen. So besagt eine Hypothese, die sich mittels des Dot-Probe-Paradigmas untersuchen lässt, dass ängstliche Personen ihre Aufmerksamkeit einem bedrohlichen visuellen Reiz (einem Wort oder Bild) schneller zuwenden als weniger ängstliche Personen. Allerdings scheint das Dot-Probe-Paradigma eine Reliabilität von maximal $r = .30$ aufzuweisen (Schmukle, 2005). Wenn also der wahre Zusammenhang zwischen Ängstlichkeit und der Geschwindigkeit der Aufmerksamkeitszuwendung bei $r = .50$ liegt und die Reliabilität des Ängstlichkeitsfragebogens bei $r = .80$, was realistische Werte sind, dann betrüge die manifeste Korrelation lediglich $r = .12$. Um diesen Zusammenhang mit 80%iger Wahrscheinlichkeit nachweisen zu können, bräuchten Sie eine Stichprobe von 425 Probanden (vgl. Abschnitt 6.5 zur Planung des Stichprobenumfangs).
>
> Aus Ihrer Statistik- bzw. Methodenausbildung wissen Sie sicherlich noch, dass verschiedene Reliabilitäts-Bestimmungsmethoden existieren, die unterschieden werden müssen. So gibt es die *Retest-Reliabilität*, also die Korrelation von zwei zeitlich versetzten Messungen mit demselben Instrument. Diese Form der Reliabilität ist nur sinnvoll, wenn das untersuchte Merkmal tatsächlich zwischenzeitlich stabil bleibt, sich also nicht verändert. Eine weitere Reliabilitätsform ist die *Testhalbierungsreliabilität* (auch *Split-half-Reliabilität*), bei der ein Test oder Fragebogen in zwei Hälften aufgeteilt und diese miteinander korreliert werden. Da dieser Wert stark davon abhängt, welche Items sich zufällig in den beiden Testhälften befinden, ist die statistisch sinnvolle Weiterentwicklung der Testhalbierungsreliabilität die *interne Konsistenz*. Angegeben wird diese meist mittels *Cronbachs* α (Alpha). Der Alphakoeffizient stellt dabei den Mittelwert der Zusammenhänge aller möglichen Testhalbierungen dar.

Übrigens: In vielen Fällen lässt sich die Reliabilität einer Operationalisierung dadurch erhöhen, dass Sie zusätzliche Items in einen Test bzw. Fragebogen aufnehmen (sog. Testverlängerung) oder mehrere Erhebungszeitpunkte bzw. Maße aggregieren. So ist die Jahresdurchschnittsnote ein höher aggregiertes – und daher reliableres – Maß für Schulleistung als nur die Deutsch- oder Mathematiknote im Jahreszeugnis. Diese sind wiederum höher aggregierte (und somit reliablere) Maße als die Note in einer einzelnen Deutsch- oder Matheklausur. Auch erbringt ein umfassender Intelligenztest, dessen Durchführung 1 ½ Stunden dauert, eine reliablere Schätzung der Intelligenz als ein 10-minütiger Intelligenz-Screeningtest.

Validität. Die Validität (Gültigkeit oder Güte der Operationalisierung) gibt an, wie gut ein Verfahren das misst, was es messen soll. Wir veranschaulichen das Prinzip an einer nicht validen Operationalisierung. Angenommen, jemand kommt auf die Idee, einen Intelligenztest zu konstruieren, der aus 100 Quizfragen besteht. Da unser Testkonstrukteur gerne die Fernsehsendung *Wer wird Millionär* schaut und ein großer Film- und Sport-Fan ist, stellt er ausschließlich Fragen der Art: „Welcher NBA-Profi spielt in ‚Scary Movie 4' mit? (a) Allen Iverson, (b) Kobe Bryant, (c) Shaquille O'Neill oder (d) Ray Allen". Die Ergebnisse dieses Tests könnten durchaus reliabel sein und zwischen verschiedenen Personen differenzieren. Allerdings ist es mehr als zweifelhaft, ob mit diesen Fragen tatsächlich das gemessen wird, was üblicherweise mit dem Intelligenzkonstrukt gemeint ist. Vermutlich erfasst der Test viel stärker, inwieweit sich jemand für Filme und Sport interessiert – und das ist eine Eigenschaft, die nicht mit Intelligenz zusammenhängt.

Validität lässt sich nicht so einfach berechnen wie verschiedene Reliabilitätskoeffizienten. Auch muss man zwischen mehreren Validitätskonzepten unterscheiden: *Inhaltsvalidität* bezieht sich darauf, ob die Items alle Inhalte, die für das zu messende Konstrukt wesentlich sind, in repräsentativer Weise erfassen – problematisch ist, dass nur subjektive (Experten-)Urteile dazu möglich sind; *Kriteriumsvalidität* bedeutet, dass das Testergebnis hoch mit einem Außenkriterium korreliert, von dem man weiß, dass es die zu erfassende Variable gut repräsentiert – allerdings ist es oft schwierig, für latente Variablen ein gutes Außenkriterium zu finden; *Konstruktvalidität* schließlich bedeutet, dass möglichst viele Annahmen, die man über ein Konstrukt hat, sich mit den Ergebnissen des Tests decken.

Damit ein Intelligenztest konstruktvalide ist, sollten seine Messwerte z. B. gut zwischen Schülern einer Sonderschule und eines Gymnasiums unterscheiden, sie sollten mit Schul- und mit Berufserfolg zusammenhängen, sie sollten zeitlich relativ stabil sein, aber bei Personen mit Demenz oder Hirnverletzungen abnehmen. Am Beispiel unseres neu konstruierten Intelligenztests könnte dessen geringe (Konstrukt-)Validität dadurch gezeigt werden, dass er kaum mit den Variablen korreliert, mit denen er einen engen Zusammenhang aufweisen sollte. Konkret wäre zu erwarten, dass ein neuer Intelligenztest relativ hoch mit anderen, etablierten Intelligenztests sowie mit Schulerfolg korreliert. Ist dies nicht der Fall, mangelt es dem Test an sogenannter *konvergenter Validität*. Andererseits sollte ein Verfahren eine hohe *divergente* oder *diskriminante Validität* aufweisen, das heißt, nicht mit den Konstrukten korrelieren, mit denen man keinen Zusammenhang annimmt. So würde man vermuten, dass Intelligenz nicht mit dem Interesse für Film und Sport zusammenhängt. Wenn unser neu konstruierter Intelligenztest jedoch hoch mit diesen Interessen korreliert, ist die divergente Validität nicht gegeben.

Mehr zu Reliabilität und Validität können Sie in einschlägigen Lehrbüchern nachlesen (z. B. Bortz & Döring, 2006; Hussy et al., 2013; Krohne & Hock, 2014; Sedlmeier & Renkewitz, 2013). Die hier beschriebene Validität von Messinstrumenten darf übrigens nicht mit der allgemeinen internen und externen Validität von Studien bzw. Schlussfolgerungen aus diesen Studien verwechselt werden (vgl. Abschnitt 6.3.2).

Bei der Operationalisierung von Bühnenangst ist zunächst die Entscheidung zu treffen, ob sie über Selbstbericht, Beobachtung oder physiologische Maße erfasst werden soll. Selbstberichtsmaße wären Fragebögen oder auch (strukturierte) Interviews zur Bühnenangst. Zur Operationalisierung durch (Fremd-)Beobachtung könnte man die Zuschauer auf einer Skala einschätzen lassen, für wie aufgeregt bzw. ängstlich sie den Musiker halten. Man könnte aber auch einen oder mehrere zuvor geschulte Beobachter aufgrund vorab festgelegter Kategorien nonverbales Verhalten, das Bühnenangst anzeigt, kodieren lassen. Möglichkeiten zur Erfassung physiologischer Maße wären, Puls, Atemfrequenz und Hautleitwiderstand mit Elektroden bzw. sonstigen Apparaten aufzuzeichnen. Dabei wäre zu definieren, dass z.B. eine höhere Atemfrequenz mehr Bühnenangst anzeigt.

Alle diese Formen der Operationalisierung haben ihre Vor- und Nachteile. Die Selbstberichtsmaße geben am ehesten das subjektive Erleben wieder, was für eine Emotion wie Angst sicherlich entscheidend ist. Allerdings können Selbstberichtsmaße z.B. durch eine individuell unterschiedlich stark ausgeprägte Tendenz zu sozial erwünschten Antworten verfälscht werden. Die Beobachtungsverfahren teilen nicht das Problem des sozial erwünschten Antwortverhaltens, jedoch kann es Menschen geben, die trotz extremen Angsterlebens nach außen relativ gelassen wirken, wohingegen andere Menschen bereits bei leichter Angst sehr nervös erscheinen. Von physiologischen Maßen mag man zunächst denken, dass diese aufgrund höherer Objektivität auch eine bessere Erfassung der Angst liefern. Auch bei physiologischen Maßen besteht aber ein Problem darin, dass körperliche Erregung nicht unbedingt mit dem emotionalen Erleben einhergeht. Deshalb unterscheidet man auch verschiedene Angstkomponenten wie Aufgeregtheit und Besorgnis: Aufgeregtheit ist meist äußerlich wahrnehmbar bzw. physiologisch messbar, Besorgnisgedanken sind ein intrapsychisches Phänomen und nicht direkt beobachtbar. Ob Aufgeregtheit auch zu Besorgnis führt, hängt von der Interpretation des Individuums ab: Dasselbe Ausmaß körperlicher Erregung kann von der einen Person als Motivation für Höchstleistung interpretiert und somit positiv bewertet werden, wohingegen bei einer anderen Person daraus extensive Besorgnisgedanken mit starkem Angsterleben entstehen.

Verschiedene Operationalisierungen erfassen, wie an unserem Beispiel deutlich geworden sein sollte, oft unterschiedliche Aspekte eines Konstrukts. Daher ist es meist wünschenswert, verschiedene Indikatoren für eine latente Variable zu messen. Man spricht hier von *multipler Operationalisierung* oder, insbesondere wenn verschiedene Arten von Daten erhoben werden (z.B. Selbstbericht, Fremdbeobachtung, Testdaten, physiologische Maße), von *multimodaler Operationalisierung*. In der Praxis steht diesem Vorgehen oft ein vermehrter Aufwand entgegen.

Wie gelangen Sie nun zu einer guten Operationalisierung? Zum einen lohnt es sich, auf etablierte Operationalisierungen zurückzugreifen, da für diese meist bereits Validitäts- und Reliabilitätsüberprüfungen vorliegen. Statt sich selbst einen Angstfragebogen oder Intelligenztestaufgaben zu überlegen, sollten Sie also auf existierende erprobte Verfahren zurückgreifen. Im *Exkurs: Psychologische und sozialwissenschaftliche Erhebungsinstrumente bzw. Fragebögen finden* erklären wir, wie Sie nach entsprechenden Verfahren recherchieren können.

Ebenfalls lohnenswert ist es, in Forschungsarbeiten zu Ihrem oder einem verwandten Thema nachzulesen, wie dort die Variablen, die Sie interessieren, erfasst wurden. Insbesondere für experimentelle Paradigmen (wie z.B. die emotionale Stroop-Aufgabe, den Impliziten Assoziationstest, Gedächtnisparadigmen) gibt es keine umfassenden Verzeichnisse. Daher bietet es sich für diese besonders an, in anderen Forschungsarbeiten danach zu fahnden, wie dort ein bestimmtes Konstrukt erfasst wurde. Für experimentalpsychologische Arbeiten finden sich einige ausgewählte Paradigmen in dem Buch von Bittrich und Blankenberger (2011). Übrigens: Dass ein bestimmtes Operationalisierungsverfahren häufig verwendet wird, bedeutet nicht zwangsläufig, dass dieses Verfahren auch besonders geeignet ist. Vielleicht wird ein Verfahren nur deshalb so oft verwendet, weil es einfach durchzuführen ist. Daher obliegt es vor der Entscheidung für ein Verfahren Ihnen, kritisch zu prüfen, ob dieses auch tatsächlich die Gütekriterien von Operationalisierungen (neben Validität und Reliabilität auch Objektivität) ausreichend erfüllt.

Exkurs: Psychologische und sozialwissenschaftliche Erhebungsinstrumente bzw. Fragebögen finden

Wenn Sie z.B. Bühnenangst oder eine andere latente Variable (eine Perönlichkeitseigenschaft, eine Einstellung, eine Verhaltenstendenz oder Ähnliches) erheben wollen, geschieht dies oft mittels eines Fragebogens. Wie finden Sie nun einen Fragebogen zu dem Konstrukt, das Sie interessiert? Neben der Recherche in Fachzeitschriften, in denen solche Fragebögen bzw. Erhebungsinstrumente publiziert werden (vgl. Abschnitte 5.3 und 5.4.3), gibt es hierzu im deutschsprachigen Raum mehrere spezielle Datenbanken bzw. Sammlungen:

- Die *Testzentrale* (*www.testzentrale.de*) verzeichnet die meisten deutschsprachigen psychologischen Fragebögen und Tests, die käuflich zu erwerben sind.
- Fragebögen, die insbesondere für Forschungszwecke gedacht und nicht über einen Verlag zu kaufen sind, finden Sie in der *Zusammenstellung sozialwissenschaftlicher Items und Skalen* (ZIS). ZIS ist ein Computerprogramm, das Sie kostenlos auf der Internetseite von *GESIS – Leibniz-Institut für Sozialwissenschaften* herunterladen können (*www.gesis.org/unser-angebot/daten-erheben/zis*). Das Programm ermöglicht Ihnen, auf verschiedene Weisen (Themenkatalog, Suchwörter) danach zu recherchieren, ob einer der über 350 enthaltenen Fragebögen das Konstrukt erfasst, das Sie interessiert. Alle Verfahren sind in dem Programm vollständig dokumentiert, einschließlich theoretischer Hintergrundinformationen.
- Beim *Leibniz-Zentrum für Psychologische Information und Dokumentation* (ZPID) gibt es ein ähnliches Angebot von Verfahren, die für Forschungszwecke kostenlos eingesetzt werden dürfen, das *Elektronische Testarchiv*. Suchen Sie auf der Seite *www.zpid.de* nach „Testarchiv".
- Ebenfalls vom ZPID wird die Datenbank *PSYNDEX Tests* herausgegeben (siehe Tabelle 5.5 auf S. 134f.). Diese weist ca. 5000 veröffentlichte und nicht-veröffentlichte deutschsprachige Test- und Fragebogenverfahren nach und bietet damit wohl die umfangreichste Recherchebasis.
- Schließlich verzeichnet die *Deutsche Gesellschaft für Psychologie* (DGPs) auf der Internetseite *www.dgps.de/fachgruppen/diff_psy* Verfahren, die sich noch in der Konstruktions- bzw. Erprobungsphase befinden, aber bereits von Wissenschaftskollegen genutzt werden sollen. Teilweise muss man die Autoren anschreiben, um das vollständige Verfahren zu erhalten. Hier lohnt sich eine Suche vor allem dann, wenn über die obigen Zugangswege kein passendes Verfahren zu finden war.

Nicht für alle Konstrukte existieren bereits Messverfahren. In solchen Fällen sollten Sie nicht davor zurückschrecken, sich selbst z.B. Fragebogenitems zu überlegen, wobei Sie diese idealerweise an einer kleinen Stichprobe vorab testen. Sofern Sie in größerem Umfang selbst Fragebogenskalen bzw. Tests erstellen wollen oder müssen, empfehlen wir Ihnen die Lektüre von Bühner (2011) oder von Moosbrugger und Kelava (2012). Die Autoren geben hilfreiche Hinweise zur Erstellung und Analyse von Tests und Fragebögen. Einen praktischen Leitfaden für sozialwissenschaftliche Fragebogenstudien stellt auch das Buch von Raab-Steiner und Benesch (2012) dar. Dieses Buch setzt so gut wie kein Vorwissen voraus, steigt aber auch nicht so tief in die Materie ein wie die beiden erstgenannten Bücher. Ein ebenfalls für Einsteiger geeigneter praxisorientierter Leitfaden zur Erstellung sozialwissenschaftlicher Fragebögen ist das Buch von Porst (2014). Kirchhoff, Kuhnt, Lipp und Schlawin (2010) stellen beispielhaft an einer großangelegten Studierendenbefragung die praktischen Schritte bei der Planung, Durchführung und Auswertung einer Fragebogenuntersuchung dar – auch dieses Buch ist für Leser geeignet, die im Studium wenig über Fragebogenkonstruktion gelernt haben. Mit dem Fragebogen als Erhebungsinstrument v.a. in der Persönlichkeits-, Einstellungs- und Selbstkonzeptforschung beschäftigt sich das Buch von Mummendey und Grau (2008). Beachten Sie auch unsere Hinweise zur Fragebogenerstellung und zum Fragebogenlayout in Abschnitt 6.6.

Auch die Übersetzung von z.B. englischsprachigen Skalen ist ein empfehlenswerter Weg, wenn keine deutschsprachige Skala existiert. Bei Übersetzungen wäre es ideal, diese zumindest dadurch zu validieren, dass eine Person, die beide Sprachen fließend beherrscht, Ihre Übersetzung in die Originalsprache rückübersetzt. Durch einen Vergleich des Originalfragebogens und der Rückübersetzung kann man oft Übersetzungsfehler entdecken und Itemformulierungen optimieren. Bei der Übersetzung kommt es allerdings vor allem darauf an, die inhaltliche Aussage eines Items unverfälscht zu erfassen, und nicht auf eine möglichst wortgetreue Entsprechung.

Die Operationalisierung von Variablen ist etwas, wobei auch Kreativität gefragt ist. Vielleicht fällt Ihnen ja ein experimentelles Paradigma zur Erfassung eines Konstruktes ein, für das es noch keine überzeugende Erfassungsmethode gibt. Hier ist im Prinzip alles erlaubt, sofern es modernen ethischen Grundsätzen entspricht. Die von der Deutschen Gesellschaft für Psychologie (DGPs) und dem Berufsverband Deutscher Psychologinnen und Psychologen (BDP) verabschiedeten *Ethikrichtlinien*, die es zu beachten gilt, finden Sie unter *www.dgps.de/fileadmin/documents/ethikrl2004.pdf*.

Viele Studien, die in der Vergangenheit möglich waren, wären heutzutage ethisch zumindest fragwürdig. Ein Beispiel stellt die Untersuchung von Milgram (1963) zur Autoritätshörigkeit dar. In dieser Studie wurde den Probanden vorgespielt, sie würden einer Person Elektroschocks verabreichen, unter Umständen bis zu einer Stärke, die zu Bewusstlosigkeit oder Schlimmerem führt. Heute wäre dieses Experiment in dieser Form nicht mehr durchführbar, da die Gefahr als zu groß angesehen wird, dass die Probanden psychischen Schaden durch die Erkenntnis erleiden, dass Sie in der Lage wären, andere Menschen zu quälen.

6.5 Planung des Stichprobenumfangs

Sie wissen sicherlich, dass die Frage, ob ein Effekt signifikant wird, neben der Größe des Effekts wesentlich von dem Stichprobenumfang abhängt. Wenn Sie relativ kleine Effekte erwarten und zudem nur eine kleine Stichprobe zur Verfügung haben, ist es nicht unwahrscheinlich, dass – obwohl in der Population tatsächlich ein solcher Effekt besteht – dieser nicht signifikant ist, also die Nullhypothese beibehalten wird. Diesen Fehler bezeichnet man als *Betafehler* oder auch als *Fehler 2. Art*.

Daher sollten Sie sich im Rahmen der Untersuchungsplanung überlegen, wie groß der Effekt ist, den Sie erwarten, und welchen Stichprobenumfang Sie (mindestens) benötigen, damit dieser Unterschied mit einer gewissen Wahrscheinlichkeit – der sogenannten *Teststärke* oder *Power* – signifikant wird. Die Teststärke gibt an, wie wahrscheinlich es ist, dass ein Effekt vorgegebener Größe bei einem bestimmten Stichprobenumfang auch tatsächlich signifikant wird. Mathematisch gilt dabei: *Teststärke = 1 – Betafehler*.

Kommen wir zur Veranschaulichung auf das Beispiel des Zusammenhangs von Kaugummikauen und kognitiver Leistung zurück. Wir teilen eine studentische Stichprobe randomisiert in zwei Gruppen auf, von denen die eine während eines kognitiven Tests Kaugummi kaut, wohingegen die andere Gruppe – die Kontrollgruppe – dies nicht tut. Außerdem legen wir fest, dass ein bedeutsamer Unterschied dann besteht, wenn die kaugummikauende Gruppe in dem Test eine halbe Standardabweichung (entspricht Cohens $d = 0.5$) besser abschneidet als die Kontrollgruppe. Die Teststärke, die wir realisieren wollen, müssen wir genauso wie den Alphafehler vorab festlegen. Konventionell werden der Alphafehler auf 5 % und die Teststärke auf 80 % festgesetzt. Das heißt, wir möchten, dass ein Signifikanztest (z. B. ein *t*-Test) dann, wenn in der Population tatsächlich ein Unterschied von $d = 0.5$ besteht, mit 80 %iger Wahrscheinlichkeit auch signifikant wird. Gleichzeitig wollen wir nur ein Risiko von 5 % eingehen, dass dieser Test signifikant wird, obwohl in der Population gar kein Unterschied besteht.

Mittels dieser Festlegungen lässt sich ausrechnen, was der ideale Stichprobenumfang für diese Untersuchung ist. Das geht entweder mit Tabellen, die sich am Ende vieler Statistiklehrbücher befinden, oder – einfacher – mit dem Programm *G*Power 3*, das sich kostenlos von einer Seite der Universität Düsseldorf herunterladen lässt: *www.gpower.hhu.de*

Wichtig ist in unserem Beispiel, dass es sich bei dem beschriebenen Versuchsplan um zwei Gruppen handelt (Between-subjects-Design), man zur Testung der Unterschiedshypothese also einen *unabhängigen t*-Test verwenden würde, und dass die Hypothese *gerichtet* ist, da wir vermuten, dass die kaugummikauende Gruppe besser abschneidet. Die optimale Stichprobengröße, die wir mit *G*Power* berechnet haben, liegt bei 51 Probanden pro Gruppe, insgesamt also 102 Personen. Um bei ansonsten identischen Werten eine Teststärke von 90 % zu erhalten, würden wir 70 Probanden pro Gruppe benötigen, also insgesamt 140 Personen.

Sie können auch ausrechnen, wie groß die Teststärke bei gegebener Probandenanzahl ist. Wenn Sie das Kaugummi-Experiment mit 20 Probanden pro Gruppe durchführen, liegt die Teststärke, also die Wahrscheinlichkeit, dass ein Effekt von $d = 0.5$ signifikant wird, bei lediglich 46 %. Selbst wenn ein so relativ großer Effekt in der Grundgesamtheit tatsächlich besteht, ist die Wahrscheinlichkeit, dass dieser bei einer so kleinen Stichprobe signifikant wird, folglich ziemlich gering.

Die Schwierigkeit bei solchen Powerberechnungen und auch einer der Gründe, warum sie in der Praxis relativ selten durchgeführt werden, ist, dass sich die erwartete Effektstärke meist nur schwer schätzen lässt. Zwar könnte man dazu auf Angaben in der Literatur für ähnliche Studien zurückgreifen, aber oft liegen derartige Studien nicht vor, insbesondere dann nicht, wenn man eine neue Fragestellung untersucht. Man ist daher bei der Festlegung auf Erfahrungswerte angewiesen oder muss normativ bestimmen, was man für einen relevanten Effekt hält. Tatsächlich wäre in dem obigen Beispiel auch ein wesentlich kleinerer Effekt (z.B. von $d = 0.2$) noch praktisch relevant, da Kaugummikauen während einer schriftlichen Prüfung ja eine sehr einfache und leicht durchführbare Intervention ist, die man Studierenden auch dann empfehlen würde, wenn der tatsächliche Effekt lediglich schwach ausfällt. Um für einen Effekt von $d = 0.2$ bei obigem Design eine Teststärke von 80 % zu erzielen, benötigt man allerdings 620 Personen – zu viele für eine Abschlussarbeit.

Übrigens: Wenn Sie die obige Studie für einen Effekt von $d = 0.2$ in einem *Within-subject-Design* realisieren, also alle Probanden sowohl einmal beim Kaugummikauen als auch ohne Kaugummi erheben, brauchen Sie lediglich 156 Probanden, um eine Power von 80 % zu erreichen. Ein *t*-Test für verbundene oder abhängige Stichproben ist also sensitiver bei der Erfassung von Unterschieden als ein *t*-Test für unabhängige Stichproben.

6.6   Erstellung des Untersuchungsmaterials

In Abhängigkeit vom Thema und Aufbau Ihrer Studie kann das Erstellen des Untersuchungsmaterials sehr viel Zeit in Anspruch nehmen. Mit Untersuchungsmaterial bezeichnen wir alles, was Sie für Ihre Studie brauchen. Insbesondere geht es aber um die Verfahren, mit denen Sie die interessierenden (abhängigen) Variablen erfassen (also z.B. Fragebögen oder Reaktionszeitmessverfahren am Computer), und um das Reizmaterial, das Sie Probanden darbieten, z.B. um in Experimenten die Variation der unabhängigen Variablen zu erzeugen. Nehmen wir an, Sie wollen untersuchen, ob Menschen nach dem Ansehen einer intellektuell wenig anspruchsvollen Fernsehsendung eine schlechtere kognitive Informationsverarbeitung aufweisen als nach einer anspruchsvolleren Fernsehsendung. Dann benötigen Sie neben einem Verfahren zur Erfassung der Informationsverarbeitung (z.B. Intelligenztestaufgaben) auch Videos von Fernsehsendungen, zu denen Sie vielleicht schon eine Vorstudie durchgeführt haben, um herauszufinden, als wie intellektuell anspruchsvoll diese eingeschätzt werden. Wenn Sie eine Interventionsstudie durchführen, gehört auch das Interventionsprogramm bzw. dessen Beschreibung zum Reiz- bzw. Untersuchungsmaterial.

Bei anderen Studien besteht das Reizmaterial vielleicht aus Texten, wenn es z.B. um das Leseverständnis geht, oder aus Wörtern oder Bildern unterschiedlicher Valenz (also Positivität/Negativität), wenn die Erinnerung an positive bzw. negative Inhalte untersucht werden soll. Das Erstellen von Untersuchungsmaterial ist auch deswegen oft aufwendig, weil man will, dass das Material auf *einer* Dimension variiert (also Wörter z.B. unterschiedlich positiv bzw. negativ sind), dass es aber keine Unterschiede auf anderen Dimensionen gibt (z.B. hinsichtlich der Wortlänge und der Geläufigkeit der Wörter). Sich bei der Auswahl von derartigen Stimuli einzig auf das eigene Urteil zu verlassen, ist nicht ratsam. Besser wäre es, Vorstudien zur Validierung des Materials durchzuführen, beispielsweise indem Sie einige Personen das Stimulusmaterial hinsichtlich verschiedener Aspekte beurteilen lassen. Derartige Validierungsstudien benötigen aber selbstverständlich Zeit, die im Rahmen von studentischen (Abschluss-)Arbeiten möglicherweise knapp ist.

6.6.1 Wortmaterial

Für bestimmte Stimulusarten gibt es bereits klassifiziertes bzw. von Probanden beurteiltes Reizmaterial, auf das Sie zurückgreifen können. Für *Wörter* existiert im Deutschen z.B. das umfassende *Handbuch deutschsprachiger Wortnormen* von Hager und Hasselhorn (1994). Die Dateien mit den Wortnormen liegen dem Buch leider nur auf zwei veralteten 5¼-Zoll-Disketten bei, sodass man dem Erstautor eine E-Mail-Anfrage schicken muss, wenn man diese Datenträger nicht einlesen kann und die Dateien erhalten möchte. Neuere Wortnormierungsstudien stammen von Kanske und Kotz (2010) sowie Schmidtke, Schröder, Jacobs und Conrad (2014). Zu diesen Artikeln lassen sich Tabellen mit dem Wortmaterial von der Internetseite der Zeitschrift herunterladen. Lahl, Göritz, Pietrowsky und Rosenberg (2009) berichten Beurteilungsdaten für über 2600 deutsche Substantive. Die Datei mit den Wortbeurteilungen lässt sich in diesem Fall von einer Internetseite des Erstautors frei herunterladen. Für englische Wörter existieren noch mehr und umfangreichere Studien, beispielsweise die fast 14000 Wörter umfassende Normierungsstudie von Warriner, Kuperman und Brysbaert (2013). Für englischsprachige Wortassoziationen könnte sich ein Blick in die Daten von Altarriba, Bauer und Benvenuto (1999) lohnen.

6.6.2 Bildmaterial

Wenn Sie für Ihre Studie (emotionales) *Bildmaterial* benötigen, bietet sich das *International Affective Picture System* (IAPS; Lang, Bradley & Cuthbert, 2008) an. Dieses besteht aus über 1000 Farbbildern, die hinsichtlich ihrer affektiven Valenz (positiv vs. negativ), Aktivierung und Dominanz beurteilt wurden. Sie bzw. Ihr

Betreuer können diesen Bilderpool über das *Center for the Study of Emotion and Attention* der *University of Florida* anfordern. Von dieser Institution wird auch eine Sammlung emotionaler Töne herausgegeben, das *International Affective Digitized Sound System* (IADS; Bradley & Lang, 1999), das 111 emotionale Geräusche enthält und ebenfalls in Florida angefordert werden kann.

Einen normierten Bilderpool von Gesichtern mit unterschiedlichen Emotionsausdrücken bietet das *NimStim Face Stimulus Set* (Tottenham et al., 2009). Darin sind Portraitbilder von 45 Personen enthalten, die jeweils einen ängstlichen, fröhlichen, traurigen, ärgerlichen, überraschten, ruhigen, neutralen und angeekelten Gesichtsausdruck zeigen. Das Bilderset kann man sich über www.macbrain.org/resources.htm kostenfrei beschaffen.

Im Bereich der Gedächtnis- und Wahrnehmungsforschung sind auch Strichzeichnungen als Reize beliebt. Ein inzwischen klassisches, aber nach wie vor häufig benutztes Set sind die 260 Strichzeichnungen von Gegenständen, Tieren und Körperteilen, die Snodgrass und Vanderwart (1980) zusammengestellt, normiert und abgedruckt haben.

6.6.3 Fragebögen

Wie Sie Fragebogenskalen finden, haben wir bereits in Abschnitt 6.4 erklärt – siehe insbesondere den dortigen *Exkurs: Psychologische und sozialwissenschaftliche Erhebungsinstrumente bzw. Fragebögen finden* auf Seite 201. In dem Abschnitt haben wir ferner Literaturempfehlungen für den Fall gegeben, dass Sie Tests oder Fragebögen selbst konstruieren wollen bzw. müssen. Wenn Sie Fragebögen in Papierform einsetzen wollen, sollten Sie ferner Abschnitt 7.6 zur Dateneingabe lesen – dort geben wir einen Hinweis, wie Sie sich die spätere Dateneingabe vereinfachen, indem Sie schon auf dem Fragebogen vermerken, wie die Antworten zu kodieren sind.

Wir wollen hier noch auf einen häufig gemachten Fehler hinweisen, der entsteht, wenn man sich vorab nicht ausreichend überlegt, wie man die Daten auswerten möchte (vgl. dazu auch die Hinweise in Kapitel 9). Dieser Fehler betrifft die Abfrage von an sich intervallskalierten (oder sogar verhältnisskalierten) Variablen mittels Kategorien. Ein Beispiel wäre die Frage „Wie viel Zeit verbringen Sie täglich durchschnittlich mit Fernsehen?" mit den folgenden Antwortoptionen: (a) bis 1 Stunde, (b) 1 bis 2 Stunden, (c) 2 bis 3 Stunden, (d) über 3 Stunden. Dieses Antwortformat weist eine Reihe von Problemen und Einschränkungen auf. Zum einen ist es sehr ungenau, da zwischen zwei Personen, die 65 und 115 min Fernsehen schauen, nicht differenziert wird. Schätzungen über den durchschnittlichen Fernsehkonsum müssen folglich ebenfalls ungenau bleiben. Zum anderen wird durch die Wahl der Kategorien suggeriert, was der Untersucher für „normal" hält. Wenn „über 3 Stunden" die Extremkategorie darstellt, könnten Personen, die es als nicht sozial erwünscht erachten, zur Gruppe der „Extrem-Vielseher" zu gehören, die Kategorie „2 bis 3 Stunden" ankreuzen, auch wenn 3.5 Stunden für sie realistischer wären. Dabei verwenden die Probanden die vorgegebenen Antwortoptionen als kognitive Anker. So würden *dieselben* Probanden bei Verwendung der obigen Antwortoptionen sehr wahrscheinlich eine niedrigere Angabe machen als bei Verwendung der Antwortoptionen (a) bis 2 Stunden, (b) 2 bis 3 Stunden, (c) 3 bis 4 Stunden, (d) über 4 Stunden (vgl. dazu Schwarz, 1999) – etwas, was inhaltlich natürlich absurd ist und nur den Einfluss des Antwortformats auf die Antworten widerspiegelt. Durch die Wahl derartiger Antwortkategorien geben Sie zudem das Intervallskalenniveau Ihrer Variablen auf und müssen die Antworten auf Ordinalskalenniveau behandeln, was Ihre Auswertungsoptionen einschränkt. Besser als die Verwendung von Antwortkategorien wäre es, die Probanden frei eintragen zu lassen, wie lange (in Stunden und/oder Minuten) sie täglich Fernsehen – dies würde auch weder den Probanden bei der Beantwortung noch Ihnen bei der Dateneingabe mehr Arbeit bereiten.

Mittels einer durchdachten optischen Gestaltung Ihres Fragebogens können Sie ebenfalls für validere Daten sorgen. Abbildung 6.3a zeigt ein Beispiel für einen ungünstig gestalteten Fragebogen. Es fällt auf, dass der Fragebogen nicht sonderlich übersichtlich ist und Probanden somit die Orientierung erschwert. Problematisch ist insbesondere die enge Schreibweise der Items ohne ausreichenden vertikalen Zeilenabstand zwischen den einzelnen Items. Dadurch kann es bei der Beantwortung der Items leicht dazu kommen, dass jemand in der Zeile verrutscht, sodass beispielsweise zwei Kreuze in einer Antwortzeile stehen (vgl. Abschnitt 7.6). Dieses Problem ist in Abbildung 6.3b dadurch gelöst, dass der vertikale Abstand zwischen den Items vergrößert wurde. Zudem wurden horizontale Linien zur Abgrenzung der Items eingeführt und schließlich ist jede zweite Zeile grau hinterlegt. Das schafft Orientierung und vermindert die Gefahr, sich in der Zeile zu vertun.

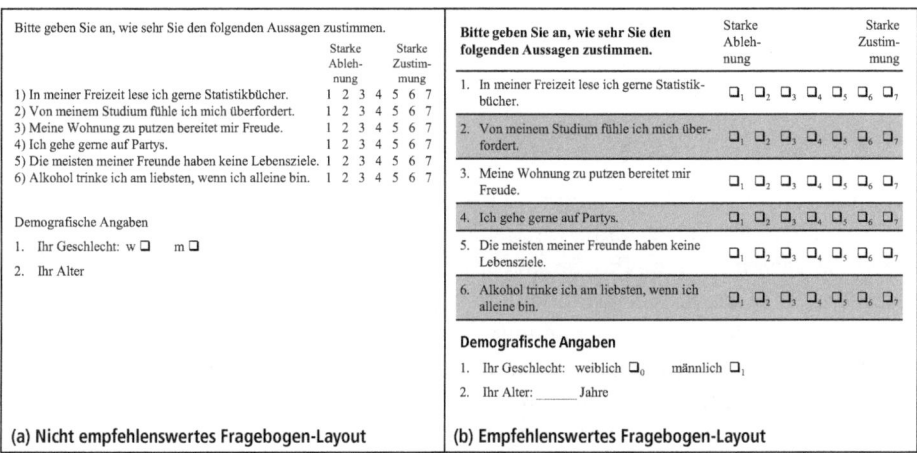

Abbildung 6.3. (a) Nicht empfehlenswertes und (b) empfehlenswertes Layout bei der Gestaltung eines Fragebogens.

In Abbildung 6.3a könnte bei den Items 1 bis 6 zudem irritieren, dass direkt eine Zahl und kein Kästchen angekreuzt werden muss. Noch störender ist allerdings, dass die verbalen Anker der Antwortskala (*starke Ablehnung* und *starke Zustimmung*) nicht über den Endpunkten der Skala stehen, sondern weiter in die Mitte gerutscht sind. Bei der Angabe der demografischen Daten wird im linken Beispiel (Abbildung 6.3a) vorausgesetzt, dass der Proband weiß, was „w" und „m" bedeuten, und ihm klar ist, dass er hinter „Ihr Alter" sein Alter in Jahren eintragen soll. Die meisten Probanden werden dies zwar korrekt in dieser Weise verstehen, aber um Missverständnisse oder Irritationen zu vermeiden, empfehlen wir, in Fragebögen keine unerklärten Abkürzungen zu verwenden. Auch bei der Altersangabe würden wir „Jahre" hinzufügen (vgl. Abbildung 6.3b), damit eindeutig ist, was angegeben werden soll. Ferner helfen optische Abgrenzungen den Probanden dabei, sich zu orientieren, wie es im rechten Beispiel durch die Wahl einer anderen Schriftart für die Überschrift „Demografische Angaben" erreicht wurde. Dass wir im rechten Beispiel neben die Kästchen für die Geschlechtsangabe noch Zahlen geschrieben haben, dient der Erleichterung der Dateneingabe und wird in Abschnitt 7.6 erklärt.

Wie Sie in Abbildung 6.3 erkennen, nimmt die empfehlenswerte Variante mehr Platz ein, vor allem weil die Zeilenabstände vergrößert wurden. Aber dieser zusätzlich verbrauchte Platz ist gut investiert, um zu vermeiden, dass Probanden z.B. in der Zeile verrutschen und Ihre Antworten deshalb nicht verwertbar sind. Die hier am Beispiel eines Papierfragebogens gegebenen Gestaltungsempfehlungen gelten prinzipiell auch für Online-Fragebögen. Bei Online-Fragebögen sollten Sie zusätzlich berücksichtigen, dass Probanden den Fragebogen an unterschiedlich großen Bildschirmen bearbeiten. Stellen Sie daher sicher, dass auch an einem kleinen Monitor alles gut lesbar ist, ohne dass horizontal gescrollt werden muss. Bei längeren Fragebögen bzw. Skalen sollten Sie darauf achten, dass die verbalen Anker der Antwortskala stets sichtbar bleiben. Gegebenenfalls empfiehlt es sich, die Anker nach z.B. 10 oder 15 Items zu wiederholen.

6.6.4 Versuchssteuerungssoftware

Wenn Sie eine computergesteuerte Untersuchung durchführen, wie es z.B. für die Erfassung von Reaktionszeiten unumgänglich ist, benötigen Sie ein *Versuchssteuerungsprogramm*. Solche Programme ermöglichen die zeitlich präzise Vorgabe von Reizen (z.B. Bildern, Wörtern oder Tönen) am Computer sowie die exakte Erfassung der Reaktionen des Probanden (z.B. das Drücken von Antworttasten, mittels Mikrofon erfasste Antworten oder mittels Eye-Tracker aufgezeichnete Blickbewegungen). Am verbreitetsten sind die Programme *Inquisit*, *E-Prime*, *Presentation* und *MediaLab/DirectRT*. Diese Programme unterscheiden sich in ihrer Benutzerfreundlichkeit und ihrem Funktionsumfang. Da die Preise für eine einzelne Lizenz zwischen 100 und 1 000 US$ liegen und jedes der Programme eine gewisse (wenn auch unterschiedlich lange) Einarbeitung erfordert, ist es kaum sinnvoll, ein solches Programm extra für eine Abschlussarbeit anzuschaffen. Sie werden daher sehr wahrscheinlich die Software verwenden, die an Ihrer Hochschule vorhanden ist. Vermutlich wird Ihr Betreuer bereit sein, Sie bei der Erstellung des Versuchsprogramms zu unterstützen.

Ist dort, wo Sie Ihre Arbeit schreiben, keine (kommerzielle) Versuchssteuerungssoftware vorhanden, gibt es auch kostenfreie Alternativen. Recht intuitiv bedienbar ist *Affect 4.0* (*fac.ppw.kuleuven.be/clep/affect4*). Ein Zeitschriftenartikel von Spruyt, Clarysse, Vansteenwegen, Baeyens und Hermans (2010) beschreibt dieses Programm genauer. Online sind dazu ferner Tutorials und Beispielexperimente vorhanden. Weniger intuitiv, aber ebenfalls mit vielen online verfügbaren Beispielen, die Sie an Ihre eigenen Bedürfnisse anpassen können, ist *PXLab* (*irtel.uni-mannheim.de/pxlab*). Unter dieser Internetadresse finden Sie auch ein Benutzerhandbuch. Laut der Homepage von *PXLab* (Stand vom 06.08.2014) hat dieses Programm seine letzte Aktualisierung im Jahr 2008 erhalten, wird also wohl nicht mehr gepflegt. *PXLab* ist zwar an einer deutschen Universität entstanden, die Dokumentation des Programms ist allerdings vollständig in Englisch. Letzteres trifft für alle hier erwähnten Versuchssteuerungsprogramme zu.

6.7 Formulierung von Instruktionen

Instruktionen, also Handlungsanweisungen für die Probanden, kommen bei fast jeder Studie vor, sofern es sich nicht um eine Beobachtungsstudie handelt, bei der lediglich spontanes Verhalten in einer natürlichen Situation erfasst wird. Wir gehen zunächst auf Instruktionen im Rahmen von Fragebögen ein und schließen Überlegungen zu schriftlichen und mündlichen Instruktionen bei Experimenten und ähnlichen Studien an.

Wenn Sie Fragebögen einsetzen, werden Sie den Probanden in aller Regel schriftliche Instruktionen zu Beginn des Fragebogens geben. Die meisten vorhandenen Fragebögen verfügen über einen Instruktionsteil, den Sie in ggf. leicht abgewandelter Form übernehmen können. Wenn Sie allerdings mehrere Fragebögen zusammenstellen und diese den Probanden nacheinander präsentieren, sollten Sie darauf achten, unnötige Wiederholungen zu vermeiden.

Viele Fragebögen enthalten allgemeine Instruktionen, wie z. B., dass es keine richtigen oder falschen Antworten gibt, dass man spontan antworten oder dass man auf einer Skala mit mehreren Stufen diejenige Stufe ankreuzen soll, von der man meint, dass sie am ehesten auf einen zutrifft. Wenn derartige Instruktionen immer wieder auftauchen, werden die Probanden das oft ermüdend oder unnötig finden. Die Konsequenz ist, dass manche Instruktionen zu Beginn eines weiteren Fragebogens gar nicht mehr gelesen werden. Das ist insbesondere dann ungünstig, wenn den Fragebögen auch spezifische und für ihre Bearbeitung wichtige Hinweise vorangestellt sind: So gibt es Fragebögen zu überdauernden Persönlichkeitseigenschaften, bei denen der Proband angeben soll, wie er sich *im Allgemeinen* verhält; bei Fragebögen zu aktuellen Zuständen beziehen sich die Fragen aber auf die *momentane Situation*. Dieser Unterschied in der Bearbeitung wird oft nur in der Fragebogeninstruktion herausgestellt, weshalb ein Überlesen der Instruktionen zu invaliden Daten führen kann. Die Lösung dieses Problems besteht darin, die allgemeinen, für alle Fragebögen geltenden Instruktionen ganz am Anfang zu geben und den einzelnen Fragebögen dann nur noch sehr knappe, für den jeweiligen Fragebogen notwendige, Anweisungen voranzustellen, die von den Probanden aber auch mit hoher Wahrscheinlichkeit gelesen werden.

Wenn Sie ein Experiment durchführen, müssen Sie den Probanden in der Regel erklären, was diese machen sollen, beispielsweise wie sie eine bestimmte Aufgabe zu bearbeiten haben. Dies kann in schriftlicher oder mündlicher Form erfolgen. Wir gehen zunächst auf *schriftliche Instruktionen* ein, die Sie den Probanden auf Papier vorlegen oder an einem Computerbildschirm präsentieren. Schriftliche Instruktionen haben den Vorteil einer hohen Standardisierung, alle Probanden erhalten sie also in identischer Form. Zudem sind sie für den Versuchsleiter sehr ökonomisch, da er nicht gefordert ist, während die Probanden die Instruktionen lesen. Allerdings ist es wichtig, dass die Probanden die Instruktionen tatsächlich in Ruhe und sorgfältig durchlesen. Viele Probanden werden nervös, wenn ein Versuchsleiter neben Ihnen sitzt, während sie einen Text lesen müssen. Einige wollen vielleicht auch nicht als langsame Leser erscheinen und überfliegen den Text dann besonders schnell, nehmen aber nur einen kleinen Teil der Informationen auf. Dem kann man dadurch abhelfen, dass sich der Versuchsleiter z.B. in einen Nebenraum zurückzieht, während der Proband die Instruktionen liest. Bei der Erstellung von schriftlichen Instruktionen sollten Sie die folgenden Kriterien beachten, die zum Großteil übrigens auch für mündliche Instruktionen gelten:

- präzise (unmissverständliche), knappe und insbesondere leicht verständliche Formulierungen;
- übersichtliche Gliederung und optische Hervorhebungen;
- wichtige Punkte wiederholen, aber Probanden nicht langweilen oder ermüden;
- Begriffe, die möglicherweise negativ konnotiert sind, vermeiden (z.B. Versuchsperson, Experiment, Test);
- nichts verraten, was die Probanden nicht wissen sollen;
- wenn möglich, zu Beginn mitteilen, was auf die Probanden zukommt, aber dabei nicht zu sehr ins Detail gehen.

Viele Probanden sind gerade zu Beginn einer Erhebung sehr aufgeregt, da Sie sich in einer neuen sozialen Situation befinden und nicht genau wissen, was auf sie zukommt. Möglicherweise befürchten die Probanden auch, dass etwas von ihnen gefordert wird, was ihnen unangenehm ist oder woran sie scheitern könnten. Daher ist auch die Konzentrationsfähigkeit zumindest einiger Probanden eingeschränkt und es ist besonders wichtig, die Instruktionen möglichst leicht verständlich zu formulieren. Dabei sollten Sie darauf achten, dass Sie Fachbegriffe und Fremdwörter, die vielleicht nicht alle Probanden beherrschen, vermeiden. Auch komplizierte und verschachtelte Sätze, die sich nur schwer erfassen lassen, sollten in Instruktionen nicht vorkommen.

Besonders wichtig ist es, unmissverständlich zu formulieren. Dabei sollten Sie berücksichtigen, dass die Probanden bisher noch keine Ahnung vom Ablauf der Studie haben und bestimmte Aspekte oder Bezüge, die Ihnen selbstverständlich erscheinen, für die Probanden neu sind. Aus diesem Grund sollten Sie auch alle Instruktionen vor Erhebungsbeginn an einigen Personen testen, die keinerlei Vorwissen über die Studie haben.

Die Verständlichkeit von Instruktionen können Sie dadurch erhöhen, dass Sie diese optisch gliedern. Sie sollten den Probanden also keine eng bedruckten Fließtext-Seiten vorlegen, sondern die Instruktionen durch Absätze, ggf. Stichpunkte und optische Hervorhebungen wie **Fett-** oder *Kursiv*druck übersichtlich gestalten. Auch die Verwendung von Farben oder Abbildungen kann bei bestimmten Instruktionen hilfreich sein. Achten Sie ferner auf die optische Lesbarkeit, verwenden Sie also keine zu kleinen Schriftgrößen. Auch sehr lange Zeilen und geringe Zeilenabstände sind ungünstig.

Denken Sie daran, dass es für viele Probanden ermüdend ist, lange Instruktionstexte zu lesen. Mit der Länge der Texte steigt zudem die Wahrscheinlichkeit, dass Probanden bestimmte Stellen „überlesen". Daher gilt: Instruktionen sollten so kurz wie möglich sein, ohne dass darunter die Verständlichkeit leidet! Wenn es sich nicht vermeiden lässt, dass die Instruktionen etwas länger ausfallen, ist es oft sinnvoll, Kernpunkte am Ende der Instruktionen noch einmal zusammenzufassen bzw. zu wiederholen. Die wenigsten Personen behalten beim Lesen eines Textes tatsächlich *alles* Gelesene im Gedächtnis. Bei längeren Instruktionen nimmt somit die Gefahr zu, dass Inhalte vom Anfang bzw. aus der Mitte des Textes den Probanden schon nicht mehr präsent sind. Besteht Ihre Untersuchung aus mehreren Teilen, dann sollten Sie auf keinen Fall alle Instruktionen zu Beginn präsentieren, sondern vor jedem Teil nur das, was für dessen Bearbeitung erforderlich ist.

Sie sollten bei Ihren Formulierungen auch auf den emotionalen Aspekt Ihrer Wortwahl achten. So mögen sich manche Probanden als „Versuchskaninchen" fühlen, wenn sie mit „Versuchsperson" angesprochen werden. Wertschätzender ist die Anrede als „Teilnehmer/-in". Ferner könnte es Probanden abschrecken, an einem „Experiment" oder „Versuch" teilzunehmen. Besser sprechen Sie von einer „(wissenschaftlichen) Studie". Das Wort „Test" kann ebenfalls negative Assoziationen hervorrufen, auch in Verbindungen wie Intelligenztest, Konzentrationstest oder Persönlichkeitstest. Hier verwendet man besser Begriffe wie „Fragebogen" bzw. „Aufgabe" oder – insbesondere bei Kindern – „Rätsel".

Selbstverständlich sollten Sie auch nicht Ihre wahren Hypothesen verraten oder andeuten, da dies dazu führen kann, dass sich die Probanden entsprechend verhalten – man bezeichnet dies als *Aufforderungscharakter der Situation* (*demand characteristics*; Orne, 1962). Probanden, die Ihnen wohlgesinnt sind bzw. Ihr Vorhaben unterstützen wollen, könnten sich – mehr oder weniger bewusst – so verhalten, wie es Ihren Hypothesen entspricht. Genauso kann es aber auch Probanden geben, die sich, beispielsweise da sie mit Ihren Hypothesen nicht übereinstimmen, absichtlich hypothesenkonträr verhalten. In jedem Fall würden Ihre Ergebnisse dadurch verfälscht werden.

Wie schon erwähnt, sind viele Probanden anfangs etwas aufgeregt. Diese Aufregung können Sie dadurch reduzieren, dass Sie den Probanden zu Beginn kurz erklären, was alles auf Sie zukommt. Das gestaltet die Erhebungssituation für die Probanden transparenter und kann Befürchtungen nehmen. Selbstverständlich dürfen Sie nichts verraten, was die Validität Ihrer Daten gefährden würde. Wenn Sie beispielsweise inzidentelles (beiläufiges) Lernen erfassen möchten, dürfen Sie den Probanden anfangs nicht verraten, dass später ein Erinnerungstest folgt, sondern dieser Test muss überraschend sein. Wichtig ist auch, dass Sie bei den Erklärungen des Ablaufs nicht zu sehr ins Detail gehen, da sich die Probanden die Details vermutlich ohnehin noch nicht merken und dies nur eine zusätzliche kognitive Belastung darstellt. Detaillierte Instruktionen geben Sie immer erst vor dem jeweiligen Teil der Erhebung, in dem diese tatsächlich benötigt werden.

Bei einigen Versuchsaufbauten mag es erforderlich oder sinnvoll sein, den Probanden die *Instruktionen mündlich zu präsentieren*. Hier sollten Sie sich zunächst fragen, wie wichtig die Standardisierung der Instruktionen für den Versuch ist. Wenn eine Standardisierung nicht so wichtig ist, z.B. weil es nur darum geht, dass die Probanden einen bestimmten Ablauf verstehen, ist es meist am natürlichsten, die Instruktionen mündlich frei vorzutragen. Dafür können Sie sich einen Stichwortzettel machen, damit Sie keinen wesentlichen Punkt vergessen, und Sie sollten Ihre Instruktionen einige Male üben, damit es Ihnen leichter fällt, passende Formulierungen zu finden.

In anderen Fällen ist es wichtig, dass Instruktionen standardisiert präsentiert werden. Ein solcher Fall liegt vor, wenn (subtile) Variationen in der Instruktion Teil der Variation der unabhängigen Variablen sind. Wenn Sie beispielsweise den Einfluss von Leistungsdruck auf die Leistung bei der Bearbeitung einer bestimmten Aufgabe untersuchen wollen, können Sie dadurch, dass Sie unterschiedliche Instruktionen geben, den Leistungsdruck variieren (bspw. „dies ist ein Test, der Auskunft darüber gibt, wie erfolgreich Sie im Studium sein werden; geben Sie auf jeden Fall Ihr Bestes" vs. „ich habe hier eine interessante Aufgabe für Sie, bei der wir einfach schauen wollen, wie Personen an die Lösung herangehen; bearbeiten Sie diese so lange, wie es Ihnen Spaß macht"). In solchen Fällen würde eine freie Darbietung der Instruktion unerwünschte Zufallsvarianz in die Variation der unabhängigen Variablen hineinbringen, weshalb es besser wäre, die vorbereitete Instruktion möglichst wörtlich vorzutragen bzw. vorzulesen. Auch das Vorlesen der Instruktion sollten Sie üben, damit Sie hinsichtlich Betonung, Tonfall sowie Mimik und Gestik standardisierte Bedingungen schaffen. Diese Aspekte können nämlich die vermittelte Botschaft – selbst bei identischem Wortlaut – stark beeinflussen. Unter Umständen kann man auch eine Ton- oder Videoaufzeichnung der Instruktion darbieten. Allerdings ist hierbei wie auch beim Vorlesen darauf zu achten, ob das die Situation nicht zu unnatürlich wirken lässt. Dadurch könnten die Probanden nämlich veranlasst werden, bestimmte Vermutungen über die

Hypothesen zu entwickeln, die aus oben genannten Gründen nicht erwünscht sind (z.B. könnte ein Proband denken: „Wenn er mir das vom Tonband vorspielt [bzw.: wenn er mir das vorliest], dann ist die Formulierung bestimmt ganz wichtig und er will wissen, wie ich mich aufgrund dieser Anleitung verhalte.").

Gerade bei komplexen Instruktionen (z.B. bei komplizierten experimentellen Aufgaben) ist es sinnvoll, das *Instruktionsverständnis sicherzustellen*. Sie sollten Probanden daher stets fragen, ob sie alles verstanden haben oder ob es noch Unklarheiten gibt. Ermuntern Sie die Probanden dazu, Fragen zu stellen. Der Nachteil bei diesem Vorgehen ist aber, dass es immer z.B. schüchternere Personen gibt, die sich nicht trauen, nachzufragen. Daher kann man die Probanden nach Abschluss der Instruktionsgabe (bzw. bei längeren Instruktionen auch mehrmals nach festgelegten Abschnitten) bitten, mit eigenen Worten wiederzugeben, was sie machen sollen. Dadurch kann der Versuchsleiter Verständnisfehler oder -lücken aufdecken und diese Aspekte gezielt nochmals erklären.

Eine weitere Möglichkeit, das Verständnis sicherzustellen und zugleich die Probanden eine bestimmte Aufgabenart vor Beginn der eigentlichen Erhebung üben zu lassen, sind sogenannte *Probe-* oder *Übungsdurchgänge*. Hierbei bearbeiten die Probanden Beispiele der späteren Aufgabe, während der Versuchsleiter noch zugegen ist. Aus dem Verhalten der Probanden (bspw. aus der Anzahl der gemachten Fehler) kann der Versuchsleiter dann folgern, ob die Aufgabe richtig verstanden wurde und korrekt bearbeitet wird. Bei Problemen kann man Unverstandenes noch einmal erklären und ggf. die Probanden erneut üben lassen.

6.8 Planung des Versuchsablaufs und Erstellung eines Ablaufplans

Die Planung des Versuchsablaufs betrifft die Frage, in welcher Reihenfolge die Probanden die einzelnen Teile einer Untersuchung durchlaufen. Bei vielen Studien ergibt sich dieser Ablauf nahezu zwangsläufig aus der Untersuchungsidee. Bei Fragebogenstudien oder wenn Sie experimentell mehrere abhängige Variablen erfassen bzw. einen experimentellen Aufbau mit Fragebögen kombinieren, besteht aber oft Spielraum hinsichtlich der Abfolge einzelner Teile. Dann gilt es zu bedenken, wie sich einzelne Teile der Untersuchung gegenseitig beeinflussen können.

Nehmen wir an, Sie wollen eine Studie durchführen, bei der es darum geht, ob sich Personen mit unterschiedlichen Angstbewältigungsstilen bedrohliche Bilder unterschiedlich lange anschauen. Damit Erwartungen oder Annahmen der Probanden über Ihre Hypothese nicht die Effekte beeinflussen, wollen Sie nicht, dass die Probanden die wahre Hypothese erfahren. Daher überlegen Sie sich als Coverstory, dass es in dem Experiment um einfache Wahrnehmungsprozesse bei der Bildverarbeitung geht. Würden Sie in dieser Untersuchung den Fragebogen zur Erfassung von Angstbewältigungsstilen am Anfang vorgeben, könnte es passieren, dass die Probanden skeptisch werden und Ihnen nicht mehr glauben, dass es nur um einfache Wahrnehmungsprozesse geht. Somit erscheint es günstiger, den Fragebogen erst nach Erhebung der abhängigen Variablen (also nach dem Betrachten der Bilder) bearbeiten zu lassen. Allerdings kann auch das Betrachten bedrohlicher Bilder dazu führen, dass bestimmte Ängste besonders salient werden und dadurch die Antworten der Probanden im Fragebogen anders ausfallen als ohne dieses vorherige Priming durch bedrohliche Bilder. In diesem Fall bestünde ein Ausweg darin, den Fragebogen zu Angstbewältigungsstilen doch am Anfang darzubieten, aber so in andere Fragebögen einzubetten, dass er nicht weiter auffällt. Bei der Entscheidung, an welcher Stelle im Versuchsablauf eine bestimmte Aufgabe bearbeitet bzw. ein bestimmter Fragebogen ausgefüllt werden soll, gilt es oft, eine Reihe von Vor- und Nachteilen abzuwägen und schließlich einen Kompromiss einzugehen.

Ein anderer Punkt, den es zu beachten gilt, ist die Aufmerksamkeitsspanne von Probanden. Gerade bei längeren Untersuchungen ist es ratsam, den Versuchsablauf abwechslungsreich zu gestalten. Wenn Ihr Versuch beispielsweise aus fünf Fragebögen (Bearbeitungsdauer insgesamt ca. 60 min) und drei kleineren experimentellen Aufgaben (Bearbeitungsdauer je ca. 20 min) besteht, sollten Sie nicht erst alle Fragebögen und dann alle Aufgaben bearbeiten lassen. Interessanter und abwechslungsreicher wird der Versuch für die Probanden, wenn sie sich abwechselnd mit Fragebögen und Aufgaben beschäftigen dürfen. Gerade bei sehr umfangreichen Fragebögen oder monotonen Aufgaben können auch anfangs motivierte Probanden irgendwann die Lust verlieren. Die Folge ist, dass Aufgaben und Fragen dann weniger gewissenhaft bearbeitet bzw. beantwortet werden. Fragen, die keine große Konzentration bei der Bearbeitung verlangen, können gut an das Ende einer Untersuchung gestellt werden. Dazu gehören z.B. die obligatorischen demografischen Angaben zur eigenen Person, die Sie zur Beschreibung der Stichprobe benötigen. Oft ist es zudem sinnvoll, schwierigere Tests (z.B. einen Intelligenztest), die viel Konzentration verlangen, nicht zu weit an das Ende der Untersuchung zu schieben, da die Probanden dann schon erschöpft sind.

Potenziell unangenehme Aufgaben bzw. Fragen sollten, sofern möglich, eher an das Ende einer Untersuchung gestellt werden. So mag es für eine Studie zum Sexualverhalten erforderlich sein, die Probanden in einem Fragebogen danach zu fragen, ob sie Opfer sexueller Gewalt geworden sind. Dieses Thema ist allerdings für viele Probanden unangenehm und es gibt Personen, die darüber keine Auskunft geben wollen. Wenn Sie eine solche Frage an den Anfang stellen, kann es passieren, dass einige Probanden Reaktanz zeigen und die weiteren Fragen nur noch widerwillig oder gar nicht mehr bearbeiten. Wenn derartige Fragen bzw. Aufgaben erst gegen Ende auftauchen, vermeiden Sie negative Einflüsse auf die sonstige Bearbeitung.

Für die Durchführung der Erhebung kann ein *schriftlicher Ablaufplan*, der Sie durch die einzelnen Schritte der Erhebung leitet, sehr nützlich sein. Bei manchen Studien, z.B. bei Fragebogenstudien, besteht der Ablauf der Untersuchung darin, dass Sie den Probanden einen Fragebogen aushändigen und diesen wieder einsammeln, wenn er ausgefüllt ist. Dafür brauchen Sie selbstverständlich keinen schriftlichen Ablaufplan auszuarbeiten.

6.8 Planung des Versuchsablaufs und Erstellung eines Ablaufplans

Bei experimentellen Studien gestaltet sich der Ablauf jedoch häufig komplexer. Dann ist es sinnvoll, sich selbst einen Plan zu erstellen, in dem die verschiedenen Schritte des Versuchsablaufs festgehalten sind. Der Plan gibt an, was Sie als Versuchsleiter wann und wie während der Erhebung zu tun haben. Auf diese Weise stellen Sie sicher, dass Sie bei der Durchführung nichts vergessen. Ein solcher Plan ist zudem hilfreich, wenn Sie den Methodenteil, insbesondere die Versuchsdurchführung, Ihrer Arbeit verfassen, da Sie sich dafür an diesem Plan orientieren können. Für den Fall, dass Sie eine Erhebung zusammen mit mehreren Versuchsleitern durchführen, ist ein solcher Ablaufplan sogar unentbehrlich, um das standardisierte Vorgehen über verschiedene Versuchsleiter hinweg sicherzustellen. Bei größeren Forschungsprojekten wird sogar häufig ein sogenanntes Versuchsleiter- oder Testleitermanual zur Standardisierung der Untersuchungsprozedur erstellt.

In Tabelle 6.2 ist exemplarisch der Ablaufplan für ein nicht allzu komplexes Experiment dargestellt. Vor der eigentlichen Erhebung führt der Versuchsleiter die notwendigen Vorbereitungen durch. Wenn dann der Proband eintrifft, wird dieser begrüßt und es wird eine allgemeine Einführung in die Studie gegeben. Sofern es eine Coverstory aufrechtzuerhalten gilt, ist darauf zu achten, dass nichts über die wahre Intention der Untersuchung preisgegeben wird.

Tabelle 6.2. Beispiel für einen Versuchsablaufplan (Grobübersicht)

Abschnitt	Ungefähre Dauer
0. Raum und Geräte vorbereiten (kurz lüften, PC anschalten, Fragebögen zurechtlegen)	
1. Begrüßung und kurze allgemeine Einleitung	4 min
2. Fragebogen Teil 1 (Versuchsleiter verlässt den Raum)	20 min
3. Mikrofon einrichten!	5 min
4. Computeraufgabe (randomisierte Zuweisung auf Bedingung A, B oder C)	
4.1 Lesen der Instruktionen; Instruktionsverständnis sicherstellen	4 min
4.2 Probedurchgänge (bei mehr als 20 % Fehler → zurück zu 4.1)	6 min
4.3 Fragen des Probanden zu Probedurchgängen beantworten	2 min
4.4 Hauptdurchgänge (Versuchsleiter verlässt den Raum)	35 min
hier: Pause anbieten	5 min
5. Fragebogen Teil 2 (Versuchsleiter verlässt den Raum)	20 min
6. Aufklärung; Verschwiegenheit vereinbaren	5 min
7. Organisatorisches (Versuchspersonenstunden etc.); Verabschiedung	2 min
8. Nachdem der Proband weg ist: Daten sichern; Vorkommnisse notieren	

Als Nächstes füllt der Proband einen Fragebogen aus, was etwa 20 min dauert. In diesem Experiment ist es zu Beginn der Erhebung am Computer notwendig, ein Mikrofon zur Sprachaufnahme einzurichten, da aufgezeichnet werden soll, was der Proband während des Experiments sagt. Bei anderen Studien können andere technische Geräte einzustellen sein. Besonders aufwendig ist dies, wenn physiologische Daten (Hautleitwiderstand, Puls, Atemfrequenz, Blickbewegungen, EEG) erfasst werden sollen.

In unserem Beispiel wird die eigentliche experimentelle Aufgabe zwar computerisiert dargeboten, aber der Versuchsleiter muss, nachdem der Proband die Instruktionen gelesen hat, sicherstellen, dass diese auch verstanden wurden. Dies erfolgt hier dadurch, dass der Proband im Beisein des Versuchsleiters einige Probedurchgänge bearbeitet. Werden dabei zu viele Fehler gemacht, ist im Ablaufplan vorgesehen, dass die Instruktionen wiederholt werden. Außerdem steht der Versuchsleiter nach den Probedurchgängen für Rückfragen zur Verfügung.

Nach der Computeraufgabe darf der Proband eine Pause einlegen, bevor der letzte Fragebogen ausgefüllt wird. Die Pause dient dazu, dass der Proband auch diesen letzten Teil noch konzentriert und motiviert bearbeitet, was nach einer Pause einfacher ist. Anschließend klärt der Versuchsleiter den Probanden über den eigentlichen Sinn und Zweck der Studie auf (*Debriefing*) und bittet ihn im vorliegenden Fall darum, über die Studie Verschwiegenheit zu wahren. Der letzte Punkt ist wichtig, da andere potenzielle Teilnehmer noch nichts über den Ablauf erfahren sollen. Wenn man dem Probanden erklärt, warum diese Verschwiegenheit so wichtig ist, steigert das auch die Wahrscheinlichkeit, dass er sich daran hält. Ganz zum Schluss werden noch organisatorische Dinge wie z.B. die Gutschreibung der Versuchspersonenstunden geregelt. Nachdem der Teilnehmer gegangen ist, muss der Versuchsleiter u.U. noch weitere Aufgaben erledigen, z.B. die Wartung der technischen Geräte oder die Sicherung der Daten (vgl. Abschnitt 7.5.3). Auch wenn es irgendwelche Vorkommnisse oder Auffälligkeiten während der Erhebung gab, sollten diese jetzt in eine dafür vorgesehene Liste eingetragen werden (vgl. Abschnitt 7.5.2).

Die Punkte, die in Tabelle 6.2 in Kurzform angegeben sind, können – je nach ihrer Wichtigkeit – in einem detaillierteren Versuchsablaufplan noch genauer ausgeführt werden. So gibt es Studien, bei denen es auf den exakten Wortlaut der Instruktion ankommt (vgl. Abschnitt 6.7). Die wörtlichen Instruktionen könnten dann bei den entsprechenden Punkten im Ablaufplan festgehalten werden. Auch für technische Handgriffe ist es oft nützlich, eine genaue Anleitung oder Checkliste zu erstellen. So könnte im vorliegenden Beispiel unter Punkt 3 (Mikrofon einstellen) genauer erklärt werden, welche Schritte dabei auszuführen sind und was bei (technischen) Problemen in welcher Reihenfolge zu tun ist.

Durchführung einer empirischen Untersuchung

7.1 **Verhalten als Versuchsleiter** 218
7.2 **Rahmenbedingungen: Räume, Geräte und sonstige Materialien** 220
7.3 **Probedurchführung** 223
7.4 **Probandenanwerbung und Terminplanung** 225
    7.4.1 Wege der Probandenakquise 225
    7.4.2 Probanden zur Teilnahme motivieren 226
    7.4.3 Hinweise zum Ausschreibungstext 229
    7.4.4 Terminplanung und Terminvereinbarung 232
7.5 **Während der Datenerhebung** 234
    7.5.1 Fortlaufende Kontrolle der korrekten Durchführung .. 234
    7.5.2 Protokollierung von Störungen und Auffälligkeiten .. 235
    7.5.3 Datensicherung 235
7.6 **Dateneingabe und -kontrolle** 236
7.7 **Online-Fragebogenerhebungen** 238

7 Durchführung einer empirischen Untersuchung

Dieses Kapitel enthält Hinweise für die Durchführung einer empirischen Untersuchung. In Abbildung 6.1 auf Seite 159 wurde bereits dargestellt, wie die Planung und die Durchführung einer Studie zusammenhängen, und dass dabei die Erstellung eines Ablaufplanes für die Versuchsdurchführung (vgl. Abschnitt 6.8) an der Schnittstelle zwischen diesen beiden Arbeitsphasen steht. Im Folgenden gehen wir zunächst auf einige allgemeine *Verhaltensregeln für Versuchsleiter* ein (Abschnitt 7.1). Danach kümmern wir uns um *Rahmenbedingungen*, also was Sie hinsichtlich der Räume, benötigter Geräte und Materialien beachten sollten (Abschnitt 7.2). Im Anschluss stellen wir dar, warum es wichtig und sinnvoll ist, vor der eigentlichen Erhebung die *Studie zur Probe durchzuführen* (Abschnitt 7.3). In Abschnitt 7.4 geben wir Hinweise zur *Anwerbung der Probanden* (der sog. *Probandenakquise*) und für die *Terminplanung und -koordination*. Während der eigentlichen *Datenerhebung* (Abschnitt 7.5) müssen Sie sicherstellen, dass der Versuch tatsächlich so durchgeführt wird, wie dies Ihrer Planung entspricht. Dazu gehört auch, Auffälligkeiten und Störungen zu protokollieren. Spätestens nach Abschluss der Datenerhebung (oft auch parallel dazu) erfolgt die *Dateneingabe und -kontrolle* (Abschnitt 7.6). Auf die Besonderheiten von *Online-Fragebogenerhebungen* gehen wir in Abschnitt 7.7 ein.

7.1 Verhalten als Versuchsleiter

Als Versuchsleiter ist es wichtig, sich bewusst zu machen, wie man auf die Probanden wirkt und wie man auf sie wirken möchte. Meistens will man erreichen, dass die Probanden die Untersuchung ernst nehmen und die gestellten Aufgaben sorgfältig bearbeiten. Wenn Sie als Versuchsleiter selbst zum Erhebungstermin zu spät kommen, unvorbereitet wirken (z.B. erst langwierig Unterlagen, die Sie für den Versuch brauchen, zusammenkramen müssen), während der Erhebung den Probanden stören, indem Sie z.B. Lärm machen oder telefonieren, dann wird auch Ihr Proband die Studie wahrscheinlich nicht besonders wichtig nehmen. Das kann dazu führen, dass er sich weniger Mühe gibt, die Aufgaben konzentriert oder instruktionsgemäß zu bearbeiten.

Ihr Ziel als Versuchsleiter sollte daher sein, *professionell aufzutreten*. Das erreichen Sie unter anderem durch eine gute Planung und Vorbereitung der Erhebung. Häufig ist man als Versuchsleiter bei den ersten Probanden selbst aufgeregt, weil man sich Sorgen macht, dass irgendetwas schiefgehen könnte. Dadurch wirkt man unsicher auf die Probanden. Diese Unsicherheit lässt sich reduzieren, indem man vor dem eigentlichen Untersuchungsstart einige Probedurchführungen absolviert (vgl. Abschnitt 7.3). Professionelles Auftreten können Sie übrigens auch durch die Wahl Ihrer Kleidung unterstreichen, wobei Sie Ihre Kleidung dem Umfeld anpassen. Wenn Sie an der Hochschule Ihre Studie mit anderen Studierenden als Probanden durchführen, sollten Sie zwar gepflegte und ordentliche Kleidung tragen, aber nicht unbedingt zum Anzug oder Kostüm greifen – das könnte Ihre Probanden eher irritieren. Wenn Sie für Ihre Untersuchung aber Geschäftsleute befragen und diese in ihren Unternehmen aufsuchen, wäre ein Business-Outfit durchaus angebracht.

Beim Umgang mit Probanden sollten Sie berücksichtigen, dass vor allem Personen, die zuvor noch an keiner oder nur wenigen Studien teilgenommen haben, anfangs oft sehr aufgeregt sind. Bei vielen Studien, bei denen sich Probanden auf eine Aufgabe konzentrieren sollen, sind Aufgeregtheit und insbesondere Besorgnisgedanken jedoch kontraproduktiv. Dadurch werden nämlich kognitive Ressourcen abgezogen, die für das Verständnis der Instruktionen und die Bearbeitung der Aufgaben notwendig wären. Daher sollten Sie als Versuchsleiter bemüht sein, eine *entspannte und angenehme Atmosphäre* zu erzeugen. Das erreichen Sie dadurch, dass Sie sich Ihrem Probanden gegenüber als Gastgeber verhalten und ihm höflich und freundlich begegnen. Sofern es den Ablauf der Untersuchung nicht stört, können Sie dem Teilnehmer auch ein Glas Wasser o. Ä. anbieten. Dabei kommt es auf die Geste an, die ihm signalisiert, dass er willkommen ist und man sich um sein Wohlergehen kümmert. Ebenso können ein paar Minuten Smalltalk zu Beginn der Sitzung helfen, dass sich der Proband an die Situation gewöhnt und etwas entspannter wird. Dehnen Sie diese Aufwärmphase aber nicht zu lange aus, da sich der Teilnehmer sonst fragt, wann es denn endlich losgeht. Stellen Sie zudem keine zu persönlichen Fragen, die einzelnen Personen unangenehm sein könnten. Unbedenkliche Einstiegsthemen sind, ob der Proband gut hergefunden hat oder ob er schon einmal in diesen Räumlichkeiten war. Auch ein kurzes Gespräch über das Wetter kann ein guter Einstieg sein.

Bei aller Freundlichkeit sollten Sie stets eine professionelle Distanz wahren – fallen Sie Ihrem Probanden also zur Begrüßung nicht um den Hals und werden Sie nicht zu vertraulich. Abgesehen davon, dass ein solches Verhalten nicht jedem gefällt, ist es, zumindest zeitweise, Ihre Aufgabe als Versuchsleiter, dem Probanden Anweisungen zu geben, die dieser befolgen soll. Ein zu kumpelhaftes Verhältnis könnte Ihre Autorität in solchen Situationen unterlaufen. Das ist auch einer der Gründe, warum es in aller Regel ungünstig ist, Probanden zu betreuen, mit denen man befreundet ist oder die man aus anderen Kontexten sehr gut kennt. Auch Ihre Partnerin bzw. Ihr Partner wollen Sie sicherlich bei Ihrer (Abschluss-)Arbeit unterstützen und würden sich als Proband so verhalten, wie sie denken, dass es für Ihre Arbeit vorteilhaft ist. Aber so etwas wollen Sie ja gerade nicht, da Sie an unverfälschten Daten interessiert sind.

Selbstverständlich sind die Ethikrichtlinien, auf die wir auf Seite 202 hingewiesen haben, einzuhalten. Insbesondere ist die Täuschung hinsichtlich des wahren Untersuchungszwecks nur dann zulässig, wenn der daraus zu erzielende Erkenntnisgewinn dies rechtfertigt. In der Regel sollten, sofern dies nicht die Validität der Befunde gefährdet, Probanden vorab über den Untersuchungszweck aufgeklärt und gefragt werden, ob sie in die freiwillige Teilnahme an dieser Studie einwilligen (*informed consent*). Falls tatsächlich eine gewisse Gefahr besteht, dass der Proband Schaden nimmt, wäre es sogar ratsam, ihn unterschreiben zu lassen, dass er über physische und psychische Risiken aufgeklärt wurde und in die Teilnahme eingewilligt hat. Fragen Sie hier am besten Ihren Betreuer, ob das seines Erachtens angebracht bzw. bei Ihrer Art von Untersuchung üblich ist. So besteht beispielsweise bei EEG-Experimenten oft eine, wenn auch geringe, Gefahr, dass ein Proband eine allergische Hautreaktion auf das Elektroden-Gel zeigt. Bei einem defekten EEG-Verstärker kann es auch einmal zu einem leichten elektrischen Schlag kommen. Die Aufklärung über diese Risiken lässt man sich oft durch Unterschrift bestätigen. Ferner sollten die Probanden darauf hingewiesen werden, dass sie die Teilnahme jederzeit abbrechen können, ohne dass sich daraus Nachteile für sie ergeben. In jedem Fall sind die Probanden nach Abschluss der Untersuchung – ggf. erst dann, wenn alle Probanden erhoben wurden – über Täuschungen aufzuklären, sofern solche für die Untersuchung notwendig waren.

Die Ethikrichtlinien führen auch einige Fälle auf, in denen eine vorherige Aufklärung verzichtbar erscheint. Dies ist der Fall, wenn vernünftigerweise anzunehmen ist, dass kein Teilnehmer durch die Studie psychischen oder anderweitigen Schaden nimmt und kein übermäßiges Unbehagen erzeugt wird. Davon kann z.B. bei den meisten anonymen Fragebogenerhebungen ausgegangen werden.

Zu Ihren Aufgaben als Versuchsleiter gehört zudem, sicherzustellen, dass die Daten anonymisiert werden, sodass kein Rückschluss auf einzelne Probanden möglich ist. Wenn Sie dieselben Personen zu mehr als einem Messzeitpunkt erheben und die Daten zusammentragen möchten, müssen Sie den Probanden Codes (wie *MU06AVM*) zuweisen (bzw. sie selbst Codes generieren lassen), die zwar die Zuordnung der Datensätze erlauben, aber keine Rückschlüsse auf die Namen der Personen zulassen. Codes (z.B. in Form einer fortlaufenden Probandennummer) benötigen Sie auch, wenn Sie Daten z.B. am Computer und per Papierfragebogen erfassen, um die Daten aus diesen verschiedenen Quellen am Ende zusammenzuführen (vgl. Abschnitt 8.13).

Gelungen ist Ihnen der Umgang mit den Probanden, wenn diese instruktionsgemäß an der Studie teilgenommen haben und zudem gerne bereit wären, als Probanden an weiteren Studien mitzuwirken. Es gibt wenig Literatur, die explizit darauf eingeht, wie sich Versuchsleiter verhalten sollen. Eine Ausnahme stellt das Buch von Huber (2013) dar, in dem einige weiterführende Aspekte angesprochen werden.

7.2 Rahmenbedingungen: Räume, Geräte und sonstige Materialien

Bereits bei der Planung Ihrer Untersuchung (vgl. Kapitel 6) sollten Sie in Erfahrung bringen, welche Räumlichkeiten und ggf. welche Geräte Ihnen zur Verfügung stehen. Für Laborexperimente verfügen die einzelnen Lehrstühle bzw. Professuren oft über eigene (Labor-)Räume, die Sie nutzen können. Allerdings sollten Sie frühzeitig klären, zu welchen Zeiten die Räumlichkeiten frei sind. In aller Regel wird es weitere Personen geben, die in diesen Räumen eine Studie durchführen und mit denen Sie sich hinsichtlich Ihrer Erhebungszeiten abstimmen müssen. Oft existiert ein Belegungsplan für die Räume.

Sofern der Ablaufplan Ihrer Studie es erlaubt, mehrere Personen parallel zu erheben, ist relevant, ob es auch räumlich und hinsichtlich der Ausstattung z. B. mit Computern möglich ist, mehrere Probanden zeitgleich zu testen. Wie viele Probanden Sie maximal parallel erheben können, hängt auch davon ab, wie häufig bzw. intensiv Sie mit den Probanden während des Versuchs interagieren müssen.

Wenn Sie hinsichtlich Ihrer Erhebungsinstrumente mobil sind, also z. B. die Datenerhebung mit einem Notebook durchführen können, sind Sie auch bei der Raumwahl flexibler. Bei bestimmten Probandengruppen kann es sinnvoll oder sogar unumgänglich sein, diese dort aufzusuchen, wo sie sich befinden. Wenn Sie Experteninterviews mit Personen aus der Wirtschaft durchführen wollen, sind diese oft eher dazu bereit, wenn Sie zu ihnen fahren, als wenn diese Personen zu Ihnen in die Hochschule kommen sollen. Aber auch bei Untersuchungen an Schülern, Krankenhauspatienten und Gefängnisinsassen mag es notwendig sein, diese in ihrer üblichen Umgebung aufzusuchen. (Bei diesen letzten Probandengruppen brauchen Sie oft spezielle Genehmigungen z. B. der Schul-, Klinik- bzw. Gefängnisleitung, bei Minderjährigen zusätzlich die der Eltern und bei öffentlichen Einrichtungen oftmals auch die des zuständigen Landesministeriums.) Achten Sie aber auch bei solchen Lokalterminen auf eine für Ihre Untersuchung geeignete Umgebung. Wenn Sie mit Krebspatienten Interviews zu ihrer Lebensqualität durchführen, ist ein Mehrbettzimmer im Krankenhaus, in dem die Privatsphäre nicht gewährleistet ist, ungeeignet.

Sofern Sie eine reine Fragebogenstudie durchführen, bietet es sich an, Gruppen von Probanden in Seminar- oder Vorlesungsräumen zu erheben. Das spart oft sehr viel Zeit. Gruppenerhebungen haben zudem den Vorteil, dass für die Probanden die Anonymität der Datenerhebung nachvollziehbarer ist als bei Einzelerhebungen, bei denen der Proband Ihnen am Ende den ausgefüllten Fragebogen in die Hand drückt. Wenn Sie Seminar- bzw. Vorlesungsräume für Ihre Erhebung reservieren wollen, fragen Sie Ihren Betreuer, ob bzw. wie das an Ihrer Hochschule möglich ist. Oft können solche Räume nämlich nicht direkt von Studierenden, sondern nur von Hochschulmitarbeitern reserviert werden.

Egal ob Sie ein Laborexperiment oder eine Fragebogenstudie durchführen, sollten Sie darauf achten, dass keine Störungen auftreten, die die Untersuchung beeinflussen können. Insbesondere sind äußere Lärmquellen oder Störungen durch Personen, die in den Untersuchungsraum kommen, zu vermeiden. Solche Störungen sind je nach Studie unterschiedlich relevant. Bei einem Konzentrationstest wirken sich störende Geräusche deutlich negativer auf die Datenqualität aus als bei einem Selbstberichtsfragebogen. Aber Cafés oder Flure in der Hochschule sind selbst für Fragebogenstudien kaum geeignete Erhebungsorte.

Sofern Sie spezielle Geräte (z. B. Computer, Videokameras, physiologische Messgeräte) für Ihre Untersuchung benötigen, klären Sie frühzeitig mit Ihrem Betreuer ab, welche Ausstattung vorhanden ist, und auch, in welchem Umfang Sie diese nutzen dürfen. Wie bei den Laborräumen kann es sein, dass Sie sich bestimmte Geräte mit mehreren Personen teilen müssen bzw. Sie die Geräte nur zu bestimmten Zeiten verwenden können.

Je komplexer die eingesetzten Geräte sind, desto mehr sollten Sie sich darauf einstellen, dass auch einmal ein Gerät technische Probleme bereitet. Computer beispielsweise können unerwartet abstürzen. Ein solches Ereignis ist nicht vorhersehbar (allerdings ist es nützlich, Computer während der Datenerhebung vom Internet zu trennen, damit nicht zwischendurch z.B. Updates durchgeführt werden; auch Bildschirmschoner sollten Sie während Erhebungen ausschalten). Dennoch sollten Sie sich Gedanken gemacht haben, wie Sie reagieren, wenn ein Computer abstürzt: Wäre es in dem Fall z.B. möglich, den Versuch erneut zu starten und den Probanden entweder an der Stelle, an der er unterbrochen wurde, weitermachen zu lassen, oder den kompletten Versuch noch einmal zu beginnen? Oder wären die Daten dieses Probanden gar nicht mehr verwertbar und Sie müssten die Erhebung abbrechen? Solche Entscheidungen hängen oft von der Untersuchungsphase ab, in der sich der Proband befindet. Ist er noch bei den Übungsdurchgängen, ist es oft möglich, erneut zu beginnen. Hat er hingegen schon mit den Hauptdurchgängen begonnen, würde ein Neubeginn die Daten verfälschen, da dieser Proband nun bereits mehr weiß bzw. mehr Erfahrung gesammelt hat als die anderen Probanden.

Andere technische Probleme sind vorhersehbar. Bei batteriebetriebenen Geräten sollten Sie die Batterien rechtzeitig austauschen, damit das Gerät nicht während einer Erhebung versagt. Wir haben auch schon Versuchsleiter erlebt, die davon „überrascht" wurden, dass bei einer Videokamera irgendwann die Speicherkarte voll war. Wir können hier nicht alle technischen Komplikationen, die bei einer Untersuchung möglicherweise auftreten, anführen. Hilfreicher ist unseres Erachtens der Ratschlag, sich Gedanken zu machen, was bei Ihrer Erhebung schieflaufen kann, und sich zu überlegen, wie Sie in diesen Fällen reagieren. Für einige Fälle (z.B. abgebrochene Bleistifte, leere Kugelschreiber, verbrauchte Batterien, defekte Stoppuhren) ist es möglich, Ersatz vorrätig zu halten. Bei anderen Problemen (z.B. Stromausfall, defekter EEG-Verstärker) ist es sinnvoll, sich vorab Strategien zurechtzulegen, wie Sie damit umgehen würden. Manchmal kann man tatsächlich nichts anderes tun, als eine Erhebung abzubrechen und zu versuchen, die (technischen) Probleme so bald wie möglich zu beheben.

Wenn Sie in größerem Umfang Papierfragebögen benötigen, fragen Sie Ihren Betreuer, ob die Hochschule sich finanziell an den Kopierkosten beteiligen kann. Viele Hochschulen verfügen auch über eigene Druckereien, in denen Fragebögen recht günstig vervielfältigt werden können. Auch wenn Sie generell keinen Anspruch darauf haben, dass solche Kosten für Sie übernommen werden, kann es sein, dass dies im Einzelfall möglich ist.

Wichtig ist, vor Beginn der Erhebung geeignete Räumlichkeiten gefunden, sich um die technischen Geräte gekümmert und Materialien wie Fragebögen vervielfältigt zu haben. Spätestens bei der Probedurchführung (vgl. Abschnitt 7.3) sollten Sie feststellen, ob Ihnen noch irgendetwas fehlt.

7.3   Probedurchführung

Wir würden Ihnen bei allen empirischen Studien raten, den Versuch mindestens einmal, besser einige Male zur Probe durchzuführen. Das dient verschiedenen Zwecken. Zum einen können Sie sich von den Probanden der Probedurchführung Rückmeldungen zum Untersuchungsmaterial und zum Ablauf geben lassen. Selbst bei einer einfachen Fragebogenstudie können Sie auf diese Weise vielleicht noch Schreibfehler in den Instruktionen entdecken oder bekommen rückgemeldet, wenn eine der Instruktionen unklar oder schwer verständlich formuliert ist. Bei komplexeren experimentellen Erhebungen ist es zudem wichtig, dass die Probanden den Versuchsablauf als strukturiert und klar erleben und alle Instruktionen mühelos verstehen. Oft wird einem erst bei den Probedurchführungen bewusst, dass man noch irgendetwas vergessen hat oder dass an bestimmten Stellen technische Probleme auftreten. Zum anderen bringt eine Probedurchführung Ihnen selbst mehr Sicherheit im Durchführen der Erhebung. Dies ist vor allem bei komplexen Versuchsabläufen wichtig.

Nützlich ist es auch, den eigenen Versuch selbst einmal in der Probandenrolle zu durchlaufen. Dadurch kann man sich später besser in die Probanden einfühlen und auf Fragen bzw. unerwartete Situationen während der Erhebung angemessener reagieren. Zudem kann man selbst ausprobieren, ob der Versuch zumutbar ist, oder ob bestimmte Bestandteile der Untersuchung zu eintönig, zu anstrengend oder zu unbequem sind, beispielsweise weil man in einer bestimmten Sitzposition unbeweglich verharren muss.

Wenn mehrere Versuchsleiter an der Erhebung beteiligt sind, sollte zudem jeder Versuchsleiter in Gegenwart der anderen eine Probedurchführung absolvieren, wobei die Versuchsleiter sich gegenseitig Feedback geben. Diese *Versuchsleiterschulung* dient dazu, dass sich die Versuchsleiter in ihrem Verhalten den Probanden gegenüber möglichst angleichen. Auch können sie sich so gegenseitig darauf hinweisen, wenn jemand an einer Stelle etwas vergessen hat oder etwas anders als geplant durchführt. Es soll Versuche gegeben haben, bei denen einer der Versuchsleiter versehentlich nie das Gerät zur Datenaufzeichnung eingeschaltet hat, was aber erst nach Ende der Erhebungsphase bemerkt wurde. Solche Fehler lassen sich durch Probedurchführungen vermeiden.

Schließlich liefert Ihnen eine Probedurchführung unter Realbedingungen erste Daten, die zwar für die eigentliche Auswertung vielleicht nicht verwertbar sind, aber an denen Sie schon einmal prüfen können, ob tatsächlich alle Daten aufgezeichnet werden, die für die Auswertung relevant sind. Auch ob die Daten in einer Form vorliegen, wie Sie sie für die Auswertung benötigen, können Sie an diesen Probedaten testen (vgl. Kapitel 8 und 9). Bei Fragebögen wird dies in der Regel weniger relevant sein als bei Studien, bei denen Daten per Computer oder mit sonstigen technischen Geräten aufgezeichnet werden.

Bei bestimmten Aufgaben ist es zudem wichtig, die Aufgabenschwierigkeiten an die Probanden der Stichprobe anzupassen. Kommen wir dazu noch einmal auf die Kaugummi-Studie zurück: Hier sollten die Probanden, die entweder Kaugummi kauten oder nicht, kognitive Aufgaben lösen. Die Forschungsfrage war, ob Kaugummikauen zu einer Steigerung der Leistung führt. Dafür muss die kognitive Aufgabe aber schwierig genug sein, damit sich die Probanden noch steigern können. Wenn bereits ohne Kaugummi durchschnittlich 90 % aller Aufgaben gelöst werden, sind Steigerungen kaum noch möglich bzw. lassen sich anhand der Daten kaum erkennen. (Wenn die Probanden durchschnittlich 90 % korrekt lösen, bedeutet dies in aller Regel, dass zumindest einige Probanden bereits 100 % korrekt gelöst haben und sich gar nicht mehr steigern können.) Man spricht hier von einem *Deckeneffekt*. Genauso ungünstig ist es, wenn die Aufgaben viel zu schwierig sind, sodass viele Probanden fast gar keine Aufgaben lösen. Hier würde ein *Bodeneffekt* vorliegen. Generell sollten Aufgabenschwierigkeiten so gestaltet sein, dass durchschnittlich die Hälfte der Aufgaben korrekt gelöst wird. Dann vermeidet man nicht nur Decken- und Bodeneffekte, sondern erreicht auch die größtmögliche Differenzierung zwischen den Probanden. Dadurch wird ein Maß sensitiver für experimentelle oder differenzielle Effekte, deren Existenz man nachweisen möchte.

Bei Experimenten können Probedurchführungen ferner wertvolle Hinweise liefern, ob die Manipulation der unabhängigen Variablen tatsächlich den gewünschten Effekt hatte. Man nennt dies *Manipulationskontrolle*. Angenommen, Sie möchten überprüfen, ob Menschen in positiver Stimmung einfallsreicher sind als in negativer Stimmung. Dazu müssen Sie zunächst bei einem Teil der Probanden eine positive und beim anderen Teil eine negative Stimmung herstellen (induzieren), um anschließend mittels eines Tests den Einfallsreichtum zu erfassen. Um positive bzw. negative Stimmung zu induzieren, haben Sie sich entschieden, den Probanden lustige bzw. traurige Filmszenen zu zeigen. Dies ist zwar ein übliches Verfahren zur Stimmungsinduktion (auch wenn man bezweifeln kann, dass es die ideale Methode ist), aber es wäre in jedem Falle sinnvoll, zu überprüfen, ob das Anschauen der Filmchen tatsächlich zu positiverer bzw. negativerer Stimmung führt. Dies ist schließlich eine Voraussetzung dafür, dass Sie die eigentliche Hypothese zum Einfallsreichtum überprüfen können. Sie könnten daher die Probanden der Probedurchführung vor und nach dem Anschauen der Filmszenen einen Fragebogen zum aktuellen positiven und negativen Affekt ausfüllen lassen und prüfen, ob sich der Affekt gemäß den Erwartungen verändert. Falls dies nicht der Fall ist, sollten Sie nach einer anderen Methode der Stimmungsinduktion suchen bzw. zumindest andere Filmszenen verwenden. Fragebogenitems zur Manipulationskontrolle werden häufig auch während der Hauptuntersuchung eingesetzt, um anschließend belegen zu können, dass die Manipulation erfolgreich war. Wenn Sie allerdings erst nach dem Ende der Hauptuntersuchung feststellen, dass die beabsichtigte Manipulation nicht gelungen ist, haben Sie viel Zeit und Mühe vergeudet.

7.4 Probandenanwerbung und Terminplanung

Wenn Sie alle Probleme, die bei der Probedurchführung ggf. aufgetreten sind, gelöst haben, können Sie mit der Probandenakquise, also der Anwerbung Ihrer Studienteilnehmer beginnen. Wir gehen zunächst darauf ein, auf welchen Wegen Sie potenzielle Probanden erreichen können (Abschnitt 7.4.1). Anschließend erklären wir, was Sie unternehmen können, um möglichst viele Personen zur Teilnahme an Ihrer Studie zu bewegen (7.4.2). Es folgen in Abschnitt 7.4.3 Hinweise zur Gestaltung des Ausschreibungstextes. In Abschnitt 7.4.4 geben wir Tipps zur Terminplanung (z.B. Einplanung von Pufferzeiten) und dazu, wie Sie die Terminkoordination für sich und Ihre Probanden möglichst effizient gestalten.

7.4.1 Wege der Probandenakquise

Um möglichst viele potenzielle Probanden zu erreichen, sollte die Akquise über verschiedene Kommunikationskanäle laufen, wobei Sie natürlich beachten müssen, welche Kanäle von Ihrer Zielgruppe genutzt werden. Wir gehen darauf getrennt für *studentische* und *nichtstudentische Stichproben* ein.

Sofern Ihre Probanden andere *Studierende* sind (insbesondere solche, die Versuchspersonenstunden benötigen), gibt es an Ihrer Hochschule vermutlich ein bestimmtes Vorgehen, das sich zur Probandenanwerbung etabliert hat. Häufig sind dies Aushänge an bestimmten Schwarzen Brettern oder auch das Versenden einer E-Mail über einen Verteiler, in dem sich Interessenten für die Studienteilnahme befinden. Sofern diese Kommunikationskanäle gut funktionieren, reichen diese oft schon aus. Daneben bieten soziale Netzwerke im Internet die Möglichkeit, Ihre Zielgruppe zu erreichen. Oft lohnt es sich auch, in Vorlesungen, die von Ihren Zielprobanden besucht werden, die eigene Untersuchung anzukündigen. Fragen Sie aber vorab den betreffenden Dozenten, ob er damit einverstanden ist. Meistens wird er es zumindest dann sein, wenn Sie Ihre Studie vor oder nach der eigentlichen Vorlesungszeit ankündigen. Haben Sie aber Verständnis dafür, dass Dozierende nicht in jeder Sitzung fünf Minuten ihrer Vorlesungszeit für Ankündigungen einplanen wollen und Sie daher u.U. auf die Zeiten direkt vor oder nach der Lehrveranstaltung verwiesen werden.

Bei *nichtstudentischen Stichproben* kommt es sehr darauf an, für welche Probandengruppe Sie sich interessieren. Wir zählen daher hier nur einige zusätzliche Möglichkeiten der Akquise auf, wobei Sie entscheiden müssen, welche sich für Ihre Zwecke eignen: Sie können Zettel an Schwarzen Brettern, z.B. in Supermärkten oder öffentlichen Einrichtungen (Volkshochschule, Stadtbücherei etc.), aushängen; oft erlauben auch Geschäfte oder Cafés das Auslegen von Zetteln oder Flyern; auch Aushänge in Arztpraxen und Apotheken können bei speziellen Zielgruppen sinnvoll sein; Sie können eine (Klein-)Anzeige in einer lokalen bzw. regionalen Zeitung oder einem bestimmten Magazin, das von Ihrer Zielgruppe gelesen wird, schalten; Sie können auf der Straße Passanten direkt ansprechen; Sie können bestimmte Vereine, Organisationen, Unternehmen, Schulen, soziale Einrichtungen etc. kontaktieren; Sie können in Internetforen bzw. sozialen Netzwerken posten; Sie können Flyer in Briefkästen verteilen.

Eine Besonderheit stellen postalische und telefonische Befragungen dar, bei denen man oft (bevölkerungs-)repräsentative Stichproben erhalten möchte, indem man anhand von Telefonbüchern oder den Daten der Einwohnermeldeämter Zufalls- oder auch geschichtete Stichproben zieht. Derartige populationsbeschreibende Untersuchungen sind im Rahmen studentischer Arbeiten eher selten, weshalb wir nicht weiter darauf eingehen. In Bortz und Döring (2006, Kap. 7) finden Sie jedoch weiterführende Hinweise zu solchen Untersuchungen. Auf Online-Fragebogenstudien gehen wir in Abschnitt 7.7 gesondert ein.

7.4.2 Probanden zur Teilnahme motivieren

Auch wenn Sie mit Ihrer Probandenwerbung viele potenzielle Teilnehmer erreichen, müssen Sie diese noch motivieren, tatsächlich teilzunehmen. Machen Sie sich bewusst, dass Probanden Ihnen wertvolle Zeit schenken. Sie als Versuchsleiter müssen also etwas unternehmen, damit die Teilnahme an Ihrer Studie attraktiv wird. Oft wird ein primärer Anreiz darin bestehen, dass Ihre Probanden Versuchspersonenstunden, die sie im Rahmen ihres Studiums benötigen, erhalten. Auf diese und andere materielle Anreize gehen wir in Abschnitt 7.4.2.1 ein. Aber auch durch nichtmaterielle Anreize lassen viele Probanden sich zur Teilnahme bewegen (Abschnitt 7.4.2.2). Am erfolgreichsten werden Sie bei der Probandenanwerbung vermutlich sein, wenn Sie materielle und nichtmaterielle Anreize kombinieren können. Welche weiteren Faktoren sich auf die Bereitschaft, an einer Studie teilzunehmen, auswirken, stellen wir in Abschnitt 7.4.2.3 dar.

7.4.2.1 Materielle Anreize

Geld. Sofern Ihr Betreuer Geld für die Entschädigung der Probanden bereitstellen kann, sollte dies die Probandenakquise sehr erleichtern. Das wird allerdings eher selten der Fall sein und in der Regel auch nur dann, wenn Sie eine Studie durchführen, die Ihr Betreuer ohnehin geplant hatte.

Versuchspersonenstunden. Zumindest Psychologiestudierende müssen im Rahmen Ihres Studiums sogenannte Versuchspersonenstunden sammeln. Für diese Zielgruppe ist also die Möglichkeit, Versuchspersonenstunden gutgeschrieben zu bekommen, ein ausreichender Anreiz, um an einer Studie teilzunehmen.

Verlosungen. Sofern Sie keine monetäre Entschädigung zahlen können, aber trotzdem einen (zusätzlichen) materiellen Anreiz in Aussicht stellen wollen, können Sie eine Verlosung anbieten. Sie könnten z.B. drei Büchergutscheine zu je 20 Euro kaufen und diese am Ende der Erhebungsphase unter allen Teilnehmern verlosen. Das ist wesentlich günstiger als z.B. jedem Probanden 10 Euro auszuzahlen und lässt sich u.U. auch aus eigener Tasche finanzieren.

Kleine Geschenke. Wenn Sie Ihren Probanden keinen nennenswerten Geldbetrag auszahlen können, aber ein bisschen Geld zur Verfügung haben, können Sie jedem Teilnehmer auch z.B. einen Kaffeegutschein, eine Tafel Schokolade oder eine andere Kleinigkeit versprechen.

7.4.2.2 Nichtmaterielle Anreize

Interesse am Forschungsgegenstand wecken. Viele Menschen sind bereit, an einer Studie als Proband mitzuwirken, wenn sie diese interessant bzw. nützlich finden. Liefern Sie also auf den Aushängen, Rundmails etc. eine möglichst interessante Darstellung des Studieninhalts und heben Sie hervor, weshalb das Thema wissenschaftlich interessant bzw. praxisrelevant ist. Wenn es in Ihrer Studie z.B. darum geht, wie man die Rahmenbedingungen einer mündlichen Prüfung so optimieren kann, dass sich Prüflinge möglichst wohl fühlen, ist das sicherlich ein Thema, für das sich viele Studierende interessieren und das viele unterstützenswert finden. Wenn Sie untersuchen möchten, wie man die Arzt-Patient-Kommunikation verbessern kann, und dazu als Probanden Krankenhauspatienten gewinnen wollen, wird es auch hier gewiss viele freiwillige Probanden geben, zumal viele Patienten im Krankenhaus relativ viel Zeit haben (vgl. Abschnitt 7.4.2.3).

Selbstverständlich eignet sich nicht jedes Thema gleichermaßen gut dafür, das Interesse potenzieller Teilnehmer hervorzurufen. Aber auch bei grundlagenorientierten Forschungsthemen findet sich oft z.B. ein anwendungsbezogener Aspekt, der Probanden zur Teilnahme motiviert. Bleiben Sie dabei allerdings ehrlich und realistisch, also behaupten Sie nicht, dass das Grundlagenexperiment zur Wahrnehmung von Linien unmittelbare Relevanz für den Alltag Ihrer Probanden hat – das wäre unethisch und würde auch unglaubwürdig klingen.

Informationen über die eigene Person erhalten. Sehr viele Personen sind daran interessiert, mehr über sich selbst zu erfahren. Das drückt sich z.B. darin aus, dass in vielen Publikumszeitschriften und Illustrierten „psychologische Selbsttests" abgedruckt sind. Gerade im Rahmen von psychologischen Studien werden oft Daten erhoben, die auch für den einzelnen Probanden interessant sein könnten. Wenn Sie also in Ihrer Studie z.B. einen normierten Persönlichkeitsfragebogen, einen Intelligenztest oder einen Konzentrationstest durchführen, können Sie diesen auf Personenebene auswerten und das Ergebnis dem Probanden rückmelden. Viele Probanden sind bereit, im Gegenzug dafür an einer Studie teilzunehmen. Wenn Sie eine Rückmeldung solcher Ergebnisse als immateriellen Anreiz anbieten, haben Sie natürlich den zusätzlichen Aufwand der Auswertung und der

Rückmeldung. Wichtig ist auch, dass Sie darauf achten, die Rückmeldung nach dem Stand der Wissenschaft sowie ethischen Kriterien zu gestalten. Bei einem Intelligenztest dürfen Sie dem Probanden also nicht nur einen IQ-Wert mitteilen, sondern müssen sicherstellen, dass er versteht, wie dieser zu interpretieren ist und dass es sich nur um einen messfehlerbehafteten Schätzwert handelt.

Neue Erfahrungen und interessant aufgebaute Studien. Vielleicht haben die Probanden durch die Teilnahme an Ihrer Studie auch einen weiteren Nutzen, indem sie etwas Neues lernen oder erfahren. Wenn Sie z. B. die Wirksamkeit eines Raucherentwöhnungsprogramms prüfen möchten, wäre es für viele Probanden ein Anreiz, kostenlos an diesem Programm teilnehmen zu können, für das sie woanders Geld bezahlen müssten. Wenn Sie untersuchen möchten, wie sich der Konsum von Alkohol auf die Fahrtüchtigkeit in einem Fahrsimulator auswirkt, gibt es vermutlich auch für eine solche Studie genug Probanden, die aus intrinsischem Interesse teilnehmen, z. B. weil sie schon immer einmal in einem Fahrsimulator sitzen oder betrunken Auto fahren wollten. Vielleicht ist aber auch die Studie selbst interessant aufgebaut, da die Probanden einen Film anschauen, verschiedene Speisen verkosten oder ein Computerspiel spielen sollen. Für solche Studien, bei denen die Teilnahme als interessant oder spannend beurteilt wird, finden sich leicht freiwillige Teilnehmer. Allerdings sollten Sie beachten, dass derart intrinsisch motivierte Probanden nicht unbedingt repräsentativ für die Grundgesamtheit sind, auf die Sie verallgemeinern möchten (vgl. die Ausführungen zur externen Validität in Abschnitt 6.3.2.2 und zur Selbstselektion in Abschnitt 6.3.3.1).

7.4.2.3 Weitere Einflüsse auf die Teilnahmebereitschaft

Die Wahrscheinlichkeit, ob jemand an einer Studie teilnimmt, wird – zusätzlich zu den oben dargestellten Anreizen – davon beeinflusst, wie zeitaufwendig die Teilnahme ist und ob sie einem weitere Umstände bereitet. Generell sind recht viele Personen bereit, für einen guten Zweck (dazu gehört auch der wissenschaftliche Fortschritt) 10 min ihrer Zeit zu opfern. Mehr als 30 min werden aber vermutlich nur noch wenige Personen ohne Entschädigung erübrigen wollen, es sei denn, sie haben ohnehin gerade viel Zeit, wie dies z. B. bei Personen im Krankenhaus bzw. im Altersheim der Fall sein könnte. Auch Personen, die warten (z. B. in einer Arztpraxis, einer Behörde oder auf einem Flughafen), sind eher bereit, während dieser Wartezeit an einer Studie teilzunehmen, als Personen, die gerade sehr beschäftigt sind oder es eilig haben.

Berücksichtigen Sie bereits bei der Planung Ihrer Studie, wie lange diese dauert und welche Effekte das auf die Probandenrekrutierung hat. Manchmal ist es geschickter, eine Studie zu kürzen und nur die wesentlichen Variablen an vielen Probanden zu erheben, als eine Erhebung vieler Variablen an relativ wenigen Personen durchzuführen.

Achten Sie bei der Studienplanung zudem darauf, wie aufwendig es für jemanden ist, an Ihrer Studie teilzunehmen. Je länger die Anfahrt bzw. der Weg zum Erhebungsort ist, desto geringer fällt die Bereitschaft zur Teilnahme aus. Überlegen Sie daher, ob Sie Ihren Probanden räumlich entgegenkommen können. Auch Online-Fragebögen haben den Vorteil, dass sie bequem z.B. von zuhause aus bearbeitet werden können. Online-Fragebögen zu einem Thema, für das sich viele Menschen interessieren, können daher zumindest bei einer kurzen Bearbeitungszeit von unter 10 min auf viele freiwillige Teilnehmer hoffen, selbst wenn diese keine anderweitige Entschädigung erhalten (zu Online-Fragebögen siehe Abschnitt 7.7).

7.4.3 Hinweise zum Ausschreibungstext

Der Text, mit dem Sie für Ihre Studie werben (egal ob z.B. per Aushang, Rundmail oder in einem Internetforum), soll potenzielle Probanden zur Teilnahme motivieren, gleichzeitig aber seriös wirken und deutlich machen, dass es sich um eine ernsthafte wissenschaftliche Untersuchung handelt. An manchen Hochschulen gibt es Vorgaben oder sogar Vorlagen für die Aushänge zur Probandenanwerbung – diese müssen Sie natürlich beachten bzw. verwenden. Falls dies an Ihrer Hochschule nicht der Fall ist, sollte Ihr Aushang bzw. Text die folgenden Punkte enthalten bzw. beantworten:

- Möglichst ansprechender Titel
- Worum es geht in der Studie?
- Kurze Beschreibung, was die Teilnehmer erwartet bzw. auch nicht erwartet (z.B. ob sie Fragebögen ausfüllen müssen, ob sie interviewt werden oder welche Arten von Aufgaben zu bearbeiten sind)
- Wer kann teilnehmen?
- Wie lange dauert die Studie?
- Gibt es eine Entschädigung?
- Bis wann läuft die Studie?
- Kontaktdaten, unter denen man sich melden kann (z.B. E-Mail-Adresse)
- Wer führt die Studie durch? (Angabe der Institution, Ihr Name und ggf. der Name des Betreuers und/oder Gutachters)

Abbildung 7.1 zeigt ein Beispiel für einen Aushang. Die Beschreibung des Studieninhalts bzw. der Forschungsfrage (Wie bewerten Frauen die Gefahr, Opfer männlicher Gewalt zu werden?) ist sehr kurz gehalten, erweckt aufgrund der allgemeinen Relevanz des Themas aber sicherlich das Interesse vieler potenzieller Teilnehmerinnen. Die anschließende kurze Beschreibung enthält eine Angabe zur Dauer der Erhebung (ca. 2 Stunden) und dazu, was die Probanden tun müssen (Fragebögen ausfüllen und Aufgaben am Computer bearbeiten). Durch die Angabe, was die Teilnehmerinnen erwartet, wird implizit auch deutlich, was sie nicht erwartet: So kann man dem Aushang entnehmen, dass mit Fragebögen gearbeitet und nicht etwa ein tiefenpsychologisches Interview geführt wird – das ist wichtig, da es bestimmte Situationen oder Erhebungsmethoden gibt, die manchen Probanden eventuell unangenehm sind und sie von einer Teilnahme abschrecken könnten.

Teilnehmerinnen für eine Studie zum Thema „Gewalt gegen Frauen" gesucht!

Logo Ihrer Hochschule

Wie bewerten Frauen die Gefahr, Opfer männlicher Gewalt zu werden?

Die Teilnahme dauert ca. 2 Stunden (eine Sitzung). Sie werden in dieser Zeit Fragebögen ausfüllen und Aufgaben am Computer bearbeiten. Die Anonymität Ihrer Angaben ist selbstverständlich sichergestellt.

Lehrstuhl für Sozialpsychologie
Prof. Dr. Helmut Kunz
Schlossallee 12
34567 Musterstadt

Hinweis: Die Studie richtet sich **nicht** speziell an Frauen, die Opfer von Gewalt geworden sind, sondern an alle Frauen zwischen 18 und 50 Jahren.

Versuchsleiterin: Miriam Schneider

Entschädigung für Teilnahme: € 15,–

Die Teilnahme ist bis Ende Februar 2015 möglich.

Zur Terminvergabe mailen Sie bitte an: **Studie@uni-musterstadt.de**

[Abreißzettel mit: Studie: „Gewalt gegen Frauen" Studie@uni-musterstadt.de]

Abbildung 7.1. Beispiel für einen Aushang zur Probandenanwerbung.

Da bei dem Studienthema zu erwarten ist, dass es um durchaus private und ggf. intime Inhalte geht, wurde in dem Aushang explizit erwähnt, dass alle Angaben anonym bleiben – eine derartige Hervorhebung wäre bei anderen Themen nicht unbedingt erforderlich. Auch die Zielgruppe, wer an der Studie teilnehmen darf (alle Frauen zwischen 18 und 50 Jahren), ist klar angegeben. Als Entschädigung erhalten die Probanden 15 Euro. Da auch dies für viele einen relevanten Teilnahmeanreiz darstellt, ist dieser im Aushang zwar deutlich hervorgehoben, aber ohne diese monetäre Entschädigung zu sehr in den Vordergrund zu stellen. Wenn Sie die Belohnung zu stark in den Mittelpunkt rücken, laufen Sie Gefahr, die falsche Zielgruppe anzusprechen, nämlich Personen, denen es nur darum geht, möglichst schnell etwas Geld zu verdienen. Sie wollen aber in der Regel motivierte Probanden, die auch gewissenhaft an Ihrer Studie teilnehmen, wobei das Geld nur einen *zusätzlichen* Anreiz darstellen sollte. Titeln Sie also nicht mit neonroter Schrift „15 Euro für wenig Arbeit", sondern wählen Sie eine etwas dezentere Darstellung wie in Abbildung 7.1. Wenn Sie kein Geld anbieten können, steht an dieser Stelle ggf. ein anderweitiger Anreiz wie „2 Versuchspersonenstunden", der Hinweis auf die Verlosung von Büchergutscheinen oder Ähnliches (vgl. Abschnitt 7.4.2.1).

Auf dem Aushang ist auch angegeben, bis wann man an der Studie teilnehmen kann. Wichtig ist die deutlich hervorgehobene Kontakt-E-Mail-Adresse, die sich auch auf den Abreißzettelchen befindet. Solche Zettelchen sind nützlich, da Sie damit den potenziellen Probanden ersparen, erst nach Papier und Stift zu suchen, um die E-Mail-Adresse zu notieren, wobei sie sich im ungünstigsten Fall auch noch verschreiben, sodass die E-Mail niemals bei Ihnen ankommt. Im Zeitalter der Smartphones verlieren die Abreißzettelchen allerdings zunehmend an Bedeutung, da immer mehr Personen den Aushang einfach per Handy abfotografieren. Vielleicht wird es sich künftig durchsetzen, einen scanbaren QR-Code auf den Aushang zu drucken, der dann auch alle wichtigen Daten preisgibt.

Wenn es möglich ist, als Kontaktangabe eine E-Mail-Adresse Ihrer Hochschule zu nutzen, sollten Sie dies tun, da hierdurch Ihre Zugehörigkeit zu einer wissenschaftlichen Einrichtung und damit auch die Wissenschaftlichkeit der Studie unterstrichen wird. Wenn eine solche Hochschul-E-Mail-Adresse nicht möglich oder zu umständlich zu beschaffen ist, erstellen Sie sich für die Studie am besten ein kostenloses E-Mail-Konto bei einem der Freemail-Anbieter. Achten Sie dabei darauf, dass Ihre Adresse seriös klingt.

Das Hochschul-Logo in der rechten oberen Ecke des Aushangs unterstreicht die Seriosität der Studie. Dazu dient auch die Angabe des Lehrstuhls bzw. der Professur, an der die Arbeit durchgeführt wird. Nach Absprache mit dem zuständigen Professor erscheint auch dessen Name auf dem Aushang. (Generell sollten Sie Ihre Aushänge vorab von Ihrem Betreuer absegnen lassen. Auch das Hochschul-Logo und Titel von Lehrstühlen oder Professuren dürfen Sie nur in Absprache mit Ihrem Betreuer verwenden.) Ferner sollte Ihr eigener Name auf dem Aushang auftauchen, damit klar ist, wer als direkter Ansprechpartner fungiert. In unserem Beispiel wäre es die Versuchsleiterin.

Vermeiden Sie bei der Akquise Begriffe, die entweder die Wichtigkeit Ihrer Studie oder die Person der Probanden abwerten können. Eine ungünstige Überschrift für eine Studie wäre „Versuchspersonen für Experiment für Bachelorarbeit gesucht". Abgesehen davon, dass die Überschrift wenig aussagekräftig ist, könnte es passieren, dass Probanden bei einem Experiment für eine Bachelorarbeit denken, dass diese Studie wissenschaftlich nicht so wichtig ist, weil sie ja nur dem Zweck der Bachelorarbeit dient.[38] Warum der Begriff *Versuchsperson* ungünstig ist, haben wir in Abschnitt 6.7 erklärt. Eine bessere Überschrift für Ihren Aushang wäre also z.B. „Teilnehmer/-innen für Studie zur Lampenfieber-Reduktion gesucht". Hier vermeiden Sie die Wörter *Versuchspersonen* und *Bachelorarbeit* und geben zudem an, worum es inhaltlich geht.

---

38 Andererseits kann es sein, dass sich insbesondere Studierende desselben Fachs bei einer Abschlussarbeit eher als Probanden zur Verfügung stellen, da sie ihre Kommilitonen unterstützen möchten und sich im Gegenzug auch bei ihrer eigenen Abschlussarbeit deren Unterstützung erhoffen.

Die Dauer der Erhebungssitzung sollten Sie bei der Probandenakquise korrekt angeben. Es ist zwar meist einfacher, Probanden – sofern sie keine Entschädigung erhalten – zur Teilnahme an einer kurzen Erhebung zu motivieren, aber wenn Sie angeben, dass die Studie 25 min dauert, obwohl es tatsächlich 45 min sind, wird Ihr Proband spätestens nach 30 min unruhig werden. Zudem ist es fraglich, ob die Daten, die Sie zwischen der 30sten und der 45sten Minute erheben, noch wirklich unverfälscht und aussagekräftig sind. Im Zweifelsfall sollten Sie die Zeit lieber etwas länger als zu kurz angeben – wenn der Proband dann doch schneller fertig ist, freut er sich.

Dass es manchmal nicht möglich ist, den Probanden den wahren Untersuchungszweck mitzuteilen, haben wir schon mehrfach erwähnt (vgl. dazu Abschnitt 7.1 und den dortigen Hinweis auf die Ethikrichtlinien). Wenn bei Ihrer Studie eine Täuschung über den wahren Zweck der Studie unumgänglich ist, müssen Sie natürlich auch im Ausschreibungstext bereits die Coverstory verwenden. Dabei lässt es sich aber oft vermeiden, die Probanden „anzulügen", indem man die Beschreibung sehr allgemein hält. Angenommen, Sie möchten Vorurteile gegen farbige Menschen untersuchen, indem Sie den Probanden Gesichter von weißen und schwarzen Personen sowie Texte mit kurzen Biografien vorlegen und dann fragen, welche Biografie sie welchem Gesicht zuordnen. Statt auf dem Aushang „Studie zu Fremdenfeindlichkeit" zu schreiben (womit Sie bei Ihren Probanden höchstwahrscheinlich Selbstselektion und sozial erwünschte Urteile während der Erhebung fördern), könnten Sie titeln „Studie zur Personenwahrnehmung". Das entspräche der Wahrheit, lässt aber dennoch keinen Aufschluss über Ihre Hypothesen zu.

7.4.4 Terminplanung und Terminvereinbarung

Viele Studierende beginnen schon vor dem Ende der Probedurchführungen, Termine mit Probanden zu vereinbaren, um bei Erhebungsbeginn von Anfang an einen vollen Terminplan zu haben. Dieser Wunsch ist nachvollziehbar, allerdings würden wir von diesem Vorgehen aus zwei Gründen abraten. So treten oft erst bei der Probedurchführung (vgl. Abschnitt 7.3) Probleme im Versuchsablauf oder im Untersuchungsmaterial zutage. Diese Schwierigkeiten zu beheben, kann u.U. viel Zeit beanspruchen, und es ist kaum planbar, wie lange die Behebung dieser Probleme dauern wird. Zu wissen, dass Sie zu einem bestimmten Datum alle Schwierigkeiten ausgeräumt haben müssen, da dann die ersten Probanden angemeldet sind, erzeugt oft einen starken Zeitdruck, durch den die Qualität Ihrer Studie erfahrungsgemäß nicht steigt. Bereits vereinbarte Probandentermine wieder absagen zu müssen, ist außerdem unangenehm. Wir empfehlen Ihnen daher, erst mit der Terminvereinbarung zu beginnen, wenn *sicher* absehbar ist, dass keine Probleme mehr auftauchen.

Der zweite Grund ist, dass sich meist erst nach den Probeerhebungen genau angeben lässt, wie lange die Probanden durchschnittlich bzw. maximal für die Untersuchung brauchen. Diese Zeitangaben benötigen Sie für die Planung Ihrer Termine, wobei es wichtig ist, Pufferzeiten zwischen den Erhebungsterminen einzuplanen. Wenn Ihre Untersuchung durchschnittlich knapp eine Stunde dauert, sollten Sie sich auf keinen Fall zu jeder vollen Stunde Probanden einbestellen. Rechnen Sie damit, dass Probanden nicht immer pünktlich sind, sondern auch mal 5 oder 10 Minuten verspätet erscheinen. Zudem gibt es immer wieder besonders langsame Probanden, die deutlich länger brauchen als der Durchschnitt. Wenn Ihre Probandentermine dicht getaktet sind, würde ein langsamer oder verspäteter Proband am Morgen dazu führen, dass sich die Termine aller nachfolgenden Probanden verschieben und diese entsprechend lange warten müssen. Denken Sie auch daran, dass Sie selbst zwischenzeitlich einmal zur Toilette müssen, sich vielleicht einen Kaffee besorgen oder mittags etwas essen möchten. Auch die Vor- und Nachbereitungszeiten sollten Sie berücksichtigen. Planen Sie daher *mindestens ein Viertel der durchschnittlichen Erhebungszeit als zusätzlichen Puffer* ein. Wenn also eine Erhebung durchschnittlich 60 min dauert, sollten Sie maximal alle 75 min einen Probanden einbestellen. Für eigene Pausen, z.B. eine Mittagspause, sollten Sie zusätzlich Zeit frei halten.

Hinsichtlich der Terminvereinbarung mit den Probanden ist zunächst entscheidend, in welcher Form Sie Ihre Erhebung durchführen. Bei Online-Studien (vgl. Abschnitt 7.7) entfällt die Terminvereinbarung gänzlich. Bei Fragebögen, die auch in größeren Gruppen bearbeitet werden können, bietet es sich an, eine Reihe fester Termine anzubieten, an denen in einem Hörsaal oder einem größeren Seminarraum die Erhebung stattfindet. Zu diesen Terminen können die Probanden ohne Voranmeldung kommen. Von der Variante, dass Probanden Fragebögen mit nach Hause nehmen, würden wir eher abraten. Zum einen kann dadurch der Rücklauf reduziert sein, das heißt, es kann passieren, dass gar nicht alle Probanden ihren Fragebogen zurückbringen. Zum anderen ist man zuhause weniger der sozialen Kontrolle durch den Versuchsleiter ausgesetzt und daher ist die Versuchung größer, den Fragebogen z.B. beim Fernsehen auszufüllen (wobei man dann weniger konzentriert ist) oder sich vielleicht nur „durchzukreuzeln", da ja niemand sieht, ob man 50 oder nur 10 min mit dem Ausfüllen des Fragebogens zubringt. Auch das „gemeinsame Bearbeiten" eines Fragebogens zusammen mit Partnern oder Freunden ist in der Regel keineswegs erwünscht, aber nicht auszuschließen, wenn Probanden den Fragebogen nach Hause mitnehmen.

Wenn Sie Erhebungen im Einzelsetting durchführen, müssen Sie natürlich mit jedem Probanden einen individuellen Termin ausmachen. Eine Möglichkeit wäre, dass Sie die Interessenten bitten, Ihnen eine E-Mail zu schreiben bzw. sich mit ihrer E-Mail-Adresse in eine Liste einzutragen, die Sie z.B. in einer Vorlesung herumgehen lassen. Diese Interessenten schreiben Sie dann an und schlagen Ihnen jeweils drei oder vier Alternativtermine vor. Dieses Verfahren hat sich bewährt, unter Umständen müssen Sie aber mehrere E-Mails mit einer Person austauschen, bis Sie einen passenden Termin gefunden und bestätigt haben.

Alternativ bieten sich Online-Terminkalender bzw. Terminbuchungs-Applikationen an. Vermutlich kennen Sie *Doodle* für das Finden gemeinsamer Termine. Um mit Probanden Termine für die Erhebung zu vereinbaren, eignet sich der Doodle-Dienst *MeetMe* (*doodle.com/de/meetme*). Ähnliche – teilweise kostenpflichtige – Dienste finden Sie beispielsweise bei *www.terminland.de* und *terminapp.de*. Probieren Sie aus, welcher Anbieter Ihren Anforderungen am besten entspricht. Oft wird auch für eigentlich kostenpflichtige Dienste eine kostenlose Probezeit geboten oder es gibt eine kostenfreie Variante mit reduziertem Funktionsumfang, die sich für Ihre Zwecke unter Umständen bereits eignet. Da sich die Preismodelle der Anbieter schnell ändern können, sollten Sie auf jeden Fall darauf achten, ob der Dienst Sie etwas kostet.

Sinnvoll ist es übrigens, Probanden, mit denen Sie schon vor längerer Zeit einen Termin vereinbart haben, ein oder zwei Tage vor diesem Termin eine Erinnerungs-E-Mail zu schicken. Es gibt immer wieder Personen, die ihren Termin schlicht vergessen. Durch solche Erinnerungen können Sie die Probandenausfälle vermindern.

7.5 Während der Datenerhebung

Während der Datenerhebung sollten Sie regelmäßig überprüfen, ob die Untersuchung noch so wie geplant durchgeführt wird (Abschnitt 7.5.1). Zudem müssen Sie Störungen im Versuchsablauf und Auffälligkeiten einzelner Probanden protokollieren (Abschnitt 7.5.2) – diese Notizen sind wichtig für die spätere Datenbereinigung (vgl. Abschnitt 8.3). Bei computergestützten Erhebungen lohnt es sich, diszipliniert Sicherungskopien der aufgezeichneten Daten zu erstellen (Abschnitt 7.5.3).

7.5.1 Fortlaufende Kontrolle der korrekten Durchführung

Nach Abschluss der Probedurchführung (Abschnitt 7.3) und ggf. letzter Korrekturen an Ihrer Studie sollte eigentlich klar sein, wie Ihre Studie durchzuführen ist. Mit der Zeit und der Erhebung vieler Probanden stellt sich allerdings oft eine gewisse Routine ein, durch die sich auch Fehler einschleichen können. Sie sollten sich daher in regelmäßigen Abständen selbst fragen bzw. überprüfen, ob Sie alle Schritte des Versuchs noch so durchführen, wie es geplant war und im Versuchsablaufplan (vgl. Abschnitt 6.8) festgehalten ist. Auch mündliche Instruktionen, die Sie den Probanden frei geben, verändern sich oft schleichend im Laufe der Zeit. Aus Gründen der Konstanthaltung der Untersuchungsbedingungen (vgl. Abschnitt 6.3.3.1) sollten Sie aber versuchen, auch den letzten Probanden so zu behandeln wie den ersten.

Wenn mehrere Versuchsleiter an einer Erhebung beteiligt sind, besteht eine gewisse Gefahr, dass diese mit der Zeit mehr und mehr in ihrem Verhalten den Probanden gegenüber voneinander abweichen. Um einem solchen Auseinanderdriften entgegenzuwirken, ist es sinnvoll, in regelmäßigen Abständen die Versuchsleiterschulung aufzufrischen. Dies kann dadurch erfolgen, dass jeder Versuchsleiter den Versuch zur Probe mit einem anderen Versuchsleiter durchführt, wobei alle Versuchsleiter zugegen sein sollten. Zudem können sich die Versuchsleiter darüber austauschen, wie sie mit schwierigen Situationen, z.B. bestimmten Fragen von Probanden, umgegangen sind, um auch hierbei eine einheitliche Verhaltenslinie zu finden.

7.5.2 Protokollierung von Störungen und Auffälligkeiten

Sind bei der Erhebung irgendwelche Ereignisse aufgetreten, welche die Gültigkeit Ihrer Daten einschränken könnten, sollten Sie sich dies während oder kurz nach der Erhebung notieren. Wenn Ihre Probanden z.B. einen Konzentrationstest bearbeiten und währenddessen Baulärm aus dem Nebenraum ertönt, kann sich diese Störung negativ auf die Leistung im Test auswirken – dies sollten Sie für Ihre spätere Auswertung berücksichtigen.

Vielleicht erheben Sie aber auch während des Karnevals oder zur Glühweinzeit und einer Ihrer Probanden erscheint schon etwas angeheitert zur Untersuchung – auch das kann sich auf die Datenqualität auswirken und sollte von Ihnen notiert werden. Ein anderes Problem stellen nicht oder wenig motivierte Probanden dar. Wenn beispielsweise die Bearbeitung eines Fragebogens durchschnittlich 20 min beansprucht, ein Proband Ihnen den Fragebogen aber bereits nach 5 min zurückgibt, ist es wahrscheinlich, dass er sich nur „durchgekreuzelt" und nicht alle Fragen gewissenhaft beantwortet hat. Hier ist es allerdings schwierig, eine klare Grenze zu ziehen, ab wann eine kurze Bearbeitungszeit für eine wenig sorgfältige Bearbeitung spricht. Dennoch sollten Sie solche Auffälligkeiten stets protokollieren. Wenn Sie dann bei der Dateninspektion (vgl. Abschnitt 8.3) feststellen, dass auch die Antworten dieser Person auffällig (z.B. inkonsistent) sind, könnten Sie Ihren Verdacht erhärten und die Daten dieser Person vor der Auswertung entfernen.

7.5.3 Datensicherung

Wenn Sie Daten per Computer aufzeichnen, sollten Sie von den relevanten Dateien in regelmäßigen Abständen eine Sicherungskopie anfertigen. Stellen Sie sich vor, Sie sind kurz vor dem Ende der Datenerhebung und dann erleidet die Festplatte mit den Untersuchungsdaten einen Defekt. Nur durch eine regelmäßige Datensicherung können Sie den Schaden in so einem Fall effektiv begrenzen (vgl. dazu Abschnitt 4.1).

Gehen Sie dabei so vor, dass Sie die Originaldaten auf dem Aufzeichnungscomputer unverändert lassen und immer nur eine Kopie auf einem zweiten Speichermedium (z.B. einem USB-Stick) erstellen. Beachten Sie, dass je nach Versuchssteuerungsprogramm entweder für jeden Probanden eine neue Datei angelegt wird oder die Daten der Probanden vorlaufend in eine Datei geschrieben werden. Je nachdem müssen Sie also eine oder mehrere Dateien kopieren.

7.6 Dateneingabe und -kontrolle

Daten, die noch nicht in digitaler Version (also als Datei) vorliegen, müssen zunächst in ein Statistikprogramm (z. B. *SPSS*; vgl. Abschnitt 4.4) übertragen werden.[39] Wurden beispielsweise Papierfragebögen ausgefüllt, sind die Antworten einzutippen, wobei Sie zunächst einen sogenannten *Codeplan* anlegen müssen. Der Codeplan ordnet jedem Item in Ihrem Fragebogen einen Variablennamen zu und legt fest, welche Merkmalsausprägung welche Codenummer erhält. Die Frage nach dem Geschlecht des Probanden erhält also beispielsweise den Variablennamen „Geschlecht" und Sie müssen festlegen, wie „männlich" und „weiblich" kodiert werden, nämlich z. B. „weiblich = 1, männlich = 2". Innerhalb von *SPSS* erfolgt die Festlegung des Codeplans, indem Sie – in der *Variablenansicht* – eine sogenannte Eingabemaske erstellen. Das heißt, Sie geben die einzelnen Variablennamen für alle Items ein und beschreiben die Variablen ggf. im Feld „Beschriftung" genauer. Dann definieren Sie im Feld „Typ" den Datentyp (z. B. *numerisch* für Zahlen oder *Zeichenfolge* für Texteingabe) und im Feld „Maß" das Messniveau (*Nominal, Ordinal, Skala*). Ferner können Sie im Feld „Werte" Wertelabels bzw. -beschriftungen hinzufügen (also z. B. „1 = weiblich, 2 = männlich") und im Feld „Fehlend" angeben, wie fehlende Werte gekennzeichnet werden (z. B. durch „999"). Wie das alles im Detail funktioniert, können Sie z. B. in den SPSS-Büchern von Bühl (2014) oder Field (2013) nachlesen.

Die eigentliche Dateneingabe, also das Eintippen der Antworten der Probanden, erfolgt in *SPSS* in der *Datenansicht*. Ein Datenfeld, für das ein Proband keine Angabe gemacht hat (eine *Auslassung*), sollten Sie nicht einfach frei lassen, sondern als *fehlenden Wert* (z. B. „999") kodieren, damit ersichtlich ist, dass hier tatsächlich kein Wert vorlag und nicht nur die Person, die die Daten eingegeben hat, etwas übersehen hat. Es gibt weitere Fälle, in denen ein fehlender Wert zu kodieren ist: So kann ein Proband in der Zeile verrutschen und somit zwei Antworten in derselben Zeile ankreuzen, ohne dies zu merken. Dann ist nicht entscheidbar, welche Antwort der Proband beabsichtigt hat. Ein ähnlicher Fall liegt vor, wenn ein Proband seine Antwort korrigiert hat, die Korrektur aber uneindeutig ist, also nicht klar erkennbar, welches Antwortfeld letztlich gemeint war. Auch hier muss ein fehlender Wert kodiert werden.

Bei der Entscheidung, durch welche Zahl Sie einen fehlenden Wert kodieren, müssen Sie beachten, dass diese nicht in der Werteverteilung der jeweiligen Variablen vorkommt. So wäre „999" geeignet, um einen fehlenden Wert bei der Lebensalter-Angabe in Jahren zu kodieren, da Sie mit Sicherheit nie eine Person befragen werden, die 999 Jahre alt ist. Dieselbe Zahl wäre aber zur Kodierung fehlender Werte beim Monatseinkommen in Euro ungeeignet. Andere häufig für fehlende Werte verwendete Codes sind „–1" und „–999". In manchen Situationen will man auch meh-

---

[39] Auf die Transkription, also die Verschriftlichung von Tonbandaufzeichnungen, wie sie z. B. bei Interviewstudien anfallen, gehen wir hier nicht ein. Siehe zu dieser Thematik z. B. Bortz und Döring (2006, Kap. 5) oder Kuckartz (2010).

rere Arten fehlender Werte unterscheiden. Wenn Sie beispielsweise trennen wollen, ob jemand mitten in einem Intelligenztest eine Aufgabe nicht lösen konnte und daher nichts angekreuzt hat oder aber am Ende des Tests nicht fertig geworden ist, weil die Zeit fehlte, könnten Sie für die beiden Situationen z.B. die Codes „777" und „999" vergeben. Überlegen Sie vorab, ob die Anwendung verschiedener Codes sinnvoll ist.

Gerade bei großen Datenmengen kann es immer mal wieder zu *Eingabefehlern* kommen (z.B. tippen Sie eine 2 statt einer 3 ein). Solche Fehler verfälschen selbstverständlich Ihre Daten. Aus diesem Grund wäre es ratsam, *alle Eingaben von einer zweiten Person kontrollieren zu lassen* oder, wenn das nicht möglich ist, die Eingaben selbst mit einem gewissen zeitlichen Abstand (z.B. am nächsten Tag) noch einmal zu kontrollieren. Alternativ ist es auch möglich, alle Daten zwei Mal einzugeben und dann automatisiert nach Zellen zu suchen, in denen die beiden Eingaben nicht übereinstimmen, aber dieses Vorgehen ist etwas aufwendiger.

Wenn Sie sich die Dateneingabe mit mehreren Personen teilen, müssen Sie besonders darauf achten, dass sich keine systematischen Fehler ergeben, die dadurch entstehen, dass sich eine Person nicht korrekt an den Codeplan hält. Vielleicht kodiert eine Person das Geschlecht der Probanden immer mit „weiblich = 1, männlich = 2", wohingegen eine andere Person „weiblich = 0, männlich = 1" kodiert. Um solche Fehler zu vermeiden, empfiehlt es sich, bereits bei der Erstellung der Fragebögen die Antwortoptionen mit Zahlen zu versehen, die bei der Dateneingabe verwendet werden. Abbildung 6.3b auf Seite 207 zeigt für mehrere Skalenfragen sowie für eine Frage mit dichotomem Antwortformat (Geschlecht), wie die in den Fragebogen integrierte Kodieranweisung aussehen kann.

Sind derartige Kodierhinweise wie in Abbildung 6.3b nicht in den Fragebogen integriert, sollten alle an der Dateneingabe beteiligten Personen ein Fragebogenexemplar erhalten, in dem die Kodierung (der Codeplan) – z.B. handschriftlich – eingetragen ist, sodass man nachsehen kann, wie die korrekte Kodierung aussieht. In *SPSS* haben Sie zudem die Möglichkeit, bei der Eingabe zwischen der Anzeige der Kodierung (z.B. *0, 1*) und der Anzeige der verbalen Wertelabels (z.B. *weiblich, männlich*) zu wechseln, sodass einem bei sorgfältiger und umsichtiger Dateneingabe selbst auffallen sollte, wenn man fehlerhaft kodiert. Systematische Eingabefehler sollten übrigens auch entdeckt werden, wenn die Eingaben einer Person von einer weiteren Person kontrolliert werden, wie wir es generell empfehlen.

Einige Eingabefehler lassen sich auch durch eine grafische Darstellung der Daten entdecken, beispielsweise wenn bei einer Antwortskala von 1 bis 7 versehentlich „22" kodiert wurde. Darauf gehen wir im Kontext der Dateninspektion (Abschnitt 8.3) ein.

Die Dateneingabe bzw. -kontrolle bietet auch die Möglichkeit, *auffälliges Antwortverhalten* (ein sog. *Antwortmuster*) zu identifizieren, das später in einem umfangreichen Datensatz nicht mehr auffällt. Antwortmuster meint, dass jemand z.B. auf einer Skala von 1 bis 4 immer denselben Wert ankreuzt, obwohl einige der Items invers gepolt sind. Andere Antwortmuster sehen beispielsweise so aus: 1, 2, 3, 4,

1, 2, 3, 4, 1, 2, 3, 4 oder 1, 2, 3, 4, 3, 2, 1, 2, 3, 4. Probanden produzieren Antwortmuster aus einer Reihe von Gründen: Manche sind demotiviert und wollen den Fragebogen nur möglichst schnell fertig bekommen, andere wollen eine Untersuchung vielleicht absichtlich boykottieren, weil Ihnen das Forschungsthema oder der Untersuchungsleiter nicht gefallen. In jedem Fall bedeuten Antwortmuster, dass der Fragebogen nicht ernsthaft bearbeitet wurde und diese Person aus der Datenanalyse herausgenommen werden sollte. Allerdings ist es manchmal schwer zu entscheiden, bis zu welchem Punkt ein Antwortmuster zufällig zustande kommen kann – trotz ehrlicher Antworten des Probanden – und ab wann es zu unglaubwürdig wird. In der Regel sollten die Verdachtsmomente massiv sein, bevor man eine Person aufgrund eines Antwortmusters entfernt. Wir greifen diese Thematik in Abschnitt 8.2.3 wieder auf. Einen Einstieg in die Literatur zu verschiedenen Aspekten von Antwortmustern und Zufallsantworten bietet der Artikel von Osborne und Blanchard (2010).

7.7 Online-Fragebogenerhebungen

Online-Fragebogenerhebungen haben eine Reihe von Vorteilen, die wir z. T. schon angesprochen haben. So muss man keine Termine zur Datenerhebung mit den Probanden vereinbaren und auch die manuelle Eingabe der Daten entfällt. Zumindest bei kurzen Fragebögen sind viele Personen, die man mit einem Papier-Bleistift-Verfahren nicht erreichen würde, bereit, ohne Entschädigung teilzunehmen. Den Nachteil, dass die mit Online-Erhebungen gewonnenen Stichproben häufig nicht repräsentativ sind, teilen sie mit den meisten anderen anfallenden Stichproben, die zumindest im Rahmen psychologischer Arbeiten sehr oft verwendet werden. Weitere Nachteile bestehen allerdings darin, dass man keinerlei Kontrolle hat, in welcher Umgebung und mit welcher Sorgfalt die Bearbeitung des Fragebogens erfolgte. Wenn die Teilnahme an einer Online-Erhebung mit Versuchspersonenstunden oder Geld honoriert wird, ist immer mit einem gewissen Anteil an Personen zu rechnen, die, um diese Vergütung zu erhalten, sich einfach schnell durch den Fragebogen durchklicken, ohne die Items überhaupt zu lesen. Solche Probanden liefern keine validen Daten und sollten daher vor der Auswertung aus dem Datensatz entfernt werden. Die über das Internet verfügbaren Online-Umfrage-Tools verfügen z. T. über Algorithmen, die – basierend auf der Bearbeitungszeit für einzelne Fragebogenseiten und z. B. der Anzahl der Auslassungen – bei der Entscheidung helfen, welche Probanden aus diesem Grund zu entfernen sind (vgl. dazu auch Abschnitt 8.4.4).

Ein Hinweis zur Erstellung von Online-Fragebögen: Tools für Online-Fragebögen bieten oft die Möglichkeit, auszuwählen, ob Probanden auf die Fragen antworten müssen oder ob sie Fragen auslassen können. Das Erzwingen von Antworten bevor die Teilnehmer zur nächsten Fragebogenseite wechseln können, hat zwar den Vorteil, dass die Datensätze keine fehlenden Werte aufweisen (vgl. Abschnitt 8.5) und vermieden wird, dass Probanden unabsichtlich eine Frage übersehen. Dem steht allerdings der gravierende Nachteil gegenüber, dass Probanden, die eine Frage nicht beantworten wollen, dann *irgendeine* Antwort auswählen – das verfälscht die Daten ggf. noch stärker als ein fehlender Wert. Zudem gibt es immer auch Personen, die sich einen Online-Fragebogen nur aus Interesse ansehen, aber nicht an der Studie teilnehmen möchten. Wenn man keine Antworten erzwingt, sind diese Personen leicht aufgrund der fehlenden Werte zu identifizieren und können vor der Auswertung ausgeschlossen werden. Hat man sie aber dazu gezwungen, alles irgendwie zu beantworten, ist es schwerer, diese Probanden, die ja verzerrende Daten liefern, herauszufiltern.

Meade und Craig (2011) erörtern verschiedene Methoden, wie man Personen, die den Fragebogen nicht ernsthaft bearbeiten, identifizieren kann. Eine Möglichkeit ist, Kontrollitems einzubauen, bei denen jede Person, die das Item gewissenhaft bearbeitet, dieselbe Antwort geben müsste. Beispiele für Kontrollitems sind: „Ich habe noch nie einen Computer gesehen.", „Ich bin in jedem Land dieser Welt gewesen." und „Ich werde alle zwei Wochen von Heinzelmännchen bezahlt." Wer bei diesen Aussagen starke Zustimmung angibt, dessen sonstigen Daten sollte man auch nicht trauen.

Es gibt im Internet verschiedene Plattformen, die die Erstellung von Online-Fragebögen ermöglichen und mit denen man auch die Datenerhebung durchführen kann. Zwei für wissenschaftliche Befragungen ohne kommerziellen Hintergrund kostenlose Angebote (Stand vom 08.08.2014) sind *LimeSurvey* (*www.limesurvey.org/de*) und *SoSciSurvey* (*www.soscisurvey.de*). Auf den Internetseiten beider Projekte finden sich ausführliche Anleitungen. Wir haben selbst schon mit beiden Plattformen Studien durchgeführt und gute Erfahrungen damit gemacht.

Ein ebenfalls verbreitetes Online-Umfrage-Tool ist *Unipark* (*unipark.de*). *Unipark* hat einen noch größeren Funktionsumfang als *SoSciSurvey* und *LimeSurvey*, ist jedoch generell kostenpflichtig. Vielleicht verfügt aber Ihre Hochschule oder der Lehrstuhl, an dem Sie Ihre Arbeit verfassen, über eine Lizenz, die Sie nutzen können. *Unipark* bietet auch eine kostenlose Testlizenz sowie eine Studenten-Lizenz für etwa 30 Euro an. Ob Sie den zusätzlichen Funktionsumfang gegenüber *SoSciSurvey* und *LimeSurvey* tatsächlich benötigen, müssen Sie selbst entscheiden. Weitere, zum großen Teil kostenpflichtige Anbieter von Online-Umfrage-Tools sind *Onlineumfragen.com*, *SurveyMonkey*, *Q-Set*, *2ask* und *eQuestionnaire*. Auf der Internetseite *www.gesis.org/unser-angebot/studien-planen/online-umfragen/ software-fuer-online-befragungen* findet sich eine Übersicht über Online-Umfrage-Software mit Entscheidungshilfen für die Wahl des richtigen Programms.

Wer noch tiefer in die Online-Erhebungsmethoden einsteigen möchte, dem empfehlen wir ein frei zugängliches, englischsprachiges Tutorial zu dieser Thematik: *www.restore.ac.uk/orm/* Allerdings wird dieses Tutorial seit 2009 nicht mehr aktualisiert. Eine deutschsprachige Sammlung von Aufsätzen zur Online-Befragung in den Sozialwissenschaften liefert der Herausgeberband von Jackob, Schoen und Zerback (2009) sowie der – wenngleich etwas in die Jahre gekommene – Band von Batinic, Werner, Gräf und Bandilla (1999). Etwas aktueller ist eine entsprechende englischsprachige Aufsatzsammlung von Das, Ester und Kaczmirek (2011).

Vorbereitende Datenanalyse und Datenaufbereitung

8.1 **Überblick und Vorgehen**........................... 243
8.2 **Warum Ausreißerbereinigung wichtig und gleichzeitig so schwierig ist**...................... 247
    8.2.1 Univariate Ausreißer 247
    8.2.2 Bivariate Ausreißer 249
    8.2.3 Datenbereinigung vs. Daten(ver)fälschung 250
8.3 **Dateninspektion**................................ 251
    8.3.1 Allgemeine Vorüberlegungen 252
    8.3.2 Plausibilitätsüberlegungen 254
    8.3.3 Grafische Methoden............................ 255
    8.3.4 Tabellen 263
    8.3.5 Statistische Kennwerte und Tests 264
8.4 **Umgang mit Ausreißern**........................... 269
    8.4.1 Ursachen und allgemeine Vorgehensweisen 270
    8.4.2 Möglichkeiten zur Reduktion des Einflusses von Ausreißern................................ 273
    8.4.3 Spezialfall Reaktionszeitdaten 278
    8.4.4 Spezialfall Online-Fragebogen 289
8.5 **Umgang mit fehlenden Werten** 290
    8.5.1 Arten und Ursachen von fehlenden Werten 290
    8.5.2 Diagnostik fehlender Werte 295
    8.5.3 Methoden zur Behandlung fehlender Werte......... 298
    8.5.4 Weiterführende Literatur........................ 308
8.6 **Datentransformation**............................. 308
8.7 **Umkodierung von Items**.......................... 313
8.8 **Itemanalyse** 313
8.9 **Skalenbildung: Summen- und Mittelwertscores** .. 316
8.10 **Daten aggregieren** 317
8.11 **Daten umstrukturieren**.......................... 321
8.12 **Effekte und Differenzmaße berechnen** 322
8.13 **Daten aus mehreren Dateien zusammenführen** .. 323
8.14 **Literaturempfehlungen**.......................... 324

8 Vorbereitende Datenanalyse und Datenaufbereitung

Vor der eigentlichen statistischen Auswertung stehen in den meisten Fällen die *vorbereitende Datenanalyse* und die *Datenaufbereitung* an. In Statistikbüchern werden diese Schritte üblicherweise nicht dargestellt, obwohl ohne sie eine weiterführende Auswertung oft gar nicht möglich ist bzw. Befunde in vielen Fällen verfälscht würden. Bücher, in denen Sie doch etwas zu diesen Themen nachlesen können, stellen wir in Abschnitt 8.14 vor. Das aktuelle Kapitel bezieht sich ausschließlich auf quantitative Daten. Für qualitative Daten, z.B. narrative Interviews, empfehlen wir die Lektüre von Kuckartz (2010).

Der Aufbau dieses Kapitels ist soweit wie möglich an der chronologischen Abfolge der Schritte orientiert, die zur Vorbereitung der Auswertung unternommen werden müssen. In Abschnitt 8.1 erhalten Sie einen *Überblick* und erfahren, was mit Datenbereinigung und Datenaufbereitung genau gemeint ist. Um die Wichtigkeit der Dateninspektion und Ausreißerbereinigung zu veranschaulichen, stellen wir in Abschnitt 8.2 zwei Datenbeispiele vor. Dabei erörtern wir auch die Schwierigkeiten, denen man bei einer Datenbereinigung gegenübersteht, und die Gefahr, die Grenze zur Daten(ver)fälschung zu überschreiten. Anschließend beschäftigen wir uns mit der *Dateninspektion* (Abschnitt 8.3) und dem *Umgang mit Ausreißern* (Abschnitt 8.4), die man bei der Inspektion der Daten unter Umständen entdeckt. Was man machen kann, wenn die Daten *fehlende Werte* enthalten, wird in Abschnitt 8.5 erläutert. Häufig sind Daten nicht normalverteilt – dann bietet sich ggf. eine *Datentransformation* an (Abschnitt 8.6). Bei Fragebogen- und Testitems ist es vor der weiteren Auswertung oft erforderlich, *Items umzukodieren*, insbesondere invers gepolte Items zu invertieren (Abschnitt 8.7). Bevor *Items zu Skalen zusammengefasst* werden (Abschnitt 8.9), ist es in den meisten Fällen sinnvoll, eine *Itemanalyse* durchzuführen (Abschnitt 8.8). Viele Daten, wie Reaktionszeiten, müssen vor der weiteren Auswertung *aggregiert* werden (Abschnitt 8.10). Oft liegen Daten auch noch nicht in einer auswertbaren Anordnung vor, sodass diese zunächst *umstrukturiert* werden müssen (Abschnitt 8.11). In einigen Fällen ist die eigentlich interessierende abhängige Variable z.B. die Differenz zweier Variablen – dann muss man zunächst diesen *Effekt berechnen* (Abschnitt 8.12). Sind die auszuwertenden Daten auf mehrere Dateien verteilt, gilt es, diese *in eine Datei zusammenzuführen* (Abschnitt 8.13). Wenn Sie all diese Schritte durchlaufen haben, kann die eigentliche Datenauswertung beginnen (vgl. Kapitel 9).

Dieses Kapitel will ein praktischer Leitfaden für Studierende sein. Wir beschränken uns daher absichtlich auf Vorgehensweisen und statistische Verfahren, die im Rahmen von studentischen (Abschluss-)Arbeiten üblicherweise von Betreuern gefordert werden und von Studierenden – mit einem akzeptablen Aufwand – umsetzbar sind. In einzelnen Bereichen (z.B. zum Umgang mit fehlenden Werten) existieren noch elaboriertere und aus wissenschaftlicher Sicht bessere Verfahren, die aber auch mehr Vorwissen bzw. Hintergrundwissen verlangen und oft deutlich aufwendiger anzuwenden sind. Solche Verfahren wird man für gewöhnlich erst auf dem Niveau von Doktorarbeiten verlangen.

8.1 Überblick und Vorgehen

Der Prozess der vorbereitenden Datenanalyse und Datenaufbereitung ist in Abbildung 8.1 verdeutlicht. Dabei wird beispielhaft von einem behavioralen Experiment ausgegangen, bei dem per Computer Reaktionen und Reaktionszeiten (rechte Seite der Abbildung) sowie zusätzlich mit einem Papier-Bleistift-Fragebogen Selbstberichtsdaten (z.B. Persönlichkeitseigenschaften; linke Seite der Abbildung) erfasst werden. Wenn Sie lediglich eine Fragebogenstudie durchgeführt haben, beschränkt sich Ihre Datenvorbereitung auf den linken Ast in Abbildung 8.1. Auch für Testdaten z.B. aus einem Intelligenz- oder Konzentrationstest gilt der linke Ast. Bei physiologischen Daten, wie EEG-Daten, entspricht das prinzipielle Vorgehen demjenigen für rechnergestützt erfasste behaviorale Daten, auch wenn wir auf einige Besonderheiten physiologischer Daten hier nicht weiter eingehen.

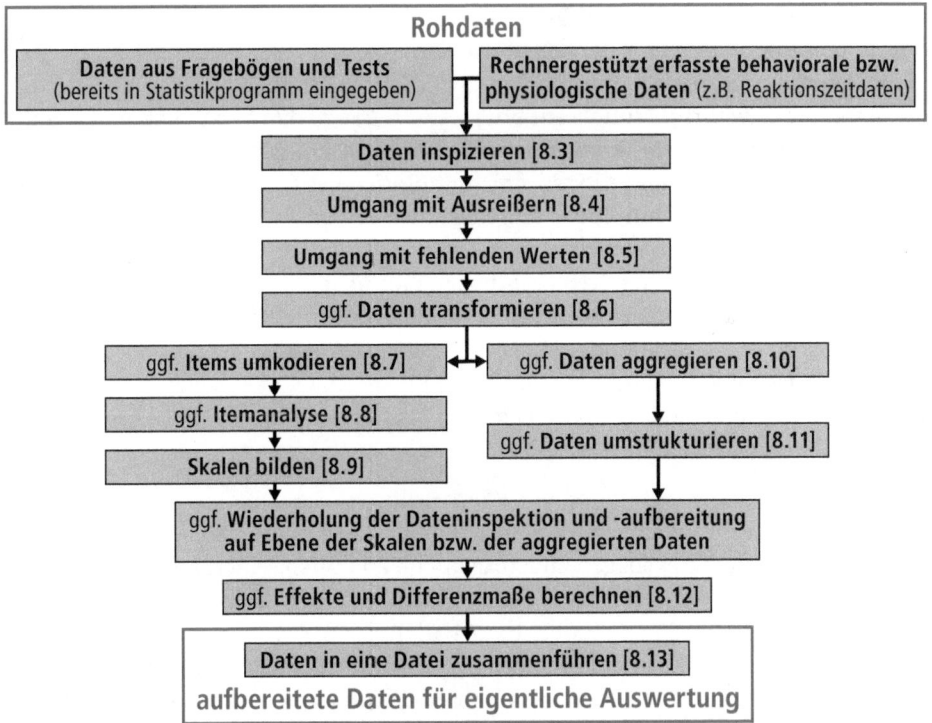

Abbildung 8.1. Schritte der vorbereitenden Datenanalyse und Datenaufbereitung am Beispiel computergestützt erfasster Reaktionszeitdaten und Selbstberichts-Fragebogendaten. In eckigen Klammern sind die Verweise auf die entsprechenden Abschnitte in diesem Kapitel angegeben.

Bei Fragebogen- und Testdaten gehen wir im Weiteren davon aus, dass diese bereits in ein Statistikprogramm eingegeben wurden (vgl. Abschnitt 7.6) und nunmehr als Datei vorliegen. Bei rechnergestützten Datenaufzeichnungen liegen die *Rohdaten* meist in Form einer Text- oder .dat-Datei vor, die Sie problemlos in ein Statistikprogramm importieren können. In *SPSS* ist dies über „Datei → Textdaten lesen..." möglich, wobei ein „Assistent für Textimport" Sie durch die weiteren Schritte des Datenimports leitet. Bei physiologischen Daten (z. B. EEG-Daten) ist das Vorgehen unter Umständen komplizierter, aber hier wird Ihnen Ihr Betreuer bestimmt weiterhelfen. Selbstverständlich können auch Fragebogen- und Testdaten direkt am Computer oder über das Internet erfasst werden, sodass der Umweg der Dateneingabe entfällt. Für diese Datenform gilt aber trotzdem der linke Ast in Abbildung 8.1. Falls Sie Daten aus mehreren Dateien zusammenfügen müssen, vergleichen Sie dazu Abschnitt 8.13.

Der erste Schritt der vorbereitenden Datenanalyse besteht immer in der *Dateninspektion*, wobei die Daten nach Auffälligkeiten untersucht werden. Zu diesem Zweck existieren neben rechnerischen Methoden insbesondere grafische Darstellungsweisen, die man unter dem Begriff *explorative Datenanalyse* zusammenfasst. Auf Grundlage der Dateninspektion muss man entscheiden, wie mit ggf. vorhandenen Ausreißern umgegangen wird, also ob auffällige oder unplausible Werte beispielsweise korrigiert oder entfernt werden. Ausreißer sind Messwerte oder Datenpunkte, die so deutlich von den anderen erhobenen Daten abweichen, dass sie höchstwahrscheinlich auf eine andere Art zustande gekommen sind als die übrigen Daten. Ausreißer werden oft auch als *Anomalien* bezeichnet. Manchmal wird zwischen *quantitativen und qualitativen Ausreißern bzw. Anomalien* unterschieden. Ein quantitativer Ausreißer weist einen Wert auf, der sehr weit von den übrigen Werten abweicht, also einen Extremwert darstellt, z. B. eine Frau mit einer Körpergröße von 2.10 m. Ein Beispiel für einen qualitativen Ausreißer bzw. eine qualitative Anomalie wäre ein Mann, der in einem Fragebogen angibt, schwanger zu sein. Insbesondere bei quantitativen Ausreißern ist es oft nicht einfach, zu entscheiden, wann ein Wert noch zur normalen Werteverteilung gehört und wann er als Ausreißer zu bezeichnen ist. Wir werden das in Abschnitt 8.2 verdeutlichen.

Auch beim *Umgang mit fehlenden Werten* gibt es verschiedene Möglichkeiten. Nehmen wir an, im Rahmen Ihrer Erhebung mussten die Probanden einen 20 Items umfassenden Fragebogen zu Extraversion ausfüllen. Allerdings haben einige Probanden bei einem oder zwei der 20 Items keine Antwort angekreuzt. Was machen Sie jetzt mit diesen Probanden? Fallen diese komplett aus Ihrer Analyse heraus? Das ist eine Möglichkeit, aber gerade wenn Sie umfangreiche Daten von Ihren Probanden erheben, wird es relativ viele Personen geben, in deren Datensätzen zumindest eine Angabe fehlt. Mittels *Imputationsverfahren* können Sie diese fehlenden Daten – beispielsweise aufgrund der sonstigen Angaben der Person – statistisch schätzen und ergänzen. Wir werden Ihnen einfache Methoden vorstellen, die geeignet sind, wenn nur wenige Daten fehlen. Für elaboriertere Imputationsverfahren verweisen wir auf entsprechende Literatur, da diese komplexen Verfahren im Rahmen von studentischen (Abschluss-)Arbeiten eher selten von Betreuern bzw. Gutachtern erwartet werden.

Der Schritt der *Datentransformation* kommt nicht bei jeder Studie vor, ist aber eine Möglichkeit, um Daten, die bestimmte Voraussetzungen für statistische Verfahren verletzen (z.B. die Voraussetzungen der Normalverteilung und Linearität), entsprechend zu korrigieren. Darüber hinaus kann durch eine Datentransformation der Einfluss von Ausreißern auf die zu berechnenden Statistiken reduziert werden. Datentransformation bringt aber auch negative Nebeneffekte mit sich, die wir kurz besprechen werden. Unter Wissenschaftlern geht die Meinung darüber, wie häufig man zum Mittel der Datentransformation greifen sollte, stark auseinander.

Nachdem die Daten bereinigt wurden, sind noch weitere vorbereitende Schritte sinnvoll bzw. notwendig. Bei Fragebogen- und Testdaten ist es häufig angebracht, sogenannte *Itemanalysen* durchzuführen. Damit ist eine Art Qualitätsüberprüfung der Items bzw. Skalen, die man aus den Items bilden möchte, gemeint. Insbesondere wird überprüft, ob eine zu bildende (eindimensionale) Skala intern konsistent ist (vgl. *Exkurs: Reliabilität und Validität von Operationalisierungen* auf S. 198f.). Mit der dazu verwendeten Reliabilitätsanalyse lassen sich zudem einzelne, nicht zur Skala passende Items aufspüren. Für die Durchführung von Reliabilitätsanalysen wie auch zur Berechnung von Skalenwerten müssen vorab invers gepolte *Items umkodiert (invertiert)* werden. Beispielsweise würde man in einer Extraversions-Skala das Item „Ich fühle mich am wohlsten, wenn ich allein bin" umkodieren, bevor man es mit Items wie „Ich bin gerne unter vielen Menschen" zusammenfassen kann. Auch die Frage, ob die *faktorielle Struktur* eines Fragebogens den Erwartungen entspricht, gehört zur Itemanalyse. Wenn man etablierte Tests oder Fragebögen verwendet, die bereits sorgfältig validiert wurden, sind solche Analysen weniger relevant. Bei selbstentwickelten oder noch nicht erprobten Instrumenten sind hingegen die Prüfung der faktoriellen Struktur mittels Faktorenanalyse und anschließende Reliabilitätsanalysen für alle Unterskalen notwendig.

Bei Fragebogen- und Testdaten werden danach *Skalen aus Items gebildet*, indem man Summenscores bzw. (besser) Mittelwertscores berechnet. Mit den mehrere Items zusammenfassenden Skalenwerten – und nicht mit den Antworten der Probanden auf Einzelitem-Ebene – wird in der Datenauswertung weitergerechnet.

Oft ist es angebracht, die *Dateninspektion mit den nun vorliegenden Skalenwerten zu wiederholen*. So mag eine Person erst als Ausreißer auffallen, wenn man ihre Werte auf Skalenebene betrachtet. Zu diesem Zweck kann das Vorgehen auf Itemebene (siehe Abschnitte 8.3 bis 8.6) problemlos auf Skalenwerte übertragen werden.

In einigen Fällen kann es sinnvoll sein, *Effekte oder Differenzmaße zu berechnen*. So wird man bei einer Veränderungsmessung für jede Person das Ergebnis im Pretest vom Ergebnis im Posttest abziehen, um einen Differenzwert zu erhalten. Nicht bei allen Untersuchungen sind solche Effektberechnungen jedoch erforderlich.

Die Arbeitsschritte bei rechnergestützt erfassten behavioralen (und physiologischen) Daten (Abbildung 8.1, rechter Ast) sind in vielen Aspekten ähnlich wie bei Fragebogen- und Testdaten. Zunächst werden auf Grundlage der Dateninspektion Ausreißer entfernt bzw. anderweitig behandelt und es ist ebenfalls zu entscheiden, wie mit fehlenden Werten umgegangen wird. Während es bei Fragebogen- und Testdaten vorkommen kann, dass in einer Studie gar keine Ausreißer vorliegen, ist dies bei Reaktionszeitdaten anders. Hier stellen Ausreißer fast immer ein Problem dar und zudem sind Reaktionszeitdaten meist nicht normalverteilt. Deshalb gibt es im Abschnitt zum Umgang mit Ausreißern einen speziellen Unterabschnitt zu Reaktionszeitdaten (Abschnitt 8.4.3).

Der Skalenbildung bei Fragebogendaten entspricht der Schritt der *Datenaggregation* bei behavioralen bzw. physiologischen Daten. Das heißt, es werden auch hier einzelne Messungen eines Probanden zusammengefasst, um z.B. seine mittleren Reaktionszeiten für verschiedene Reize bzw. Reizkonstellationen zu erhalten.

Die *Datenumstrukturierung* ist ein technischer Vorgang, damit bestimmte Berechnungen bzw. statistische Auswertungen in Statistikprogrammen wie *SPSS* möglich werden. Dabei geht es z.B. darum, dass für bestimmte Auswertungen die Daten einer Versuchsperson nicht untereinander in mehreren Zeilen stehen dürfen, sondern – mittels entsprechender Variablennamen unterscheidbar – in *einer Zeile* angeordnet sein müssen. Die Aufzeichnung behavioraler Daten durch Versuchssteuerungsprogramme erfolgt aber meist so, dass die einzelnen Reaktionen einer Versuchsperson in mehreren Zeilen untereinander stehen. Das macht es (auch nach der Datenaggregation) in vielen Fällen notwendig, die Daten entsprechend umzuordnen bzw. umzustrukturieren, was z.B. in *SPSS* mittels eines „Assistenten für die Datenumstrukturierung" vorgenommen werden kann.

Wie bei Fragebogen- bzw. Testdaten können auch bei behavioralen oder physiologischen Daten *Effektberechnungen* sinnvoll sein, beispielsweise wenn man in einem Experiment verschiedene Within-subject-Variationen hat, von denen die eine als Kontrollbedingung für eine andere dienen soll. Hier könnte man den Wert der Kontroll- oder Baselinebedingung von dem Wert einer anderen Bedingung subtrahieren.

Sofern Sie Daten in verschiedenen Dateien vorliegen haben, z.B. weil Sie Reaktionszeitdaten per Computer und Fragebogendaten mit Papier-Bleistift-Verfahren erhoben haben, müssen Sie diese für die Auswertung *in einer Datei zusammenführen*. Erst dann ist es nämlich möglich, beispielsweise die Reaktionszeiten von Personen mit bestimmten Persönlichkeitseigenschaften in Beziehung zu setzen. Das Zusammenfügen erfolgt in aller Regel anhand der Versuchspersonennummer, die für jede Person sowohl auf die Fragebögen eingetragen als auch bei der Erhebung am Computer eingegeben worden ist.

8.2 Warum Ausreißerbereinigung wichtig und gleichzeitig so schwierig ist

Damit Sie sehen, wie leicht man zu verfälschten Aussagen kommen kann, wenn man vor der eigentlichen Datenauswertung die Rohdaten *nicht* inspiziert und Ausreißer bereinigt, geben wir dazu zwei Beispiele. Beim ersten Beispiel (Abschnitt 8.2.1) weicht der Ausreißer auf einer Variablen stark von der restlichen Verteilung ab – solche Werte bezeichnet man als *univariate Ausreißer*. Im zweiten Beispiel (Abschnitt 8.2.2) ist der Ausreißer erst durch die Kombination der Werte auf zwei Variablen als solcher erkennbar – hier handelt es sich also um einen *bivariaten Ausreißer*. Zudem sollen diese Beispiele verdeutlichen, wie schwierig die Entscheidung ist, ob ein Wert einen Ausreißer darstellt. Wir werden diese Beispiele auch im weiteren Verlauf von Kapitel 8 verwenden, um verschiedene Aspekte der vorbereitenden Datenanalyse und Datenaufbereitung zu erklären. In Abschnitt 8.2.3 gehen wir darauf ein, wie schmal der Grat zwischen *Datenbereinigung*, die zu einer Verbesserung der Datenqualität führt, und einer (gewollten oder ungewollten) *Daten(ver)fälschung* ist.

8.2.1 Univariate Ausreißer

Nehmen wir an, Sie möchten herausfinden, wie viele verschiedene Sexualpartner deutsche Frauen im Alter von 25 bis 30 Jahren durchschnittlich hatten. Dazu ziehen Sie eine Stichprobe von 100 Frauen aus dieser Grundgesamtheit und bitten sie, in einem Fragebogen als Zahl anzugeben, mit wie vielen verschiedenen Partnern sie bisher Geschlechtsverkehr hatten. Anschließend berechnen Sie den Mittelwert der 100 Antworten und kommen auf durchschnittlich $M = 25.9$ Sexualpartner. Da Sie wissen, dass in der Literatur die bisherigen Angaben dazu immer deutlich niedriger ausgefallen sind, freuen Sie sich über diesen spektakulären Befund – anscheinend hat sich in der sexuellen Entwicklung junger Frauen in den letzten Jahren ja einiges verändert. Sie überlegen nun, ob Sie erst einen fachwissenschaftlichen Artikel darüber schreiben oder diesen Befund als Pressemitteilung der breiten Öffentlichkeit bekannt machen sollten. Vorher gehen Sie aber noch zu Ihrem Betreuer, um ihm von dieser interessanten Neuigkeit zu berichten.

Ihr Betreuer zeigt sich allerdings wenig beeindruckt und fragt Sie zu Ihrer Verwunderung, ob Sie eine Ausreißeranalyse vorgenommen haben. Das haben Sie nicht, aber da Sie Ihre Datendatei auf einem USB-Stick dabei haben, schauen Sie sich diese gemeinsam mit Ihrem Betreuer an. Dieser lässt sich am Computer zunächst eine Häufigkeitstabelle der Rohdaten ausgeben (Tabelle 8.1). Dort sehen Sie die (fiktiven) Antworten der 100 Frauen. Es fällt auf, dass 90 % der Antworten zwischen 0 und 9 liegen. Neun Frauen geben an, zwischen 10 und 45 Sexualpartner gehabt zu haben, und eine Antwort sticht mit der Angabe von 2 000 Sexualpartnern hervor. Nimmt man die Antwort mit 2 000 Partnern heraus, erhält man nur noch eine durchschnittliche Anzahl von $M = 5.9$ ($SD = 5.6$) Sexualpartnern. Der Unterschied zum nicht ausreißerbereinigten Ergebnis ($M = 25.9$, $SD = 199.5$)[40] ist frappierend. Handelt es sich bei der Antwort mit 2 000 Sexualpartnern also um einen Wert, der nicht die Grundgesamtheit repräsentiert und daher herausgenommen werden sollte?

Tabelle 8.1. Häufigkeitsverteilung der fiktiven Antworten von 100 Frauen im Alter von 25 bis 30 Jahren auf die Frage, mit wie vielen verschiedenen Partnern sie Geschlechtsverkehr hatten

Antwort	absolute Häufigkeit	kumulative Häufigkeit	Antwort	absolute Häufigkeit	kumulative Häufigkeit
0	2	2 %	9	5	90 %
1	3	5 %	10	2	92 %
2	10	15 %	11	1	93 %
3	13	28 %	12	2	95 %
4	16	44 %	15	1	96 %
5	15	59 %	20	1	97 %
6	11	70 %	30	1	98 %
7	9	79 %	45	1	99 %
8	6	85 %	2 000	1	100 %

Zur Beantwortung dieser Frage muss man sich überlegen, wie dieser Wert zustande gekommen sein kann. Vielleicht wollte sich die Frau einen „Scherz" erlauben, und hat daher diese hohe Zahl eingetragen, ohne dass es ihren tatsächlichen Erfahrungen entspricht. Dann sollte man diese Antwort auf jeden Fall vor der Datenanalyse entfernen. Es könnte auch sein, dass die Frau als Prostituierte arbeitet. Dann müsste man fragen, ob Sie als Untersucher/-in mit der Frage nach der Anzahl der Partner, mit denen die Frauen Geschlechtsverkehr hatten, auch diesen „beruflichen Geschlechtsverkehr" gemeint haben. Geht es Ihnen ausschließlich um private Sexualpartner, dann müssten Sie die Angaben von Prostituierten herausnehmen, da diese nicht zu Ihrer beabsichtigten Zielpopulation gehören. Übrigens: Sie sollten dann überlegen, ob Sie in einer neuen Untersuchung nicht besser fragen „Mit wie vielen Personen hatten Sie bereits privat Geschlechtsverkehr? (Geschlechtsverkehr im Rahmen von Prostitution oder Vergewaltigung soll dabei nicht berücksichtig werden.)".

Wenn die Frau mit der Angabe von 2 000 Sexualpartnern aber einfach nur gerne Geschlechtsverkehr mit wechselnden Personen hat, und deshalb, über die Jahre

---

[40] An der hohen Standardabweichung (SD) ist übrigens zu erkennen, dass die Verteilung sehr weit streut, was schon darauf hindeutet, dass es Ausreißer gibt.

hinweg, diese hohe Zahl zustande gekommen ist, wäre es problematisch, ihre Antwort einfach zu löschen. (Wir gehen in Abschnitt 8.4 darauf ein, was man außer Löschen noch mit Ausreißern machen kann, um deren verzerrenden Einfluss zu verringern.) Im vorliegenden Beispiel würden die meisten Wissenschaftler es für legitim erachten, den einen Extremwert zu entfernen. Am Ende müssen Sie aber selbst entscheiden, für wie wahrscheinlich Sie es halten, dass es sich bei dem Wert um eine Anomalie handelt, die entfernt werden sollte. In Abschnitt 8.2.3 kommen wir auf dieses Dilemma zurück.

8.2.2 Bivariate Ausreißer

Als nächstes zeigen wir Ihnen ein Beispiel für einen bivariaten Ausreißer und wie dieser einen korrelativen Zusammenhang verzerrt. Angenommen, Sie wollen anhand einer Abiturklasse von 23 Personen den Zusammenhang zwischen Intelligenz und Abiturnote bestimmen. Dazu berechnen Sie die Produkt-Moment-Korrelation und erhalten einen nichtsignifikanten Zusammenhang von $r = -.289$, $p = .18$. Eigentlich hätten Sie damit gerechnet, einen Zusammenhang von $r = -.50$ oder stärker zu erhalten. Also schauen Sie sich die Daten in einem Streudiagramm an (Abbildung 8.2a).

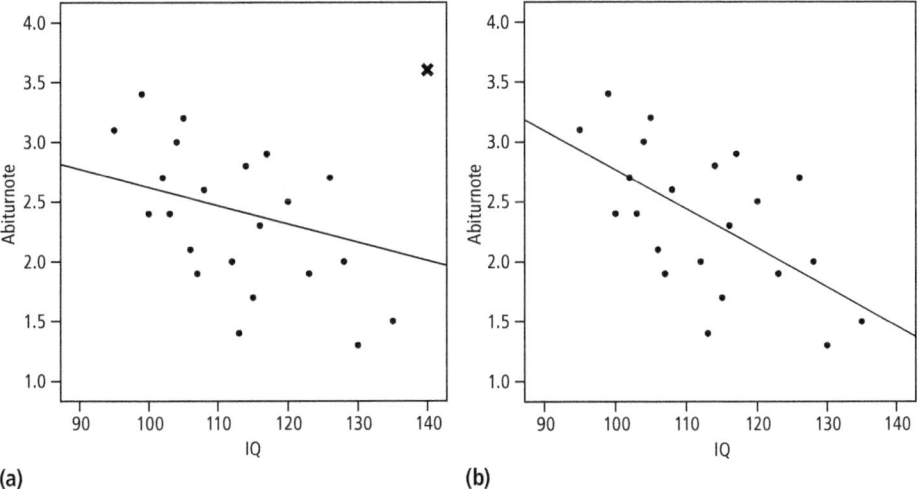

Abbildung 8.2. Streudiagramme für den Zusammenhang von IQ und Abiturnote (a) mit Ausreißer (Kreuz oben rechts) sowie (b) ohne Ausreißer.

Dabei entdecken Sie, dass die Person mit der höchsten Intelligenzausprägung (140 IQ-Punkte) das schlechteste Abitur mit einer Note von 3.6 gemacht hat. Dieser in Abbildung 8.2a durch das Kreuz markierte Datenpunkt führt zu dem relativ schwachen korrelativen Zusammenhang. Entfernen Sie diese Person aus dem Datensatz, steigt der Zusammenhang zwischen Abiturnote und IQ auf $r = -.595$, $p = .003$, was auch an der deutlich steileren Regressionsgeraden in Abbildung 8.2b erkennbar ist.

Ist es nun gerechtfertigt, diesen Ausreißer zu entfernen, oder verfälscht man damit die Daten? Diese Frage ist keineswegs trivial. Allerdings würde man in diesem Fall wohl davon ausgehen, dass der Ausreißer den Zusammenhang verfälscht. Es liegt die Vermutung nahe, dass dieser Datenpunkt Besonderheiten aufweist, aufgrund derer er nicht repräsentativ für die Grundgesamtheit ist, für die man ja mittels der Stichprobenerhebung eine Schätzung vornehmen möchte. Vielleicht hatte dieser hochintelligente Schüler mit der schlechten Abiturnote in der Abiturphase ein Alkoholproblem und hat die Prüfungen in betrunkenem Zustand absolviert. Das würde erklären, warum seine Note gegenüber dem zu erwartenden Wert verzerrt ist. Könnten Sie diese Annahme belegen, wäre es gerechtfertigt, ihn aus der Korrelationsberechnung zu entfernen.

Wie in Abschnitt 8.2.3 erläutert wird, ist es übrigens problematisch, erst nachträglich – also hier nach der Berechnung der Korrelation, die den eigenen Erwartungen nicht entspricht – Ausreißer zu suchen und zu entfernen. Will man wissenschaftlich ganz korrekt vorgehen, muss man im ersten Schritt die Daten auf Anomalien hin inspizieren und ggf. eine Datenbereinigung vornehmen. Erst danach führt man die geplanten Berechnungen aus.

8.2.3 Datenbereinigung vs. Daten(ver)fälschung

Die beiden obigen Beispiele sollten verdeutlichen, dass es ein verfälschendes Bild der Realität erzeugen kann, wenn man auf eine Datenbereinigung verzichtet. Auf der anderen Seite ist aber der Grat zwischen Datenbereinigung und Daten(ver)fälschung oft schmal. So haben wir in Abschnitt 8.2.2 die Person mit einer Abiturnote von 3.6 und einem IQ von 140 als Ausreißer identifiziert. Aber welche Note hätte diese Person haben müssen, um kein Ausreißer mehr zu sein – eine 3.0, eine 2.5 oder gar eine 2.0? Hier wäre es schön, eine klare Entscheidungshilfe zu haben, ab wann ein Wert ein Ausreißer ist. Tatsächlich gibt es statistische Hilfestellungen. So lassen sich in diesem Beispiel (wie generell bei korrelativen Zusammenhängen bzw. bei Regressionsanalysen) Maße dafür berechnen, wie weit ein einzelner Wert von einem Modell (also der Regressionsgeraden) abweicht bzw. wie stark dieser einzelne Wert das Modell beeinflusst und ggf. verzerrt. (In Abbildung 8.2a sieht man den Einfluss unseres Ausreißers daran, dass er im Vergleich zu Abbildung 8.2b die Regressionsgerade deutlich zu sich hinzieht.) Entsprechende Maße sind z.B. die *Mahalanobis-Distanz* und die *Cook-Distanz* (vgl. Abschnitt 8.3.5.2).

Solche Maße geben aber immer nur Anhaltspunkte, bei welchen Werten man skeptisch sein soll. Sie nehmen einem nicht die Entscheidung ab, wann ein Datenpunkt zu entfernen ist. Um das zu verdeutlichen, kommen wir auf das erste Beispiel (Abschnitt 8.2.1) zurück. Wir haben 2 000 Sexualpartner als Ausreißer bzw. Extremwert identifiziert, den man entfernen sollte. Verwendet man – wie zum Aufspüren univariater Ausreißer üblich – einen *Boxplot* (siehe Abbildung 8.4 auf S. 256), wären bereits 20 Sexualpartner als Extremwert identifiziert worden. Inhaltlich wäre es unseres Erachtens keineswegs gerechtfertigt, einen solchen Wert als ergebnisverfälschende „Anomalie" zu betrachten und zu entfernen.

Der Entscheidungsspielraum, den man bei der Datenbereinigung besitzt, verleitet leicht dazu, einen Wert, der nicht zu den eigenen Vorstellungen passt, zu entfernen, um auf diese Weise die gewünschten Ergebnisse zu erhalten bzw. diesen zumindest näher zu kommen. Das wäre allerdings Datenfälschung. Um nicht der Daten(ver)fälschung beschuldigt werden zu können, ist es wichtig, die Kriterien, nach denen man Ausreißer entfernt, unabhängig davon festzulegen, welches Ergebnis die Auswertung zeigt. Es wäre also nicht legitim, einen inferenzstatistischen Test durchzuführen, festzustellen, dass dieser z.B. kein signifikantes Resultat bringt, und anschließend so lange „verdächtige" Probanden auszuschließen, bis sich das erhoffte Ergebnis einstellt. Das ist auch der Grund, warum die Datenbereinigung der eigentlichen Auswertung vorgeschaltet sein sollte. Idealerweise kann man für jeden entfernten Ausreißer inhaltlich begründen, warum dieser nicht aus der beabsichtigten Zielpopulation stammen kann – dieses Ideal wird allerdings selten erreicht.

Sehr wichtig ist in jedem Fall, dass in der schriftlichen Arbeit berichtet wird, nach welchen Kriterien Ausreißer beseitigt wurden und wie viele Probanden bzw. Werte davon betroffen waren. Dann kann der Leser entscheiden, ob eine solche Ausreißerbereinigung legitim war. In manchen Fällen ist es auch angebracht, zu berichten, welchen Einfluss die Ausreißerbereinigung auf die Ergebnisse hat. Man könnte dann beispielsweise schreiben, dass vor der Ausreißerbereinigung die Korrelation bei $r = -.29$ lag und nach der Ausreißerentfernung auf $r = -.60$ angestiegen ist. Auch dadurch gibt man dem Leser die Chance, zu entscheiden, ob er dem Korrelationswert vor oder dem nach der Ausreißerbereinigung mehr Vertrauen schenken möchte.

8.3 Dateninspektion

Die beiden Beispiele in Abschnitt 8.2 haben verdeutlicht, dass man *vor* der Berechnung von Mittelwerten, Zusammenhängen bzw. sonstigen Auswertungen die Daten auf Ausreißer und anderweitige Anomalien hin inspizieren sollte. Es kann schließlich auch vorkommen, dass z.B. ein Mittelwert oder ein Korrelationskoeffizient in einem „unverdächtigen" Wertebereich liegt, es aber trotzdem Ausreißer oder Anomalien gibt, welche die Berechnung eines derartigen Kennwertes ad absurdum führen. Wenn Sie beispielsweise bei der visuellen Inspektion eines Streudiagramms feststellen, dass der Zusammenhang nicht linear, sondern kurvilinear (z.B. u-förmig) aussieht, ist die Berechnung einer Korrelation, die ja einen linearen Zusammenhang voraussetzt, unsinnig.

Im vorliegenden Abschnitt gehen wir zunächst auf ein paar *allgemeine Vorüberlegungen* ein (Abschnitt 8.3.1) und erläutern die Rolle von *Plausibilitätsüberlegungen* (Abschnitt 8.3.2). Danach stellen wir *Möglichkeiten der Dateninspektion* vor, nämlich *grafische Methoden* (Abschnitt 8.3.3), *Tabellen* (Abschnitt 8.3.4) sowie *statistische Kennwerte und Tests* (Abschnitt 8.3.5). Mit Letzteren können Sie z.B. berechnen, wie stark ein Ausreißer von der zentralen Tendenz (dem Mittelwert bzw. Median) einer Verteilung abweicht, wie stark er ein Regressionsmodell beeinflusst oder wie sehr Ihre Daten die statistischen Voraussetzungen für inferenzstatistische Verfahren verletzten.

8.3.1 Allgemeine Vorüberlegungen

Die Dateninspektion zielt darauf ab, diejenigen Auffälligkeiten in den Daten zu entdecken, die Ergebnisse verzerren. Ergebnisverzerrungen können durch *Ausreißer* zustande kommen, aber auch dadurch, dass Voraussetzungen für statistische Verfahren verletzt sind. Solche Voraussetzungen betreffen vor allem die *Normalverteilung*, die *Linearität* von Zusammenhängen (z.B. im Rahmen linearer Regressionsmodelle), die *Varianzhomogenität* (auch: *Homoskedastizität*) und die statistische *Unabhängigkeit der Fehler*. Wir stellen Methoden vor, um solche Voraussetzungsverletzungen zu entdecken.

Tatsächlich können Datenverzerrungen auch durch unauffällig erscheinende Daten zustande kommen. So hat eine Person, die Antwortmuster erzeugt (vgl. Abschnitt 7.6) oder Antworten rein zufällig ankreuzt, unter Umständen unauffällige Skalenwerte (ihre Werte liegen also im Wertebereich der übrigen Probanden). Dennoch liefert diese Person ungültige (invalide) Daten. Auch bei Interviews kommt es gar nicht so selten vor, dass der Interviewer die Antwortbögen selbst ausfüllt, ohne das Interview tatsächlich durchgeführt zu haben. Das ist insbesondere dann der Fall, wenn Interviewer pro verwertbarem Interview bezahlt werden. Es lassen sich auch leicht Situationen vorstellen, in denen Probanden Daten fälschen, z.B. wenn für die Teilnahme ein finanzieller Anreiz besteht. Datenfälscher sind meistens bemüht, realistisch erscheinende Angaben zu erzeugen, weshalb die so produzierten Daten oft keine auffälligen Ausreißer enthalten – trotzdem sind diese Daten natürlich nicht valide. Sind solche Daten erst einmal Bestandteil eines umfangreichen Datensatzes, lassen sie sich kaum noch als Datenfälschungen identifizieren.

Selbstverständlich sollte man Maßnahmen ergreifen, um derartige Datenfälschungen zu unterbinden, beispielsweise indem andere Anreize gesetzt werden oder Interviewer anhand von Tonbandaufzeichnungen nachweisen müssen, dass ein Interview tatsächlich durchgeführt wurde. Glücklicherweise haben derartige Datenverfälschungen, sofern sie nur in geringem Umfang vorkommen, oft nur eine schwache verzerrende Wirkung. Abbildung 8.3a veranschaulicht dies: Der durch ein Kreuz markierte falsche bzw. gefälschte Wert liegt unauffällig in der Punktwolke und würde eine Regressionsgerade durch diese Wolke kaum beeinflussen. Das liegt zum einen daran, dass der Wert nur wenig von den – auf Grundlage der anderen Daten – erwarteten Werten abweicht, seine *Diskrepanz* also gering ist. (Die Diskrepanz kann auch als *[Regressions-]Residuum* definiert werden, also als Abweichung des beobachteten Wertes von dem geschätzten Wert.) Zum anderen liegt er nicht weit vom arithmetischen Mittel der Prädiktorvariable entfernt, verfügt also nur über eine schwache *Hebelwirkung*. Diese beiden Umstände führen zusammen dazu, dass der invalide Datenpunkt nur einen geringen *Einfluss* auf das statistische Ergebnis (also z.B. eine Regressionsgerade) ausübt.

In Abbildung 8.3b findet sich ein Datenpunkt, der auf beiden Variablen einen univariaten Ausreißer darstellt, also sowohl auf der *x*- als auch auf der *y*-Variablen jeweils deutlich höhere Werte aufweist als die übrigen Punkte. Obwohl dieser Punkt weit vom Mittelwert der *x*-Variable entfernt liegt und somit über eine hohe

Hebelwirkung verfügt, hätte er dennoch nur einen mäßigen Einfluss auf eine Regressionsanalyse, da er annähernd auf der Regressionsgeraden liegt, die man auch ohne diesen Ausreißer erhalten hätte (geringe Diskrepanz).

Ebenfalls nur moderat durch den Ausreißer beeinflusst wird die Regressionsgerade in Abbildung 8.3c. Das liegt daran, dass trotz der deutlichen Abweichung dieses Punktes von seinem erwarteten Wert (hohe Diskrepanz), der Hebel (Abstand zum Mittelwert der x-Variable) relativ kurz ist.

Dies verhält sich in Abbildung 8.3d anders: Hier tritt zu einer hohen Diskrepanz auch eine hohe Hebelwirkung hinzu. Eine Regressionsgerade durch die Punktwolke würde von dem Ausreißer deutlich nach unten gezogen werden, also weniger steil ansteigen (dargestellt durch die gestrichelte schwarze Linie). Der Einfluss des Ausreißers auf das statistische Modell (hier also die Regressionsgerade) wäre dementsprechend hoch.

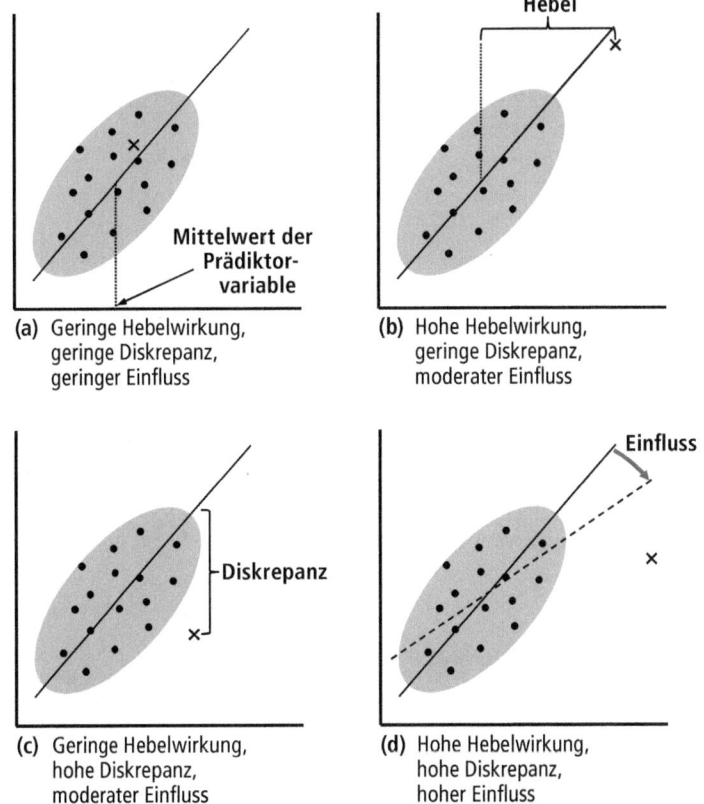

Abbildung 8.3. Zusammenspiel zwischen Hebelwirkung, Diskrepanz und dem Einfluss eines Ausreißers auf einen statistischen Zusammenhang. Der Ausreißer bzw. invalide Datenpunkt wird durch das Kreuz markiert. Die durchgezogene Linie repräsentiert die Regressionsgerade ohne den Einfluss des Ausreißers. Die gestrichelte Line in Bild (d) zeigt die Regressionsgerade unter Einbezug des Ausreißers.

Ein Ausreißer wie der in Abbildung 8.3d ist relativ einfach und eindeutig zu entdecken, sofern man eine sorgfältige Dateninspektion durchführt. Allerdings kann auch eine Vielzahl von Ausreißern mit geringem bzw. moderatem Einfluss in ihrer Gesamtheit dazu führen, dass eine Auswertung zu Ergebnissen führt, die kein adäquates Bild der Realität liefern.

Wir wollen in diesem Zusammenhang noch einmal auf den Unterschied zwischen *univariaten* und *bi- bzw. multivariaten Ausreißern* zurückkommen, da für deren Entdeckung verschiedene Methoden erforderlich sind. *Univariate Ausreißer* sind Werte, die auf einer Variablen eine überraschend hohe (oder auch niedrige) Ausprägung erreichen – beispielsweise eine Person, die als ihr Alter 135 Jahre angegeben hat. Zum Aufspüren solcher Ausreißer eignen sich beispielsweise Boxplots, Histogramme und Q-Q-Plots als grafische Methoden (vgl. Abschnitt 8.3.3). Daneben gibt es bi- und multivariate Ausreißer, die erst durch die Kombination ihrer Werte auffallen. So wäre ein Mann mit einem Gewicht von 128 kg zwar schwer, aber noch kein wirklicher Ausreißer auf dieser Dimension. Wenn dieser Mann aber zudem nur 160 cm groß ist (auch das allein noch kein extremer Wert), stellt er in der Kombination seiner Ausprägungen auf den Variablen Gewicht und Körpergröße einen *bivariaten Ausreißer* dar (Body-Mass-Index von 50). Für das Aufspüren bivariater Ausreißer eignen sich z.B. Streudiagramme (Abschnitt 8.3.3.4) und – bei nominalskalierten bzw. kategorialen Daten – Kreuztabellen (vgl. Abschnitt 8.3.4). Wenn mehr als zwei Variablen kombiniert werden müssen, damit ein Datenpunkt aus der üblichen Werteverteilung herausfällt, spricht man von einem *multivariaten Ausreißer*. Multivariate Ausreißer lassen sich nur noch schwer grafisch veranschaulichen, sodass man hier eher zu statistischen Kennwerten wie der Mahalanobis-Distanz greift (vgl. Abschnitt 8.3.5).

Wichtig ist übrigens, dass ggf. vorhandene Untergruppen getrennt nach Ausreißern oder sonstigen Anomalien untersucht werden. Wenn Sie z.B. die Körpergröße von Menschen untersuchen, sollten Sie Dateninspektionen getrennt für Männer und Frauen vornehmen, da eine Körpergröße von beispielsweise 1.92 m in der Gruppe der Frauen ein Extremwert sein kann, in der Gruppe der Männer aber noch zur erwarteten Verteilung gehört. Bei Experimenten sollten Sie entsprechend die Werteverteilungen getrennt für verschiedene Versuchsbedingungen betrachten.

8.3.2 Plausibilitätsüberlegungen

Die Entfernung von Ausreißern sollte idealerweise inhaltlich begründet erfolgen. In vielen Fällen kann man dazu *Plausibilitätsüberlegungen* anstellen: Eine Person, die ihr Alter mit 135 Jahren angegeben hat, ist nicht glaubwürdig. Ebenso sollte man stutzig werden, wenn jemand als Jahreshaushaltseinkommen 15 000 Euro angibt und an einer anderen Stelle im Fragebogen schreibt, durchschnittlich 800 Euro pro Monat (also 9 600 Euro im Jahr) für Freizeitaktivitäten auszugeben. Vielleicht hat sich der Proband nur verschrieben oder etwas falsch verstanden, vielleicht wollte er sich aber auch einen Spaß erlauben – in letzterem Falle sollte man auch den sonstigen Angaben dieser Person kein Vertrauen schenken.

Auch in Testdaten stößt man gelegentlich auf *logisch absurde Werte*. Nehmen wir an, Sie haben einem Probanden 20 Wörter gezeigt. Einige Zeit später lassen Sie ihn am Computer einen Wiedererkennungstest bearbeiten. Bei dem Test erscheinen jeweils zwei Wörter, von denen eines neu ist und eines alt, also zu den zuvor gezeigten Wörtern gehört. Die Aufgabe des Probanden ist, anzugeben, welches der Wörter ihm zuvor gezeigt wurde, also alt ist. Da ihm ja nur zwei Optionen zur Auswahl stehen, würde ein Proband, der gar keine Erinnerung mehr an die zuvor gezeigten Wörter hat, allein durch Raten auf eine 50%ige Trefferquote kommen. Wenn Sie nun Probanden haben, die deutlich unterhalb dieser 50%igen Trefferquote liegen, hat dies in der Regel eine von zwei Ursachen: (a) Der Proband hat beim Beantworten „alt" und „neu" vertauscht, vielleicht weil er die Instruktion falsch verstanden hat und dachte, er solle die neuen Wörter auswählen; (b) der Proband wollte den Versuch absichtlich verfälschen und hat sich deshalb bewusst entschieden, dann mit „alt" zu antworten, wenn er das Wort als neu identifiziert hat. In beiden Fällen können und sollten Sie diese Probanden begründet ausschließen.

Bei der Betrachtung von Reaktionszeitdaten (Abschnitt 8.4.3) erläutern wir unter anderem, warum es unplausibel ist, wenn jemand zu schnell auf einen Reiz hin reagiert. Ähnlich gehen wir speziell für Online-Fragebögen darauf ein, wie man anhand der Bearbeitungszeit für einzelne Seiten entscheiden kann, wann diese unrealistisch kurz sind (Abschnitt 8.4.4).

8.3.3 Grafische Methoden

Grafische Methoden erlauben eine visuelle Dateninspektion. Diese dient vor allem dazu, Ausreißer und Extremwerte aufzuspüren sowie einen Eindruck von der Verteilung einer Variablen zu erhalten, also beispielsweise, ob Daten normalverteilt sind. Tukey (1977) hat insbesondere für derartige grafische Methoden der Dateninspektion den Begriff der *explorativen Datenanalyse* geprägt. Bei der explorativen Datenanalyse geht es eigentlich um mehr als nur um die Dateninspektion zur Vorbereitung nachfolgender Auswertungen, nämlich u.a. um die Unterstützung bei der Bildung neuer Hypothesen. Wir konzentrieren uns jedoch auf eine Auswahl grafischer Techniken, die der Aufdeckung von Anomalien dienen, nämlich *Boxplots, Histogramme, Streudiagramme* (engl. *scatterplots*) und sogenannte *Q-Q-* oder *Quantil-Quantil-Plots*. Diese Methoden reichen in der Regel für eine vollständige visuelle Dateninspektion.

8.3.3.1 Boxplots

Zur Identifikation von Extremwerten bieten sich Boxplots wie in Abbildung 8.4 an. In diesen werden neben dem *Median*, dem ersten und dritten *Quartil* (also den Punkten, unterhalb derer 25% bzw. 75% der Datenwerte liegen) auch sogenannte *Whisker* eingezeichnet, die unten bzw. oben am ersten bzw. dritten Quartil ansetzen und eine Länge von maximal dem 1.5-fachen Interquartilabstand (also dem Abstand zwischen dem ersten und dritten Quartil) aufweisen. Dabei wird der Whisker nur bis zu dem Wert eingezeichnet, an dem innerhalb dieses Bereichs auch tatsächlich noch ein Datenpunkt liegt. Für Abbildung 8.4 bedeutet dies, dass der obere Whisker prinzipiell bis zum Wert 13 hätte gehen können (drittes Quartil = 7; 1.5-facher Interquartilabstand = 6), sich allerdings nur bis 12 erstreckt, da der Wert 13 von keiner Person angegeben wurde.

Werte, die außerhalb des 1.5-fachen Interquartilabstands aber nicht weiter als den 3-fachen Interquartilabstand entfernt liegen, werden als *Ausreißer* bezeichnet, Werte jenseits des 3-fachen Interquartilabstands als *Extremwerte*.[41] Angewendet auf das Beispiel der Sexualpartner in Abschnitt 8.2.1 wären nach dieser Definition, wie Abbildung 8.4 zu entnehmen ist, bereits 20 Sexualpartner ein Extremwert und 15 Sexualpartner immerhin ein Ausreißer im Sinne eines „milden Extremwertes". Wichtig ist, sich nicht blind auf diese statistische Definition von Ausreißern bzw. Extremwerten zu verlassen und z.B. alle Extremwerte standardmäßig zu löschen – im verwendeten Beispiel erscheint das nämlich für Angaben zwischen 15 und 45 Sexualpartnern inhaltlich nicht gerechtfertigt. Eine Kennzeichnung als Ausreißer bzw. Extremwert sollte lediglich Anlass geben, darüber nachzudenken, ob diese Werte noch zur zugrundeliegenden Verteilung gehören oder Anomalien darstellen (mehr zum Umgang mit Ausreißern in Abschnitt 8.4).

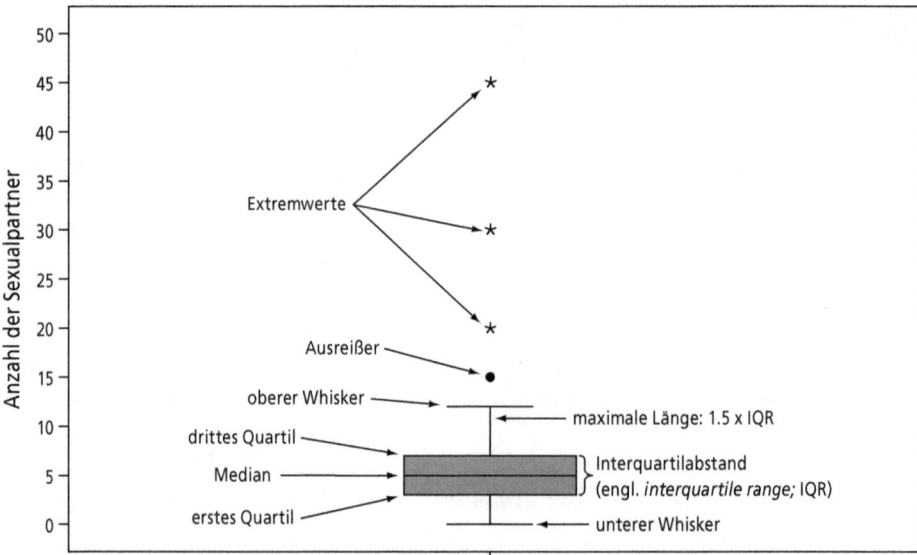

Abbildung 8.4. Boxplot für die Anzahl der Sexualpartner aus Tabelle 8.1. Zur besseren Darstellung ist das Diagramm am oberen Ende abgeschnitten, würde aber prinzipiell auch den Extremwert „2 000 Sexualpartner" umfassen.

---

41 Die hier verwendete Definition von Ausreißern und Extremwerten entspricht den Standardeinstellungen für Boxplots in *SPSS*. Allerdings gibt es alternative Varianten von Boxplots, bei denen insbesondere die Regeln zur Erstellung der Whisker sowie zur Kennzeichnung von Werten als Ausreißer und Extremwerte abweichen können.

Boxplots geben auch Hinweise darauf, ob eine Verteilung sehr unsymmetrisch ist, da in diesem Fall die Abstände vom Median zum ersten und dritten Quartil unterschiedlich groß ausfallen und auch die Länge des oberen und unteren Whiskers deutlich verschieden sind. Für die Beurteilung der Verteilung im Vergleich zu einer Normalverteilung (oder einer anderen Verteilungsform) eignen sich aber Histogramme und Quantil-Quantil-Plots besser.

8.3.3.2 Histogramme

In Histogrammen erkennt man Ausreißer und Extremwerte und bekommt zusätzlich einen Eindruck der Werteverteilung. Für Abbildung 8.5 wurden wieder die Daten aus dem Sexualpartner-Beispiel in Abschnitt 8.2.1 verwendet. In vielen Statistikprogrammen (z. B. in *SPSS*) ist es möglich, verschiedene Verteilungskurven (z. B. eine Normal-, Exponential- oder Poissonverteilung) über das Histogramm zu legen, sodass man abschätzen kann, wie gut die empirischen (d. h. beobachteten) Daten z. B. einer Normalverteilung entsprechen. Auch in Abbildung 8.5 wurde eine Normalverteilungskurve hinzugefügt. Wie zu erkennen ist, liegen die Angaben von 30 bzw. 45 Sexualpartnern deutlich über den bei einer Normalverteilung zu erwartenden Werten. Das führt auch dazu, dass die angepasste Normalverteilungskurve relativ breit ist und in den Wertebereichen von −10 bis 0 Sexualpartnern eine deutliche Unterrepräsentation besteht (eine negative Anzahl von Sexualpartnern ist ja auch nicht möglich), wohingegen im Bereich zwischen zwei 2 und 8 Sexualpartnern eine Überrepräsentation vorliegt. Häufigkeitsverteilungen wie diese sind, da ja keine negativen Werte vorkommen können, allerdings sehr oft linkssteil, d. h., eine Normalverteilung ist gar nicht zu erwarten.

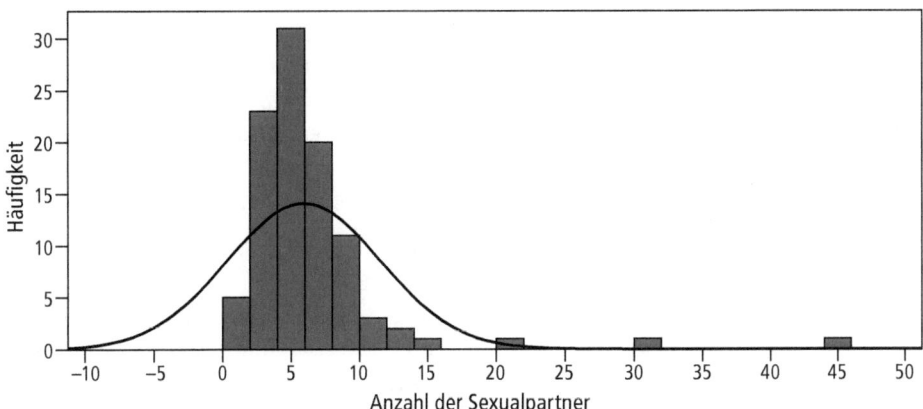

Abbildung 8.5. Histogramm mit Normalverteilungskurve für die Anzahl der Sexualpartner aus Tabelle 8.1 ohne den Extremwert „2 000 Sexualpartner".

Wenn man, wie es vom Boxplot der Daten (Abbildung 8.5) nahegelegt wird, Befragte mit 15 und mehr Sexualpartnern entfernt und erneut ein Histogramm erzeugt, ergibt sich die Darstellung von Abbildung 8.6. Hier sieht man eine deutlich bessere Passung zwischen einer theoretischen Normalverteilung und den erhobenen Daten. Allerdings wollen wir nochmals darauf hinweisen, dass es recht fragwürdig wäre, Frauen mit 15 oder mehr Sexualpartnern aus dem Datensatz zu entfernen.

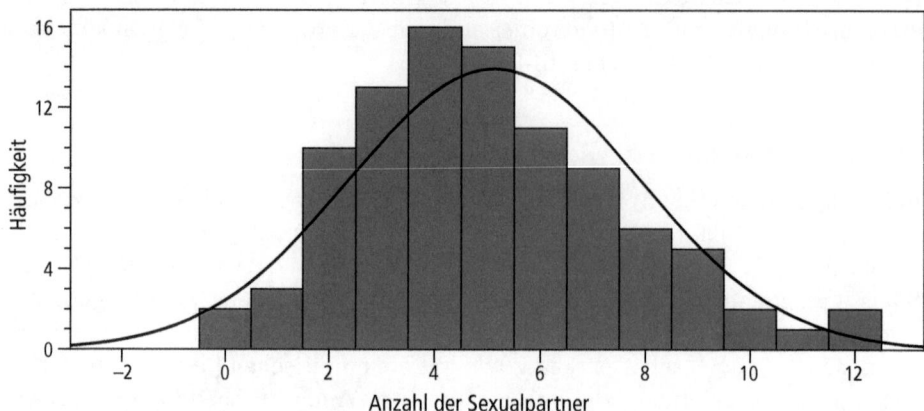

Abbildung 8.6. Histogramm mit Normalverteilungskurve für die Anzahl der Sexualpartner aus Tabelle 8.1 ohne Werte größer gleich 15.

Bei Histogrammen ist zu beachten, dass der optische Eindruck einer Verteilung oft stark davon abhängt, welche Intervallbreite man für die Darstellung der Balken wählt. Daher lohnt es sich, verschiedene Intervallbreiten auszuprobieren, um einen besseren Eindruck der tatsächlichen Verteilung zu erhalten.

8.3.3.3 Quantil-Quantil-Plots

Quantil-Quantil-Plots (kurz: *Q-Q-Plots*) gehören zur Gruppe der *Probability-Plots*, bei denen zwei Verteilungen in einem Koordinatensystem gegeneinander abgetragen werden. Uns interessiert hier insbesondere der *Normal-Probability-Plot*, bei dem eine empirische Verteilung gegen die Normalverteilung abgetragen wird. Dadurch wird sichtbar, wenn eine Verteilung schief ist oder auch, wenn sie einen unverhältnismäßig langen Verteilungsschwanz (engl. *distribution tail*) hat, wie dies durch Ausreißer bzw. Extremwerte verursacht werden kann.

Die Daten aus den Histogrammen (Abschnitt 8.3.3.2) sind in Abbildung 8.7 in Q-Q-Plots wiedergegeben. Bei einer empirischen Datenverteilung, die einer Normalverteilung idealtypisch entspricht, würden alle Punkte auf der eingezeichneten Diagonale liegen. Da empirische Verteilungen aber niemals exakt normalverteilt sein werden, sind auch leichte, unsystematische Streuungen der Punkte um die Diagonale unbedenklich.

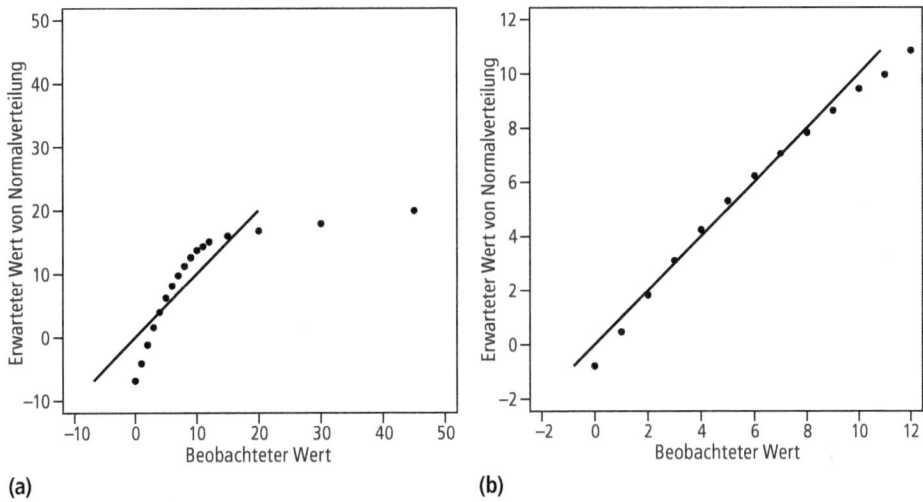

Abbildung 8.7. Q-Q-Plots für die Daten aus (a) Abbildung 8.5 und (b) Abbildung 8.6. Der rechte Plot zeigt eine wesentlich bessere Passung zwischen den beobachteten Werten und der theoretischen Normalverteilung.

Anzeichen für Ausreißer sind Punkte in großer Entfernung von der Diagonale. Dies ist in Abbildung 8.7a, für die nur der Ausreißer mit 2 000 Sexualpartnern entfernt wurde, sichtbar: Die beobachteten Werte von 30 und 45 Sexualpartnern produzieren Punkte in deutlichem Abstand zu der Diagonale.

Geht man die Punkte in Abbildung 8.7a von links nach rechts ab, ist zudem zu erkennen, dass die empirischen Werte an den Rändern der Verteilung unterhalb und in der Mitte der Verteilung oberhalb der Diagonale liegen. Diese systematische Abweichung von der Normalverteilung bedeutet, dass die empirische Verteilung *steilgipflig* (leptokurtisch) ist. Eine *flachgipflige* (platykurtische) empirische Verteilung würde dazu führen, dass in der Mitte der Verteilung die beobachteten Werte unterhalb der Diagonale liegen, an den Verteilungsrändern diese aber übersteigen. Die Steilgipfligkeit in unserem Beispiel kommt dadurch zustande, dass die Ausreißer (15 und mehr Partner) dazu führen, dass die angepasste Normalverteilung aufgrund der hohen Streuung der Werte sehr breit ausfällt. Im Vergleich mit dieser breiten Normalverteilung erscheint die empirische Verteilung steilgipflig. Nach Entfernung der Ausreißer ist auch die Steilgipfligkeit verschwunden, wie man in Abbildung 8.7b erkennen kann.

Zusätzlich zu den in Abbildung 8.7 dargestellten Q-Q-Plots lassen sich sogenannte *trendbereinigte Q-Q-Plots* bzw. Residuenanalysen erzeugen. Hierbei wird die diagonale Linie in die Horizontale gekippt (und die Werte werden an der Linie gespiegelt). Diese weitere Darstellungsform macht es oft einfacher, die Abweichung eines Datenpunktes von der theoretischen Verteilung genau abzulesen. Allerdings bedarf es insgesamt einiger Übung, abschätzen zu können, welche Abweichungen noch im unverdächtigen bzw. tolerierbaren Bereich liegen und ab wann Abweichungen so kritisch sind, dass Sie sich z.B. auf die Entscheidung, ob (noch) parametrisch getestet werden soll, auswirken (vgl. Kapitel 9).

Dadurch, dass man in Q-Q-Plots eine empirische Verteilung nicht nur mit einer Normalverteilung, sondern auch mit anderen Verteilungen (z.B. einer logistischen oder einer Laplace-Verteilung) vergleichen kann, lässt sich ausprobieren, welchem Verteilungstyp die vorliegende Verteilung am ehesten entspricht. Darauf aufbauend kann man ggf. eine Datentransformation (Abschnitt 8.6) durchführen, um die für parametrische Verfahren in der Regel vorausgesetzte Normalverteilung besser anzunähern.

8.3.3.4 Streudiagramme

Die bisherigen grafischen Methoden haben sich mit univariaten Verteilungen, also mit nur einer Variablen, beschäftigt. Datenpunkte können, wie in Abschnitt 8.2.2 dargestellt, aber auch erst durch ihre Kombination von Ausprägungen auf zwei (oder mehr) Variablen zu Ausreißern werden. Mit *Streudiagrammen* lassen sich bivariate Ausreißer aufspüren. Ein Beispiel dafür ist die Abbildung 8.2a auf Seite 249 (Zusammenhang von IQ und Schulnote).

Bei Korrelationen und Regressionsanalysen spielt zudem die sogenannte *Varianzeinschränkung* eine wichtige Rolle. Wissen Sie beispielsweise, weshalb unter Gymnasiasten der Zusammenhang zwischen Schulnoten und Intelligenz geringer ausfällt als unter Grundschülern? Ein wesentlicher Grund liegt darin, dass in der Grundschule noch alle Intelligenzniveaus vertreten sind, wohingegen es im Gymnasium nur noch wenig Personen mit einem relativ niedrigen Intelligenzniveau (IQ < 100) gibt. Somit wird die Punktwolke für den Zusammenhang zwischen Intelligenz und Note am linken Rand beschnitten. Dadurch wird diese Wolke runder und ein linearer Trend weniger deutlich, was sich auch in einer geringeren Korrelation widerspiegelt. Auch derartige Anomalien lassen sich mit Streudiagrammen identifizieren.

Darüber hinaus wird bei vielen Auswertungen (z.B. Korrelation und lineare Regression) von einer Linearität der Zusammenhänge zwischen zwei bzw. mehr Variablen ausgegangen. Auch diese Linearitätsannahme lässt sich mittels Streudiagrammen bzw. Streudiagramm-Matrizen optisch inspizieren. Dies veranschaulicht Abbildung 8.8 am Beispiel einer *Streudiagramm-Matrix* für den Zusammenhang zwischen der Anzahl der bisherigen Sexualpartner, dem Alter und dem Konservatismus. Der Datensatz ist eine (rein fiktive) Erweiterung der Untersuchung zur Anzahl der Sexualpartner von Frauen in Abschnitt 8.2.1. Dabei wurde von 100 Frauen im Alter von 18 bis 75 Jahren zusätzlich zur Anzahl der Sexualpartner das Alter (in Jahren) sowie mittels eines Fragebogens der Konservatismus auf einer Skala von 1 (*wenig konservativ*) bis 9 (*sehr konservativ*) erfasst.

In Abbildung 8.8 wurden die Streudiagramme mit einem sogenannten *Scatterplot-Smoother* versehen, das heißt, einer *Anpassungslinie*, die keiner festen mathematischen Funktion folgt (wie z.B. bei einer linearen oder quadratischen Funktion), sondern sich in die Punktwolke einschmiegt. Dabei werden Punkte, die weiter von der Linie entfernt sind, geringer gewichtet. Diese Anpassungslinien helfen dabei, zu erkennen, ob eine Punkteverteilung einen linearen oder nichtlinearen Zusammenhang aufweist. Um solche Linien zu erhalten, muss man in *SPSS* bei den Einstellungen der Anpassungslinie (erreichbar über den Diagrammeditor) die Methode *Loess* auswählen (Loess und Lowess sind Bezeichnungen für Methoden des „*lo*cally *w*eighted *s*catterplot *s*moothing"). Zum tieferen Einstieg in dieses Thema empfehlen wir das Buch von Wilcox (2012a).

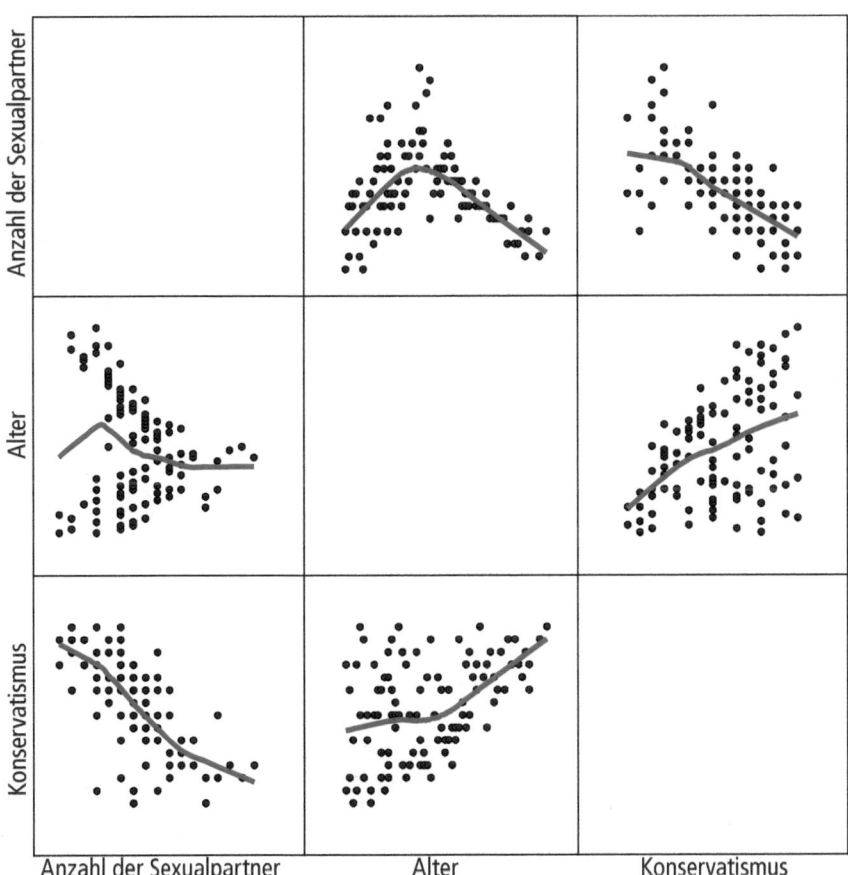

Abbildung 8.8. Streudiagramm-Matrix für den Zusammenhang von *Anzahl der bisherigen Sexualpartner*, *Alter* und *Konservatismus* bei Frauen zwischen 18 und 75 Jahren.

Wie in Abbildung 8.8 deutlich zu erkennen ist, besteht zwischen Konservatismus und Anzahl der Sexualpartner ein linearer Zusammenhang in dem Sinne, dass höherer Konservatismus mit weniger Sexualpartnern einhergeht. Der Zusammenhang zwischen dem Alter und der Anzahl der Sexualpartner ist jedoch eindeutig nicht linear, sondern umgekehrt u-förmig: Junge und ältere Frauen hatten weniger Sexualpartner als Frauen im mittleren Altersbereich. Das ließe sich so erklären, dass jüngeren Frauen bisher weniger sexuell aktive Lebenszeit zur Verfügung stand, weshalb anfangs die Anzahl der Sexualpartner mit dem Alter ansteigt. Dass bei älteren Frauen die Anzahl der Sexualpartner ebenfalls geringer ausfällt als bei Frauen mittleren Alters, lässt sich als Kohorteneffekt erklären, da diese zu einer Zeit aufgewachsen sind, als Frauen noch weniger unbeschwert mit ihren sexuellen Bedürfnissen umgegangen sind. Schließlich existiert noch ein vermutlich linearer, allerdings eher schwacher positiver Zusammenhang zwischen Alter und Konservatismus. Dabei fällt auf, dass bei jungen Frauen eine starke Streuung von sehr konservativ bis sehr wenig konservativ besteht, aber mit zunehmendem Alter die wenig konservativen Personen verschwinden. Unter den älteren Frauen sind keine wenig konservativen Personen mehr vertreten. Am besten lassen sich diese Zusammenhänge im mittleren Feld der unteren Reihe von Abbildung 8.8 erkennen. Hier wird auch optisch deutlich, dass eine Verletzung der Varianzhomogenität vorliegt, da sich die Varianz der einen Variablen (des Konservatismus) mit der anderen Variablen (Alter) verändert (im vorliegenden Fall abnimmt). Varianzhomogenität wird allerdings für viele parametrische Testverfahren als Voraussetzung gefordert.

Eine weitere Möglichkeit, um Verletzungen der Varianzhomogenität und der Linearität sichtbar zu machen, stellen sogenannte *Residualdiagramme* dar. Am Beispiel des Zusammenhangs von Alter und Konservatismus würde man so vorgehen, dass eine Regressionsgerade für diese Variablen berechnet wird. Die Residuen (d.h. die Fehler zwischen den beobachteten Werten und den vorhergesagten Werten, also der Regressionsgerade) werden dann z-transformiert und in einem Streudiagramm gegen die ebenfalls z-transformierten vorhergesagten Werte abgetragen. (In *SPSS* muss man unter dem Menüpunkt „Lineare Regression" in den Diagramm-Optionen ein Streudiagramm mit den dort angebotenen Variablen *ZPRED* [steht für den z-transformierten vorhergesagten (*predicted*) Wert] auf der y-Achse und *ZRESID* [steht für das z-transformierte Residuum] auf der x-Achse erstellen.) Abbildung 8.9 zeigt ein entsprechendes Diagramm. Wenn Varianzhomogenität vorliegt, müssten die Punkte gleichmäßig um die horizontale Linie streuen. Man erkennt allerdings, dass die Punktwolke eher dreieckig ist, das heißt, unterhalb der Linie ist die Punktwolke breiter, geht dafür aber nicht so tief (nur bis etwa $z = -1.5$). Oberhalb der horizontalen Linie läuft die Punktwolke hingegen spitz zu, ist also schmaler und höher (mit z-Werten größer als 2.0). Damit bestätigt sich der Eindruck aus Abbildung 8.8, dass für diese Variablen keine Varianzhomogenität besteht. Verletzungen der Linearitätsannahme würden sich in einem Residualdiagramm übrigens dadurch zeigen, dass die Punktwolke gekrümmt ist.

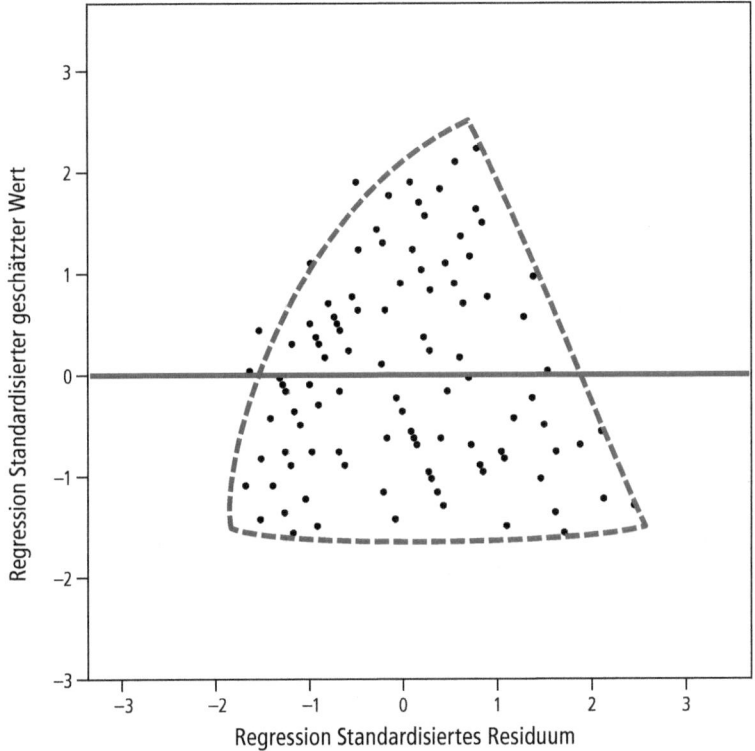

Abbildung 8.9. Residualdiagramm für die Regression von Alter auf Konservatismus mit den standardisierten Residuen aufgetragen gegen die erwarteten (geschätzten) Residuen.

8.3.4 Tabellen

Neben den grafischen Methoden der Dateninspektion lassen sich auch Tabellen zu diesem Zwecke nutzen, insbesondere Häufigkeits- und Kreuztabellen. Da Sie diese Tabellenarten sicherlich kennen, stellen wir nur kurz einige Anwendungsfälle vor.

Häufigkeitstabellen. Man sollte sich für jede Variable eine Häufigkeitstabelle ausgeben lassen. Wenn dann bei einer Variablen, bei der ein Item auf einer Skala von 1 bis 5 beantwortet werden soll, beispielsweise der Wert 22 vorkommt, ist klar, dass dieser außerhalb des möglichen Wertebereichs liegt. Höchstwahrscheinlich handelt es sich um einen Fehler bei der Dateneingabe.

Konsistenztests mittels Kreuztabellen. Inhaltlich unplausible Antwortkombinationen lassen sich oft einfach durch Kreuztabellen aufspüren. Lassen Sie sich z. B. das Geschlecht (Mann, Frau) und den Schwangerschaftsstatus (schwanger, nicht schwanger) der untersuchten Personen in einer Kreuztabelle darstellen. Wenn die Zelle „Mann und schwanger" besetzt ist, es also Fälle gibt, in denen bei Geschlecht „Mann" und bei Schwangerschaftsstatus „schwanger" angegeben wurde, können Sie sicher sein, dass eine dieser Angaben falsch ist.

Sie können in einen Fragebogen auch sogenannte *Prüfitems* einbauen. Wenn in Ihrem Fragebogen z.B. das Item „Ich gehe gerne auf Partys" enthalten ist, nehmen Sie zusätzlich das Item „Ich mag es nicht, auf Partys zu gehen" auf. Zur Dateninspektion erzeugen Sie eine Kreuztabelle mit diesen beiden Items. Personen, die beiden Items stark zustimmen bzw. beide Items stark ablehnen, zeigen ein inkonsistentes Antwortverhalten. In solchen Fällen liegt der Verdacht nahe, dass diese Personen den Fragebogen nicht sorgfältig bearbeitet haben.

8.3.5 Statistische Kennwerte und Tests

Es existieren auch statistische Kennwerte, mit denen sich bei quantitativen Ausreißern bestimmen lässt, wie extrem diese von den übrigen Datenpunkten abweichen bzw. welchen Einfluss sie auf ein Regressionsmodell ausüben. Im Kontext der grafischen Methoden sind wir bereits auf Möglichkeiten eingegangen, Verletzungen der Voraussetzungen für statistische Verfahren zu identifizieren. Für die Voraussetzungen der Normalverteilung und der Varianzhomogenität stellen wir kurz die wichtigsten statistischen Tests zu deren Überprüfung vor. Gerade im Rahmen von Regressionsanalysen gibt es weitere Verfahren, um Voraussetzungsverletzungen zu diagnostizieren, z.B. hinsichtlich der Unabhängigkeit der Fehler. Da diese Verfahren den Rahmen dieses Buches sprengen würden, verweisen wir Sie hierzu auf einschlägige Statistiklehrbücher wie Field (2013), Field et al. (2012) sowie Tabachnick und Fidell (2013). Etwas schwerer verständlich, aber sehr fundiert geschrieben, ist das englischsprachige Buch von Gelman und Hill (2007), das sich an statistisch Fortgeschrittene wendet.

8.3.5.1 Univariate Ausreißer identifizieren: *z*-Werte und *MAD*

Um univariate Ausreißer zu bestimmen, kann man eine Variable durch eine *z*-Transformation in *z*-Werte überführen. Bei *z*-Werten liegt der Mittelwert immer bei 0 und die Standardabweichung bei 1. (Die Durchführung der *z*-Transformation erfolgt in *SPSS* folgendermaßen: Unter dem Menüpunkt „Analysieren → Deskriptive Statistiken → Deskriptive Statistik..." aktiviert man die Option „Standardisierte Werte als Variable speichern". Klickt man auf „OK", werden die ausgewählten Variablen der Datendatei als *z*-standardisierte Variablen hinzugefügt.) Anhand der *z*-Werte lassen sich die Werte nun einteilen. Eine inhaltlich problematische, aber häufig verwendete Faustregel lautet: Ist der Betrag des *z*-Wertes größer als 1.96, handelt es sich um einen potenziellen Ausreißer (5 % aller Werte fallen in diesen Bereich); bei *z*-Werten größer als 2.58 liegt wahrscheinlich ein Ausreißer vor (1 % aller Werte fallen in diesen Bereich); *z*-Werte größer als 3.29 werden als Extremwerte bezeichnet (0.1 % aller Werte fallen in diesen Bereich).[42]

---

[42] Alternativ zu *z*-Werten kann man direkt betrachten, um wie viele Standardabweichungen ein Wert vom Mittelwert abweicht. Dieses Vorgehen ist inhaltlich identisch. Werden Standardabweichungen herangezogen, setzt man die Grenzen für Ausreißer i.d.R. beim 2-, 2.5- oder 3-Fachen der Standardabweichung fest (statt der Grenzen von 1.96, 2.58 und 3.29), je nachdem, wie streng oder liberal man mit Ausreißern umgehen möchte.

Bei der Festsetzung solcher Grenzen sollte man die Stichprobengröße berücksichtigen. Bei einer Stichprobe von 20 Personen ist durchschnittlich nur mit einer Person (entspricht 5% der Fälle) zu rechnen, die einen z-Wert größer als 1.96 hat – eine Person mit einem z-Wert größer als 3.29 wäre in dieser Stichprobe ziemlich unwahrscheinlich. Bei einem Stichprobenumfang von 1 000 Probanden ist hingegen zu erwarten, dass immerhin 50 Personen z-Werte größer als 1.96 aufweisen, ohne dass es sich dabei um Ausreißer handelt. Auch eine Person mit einem z-Wert von 3.29 oder größer wäre in dieser Stichprobe nicht ungewöhnlich, sondern sogar zu erwarten.

Damit die Berechnung von z-Werten sinnvoll ist, muss zudem die interessierende Variable in der Grundgesamtheit wirklich normalverteilt und vor allem symmetrisch sein. Auf viele Variablen trifft dies aber nicht zu, wie beispielsweise auf die Verteilung des Jahreseinkommens in der Bevölkerung – diese ist nämlich linkssteil mit einem langen Schwanz hin zu sehr hohen Einkommen. Auf derartige Verteilungen gehen wir auch im Kontext von Reaktionszeitdaten, die meistens ähnlich schief verteilt sind, ein (vgl. Abschnitt 8.4.3).

Ferner besteht das Problem der *Maskierung*. Damit ist gemeint, dass aufgrund einzelner, extremer Ausreißer der Mittelwert und vor allem die Standardabweichung deutlich angehoben und dadurch andere Ausreißer nicht als solche erkannt werden. Kommen wir dazu auf das Beispiel der Anzahl der Sexualpartner von Frauen aus Abschnitt 8.2.1 zurück. Wie dort dargestellt, hatte die Stichprobe (inklusive dem Ausreißer von 2 000 Partnern) einen Mittelwert von $M = 25.9$ und eine Standardabweichung von $SD = 199.5$. Nach der obigen Regel, dass z-Werte größer als 1 potenzielle Ausreißer darstellen, würden erst Werte ab $M + (1.96 \times SD)$, also oberhalb von 416 als potenzielle Ausreißer in Betracht gezogen werden. Eine Angabe von 400 Sexualpartnern würde dementsprechend maskiert, also nicht als (potenzieller) Ausreißer identifiziert.

Da die Standardabweichung stark von einzelnen Ausreißern beeinflusst werden kann, ist eine robustere und daher empfehlenswertere Alternative die Verwendung des MAD-Maßes für die Streuung. *MAD* steht für *Median Absolute Deviation*. Zu deren Berechnung wird zunächst von jedem einzelnen Wert der Median dieser Werte abgezogen und der Betrag dieser Differenz gebildet. Es wird also berechnet, wie weit die einzelnen Werte vom Median abweichen, unabhängig von der Richtung der Abweichung. Von diesen Abweichungswerten wird ebenfalls der Median genommen – dies ist die *MAD*.

Zur Veranschaulichung verwenden wir wieder das Beispiel mit den Sexualpartnern (für die Rohdaten vgl. Tabelle 8.1 auf Seite 248). Der Median der Anzahl der Sexualpartner liegt bei $Mdn = 5$. Von jedem der 100 Werte wird nun dieser Wert abgezogen und dabei jeweils der Betrag genommen, also $|0-5|$, $|0-5|$, $|1-5|$, ..., $|45-5|$, $|2000-5|$. Berechnet man von diesen Werten wiederum den Median, erhält man die *MAD*. In unserem Fall ist $MAD = 2$.

Ausreißer werden nun analog zum Vorgehen bei Verwendung von Standardabweichungen (oder z-Werten) definiert, wobei je nach subjektiver Beurteilung entweder das 2-, 2.5- oder 3-Fache des neuen Maßes verwendet wird, um festzulegen, was ein Ausreißer ist. Entscheiden wir uns – mittelmäßig konservativ – für einen Wert von 2.5, würden als Ausreißer Werte gelten, die mehr als $2.5 \times 1.4826 \times MAD$ vom Median der Verteilung abweichen. (Den Korrekturfaktor von 1.4826 fügt man hinzu, da bei einer Normalverteilung eine Standardabweichung einem Wert von $1.4826 \times MAD$ entspricht.) In unserem Fall wären also Werte von 5 ± 7.413 Ausreißer, d.h. Werte kleiner als -2.4 und Werte größer als 12.4. Wie in Abschnitt 8.3.3.1 zur Ausreißerbestimmung durch Boxplots erläutert, könnte man sich im vorliegenden Beispiel fragen, ob 15, 20 oder 30 Sexualpartner nicht Werte sind, die aus inhaltlichen Gründen in der Verteilung verbleiben sollten. Dennoch ist die *MAD*-Methode der Verwendung von z-Werten bzw. Standardabweichungen in vielen Fällen überlegen, insbesondere dann, wenn extreme Ausreißer vorhanden sind und/oder die Verteilung nicht normalverteilt ist. Wer mehr zu diesem Vorgehen und dessen Vorteilen erfahren möchte, dem sei der leicht verständliche Artikel von Leys, Ley, Klein, Bernard und Licata (2013) empfohlen.

8.3.5.2 Bi- und multivariate Ausreißer identifizieren: Distanz- und Einflussmaße

Zur Entdeckung bi- und multivariater Ausreißer lassen sich verschiedene Distanz- bzw. Einflussmaße berechnen. Die *Mahalanobis-Distanz* gibt an, wie weit ein Punkt vom Gesamtmittelpunkt der Variablen entfernt liegt – vergleichbar dem z-Wert bei eindimensionalen Verteilungen. Je höher der Wert, desto weiter ist der Punkt entfernt und desto wahrscheinlicher handelt es sich um einen Ausreißer. Mit der *Cook-Distanz* wird hingegen der Einfluss eines Wertes auf ein (Regressions-)Modell erfasst (vgl. Abbildung 8.3 und die dortigen Erläuterungen).

In *SPSS* besteht im Menüpunkt „Lineare Regression" die Möglichkeit (verborgen hinter dem Button „Speichern..."), sich für jeden Datenpunkt die Mahalanobis- und Cook-Distanz sowie den Hebelwert ausgeben zu lassen. Ebenfalls nützlich, um mehr über den Einfluss eines einzelnen Datenpunktes auf ein Regressionsmodell zu erfahren, sind die sog. Einflussmaße: (standardisiertes) *DfBeta* und *DfFit*. Die DfBetas geben – getrennt für die einzelnen Prädiktoren und die Konstante im Regressionsmodell – an, wie sich diese verändern, wenn der jeweilige Datenpunkt entfernt wird. Bei Regressionen mit vielen Prädiktoren enthält man entsprechend viele DfBetas, was die Analyse unübersichtlich macht. Sinnvoller ist daher oft der DfFit-Index, der angibt, wie sich der für einen Datenpunkt erwartete Kriteriumswert aufgrund der Modelländerung verändern würde, wenn der Einfluss dieses Datenpunktes auf das Regressionsmodell herausgenommen wird.

Die Anzahl der in einer Regression verwendeten Prädiktoren sowie der Stichprobenumfang beeinflussen, ab welchem Wert die Indizes Grund zur Besorgnis geben bzw. (einflussreiche) Ausreißer markieren. Generell lässt sich jedoch sagen, dass man diejenigen Werte genauer betrachten sollte, bei denen die Cook-Distanz größer als 1 ist. Da Mahalanobis-Distanzen χ^2-verteilt sind, lassen sich entsprechende χ^2-Tabellen, wie sie sich im Anhang vieler Statistikbücher finden, zur Bestimmung kritischer Werte heranziehen. Dabei entspricht die Anzahl der Prädiktoren den Freiheitsgraden der χ^2-Verteilung und es wird oft empfohlen, einen p-Wert von .001 zu verwenden. Daraus ergibt sich, dass bei zwei Prädiktoren Mahalanobis-Distanzen größer als 13.82 und bei drei Prädiktoren Distanzen größer als 16.27 kritisch sind. Beim standardisierten DfFit-Index sollten Werte überprüft werden, die größer sind als $2/\sqrt{(\text{Anzahl der Prädikatoren})/(\text{Anzahl der Fälle})}$. Wer tiefer in diese Materie einsteigen möchte, dem sei das Buch von Cohen, Cohen, West und Aiken (2003) zur Regressionsanalyse empfohlen.

8.3.5.3 Überprüfung der Normalverteilung: Schiefe, Kurtosis, Kolmogorow-Smirnow- und Shapiro-Wilk-Test

Alle parametrischen Verfahren beinhalten bestimmte Annahmen zur Normalverteilung. Darüber, wie robust bzw. sensitiv inferenzstatistische Verfahren gegenüber Verletzungen der Normalverteilung sind, gehen die Meinungen jedoch weit auseinander (vgl. z.B. Wilcox, 2010). Bei der Darstellung der grafischen Methoden zur Dateninspektion (Abschnitt 8.3.3) haben wir bereits aufgezeigt, wie man visuell abschätzen kann, ob eine Variable normalverteilt ist. Es existieren auch Kennwerte und Tests zur Überprüfung der Normalverteilung. Wie wir unten kurz erklären werden, sind diese jedoch alle wenig geeignet, um tatsächlich eine Überprüfung der Normalverteilung vorzunehmen. Manche Autoren raten auch eher zu einer visuellen Dateninspektion als zur Berechnung solcher Kennwerte bzw. Tests (z.B. Bortz, Lienert & Boehnke, 2008, Kap. 4). Da es in der Psychologie und den Sozialwissenschaften aber nach wie vor eine verbreitete Meinung ist, man solle Normalverteilungsverletzungen mit Tests überprüfen, stellen wir diese hier kurz vor. Fragen Sie aber ggf. Ihren Betreuer, was dieser von solchen Tests hält und ob er deren Durchführung für sinnvoll bzw. notwendig erachtet.

Um Abweichungen einer empirischen Verteilung von einer Normalverteilung anzugeben, kann man Werte für die *Schiefe* (engl. *skewness*) und die *Kurtosis* (die Steilheit) einer Verteilung berechnen (in *SPSS* finden sich diese Optionen unter dem Menüpunkt „Analysieren → Deskriptive Statistiken → Häufigkeiten... → Statistiken..."). Teilt man die Schiefe bzw. Kurtosis durch ihren jeweiligen Standardfehler, der bei diesen Prozeduren ebenfalls ausgegeben wird, erhält man einen standardisierten (z-transformierten) Wert. Ein z-Wert größer als 1.96 gibt, analog zu den obigen Ausführungen, eine signifikante ($p \leq .05$), ein z-Wert größer als 2.58 eine hochsignifikante ($p \leq .01$) Abweichung von einer Normalverteilung (hinsichtlich der Schiefe bzw. Kurtosis) an.

Es existieren ferner zwei Tests, der *Kolmogorow-Smirnow-Test* und der *Shapiro-Wilk-Test*, die dazu gedacht sind, die empirische Verteilung mit einer theoretischen Normalverteilung zu vergleichen. (In *SPSS* sind diese Tests etwas versteckt: Man muss zunächst „Analysieren → Deskriptive Statistiken → Explorative Datenanalyse..." auswählen, dort auf den Button „Diagramme..." klicken und dann das Kästchen für „Normalverteilungsdiagramm mit Tests" aktivieren.) Bei der Interpretation der Tests ist zu beachten, dass man für die Annahme, dass die empirische Verteilung *nicht* von einer Normalverteilung abweicht, die Nullhypothese beibehalten muss. (Sonst möchte man bei Hypothesentestungen i.d.R., dass die Nullhypothese zurückgewiesen wird.) Wird der Test nicht signifikant ($p > .05$), wird die Nullhypothese beibehalten – man geht dann von Normalverteilung aus (diese Schlussfolgerung ist aus theoretischer Sicht problematisch, in der Praxis wird aber trotzdem so verfahren). Wird der Test hingegen signifikant ($p \leq .05$), kann man die Annahme der Normalverteilung nicht aufrechterhalten und muss davon ausgehen, dass die Daten nicht normalverteilt sind.

Das Problem mit diesen Tests (ebenso wie mit den z-Werten für die Schiefe und Kurtosis) ist, dass bei relativ großen Stichproben schon eigentlich unbedeutende Abweichungen von der Normalverteilung als signifikant identifiziert werden – es erfolgt dann also vorschnell eine Ablehnung der Normalverteilungsannahme, obwohl dies nicht gerechtfertigt ist. Bei kleinen Stichproben wiederum werden Abweichungen von der Normalverteilung oft nicht erkannt, das heißt, den Tests mangelt es dann an Teststärke. (Allerdings ist insbesondere der Shapiro-Wilk-Test bereits bei Stichprobenumfängen von $N = 20$ recht sensitiv für viele Formen der Abweichung von einer Normalverteilung.)

Insgesamt kann man festhalten, dass die Verwendung derartiger Tests bzw. z-Werte nicht sehr empfehlenswert ist. Sinnvoller erscheint eine visuelle Inspektion anhand von Histogrammen und Q-Q-Plots – ggf. in Verbindung mit diesen Tests. Wenn Sie dennoch solche Tests berechnen wollen (oder Ihr Betreuer meint, dass Sie dies sollten), sind bei der Interpretation der Testergebnisse die vorgebrachten Bedenken zu deren Aussagekraft zu berücksichtigen.

Wir haben gerade bei Abschlussarbeiten öfters beobachtet, dass Studierende Normalverteilungsvoraussetzungen prüfen und in Fällen, in denen diese leicht verletzt sind, zu nichtparametrischen Auswertungsverfahren übergehen. Dieses Vorgehen ist nachvollziehbar, wird doch von vielen Statistiklehrbüchern zumindest suggeriert, dass man es so machen sollte. Allerdings ist dies nicht immer sinnvoll und die meisten erfahrenen Forscher würden – zu Recht – in solchen Fällen leichter Voraussetzungsverletzungen mit parametrischen Verfahren rechnen. Auf die Frage, wann man sich für ein parameterfreies Verfahren entscheiden sollte, kommen wir in Kapitel 9 zurück.

8.3.5.4 Überprüfung der Varianzhomogenität: Levene-Test

Eine weitere Voraussetzung für viele inferenzstatistische Verfahren ist die erwähnte Varianzhomogenität. Werden – wie beim *t*-Test und der Varianzanalyse – Gruppen miteinander verglichen, wird oft der *Levene-Test* zur Prüfung der Varianzhomogenität verwendet. Wie bei den Tests zur Überprüfung der Normalverteilung wünscht man sich auch beim Levene-Test, dass die Nullhypothese beibehalten wird. Anders formuliert: Man will, dass zwischen den Varianzen der verschiedenen Gruppen *kein* signifikanter Unterschied besteht. Entsprechend teilt dieser Test dieselben Probleme, die in Abschnitt 8.3.5.3 besprochen wurden: Bei großen Stichproben ist der Test übermäßig sensitiv, bei kleinen Stichproben aber wenig teststark.

Es gibt weitere Überlegungen, weshalb der Levene-Test bzw. allgemein die Überprüfung der Varianzhomogenität im Vorfeld anderer Tests wenig sinnvoll ist (vgl. dazu Zimmerman, 2004). So existieren Tests für Gruppenunterschiede (beispielsweise der Welch-Test), die für den Fall ungleicher Varianzen korrigieren, aber auch im Falle von Varianzhomogenität nicht schlechter sind als ein unkorrigierter *t*-Test oder eine unkorrigierte Varianzanalyse. Daher wird empfohlen, immer dann, wenn die *Stichprobengrößen* verschiedener Bedingungen, die miteinander verglichen werden sollen, nicht (nahezu) identisch sind, einen solchen Test durchzuführen, der für ungleiche Varianzen korrigiert, z.B. den Welch-Test (Zimmerman, 2004). In *SPSS* findet sich der Welch-Test unter „Analysieren → Mittelwerte vergleichen → Einfaktorielle Varianzanalyse... → Optionen". Beim *t*-Test für unabhängige Stichproben produziert *SPSS* übrigens zusätzlich zum normalen *t*-Test immer eine weitere Ergebnisausgabe, bei der für Varianzheterogenität korrigiert wurde.

Auch wenn der Levene-Test (wie die Tests auf Normalverteilung) meist wenig sinnvoll ist, sollten Sie im Zweifelsfall Ihren Betreuer fragen, ob er möchte, dass solche Tests zur Überprüfung der vermeintlichen Anwendungsvoraussetzungen vorgenommen und ggf. auch in Ihrer Arbeit berichtet werden. Selbst in einem auf den ersten Blick so exakten Bereich wie der Statistik gehen nämlich die Meinungen darüber, was das beste Vorgehen ist, oft sehr weit auseinander und unterliegen zudem historischen Veränderungen. Je nachdem, wann Ihr Betreuer seine Statistikausbildung genossen und wie intensiv er sich seitdem mit diesen Fragen beschäftigt hat, kann er der Meinung sein, dass Tests auf Normalverteilung wichtig oder nahezu irrelevant sind.

8.4 Umgang mit Ausreißern

Da es für den Umgang mit Ausreißern wichtig ist, zu wissen, wie diese zustande kommen können, gehen wir zunächst auf *Ursachen für Ausreißer* ein. Dabei geben wir auch Entscheidungshilfen, wie man Ausreißer im Allgemeinen behandeln kann (Abschnitt 8.4.1). Für den Fall, dass man sich entschlossen hat, einen Ausreißer nicht zu entfernen, dieser aber trotzdem die Ergebnisse zu verzerren scheint, gibt es verschiedene Möglichkeiten, den *Einfluss des Ausreißers zu reduzieren* – diese behandeln wir in Abschnitt 8.4.2. Die Abschnitte 8.4.3 und 8.4.4 sind zwei speziellen Datenarten gewidmet: *Reaktionszeitdaten* und *Daten aus Online-Fragebögen*. Bei diesen Datenarten haben sich nämlich besondere Vorgehensweisen zur Datenbereinigung etabliert, die wir Ihnen vorstellen wollen.

8.4.1 Ursachen und allgemeine Vorgehensweisen

Die Entscheidung, wie man mit einem als Ausreißer identifizierten Wert umgeht, ist oft schwierig und lässt viel subjektiven Spielraum. Dabei ist immer zu überlegen, wie ein Ausreißer zustande gekommen sein kann, da die Ursache des Ausreißers mitbestimmt, wie man mit ihm verfährt. Gleichwohl verlangt wissenschaftliches Arbeiten, dass Sie Ihr Vorgehen stets begründen können und zudem konsistent verfahren.

In Abbildung 8.10 haben wir versucht, die Entscheidungsfindung zu systematisieren und einen Entscheidungsbaum aufgestellt. Je nach vermuteter Ursache des Ausreißers werden Sie zu anderen Behandlungsweisen geführt. Wie allerdings das unterste Kästchen, in dem vier Möglichkeiten des Umgangs mit Ausreißern aufgeführt sind, erkennen lässt, besteht auch hier noch Spielraum bei der Wahl unter verschiedenen Alternativen.

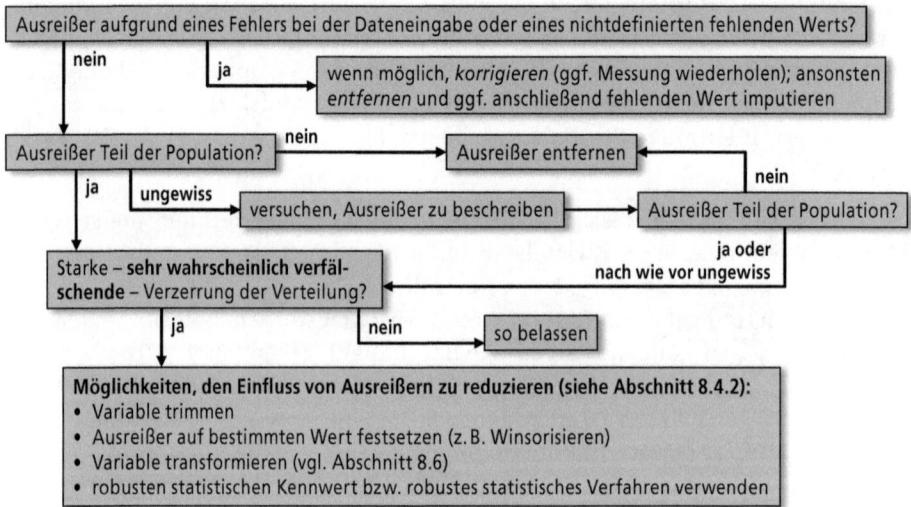

Abbildung 8.10. Entscheidungsbaum für die Behandlung von Ausreißern.

Wir werden im Folgenden die wichtigsten und häufigsten Ursachen von Ausreißern erläutern (vgl. Lück, 2011). Ursachen, die zu fehlerhaften Werten bzw. Ausreißern führen, sind:

1. Fehler bei der Dateneingabe.
2. Code für einen fehlenden Wert (z.B. „999") im Statistikprogramm nicht definiert.
3. Ausreißer gehört nicht zu der Population, aus der man die Stichprobe ziehen will.
4. Ausreißer gehört prinzipiell zur Zielpopulation, stellt aber – zufallsbedingt – einen übermäßig extremen Wert dar.

Die ersten beiden Ursachen sind demjenigen zuzuschreiben, der die Daten kodiert bzw. eingegeben hat. Diese Fehler sind zum Glück meist leicht zu beheben. Schwieriger sind die Ursachen 3 und 4 zu unterscheiden, und die Optionen, die man beim Umgang mit diesen Ausreißern hat, sind vielfältiger. Wir gehen nun nacheinander auf die vier Ursachen ein. Sofern die Behandlung des Ausreißers – wie bei den Ursachen 1 bis 3 – einfach ist, erklären wir diese direkt. Im Falle der vierten Ursache, bei der mehrere Möglichkeiten der Ausreißerbehandlung zur Verfügung stehen, erläutern wir diese Optionen separat in Abschnitt 8.4.2.

Ursache 1: Für den Fall, dass bei der Dateneingabe ein Fehler gemacht wurde, der auch bei der Kontrolle der eingegebenen Daten (vgl. Abschnitt 7.6) nicht entdeckt wurde, sollten Sie zunächst prüfen, ob die korrekten Angaben noch anhand der Originalfragebögen oder sonstiger Datenquellen zu ermitteln sind. Falls dies nicht der Fall ist, sollten Sie die fehlerhafte Eingabe löschen. In Abschnitt 8.5 erklären wir, wie Sie diesen nun fehlenden Wert unter Umständen durch einen Schätzwert ersetzen.

Ursache 2: In Abschnitt 7.6 zur Dateneingabe hatten wir erklärt, dass Sie bei Fragebogendaten vom Probanden nicht beantwortete Items durch einen Code (z.B. „999" oder „–999") als fehlenden Wert kennzeichnen sollten. Wichtig ist, diesen Code auch innerhalb des Statistikprogramms als fehlenden Wert zu definieren. Wurde diese Definierung vergessen, ist es klar, dass die eigentlichen Daten durch die Codes für fehlende Werte stark verzerrt werden. Abhilfe schaffen Sie einfach dadurch, dass Sie die Codes für fehlende Werte nachträglich noch definieren. In *SPSS* können Sie dies in der Variablenansicht in der Spalte „Fehlende Werte" tun. Praktisch ist hier auch die Verwendung des folgenden Syntax-Befehls, mit dem man gleichzeitig für alle Variablen fehlende Werte definieren kann: `missing values all (-999)`.

Ursache 3: Die dritte Ursache, nämlich dass der Ausreißer nicht zur Population gehört, aus der Sie die Stichprobe ziehen wollten, ist komplizierter festzustellen. In dem Beispiel, das wir in Abschnitt 8.2.1 behandelt haben, gab es eine Frau mit 2 000 Sexualpartnern. Wir gehen davon aus, dass mit dieser Untersuchung die Anzahl der „privaten" Sexualpartner von Frauen erfasst werden sollte. Wenn diese Frau nun aber angegeben hat, wie viele Sexualpartner sie im Rahmen ihrer Tätigkeit als Prostituierte hatte, gehört dieser Wert nicht zur Zielpopulation. Bevor Sie diesen Ausreißer löschen, sollten Sie sich allerdings sicher sein, dass es sich bei dieser Frau um eine Prostituierte handelt und sich ihre Angabe auf ihre geschäftlichen Sexualkontakte bezieht. Wenn Sie entschieden haben, dass eine Person nicht der Zielpopulation zuzuordnen ist, sollten Sie übrigens nicht nur einzelne Messwerte dieser Person, sondern all ihre Daten, also „den ganzen Probanden" aus der weiteren Auswertung herausnehmen.

Im *Exkurs: Ausreißer beschreiben* gehen wir darauf ein, wie Sie absichern können, dass ein Ausreißer nicht zu Ihrer Population gehört. Das gelingt aber nur, wenn in Ihrem Datensatz weitere (relevante) Variablen vorhanden sind, die sich zur Beschreibung der Ausreißer heranziehen lassen.

> **Exkurs: Ausreißer beschreiben**
>
> Sofern ein oder mehrere Ausreißer nicht zu der Population gehören, an deren Erfassung Sie eigentlich interessiert sind, ist es sinnvoll, diese zu entfernen. Woran machen Sie aber fest, dass ein Ausreißer nicht zur gewünschten Population gehört? Das Vorgehen besteht darin, zu untersuchen, ob sich der oder die Ausreißer auch hinsichtlich weiterer Variablen von den anderen Fällen unterscheiden. Bei kleinen Datensätzen (wenige Fälle und wenige Variablen) mag es genügen, sich die Daten genau anzuschauen und nach Auffälligkeiten zu suchen. Wenn Sie also in der Erhebung zur Anzahl der Sexualpartner auch nach dem Beruf der Frauen gefragt haben, könnten Sie nachschauen, ob es sich bei dem Ausreißer mit 2 000 Sexualpartnern um die einzige Person handelt, die bei Beruf „Prostituierte" angegeben hat. Auch die Notizen, die Sie während der Datenerhebung zu Störungen und Auffälligkeiten gemacht haben (vgl. Abschnitt 7.5.2), können Sie nun heranziehen, um das Zustandekommen von Ausreißern zu erklären: Der alkoholisierte Proband bei einem Experiment gehört genauso wenig zu Ihrer Zielpopulation wie derjenige, bei dessen Erhebung eine externe Störung den Ablauf stark beeinflusst hat.
>
> Bei Datensätzen mit vielen Fällen und vielen Variablen können statistische Verfahren herangezogen werden, um Ausreißer zu beschreiben. Im Prinzip geht es dabei darum, Variablen zu finden, welche die Ausreißer von den übrigen Werten separieren. Das funktioniert so, dass Sie eine Dummy-Variable einführen, auf der alle Ausreißer eine „1" und alle übrigen Werte eine „0" erhalten. Nun können Sie mittels Diskriminanzanalyse oder logistischer Regression diejenigen Variablen identifizieren, mittels derer sich die beiden Gruppen statistisch unterscheiden lassen. Somit erhalten Sie Aufschluss, wodurch sich die Ausreißer – neben ihrem extremen Wert auf der Variable, hinsichtlich derer sie Ausreißer sind – auszeichnen.

Dass ein Proband nicht zur Zielpopulation gehört, ist übrigens auch dann der Fall, wenn der Proband etwas falsch verstanden und deshalb unsinnige Werte produziert hat. Gelegentlich vertauschen Probanden z.B. die Polung einer Antwortskala und geben somit Antworten, die ihrer eigentlichen Intention entgegengesetzt sind. Probanden können aber auch absichtlich unsinnige Werte erzeugen, weil sie sich einen Spaß erlauben oder die Untersuchung boykottieren wollen. Derartige Fälle repräsentieren in aller Regel nicht die Zielpopulation, auf die Sie Ihre Befunde verallgemeinern wollen. Daher ist es unproblematisch, den oder die betroffenen Ausreißer zu löschen.

Leider lässt sich oft nicht eindeutig entscheiden, ob ein Ausreißer zur Zielpopulation gehört oder nicht. Wenn Sie zu dem Schluss kommen, dass es zumindest ungewiss ist, ob der Ausreißer nicht doch Teil der Zielpopulation ist, sollten Sie den Ausreißer nicht sofort entfernen. Stattdessen sollten Sie so verfahren, wie für Ursache 4 bzw. wie in Abschnitt 8.4.2 dargestellt.

Ursache 4: Für normalverteilte Merkmale gilt, dass bei einer genügend großen Grundgesamtheit auch auf natürliche Weise sehr extreme Werte vorkommen müssen. Nehmen wir dazu das Beispiel der Körpergröße von Frauen. Angenommen, erwachsene Frauen haben eine durchschnittliche Körpergröße von $M = 167$ cm bei einer Standardabweichung von $SD = 7$ cm. Geht man von einer perfekten Normalverteilung aus, wäre etwa jede 3.5-millionste Frau 202 cm groß oder größer. Wenn etwa 3 Milliarden erwachsene Frauen auf der Welt leben, sollte es über 850 so große Frauen geben. Ziehen Sie nun eine Zufallsstichprobe von 15 Frauen aus der Grundgesamtheit, wäre es zwar sehr unwahrscheinlich, aber eben nicht unmöglich, dass darunter eine 202 cm große Frau ist. Bei der relativ geringen Stichprobengröße von 15 Probanden würde dieser eine Extremwert die Verteilung bereits merklich verzerren.

Die 202 cm große Frau in Ihrer Stichprobe gehört also durchaus zur beabsichtigten Population, daher wäre es kritisch, diesen Wert einfach zu entfernen. Um seinen verzerrenden Einfluss zu reduzieren, gibt es aber verschiedene Möglichkeiten, auf die wir genauer im folgenden Abschnitt eingehen. Die dort dargestellten Verfahren sind auch dann zu verwenden, wenn ungewiss ist, ob einem Ausreißer Ursache 3 oder Ursache 4 zugrunde liegt.

8.4.2 Möglichkeiten zur Reduktion des Einflusses von Ausreißern

Daten, die Teil der Population sein können, sollte man nicht ohne Weiteres löschen, wenngleich dies in Einzelfällen – und wenn es in der schriftlichen Arbeit adäquat dokumentiert wird – auch gerechtfertigt sein kann. Die erste Methode, das Trimmen von Variablen (Abschnitt 8.4.2.1), fällt eigentlich in die Kategorie „Ausreißer löschen" und wird von uns nicht empfohlen. Der Systematik und Vollständigkeit wegen beginnen wir aber mit der Darstellung dieses Verfahrens. Sinnvoller ist es zumeist, lediglich den Einfluss von Ausreißern zu reduzieren. Dies wird mit der Methode in Abschnitt 8.4.2.2 – dem Winsorisieren – versucht, bei der extreme Werte durch weniger extreme Werte ersetzt werden. Auch dieses Verfahren ist nicht generell zu empfehlen, mag aber in bestimmten Situationen, die wir später noch behandeln, angebracht sein. Die Methode der Variablentransformation (Abschnitt 8.4.2.3) wird sehr unterschiedlich bewertet, in der Forschungspraxis jedoch eher selten angewandt. (Ausführlicher erörtert wird dieses Verfahren in Abschnitt 8.6.) Theoretisch sinnvoll ist die Verwendung robuster Kennwerte und Testverfahren, deren Ergebnisse wenig von Ausreißern beeinflusst werden (Abschnitt 8.4.2.4). Die als besonders sinnvoll zu bewertenden Bootstrap-Verfahren sind in der Forschungspraxis aber bisher wenig verbreitet und auch in der Durchführung eher komplex.

Wir konzentrieren uns in diesem Kapitel auf univariate Ausreißer. Bi- bzw. multivariate Ausreißer sind wesentlich schwieriger zu behandeln. Selbst theoretisch vielversprechende Ansätze wie die Verwendung robuster Verfahren (z.B. der Einsatz der Rangkorrelation statt der Pearson-Korrelation) führen bei bi- und multivariaten Ausreißern nicht immer zum gewünschten Erfolg.

8.4.2.1 Variable trimmen

Variablen zu trimmen, gehört nicht zu den Vorgehensweisen, die wir generell empfehlen würden. Da dieses Vorgehen jedoch recht verbreitet ist, stellen wir es hier der Vollständigkeit halber vor. Bei bestimmten Daten, beispielsweise bei Reaktionszeitdaten (vgl. Abschnitt 8.4.3), kann Trimmen allerdings durchaus angebracht sein.

Mit Trimmen ist gemeint, dass die Werte ihrer Größe nach geordnet und alle Werte über bzw. unter einer festzusetzenden oberen bzw. unteren Schwelle gelöscht werden. Der Einfluss dieser Werte wird somit nicht nur vermindert, sondern ganz eliminiert. Die Regeln, nach denen man trimmen kann, wurden teilweise bereits in Abschnitt 8.3.5.1 besprochen: Beliebt ist es, Werte zu entfernen, die mehr als 2.0, 2.5 oder 3.0 Standardabweichungen vom Mittelwert abweichen – dass dies insbesondere bei schiefen Verteilungen kein sinnvolles Verfahren ist, haben wir dort erläutert. Eine bessere Methode ist es, sich am Median zu orientieren und mittels eines Vielfachen der *MAD* ein Intervall um den Median festzulegen, das die Grenzen angibt, ober- und unterhalb derer man Werte löscht. Dass dies allerdings auch dazu führen kann, dass Werte gelöscht werden, die inhaltlich erhaltenswert erscheinen, wurde in Abschnitt 8.3.5.1 demonstriert.

Eine weitere übliche Variante des Trimmens besteht darin, an beiden Enden der Verteilung einen festen Prozentsatz von Werten zu entfernen. Verbreitet ist es, an jedem Ende 5, 10 oder 20 Prozent der Werte zu entfernen. Ein 20% getrimmter Mittelwert bedeutet also, dass von beiden Enden der Verteilung jeweils die 20% größten bzw. kleinsten Werte abgeschnitten werden und von den verbleibenden Werten der Mittelwert gebildet wird. Der Median ist übrigens eine Extremform des Trimmens: Wenn man um (fast) 50% trimmt, entspricht dieser getrimmte Mittelwert dem Median.

Abbildung 8.11 zeigt anhand der Daten aus dem Sexualpartner-Beispiel (Abschnitt 8.2.1) wie sich eine Trimmung um 5, 10 bzw. 20 Prozent auf den Mittelwert und die Standardabweichung der Verteilung auswirkt. Beachtenswert ist vor allem, wie der Mittelwert immer weiter zum Median (in diesem Fall dem Wert 5) hin konvergiert und die Standardabweichung immer kleiner wird. Während ein getrimmter Mittelwert von etwa 5 gut beschreibt, wie viele Sexualpartner die meisten Frauen hatten, ist es nicht so, dass die Standardabweichung der getrimmten Verteilungen die wahre Streuung in der Population realistisch repräsentiert. Im Gegenteil, es geht z.B. bereits bei einer 10%igen Trimmung die Information verloren, dass es Frauen gab, die keinen oder nur einen Sexualpartner hatten. Aufgrund der Daten einer 20%igen Trimmung würde man fälschlich annehmen, dass über 95% aller Frauen zwischen 2 und 8 Partner hatten – tatsächlich trifft dies in der Stichprobe aber nur auf 80% der Frauen zu.

Art der Ausreißer-behandlung	Stelle der geordneten Verteilung											Verteilungs-kennwerte	
	1. ... 5.	6. ... 10.	11. ... 20.	21. ... 50.	51. ... 80.	81. ... 90.	91. ... 95.	96. ... 100.				M	SD
vollständige Verteilung	0 ... 1	2 ... 2	2 ... 3	3 ... 5	5 ... 8	8 ... 9	10 ... 12	15 ... 2000				25.88	199.48
5% getrimmte Verteilung		2 ... 2	2 ... 3	3 ... 5	5 ... 8	8 ... 9	10 ... 12					5.28	2.41
10% getrimmte Verteilung			2 ... 3	3 ... 5	5 ... 8	8 ... 9						5.13	1.93
20% getrimmte Verteilung				3 ... 5	5 ... 8							5.00	1.33
5% winsorisierte Verteilung	2 ... 2	2 ... 2	2 ... 3	3 ... 5	5 ... 8	8 ... 9	10 ... 12	**12 ... 12**				5.45	2.83
10% winsorisierte Verteilung	2 ... 2	2 ... 2	2 ... 3	3 ... 5	5 ... 8	8 ... **9**	**9 ... 9**	**9 ... 9**				5.20	2.34
20% winsorisierte Verteilung	**3 ... 3**	**3 ... 3**	**3 ... 3**	3 ... 5	5 ... 8	**8 ... 8**	**8 ... 8**	**8 ... 8**				5.20	1.91

Abbildung 8.11. Auswirkungen von 5-, 10- und 20-prozentigem Trimmen bzw. Winsorisieren auf den Mittelwert und die Standardabweichung der Verteilung. Die winsorisierten Werte sind fett gedruckt. (Die Werte der Verteilung sind dem Beispiel in Tabelle 8.1 entnommen.)

Getrimmte Verteilungen sind also für die Schätzung der zentralen Tendenz brauchbar, aber nicht für die Schätzung der Streuung. Da die Ergebnisse parametrischer Testverfahren stark von der Streuung der Variablen beeinflusst werden, würde es oft zu verfälschten Resultaten – nämlich zu einer zu liberalen Annahme der Alternativhypothese – führen, wenn man eine Verteilung stark trimmt und anschließend parametrische Tests z. B. zu Mittelwertsunterschieden durchführt. Auch die Effektstärken von Mittelwertsdifferenzen (z. B. Cohens d) können durch eine Trimmung überschätzt werden.

8.4.2.2 Ausreißer auf bestimmten Wert festsetzen (Winsorisieren)

Wenn man die Werte an den Rändern der Verteilung nicht gänzlich löschen, sondern ihnen nur ein geringeres Gewicht beimessen möchte, besteht die Möglichkeit, diese extremen Werte durch weniger extreme Werte zu ersetzen. Die Idee ist, dass man einen Ausreißer damit nicht so behandelt, als wäre er gar nicht vorhanden gewesen, sondern einen für die Verteilung sehr unrepräsentativen Wert durch einen repräsentativeren ersetzt.

Dies lässt sich gut an dem obigen Beispiel der Körpergröße verdeutlichen. Wir hatten in einer Stichprobe von 15 Frauen die Körpergröße erfasst. In dieser Stichprobe befand sich auch eine 202 cm große Frau, was ein sehr unwahrscheinliches Ereignis ist, da die Prävalenz so großer Frauen in der Bevölkerung bei lediglich 0.00029‰ liegt. Um den verzerrenden Einfluss der 202 cm auf die Verteilungskennwerte zu reduzieren, aber diesen Extremwert nicht gänzlich zu entfernen, könnte man die 202 cm auf einen anderen Wert festsetzen. Wenn die zweitgrößte

Frau in der Stichprobe 178 cm groß war, könnte man beispielsweise diesen Wert plus 5 cm (also 183 cm) als neuen Wert statt der 202 cm festlegen. Der Ausreißer bleibt erhalten, aber sein (verzerrender) Einfluss wird reduziert. Darüber hinaus verdeutlicht dieses Beispiel, dass ein solches Vorgehen in erheblichem Maße willkürlich ist: Warum wurde gerade ein Wert von 5 cm über der Größe der zweitgrößten Frau der Stichprobe gewählt? Warum nicht 2 oder 10 cm?

Ein Verfahren, das klarere Regeln vorgibt, ist das sogenannte *Winsorisieren*. Dabei wird ein als Ausreißer definierter Wert auf denjenigen Wert gesetzt, der diesem am nächsten ist, aber noch keinen Ausreißer darstellt. Im obigen Beispiel hätte man dann der 202 cm großen Frau einen Wert von 178 cm zugewiesen, also die Größe der zweitgrößten Frau, sofern diese keinen Ausreißer in der Verteilung darstellt.

Die Methoden des Trimmens und des Winsorisierens lassen sich auch derart kombinieren, dass eine bestimmte Anzahl von Werten an den Rändern der Verteilung abgeschnitten und durch den jeweils nächsten, nicht abgeschnittenen Wert ersetzt wird. Dies ist in der unteren Hälfte von Abbildung 8.11 veranschaulicht. Wie bei den getrimmten Mittelwerten konvergiert der Mittelwert der winsorisierten Verteilungen zum Wert 5, wenngleich nicht ganz so schnell wie bei den getrimmten Mittelwerten. Wichtiger ist aber, dass die Standardabweichungen noch ein besseres Bild der wahren Verteilung geben und nicht so schnell abfallen wie bei den getrimmten Mitteln. Außerdem gehen bei dieser Methode keine Probanden gänzlich verloren.

Ob eine Winsorisierung inhaltlich sinnvoll ist, muss im Einzelfall entschieden werden. Im vorliegenden Beispiel der Anzahl der Sexualpartner kann man wohl sagen, dass die Verteilungskennwerte der 5 % winsorisierten Verteilung die Realität in der Grundgesamtheit besser abbilden als die der vollständigen Verteilung. Allerdings führt in diesem Beispiel eine noch umfangreichere Winsorisierung (um 10 oder 20 %) nicht zu einer weiteren Verbesserung, sondern eher zu einer Verschlechterung dahingehend, dass die dann erhaltenen Kennwerte die Realität weniger gut widerspiegeln. In der Forschungspraxis wird die Ersetzung von Ausreißern durch einen festgelegten oberen Wert vor allem bei Reaktionszeitdaten verwendet (vgl. Abschnitt 8.4.3).

8.4.2.3 Variable transformieren

Wie mehrfach angesprochen, ist Normalverteilung ein erwünschtes Charakteristikum von Daten. Ausreißer bzw. Extremwerte führen dazu, dass Variablen nicht mehr normalverteilt sind, da sie das Verteilungsende (den Schwanz der Verteilung) in die Länge ziehen. Neben der direkten Behandlung von einzelnen Ausreißern kann man auch alle Werte einer Datentransformation unterziehen. Diese führt dazu, dass Ausreißer mehr zur Mitte der Verteilung herangezogen werden und somit zumindest weniger extrem von den übrigen Werten abweichen.

Datentransformation wird ferner verwendet, um schiefe Verteilungen zu *normalisieren*, also gerade zu rücken. Darüber, wie sinnvoll Datentransformation ist, gehen die Meinungen auseinander (vgl. z. B. Bortz et al., 2008, S. 82 und Tabachnick & Fidell, 2013, Kap. 4). Wir behandeln die Vor- und Nachteile der Datentransformation sowie das technische Vorgehen ausführlicher in Abschnitt 8.6 im Kontext des Umgangs mit nichtnormalverteilten Daten. Auch wer Datentransformation verwenden möchte, um den Einfluss von Ausreißern zu reduzieren, sei auf diesen Abschnitt verwiesen.

8.4.2.4 Robuste statistische Kennwerte und nichtparametrische Testverfahren

Sicherlich haben Sie im Rahmen Ihrer Statistikausbildung gelernt, dass es statistische Kennwerte und Testverfahren gibt, die robust gegenüber Ausreißern sind, deren Ergebnisse also nicht durch wenige, extreme Werte beeinflusst werden. Hier ist insbesondere der Median zu nennen. Weitere robuste Schätzer der zentralen Tendenz sind die in Abschnitt 8.4.2.1 dargestellten getrimmten Mittelwerte. Auch die sogenannten M-Schätzer fallen in diese Kategorien: Hier gehen die Werte der Verteilung unterschiedlich stark gewichtet in einen Mittelwert ein, je nachdem, wie weit sie von der Mitte der Verteilung entfernt liegen.

Zu beachten ist, dass nach einer Entscheidung für robuste Kennwerte auch nicht mehr die üblichen parametrischen Verfahren verwendet werden können, sondern ebenfalls parameterfreie bzw. robuste Testverfahren herangezogen werden müssen. Einige solche Verfahren werden Sie vermutlich aus Ihrer Statistikausbildung kennen, etwa den Mann-Whitney-U-Test und den Kruskal-Wallis-Test für Verteilungsunterschiede oder Spearmans Rho und Kendalls Tau als Rangkorrelationskoeffizienten für Zusammenhänge. Solche Tests sind auch u. a. in *SPSS* implementiert. Ein Nachteil dieser Verfahren ist, dass sie sich oft nur für wenig komplexe Untersuchungsdesigns eignen (vgl. Abbildung 9.2).

Daneben gibt es eine Reihe weiterer robuster Verfahren – die sogenannten *Bootstrap-Methoden* –, die erst seit den späten 1970er Jahren entwickelt wurden, da für diese Verfahren relativ schnelle Computer erforderlich sind. Bootstrapping beruht darauf, dass die vorhandene Stichprobe wie eine Grundgesamtheit behandelt wird, aus der wiederholt gleich große Stichproben gezogen werden. Wir können hier keine statistischen Details vertiefen, aber die Grundidee ist, dass man von jeder neu gezogenen Stichprobe beispielsweise den Mittelwert berechnet. Zieht man ausreichend viele, z. B. 1 000 Stichproben, erhält man eine Verteilung der Mittelwerte, anhand derer man die Varianz des Mittelwerts abschätzen kann. Dies erlaubt im nächsten Schritt auch inferenzstatistische Aussagen, beispielsweise über Mittelwertsunterschiede. Bootstrap-Methoden lassen sich auch für die Untersuchung von Zusammenhängen, also z. B. für Korrelationen und (multiple) Regressionen anwenden.

Bisher wird Bootstrapping in der Statistikausbildung eher selten gelehrt und die Wahrscheinlichkeit, dass sich auch Ihr Betreuer mit diesen Verfahren noch nicht gut auskennt, ist relativ hoch. Folglich wird er von Ihnen kaum die Verwendung solcher Methoden erwarten. Aus wissenschaftlicher Sicht sind die Bootstrapping-Verfahren jedoch sehr vielversprechend.

In *SPSS* wird inzwischen für viele Testverfahren zusätzlich eine Bootstrap-Option angeboten. Diese werden in dem Statistikbuch von Field (2013) erläutert. Um alle Möglichkeiten des Bootstrappings nutzen zu können, muss man aber oft auf andere Programme wie *R* zurückgreifen. Die Anwendung von Bootstrap-Methoden mit *R* wird von Field et al. (2012) sowie von Wilcox (2012a, 2012b) dargestellt. Falls Sie solche Methoden verwenden wollen, sollten Sie sich aber auf eine intensive Einarbeitungszeit nicht nur in die Bootstrap-Methode, sondern auch in *R* einstellen. In Kapitel 9 werden wir noch einmal auf robuste Testverfahren zurückkommen.

8.4.3 Spezialfall Reaktionszeitdaten

Für Reaktionszeiten gelten generell die bisher zu Ausreißern getroffenen Aussagen. Allerdings weisen Reaktionszeiten gegenüber Fragebogen- und Testdaten einige Besonderheiten auf, die wir näher betrachten wollen. So kommen bei Fragebogen- und Testdaten Ausreißer oft nur sehr vereinzelt vor, weshalb eine Ausreißerbereinigung gar nicht in jedem Fall erforderlich ist, auch wenn stets eine sorgfältige Dateninspektion erfolgen sollte.

Bei Reaktionszeitdaten ist dies meist anders: Gerade dann, wenn viele Reaktionen erfasst wurden, gibt es bei fast jeder Person Reaktionszeiten, die bereinigt werden sollten. Wir veranschaulichen das an einer Aufgabe, die die Anforderungen einer Reizentdeckung und einer sogenannten Wahlreaktion verbindet. Die experimentelle Computeraufgabe besteht darin, dass ein gelber, roter oder blauer Punkt irgendwo auf dem Computerbildschirm auftaucht und der Proband so schnell wie möglich eine von drei Tasten, die den jeweiligen Farben zugeordnet sind, drücken muss. (Die Anforderung besteht also darin, den Punkt zu entdecken und in Abhängigkeit von dessen Farbe die richtige Taste zu wählen.) Dabei wird jede Farbe 200 Mal gezeigt und das Experiment mit insgesamt 120 Probanden durchgeführt. Die Hypothese dieser Untersuchung ist, dass die Reaktionen auf Punkte in Rot schneller sind als diejenigen auf Punkte in blauer bzw. gelber Farbe, da Rot über eine besondere Signalwirkung verfügt.

Für die Auswertung sind nur valide Reaktionszeiten interessant, also Reaktionszeiten, die auf im Sinne der Fragestellung gültigen und repräsentativen Reaktionen beruhen. Deshalb müssen zunächst diejenigen Reaktionen gelöscht werden, bei denen eine falsche Taste gedrückt wurde (also z.B. bei einem gelben Punkt die Taste für Blau). Das Entfernen der Zeiten fehlerhafter Reaktionen wird manchmal vergessen, ist aber ein entscheidender Schritt vor der eigentlichen Datenauswertung.

Darüber hinaus gibt es weitere invalide Reaktionszeiten, nämlich Ausreißer, die nicht zur Zielpopulation der gültigen Reaktionen gehören. Das können sehr schnelle Reaktionen sein, die – versehentlich oder absichtlich – eingeleitet wurden, bevor der Reiz bewusst wahrgenommen wurde. Es können aber ebenso sehr langsame Reaktionen sein, bei denen eine Störung aufgetreten ist – vielleicht musste der Proband niesen oder hatte einen Hustenanfall. Vielleicht gab es aber auch eine Störung von außen (jemand ist in den Erhebungsraum gekommen oder es gab ein lautes Geräusch, das den Probanden erschreckt hat) oder der Proband war durch etwas anderes abgelenkt. Wir kommen darauf zurück, dass es meist schwierig ist, zu entscheiden, ab wann eine Reaktionszeit zu lang ist, um noch valide zu sein.

Eine der Besonderheiten von Reaktionszeiten ist nun, dass es von Proband zu Proband variiert, was noch eine valide und was eine nicht mehr valide – durch Störungen kontaminierte – Reaktion ist. So kann es sein, dass bei einer generell sehr schnell reagierenden Person A gültige Reaktionszeiten zwischen 300 und 1 000 ms liegen. Bei einer anderen, langsameren Person B liegen gültige Reaktionszeiten möglicherweise im Bereich von 400 bis 1 500 ms. Würde man nun als oberen Cut-off-Wert 1 200 ms festsetzen, also längere Reaktionszeiten löschen, entsteht das Problem, dass man valide Reaktionen von Person B löscht und gleichzeitig invalide Reaktionen von Person A beibehält. Idealerweise sollte man daher für jede Person und jede Versuchsbedingung individuelle Cut-off-Werte zur Ausreißerbereinigung festlegen. Allerdings lassen sich nur bei relativ vielen (über 20) Reaktionen je Proband und Versuchsbedingung zuverlässig individuelle Cut-off-Werte bestimmen. Eine Alternative besteht darin, individuell getrimmte Mittelwerte zu verwenden. Das heißt, man könnte separat für jede Person und Bedingung z. B. die 5 % schnellsten und langsamsten Reaktionen entfernen. Wir erläutern dieses Vorgehen weiter unten ausführlicher.

Eine weitere Besonderheit ist die Form von Reaktionszeitverteilungen. Abbildung 8.12 zeigt reale Reaktionszeitdaten. Man erkennt, dass die Verteilungskurve linkssteil ist, also sehr schnell ansteigt und dann relativ langsam abfällt, wobei Reaktionen bis etwa 7 000 ms vorkommen. Es spricht einiges dafür, davon auszugehen, dass Reaktionszeiten generell nicht normalverteilt sind, sondern z. B. einer sogenannten *exponentiell modifizierten Gauß-Funktion* folgen (engl. *ex-Gaussian distribution*; erstmalig so bezeichnet von Burbeck & Luce, 1982; vgl. z. B. auch Van Zandt, 2002; Whelan, 2008). Eine exponentiell modifizierte Gauß-Funktion setzt sich aus der Überlagerung einer Normalverteilung (der Gauß-Funktion) und einer exponentiellen Verteilung zusammen, wobei letztere mit einem recht hohen Wert anfängt und dann nach rechts hin abfällt, allerdings deutlich langsamer, als dies bei einer Normalverteilung der Fall ist. Dadurch kommt der lange Schwanz der Reaktionszeitverteilung zustande.

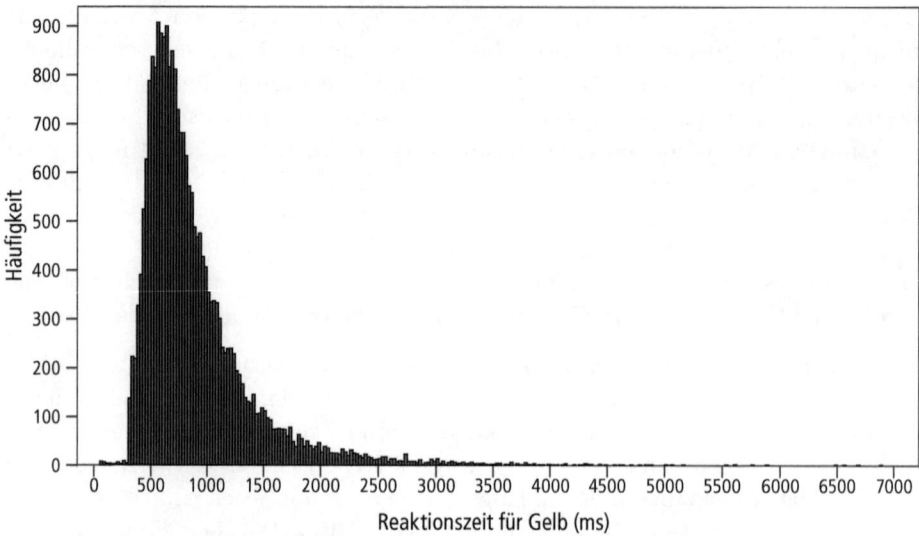

Abbildung 8.12. Verteilung der Reaktionszeiten (in Millisekunden) für die korrekte Erkennung der gelben Punkte.

Wichtig bei dieser Überlegung ist, dass die in dem langen Schwanz enthaltenen Werte keineswegs nur Ausreißer darstellen (auch wenn solche darunter sein können), sondern dass sich hierin durchaus valide Reaktionen befinden. Manche Unterschiede zwischen Gruppen oder Bedingungen könnten sich ausschließlich durch Unterschiede in diesem Verteilungsschwanz (und nicht durch Unterschiede in der Normalverteilungs-Komponente) manifestieren. Wir wollen diesen wichtigen Aspekt an einem Forschungsbeispiel verdeutlichen. Hervey und Kollegen (2006) haben eine Reaktionszeitstudie mit aufmerksamkeitsgestörten Kindern (ADHS-Gruppe) sowie unauffälligen Kindern (Kontrollgruppe) durchgeführt. Die Kinder mussten eine Go-/no-go-Aufgabe bearbeiten. Dabei wurden einzelne Buchstaben jeweils für 250 ms auf einem Monitor gezeigt, und die Kinder sollten stets bei Erscheinen des Buchstabens so schnell wie möglich die Leertaste drücken (Go-Bedingung), außer wenn es sich bei dem Buchstaben um ein X handelte – dann sollten sie nichts tun (No-go-Bedingung). Die Aufgabe bestand aus 360 Durchgängen, wobei die Interstimulus-Intervalle blockweise zwischen 1 und 4 Sekunden variierten.

Die mittlere Reaktionszeit der ADHS-Kinder lag bei $M = 452.0$ ms, die der Kontrollgruppe bei $M = 412.3$ ms. Insgesamt waren die ADHS-Kinder signifikant langsamer in ihren Reaktionen als die Kontrollgruppe. Spaltet man die Reaktionszeitverteilungen der beiden Gruppen jedoch mit speziellen statistischen Verfahren in die Komponenten einer *exponentiell modifizierten Gaußverteilung* auf, erhält man den in Abbildung 8.13 veranschaulichten Befund. In der Normalverteilungskomponente der Gesamtverteilung zeigen die ADHS-Kinder signifikant schnellere Reaktionen ($\mu = 296$ ms) als die Kontrollgruppe ($\mu = 319$ ms). In der zusätzlichen Exponentialverteilungskomponente sind die ADHS-Kinder (τ = 229 ms) jedoch deutlich langsamer als die Kontrollgruppe (τ = 144 ms). Dies lässt sich inhaltlich plausibel erklären: ADHS-Kinder sind durchaus in der Lage, schnell – teilweise sogar schneller als die Kontrollgruppe – zu reagieren. Allerdings sind ADHS-Kinder auch anfälliger für Unaufmerksamkeit und gegenüber Ablenkungen. Daher haben sie mehr verlängerte Reaktionszeiten und, wie die Verteilungskurven in Abbildung 8.13 verdeutlichen, insgesamt eine breiter streuende Reaktionszeitverteilung.

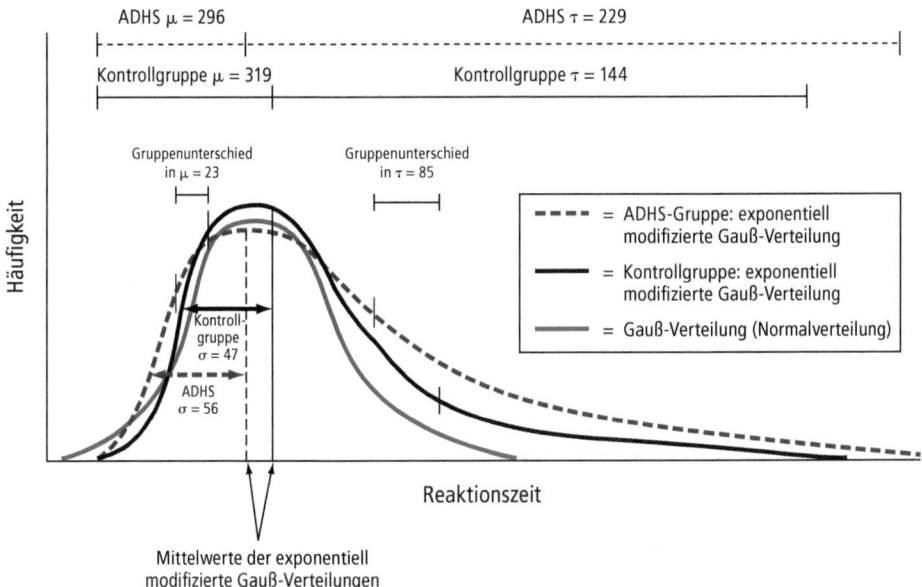

Abbildung 8.13. Reaktionszeitdatenverteilung (Angaben in Millisekunden) in einer Go-/no-go-Aufgabe von Hervey et al. (2006) bei Annahme exponentiell modifizierter Gaußverteilungen für Kinder mit ADHS und für die Kontrollgruppe. (Abbildung übernommen und übersetzt aus Hervey et al., 2006, S. 133)

Der Unterschied im rechten Schwanz der Verteilung ist dabei für die Charakterisierung der Reaktionszeiten von ADHS- und Kontrollkindern aussagekräftiger als der Unterschied im Gesamtmittelwert. Außerdem wird klar, dass ein Trimmen des rechten Schwanzes der Verteilung dazu führen würde, dass bedeutsame Unterschiede zwischen den Gruppen nivelliert, also valide und für die Überprüfung der Hypothesen wichtige Informationen entfernt werden.

Wir wollen an dieser Stelle nicht dafür plädieren, dass Sie Ihre Reaktionszeitdaten wie Hervey et al. (2006) mittels Modellierung von exponentiell modifizierten Gaußverteilungen analysieren: Dieses Vorgehen ist komplex, erfordert spezielle Software und ist noch keineswegs etabliert – im Rahmen einer studentischen (Abschluss-)Arbeit wird wohl niemand so etwas von Ihnen erwarten. Es gibt zudem Stimmen, welche die Annahme einer modifizierten Gaußverteilung für Reaktionszeitdaten für theoretisch nicht angemessen halten (Sternberg, 2014). Das Beispiel sollte illustrieren, dass auch im Schwanz von Reaktionszeitverteilungen wichtige Informationen stecken können. Sorgloses Trimmen solcher Daten kann folglich Ergebnisse verfälschen.

Wie sollten Sie also nun bei der Ausreißerbereinigung von Reaktionszeitdaten verfahren? Wir stellen Ihnen zunächst das von uns empfohlene Vorgehen anhand des Beispielexperiments mit den verschiedenfarbigen Punkten dar. Anschließend geben wir einen Überblick über weitere gebräuchliche Methoden und bewerten diese.

Zunächst sollten Sie sich – getrennt für die drei Farben – über alle Probanden hinweg die Verteilung der Reaktionszeiten mittels eines Histogramms darstellen lassen. Das Histogramm für die gelben Punkte sehen Sie in Abbildung 8.12 auf Seite 280. Dabei fallen zwei Umstände auf: (a) Obwohl nur sehr wenige Reaktionen langsamer als 3 500 ms sind, treten vereinzelt Reaktionen mit Zeiten bis zu 7 000 ms auf. (b) Bei ca. 300 ms erfolgt ein steiler Anstieg der Reaktionszeitkurve (man erkennt einen deutlichen Knick in der Kurve). Unterhalb von 300 ms gibt es keinen langsamen Abfall der Reaktionszeitkurve, sondern eher eine Gleichverteilung.

Das deutet darauf hin, dass Reaktionszeiten kürzer als 300 ms keine validen Reaktionen darstellen, sondern durch vorzeitiges Drücken bzw. Raten zustande gekommen sind (also die Reaktion eingeleitet wurde, bevor der Reiz überhaupt wahrgenommen wurde). Um diese Vermutung zu unterstützen, sollten Sie betrachten, ab welcher Reaktionszeit die Reaktionen überzufällig korrekt waren. Da in unserem Beispiel drei Tasten (für drei Farben) zur Wahl standen, ist bei einem zufälligen Drücken eine Trefferrate von 0.33 zu erwarten. Wenn im Bereich von 270 bis 299 ms die Trefferrate bei 0.35, im Bereich von 300 bis 329 ms bei 0.57 und im Bereich von 330 bis 359 ms bei 0.87 lag, dann wäre es legitim, zu schlussfolgern, dass bei Reaktionszeiten unterhalb von 300 ms nur Zufallstreffer vorhanden waren. Der Bereich von 300 bis 329 ms wäre eine Grauzone, in der ein Teil der Treffer Zufallstreffer sind, einige aber auch schon valide Reaktionen darstellen (sonst könnte die Trefferrate nicht bedeutsam größer als 0.33 sein). Diese Beobachtungen rechtfertigen es, Werte unterhalb von 300 ms zu entfernen.

Zusätzlich sollte man sich überlegen, was die theoretisch kürzeste gültige Reaktionszeit sein kann. So ist aus der Literatur bekannt (z. B. Luce, 1986), dass die optische oder akustische Wahrnehmung und die motorische Reaktion auf einen einzelnen Reiz (z. B. das Aufleuchten einer Lampe oder das Erklingen eines Tones) mindestens 100 ms beanspruchen. Bei der Aufgabe in unserem Experiment kommt aber hinzu, dass nicht nur der Reiz erkannt werden muss, sondern zusätzlich zu entscheiden ist, um welche Farbe es sich handelt (es ist also eine zusätzliche Reizdiskrimination gefordert), und anschließend muss die richtige der drei Tasten ausgewählt werden (Entscheidungsprozess). Man kann davon ausgehen, dass diese zusätzlichen kognitiven Prozesse mindestens 150 ms benötigen. Bei Reaktionen mit Reaktionszeiten unterhalb von 250 ms ist folglich anzunehmen, dass die motorische Reaktion bereits gestartet wurde, bevor die Farbe des Punktes überhaupt wahrgenommen war. Aus inhaltlichen Überlegungen heraus erscheint es somit sinnvoll, zumindest alle Reaktionszeiten kleiner als 250 ms aus dem Datensatz zu entfernen, da diese nicht für valide Reaktionen stehen können.

Je nachdem, wie konservativ oder liberal Sie hinsichtlich der Ausreißerbereinigung vorgehen wollen, wäre es in unserem Beispiel in jedem Falle legitim, Reaktionszeiten unterhalb von 250 ms zu entfernen. Einiges spricht dafür, dass sogar Reaktionszeiten kleiner als 300 ms entfernt werden sollten. Wenn Sie alle Reaktionen kürzer 300 ms entfernen, sind davon lediglich 0.175 % der Werte betroffen – also ein sehr geringer Anteil.

Am anderen Ende der Verteilung ist meist weniger eindeutig, was die maximale Reaktionszeit ist, bei der man noch von validen Reaktionen ausgehen kann. Vielleicht sind schon Reaktionen von 1 500 oder 2 000 ms zum allergrößten Teil auf Störungen zurückzuführen. Wir raten hier aber aus den oben genannten Gründen (vgl. die Darstellung der Studie von Hervey et al., 2006) zu einem eher konservativen Vorgehen und würden nur die Werte ausschließen, bei denen es sich mit sehr hoher Wahrscheinlichkeit um Ausreißer handelt. Um die Verteilung besser inspizieren zu können, haben wir ihr rechtes Ende in Abbildung 8.14 vergrößert dargestellt. Aufgrund des Kurvenverlaufs sind Reaktionszeiten größer als 4 200 ms zweifellos als Ausreißer zu bezeichnen und zu entfernen. Das erkennt man daran, dass bei etwa 4 200 ms die Kurve ausgelaufen ist und den Boden erreicht hat. (Beachten Sie, dass sich je nach eingestellter Breite der Balken das Aussehen der Kurve bedeutsam verändern kann.) Die vereinzelten Werte, die danach auftreten, sind höchstwahrscheinlich durch Störungen o. Ä. verursacht. Der von uns gewählte Cut-off-Wert ist auch hier wieder sehr konservativ: Lediglich 0.137 % der Werte würden auf Basis dieser Grenzsetzung entfernt.

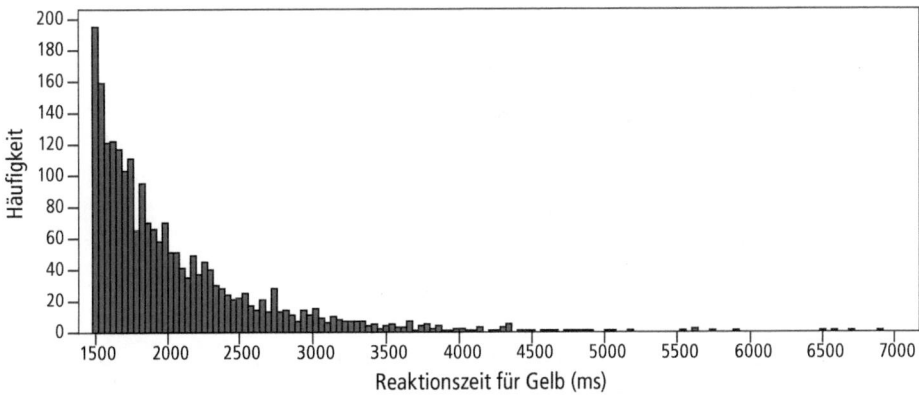

Abbildung 8.14. Ausschnitt der Verteilung der Reaktionszeiten (in Millisekunden) für die Erkennung der gelben Punkte für den Bereich von 1 500 bis 7 000 ms.

Kritisieren kann man an dem von uns vorgeschlagenen Vorgehen, dass die gesetzten Grenzen in gewissem Maße willkürlich sind: Am unteren Ende hätte man statt 300 ms auch 250 ms nehmen können, am oberen Ende wären statt 4 200 ms auch 4 500 ms oder vielleicht sogar 2 800 ms (entspräche 1 % der Werte) gerechtfertigt gewesen (zur Kritik an willkürlichen Grenzen vgl. z. B. Bittrich & Blankenberger, 2011, S. 109). Ferner berücksichtigt unsere Methode nicht, dass es von Person zu Person variiert, welche Reaktionszeiten invalide Ausreißer darstellen. Wir stellen daher im Folgenden alternative Methoden vor, von denen eine auch diesem letzten Aspekt Rechnung trägt (nämlich die auf Personenebene getrimmten Mittel). Allerdings ist keine der Alternativen dem gerade vorgestellten Vorgehen generell überlegen. Auch die Willkürlichkeit der Cut-off-Festsetzung ist bei diesen Methoden nicht geringer. Wichtig ist jedoch, beim Festlegen von Cut-off-Werten konservativ vorzugehen, also eher wenige Werte zu entfernen (zur Begründung vgl. die Erläuterungen zu Abbildung 8.13). Außerdem muss eine Ausreißerbereinigung stets *vor* der Auswertung erfolgen – wenn Sie mit verschiedenen Cut-off-Werten ausprobieren, wann Sie am ehesten signifikante Ergebnisse erhalten, um dann diese Methode auszuwählen und selektiv zu berichten, wäre dies Datenfälschung.

Sofern nach dem konservativen Entfernen recht eindeutiger Ausreißer (in unserem Falle der Reaktionszeiten kleiner als 300 ms und größer als 4 200 ms) eine weitergehende Ausreißerbehandlung vorgenommen werden soll, würden wir eine Datentransformation empfehlen (vgl. Abschnitt 8.6). Für Reaktionszeitdaten eignen sich insbesondere die logarithmische sowie die inverse Transformation, wobei die inverse Transformation meistens die besseren Resultate erbringt (vgl. Ratcliff, 1993; Whelan, 2008). Zudem hat bei Reaktionszeitdaten die inverse Transformation den Vorteil, dass man sie inhaltlich bedeutsam interpretieren kann: Das Inverse der Reaktionszeit ist die *Reaktionsgeschwindigkeit*, also wie viele Reaktionen pro Zeiteinheit (Sekunde oder Millisekunde) ausgeführt werden. In vielen Fällen ist eine solche Transformation aber gar nicht erforderlich.

Wir werden Ihnen jetzt weitere gebräuchliche Methoden zum Umgang mit Ausreißern bei Reaktionszeiten kurz vorstellen. Anschließend gehen wir darauf ein, welche davon sinnvoll sind. Häufig eingesetzte Methoden sind:

- Verwendung eines festen Cut-off-Wertes (z. B. 1 500, 2 000 oder 2 500 ms)
- Trimmen von Werten, die mehr als 1.5, 2.0, 2.5 oder 3 Standardabweichungen vom Mittelwert entfernt liegen
- Trimmen von Werten, die eine bestimme Anzahl von *MAD*s vom Median entfernt liegen
- Transformationen (logarithmische und inverse)
- Verwendung eines robusten Schätzers der zentralen Tendenz (insbesondere des Medians) statt des Mittelwertes
- Getrimmte Mittelwerte auf Personenebene

Ratcliff (1993) hat die meisten dieser Methoden beschrieben und mittels Datensimulationen verglichen. Die *Verwendung eines festen Cut-off-Wertes* ist ungeeignet. Zwar sind einige Cut-off-Werte bei bestimmten empirischen Verteilungen erfolgreich, in dem Sinne, dass sie die Teststärke für die Entdeckung eines Effekts erhöhen, ohne die Daten zu verzerren. Welcher Cut-off-Wert bei welcher Verteilung zielführend ist bzw. wann es zu unerwünschten Datenverfälschungen kommt, lässt sich aber vorab nicht beantworten.

Ein ähnliches Problem besteht, wenn *anhand eines Vielfachen der Standardabweichung getrimmt* wird. Wie in Abschnitt 8.3.5.1 erläutert, ist die Verwendung von Standardabweichungen zur Bestimmung von Trimmgrenzen keine sinnvolle Methode, da die Intervalle stark von Ausreißern beeinflusst werden. Zudem sind Reaktionszeitdaten in aller Regel nicht symmetrisch und schon gar nicht normalverteilt, was ebenfalls gegen Standardabweichungen um den Mittelwert spricht. Etwas sinnvoller wäre es, Intervalle mittels Vielfacher der *MAD* um den Median der Verteilung zu legen. Auch hierbei ist jedoch problematisch, dass nicht eine feste Anzahl von *MAD*s um den Median für alle Datensituationen gleichermaßen geeignet ist.

Transformationen (vgl. Abschnitt 8.6) von Reaktionszeitdaten erhöhen häufig die Teststärke, wobei – wie besprochen – vor allem die *inverse Transformation* empfohlen wird (vgl. Whelan, 2008). Allerdings sollte bei Transformationen auch an die in Abschnitt 8.6 dargestellten Nachteile gedacht werden. In jedem Fall würden wir empfehlen, zunächst extreme bzw. eindeutige Ausreißer zu entfernen und erst anschließend zu transformieren. Denn durch die Datentransformation wird zwar der Einfluss der Ausreißer verringert, aber nicht eliminiert. Daher hätte eine Reaktionszeit von beispielsweise 20 s auch nach der Datentransformation einen ungünstigen (wenn auch schwächeren) Einfluss.

Man kann beim Aggregieren der Daten (vgl. Abschnitt 8.10) – getrennt für jeden Probanden und jede Bedingung – statt des Mittelwerts den *Median* der Reaktionszeiten berechnen lassen. Der Median stellt einen *robusten Schätzer der zentralen Tendenz* dar, der von Ausreißern nicht so leicht beeinflusst wird. Allerdings ist am Median problematisch, dass er einen Großteil der validen Reaktionen unberücksichtigt lässt. Im obigen Beispiel der Reaktionszeiten von Kindern mit ADHS hätte die Verwendung des Medians sehr wahrscheinlich zu einer Ergebnisverfälschung geführt bzw. dazu, dass der Unterschied zwischen der ADHS- und der Kontrollgruppe nivelliert wird, weil die Daten im Schwanz der Verteilung nicht in die Auswertung einbezogen werden. Weitere robuste Maße wie die sogenannten M-Schätzer teilen dieses Problem in abgeschwächter Form, je nachdem, welchen M-Schätzer man verwendet, wobei leider keine klaren Regeln hinsichtlich deren Auswahl existieren.

Die letzte Methode ist die *Verwendung getrimmter Mittelwerte auf Personenebene*. Das heißt, bei jeder Person wird ein bestimmter Prozentsatz der kleinsten und größten Werte entfernt (z.B. 5, 10, 20 oder 25 %) und von den restlichen Werten wird der Mittelwert gebildet (vgl. Abschnitt 8.4.2.1). Diese Methode berücksichtigt, dass es von den übrigen Reaktionszeiten einer Person abhängt, welche Zeiten als extrem zu bezeichnen sind. Folglich variiert es von Person zu Person, ab welcher Dauer eine Reaktionszeit als Ausreißer gelten kann. Bittrich und Blankenberger (2011, S. 109) empfehlen eine Trimmung um 20 bis 25 % an jedem Ende der individuellen Werteverteilung. Ausreißer würden auf diese Weise also großzügig entfernt. Gegenüber der Verwendung des Medians hat diese Methode den Vorzug, dass mehr Werte der individuellen Verteilungen berücksichtigt werden als nur die mittleren. Allerdings ist fraglich, ob durch eine Trimmung um mehr als 10 % nicht zu viele valide Reaktionen entfernt werden. In der Studie von Ratcliff (1993) erwies sich das individuelle Trimmen um 14 % als mäßig erfolgreich. Ulrich und Miller (1994) haben – wenn auch bezogen auf das globale Trimmen von Reaktionszeitdaten – gezeigt, dass bereits das Entfernen kleiner Anteile von Reaktionszeitdaten einen verzerrenden Effekt haben kann. Allerdings ist bei der Festsetzung eines Prozentsatzes, um den getrimmt werden soll, auch die Grundrate invalider Reaktionszeiten zu beachten. So kann es bei bestimmten Populationen – z.B. psychisch oder neurologisch gestörten bzw. auffälligen Probanden – tatsächlich einmal vorkommen, dass z.B. 15 % aller korrekten Reaktionen invalide Reaktionszeiten aufweisen. In dem Fall wäre ein Trimmen um 20 oder 25 % angebracht. Wenn man hingegen von einer Grundrate invalider Reaktionszeiten von lediglich 1 bis 2 % ausgeht, sollte auch ein Trimmen um 5 % ausreichen.

An dieser Stelle sei ergänzt, dass es bei vielen der gerade vorgestellten Methoden auch möglich ist, zu winsorisieren (vgl. Abschnitt 8.4.2.2). In dem Fall würden die abgeschnittenen Werte nicht entfernt, sondern auf den nächstgelegenen erhaltenen Wert gesetzt (z.B. werden alle Reaktionszeiten größer als 4 000 ms auf den Wert 4 000 ms festgesetzt). Damit wird eine Reaktionszeit von z.B. 25 s nicht gelöscht, aber es wird verhindert, dass sie die Ergebnisse stark beeinflusst. Bei Reaktionszeitdaten ist Winsorisierung nur am rechten Ende der Verteilung inhaltlich sinnvoll. Am linken Verteilungsende ist bei sehr kurzen Reaktionszeiten davon auszugehen, dass dies Zufallstreffer waren, die nicht erhalten bleiben sollten.

Von den dargestellten Methoden sind lediglich die festen (unbegründeten) Cut-off-Werte sowie die Verwendung von Standardabweichungen um den Mittelwert als eindeutig ungeeignet zu bewerten, wenngleich beide Methoden gelegentlich noch eingesetzt werden. Alle anderen Methoden sind prinzipiell brauchbar, haben aber – wie besprochen – spezifische Vor- und Nachteile. Welche Methode von einem Wissenschaftler verwendet wird, hängt nicht immer nur von sachlichen Argumenten, sondern auch von persönlichen Präferenzen ab. Fragen Sie daher ggf. Ihren Betreuer, ob er ein bestimmtes Verfahren bevorzugt.

Was Sie auf keinen Fall machen dürfen, ist, verschiedene Methoden oder Cut-off-Werte auszuprobieren, zu schauen, welche davon am ehesten die gewünschten Ergebnisse liefern und dann nur diese zu berichten. Das würde in den Bereich der Datenfälschung fallen. Empfehlenswert sind hingegen sogenannte *Sensitivitätsanalysen*. Damit überprüft man, wie sensitiv die Ergebnisse auf eine Änderung in der Prozedur der Ausreißerbehandlung reagieren. Wenn Sie bei Verwendung verschiedener Methoden immer ähnliche Ergebnisse erhalten, sind Ihre Befunde robust hinsichtlich der gewählten Ausreißerbehandlung. Das sollte Ihr Vertrauen in die Gültigkeit Ihrer Resultate stärken. Ist es hingegen so, dass nur bei ein oder zwei Methoden der Ausreißerbehandlung Ihre Befunde signifikant werden, bei den anderen aber deutlich von jeder Signifikanz entfernt sind, sollten Sie den Gründen dafür nachgehen und diesen Umstand auch im Ergebnisteil Ihrer Arbeit berichten. Bei einer klassischen Sensitivitätsanalyse vergleichen Sie die Ergebnisse nach einer bestimmten Ausreißerbereinigung mit den Ergebnissen ohne Ausreißerbereinigung. Sind die Unterschiede in den Resultaten bedeutsam, müssen Sie die folgende Frage klären: Handelt es sich dabei um einen gewünschten Effekt, der darauf beruht, dass invalide Reaktionszeiten, die die Ergebnisse verzerren, entfernt wurden, oder kann es sein, dass durch das Entfernen valider Reaktionszeiten die Ergebnisse verfälscht wurden? Diese Frage lässt sich nur durch ein Betrachten der Reaktionszeitverteilungen und inhaltliche Überlegungen, die für die jeweilige Studie spezifisch sind, beantworten.

Im Ergebnisteil Ihrer Arbeit sollten Sie stets angeben, wie viele Werte (in Prozent) Sie nach welchen Kriterien entfernt haben. Wichtig ist ferner, dass Sie die Ausreißerbereinigungen getrennt für die verschiedenen Versuchsbedingungen vornehmen. So wird in unserem Beispiel (Reaktionen auf farbige Punkte) angenommen, dass die Reaktionszeiten für rote Punkte kürzer sind als die für blaue und gelbe. Es wäre daher nicht sinnvoll, die Reaktionen aller Bedingungen zusammenzunehmen und für alle einen identischen oberen Cut-off-Wert festzulegen. Schließlich könnten bei roten Punkten Reaktionszeiten über 2 000 ms invalide Daten darstellen, wohingegen bei blauen Punkten Werte bis 2 200 ms noch in das Intervall valider Reaktionszeiten fallen.

Nicht außer Acht lassen sollten Sie, welche Methoden sich mit dem Statistikprogramm, das Sie verwenden, umsetzen lassen. Von den dargestellten Methoden ist nämlich das Trimmen von Mittelwerten auf Personenebene mit *SPSS* nicht automatisiert möglich.[43] Mit *R* und *SYSTAT* ist das hingegen direkt umsetzbar. Falls Sie auch mit *SPSS* getrimmte Mittel individuell für die Personen und Versuchsbedingungen erstellen wollten, müssten Sie die Daten mit „Datei aufteilen…" entsprechend aufteilen und könnten sich dann über „Analysieren → Deskriptive Statistiken → Explorative Datenanalyse…" getrimmte Mittel anzeigen lassen, wobei die Trimmung auf 5 % an jedem Verteilungsende fest vordefiniert ist. Dieser

---

43 Beim Datenaggregieren (vgl. Abschnitt 8.10) stehen Ihnen nur die Funktionen „Mittel" und „Median" zur Verfügung.

Umweg ist jedoch umständlich und es ist fraglich, ob Sie überhaupt um diesen Prozentwert (und nicht z. B. um 10 oder 20 %) trimmen wollen.

Bisher haben wir uns mit der Analyse der Reaktionszeiten auf Ebene der einzelnen Reaktionen beschäftigt. Natürlich kann es Probanden geben, die insgesamt Ausreißer darstellen und daher vollständig entfernt werden sollten. Zur Entdeckung solcher Werte untersucht man die – getrennt nach Bedingung und Proband – aggregierten Reaktionszeiten mit den in Abschnitt 8.3 erläuterten Methoden. In Abbildung 8.15 haben wir beispielhaft die mittleren Reaktionszeiten auf Personenebene für die Bedingung *gelber Punkt* als Histogramm dargestellt. Es fällt auf, dass eine Person, deren mittlere Reaktionszeit bei $M = 1\,845$ ms liegt, aus der Verteilungskurve herausfällt.

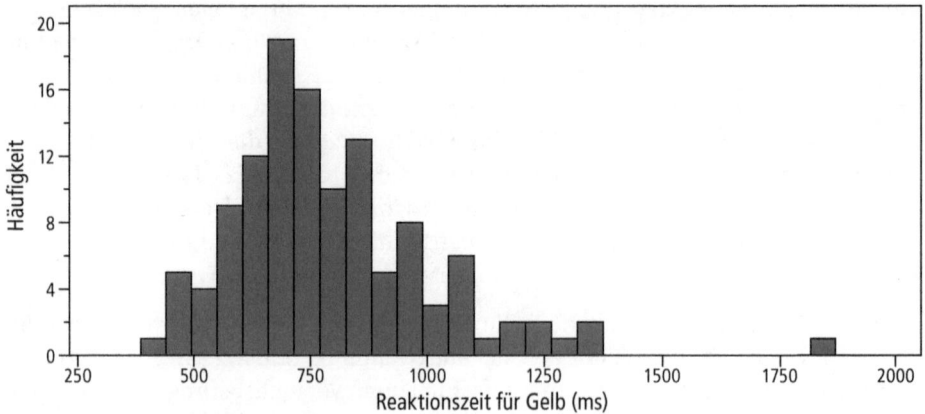

Abbildung 8.15. Verteilung der Reaktionszeitmittelwerte (in Millisekunden) auf Personenebene für korrekte Reaktionen auf gelbe Punkte.

Es gibt eine Reihe von Möglichkeiten, wie solche Ausreißer zustande kommen. Bei einem so offensichtlichen Ausreißer wie in Abbildung 8.15 wäre die Entfernung dieser Person allein anhand ihres extremen Mittelwertes legitim. Generell wäre es allerdings besser, eine inhaltliche Begründung für den Ausschluss der Person anführen zu können. Dies wäre der Fall, wenn die Person Ihnen am Ende des Experiments gebeichtet hätte, dass sie stark kurzsichtig ist und ihre Brille vergessen hat. Da es in der Studie um das Erkennen relativ kleiner Punkte ging, hat ihre Kurzsichtigkeit die Aufgabe für diese Person deutlich erschwert. Ihre Daten sind folglich nicht valide und sollten ausgeschlossen werden. Für solche und ähnliche Fälle ist es wichtig, dass Sie die in Abschnitt 7.5.2 erwähnte Liste führen, auf der Sie Auffälligkeiten von Probanden und Störungen der Erhebung notieren.

8.4.4 Spezialfall Online-Fragebogen

Die bisher getroffenen allgemeinen Ausführungen für den Umgang mit Ausreißern gelten auch für Online-Fragebögen. Allerdings gibt es hier zwei Besonderheiten: Der Anteil von Probanden, die den Fragebogen nicht ernsthaft bearbeiten, ist meistens höher als bei klassischen Papier-Bleistift-Fragebögen und ferner besteht die Möglichkeit, die Bearbeitungszeit der Fragebögen zum Zwecke der Ausreißerbereinigung zu verwenden.

Kommen wir zum ersten Punkt: Personen, die den Fragebogen nicht ernsthaft ausfüllen, können bei jeder Erhebung vorkommen. Allerdings fördert die Situation der Onlinebefragung dieses Phänomen. Das liegt daran, dass Teilnehmer einer Onlinebefragung meist unbeobachtet zuhause sitzen. Hier ist der soziale Druck zur gewissenhaften Bearbeitung geringer, als wenn man sich mit einem Papier-Bleistift-Fragebogen in einem Raum befindet, in dem auch der Versuchsleiter anwesend ist. Wenn man sich nämlich schon die Zeit genommen hat, vor Ort einen Fragebogen auszufüllen, ist in der Regel auch die Motivation gegeben, dies einigermaßen gewissenhaft zu tun. Zudem gibt es bei Online-Fragebögen, für die im Internet geworben wird, meist einige Personen, die sich den Fragebogen gerne einmal anschauen, aber eigentlich nicht beantworten wollen. Werden dann Antworten erzwungen, damit man zur nächsten Seite gelangen kann, sind dies oft zufällig angeklickte Antwortoptionen (vgl. dazu auch Abschnitt 7.7).

Eine gute Zusammenfassung von Möglichkeiten, Probanden zu identifizieren, die nicht gewissenhaft antworten, geben Meade und Craig (2011). Die dort erwähnten Verfahren lassen sich z. T. auch bei klassischen Papier-Bleistift-Fragebögen anwenden. Eine zusätzliche Möglichkeit besteht allerdings nur bei Online-Fragebögen: die Identifikation über *ungewöhnlich kurze Bearbeitungszeiten*.

Bei vielen Tools zur Erstellung von Online-Fragebögen kann die Bearbeitungszeit pro Seite registriert werden. Zudem kann man abschätzen, wie lange jemand mindestens brauchen müsste, um die Items auf einer Seite zu lesen und zu beantworten. Angenommen, eine Fragebogenseite besteht aus 30 Aussagen (jeweils ein Satz mit 8 bis 18 Wörtern), die jeweils auf einer fünfstufigen Antwortskala beurteilt werden sollen. Für das Lesen der Aussagen sind durchschnittlich mindestens 1.5 s zu veranschlagen, die Entscheidung für eine Antwort und das Markieren des entsprechenden Feldes sollte auch selten in weniger als einer Sekunde möglich sein. Ein sehr schneller Proband könnte die Seite also in etwa 75 s noch gewissenhaft bearbeiten. Jetzt könnte man definieren, dass Bearbeitungszeiten von weniger als 60 s für diese Seite unplausibel kurz sind und darauf schließen lassen, dass sich der Proband nur durchgeklickt hat. Solche Probanden sollte man komplett ausschließen, auch wenn sie auf anderen Fragebogenseiten angemessene Bearbeitungszeiten aufweisen.

In einigen Online-Fragebogen-Tools wie beispielsweise bei *SoSciSurvey* werden standardmäßig Indizes berechnet, die auf der Bearbeitungszeit und der Anzahl fehlender Angaben beruhen. Bei *SoSciSurvey* weisen höhere Werte dieser Indizes darauf hin, dass die Person den Fragebogen nicht gewissenhaft bearbeitet hat. Es bleibt dabei allerdings Ihnen überlassen, welchen Grenzwert Sie festsetzen möchten, bis zu dem Sie noch von einer adäquaten Bearbeitung ausgehen und die Person im Datensatz belassen, und ab wann Sie vermuten, dass die Daten nicht mehr valide sind.

8.5 Umgang mit fehlenden Werten

Der Umgang mit fehlenden Werten wird in Lehrveranstaltungen zur Methodik und Statistik in der Regel gar nicht oder kaum behandelt. Deshalb gehen wir an dieser Stelle auf diese Thematik ein. Für das Verständnis im Umgang mit fehlenden Werten ist es wichtig, sich zu verdeutlichen, wie fehlende Werte zustande kommen und welche Arten von fehlenden Werten es gibt (Abschnitt 8.5.1). Dies ist nämlich sowohl für den verzerrenden Einfluss fehlender Werte relevant als auch für die Möglichkeiten, fehlende Werte erfolgreich zu behandeln (insbesondere, sie durch Schätzungen zu ersetzen). In Abschnitt 8.5.2 zur Diagnostik fehlender Werte stellen wir statistische Methoden vor, die bei der Entscheidung helfen, ob Daten zufällig oder systematisch fehlen und welche Form des Umgangs mit ihnen angebracht ist. Abschnitt 8.5.3 ist den Methoden zur Behandlung fehlender Werte gewidmet. Dabei stehen die einfacheren (traditionellen) Methoden im Vordergrund, da komplexere (moderne) Methoden selten im Rahmen studentischer Arbeiten verlangt werden. Sollten Sie sich doch in eine der komplexeren Methoden einarbeiten wollen, finden Sie geeignete weiterführende Literatur in Abschnitt 8.5.4.

8.5.1 Arten und Ursachen von fehlenden Werten

Fehlende Werte (engl. *missing values* oder *missing data*) haben verschiedene Ursachen. Für den Umgang mit fehlenden Werten ist vor allem die Frage relevant, ob diese zufällig – also unsystematisch – zustande gekommen sind, oder ob bestimmte Daten mit einer höheren Wahrscheinlichkeit als andere fehlen. Es werden üblicherweise drei Arten von fehlenden Werten unterschieden (vgl. D. B. Rubin, 1976), die wir im Folgenden vorstellen.

Missing completely at random (MCAR). Fehlende Werte, die in diese Kategorie fallen, fehlen *rein zufällig*. Das Fehlen eines Wertes hängt also nicht mit der Ausprägung der Person auf der betrachteten Variablen – oder irgendeinem anderen erfassten Merkmal – zusammen.

Wir wollen an einigen Beispielen verdeutlichen, wie rein zufällig fehlende Werte zustande kommen. So kann eine Person bei einem längeren Fragebogen ein Item übersehen oder in der Zeile verrutschen, sodass bei einem Item keine Antwortoption und bei dem Item darüber oder darunter zwei Antwortoptionen angekreuzt sind – dann hat diese Person auf beiden Items fehlende Werte. An welcher Stelle im Fragebogen die Person etwas übersieht oder verrutscht, hat aber keinen systematischen Zusammenhang mit dem Inhalt der Items oder mit Eigenschaften der Person.

Zufällig fehlende Werte entstehen auch dadurch, dass Erhebungsinstrumente (insbesondere technische Geräte) sporadisch ausfallen. In Studien, in denen Versuchsleiter Antworten oder Reaktionen der Probanden registrieren bzw. kodieren müssen, kann es zudem vorkommen, dass jemand dies – unsystematisch – versäumt.

Bei Längsschnittstudien oder wenn Sie z. B. eine Verlaufsstudie zu einem Interventionsprogramm durchführen, in dessen Rahmen Sie zu verschiedenen Zeitpunkten Daten erheben, kommt es fast immer vor, dass einzelne Personen einen der Termine z. B. wegen Krankheit verpassen. Für diesen Erhebungszeitpunkt fehlen Ihnen dann von diesem Probanden Daten. Wenn eine Teilnehmerin an einem Programm zur Prüfungsangstbewältigung einen Erhebungstermin wegen einer Lebensmittelvergiftung verpasst, kann man davon ausgehen, dass es reiner Zufall ist, dass es gerade diese Person zu diesem Zeitpunkt erwischt hat. Allerdings gibt es auch Versäumnisse von Messzeitpunkten, die nicht zufällig sind. So wäre es plausibel, dass beispielsweise besonders ängstliche Personen auch häufiger unter psychosomatischen Symptomen leiden, die dazu führen, dass sie Termine nicht wahrnehmen. In dem Fall hängt das Fehlen der Daten mit der Ängstlichkeit der Person zusammen und ist folglich nicht zufällig.

Missing at random (MAR). Die zweite Kategorie von fehlenden Werten umfasst Daten, die *nicht vollständig, sondern nur bedingt zufällig* fehlen. Dabei ist die Bezeichnung „missing at random" irreführend und es wäre sinnvoller gewesen, diese Kategorie als „bedingt fehlende Werte" („conditionally random"; Graham, Cumsille & Elek-Fisk, 2003, S. 89) zu bezeichnen. Gemeint ist, dass es zwar von den Ausprägungen einer anderen beobachteten Variable (bzw. mehrerer beobachteter Variablen) abhängt, mit welcher Wahrscheinlichkeit ein Wert fehlt, aber nicht von der Ausprägung auf der Variablen mit den fehlenden Werten selbst.

Ein gutes Beispiel für diese Kategorie ist unser Fragebogen zur Anzahl der Sexualpartner von Frauen, den wir in Abschnitt 8.2.1 eingeführt haben. Wir haben dieses Beispiel später (in Abschnitt 8.3.3.4) dahingehend erweitert, dass auch der Konservatismus der Probanden erfasst wurde. Nun könnte es sein, dass es einigen Teilnehmerinnen unangenehm war oder sie es indiskret fanden, die Anzahl ihrer Sexualpartner anzugeben, weshalb sie die Frage bewusst ausgelassen haben.

Dabei ist es vorstellbar, dass konservative Personen die Frage besonders häufig nicht beantwortet haben. Wenn dies so ist, dann würde es von der Variablen *Konservatismus* abhängen, mit welcher Wahrscheinlichkeit eine Person in der Variablen *Anzahl der Sexualpartner* einen fehlenden Wert hat.

Damit MAR gegeben ist, darf es *innerhalb* einer Konservatismus-Stufe aber *nicht* von der wahren Anzahl der Sexualpartner abhängen, ob jemand die Frage beantwortet oder nicht. Um das konkreter zu veranschaulichen, teilen wir die Teilnehmerinnen in Konservative und Nichtkonservative auf. Nehmen wir an, von den nichtkonservativen Teilnehmerinnen haben 90 % die Frage beantwortet, von den Konservativen hingegen nur 50 %. Es mag durchaus sein, dass z.B. die Nichtkonservativen mehr Sexualpartner hatten als die Konservativen, aber es darf für MAR-Daten nicht der Fall sein, dass innerhalb der Gruppe der Konservativen die Wahrscheinlichkeit, ob jemand die Frage beantwortet, mit der Anzahl der Sexualpartner zusammenhängt, sonst fallen die fehlenden Daten in die im Folgenden beschriebene Kategorie.

Missing not at random (MNAR). Wir führen das obige Beispiel weiter: Wenn die Wahrscheinlichkeit, die Frage nach der Partneranzahl zu beantworten, von der wahren Partneranzahl abhängt (z.B. in dem Sinne, dass Frauen mit mehr als 20 Partnern die Frage häufiger nicht beantworten als andere Frauen) und dieser Zusammenhang nicht durch die Kontrolle einer anderen *erfassten* Variablen (wie z.B. Konservatismus) aufgehoben werden kann, fehlen die Werte *nicht zufällig* (MNAR).

Die Aussage, dass fehlende Werte MAR bzw. MNAR sind, ist immer relativ und hängt von den sonstigen erfassten Variablen ab. In unserem Beispiel zu MAR-Daten sind diese nur deshalb MAR, weil wir zusätzlich den Konservatismus erfasst hatten und dieser aufklärt, welche Frauen vermehrt keine Angaben machen. Wäre Konservatismus nicht erhoben worden, wären dieselben Daten MNAR gewesen. Ebenso kann es vorkommen, dass Daten, die in einem Datensatz MNAR sind, in einem anderen Datensatz zu MAR werden, wenn man weitere Variablen zur Verfügung hat, die aufklären können, welche Daten fehlen.

Warum ist es relevant, welcher Kategorie von fehlenden Daten diese angehören? MCAR-Daten bereiten die wenigsten Probleme: Wenn wir z.B. 1 000 Frauen nach der Anzahl ihrer Sexualpartner fragen und davon – rein zufällig verteilt – 250 Frauen keine Antwort geben, hat dies keinen Einfluss auf die Unverzerrtheit (Erwartungstreue) unserer Schätzung: Wir hätten dasselbe Schätzergebnis für den Mittelwert und die Varianz der Verteilung erhalten, wenn wir 750 Frauen gefragt hätten, von denen alle antworten. Lediglich die Verringerung unserer Stichprobengröße ist für die Genauigkeit der Schätzung und für inferenzstatistische Tests nachteilig, aber das könnte man ausgleichen, indem man von Anfang an mehr Personen befragt. Allgemeiner formuliert: Fehlende Daten vom MCAR-Typ reduzieren die Teststärke inferenzstatistischer Verfahren und/oder die Genauigkeit von Parameterschätzungen (führen also zu einer Vergrößerung der Konfidenzintervalle). Sie haben aber *keinen* verzerrenden Einfluss auf die Ergebnisse in dem Sinne, dass ein Effekt oder sonstiger Parameter über- oder unterschätzt wird. Für den Umgang mit MCAR-Daten eignen sich auch einfache (traditionelle) Vorgehensweisen wie der fallweise oder paarweise Ausschluss (vgl. Abschnitt 8.5.3.2).

Sind fehlende Daten hingegen MAR oder MNAR, können bereits relativ wenige fehlende Werte unsere Schätzung verzerren. Konstruieren wir einen Fall, bei dem es systematisch mit der wahren Anzahl der Sexualpartner zusammenhängt, ob Frauen diese Frage beantworten oder nicht: Angenommen, wir befragen 1 000 Frauen zur Anzahl ihrer bisherigen Sexualpartner. Für Demonstrationszwecke haben wir die Anzahl der Sexualpartner in Kategorien von 0–4, 5–9, ..., 25–30 eingeteilt. Dabei rechnen wir mit den Mittelpunkten der Kategorien, das heißt, wenn eine Frau die Kategorie „10–14" angekreuzt hat, legen wir eine mittlere Partneranzahl von 12 zugrunde. In Tabelle 8.2 ist angegeben, wie häufig diese Kategorien in der Grundgesamtheit tatsächlich vertreten sind (fiktive Daten). So hatten 10 % aller Frauen der Grundgesamtheit 0 bis 4 Partner, 20 % hatten 5 bis 9 Partner etc. Unterhalb dieser Angabe haben wir drei Beispiele konstruiert. Im Fallbeispiel 1 nimmt die Wahrscheinlichkeit, dass die Frauen antworten, kontinuierlich mit der wahren Anzahl der Sexualpartner ab. Im Beispiel 2 gibt es eine Schwelle (15 Partner), ab der nur noch sehr wenige Frauen die Frage beantworten. Im Fallbeispiel 3 gibt es keinen Zusammenhang zwischen der Zielvariablen (Anzahl der Sexualpartner) und der Wahrscheinlichkeit, dass die Frage danach beantwortet wird.

Tabelle 8.2. Einfluss von systematisch (MAR bzw. MNAR) vs. unsystematisch (MCAR) fehlenden Werten auf die Mittelwertschätzung, veranschaulicht an einem konstruierten Datensatz zur Anzahl der Sexualpartner von Frauen

	Antwortkategorien zur Anzahl der Partner						Gesamt-Antwortwahrscheinlichkeit	Partneranzahl M
	0–4	5–9	10–14	15–19	20–24	25–30		
Häufigkeit in der Population	10 %	20 %	25 %	20 %	15 %	10 %		14.0
Antwortwahrscheinlichkeiten								
Fallbeispiel 1	90 %	80 %	60 %	40 %	20 %	10 %	52.0 %	10.4
Fallbeispiel 2	90 %	90 %	90 %	20 %	10 %	5 %	55.5 %	9.5
Fallbeispiel 3 (MCAR)	40 %	40 %	40 %	40 %	40 %	40 %	40.0 %	14.0

Der Mittelwert in der Grundgesamtheit liegt bei μ = 14.0 Partner – diesen Wert erhält man, wenn alle befragten Frauen wahrheitsgemäß antworten. Verhält sich hingegen die Antwortwahrscheinlichkeit so wie im Fallbeispiel 1, erhielte man eine mittlere Partneranzahl von M = 10.4. Im Fallbeispiel 2 fällt dieser Wert weiter ab auf $M = 9.5$ Partner. Die wahre Anzahl der Sexualpartner wird also deutlich unterschätzt. Die Response-Rate, also der Anteil derjenigen Personen, die die Frage beantwortet haben, liegt im Fallbeispiel 1 mit 52.0% übrigens niedriger als in Fallbeispiel 2 mit 55.5%, auch wenn in Fallbeispiel 2 der beobachtete Mittelwert noch weiter vom wahren Wert entfernt ist als in Beispiel 1. Zur Verdeutlichung der Problematik systematisch fehlender Werte fehlen im dritten Fallbeispiel sogar 60% der Werte. In diesem Beispiel besteht aber kein Zusammenhang zwischen fehlenden Werten und der Anzahl der Sexualpartner, die fehlenden Werte sind also MCAR. Deshalb liegt auch der Mittelwert wie in der Grundgesamtheit bei genau $M = 14.0$. Der verzerrende Einfluss fehlender Werte hängt somit nicht nur davon ab, wie viele Werte fehlen, sondern stärker noch davon, ob Werte zufällig oder systematisch fehlen.

Die Methoden zur Behandlung fehlender Werte gehen alle davon aus, dass fehlende Werte MCAR oder MAR sind. Der Umgang mit MCAR-Daten stellt meist kein Problem dar. Für MAR-Fälle gibt es ein ganzes Arsenal an einfachen und komplexen Methoden, wobei die komplexen Methoden den einfacheren in aller Regel überlegen sind. Den Einsatz dieser komplexen Methoden wird man im Rahmen studentischer Arbeiten aber eher selten erwarten.

MNAR-Fälle schließlich lassen sich statistisch gar nicht korrigieren. Hier besteht die einzige Lösung darin, MNAR- zu MAR-Fällen zu machen. Dazu muss man eine oder mehrere zusätzliche Variablen finden, nach deren Kontrolle die fehlenden Werte auf der interessierenden Variablen nicht mehr von der Ausprägung auf dieser abhängen. Solche Variablen lassen sich unter Umständen bereits bei der Planung der Untersuchung gezielt integrieren.

Man sollte sich bewusst machen, dass in realen Datensätzen zumeist eine Mischung von MCAR, MAR und MNAR vorliegt. Das kommt daher, dass bei einer Studie in aller Regel verschiedene Ursachen zu fehlenden Werten führen. So könnte es sein, dass in einer umfangreichen Fragebogenstudie zum Sexualverhalten 20% der fehlenden Werte auf der Variable *Häufigkeit von unehelichem Geschlechtsverkehr* darauf zurückgehen, dass Probanden dieses Item versehentlich übersehen haben – dies wären MCAR-Werte. Weitere 25% fehlender Werte könnten dadurch zustande kommen, dass Personen mit bestimmten Ausprägungen auf anderen erfassten Variablen einige Items häufiger nicht beantworten. Beispielsweise könnten katholische und muslimische Personen Fragen nach unehelichem Geschlechtsverkehr häufiger unbeantwortet lassen als andere Personen. Dies wären, sofern Sie die Konfession erfasst haben, MAR-Werte. Die verbleibenden 55% der fehlenden Werte wären dann MNAR, die darauf beruhen könnten, dass Personen die Frage dann nicht beantwortet haben, wenn sie besonders häufig unehelichen Geschlechtsverkehr hatten.

Wenden Sie auf diese Beispieldaten, die überwiegend (zu 55%) MNAR sind, eines der in Abschnitt 8.5.3.3 beschriebenen Imputationsverfahren an, die für MAR-Daten (und damit auch für MCAR-Daten) geeignet sind, hat dies folgende Wirkung: Hinsichtlich der MNAR-Daten üben Sie zwar keinen positiven Einfluss auf Ihre Daten aus, Sie schaden diesen dadurch aber höchstwahrscheinlich auch nicht (führen also keine Verzerrung o. Ä. herbei); bezüglich der 25 % MAR- und der 20 % MCAR-Daten können Sie mögliche Verzerrungen und Teststärkeverluste reduzieren, beeinflussen Ihre Daten also positiv. Solche Verfahren sind also auch dann nützlich, wenn nur ein Teil der Daten MCAR bzw. MAR sind.

8.5.2 Diagnostik fehlender Werte

Wie dargestellt, ist für den Einfluss fehlender Werte und die Möglichkeiten des Umgangs mit diesen wichtig zu unterscheiden, in welche Kategorie fehlende Werte fallen: MCAR, MAR oder MNAR. Dazu kann man theoretische Überlegungen anstellen, wie wir es im vorherigen Abschnitt demonstriert haben. Derartige Überlegungen, ob fehlende Werte zufällig zustande gekommen sind oder ob sie mit anderen Faktoren zusammenhängen, werden aber in den meisten Fällen spekulativ bleiben. Es gibt auch statistische Hilfsmittel, mittels derer man MCAR-Daten von systematisch fehlenden Daten abgrenzen kann. Zwei Methoden – den Little-Test und gezielte t-Tests – stellen wir im Folgenden vor. Daneben sollte man die fehlenden Werte dahingehend inspizieren, wie häufig sie auftreten und ob sie bestimmte Muster bilden. Wir werden zeigen, welche Möglichkeiten *SPSS* für solche Analysen bietet.

8.5.2.1 MCAR-Test nach Little

Um global zu beurteilen, ob die im Datensatz vorkommenden fehlenden Werte MCAR sind, gibt es einen von Little (1988) entwickelten Test, den sogenannten *MCAR-Test nach Little*. In *SPSS* ist dieser Test unter „Analysieren → Analyse fehlender Werte..." verfügbar. Dabei sollten gleichzeitig alle quantitativen und kategorialen Variablen einer Analyse unterzogen werden, für die man Aufschluss hinsichtlich ihrer fehlenden Werte erhalten möchte. (*SPSS* fordert dabei, dass Sie quantitative und kategoriale Variablen in zwei separate Fenster eintragen.) Im Feld „Schätzung" muss die Option *EM* (für *Expectation Maximization;* vgl. Abschnitt 8.5.3.3) aktiviert sein. Im Ausgabefenster erscheinen unter der Überschrift „EM-geschätzte Statistiken" drei EM-Tabellen: geschätzte Randmittel, Kovarianzen und Korrelationen. Unter jeder Tabelle steht in einer Fußnote die – jeweils identische – Teststatistik des Little-Tests. Beim Little-Test ist die Nullhypothese, deren Beibehaltung man sich wünscht, dass die fehlenden Werte MCAR sind. Bleibt der Little-Test insignifikant ($p > .05$), „beweist" dies – unter anderem wegen der oft geringen Teststärke des Verfahrens – zwar nicht, dass die Daten MCAR sind. Sofern allerdings auch ansonsten keine Hinweise gegen die MCAR-Annahme sprechen, ist es legitim, von MCAR auszugehen und im Weiteren entsprechend zu verfahren.

Wird der Little-Test signifikant ($p \leq .05$), kann man die MCAR-Annahme nicht aufrechterhalten und die fehlenden Werte sind höchstwahrscheinlich MAR oder MNAR. Um welche dieser beiden letzteren Varianten es sich handelt, lässt sich nicht direkt überprüfen, sodass man meist nur hoffen kann, dass es MAR und nicht MNAR ist. Wird die MCAR-Annahme verworfen, sollten Verfahren zum Umgang mit fehlenden Werten, die MCAR voraussetzen, nicht verwendet werden.

8.5.2.2 *t*-Tests zum Vergleich von Probanden mit und ohne fehlende Werte

Der Little-Test ist ein Globaltest, der angibt, ob fehlende Werte mit anderen im Datensatz enthaltenen Variablen zusammenhängen. Wird dieser Test signifikant, weiß man noch nicht, welche der anderen Variablen mit dem Auftreten fehlender Werte assoziiert sind. Um dies zu prüfen, bieten sich gezielte *t*-Tests zum Vergleich der Personen *mit* vs. *ohne* fehlende Werte an.

Wir veranschaulichen das an dem Beispiel, bei dem ein Fragebogen mit den Variablen *Anzahl der Sexualpartner*, *Konservatismus* und *Alter* an Frauen ausgeteilt wurde. Angenommen, wir haben 125 Frauen befragt, von denen 25 keine Angabe zur Anzahl der Sexualpartner gemacht haben (die Angaben zu Konservatismus und Alter seien vollständig, wenngleich dies keine Voraussetzung für das im Folgenden beschriebene Vorgehen ist). Wir haben einen Little-Test mit allen drei Variablen durchgeführt und festgestellt, dass dieser signifikant wird. Es ist also davon auszugehen, dass das Auftreten von fehlenden Werten – sofern es MAR und nicht MNAR ist – mit dem Konservatismus und/oder mit dem Alter zusammenhängt. Um dies genauer untersuchen zu können, müssen wir zunächst eine Indikatorvariable für die fehlenden Werte erstellen. Das heißt, wir definieren eine neue Variable (z.B. *Indikator*) und weisen dieser den Wert 1 zu, wenn die Angabe zur Partneranzahl vorhanden ist, und eine 0, wenn diese Angabe fehlt. Diese Variable trennt unsere Stichprobe folglich in zwei Gruppen: Personen *mit* vs. Personen *ohne* Angabe zur Partneranzahl. Anschließend rechnen wir zwei getrennte *t*-Tests für unabhängige Stichproben mit *Konservatismus* und *Alter* als Testvariablen und dem Indikator als Gruppenvariable. In unserem Beispiel kommt bei diesen Tests kein signifikanter Effekt für *Alter*, aber ein signifikanter Effekt für *Konservatismus* heraus, wobei der Konservatismuswert in der Gruppe ohne Angabe zur Partneranzahl höher ist als in der Gruppe mit Angabe. Folglich wissen wir nun, dass Konservatismus mit dem Auftreten fehlender Werte zusammenhängt.

Das Wissen um die mit dem Auftreten fehlender Werte assoziierten Variablen ist aus zwei Gründen wichtig. Zum einen sollte man versuchen zu verstehen, wie die fehlenden Werte in den Daten zustande kommen. Nur dann kann man nämlich auch deren Konsequenzen auf die Ergebnisse abschätzen und dies bei der Interpretation der Resultate berücksichtigen. Zum anderen benötigt man solche Variablen als Hilfsvariablen in den statistischen Prozeduren, falls man sich entscheidet, mittels EM oder Multipler Imputation fehlende Werte zu ersetzen (vgl. Abschnitt 8.5.3.3).

8.5.2.3 Anzahl und Muster fehlender Werte

Natürlich ist es bedeutsam, wie viel Prozent fehlende Werte in den verschiedenen Variablen auftauchen, da 1 bis 2 % fehlende Werte unproblematischer sind als z. B. 10, 20 oder mehr Prozent. In *SPSS* wird bei Durchführung des oben beschriebenen Little-Tests automatisch eine Tabelle („Univariate Statistik") erzeugt, in der die Häufigkeit der fehlenden Werte pro Variable angegeben wird. Zusätzlich lassen sich unter der Option „Muster..." Tabellen aufrufen, in denen die vorhandenen Muster fehlender Werte angezeigt werden. Dieselben Informationen lassen sich statt in Tabellenform auch als Grafiken darstellen. In *SPSS* ist dies über „Analysieren → Multiple Imputation → Muster analysieren..." möglich. Die Diagramme in Abbildung 8.16 wurden auf diese Weise erstellt.

Um zu erklären, was mit Mustern fehlender Werte gemeint ist, nehmen wir an, dass drei Variablen A bis C an 10 000 Personen erhoben wurden. Jede der drei Variablen weist ca. 10 % fehlende Werte auf. Dabei seien die fehlenden Werte voneinander und von anderen systematischen Einflüssen unabhängig, also rein zufällig (MCAR). Abbildung 8.16 zeigt auf der linken Seite die Muster fehlender Werte und rechts daneben in einem Balkendiagramm die Häufigkeiten, mit der diese Muster vorgekommen sind. Zu lesen sind die beiden Diagramme folgendermaßen: Dem Balkendiagramm entnehmen wir, dass das häufigste Muster (mit über 70 %) das Muster 1 ist. Links in Abbildung 8.16 sehen wir, dass Muster 1 auf den Variablen A, B und C keine fehlenden Werte hat. Das heißt, in diesem Datensatz ist das mit Abstand häufigste Muster, dass es keinen fehlenden Wert gibt. Die Muster 5, 3 und 2 sind mit einer Häufigkeit um 8 % alle ungefähr gleich stark vertreten. Wiederum in der linken Hälfte der Abbildung sehen wir, dass es sich dabei um die Fälle handelt, bei denen ein Proband auf genau einer der drei Variablen A, B bzw. C einen fehlenden Wert hat. Relativ selten (mit einer Wahrscheinlichkeit von knapp unter 1 %) sind die Muster 6, 4 und 7, bei denen es pro Proband zwei fehlende Werte gibt (nämlich A und C, B und C oder A und B). Am seltensten ist das Muster 8 (mit 0.09 %), bei dem alle drei Werte fehlen.

Dass das in Abbildung 8.16 links dargestellte Verteilungsmuster fehlender Werte rein zufällig ist, lässt sich folgendermaßen belegen: Wenn von drei Variablen jede 10 % zufällig fehlende Werte aufweist, dann ist die Wahrscheinlichkeit, dass bei einer Person (einem Fall) alle drei Werte vorhanden sind, 0.9^3, also 72.9 % – das entspricht sehr genau der Häufigkeit von Muster 1. Die Wahrscheinlichkeit, dass genau ein bestimmter Wert (entweder der von Variable A oder B oder C) fehlt, ist $0.9^2 \times 0.1$, also 8.1 % – dies entspricht den Häufigkeiten der Muster 2, 3 und 5. Die Wahrscheinlichkeit für zwei bestimmte fehlende Werte bei einer Person beträgt 0.9×0.1^2, was 0.9 % entspricht – also der Häufigkeit, mit der die Muster 4, 6 und 7 jeweils vertreten waren. Die Wahrscheinlichkeit von drei fehlenden Werten ist 0.1^3, also 0.1 %, und stimmt mit der Häufigkeit von Muster 8 überein. Die theoretisch zu erwartenden Werte liegen also alle sehr dicht an den in Abbildung 8.16 rechts im Balkendiagramm angegebenen Häufigkeiten, sodass man hier von einer MCAR-Situation ausgehen kann.

Wäre dies nicht der Fall, müsste es bestimmte überzufällige Häufungen von Mustern geben, z.B. in dem Sinne, dass Variable A und B viel häufiger *gemeinsam* fehlen, als es aufgrund der fehlenden Werte der einzelnen Variablen zu erwarten wäre. Dann wäre auch das Muster in Abbildung 8.16 (links) gestört: Bei unseren MCAR-Beispieldaten erkennt man, dass in der linken Spalte (Variable C), fehlende und nicht fehlende Werte immer abwechseln; in der mittleren Spalte (Variable B) folgen immer zwei Kästchen desselben Typs aufeinander und in der rechten Spalte (Variable A) immer vier Kästchen. Sofern die Daten MCAR sind, würde sich dieses Schema (mit 8, 16, 32 etc. Kästchen desselben Typs) auch bei mehr Variablen weiter fortsetzen. MAR-Daten zeichnen sich durch eine Durchbrechung dieses Musters aus. Bei der Darstellung vieler Variablen würden dann größere zusammenhängende Flecken von fehlenden bzw. nicht fehlenden Werten auftreten. Weitere Hinweise zur Diagnostik fehlender Werte sowie zur Interpretation der SPSS-Ausgaben finden sich in der in Abschnitt 8.5.4 angegebenen Literatur.

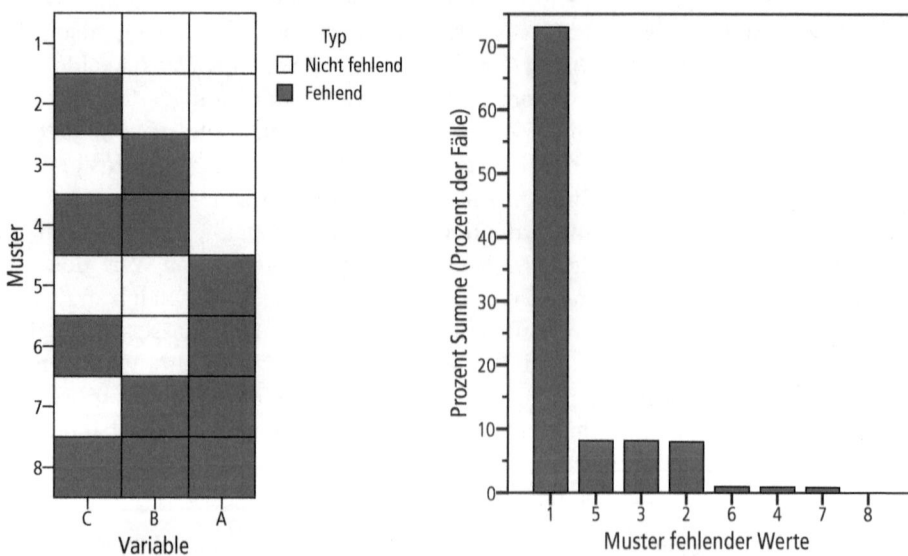

Abbildung 8.16. Muster fehlender Werte (links) und Häufigkeiten dieser Muster (rechts).

8.5.3 Methoden zur Behandlung fehlender Werte

Die Methoden zur Behandlung fehlender Werte kann man auf verschiedene Weisen klassifizieren. Wir haben uns für die häufig zu lesende Unterteilung in *traditionelle Verfahren* und *moderne Verfahren* entschieden (vgl. z.B. Graham, 2009). Dabei behandeln wir nicht alle möglichen Verfahren, sondern lediglich diejenigen, denen Sie mit einiger Wahrscheinlichkeit begegnen werden bzw. die empfehlenswert sind. Zu den traditionellen Methoden, die wir in Abschnitt 8.5.3.2 vorstellen, zählen der *fallweise* und der *paarweise Ausschluss*, das *Ersetzen durch Variablenmittelwerte* und die *Ersetzung mittels einfacher/einmaliger Regression*. Die beiden relevanten modernen Verfahren sind der *Expectation-Maximization-*

Algorithmus (meist kurz als *EM-Algorithmus* bezeichnet) und die *Multiple Imputation* (Abschnitt 8.5.3.3).

Wer die aktuelle Literatur zur Behandlung fehlender Werte studiert, wird oft feststellen, dass davon abgeraten wird, traditionelle Methoden wie das Ersetzen eines fehlenden Wertes durch einfache Regression oder durch einen Mittelwert zu verwenden. Allenfalls bei sehr wenigen fehlenden Werten (etwa 1 bis 2 %) halten viele Autoren diese Vorgehensweise noch für legitim. Dabei gehen die Autoren davon aus, dass es sich bei dem zu ersetzenden Wert um die *endgültige Variable* handelt, also z. B. um das Jahreseinkommen, einen IQ-Wert oder einen Extraversions-Score. In vielen psychologischen und sozialwissenschaftlichen Studien werden aber Konstrukte (wie z. B. Intelligenz und Extraversion) mittels Tests bzw. Fragebögen erfasst, die aus mehreren Items bestehen. Fehlende Werte auf einzelnen Items sind weniger dramatisch als das Fehlen des gesamten Scores. Auf diesen Spezialfall, der aber sehr häufig vorkommt, gehen wir daher als Erstes in Abschnitt 8.5.3.1 ein.

8.5.3.1 Fehlende Itemwerte bei Skalenbildung

Wir behandeln in diesem Abschnitt, wie Sie verfahren können, wenn einzelne Items, die zu einer Skala verrechnet werden sollen (vgl. Abschnitt 8.9), fehlende Werte aufweisen. Nehmen wir als Beispiel an, Sie wollen untersuchen, wie Extraversion mit verschiedenen anderen Eigenschaften oder Merkmalen von Personen zusammenhängt. Die Persönlichkeitseigenschaft Extraversion haben Sie mittels einer aus 14 Items bestehenden Skala erhoben. Einige der Probanden haben aber nicht alle Items beantwortet. Wie sollen Sie nun vorgehen?

Zunächst sollten Sie festlegen, wie viele fehlende Werte pro Person und Skala maximal erlaubt sind. Hier würden wir als Faustregel angeben, dass maximal 15 % gerade noch akzeptabel sind. (Dabei gehen wir davon aus, dass nur wenige Personen überhaupt fehlende Werte auf dieser Skala aufweisen, sodass der Gesamtanteil fehlender Werte in jedem Fall kleiner als 5 % ist.) Bei unserer Skala mit 14 Items wären also bis zu zwei fehlende Werte erlaubt. Wie oben beschrieben, können zwei fehlende Werte in einem Fragebogen leicht durch versehentliches Verrutschen in der Antwortzeile zustande kommen. Hat eine Person aber mehr als 15 % fehlende Werte in einer Skala, ist es generell fraglich, ob diese den Fragebogen ernsthaft bearbeitet hat, oder ob die Angaben der Person nicht ohnehin invalide sind und die Person daher von der weiteren Auswertung ausgeschlossen werden sollte.

Ein einfaches Vorgehen zum Umgang mit fehlenden Werten ist nun, diese durch den *individuellen Mittelwert* der anderen Items dieser Person zu ersetzen. Das geschieht am einfachsten dadurch, dass Sie den Mittelwertscore der vorhandenen Items berechnen (anhand einiger Beispiele kann man sich veranschaulichen, dass der Mittelwertscore und das Ersetzen fehlender Werte durch den individuellen Mittelwert zum identischen Ergebnis führen). Wie dies konkret mit *SPSS* funktioniert, beschreiben wir in Abschnitt 8.9. Eine wirklich gute (erwartungstreue)

Schätzung liefert dieses Vorgehen nur dann, wenn die Items mit fehlenden Werten im Mittel ähnliche Itemschwierigkeiten aufweisen wie die Items, welche die Person beantwortet hat. In der Realität ist das häufig zumindest annähernd der Fall. Da Sie ja maximal 15 % der Werte auf diese Weise schätzen, weicht der erhaltene Skalenmittelwert aber auch im Extremfall nur moderat von dem wahren Mittelwert ab. Tabelle 8.3 verdeutlicht das an einigen Beispielen. Bei jedem Beispiel ist zunächst der vollständige Datensatz angegeben, wie er bei einer wahrheitsgetreuen Beantwortung aller Items ausgesehen hätte. Darunter steht jeweils der Datensatz mit zwei fehlenden Werten auf Item 3 und 4. Rechts sind die Mittelwertscores eingetragen, die sich beim vollständigen Datensatz bzw. bei fehlenden Werten – ersetzt durch den individuellen Mittelwert – ergeben.

Fall 1 beschreibt ein Beispiel, bei dem die fehlenden Werte ungefähr den anderen Antworten der Person entsprechen. Die Abweichung zwischen dem wahren Mittelwert von 3.36 und dem geschätzten Mittelwert mit fehlenden Werten von 3.33 ist minimal. Fall 2 beschreibt einen schon relativ extremen Fall, in dem der Proband überwiegend Antworten mit Werten von 2 oder 3 gegeben hat, vereinzelt auch 1 und 4. Die zwei fehlenden Antworten mit Wert 5 weichen folglich deutlich von den sonstigen Antworten ab. Dennoch beträgt der absolute Unterschied zwischen dem wahren und dem geschätzten Mittelwert lediglich 0.36 Skalenpunkte, also etwa 8.9 % der Spannweite der Antwortskala. Fall 3 schließlich ist der extremste Fall, den man sich konstruieren kann, der in der Realität aber kaum vorkommen wird, da ja alle Items vor der Berechnung des Mittelwertscores gleichsinnig gepolt werden (vgl. zur Erklärung Abschnitt 8.7). In diesem Worst-case-Szenario beträgt die Abweichung des wahren vom geschätzten Mittelwertscore 0.57 Punkte auf der Antwortskala, also 14.3 %.

Tabelle 8.3. Vergleich zwischen wahrem und geschätztem Mittelwertscore bei Ersetzung zweier fehlender Werte durch den individuellen Mittelwert

Fallbeispiel	Items (Antwortskala von 1 bis 5)														*M*
	1	2	3	4	5	6	7	8	9	10	11	12	13	14	
Fall 1: typischer Fall															
vollständige Daten	2	5	4	3	2	4	5	3	2	2	5	3	3	4	3.36
fehlende Werte	2	5	–	–	2	4	5	3	2	2	5	3	3	4	3.33
Fall 2: extremer Fall															
vollständige Daten	2	3	5	5	2	3	4	2	1	4	3	2	1	3	2.86
fehlende Werte	2	3	–	–	2	3	4	2	1	4	3	2	1	3	2.50
Fall 3: absoluter Extremfall															
vollständige Daten	1	1	5	5	1	1	1	1	1	1	1	1	1	1	1.57
fehlende Werte	1	1	–	–	1	1	1	1	1	1	1	1	1	1	1.00

Die Methode, fehlende Itemwerte durch den individuellen Mittelwert zu ersetzen (entspricht der Bildung des Mittelwertscores), wurde systematisch anhand realer Datensätze untersucht (Peyre, Leplège & Coste, 2011; Shrive, Stuart, Quan & Ghali, 2006). Dabei hat sich gezeigt, dass dieses Vorgehen unter Realbedingungen sehr brauchbare Ergebnisse erbringt, die nur geringfügig von den wahren Werten abweichen. Diese sehr einfache Methode ist kaum schlechter (in einigen Fällen sogar besser) als wesentlich komplexere Methoden wie die Multiple Imputation, die wir in Abschnitt 8.5.3.3 vorstellen. Insgesamt lässt sich also sagen, dass das Ersetzen von fehlenden Itemwerten, die zu einer Skala aggregiert werden, durch den individuellen Mittelwert eine legitime Methode ist, die bei weniger als 15 % individuell fehlenden Werten verwendet werden kann. Auch bei mehr als 15 % fehlenden Werten kann diese Methode unter Umständen noch gut funktionieren. Allerdings sollte man in solchen Fällen der Ursache der fehlenden Werte genauer nachgehen und prüfen, ob die von so vielen fehlenden Werten betroffenen Probanden insgesamt valide Angaben gemacht haben.

8.5.3.2 Traditionelle Verfahren

Es gibt eine Reihe traditioneller Verfahren zum Umgang mit fehlenden Werten, die auch heute noch häufig angewendet werden, methodisch aber überwiegend kritisch zu betrachten sind. Angewendet werden sie oft deshalb, weil sie einfacher durchzuführen sind als die moderneren Methoden. Drei dieser Verfahren bietet *SPSS* im Rahmen einzelner Analyseverfahren standardmäßig an: Wenn Sie innerhalb des Dialogfeldes für ein Analyseverfahren (z. B. einfaktorielle Varianzanalyse, Korrelation, Regression, Faktorenanalyse) auf „Optionen..." klicken, erscheinen in dem sich öffnenden Fenster unter der Überschrift „Fehlende Werte" die drei Optionen „Listenweiser Fallausschluss", „Paarweiser Fallausschluss" und – nur bei einigen Analyseverfahren – „Durch Mittelwert ersetzen". Diese drei Möglichkeiten stellen wir im Folgenden als Erstes vor und ergänzen sie um eine vierte Möglichkeit, nämlich die *Ersetzung des fehlenden Wertes durch einfache Regression*. Wir werden auch jedes Verfahren bewerten und angeben, unter welchen Bedingungen dessen Anwendung gerechtfertigt ist.

Fallweiser Ausschluss (auch *listenweiser Ausschluss*; engl. *listwise deletion*). Fallweiser Ausschluss bedeutet, dass alle Personen (alle Fälle), die auf einer der Variablen, für die man eine Berechnung durchführen möchte, einen fehlenden Wert haben, komplett ausgeschlossen werden. Man könnte auch sagen, dass nur die Fälle ausgewertet werden, die über vollständige Daten verfügen. Sofern die fehlenden Werte MCAR sind, hat dieses Vorgehen keinerlei verzerrenden Einfluss auf die Resultate (vgl. zur Veranschaulichung das Fallbeispiel 3 in Tabelle 8.2). Der Nachteil ist allerdings, dass durch die Reduktion der Fallzahl die Teststärke inferenzstatistischer Tests abnimmt. Dieser Verlust ist meist umso stärker, je mehr Variablen in eine Berechnung eingehen. Wenn Sie beispielsweise eine Regressionsanalyse mit einem Kriterium und acht Prädiktoren berechnen möchten und auf jeder dieser neun Variablen – unabhängig voneinander – 5 % der Werte fehlen, dann stehen für die Regressionsanalyse nur 63 % der Fälle zur Verfügung (nämlich 0.95^9). Würden pro Variable 10 % der Werte fehlen, blieben sogar nur knapp 39 % der Fälle übrig. Sind die Werte nicht MCAR, sondern MAR bzw. MNAR, kommt zu der Teststärkeverringerung unter Umständen eine Verzerrung der Ergebnisse hinzu, die von diesem Verfahren in keiner Weise kompensiert wird.

Wenn nur wenige Fälle (weniger als insgesamt 5 %) ausgeschlossen werden, sind Teststärkeverluste und Verzerrungen durch dieses Verfahren meist recht gering (vgl. z.B. Lüdtke, Robitzsch, Trautwein & Köller, 2007). Dann stellt dieses Vorgehen eine sehr einfache und legitime Methode des Umgangs mit fehlenden Werten dar. Wenn Sie begründet annehmen können, dass die in Ihrem Datensatz fehlenden Werte überwiegend MCAR sind und Sie durch die Reduktion der Fallanzahl nicht Gefahr laufen, dass Ihre Teststärke zu gering zur Hypothesentestung wird (vgl. Abschnitt 6.5), ist es auch bei mehr als 5 % fehlenden Werten legitim, den fallweisen Ausschluss zu verwenden.

Paarweiser Ausschluss (engl. *pairwise deletion*). Das Problem des starken Teststärkeverlusts durch die Reduktion der Fallzahl umgeht der paarweise Ausschluss. Viele Analyseverfahren (z.B. lineare Regression oder Faktorenanalyse) beruhen darauf, dass die Korrelationsmatrix aller einbezogenen Variablen berechnet wird. Nehmen wir das obige Beispiel der Regressionsanalyse mit einem Kriterium und acht Prädiktoren wieder auf. Der fallweise Ausschluss führt dazu, dass nur diejenigen Korrelationen berechnet werden, für die auf *allen* neun Variablen Werte vorhanden sind. Der paarweise Ausschluss geht hingegen so vor, dass für jede einzelne Korrelation die vorhandenen Werte vollständig genutzt werden. Das heißt, für die Korrelation von Variable A mit Variable B werden alle vorhandenen Fälle verwendet, die auf A und B Werte haben – unabhängig davon, ob auch Werte auf den anderen sieben Variablen vorhanden sind. Für die Korrelation von A und C werden wiederum alle Fälle verwendet, die auf diesen beiden Variablen Werte haben, auch wenn auf Variable B oder D etc. Werte fehlen. Bei unserem obigen Beispiel mit 5 % fehlenden Werten pro Variable verringert sich bei neun zu berücksichtigenden Variablen die Anzahl der Fälle nicht auf 63 %, sondern liegt im Durchschnitt bei knapp über 90 % (nämlich 0.95^2).

Der paarweise Fallausschluss hat zwar den Vorteil, dass die vorhandenen Informationen besser ausgenutzt werden, aber auch fundamentale Nachteile. Neben der möglichen Verzerrung der Ergebnisse bei Daten, die nicht MCAR sind, ist ein wesentliches Problem, dass die eigentliche Stichprobengröße, die ja zur Signifikanztestung benötigt wird, unklar bleibt. Das liegt daran, dass in die Korrelation von A mit B oft eine andere Probandenanzahl eingeht als in die Korrelation von A mit C, und in diese wiederum eine andere als in die Korrelation von D mit E und so weiter. Wie groß ist dann aber die Stichprobengröße für die Regressionsanalyse, in die alle diese Variablen eingehen?

Ein damit zusammenhängendes mathematisch-statistisches Problem ist, dass die mit diesem Verfahren erzeugten Korrelationsmatrizen oft nicht *positiv definit* sind. Vereinfacht gesagt bedeutet dies, dass die Korrelationsmatrizen Formen annehmen, die bei vollständigen Datensätzen nicht möglich gewesen wären. Dies verursacht mathematische Probleme bei multivariaten Verfahren, die sich bei ihrer Parameterschätzung auf die Korrelationsmatrix stützen, also beispielsweise bei Regressions- und Faktorenanalysen. Das macht dieses Vorgehen wenig empfehlenswert.

Ersetzung durch Variablenmittelwert. Während die beiden oben dargestellten Verfahren des Fallausschlusses (auch Eliminationsverfahren genannt) darauf beruhen, dass bestimmte Werte einfach nicht berücksichtigt werden, kommen wir nun zum ersten sogenannten *Imputationsverfahren*. Dabei meint Imputation lediglich, dass ein fehlender Wert durch einen anderen, geschätzten Wert ersetzt wird. Die einfachste Form der Schätzung ist es, einen fehlenden Wert durch den Variablenmittelwert zu ersetzen. Dies bezeichnet man auch als *Mittelwertsimputation*. (Diese Form der Ersetzung durch den Variablenmittelwert darf nicht mit der Ersetzung eines fehlenden Itemwertes innerhalb einer Skala durch den *individuellen Mittelwert* verwechselt werden; vgl. Abschnitt 8.5.3.1.)

Kommen wir dazu auf das Beispiel vom Zusammenhang von IQ und Abiturnote aus Abschnitt 8.2.2 zurück. Abbildung 8.17a zeigt die vollständigen Daten (bereinigt um den einen Ausreißer), wie sie bereits auf Seite 249 dargestellt wurden. Um betrachten zu können, wie sich die Methode der Mittelwertsimputation auf die Punktwolke für den Zusammenhang von IQ und Abiturnote auswirkt, wurde bei 11 der 22 Probanden die Abiturnote aus dem Datensatz entfernt. Für die Mittelwertsimputation wird zunächst die mittlere Abiturnote aus den verbleibenden Daten berechnet. Diese beträgt $M = 2.42$. Alle Personen ohne Angabe der Abiturnote bekommen nun diesen Wert zugewiesen. Das Ergebnis der Mittelwertsimputation sieht man in Abbildung 8.17b. Die ersetzten Werte sind durch Kreuze dargestellt. Offensichtlich führen die ersetzten Mittelwerte dazu, dass sich die Punktwolke gegenüber der ursprünglichen Form deutlich verändert. Zum einen ist die Streuung der Abiturnote reduziert, weil 11 Personen die identische Abiturnote erhalten haben. Zum anderen wird der eigentlich bestehende Zusammenhang zwischen IQ und Abiturnote in den ersetzten Werten nicht berücksichtigt (die Linie der ersetzten Abiturnoten ist horizontal). Entsprechend gering fällt nach dieser Datenimputation die Korrelation von IQ und Abiturnote mit $r = -.34$ aus (dies ist geringer, als bei Verwendung des listenweisen Fallausschlusses, bei dem die Korrelation der 11 verbleibenden Datenpunkte $r = -.49$ beträgt).

Das Verfahren der Mittelwertsimputation ist generell nicht zu empfehlen, denn selbst wenn dieses Vorgehen den Mittelwert der Stichprobe auf dieser Variablen nicht verändert, so reduziert sich die Varianz der Stichprobe und auch Zusammenhänge mit anderen Variablen werden verzerrt. In unserem Beispiel ergab sich eine deutliche Verminderung des korrelativen Zusammenhangs. In anderen Fällen kann die Reduktion der Varianz innerhalb einer Gruppe aber auch zur Überschätzung von Effekten führen. Sind die fehlenden Daten nicht MCAR, sondern MAR, können weitere Verzerrungen der Parameterschätzungen hinzukommen. Insgesamt ist die Ersetzung durch den Variablenmittelwert also ein denkbar schlechtes Verfahren, auch wenn es in *SPSS* bei einigen Analysen angeboten wird.

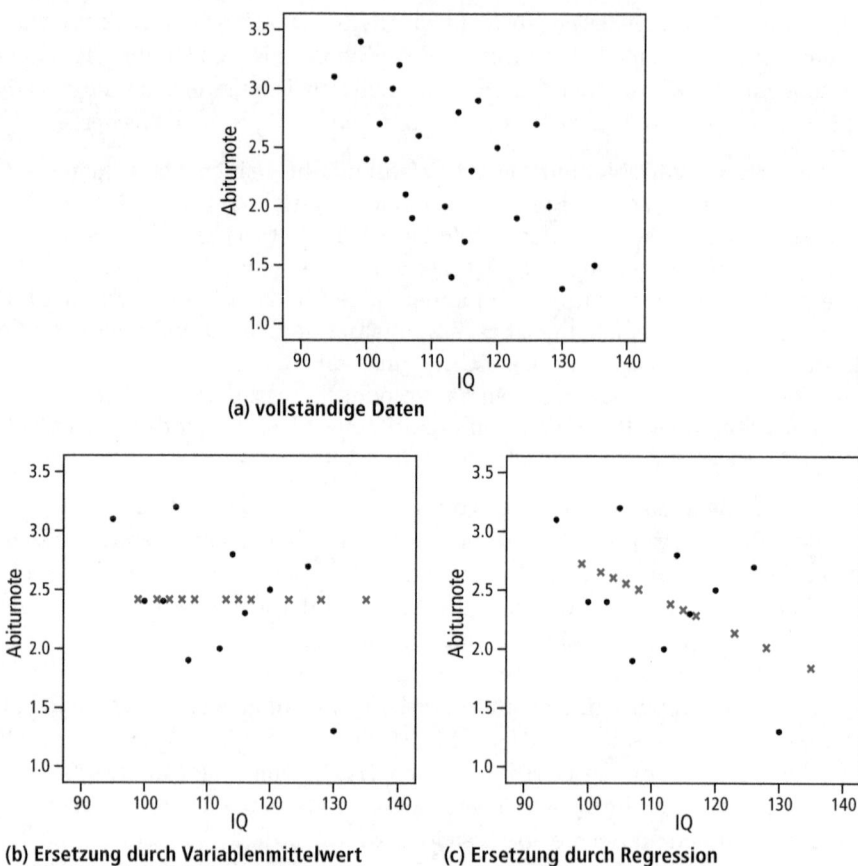

Abbildung 8.17. Streudiagramme zum Zusammenhang von IQ und Abiturnote. Aus (a) den vollständigen Daten wurden 50% der Abiturnoten entfernt. Anschließend wurden diese fehlenden Werte imputiert, und zwar entweder (b) durch den Variablenmittelwert oder (c) durch einfache Regression. Die imputierten Werte sind durch Kreuze gekennzeichnet.

Man kann argumentieren, dass bei sehr wenigen fehlenden Daten (etwa 1 bis 2%) die auftretenden Verzerrungen so gering sind, dass sie nicht ins Gewicht fallen. Aber in diesen Fällen wäre es auch legitim, die Methode des fallweisen Ausschlusses zu verwenden.

Ersetzung durch einfache Regression. Ein bisschen intelligenter als die Ersetzung durch Variablenmittelwerte erscheint auf den ersten Blick die regressionsanalytische Imputation. Dabei werden fehlende Werte durch die Werte ersetzt, die man aufgrund einer Regression der übrigen Werte erwarten würde.

Wir veranschaulichen das wieder an dem Beispieldatensatz zum Zusammenhang des IQs mit der Abiturnote. Wie für die Demonstration der Mittelwertsimputation haben wir die Hälfte der IQ-Werte gelöscht und versuchen nun, diese mittels

Regression zu imputieren. Dazu berechnet man zuerst mit den vollständigen Fällen eine Regression der Abiturnote auf den IQ. Als Regressionsgleichung erhält man *Abiturnote* = −0.0246 × *IQ* + 5.1682. Diese Gleichung verwendet man, um für die Fälle mit fehlender Abiturnote anhand des IQs eine Abiturnote zu ersetzen. Das Ergebnis dieser Imputation ist in Abbildung 8.17c dargestellt.

Problematisch ist, dass die Daten dem Modell der Regressionsgerade zu genau entsprechen und nicht streuen, wie dies bei realen Messdaten der Fall wäre. Die Kreuze, also die regressionsanalytisch imputierten Werte, liegen in Abbildung 8.17c genau auf der Regressionsgerade. Berechnet man für die 22 Datenpunkte die Korrelation zwischen IQ und Abiturnote, erhält man $r = -.632$ und damit eine stärkere Korrelation als in den Originaldaten ($r = -.595$). Eine Datenimputation sollte aber niemals dazu führen, dass Effekte als stärker eingeschätzt werden, als sie es in Realität sind. Auch dieses Verfahren ist somit generell nicht geeignet, wenngleich auch hier gilt, dass die Methode bei sehr wenigen fehlenden Werten (1 bis 2 %) unbedenklich ist.

Die Regressionsimputation lässt sich übrigens auf zwei Weisen erweitern: Zum einen kann man mehr als einen Prädiktor verwenden (multiple Regression), was die Genauigkeit der Imputation verbessert, aber nicht das Problem der Unterschätzung der Varianz behebt – die imputierten Werte enthalten keinen natürlichen Messfehler bzw. keine natürliche Varianz. Dieses letzte Problem kann man durch die Methode der sogenannten stochastischen Regression (engl. *stochastic regression imputation*) reduzieren. Dabei wird jedem imputierten Wert zusätzlich ein zufälliger Fehler (orientiert z. B. an der Normalverteilung der Fehler) hinzugefügt. Das führt dazu, dass die Kreuze in Abbildung 8.17c nicht alle auf einer Geraden liegen, sondern wie bei einer Punktwolke real erhobener Datenpunkte um diese Gerade streuen. Dieses erweiterte Verfahren der stochastischen Regression gehört allerdings nicht mehr zu den einfachen (traditionellen) Verfahren, sondern bildet eine Art Zwischenschritt zum Expectation-Maximization-Algorithmus (EM-Algorithmus), den wir als erste Methode der modernen Verfahren vorstellen. Falls Sie also mit dem Gedanken spielen, die stochastische Regression anzuwenden, wäre es empfehlenswert, gleich den EM-Algorithmus einzusetzen.

8.5.3.3 Moderne Verfahren

Es gibt zwei modernere Verfahren zur Datenimputation, die den bisher vorgestellten Methoden generell überlegen sind. In einigen Bereichen, wie z.B. bei Längsschnittstudien, werden diese Verfahren routinemäßig angewandt, wohingegen sie in anderen Bereichen, z. B. im Rahmen von psychologischen Laborexperimenten, (noch) sehr selten verwendet werden. Da die Einarbeitung in diese Methoden etwas aufwendiger ist, raten wir Ihnen, vorab Ihren Betreuer zu fragen, wie er mit den fehlenden Daten umgehen würde. Sehr viele Betreuer werden im Rahmen einer Abschlussarbeit die Anwendung dieser Methoden nicht erwarten.

Falls Sie sich entscheiden, eines der Verfahren zu verwenden, ist dies inzwischen auch mit *SPSS* möglich (gewisse Einschränkungen erörtern wir im Abschnitt zum EM-Algorithmus). Zuvor war es notwendig, Spezialsoftware einzusetzen oder ein Programm wie *SAS* oder *R* zu verwenden.[44] In *SPSS* ist das erste Verfahren, der EM-Algorithmus, über die Menüfolge „Analysieren → Analyse fehlender Werte…" aufrufbar, das zweite Verfahren, die Multiple Imputation, über „Analysieren → Multiple Imputation → Fehlende Datenwerte imputieren…". Sie sollten diese Prozeduren nicht mit der ähnlich klingenden Option unter „Transformieren → Fehlende Werte ersetzen…" verwechseln, da letztere sich nur zur Ersetzung von fehlenden Werten in Zeitreihen eignet, wie sie z. B. im Rahmen von Langzeitstudien oder Interventionsverlaufsstudien anfallen. Auf diese Spezialfälle gehen wir nicht ein.

Expectation-Maximization-Algorithmus (EM-Algorithmus). Der EM-Algorithmus ist eine Verallgemeinerung der oben erwähnten stochastischen Regression. Dabei werden fehlende Werte in allen Variablen, die man in diesen Algorithmus aufnimmt, regressionsanalytisch ersetzt, wobei jeweils für den fehlenden Wert auf einer Variablen die Werte auf allen anderen Variablen als Prädiktoren berücksichtigt werden (es wird also nicht zwischen abhängigen und unabhängigen Variablen unterschieden). Sofern fehlende Werte MAR sind, ist es für diesen Schritt entscheidend, auch diejenigen Variablen als Hilfsvariablen in die Analyse aufzunehmen, die mit dem Fehlen von Werten zusammenhängen (vgl. Abschnitt 8.5.2.2). Man spricht in diesem Zusammenhang auch von *Hintergrundmodell*, weil diese Hilfsvariablen unter Umständen nichts mit dem eigentlichen Analysemodell, also den inhaltlich interessierenden Variablen, zu tun haben. Im nächsten Schritt wird, wie bei der stochastischen Regression, Varianz zu den imputierten Werten hinzugefügt, um die Streuung realer Messwerte besser wiederzugeben. Beim EM-Algorithmus handelt es sich um ein iteratives Verfahren. Das heißt, nach der ersten Imputation der Werte (einschließlich zusätzlicher Varianz) wird nicht aufgehört, sondern basierend auf der ersten Schätzung wird eine erneute Imputation durchgeführt. Dies wird solange wiederholt, bis sich die Werte einer optimalen Schätzung immer weiter annähern und weitere Schätzungen keine abweichenden Ergebnisse mehr liefern (man spricht davon, dass die Schätzungen konvergieren).

Diese Methode ist in den meisten Fällen den oben dargestellten traditionellen Verfahren überlegen. In seiner derzeitigen Umsetzung in *SPSS* gibt es jedoch einige Fallstricke. So kann man *SPSS* zwar auffordern, die fehlenden Werte im Datenblatt mit geschätzten Werten zu ersetzen (das ist unter „Analysieren → Analyse fehlender Werte… → EM…" möglich, indem man dort „Vervollständigte Daten speichern" auswählt). Bei dieser Ersetzung versäumt der in *SPSS* implementierte Algorithmus es aber, die stochastischen Fehler hinzuzufügen. Das heißt, man erhält im Wesentlichen das gleiche Datenblatt wie mit der oben bei den traditionellen Verfahren beschriebenen Ersetzung durch Regression. Entsprechend leiden die ersetzten Daten auch unter denselben Problemen wie eingeschränkter

---

[44] Einen aktuellen Überblick über Programme zur Multiplen Imputation finden Sie auf der Internetseite von Stef van Buuren: *www.stefvanbuuren.nl/mi/Software.html* (Stand vom 11.08.2014).

Varianz und einer Überschätzung von Zusammenhängen. Lediglich in der SPSS-Ausgabe erscheinen – unter der Überschrift „EM-geschätzte Statistiken" – Angaben, die darauf beruhen, dass den regressionsanalytisch ermittelten Schätzungen auch Fehler hinzugefügt wurden. Theoretisch kann man diese Daten für bestimmte weitere Berechnungen wie Regressionsanalysen verwenden, aber das ist sehr aufwendig (siehe dazu Baltes-Götz, 2013).

Obwohl der EM-Algorithmus also insgesamt ein durchaus sinnvolles und brauchbares Instrument darstellt, ist die aktuelle Umsetzung mit *SPSS* für die meisten Anwendungsfälle nahezu unbrauchbar. Insbesondere sollte die SPSS-Umsetzung nicht für inferenzstatistische Verfahren, sondern nur für deskriptive Schätzungen verwendet werden. (Andere Statistikprogramme liefern brauchbarere Resultate.) Daher wäre SPSS-Benutzern zu empfehlen, die Methode der Multiplen Imputation zu verwenden, wenngleich diese noch etwas komplexer ist.

Multiple Imputation. Die Multiple Imputation wird aktuell als das beste Verfahren zur Ersetzung von fehlenden Werten angesehen. Die Details des Verfahrens sind komplex und lassen sich z.B. in Enders (2010) nachlesen. Die Grundidee ist, dass – ähnlich wie bei der Methode der stochastischen Regression – die zu imputierenden Werte zuzüglich eines zufälligen Fehlers geschätzt werden. Bei der Multiplen Imputation kommt die Überlegung hinzu, dass *eine* zufällige Schätzung der fehlenden Werte ja auch zufallsbedingt eine deutliche Verzerrung in den Daten erzeugen kann. Daher werden die fehlenden Daten mehrfach (also „multipel") geschätzt und in jeweils neuen Datensätzen ergänzt. Die Anzahl dieser imputierten Datensätze (z.B. 10 oder 20) legt man dabei vorab fest. In *SPSS* werden die neuen Datensätze in der Datendatei unter den Originaldatensatz geschrieben, wobei eine neue Indikatorvariable anzeigt, aus welcher Datenimputation der jeweilige Datensatz stammt.

Möchte man nun eine bestimmte statistische Analyse an den imputierten Daten durchführen, z.B. eine Regressionsanalyse, wird diese zunächst getrennt für jeden der neuen Datensätze berechnet. Anschließend werden die Ergebnisse aller Analysen (z.B. alle Regressionskoeffizienten) statistisch integriert und quasi das mittlere Ergebnis der einzelnen Analysen ausgegeben. Diese letzten Schritte werden dabei von dem Statistikprogramm automatisiert übernommen, sodass es für den Anwender – zumindest in *SPSS* – kaum einen Unterschied macht, ob er seine Analyse mit einem einzelnen oder beispielsweise mit 20 imputierten Datensätzen durchführt.

Prinzipiell ist also auch eine multiple Imputation relativ einfach umzusetzen. Trotzdem sollte man sich, wie bei allen statistischen Verfahren, vor dessen Einsatz mit den Hintergründen und den Optionen, die dieses Verfahren bietet, vertraut machen. Nur so kann man vermeiden, dass man versehentlich selbst invalide Daten bzw. Ergebnisse produziert. Empfehlenswerte Literatur finden Sie im folgenden Abschnitt.

8.5.4 Weiterführende Literatur

Wenn Sie sich schnell einen Überblick über den Umgang mit fehlenden Werten verschaffen wollen, empfehlen wir den deutschsprachigen Übersichtsartikel von Lüdtke et al. (2007). Der englischsprachige Übersichtsartikel von Graham (2009) bietet ebenfalls einen guten Einstieg in die Thematik und geht dabei insbesondere auf reale Forschungs- und Datensituationen ein.

Es gibt eine Reihe von Büchern, die vor allem die moderneren Verfahren sehr mathematisch und abstrakt beschreiben. Zwei Ausnahmen, die keine tieferen mathematischen Vorkenntnisse verlangen und die Anzahl der mathematischen Formeln sehr gering halten, sind die englischsprachigen Bücher von McKnight, McKnight, Sidani und Figueredo (2007) sowie von Enders (2010). Das erstere führt relativ leicht verständlich in den allgemeinen Prozess des Umgangs mit fehlenden Daten ein, bespricht modernere Verfahren aber eher kurz. Enders (2010) setzt seinen Schwerpunkt hingegen auf die modernen Verfahren. Dieses Buch ist ebenfalls gut verständlich geschrieben, wenn auch etwas anspruchsvoller als McKnight et al. (2007).

Sofern Sie eines der modernen Verfahren mit *SPSS* durchführen möchten, empfehlen wir Ihnen die Lektüre von Baltes-Götz (2013). In diesem frei über das Internet verfügbaren Skript werden alle in diesem Abschnitt dargestellten Methoden ausführlich erklärt. Insbesondere wird auch jeweils die konkrete Umsetzung mit *SPSS* erläutert und es werden nützliche praktische Hinweise gegeben. Ähnliches leistet auch das deutschsprachige Buch von Reisinger, Svecnik und Schwetz (2012), wobei dieses kaum statistische Vorkenntnisse voraussetzt. Auch von *SPSS* gibt es eine deutschsprachige Anleitung zur Verwendung der in *SPSS* implementierten Prozeduren zur Analyse und Ersetzung fehlender Werte. Sie finden dieses und weitere SPSS-Manuale unter *ftp://public.dhe.ibm.com/software/analytics/spss/documentation/statistics*. Von dort aus klicken Sie sich anhand der von Ihnen gewünschten SPSS-Version und Sprache durch zu der Datei IBM_SPSS_Missing_Values.pdf (Stand vom 11.08.2014).

8.6 Datentransformation

Mittels Datentransformation kann man schiefe Verteilungen normalisieren, also einer Normalverteilung angleichen, und zudem den Einfluss von Ausreißern reduzieren.[45] Letzteres geschieht dadurch, dass weiter von der Mitte der Verteilung entfernte Werte stärker zum Zentrum herangezogen werden als näher liegende Datenpunkte. Prinzipiell ist die Anzahl möglicher Transformationen unbegrenzt, am häufigsten werden jedoch drei Funktionen eingesetzt: *Logarithmus*, *Quadratwurzel* und *Invertierung* ($1/x$).[46] Ist die Verteilung *rechtssteil* (Synonyme: *linksschief* und *negative Schiefe*), ist es zudem erforderlich, diese zunächst zu

---

[45] Für weitere Ziele der Datentransformation (z.B. Herstellung von Linearität und Varianzhomogenität) siehe Fox (2008, Kap. 4).
[46] Zur Transformation von Häufigkeitsdaten (z.B. absolute Häufigkeiten oder Prozente) sind die Logit- und die Probit-Transformation sinnvoller (vgl. Fox, 2008, Kap. 4).

spiegeln. Dazu muss man den maximalen Wert (*max*) der empirischen Verteilung bestimmen. Die gespiegelten Werte berechnen sich dann als $x_{neu} = max - x_{alt}$.

Abbildung 8.18 zeigt, bei welcher Verteilungsform welche Datentransformation zur Normalisierung vielversprechend ist. Allerdings lohnt es sich oft, verschiedene Transformationen auszuprobieren und anschließend zu inspizieren, bei welcher Transformation sich die beste Annäherung an eine Normalverteilung ergibt (vgl. Abschnitt 8.3). Manchmal bringt keine Transformation ein befriedigendes Ergebnis, sodass man dann bei der Originalverteilung bleibt. Bei transformierten Verteilungen sollte man stets überprüfen, ob die neue Verteilung weitere relevante Voraussetzungen (z.B. Varianzhomogenität) erfüllt. Wenn Zusammenhangsmaße berechnet werden sollen, ist zudem zu untersuchen, ob die Zusammenhänge linear oder – u.U. erst aufgrund der Transformation – nichtlinear sind.

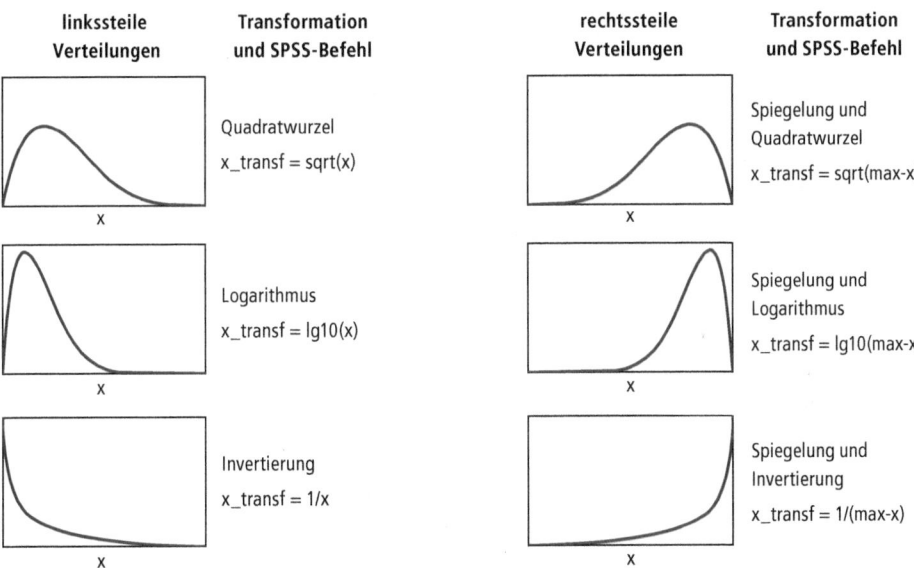

Abbildung 8.18. Verschiedene Verteilungsformen und angemessene Transformationen. Zusätzlich ist immer der SPSS-Befehl angegeben, mit dem sich die Transformation durchführen lässt. Auf der linken Seite befinden sich linkssteile (rechtsschiefe) Verteilungen und auf der rechten Seite rechtssteile (linksschiefe) Verteilungen, die vor der Transformation gespiegelt werden müssen, indem die Verteilungswerte (*x*) vom maximalen Wert der empirischen Verteilung (*max*) abgezogen werden.

Die Datentransformation lässt sich in *SPSS* über den Menüpunkt „Transformieren → Variable berechnen..." durchführen. Dort lassen sich neue, transformierte Variablen in der Form berechnen, wie dies in Abbildung 8.18 neben den Diagrammen angegeben ist. Sofern die alte Variable, die transformiert werden soll, mit *x* bezeichnet war, würde man für eine logarithmische Transformation als Zielvariable z.B. eingeben x_logtransf. Im Feld „Numerischer Ausdruck" bestimmt man die durchzuführende Rechenoperation, also beispielsweise lg10(x), was bedeutet, dass vom *x*-Wert jeweils der Logarithmus zur Basis 10 genommen wird. (Alternativ kann man auch den sog. natürlichen Logarithmus *ln* zur Basis *e* [= 2.71828...] verwenden.)

Von Zahlen kleiner gleich Null lässt sich kein Logarithmus nehmen und keine Wurzel ziehen und auch bei der Invertierung ist das Teilen durch Null nicht möglich. Wenn in der Originalverteilung negative x-Werte vorkommen, muss daher vor einer Transformation zu jeder Zahl eine Konstante hinzuaddiert werden, sodass alle Zahlen positiv werden.

Vor- und Nachteile der Datentransformation wollen wir an einem Beispiel veranschaulichen, das wir der in *SPSS* enthaltenen Beispieldatei *demo.sav* entnommen haben. In dieser Datei finden sich (fiktive) Haushaltseinkommen von 6 400 befragten Personen in den USA. Ein Histogramm der Einkommensverteilung ist in Abbildung 8.19 dargestellt. Es ist deutlich zu erkennen, dass die Verteilung sehr linkssteil ist und dass die eingezeichnete Normalverteilungskurve wenig mit der Einkommensverteilung übereinstimmt. Außerdem ist der rechte Schwanz der Verteilung sehr lang, was daher rührt, dass es vereinzelt Einkommen gibt, die deutlich über dem Durchschnittseinkommen liegen. Dabei haben wir aus Gründen der Darstellung die Verteilung bereits rechts abgeschnitten – im Datensatz existieren auch 10 Personen mit Einkommen über 700 000 Dollar.

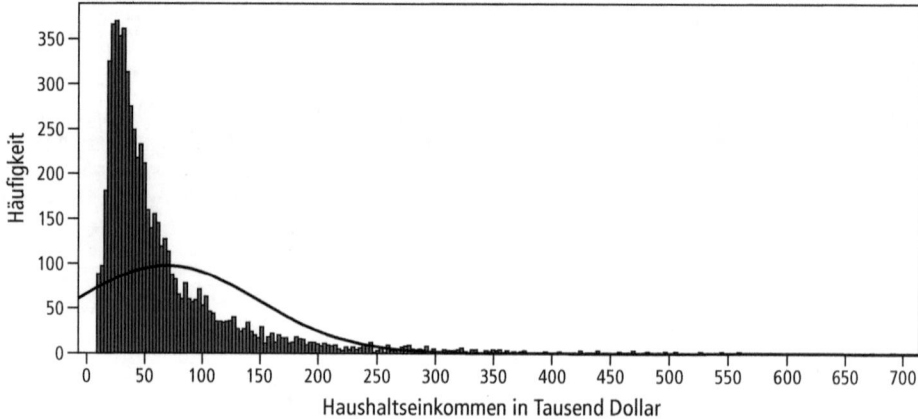

Abbildung 8.19. (Fiktive) Haushaltseinkommen von 6 400 Personen (Einkommen über 700 000 Dollar wurden in der Darstellung abgeschnitten).

Vergleicht man die Verteilung in Abbildung 8.19 mit den Verteilungskurven in Abbildung 8.18, so kommt sie derjenigen Kurve am nächsten, für die eine logarithmische Transformation vorgeschlagen wird. Tatsächlich liefert diese Transformation (im Vergleich zur Wurzel und zur inversen Funktion) die beste Annäherung an eine Normalverteilung. Die Gestalt der Einkommensverteilung nach einer Log-Transformation haben wir in Abbildung 8.20 dargestellt. Es ist zu erkennen, dass die Verteilung nun wesentlich besser einer Normalverteilungskurve entspricht. Die Verteilung ist nur noch leicht linkssteil, was man daran sieht, dass der höchste Balken etwas links vom Höhepunkt der Normalverteilungskurve liegt.

In Abbildung 8.20 fällt ferner auf, dass die x-Achsen-Beschriftung nun nur noch von 0.5 bis 3.5 reicht. Um ein Haushaltseinkommen von z.B. log = 1.8 zurückzutransformieren, müssen Sie rechnen: $10^{1.8}$ = 63.1, was 63 100 Dollar entspricht, da das Einkommen in *Tausend Dollar* angegeben war. Analog wäre ein Haushaltseinkommen von log = 2.1 anzugeben als $10^{2.1}$ = 125.9, also 125 900 Dollar. Damit haben wir auch schon das erste Problem der Datentransformation aufgedeckt: Die Werte werden aufgrund ihrer neuen Skalierung oft unanschaulich. Unter einem Einkommen von log = 1.5 (in Tausend Dollar) kann man sich weniger vorstellen als unter rund 31 600 Dollar. Dieses Problem ist insbesondere dann relevant, wenn es sich bei der zu transformierenden Variable um ein etabliertes und anschauliches Maß handelt, wie bei Dollars, Euros, Zentimetern oder Millisekunden. Hingegen gibt es andere, abstraktere Maße, mit denen man keine direkte Vorstellung verbindet. So sind z.B. pH-Werte und der Schalldruckpegel in Dezibel ebenfalls logarithmisch skalierte Maße, was in diesen Fällen aber niemanden stört.

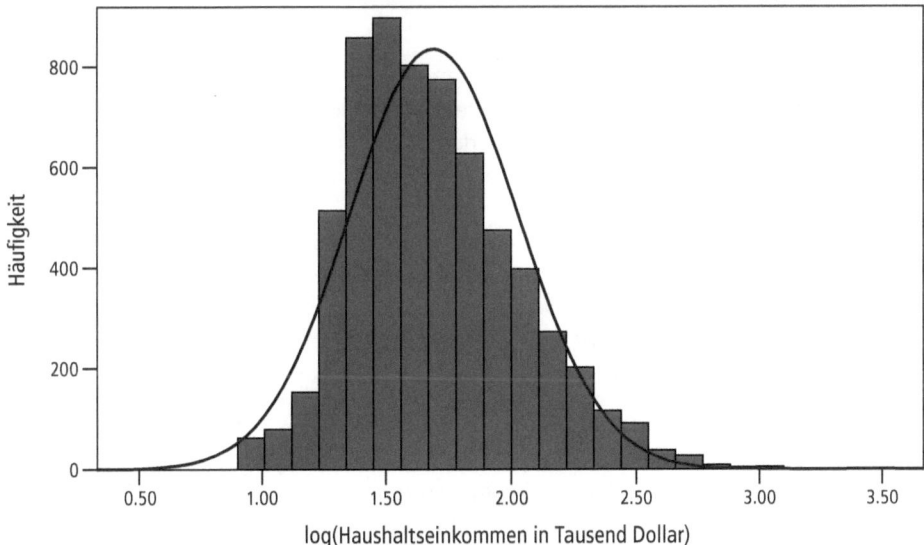

Abbildung 8.20. Mittels logarithmischer Funktion transformierte Einkommensverteilung aus Abbildung 8.19.

Ein weiterer potenzieller Nachteil der Transformation ist, dass die logarithmische Skala (wie auch die Skalen nach einer Wurzel- bzw. Inverstransformation) nicht äquidistant ist: Der Unterschied zwischen log = 1.5, log = 1.8 und log = 2.1 spiegelt den Unterschied von 31 622 zu 63 095 zu 125 893 Dollar wider. Der absolute Abstand (in Dollar) zwischen log = 1.5 und log = 1.8 ist also nur halb so groß wie der zwischen log = 1.8 und log = 2.1.

Sie dürfen übrigens nicht den Fehler machen, zu denken, Sie können mit der transformierten Variablen Berechnungen durchführen, deren Ergebnisse Sie dann rücktransformieren können. Wenn Sie zum Beispiel den Mittelwert der nichttransformierten Haushaltseinkommen (in Tausend Dollar) berechnen, erhalten Sie M = 69.48. Der Mittelwert der $\lg_{10}$-transformierten Einkommen liegt hingegen bei $M = 1.6913$. Wenn Sie diesen Wert rücktransformieren, erhalten Sie $M = 10^{1.6913} = 49.12$, also einen deutlich kleineren Wert als den Originalmittelwert von $M = 69.48$. Diese Diskrepanz ist zum Teil gewollt, da ja das arithmetische Mittel der Originalwerte aufgrund von Ausreißern nach oben verzerrt wird – tatsächlich sollte eine erfolgreiche Datentransformation dazu führen, dass der neue Mittelwert dem Median der Verteilung angenähert wird. Es wäre also legitim, den Wert von $M = 49.12$ Tausend Dollar als besseren Schätzer der zentralen Tendenz der Einkommensverteilung zu betrachten. Was dieses Beispiel aber deutlich machen sollte: Ein Rückschluss von den transformierten auf die untransformierten Daten ist nur eingeschränkt möglich und für die meisten Anwender ist es wenig durchschaubar, wie sich eine Datentransformation im Detail auf weitere Aspekte einer Verteilung und auf statistische Befunde auswirkt. Skeptiker der Datentransformation behaupten, dass man mittels Transformation zwar einige Probleme beheben kann (z.B. nicht normalverteilte Daten normalisieren), dass man sich damit aber gleichzeitig andere Probleme einhandelt, deren Reichweite man oft nicht einmal erkennt.

Wie das Beispiel mit dem Haushaltseinkommen gezeigt hat, war die Transformation hier sehr erfolgreich darin, Ausreißern bzw. Extremwerten weniger Gewicht beizumessen. Bei einer Variablen wie dem Einkommen ist dies durchaus sinnvoll, da auch ein Jahreseinkommen von über einer Million Dollar mit Sicherheit in der Zielpopulation vorkommt und es daher nicht legitim wäre, derartige Werte zu löschen (vgl. Abschnitt 8.4.1). Zudem waren die Extremwerte nicht gänzlich von der restlichen Verteilung isoliert. Wenn es hingegen nur ein oder zwei sehr extreme Ausreißer gibt, die dazu führen, dass Daten nicht normalverteilt sind, wäre es unseres Erachtens sinnvoller, diese direkt zu behandeln (z.B. zu winsorisieren), statt eine Datentransformation mit allen Werten durchzuführen.

Datentransformation kann durchaus ein wirksames Instrument sein, um Verteilungen zu normalisieren und dadurch die Verwendung parametrischer Testverfahren zu ermöglichen. Bevor Sie transformieren, sollten Sie sich jedoch überlegen, wie sich dies darüber hinaus auf Ihre Ergebnisse auswirkt: Wie wären die transformierten Daten inhaltlich zu interpretieren? Überprüfen Sie ferner stets, ob Sie durch die Datentransformation andere Verteilungsvoraussetzungen für Tests, die Sie anwenden möchten, verletzen.

Datentransformation wird in verschiedenen Bereichen unterschiedlich häufig eingesetzt. So ist sie bei Fragebogendaten eher die Ausnahme. Reaktionszeitdaten werden häufiger transformiert, wobei es aber auch hier so ist, dass der Großteil der Wissenschaftler auf eine Transformation verzichtet. Sie können sich auch daran orientieren, ob in ähnlichen Studien – innerhalb der Domäne Ihrer Arbeit – vergleichbare Variablen transformiert werden. Wie beim Umgang mit fehlenden Werten ist die Frage, ob man Daten transformiert, oft an subjektive Vorlieben geknüpft. Daher kann es sich lohnen, Ihren Betreuer zu fragen, ob er im Falle Ihrer Daten eine Transformation angebracht findet.

8.7 Umkodierung von Items

In Fragebögen treten häufig einige Items auf, die invers gepolt sind und daher vor den weiteren Analyseschritten umgedreht (also *umkodiert, umgepolt* oder *invertiert*) werden müssen. Ein Beispiel wären in einem Extraversions-Fragebogen die Items „Ich bin gerne unter Leuten" und „Allein fühl ich mich am wohlsten". Offenbar steht das erste Item für Extraversion und das zweite Item für das Gegenteil (also Introversion). Möchte man mit dem zweiten Item auch das Ausmaß an Extraversion erfassen, muss man es umkodieren. Bei einer n-stufigen Antwortskala, deren Antwortoptionen von 1 bis n durchnummeriert sind, erfolgt die Umkodierung nach der Regel: *neuer Wert = n + 1 − alter Wert.*

Bei einer Antwortskala von 1 bis 5 würde also die 5 zur 1, die 4 zur 2, die 3 bleibt 3, die 2 wird zur 4 und die 1 zur 5. Wichtig ist, dass Sie als fehlend definierte Werte (z. B. „999") als fehlend definiert beibehalten und nicht versehentlich ebenfalls umkodieren.

In *SPSS* findet sich zum Umkodieren im Menüpunkt „Transformieren" das Untermenü „Umcodieren in andere Variablen..." (alternativ können Sie auch das Untermenü „Automatisch umkodieren..." verwenden). Es ist sinnvoll, für die umkodierten Variablen die Namen der Originalvariablen zu verwenden und z. B. ein *u* (für „umkodiert") daran zu hängen. Das heißt, die Variable „Extraversion02" wird umkodiert in die Variable „Extraversion02u". Falls erforderlich, finden Sie in Raithel (2008, Kap. 6) eine schrittweise Anleitung, wie Sie Umkodierungen mit *SPSS* durchführen.

8.8 Itemanalyse

Die Itemanalyse dient der Qualitätskontrolle Ihrer Fragebogen- bzw. Testskalen. Dabei spielen zwei Verfahren eine besondere Rolle: die *Faktorenanalyse* und die *Reliabilitätsanalyse*. Wir wollen Ihnen das Vorgehen der Itemanalyse im Folgenden an einem Beispiel veranschaulichen.

In der psychologischen Forschung zur sozialen Erwünschtheit wird angenommen, dass diese aus zwei getrennten, wenn auch miteinander korrelierten Konstrukten besteht, nämlich der *Fremdtäuschung* und der *Selbsttäuschung* (z. B. Paulhus, 1986). Die Unterscheidung zwischen diesen beiden Konstrukten ist relevant, da diese unterschiedlich stark mit anderen Variablen zusammenhängen sollten. So könnte man vermuten, dass die subjektiv eingeschätzte Qualität der eigenen Partnerschaft stärker mit Selbst- als mit Fremdtäuschung korreliert. Wie wichtig einer Person Statussymbole sind, sollte hingegen stärker mit Fremdtäuschung als mit Selbsttäuschung zusammenhängen. Nehmen wir an, Sie wollten in einer Studie Fremd- und Selbsttäuschung erheben. Dazu haben Sie einen entsprechenden Fragebogen von Musch, Brockhaus und Bröder (2002) verwendet, der mit jeweils 10 Items diese beiden Konstrukte erfassen soll. Um die Reliabilität des Fragebogens zu erhöhen (vgl. den Exkurs auf S. 198f.), haben Sie jeder Skala 10 weitere Items hinzugefügt. Ein von Ihnen neu entwickeltes Item zur Selbsttäuschung war „Ich weiß immer genau, was ich will" und ein Item zur Fremdtäuschung „Ich sage immer die Wahrheit".

Nachdem Sie Ihre Daten erhoben haben und bevor Sie beginnen, Ihre eigentlichen Hypothesen unter Verwendung dieser Skalen zu testen, sollten Sie überprüfen, ob sich die neu entwickelten Items tatsächlich wie geplant den beiden Skalen Selbst- und Fremdtäuschung zuordnen lassen. Schließlich wäre es ungünstig, wenn ein Item, das Sie dem Konstrukt der Selbsttäuschung zugeordnet haben, eigentlich doch stärker Fremdtäuschung – oder etwas gänzlich anderes – erfasst. Was Sie benötigen ist also eine Überprüfung der *faktoriellen Struktur* Ihres Messinstruments. Konkret müssen Sie untersuchen, ob sich die Items auch empirisch in der Weise den beiden Konstrukten zuordnen, wie Sie es sich theoretisch-rational überlegt haben. Derartige Überprüfungen können Sie mit (explorativen oder konfirmatorischen) Faktorenanalysen vornehmen.

Eine Faktorenanalyse ist immer dann angebracht, wenn es sich bei dem verwendeten Messinstrument um ein neu entwickeltes oder neu übersetztes Verfahren handelt, für das noch keine Validitätsuntersuchungen vorliegen. Wenn Sie ein veröffentlichtes und bereits gut untersuchtes Verfahren einsetzen, ist eine Bestätigung der Faktorenstruktur nicht erforderlich.

Wie Sie eine explorative oder auch konfirmatorische Faktorenanalyse zur Bestimmung der Faktorenstruktur durchführen, können Sie bei Bühner (2011) nachlesen. Dort sind auch praktische Hinweise zum Umgang mit der entsprechenden Software enthalten, insbesondere zu explorativen Faktorenanalysen mit *SPSS*. Zu beachten ist allerdings, dass bei kleinen Stichproben (weniger als 60 Probanden) Faktorenanalysen nicht sinnvoll sind, da die Faktorenstruktur dann stark von Zufallseinflüssen bestimmt wird. In den meisten Fällen sind mindestens 100 bis 200 Probanden zu empfehlen. Bei wissenschaftlichen Zeitschriften werden inzwischen oft mindestens 200 Personen für Faktorenanalysen verlangt, wenn Sie dort einen Forschungsartikel veröffentlichen möchten.

Während Faktorenanalysen nur bei neuen Erhebungsinstrumenten durchzuführen sind, werden *Reliabilitätsanalysen* standardmäßig bei der Auswertung jedes Fragebogens und Tests berechnet, sofern ein homogener Merkmalsbereich erfasst werden soll. Reliabilitätsanalysen dienen der Bestimmung der internen Konsistenz von Skalen, deren Eindimensionalität bereits vorausgesetzt wird. Durch die Angabe von Cronbachs α als Maß der internen Konsistenz in Ihrer konkreten Stichprobe erhält der Leser einen Indikator für die Reliabilität der jeweiligen Skala (vgl. auch den Exkurs auf S. 198ff.). Außerdem erlauben es Reliabilitätsanalysen auch bei etablierten Messinstrumenten, zu überprüfen, ob dieses Instrument in Ihrer konkreten Stichprobe ebenfalls funktioniert hat oder ob beispielsweise bestimmte Items nicht das gewünschte Konstrukt erfassen.

So lautet in dem Fragebogen von Musch et al. (2002) ein (negativ gepoltes) Item zur Erfassung von Selbsttäuschung „An meinen Fähigkeiten als Liebhaber habe ich schon gelegentlich gezweifelt". Wenn Sie diesen Fragebogen bei Teilnehmern eines katholischen Priesterseminars einsetzen, könnte es sein, dass viele der Probanden mit diesem Item schlicht nichts anfangen können. Dann hätte die Antwort auf dieses Item wenig mit dem durch die anderen Selbsttäuschungsitems gemessenen Konstrukt zu tun. Dies würde sich in einer Reliabilitätsanalyse durch eine geringe Trennschärfe (in der SPSS-Ausgabe als „korrigierte Item-Skala-Korrelation" bezeichnet) ausdrücken.

In solchen Fällen ist es ausnahmsweise auch bei etablierten Verfahren erlaubt, einzelne Items aus dem Fragebogen zu entfernen, die zumindest hinsichtlich der Antworten der eigenen Stichprobe doch nicht zum Konstrukt passen. Dass ein Item nicht passt, erkennen Sie neben der geringen Trennschärfe daran, dass Cronbachs α deutlich ansteigt, wenn dieses Item entfernt wird. Da Reliabilitätsanalysen – zumindest die Berechnung der internen Konsistenz – standardmäßig durchgeführt werden sollten, aber in vielen Statistikbüchern nicht genauer beschrieben werden, erklären wir kurz das Vorgehen mit *SPSS*. Für detailliertere Hinweise verweisen wir auf das Buch zur Test- und Fragebogenkonstruktion von Bühner (2011).

In *SPSS* finden Sie die Reliabilitätsanalyse unter dem Menüpunkt „Analysieren → Skala → Reliabilitätsanalyse...". Dort übernehmen Sie alle Items, die Sie einer gemeinsamen Reliabilitätsanalyse unterziehen wollen. Wichtig ist, dass Sie dabei voraussetzen, dass diese Items homogen sind, also alle dasselbe Konstrukt erfassen. Außerdem müssen Sie zuvor Items, die negativ gepolt sind, umkodieren (vgl. Abschnitt 8.7). Als Modell belassen Sie die Standardeinstellung „Alpha", die für Cronbachs α steht. Unter „Statistiken..." wählen Sie „Deskriptive Statistiken für (a) Item, (b) Skala und (c) Skala wenn Item gelöscht" aus.

In der Ausgabe sind zwei Tabellen besonders relevant: In der Tabelle „Reliabilitätsstatistik" wird das Cronbachs α für die gesamte Skala angegeben. Werte größer als .80 sind als gut zu bezeichnen, Werte kleiner als .70 sind grenzwertig und Werte kleiner als .60 sind meistens nicht mehr akzeptabel. Dabei muss man allerdings berücksichtigen, dass Cronbachs α mit der Anzahl der Items zunimmt. Bei einer Skala mit nur 5 Items wäre ein Wert von .70 noch recht hoch, bei einer Skala mit 30 Items wäre derselbe Wert hingegen ziemlich gering. Die zweite wichtige Tabelle ist mit „Item-Skala-Statistik" überschrieben. Hier sehen Sie die bereits erwähnte *Trennschärfe* (korrigierte Item-Skala-Korrelation) und wie Cronbachs α sich verändern würde, wenn das jeweilige Item weggelassen wird. Bei Items, bei deren Eliminierung Cronbachs α *deutlich* ansteigt (z.B. um mehr als .05), sollte man im Rahmen einer Skalenkonstruktion über eine Entfernung nachdenken. (Bei veröffentlichten bzw. bereits an größeren Stichproben überprüften Verfahren belässt man die Skalen besser so, wie sie sind. Wenn sich einzelne Items in Ihrer Stichprobe als psychometrisch ungünstig herausstellen, kann es sich dabei auch um Zufallseffekte handeln, die nicht bedeuten, dass diese Items tatsächlich ungeeignet sind. Dies ist umso wahrscheinlicher, je kleiner Ihre Stichprobe ist.) Dabei sollten aber auch inhaltliche Überlegungen, warum dieses Item nicht – oder vielleicht gerade doch – zur Skala passt, angestellt werden. Hinsichtlich der Trennschärfe sind Items mit Werten größer als .30 wünschenswert. In einer dritten Tabelle mit der Überschrift „Itemstatistik" finden Sie übrigens den Mittelwert der Antworten für die jeweiligen Items – dies entspricht der Itemschwierigkeit. Items mit besonders hohem bzw. niedrigem Mittelwert sind also besonders leicht bzw. besonders schwierig, weshalb diese Items nur noch zwischen Probanden differenzieren, die in den extremen Bereichen des Merkmalskontinuums liegen. Daher sollten Sie nicht zu viele extrem leichte bzw. extrem schwierige Items in eine Skala, die Sie neu konstruieren, aufnehmen.

8.9 Skalenbildung: Summen- und Mittelwertscores

Werte auf einem einzelnen Item sind oft deutlich von Messfehlern beeinflusst und daher wenig reliabel. Erst dadurch, dass man – wie bei Fragebögen und Tests üblich – mehrere Items zu einem sogenannten Score oder Index zusammenfasst, werden Messfehler herausgemittelt und diese Indizes reliabler. Bei dichotomen Antworten (z.B. richtig vs. falsch) ist zudem offensichtlich, dass ein einzelnes Item nicht ausreichend zwischen Personen differenzieren kann, da diese ja lediglich in zwei Klassen zerfallen würden (diejenigen, die „richtig", und diejenigen, die „falsch" angekreuzt haben). Bei kontinuierlichen Merkmalen wie beispielsweise Intelligenz oder Extraversion möchte man feiner abgestufte Unterscheidungen treffen können.

Zur Skalenbildung kann man Summen- und Mittelwertscores berechnen. Bei Summenscores addieren Sie einfach die Antworten einer Person für alle Items, die zu einer Skala gehören, auf. Beim Mittelwertscore bilden Sie aus denselben Antworten einen Mittelwert. Gegenüber dem Summenscore hat der Mittelwertscore zwei Vorteile. Der Summenscore hängt u.a. davon ab, wie viele Items die Skala umfasst. Bei der inhaltlichen Einordnung des Summenscores (was ist ein hoher, was ein mittlerer oder niedriger Wert), muss man sich also immer wieder in Erinnerung rufen, wie viele Items addiert wurden. Beim Mittelwertscore kann man sich hingegen direkt an dem Format der Antwortskala orientieren. Wenn diese z.B. von 1 bis 5 reichte, bewegt sich auch der Mittelwertscore in diesem Bereich, unabhängig davon, aus wie vielen Items die Skala besteht.

Der zweite Vorteil des Mittelwertscores ist, dass fehlende Werte automatisch durch den individuellen Mittelwert der Person auf den anderen Items der Skala ersetzt werden, was bei wenigen und vereinzelt auftretenden fehlenden Werten eine legitime Lösung ist (vgl. Abschnitt 8.5.3.1). Bei einem Summenscore würde ein fehlender Wert zunächst dazu führen, dass die Person für dieses Item den Wert Null erhält, was auf jeden Fall eine Unterschätzung darstellt, wenn die Antwortskala z.B. von 1 bis 5 reicht. Das heißt, beim Summenscore müssen fehlende Werte *immer* explizit ersetzt werden, um den Wert nicht stark zu verfälschen, wohingegen der Mittelwertscore ohne weiteren Aufwand eine für viele Fälle ausreichende Form der Behandlung fehlender Werte bietet. Damit Sie von diesem zweiten Vorteil des Mittelwertscores profitieren, dürfen Sie allerdings nicht die Itemwerte addieren und dann durch die Anzahl der Items teilen, sondern müssen direkt eine *Mittelwertsfunktion* verwenden.

In *SPSS* funktioniert die Bildung eines Mittelwertscores folgendermaßen: Unter „Transformieren → Variable berechnen..." geben Sie im Feld „Zielvariable" ein, wie die neue Variable für den Mittelwertscore heißen soll, also z.B. `Extraversion_Mittel`. Im Feld „numerischer Ausdruck" fügen Sie zunächst die Mittelwertsfunktion hinzu, die in *SPSS* `mean()` heißt. In der Klammer geben Sie – jeweils durch ein Komma getrennt – die einzelnen Variablen (Items) an, aus denen Sie den Mittelwertscore berechnen wollen, also z.B. alle Extraversions-Items. Auch hierbei ist wichtig, dass Sie negativ gepolte Items zuvor umkodiert haben und diese umkodierten Items verwenden (vgl. Abschnitt 8.7). Sobald Sie die Berechnung der neuen Variablen mit OK ausführen, fügt *SPSS* am Ende der Datendatei eine Spalte mit dem Namen „Extraversion_Mittel" hinzu, in der für jede Person ihr Extraversions-Mittelwertscore eingetragen ist.

Wenn bei einer Person mehr als 15 % der Items einer Skala fehlende Werte sind, kann auch eine Ersetzung durch den individuellen Mittelwert der restlichen Items den Skalenwert für die Person so bedeutsam verzerren, dass man diese besser von der Auswertung ausschließt (vgl. Abschnitt 8.5.3.1). Zu diesem Zweck kann man definieren, dass der Mittelwertscore nur berechnet wird, wenn eine Mindestanzahl valider Werte für die jeweilige Person vorliegt. Dazu muss man in *SPSS* hinter `mean` eine Zahl angeben, die bestimmt, wie viele Werte mindestens vorhanden sein müssen. Dazu ein Beispiel: Sie haben eine Skala mit 15 Items und wollen, dass Mittelwertscores nur berechnet werden, wenn mindestens 13 Werte bei einer Person vorhanden sind. Dazu erweitern Sie den oben genannten Befehl zu `mean.13()` – in der Klammer stehen die durch Kommata separierten 15 Items, aus denen Sie den Mittelwert bilden wollen. Wenn bei einer Person nun 12 oder weniger Werte vorliegen, wird der Mittelwert nicht berechnet. Stattdessen erscheint in der Zeile ein sogenannter *systemdefiniert fehlender Wert* – in *SPSS* durch einen Punkt symbolisiert. Wie Sie dann mit diesem fehlenden Wert umgehen können, wurde in Abschnitt 8.5.3 erläutert.

8.10 Daten aggregieren

Der Skalenbildung bei Fragebogen- und Testitems entspricht die *Datenaggregierung* bei Reaktionsdaten oder ähnlichen Daten, bei denen wiederholte Messungen vorgenommen werden, der Proband also mehrere Durchgänge (engl. *trials*) einer Versuchsbedingung durchläuft. Dies lässt sich am einfachsten anhand von Reaktionszeit-Experimenten erklären, ist aber auf ähnliche Datenstrukturen übertragbar.

Vermutlich kennen Sie die Stroop-Aufgabe (Stroop, 1935). In einer modernen Version dieser Aufgabe werden einzeln Farbwörter („ROT", „GRÜN", „BLAU", „GELB") sowie eine bedeutungsleere Buchstabenkette („XXXX") auf einem Monitor dargeboten. Dabei variiert die Schriftfarbe, das heißt, die Farbwörter bzw. die Buchstabenkette erscheinen in einer der Farben Rot, Grün, Blau oder Gelb. Die Probanden haben die Aufgabe, so schnell wie möglich die Schriftfarbe zu benennen.

Für die Berechnung des Stroop-Effekts sind zwei Versuchsbedingungen relevant: In der *neutralen Bedingung* erscheint die Buchstabenkette „XXXX" in einer beliebigen Schriftfarbe; in der *inkongruenten Bedingung* wird ein Farbwort präsentiert, dessen Schriftfarbe nicht mit diesem Wort übereinstimmt – beispielsweise wird das Wort „ROT" in blauer, gelber oder grüner Schrift dargeboten oder das Wort „GRÜN" in Gelb, Rot oder Blau. (Daneben gibt es eine kongruente Bedingung, bei der Farbwort und Schriftfarbe übereinstimmen, aber diese Bedingung interessiert hier nicht weiter.) Die Fragestellung bei der Stroop-Aufgabe ist, ob Probanden die Schriftfarbe in der neutralen Bedingung schneller benennen können als in der inkongruenten Bedingung.

Werden die Daten eines solchen Experiments mittels eines Versuchssteuerungsprogramms erfasst, liegen sie üblicherweise so wie in Tabelle 8.4 vor. Der Tabelle ist zu entnehmen, dass jeder Person 100 Wörter bzw. Buchstabenketten dargeboten wurden (100 Durchgänge bzw. Trials pro Proband). Im *Trialcode* ist definiert, was dem Probanden dargeboten wurde. So hat der Proband mit der Nummer 101 als Erstes die Buchstabenkette „XXXX" in roter Farbe gesehen, danach wurde ihm das Wort „GELB" in blauer Farbe dargeboten und anschließend das Wort „BLAU" in grüner Farbe etc. In der Spalte *Bedingung* ist noch einmal spezifiziert, ob es sich um einen Durchgang der neutralen oder der inkongruenten Bedingung gehandelt hat. Dabei sei das Experiment so aufgebaut, dass genau die Hälfte der Durchgänge neutral und die andere Hälfte inkongruent ist. (Sofern das Versuchssteuerungsprogramm die Bedingung nicht selbst in einer separaten Spalte kodiert, wäre es auch möglich, diese nachträglich z.B. in *SPSS* mittels des Befehls „Umkodieren in andere Variablen" aus den Trialcodes zu erzeugen.) In der Spalte *Antwort* ist registriert, ob der Proband korrekt geantwortet, also die Schriftfarbe richtig benannt hat (Antwortcode = 1), oder ob ihm bei der Farbbenennung ein Fehler unterlaufen ist (Antwortcode = 0). Beispielsweise hat Proband 101 in Trial 3 nicht „grün", sondern irgendeinen anderen Farbnamen genannt und daher einen Fehler begangen. Solche falschen Reaktionen würde man vor der Auswertung der Reaktionszeitdaten löschen. In der letzten Spalte der Tabelle ist schließlich die Reaktionszeit in Millisekunden bis zur Nennung einer Farbe aufgezeichnet. An dieser Beispielstudie nahmen insgesamt 80 Probanden teil (die Probandennummern in der Spalte *Subject* gehen von 101 bis 180).

Wird, wie in unserer Beispielstudie, die Reaktionszeit für eine verbale Äußerung erfasst, geschieht dies übrigens i.d.R. mit einem sogenannten *Voice Key*. Dieses kleine Gerät schaltet man zwischen das Mikrofon und den Computer, auf dem der Versuch abläuft. Wenn das Mikrofon Geräusche aufzeichnet, die eine zuvor festgelegte Lautstärke überschreiten, sendet es einen Impuls an den Computer, dass eine Antwort gegeben wurde, und die Reaktionszeit wird aufgezeichnet. Die Einstellung einer unteren Lautstärkegrenze ist wichtig, damit Neben- oder Atemgeräusche nicht als Reaktion registriert werden. Um zu erfassen, welche Antwort gegeben wurde, kann man Spracherkennungssoftware verwenden – diese ist aber oft nicht sonderlich zuverlässig. Alternativ zeichnet man die Antworten der Probanden in Audiodateien auf. Diese hört man sich nach dem Versuch an und gibt dann manuell in die Datendatei ein, ob die Antwort korrekt war oder nicht.

Tabelle 8.4. Rohdaten aus einem Stroop-Experiment

Subject	Trialnummer	Trialcode	Bedingung	Antwort	Reaktionszeit
101	1	XXXX_in_rot	neutral	1	924
101	2	GELB_in_blau	inkongruent	1	892
101	3	BLAU_in_grün	inkongruent	0	1026
101	4	XXXX _in_gelb	neutral	1	730
⋮	⋮	⋮	⋮	⋮	⋮
101	100	XXXX _in_blau	neutral	1	683
102	1	ROT_in_grün	inkongruent	1	865
⋮	⋮	⋮	⋮	⋮	⋮
102	100	GRÜN_in_rot	inkongruent	1	1041
⋮	⋮	⋮	⋮	⋮	⋮
180	1	BLAU _in_gelb	inkongruent	1	959
⋮	⋮	⋮	⋮	⋮	⋮
180	100	XXXX _in_gelb	neutral	1	878

Um den Stroop-Effekt berechnen zu können, müssen die Daten zunächst aggregiert werden. Dies ist aus statistischen Gründen wichtig. Zwar könnten Sie mit den in Tabelle 8.4 gezeigten Daten direkt berechnen, wie lang die durchschnittliche Reaktionszeit für neutrale und inkongruente Durchgänge war. Da von dem Statistikprogramm aber angenommen wird, dass jede Zeile einen Fall – das heißt: eine Person – beschreibt, würden Sie die Daten dabei so behandeln, also hätten Sie 8 000 Personen (80 Personen × 100 Durchgänge pro Person) erhoben, wobei jede Person entweder nur auf einen neutralen oder einen inkongruenten Durchgang geantwortet hat.

Dies wäre aber ein gänzlich anderes Experiment als das durchgeführte, in welchem 80 Probanden in einem Within-subject-Design jeweils 50 neutrale und 50 inkongruente Trials bearbeitet haben. Bei inferenzstatistischen Testungen mit den aggregierten bzw. nicht aggregierten Daten würden Sie ganz unterschiedliche Resultate erzielen – statistisch korrekt wären nur die Ergebnisse der aggregierten Daten. Sie müssen die Daten daher zunächst aggregieren, um eine Datei mit der in Tabelle 8.5 gezeigten Datenstruktur zu erhalten.

Tabelle 8.5. Aggregierte Daten aus einem Stroop-Experiment

Subject	Bedingung	Reaktionszeit_Mean	N_Break
101	neutral	949.39	47
101	inkongruent	1129.55	48
102	neutral	802.28	49
102	inkongruent	1064.60	45
103	neutral	663.12	46
103	inkongruent	875.49	44
⋮	⋮	⋮	⋮
180	neutral	813.26	50
180	inkongruent	1027.39	49

Bevor Sie die Reaktionszeitdaten aggregieren, sollten Sie sich versichern, dass Sie alle Reaktionen mit fehlerhaften Antworten und auch alle gegebenenfalls vorhandenen Übungsdurchgänge o. Ä. entfernt haben. Auch die Bereinigung von Ausreißern (vgl. Abschnitt 8.4 und insbesondere 8.4.3) sollten Sie zuvor durchgeführt haben. In *SPSS* gehen Sie dann über das Menü „Daten → Aggregieren...". Hier müssen Sie sogenannte *Break-Variablen* definieren. Break-Variablen sind diejenigen Variablen, die – ggf. in ihrer Kombination – die Fälle (d.h. die Zeilen) in der neuen Datei beschreiben. Im Allgemeinen werden Sie für jede Versuchsperson und innerhalb jeder Versuchsperson für jede experimentelle Bedingung eine eigene Zeile mit der Angabe einer mittleren Reaktionszeit haben wollen. In unserem Beispiel sind also *Subject* und *Bedingung* die Break-Variablen. Als *aggregierte Variable* möchten Sie die Mittelwerte der Reaktionszeiten erhalten. Daher holen Sie die Variable *Reaktionszeit* in das Feld „Zusammenfassungen von Variablen". Standardmäßig berechnet Ihnen *SPSS* dann den Mittelwert dieser Variable, wobei Sie aber auch eine andere Funktion (z.B. den Median) berechnen lassen können. Leider ist die Auswahl der Funktionen an dieser Stelle in *SPSS* relativ eingeschränkt, es gibt also nicht die Möglichkeit, getrimmte Mittel berechnen zu lassen, auch wenn dies manchmal sinnvoll wäre (vgl. Abschnitt 8.4.2.1).

Wenn Sie noch das Feld „Anzahl der Fälle" aktivieren, gibt *SPSS* eine zusätzliche Variable aus (standardmäßig als *N_Break* bezeichnet), in der angezeigt wird, aus wie vielen Fällen (also z.B. experimentellen Durchgängen) eine aggregierte Variable sich jeweils berechnet. So sehen Sie in Tabelle 8.5 für den Probanden 101, dass seine mittlere Reaktionszeit in der Neutral-Bedingung auf 47 Reaktionen beruht. Da diese Bedingung aus 50 Durchgängen bestand, fehlen drei Reaktionen. Das kann dadurch zustande gekommen sein, dass Proband 101 drei Fehler begangen hat. Die fehlerhaften Reaktionen wurden ja vor der Datenaggregation gelöscht. Es kann auch sein, dass Werte aufgrund von technischen Aufzeichnungsfehlern nicht vorhanden sind – dies kann bei der Arbeit mit Sprachaufzeichnung leicht passieren. In seine Reaktionszeit für inkongruente Durchgänge gingen bei diesem Probanden 48 Reaktionen ein. Sofern Sie nicht die absolute Anzahl korrekter Antworten in den beiden Versuchsbedingungen auswerten wollen, sind diese Fallzahlangaben in der N_Break-Spalte für die weitere Auswertung aber wenig interessant.

8.11 Daten umstrukturieren

Bevor Sie mit den Daten aus Abschnitt 8.10 weiterrechnen können, müssen Sie diese noch umstrukturieren. In Tabelle 8.5 sind pro Proband zwei Zeilen enthalten. (Würde Ihr experimentelles Design mehr als zwei Within-subject-Versuchsbedingungen aufweisen, hätten Sie entsprechend mehr Zeilen pro Versuchsperson.) Das Umstrukturieren führt dazu, dass Sie nur noch eine Zeile pro Proband haben.

In *SPSS* würden Sie dazu über „Daten → Umstrukturieren..." den „Assistent für die Datenumstrukturierung" aufrufen. Dieser Assistent ermöglicht es, ausgewählte Variablen in Fälle (also Spalten in Zeilen) sowie ausgewählte Fälle in Variablen (also Zeilen in Spalten) umzuwandeln. Ferner können Sie Daten *transponieren*, also alle Zeilen zu Spalten und alle Spalten zu Zeilen umstrukturieren.

Für den vorliegenden Datensatz aus Tabelle 8.5 müssen wir *ausgewählte Fälle in Variablen umstrukturieren*, da wir wollen, dass die Unterscheidung zwischen den beiden Bedingungen, die jetzt in verschiedenen Zeilen stehen, als zwei Reaktionszeit-Variablen in einer Zeile erscheinen. Dazu müssen Sie in *SPSS* im nächsten Fenster als *Bezeichner*- oder *ID-Variable* „Subject" auswählen, weil die einzelnen Fälle nur noch durch diese Variable unterschieden werden sollen – wir wollen pro Proband genau eine Zeile. Als *Indexvariable* wählen Sie „Bedingung", da die Reaktionszeitdaten (und die N_Break-Variable) mit der Versuchsbedingung indiziert werden sollen. Die Variablen, die im linken Feld verbleiben (*Reaktionszeit_Mean* und *N_Break*) sind also diejenigen, die dann später – zusätzlich versehen mit den Stufen der Indexvariable, also der Bedingung – als Spalten (Variablen) im Datensatz auftauchen. Führen wir das in der beschriebenen Form mit den Daten aus Tabelle 8.5 durch, erhalten wir die umstrukturierte Datendatei, die in Tabelle 8.6 wiedergegeben ist.

Tabelle 8.6. Aggregierte und umstrukturierte Daten aus einem Stroop-Experiment

Subject	Reaktionszeit_Mean. neutral	Reaktionszeit_Mean. inkongruent	N_Break. neutral	N_Break. inkongruent
101	949.39	1129.55	47	48
102	802.28	1064.60	49	45
103	663.12	875.49	46	44
⋮	⋮	⋮	⋮	⋮
180	813.26	1027.39	50	49

Wenn Sie Tabelle 8.5 und Tabelle 8.6 vergleichen, werden Sie feststellen, dass sich die Daten nicht unterscheiden, sondern nur unterschiedlich angeordnet sind. In Tabelle 8.6 haben Sie nun, wie Sie es für Ihre weitere Auswertung benötigen, nur noch eine Zeile (einen Fall) pro Versuchsperson. Erst diese Struktur macht es möglich, z.B. einen *t*-Test für verbundene (abhängige) Stichproben durchzuführen oder auch, wie in Abschnitt 8.12 beschrieben wird, Effekte zu berechnen. Die N_Break-Variablen werden Sie vermutlich nicht brauchen, sodass Sie diese auch löschen können. Wir haben Sie bisher nur der Vollständigkeit halber mit dargestellt.

8.12 Effekte und Differenzmaße berechnen

Nicht bei jeder Studie ist es erforderlich, Effekte zu berechnen. Sofern es jedoch um Unterschiede geht und Sie mit einem Unterschiedsmaß weitere Analysen durchführen wollen, kann es sinnvoll bzw. notwendig sein, Effektmaße zu erstellen. Wir veranschaulichen das wieder an dem Stroop-Experiment. Der sogenannte Stroop-Effekt ist definiert als die Reaktionszeitdifferenz zwischen der neutralen und der inkongruenten Bedingung. Wenn Sie also für jeden Probanden wissen möchten, um wie viel dieser in der inkongruenten Bedingung langsamer ist als in der neutralen Bedingung, ziehen Sie einfach den letzteren Wert vom ersteren ab.

In *SPSS* gehen Sie dazu folgendermaßen vor: Unter „Transformieren → Variable berechnen..." geben Sie als neue Zielvariable Stroop_Effekt ein. Im Feld „numerischer Ausdruck" ziehen Sie die beiden Reaktionszeitdaten voneinander ab, also: Reaktionszeit_Mean.inkongruent – Reaktionszeit_Mean.neutral. Das Ergebnis sehen Sie in Tabelle 8.7, wobei wir die N_Break-Variablen nun weggelassen haben.

Tabelle 8.7. Daten aus einem Stroop-Experiment einschließlich neu berechnetem Stroop-Effekt (in Millisekunden)

Subject	Reaktionszeit_Mean. neutral	Reaktionszeit_Mean. inkongruent	Stroop_Effekt
101	949.39	1129.55	180.16
102	802.28	1064.60	262.32
103	663.12	875.49	212.37
⋮	⋮	⋮	⋮
180	813.26	1027.39	214.13

Vielleicht haben Sie eine Hypothese der folgenden Art aufgestellt: „Der Stroop-Effekt korreliert negativ mit Intelligenz." oder „Der Stroop-Effekt ist bei Personen mit Aufmerksamkeitsdefizit-Syndrom (ADS) größer als bei Personen ohne ADS." Um derartige Hypothesen zu prüfen, wäre es nötig, den Stroop-Effekt berechnet zu haben. Für die erste Hypothese müssten Sie nämlich die Intelligenz mit dem

Stroop-Effekt korrelieren, für die zweite Hypothese müssten Sie einen *t*-Test mit dem Stroop-Effekt als Testvariable (abhängige Variable) und Personen mit bzw. ohne ADS als Gruppierungsvariable (unabhängige Variable) berechnen. Allerdings liegen Variablen wie Intelligenz oder ob eine Person mit ADS diagnostiziert ist meist nicht von Anfang an in derselben Datei vor wie die Reaktionszeitdaten aus einem Experiment. Daher ist es in vielen Fällen notwendig, vor der eigentlichen Auswertung Dateien zusammenzuführen.

8.13 Daten aus mehreren Dateien zusammenführen

Wie oben beschrieben, kommt es oft vor, dass man Reaktions(zeit)daten mit Fragebogendaten, Testdaten oder z.B. demografischen Angaben, die in anderen Dateien vorliegen, zusammenführen möchte. Es kann auch sein, dass Sie verschiedene per Computer erfasste Datensätze zusammenfügen möchten oder dass Fragebogen- und Testdaten einer Person auf verschiedene Dateien verteilt sind.

In *SPSS* haben Sie unter dem Menüpunkt „Daten → Dateien zusammenfügen" die Auswahl zwischen den beiden Optionen „Fälle hinzufügen..." und „Variablen hinzufügen...". Die Option „Variablen hinzufügen..." benötigen Sie in den gerade beschriebenen Situationen. Beispielsweise haben Sie Reaktionszeitdaten zum Stroop-Effekt in einer Datei und Intelligenztestdaten in einer anderen. Damit Sie diese in einer Datei zusammenfügen können, ist lediglich eine in beiden Dateien identische Variable erforderlich. Diese Variable bezeichnet man als *Schlüsselvariable*. Meist handelt es sich dabei um eine Probandennummer oder einen Probandencode. Wenn also in der Reaktionszeit-Datei die Variable „Subject" enthalten ist und Sie den Probanden die Zahlen von 101 bis 180 zugewiesen haben, muss in der anderen Datei, die Sie zu dieser hinzufügen möchten, ebenfalls eine Variable „Subject" mit identischen Bezeichnungen für die einzelnen Probanden vorhanden sein. Die Datei, aus der heraus Sie diese Prozedur ausführen, wird als Arbeitsdatei oder „aktives Dataset" bezeichnet. Sie können nun die Variablen jeder anderen Datei dieser aktiven Datei hinzufügen, wobei die Zuordnung anhand der von Ihnen definierten Schlüsselvariable erfolgt. Achten Sie darauf, dass in beiden SPSS-Dateien die Schlüsselvariable exakt gleich definiert ist, also identische Schreibung, identischer Variablentyp etc. Sonst gelingt das Zusammenführen der Daten unter Umständen nicht.

Mit der Option „Fälle hinzufügen..." können Sie einer Datei weitere Fälle bzw. Probanden anfügen. Dabei werden die neuen Fälle einfach unter die Fälle der aktiven Datei geschrieben. Die Option ist dann sinnvoll, wenn z.B. mehrere Personen jeweils für einen Teil der Stichprobe deren Daten eingegeben haben oder Daten an mehreren Computern erhoben und jeweils lokal gespeichert wurden. Das Zusammenführen von Fällen sollte allerdings in der Regel auf Ebene der Rohdaten vorgenommen werden, müsste in Abbildung 8.1 auf Seite 243 also ganz oben stehen.

8.14 Literaturempfehlungen

Wir hatten am Anfang dieses Kapitels darauf hingewiesen, dass es wenig Literatur gibt, die sich mit den hier behandelten Aspekten beschäftigt. Zwei Ausnahmen, in denen diese Aspekte für Fragebögen behandelt werden, sind die Bücher von Akremi, Baur und Fromm (2011) sowie von Raithel (2008). Beide Bücher behandeln insbesondere das Vorgehen der Datenaufbereitung mit *SPSS*, wobei die Darstellungen in Akremi et al. ausführlicher sind. Dafür berücksichtigt Raithel auch die Vorbereitung einer Befragung. Ebenfalls nützlich ist das Buch *Datenqualität mit SPSS* von Schendera (2007), in dem u.a. auf fehlende Werte, Ausreißer und Plausibilitätsprüfungen eingegangen wird.

Das bereits zum Umgang mit fehlenden Werten erwähnte deutschsprachige Buch von Reisinger et al. (2012) geht auch auf die Prüfung der Normalverteilung und Möglichkeiten der Datentransformation ein. Die entsprechenden Schritte mit *SPSS* werden detailliert dargestellt. Das Buch setzt kaum Vorkenntnisse voraus und ist daher auch ohne fundiertes Statistikwissen gut nutzbar.

Unter den englischsprachigen Statistiklehrbüchern ist Tabachnick und Fidell (2013) eines der wenigen Werke, das die vorbereitende Datenanalyse ausführlich behandelt. Zumindest teilweise gehen die schon mehrfach empfohlenen Statistikbücher von Field (2013) und Field et al. (2012) auf die in diesem Kapitel behandelten Themen ein. Ebenfalls nützlich hinsichtlich Dateninspektion, Voraussetzungsprüfung und Ausreißerbehandlung ist das englischsprachige Statistiklehrbuch von Baguley (2012), insbesondere die Kapitel 9 und 10, die auch Hinweise zur Umsetzung mit *R* und *SPSS* enthalten. Ein weiteres englischsprachiges Buch, das die Realisierung der in diesem Kapitel behandelten wesentlichen Aspekte schrittweise in *SPSS* nachvollzieht, ist Pallant (2013). Das Buch setzt kein Vorwissen voraus, behandelt aber auch nur die einfacheren Methoden.

Abschließend wollen wir noch auf ein paar weitere, speziellere Quellen hinweisen. So erscheint im Sage-Verlag eine Buchreihe mit dem Titel *Quantitative Applications in the Social Sciences*. Dabei handelt es sich um kleine Büchlein mit selten mehr als 100 Seiten Umfang, die Spezialthemen behandeln, die in Statistiklehrbüchern oft vernachlässigt werden. Zudem gibt es Fachzeitschriften, die sich speziell mit statistischen und methodischen Problemen beschäftigen. Recherchieren Sie nach entsprechenden Zeitschriften Ihres Faches, z.B. *Sociological Methodology* oder *Psychological Methods*. In solchen Zeitschriften findet man zu Themen wie dem Umgang mit Ausreißern, fehlenden Werten und Voraussetzungsverletzungen oft konkrete und praxisbezogene Hinweise.

Auswertung 9

9 Auswertung

Wenn Sie die in Kapitel 8 angegebenen Schritte, soweit Sie für Ihre Studie relevant sind, durchgeführt haben, sollten Sie nun über eine Gesamtdatei mit den (ggf. aggregierten bzw. zusammengefassten) Daten verfügen.[47] Dieses Kapitel soll Ihnen bei der Auswahl des passenden statistischen Verfahrens helfen. Wie Sie sicherlich wissen, unterteilt man statistische Verfahren u.a. in deskriptive und inferenzstatistische Verfahren (Signifikanztests). Deskriptive Verfahren dienen der – ggf. grafischen – Darstellung der Ergebnisse; mittels inferenzstatistischer Verfahren testen Sie Ihre Hypothesen. Bei der Besprechung des Ergebnisteils der schriftlichen Arbeit gehen wir auch auf die Rolle der deskriptiven Ergebnisdarstellung ein (kurz in Abschnitt 10.1 und ausführlicher im Band *Schreiben und Gestalten*). Hier interessieren uns primär die inferenzstatistischen Verfahren.

Sie haben im Rahmen Ihrer Statistikausbildung sicherlich statistische Verfahren wie *t*-Tests, Varianzanalysen, Regressionsanalysen etc. kennengelernt. Wir können diese Verfahren hier nicht im Einzelnen erläutern. Falls Sie etwas zu einem Verfahren nachlesen möchten, empfehlen wir Ihnen die Statistiklehrbücher von Sedlmeier und Renkewitz (2013) sowie Eid et al. (2010). Ein gutes englischsprachiges Statistiklehrbuch ist Tabachnick und Fidell (2013). Selbstverständlich gibt es viele weitere, teilweise sehr gute allgemeine Statistiklehrbücher. Zudem existieren Bücher, die sich speziell mit einem statistischen Verfahren beschäftigen, beispielsweise mit der Regressionsanalyse. Beachten Sie dazu unsere Literaturempfehlungen in Abschnitt 8.14. Hinweise, wie Sie selbst nach weiterer Literatur recherchieren, gibt Kapitel 5.

Zwischen dem theoretischen Verständnis eines statistischen Verfahrens und dessen Durchführung mittels Statistiksoftware[48] besteht bei vielen Studierenden eine Know-how-Lücke. Wenn Sie bisher in Ihrem Studium noch keinen Kurs zu Statistiksoftware (z.B. zu *SPSS* oder *R*) absolviert haben, empfehlen wir Ihnen nachdrücklich den Besuch eines solchen Kurses – möglichst, bevor Sie mit Ihrer (Abschluss-)Arbeit beginnen. In Abschnitt 4.4.2 und 4.4.3 haben wir Bücher für die Arbeit mit *SPSS* bzw. *R* empfohlen. Hier wollen wir noch einmal insbesondere auf das SPSS-Buch von Field (2013) und das R-Buch von Field et al. (2012) hinweisen. Diese englischsprachigen Bücher verbinden unseres Erachtens eine sehr anschauliche Erklärung der statistischen Verfahren mit einer praxisnahen und gleichzeitig fundierten Erläuterung der Durchführung in *SPSS* bzw. *R*. Falls Sie lieber mit einem deutschsprachigen Buch arbeiten, finden Sie entsprechende Empfehlungen in den Abschnitten 4.4.2 und 4.4.3.

Wichtig ist, bereits *vor* der Datenerhebung zu planen, wie Sie Ihre Daten auswerten wollen. Im schlimmsten Fall kann es nämlich passieren, dass Sie bei Ihrer Erhebung Daten generieren, die sich für eine Auswertung bzw. die Überprüfung Ihrer Hypothesen gar nicht eignen. Nicht ganz so schlimm, aber ebenfalls enttäuschend ist es, wenn Sie aus Ihren Daten nur wenig Informationen gewinnen kön-

---

[47] Für die Auswertung qualitativer Daten verweisen wir wieder auf Kuckartz (2010).
[48] Wie Sie sich für die passende Auswertungssoftware entscheiden, steht in Abschnitt 4.4.

nen, obwohl Sie den Informationsgehalt durch kleine Änderungen leicht hätten steigern können. Dazu ein Beispiel: Wenn Sie herausfinden möchten, wie gut den Deutschen Bier und Wein schmecken, ist es keine gute Idee, Ihren Fragebogen so zu gestalten wie in Abbildung 9.1a. Besser wäre es, den Fragebogen aus Abbildung 9.1b zu verwenden. Überlegen Sie selbst, welche Auswertungen mit den Daten möglich sind, wenn Sie mit dem linken bzw. mit dem rechten Fragebogen jeweils 100 Personen befragen: Welcher Fragebogen liefert Ihnen aussagekräftigere Informationen? Mit welchen Daten könnten Sie die Hypothese testen, dass den Deutschen Bier besser schmeckt als Wein? Wie würden Sie bei der Testung konkret vorgehen?

Wählen Sie aus, welcher Aussage Sie zustimmen. (Kreuzen Sie bitte nur ein Feld an.)		Wie gut schmecken Ihnen die unten aufgeführten Getränke?							
			überhaupt nicht					sehr	
1. Bier schmeckt besser als Wein.	☐	1. Bier	☐$_1$	☐$_2$	☐$_3$	☐$_4$	☐$_5$	☐$_6$	☐$_7$
2. Bier und Wein schmecken gleich gut.	☐	2. Wein	☐$_1$	☐$_2$	☐$_3$	☐$_4$	☐$_5$	☐$_6$	☐$_7$
3. Wein schmeckt besser als Bier.	☐								
(a) Ungünstige Datenstruktur		(b) Empfehlenswerte Datenstruktur							

Abbildung 9.1. (a) Ungünstige und (b) empfehlenswerte Anlage einer Fragebogenuntersuchung, um herauszufinden, ob den Deutschen Bier oder Wein besser schmeckt.

Der linke Fragebogen aus Abbildung 9.1 liefert Ihnen lediglich kategoriale Daten (Häufigkeitsdaten) in z.B. folgender Form: 34% schmeckt Bier besser als Wein, 45% schmeckt beides gleich gut und 21% präferieren Wein gegenüber Bier. Mittels eines χ^2-Tests könnten Sie prüfen, ob alle drei Kategorien gleich häufig angekreuzt wurden. Dabei würden Sie erfahren, dass dies wahrscheinlich nicht der Fall ist, da der Unterschied zwischen den drei Kategorien signifikant wird, $\chi^2(2) = 8.66$, $p = .013$. Sie könnten dann die mittlere Kategorie („Bier und Wein schmecken gleich gut") ausschließen, um – wieder mittels eines χ^2-Tests – zu prüfen, ob mehr Personen die erste als die dritte Kategorie angekreuzt haben. Allerdings wird der Unterschied zwischen 34% und 21% nicht signifikant, $\chi^2(1) = 3.07$, $p = .10$. Sie könnten anhand Ihrer Daten also nicht aussagen, welches Getränk den Deutschen besser schmeckt. Selbst wenn Sie einen signifikanten Unterschied in der Häufigkeit der ersten und dritten Kategorie gefunden hätten, wüssten Sie nicht, ob den Probanden Bier nur ein bisschen oder viel besser schmeckt als Wein. Ferner könnten Sie nicht sagen, wie gut ihnen die Getränke generell schmecken: Mundet den Probanden eigentlich beides sehr gut, aber Bier noch besser als Wein, oder finden sie beides scheußlich, aber Bier nicht ganz so schlimm wie Wein? Mit den Daten, die Ihnen der Fragebogen in Abbildung 9.1b liefert, können Sie angeben, wie gut jedes der Getränke den Probanden im Durchschnitt schmeckt und Sie können differenzierter testen, welches davon im Mittel besser schmeckt, indem Sie einen t-Test (oder einen Wilcoxon-Test) berechnen.

9 Auswertung

Wenn Sie sich frühzeitig überlegen, welches Verfahren Sie zur Auswertung heranziehen müssen, können Sie auch klären, ob Sie dieses Verfahren beherrschen bzw. sich zumindest leicht darin einarbeiten können. Stellen Sie fest, dass das Verfahren sehr komplex und die Einarbeitung zeitaufwendig ist (z.B. bei Verfahren wie kanonischer Korrelation, Strukturgleichungs- oder Mehrebenenanalysen), überlegen Sie, ob Sie nicht durch eine Veränderung in der Versuchsplanung auch mit einem einfacheren Verfahren ans Ziel kommen. *Daher noch einmal der Hinweis: Bereits bei der Konzeption Ihrer Studie und vor der Datenerhebung sollten Sie sich ganz genau überlegen, wie Sie Ihre Daten auswerten werden. Dabei hilft das Aufstellen statistischer Hypothesen (vgl. Abschnitt 6.2.4).*

Wenn Sie nicht wissen, welches Verfahren Sie zur Auswertung benötigen, bieten sich zwei Wege an. Zum einen zeigt Abbildung 9.2 eine Übersicht, die Sie zu den wichtigsten hypothesentestenden Verfahren anhand des Designs bzw. der Versuchsplanung Ihrer Studie leitet. Sie müssen dazu lediglich die Fragen am oberen Rand der Abbildung beantworten. Der zweite Weg besteht darin, in Arbeiten mit ähnlichen Fragestellungen bzw. ähnlichen Untersuchungsdesigns nachzulesen, wie dort die Verfasser bei der Auswertung vorgegangen sind. Im Rahmen des Literaturstudiums bzw. der theoretischen Einarbeitung in Ihr Thema (vgl. Kapitel 5) werden Sie sehr wahrscheinlich auf derartige Arbeiten stoßen. Lesen Sie in solchen Arbeiten also auch im Ergebnisteil nach, welche statistischen Verfahren die Autoren verwendet haben.

Bleiben Sie bei der Planung Ihrer Auswertung nicht bei einer vagen Vorstellung wie „das mache ich mit einer Varianzanalyse" stehen. Vielmehr sollten Sie sich z.B. bei einer Varianzanalyse im Detail überlegen, was Ihr Faktor bzw. Ihre Faktoren (also die unabhängigen Variablen) sind, welche Stufungen oder Ausprägungen auf diesen existieren und was die zumindest intervallskalierte abhängige Variable ist. Zu den unabhängigen Variablen müssen Sie wissen, ob deren Stufen innerhalb oder zwischen den Probanden variieren, d.h., ob es sich um Within-subject- oder um Between-subjects-Variablen handelt (vgl. S. 185). Fragen Sie sich zudem, in welcher Form die Daten in Ihrem Statistikprogramm vorliegen werden und welche Auswertungsschritte Sie im Einzelnen durchführen müssen.

Neben den im strengen Sinne hypothesentestenden Verfahren gibt es weitere Verfahren, die in Abbildung 9.2 nicht dargestellt sind. Dazu gehören die faktorenanalytischen Ansätze (vgl. Abschnitt 6.3.4). Ferner gibt es Verfahren, mit denen man (Personen-)Gruppen in Datensätzen identifizieren kann. Ein Beispiel wäre, dass Sie verschiedene Personentypen identifizieren möchten, die sich durch bestimmte Profile hinsichtlich ihrer Ausprägungen auf Persönlichkeitseigenschaften unterscheiden. Dies könnten Sie mittels (latenter) *Clusteranalysen* erreichen. Wenn man bereits weiß, in welche Gruppe ein Objekt oder eine Person fällt, kann man u.a. mittels *Diskriminanzanalysen* Klassifikationsregeln finden, um neue Objekte bzw. Personen aufgrund ihrer Ausprägungen auf bestimmten Variablen einer Klasse zuzuordnen. Da diese Verfahren im Studium oft nur oberflächlich behandelt werden, sollten Sie ggf. ausreichend Zeit zur selbstständigen Einarbeitung einplanen.

Auswertung

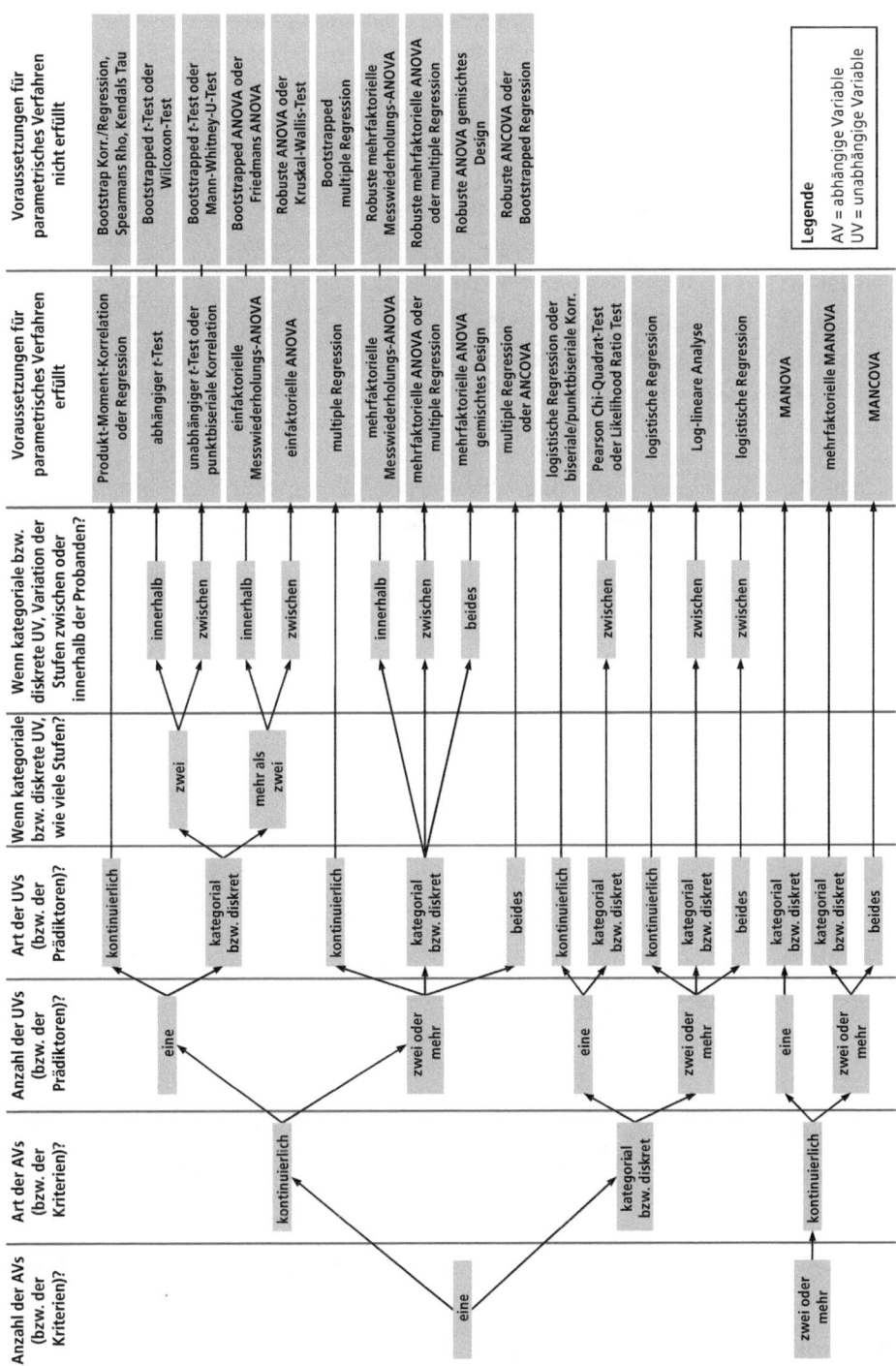

Abbildung 9.2. Entscheidungshilfe bei der Wahl einer inferenzstatistischen Methode. (Abbildung erstellt in Anlehnung an Field et al., 2012, S. 958)

Bei der Entscheidung, ob ein *parametrisches oder ein parameterfreies Verfahren* gewählt wird, sind die Voraussetzungen der Verfahren zu beachten. Parametrische Verfahren setzen generell die Normalverteilung der zu prüfenden statistischen Kennwerte bzw. des untersuchten Merkmals voraus und bei Tests für unabhängige Stichproben die Varianzhomogenität der jeweiligen Referenzpopulationen (Bortz et al., 2008, S. 81). Bei bestimmten Verfahren, wie beispielsweise der multiplen linearen Regression, treten weitere Voraussetzungen hinzu.

Gleichwohl sind viele Verfahren relativ robust gegen Verletzungen ihrer Voraussetzungen, sodass zumindest leichte Abweichungen von der Normalverteilung meist vernachlässigbar sind.[49] Üblicherweise führt eine Verletzung der Voraussetzungen zu einer verringerten Teststärke des parametrischen Verfahrens (vgl. Abschnitt 6.5). Es steigt somit die Gefahr, dass man einen in der Grundgesamtheit tatsächlich existierenden Unterschied oder Zusammenhang nicht entdeckt (*Betafehler*). Hingegen ist in der Regel nicht zu befürchten, dass häufiger ein nicht existierender Unterschied bzw. Zusammenhang fälschlicherweise als existent angenommen wird (*Alphafehler*), weil ein parametrisches Verfahren eingesetzt wurde, obwohl dessen Voraussetzungen verletzt waren.

Andererseits ist man bei der Prüfung von Hypothesen stets an einer möglichst hohen Teststärke interessiert. Daher ist es auch wichtig, ein nichtparametrisches Verfahren zu verwenden, wenn dieses eine höhere Teststärke besitzt als das parametrische, dessen Voraussetzungen verletzt werden. Viele Voraussetzungen, wie die der Normalverteilung, lassen sich v. a. bei kleinen Stichproben nur ungenügend statistisch überprüfen. Deshalb kommt es oft vor, dass z. B. ein Test auf Normalverteilung besagt, dass Normalverteilung nicht vorliegt, obwohl diese doch besteht (vgl. die Abschnitte 8.3.5.3 und 8.3.5.4).

Für die Praxis erweist es sich als sinnvoll, dann parameterfrei zu testen, wenn die Voraussetzungen des parametrischen Verfahrens ganz eindeutig und massiv verletzt sind. Wenn lediglich Zweifel bestehen, ob die Voraussetzungen erfüllt sind, bietet es sich an, zunächst parametrisch zu testen (ggf. nach vorheriger Skalentransformation zur Beseitigung von Voraussetzungsverletzungen; vgl. Abschnitte 8.4.2.3 und 8.6). Erhält man dabei keinen signifikanten Befund, kann man zusätzlich parameterfrei testen. Ist auch diese Testung nicht signifikant, ist das Ergebnis eindeutig, und man behält die Nullhypothese bei. Erbringt der parameterfreie Test jedoch ein signifikantes Ergebnis, ist es legitim, dieses zu verwenden, also die Alternativhypothese anzunehmen. Bortz et al. (2008, Kap. 4) erläutern dieses Thema eingehender und stellen auch einen elaborierteren Entscheidungsbaum für die Wahl eines parametrischen bzw. parameterfreien Tests dar. Im Ergebnisteil Ihrer Arbeit sollten Sie jedenfalls nicht so vorgehen, immer parallel parametri-

---

49 Wer Bücher zu nichtparametrischen Verfahren liest (z. B. Wilcox, 2010, 2012a, 2012b), erfährt dort oft, dass bereits unauffällige Voraussetzungsverletzungen zu einem dramatischen Abfall der Teststärke der parametrischen Verfahren führen können. Dabei handelt es sich allerdings meist um konstruierte Beispiele, sodass fraglich ist, wie häufig derartige Probleme in der Praxis tatsächlich auftreten.

sche und parameterfreie Verfahren zu berichten. Auch wenn Sie beide Verfahren berechnet haben, stellen Sie im Text nur eine Variante, für die Sie sich letztendlich entscheiden, ausführlich dar, und verweisen lediglich – ggf. in einer Fußnote – darauf, dass beim anderen Verfahren im Großen und Ganzen dasselbe herauskommt bzw. bei welchen Ergebnissen es bedeutsame Abweichungen gibt.

Bei der Entscheidung gegen parametrische Verfahren ist zu berücksichtigen, dass nicht jedes parametrische Verfahren eine parameterfreie Entsprechung hat (vgl. Abbildung 9.2) und dass nicht alle Entsprechungen in den Standard-Statistikprogrammen implementiert sind. Zwar sind z.B. in *SPSS* zunehmend auch Bootstrap-Varianten der üblichen Verfahren enthalten, aber für viele nichtparametrische bzw. robuste Verfahren muss man auf ein anderes Programm wie *R* zurückgreifen (zu *R* siehe Abschnitt 4.4.3).

In Bezug auf Abschlussarbeiten haben wir die Erfahrung gemacht, dass viele Studierende die Überprüfung der Voraussetzungen strikter nehmen als die meisten Wissenschaftler. In Abschlussarbeiten wird also in vielen Fällen, in denen in wissenschaftlichen Forschungsartikeln noch parametrische Tests durchgeführt und berichtet werden, zu parameterfreien Verfahren gegriffen. Auch wenn das legitim ist, raten wir Ihnen, nicht vorschnell aufgrund eigentlich unbedeutender Voraussetzungsverletzungen auf nichtparametrische Verfahren umzuschwenken und sich damit ggf. viel zusätzliche Arbeit zu bereiten. Fragen Sie im Zweifelsfall Ihren Betreuer – solange dieser noch parametrisch testen würde, sollten Sie dies für Ihre (Abschluss-)Arbeit auch tun.

Ausblick: Schreiben und Gestalten der Arbeit

10.1 Aufbau einer empirischen Arbeit 334

10.2 Besonderheiten von Literaturarbeiten 337

10 Ausblick: Schreiben und Gestalten der Arbeit

Wenn Sie die Auswertung beendet haben, stehen Sie vor der Aufgabe, Ihre Arbeit zu verfassen. Wir haben diesem großen Arbeitsschritt ein eigenständiges Buch gewidmet (*Abschlussarbeiten in der Psychologie und den Sozialwissenschaften: Schreiben und Gestalten*), in dem ausführlich behandelt wird, wie Sie Ihre Arbeit gliedern und welche Inhalte in welchen Abschnitt der Arbeit gehören. Ferner erläutern wir dort, wie Sie einen wissenschaftlichen Schreibstil umsetzen und wie Ihre Arbeit formal zu gestalten ist. Dabei lernen Sie eine Reihe von Regeln kennen, die Sie bei der Darstellung der Ergebnisse, bei den Quellenangaben und bei der Erstellung des Literaturverzeichnisses beachten müssen. Zudem erklären wir, wie Sie beim Schreiben und Gestalten der Arbeit effizient mit *Word* umgehen und welche nützlichen Funktionen dieses Programm bietet. Sie könnten nun das Buch, das Sie in Händen halten, beiseitelegen und zum Band *Schreiben und Gestalten* wechseln.

Da wir in Kapitel 3 darauf hingewiesen hatten, dass es sinnvoll ist, bereits frühzeitig im Arbeitsprozess mit dem Schreiben des Theorie- und des Methodenteils Ihrer Arbeit zu beginnen, geben wir hier erste Hinweise zum Abfassen der Arbeit (vgl. auch Abschnitt 5.6.3 zum Einstieg in den Schreibprozess). In Abschnitt 10.1 stellen wir die Grobgliederung empirischer Arbeiten dar. Besonderheiten von Literaturarbeiten reißen wir in Abschnitt 10.2 an.

10.1 Aufbau einer empirischen Arbeit

Empirische wissenschaftliche Arbeiten weisen eine relativ einheitliche Grobstruktur auf und umfassen in aller Regel die unten aufgeführten Bestandteile. Setzen Sie diese Bestandteile aber nicht mit dem Inhaltsverzeichnis oder den Überschriften der Abschnitte gleich – obwohl es hier Überschneidungen gibt, bestehen auch wichtige Unterschiede (für Details zur Gliederung und zum Inhaltsverzeichnis vgl. den Band *Schreiben und Gestalten*).

- Titelblatt
- Abstract
- Inhaltsverzeichnis
- 1 Einleitung
- 2 Theorie
- 3 Methode
- 4 Ergebnisse
- 5 Diskussion
- Literaturverzeichnis
- ggf. Anhänge (oft sinnvoll)
- ggf. Erklärung zur Selbstständigkeit (bei Abschlussarbeiten meist verlangt)

Der **Abstract** bzw. die *Kurzzusammenfassung* beginnt auf einer neuen Seite nach dem Titelblatt (manchmal wird auch das Inhaltsverzeichnis vor den Abstract gezogen). In etwa 150 bis maximal 250 Wörtern stellt der Abstract – in *einem* Absatz geschrieben – die wesentlichen Aspekte der Arbeit dar. Im Abstract nennt man die Fragestellung, gibt kurze Informationen zur Methode (Forschungsansatz, Stichprobe), stellt die wesentlichen Ergebnisse dar und schließt damit, wie diese zu interpretieren sind bzw. welchen Erkenntnisfortschritt die Studie gebracht hat. Üblicherweise verfasst man den Abstract erst, nachdem man die restlichen Abschnitte der Arbeit geschrieben hat. Informieren Sie sich, ob Ihre Arbeit neben einem deutschsprachigen auch einen englischsprachigen Abstract enthalten soll – das ist von Hochschule zu Hochschule verschieden.

In der **Einleitung** wird der Leser zum Thema der Arbeit hingeführt. Dabei sollten Sie ihm vor allem vermitteln, was das Ziel der Arbeit ist und warum dies relevant bzw. interessant ist, also weshalb es sich lohnt, dieses Thema zu untersuchen und die Studie durchzuführen, die Sie in Ihrer Arbeit beschreiben. Die Einleitung darf auch an einer Alltagserfahrung oder einer Anekdote ansetzen, das heißt, in der Einleitung erwartet man einen weniger streng wissenschaftlichen Schreibstil als in den anderen Teilen der Arbeit. Gleichwohl sollte Ihr Schreibstil nicht zu journalistisch oder informell werden – wie man wissenschaftlich formuliert, wird im Band *Schreiben und Gestalten* erläutert. Die Einleitung ist meist sehr kurz und hat bei Abschlussarbeiten i.d.R. nur einen Umfang von ein bis fünf Seiten.

Im **Theorieteil** geht es meist nicht nur um Theorien, sondern auch um bisherige empirische Befunde, weshalb passendere Überschriften z.B. „Theoretischer und empirischer Hintergrund" oder „Theorie und Forschungsstand" sind. Der Theorieteil soll dem Leser den *aktuellen* Forschungsstand zum Thema Ihrer Arbeit vermitteln: Was für Arbeiten gibt es bereits zu Ihrer Fragestellung, was haben diese herausgefunden und was sind die ungelösten Probleme? Mit der Beantwortung dieser Frage leitet man meist dazu über, die eigene Forschungsfrage bzw. die Hypothesen abzuleiten (zur Formulierung der Hypothesen vgl. Abschnitt 6.2). Wichtig ist, die relevanten Aspekte der eigenen Fragestellung umfassend und mit einem gewissen Tiefgang zu erörtern, aber gleichzeitig Relevantes von Irrelevantem zu trennen und nicht zu ausführlich auf periphere Arbeiten oder Aspekte einzugehen oder generell zu weit auszuholen. Ideal wäre es, wenn Sie nicht nur bisherige Arbeiten und Befunde darstellen, sondern diese kritisch reflektieren oder bestehende Theorien sogar weiterentwickeln.

Im **Methodenteil** müssen Sie Ihre Studie so beschreiben, dass ein anderer Forscher in der Lage wäre, diese zu replizieren. Auch hierbei besteht die Kunst darin, alles Wesentliche ausreichend ausführlich darzustellen, ohne Irrelevantes auszubreiten. Der Methodenteil umfasst stets Abschnitte zur *Stichprobenbeschreibung*, zum *Versuchsmaterial* (hierunter fallen auch Fragebögen und Tests) und zum *Versuchsablauf*. Bei Bedarf treten Abschnitte zur Versuchsplanung (Beschreibung des Designs) und zu technischen Geräten hinzu. Bei komplexeren Studien ist es oft empfehlenswert, einzelne Abschnitte – z.B. die Beschreibung einer experimentellen Aufgabe – aus dem Versuchsablauf herauszulösen und gesondert darzustellen. Hinsichtlich der Reihenfolge, in der Sie diese Abschnitte abhandeln, sind Sie relativ frei. Im Band *Schreiben und Gestalten* präsentieren wir eine Anordnung, die sich in vielen Fällen bewährt hat, und führen – mit Beispielen veranschaulicht – detailliert aus, welche Informationen in welchem der Abschnitte vorkommen müssen.

Im **Ergebnisteil** stellen Sie die Befunde dar, die zur Beantwortung Ihrer Fragestellung bzw. Ihrer Hypothesen relevant sind. Das umfasst üblicherweise sowohl deskriptive Daten als auch die inferenzstatistische Prüfung der Hypothesen. Hinsichtlich der Gliederung im Ergebnisteil sind Sie relativ frei, allerdings ist eine sichere Methode, eine Hypothese nach der anderen abzuarbeiten. Dabei rufen Sie dem Leser kurz die Aussage der Hypothese in Erinnerung, stellen dann die relevanten deskriptiven Daten vor, präsentieren anschließend das Ergebnis eines inferenzstatistischen Tests und schließen mit der Aussage, ob die Hypothese bestätigt wurde. Diese Vorgehensweise funktioniert fast immer und die Gefahr, sich zu verzetteln, ist gering. Außerdem kann der Leser dieser Struktur gut folgen, auch wenn es im Einzelfall elegantere Gliederungsmöglichkeiten geben mag. Bevor Sie den Ergebnisteil schreiben, sollten Sie sich auch mit der formalen Schreibweise statistischer Daten vertraut machen – im Band *Schreiben und Gestalten* haben wir diesem Aspekt ein eigenes Kapitel gewidmet. Auch zur Darstellung von Diagrammen und Tabellen gibt es einige Regeln zu beachten, die wir im Band *Schreiben und Gestalten* vorstellen. Dort erläutern wir ebenfalls, wann Sie deskriptive Daten eher in Form einer Tabelle, einer Abbildung oder lediglich im Text präsentieren sollten.

Im **Diskussionsteil** erklären Sie dem Leser, was die zuvor dargestellten Ergebnisse inhaltlich bedeuten. Üblicherweise fasst man dazu kurz die Ziele der Arbeit zusammen und beschreibt – auf Basis der im Ergebnisteil dargestellten Befunde – inwieweit diese Ziele erreicht wurden und inwieweit die Hypothesen als bestätigt gelten können. Ferner stellen Sie Bezüge zur bisherigen Forschung bzw. zum aktuellen Forschungsstand her und erläutern, wie Ihre Befunde diesen verändern: Welche neuen Erkenntnisse oder Einsichten liefern Ihre Ergebnisse? Inwiefern bestätigen oder widersprechen diese anderen, bisherigen Befunden? Welche Schlussfolgerungen kann man daraus ziehen? Wichtig ist dabei, stets einen kritischen Blick auf die eigenen Befunde zu wahren: So kann Ihre Hypothese zwar formal bestätigt sein, aber bedeutet dies auch, dass Ihre Hypothese zutreffend ist? Vielleicht gibt es alternative Erklärungen für die Befunde, ohne dass Ihre Hypothesen stimmen müssen. Ferner erwartet man in der Diskussion, dass Grenzen und Einschränkungen der eigenen Studie aufgezeigt werden und dargestellt wird, wie sich künftige Forschung sinnvoll an Ihre Studie anschließen kann. Beenden sollten Sie den Diskussionsteil mit einem kurzen Fazit, was Ihre Studie an theoretischer Erkenntnis und/oder an Nutzen für die Praxis gebracht hat.

Jede Arbeit erhält ein *Literaturverzeichnis*. Beachten Sie, dass sich die Darstellung der Quelleneinträge im Literaturverzeichnis an bestimmte Zitierrichtlinien halten soll. Sofern Ihr Betreuer keine anderen Vorgaben gemacht hat, folgen Sie in deutschsprachigen Arbeiten den Zitierrichtlinien der Deutschen Gesellschaft für Psychologie (DGPs, 2007) und in englischsprachigen Arbeiten den sehr ähnlichen Richtlinien der American Psychological Association (APA, 2010). Wie diese Regeln aussehen, ist im Band *Schreiben und Gestalten* detailliert dargestellt.

Unter Umständen schließt sich an Ihre Arbeit ein *Anhang* an, in den Sie Inhalte auslagern, die für Ihre Arbeit zwar relevant sind, aber im Text den Lesefluss stören würden. Dabei kann es sich z.B. um selbsterstellte Fragebögen, Tabellen mit Untersuchungsmaterial oder wichtige, umfangreiche Instruktionstexte handeln. Manche Betreuer ziehen es allerdings vor, wenn Sie einen Anhang (und ggf. auch die Daten Ihrer Studie) auf einer CD-ROM beifügen. Bei Abschlussarbeiten wird zusätzlich in aller Regel eine *Erklärung* verlangt, in der Sie versichern, die Arbeit eigenständig und ohne unerlaubte Hilfen erstellt zu haben.

10.2 Besonderheiten von Literaturarbeiten

Auch wenn wir den Schwerpunkt auf empirische Arbeiten gesetzt haben, da diese in der Psychologie und den empirischen Sozialwissenschaften am weitaus häufigsten sind, ist es vielerorts auch möglich, eine Literaturarbeit als Abschlussarbeit zu erstellen. In Abschnitt 2.5 ist ausgeführt, welche Vor- und Nachteile eine Literaturarbeit mit sich bringt und dass Sie auf keinen Fall den Arbeitsaufwand oder Anspruch einer solchen Arbeit unterschätzen sollten. Die Ziele einer Literaturarbeit sind gemäß APA (2010, S. 10):

1. Forschungsfragen definieren und erläutern.
2. Den Leser über den aktuellen Forschungsstand informieren, indem Erkenntnisse aus bisherigen Studien dargestellt werden.
3. Widersprüche, Lücken, Inkonsistenzen und Beziehungen in der Forschungsliteratur identifizieren.
4. Vorschläge machen, welche Schritte unternommen werden können, um die identifizierten Probleme bzw. Fragen zu klären.

Es kann sein, dass z.B. bei einer Bachelorarbeit manche Betreuer bzw. Gutachter noch nicht erwarten, dass die Ziele 3 und 4 erreicht werden. Allerdings werden erst auf dieser – zugegebenermaßen anspruchsvollen – Ebene neue Einsichten generiert. Das heißt, wissenschaftlich wird eine Literaturarbeit erst richtig interessant, wenn auch die Ziele 3 und 4 angegangen werden.

Bei einer Literaturarbeit besteht die erste Herausforderung darin, ein Thema zu finden, das sich generell zur Bearbeitung eignet und das zudem Ihren Kenntnissen und Fähigkeiten entspricht. Die erste Literaturrecherche dient daher dazu, einzuschätzen, ob angemessen viele Literaturquellen zu dem Thema existieren. Ob das Thema angemessen breit gewählt wurde, kann man i.d.R. erst beurteilen, wenn man in einige dieser Arbeiten reingelesen hat. Oft ist die erste Themenfestlegung zu weit, d.h., es existieren zu viele relevante Studien zu diesem Thema, als dass man es in einer Abschlussarbeit bewältigen könnte. Dann gilt es, nachzujustieren und das Thema einzugrenzen bzw. zu spezifizieren: So könnten Sie z.B. das ursprüngliche Thema „Zusammenhang von Intelligenz und Kreativität" einschränken auf den „Zusammenhang von allgemeiner Intelligenz und Wortflüssigkeit bei Grundschulkindern". Ebenfalls erst nachdem Sie einige relevante Studien gelesen haben, können Sie beurteilen, ob das Thema einen angemessenen Schwierigkeitsgrad aufweist. Wenn beispielsweise statistische Methoden wie Mehrebenenanalysen verwendet werden, Sie diese Methode aber nicht verstehen, ist das Thema für Sie nicht geeignet, es sei denn, Sie haben die Zeit, sich in diese Methode einzuarbeiten.

Ein häufiger Fehler von studentischen Literaturarbeiten ist, *einzelne Studien* als *zentrale Betrachtungseinheiten* zu verwenden, also eine Studie nach der anderen zu beschreiben. Stattdessen sollte die Betrachtungseinheit auf einer höheren Ebene liegen, das heißt, Sie sollten Ihre Arbeit um zentrale Aussagen oder Theorien herum organisieren, nicht um einzelne Studien. Beispielsweise könnten die zentralen Betrachtungseinheiten Ihrer Arbeit zwei oder drei sich widersprechende oder konkurrierende Theorien zu einem Phänomen sein. Zur Stützung bzw. Widerlegung dieser Theorien ziehen Sie dann Studien heran, aber dabei geht es nicht um die einzelnen Studien an sich, sondern um deren Beitrag hinsichtlich der Frage, welche der Theorien am besten empirisch fundiert ist.

Bei Literaturarbeiten nehmen die Literaturrecherche und das Literaturstudium eine noch wichtigere Rolle ein als bei empirischen Arbeiten. Auf diese Punkte sind wir in Kapitel 5 eingegangen. Da die Gliederung bei einer Literaturarbeit viel mehr Spielräume lässt als bei einer empirischen Arbeit, müssen Sie auch auf deren Erstellung mehr Zeit und Energie verwenden – der Leser muss dem roten Faden Ihrer Argumentation immer folgen können. Im Band *Schreiben und Gestalten* stellen wir Gliederungsvarianten dar und geben Hinweise, was Sie bei der Gliederung beachten sollten.

Literatur

Adolphs, U. (2013). *Brockhaus Wahrig Synonymwörterbuch* (8. Aufl.). Gütersloh: Wissenmedia.

Akremi, L., Baur, N. & Fromm, S. (Hrsg.). (2011). *Datenanalyse mit SPSS für Fortgeschrittene 1* (3. Aufl.). Wiesbaden: VS Verlag für Sozialwissenschaften.

Altarriba, J., Bauer, L. M. & Benvenuto, C. (1999). Concreteness, context availability, and imageability ratings and word associations for abstract, concrete, and emotion words. *Behavior Research Methods, Instruments, & Computers, 31*, 578–602. doi:10.3758/BF03200738

American Psychological Association. (2010). *Publication manual of the American Psychological Association* (6. Aufl.). Washington, DC: Autorin.

Baguley, T. (2012). *Serious stats: A guide to advanced statistics for the behavioral sciences*. Houndmills, UK: Palgrave Macmillan.

Baltes-Götz, B. (2013). *Behandlung fehlender Werte in SPSS und Amos*. Trier: Universität Trier, Zentrum für Informations-, Medien- und Kommunikationstechnologie. Zugriff am 12.08.2014. Verfügbar unter *www.uni-trier.de/fileadmin/urt/doku/bfw/bfw.pdf*

Baron, R. M. & Kenny, D. A. (1986). The moderator-mediator variable distinction in social psychological research: Conceptual, strategic, and statistical considerations. *Journal of Personality and Social Psychology, 51*, 1173–1182.

Batinic, B., Werner, A., Gräf, L. & Bandilla, W. (Hrsg.). (1999). *Online Research: Methoden, Anwendungen und Ergebnisse*. Göttingen: Hogrefe.

Bierhoff, H.-W. & Petermann, F. (2014). *Forschungsmethoden der Psychologie*. Göttingen: Hogrefe.

Bittrich, K. & Blankenberger, S. (2011). *Experimentelle Psychologie: Ein Methodenkompendium*. Weinheim: Beltz.

Borenstein, M., Hedges, L. V., Higgins, J. P. T. & Rothstein, H. R. (2009). *Introduction to meta-analysis*. Chichester, UK: Wiley.

Bortz, J. & Döring, N. (2006). *Forschungsmethoden und Evaluation* (4. Aufl.). Berlin: Springer.

Bortz, J., Lienert, G. A. & Boehnke, K. (2008). *Verteilungsfreie Methoden in der Biostatistik* (3. Aufl.). Heidelberg: Springer.

Bove, H.-J. (2012). *Erfolgreich recherchieren: Politik- und Sozialwissenschaften*. Berlin: De Gruyter.

Bradley, M. M. & Lang, P. J. (1999). *International affective digitized sounds (IADS): Stimuli, instruction manual and affective ratings* (Technical Report No. B-2). Gainesville, FL: University of Florida.

Literatur

Bröder, A. (2011). *Versuchsplanung und experimentelles Praktikum*. Göttingen: Hogrefe.

Bühl, A. (2014). *SPSS 22: Einführung in die moderne Datenanalyse* (14. Aufl.). Hallbergmoos: Pearson.

Bühner, M. (2011). *Einführung in die Test- und Fragebogenkonstruktion* (3. Aufl.). München: Pearson Studium.

Bühner, M. & Ziegler, M. (2009). *Statistik für Psychologen und Sozialwissenschaftler*. München: Pearson.

Burbeck, S. L. & Luce, R. D. (1982). Evidence from auditory simple reaction times for both change and level detectors. *Perception & Psychophysics, 32*, 117–133.

Cohen, J., Cohen, P., West, S. G. & Aiken, L. S. (2003). *Applied multiple regression-correlation analysis for the behavioral sciences* (3. Aufl.). Mahwah, NJ: Erlbaum.

Collins thesaurus of the English language. (2008) (3. Aufl.). Glasgow: HarperCollins.

Das, M., Ester, P. & Kaczmirek, L. (Hrsg.). (2011). *Social and behavioral research and the internet: Advances in applied methods and research strategies*. New York, NY: Routledge.

Deutsche Gesellschaft für Psychologie (Hrsg.) (2007). *Richtlinien zur Manuskriptgestaltung* (3. Aufl.). Göttingen: Hogrefe.

Duden: Das Synonymwörterbuch (Der Duden in 12 Bänden, Bd. 8, 5. Aufl.). (2010). Mannheim: Dudenverlag.

Ebbinghaus, H. (1885/1966). *Über das Gedächtnis: Untersuchungen zur experimentellen Psychologie*. Amsterdam: Bonset. (Reprint der Ausgabe von 1885)

Eid, M., Gollwitzer, M. & Schmitt, M. (2010). *Statistik und Forschungsmethoden*. Weinheim: Beltz.

Enders, C. K. (2010). *Applied missing data analysis*. New York, NY: Guilford Press.

Esselborn-Krumbiegel, H. (2008). *Von der Idee zum Text: Eine Anleitung zum wissenschaftlichen Schreiben* (3. Aufl.). Paderborn: Schöningh.

Field, A. (2013). *Discovering statistics using IBM SPSS statistics* (4. Aufl.). London: Sage.

Field, A., Miles, J. & Field, Z. (2012). *Discovering statistics using R*. London: Sage.

Fox, J. (2008). *Applied regression analysis and generalized linear models* (2. Aufl.). Los Angeles, CA: Sage.

Franke, F., Klein, A. & Schüller-Zwierlein, A. (2010). *Schlüsselkompetenzen: Literatur recherchieren in Bibliotheken und Internet*. Stuttgart: Metzler.

Gelman, A. & Hill, J. (2007). *Data analysis using regression and multilevel/hierarchical models*. New York, NY: Cambridge University Press.

Graham, J. W. (2009). Missing data analysis: Making it work in the real world. *Annual Review of Psychology, 60,* 549–576. doi:10.1146/annurev.psych.58.110405. 085530

Graham, J. W., Cumsille, P. E. & Elek-Fisk, E. (2003). Methods for handling missing data. In J. A. Schinka & W. F. Velicer (Hrsg.), *Handbook of psychology: Research methods in psychology* (Vol. 2, S. 87–114). New York, NY: John Wiley & Sons.

Greenwald, A. G., McGhee, D. E. & Schwartz, J. L. K. (1998). Measuring individual differences in implicit cognition: The implicit association test. *Journal of Personality and Social Psychology, 74,* 1464–1480. doi:10.1037/0022-3514.74.6.1464

Haas, R. (2013). *Wörterbuch der Psychologie und Psychiatrie/Dictionary of psychology and psychiatry.* Göttingen: Hogrefe.

Hager, W. & Hasselhorn, M. (1994). *Handbuch deutschsprachiger Wortnormen.* Göttingen: Hogrefe.

Haller, M. & Niggeschmidt, M. (Hrsg.). (2012). *Der Mythos vom Niedergang der Intelligenz. Von Galton zu Sarrazin: Die Denkmuster und Denkfehler der Eugenik.* Wiesbaden: Springer VS.

Hatzinger, R., Hornik, K., Nagel, H. & Maier, M. J. (2014). *R: Einführung durch angewandte Statistik* (2. Aufl.). Hallbergmoos: Pearson.

Hatzinger, R. & Nagel, H. (2013). *Statistik mit SPSS: Fallbeispiele und Methoden* (2. Aufl.). München: Pearson.

Hayes, A. F. (2013). *Introduction to mediation, moderation, and conditional process analysis: A regression-based approach.* New York, NY: Guilford Press.

Hervey, A. S., Epstein, J. N., Curry, J. F., Tonev, S., Arnold, L. E., Conners, C. K. et al. (2006). Reaction time distribution analysis of neuropsychological performance in an ADHD sample. *Child Neuropsychology, 12,* 125–140.

Hodapp, V., Rohrmann, S. & Ringeisen, T. (2011). *Prüfungsangstfragebogen (PAF).* Göttingen: Hogrefe.

Hofmann, J. (2013). *Erfolgreich recherchieren: Erziehungswissenschaften.* Berlin: De Gruyter.

Huber, O. (2013). *Das psychologische Experiment: Eine Einführung* (6. Aufl.). Bern: Huber.

Hussy, W., Schreier, M. & Echterhoff, G. (2013). *Forschungsmethoden in Psychologie und Sozialwissenschaften für Bachelor* (2. Aufl.). Berlin: Springer.

Jackob, N., Schoen, H. & Zerback, T. (Hrsg.). (2009). *Sozialforschung im Internet: Methodologie und Praxis der Online-Befragung.* Wiesbaden: VS Verlag für Sozialwissenschaften.

Kanske, P. & Kotz, S. A. (2010). Leipzig Affective Norms for German: A reliability study. *Behavior Research Methods, 42,* 987–991. doi:10.3758/BRM.42.4.987

Kirchhoff, S., Kuhnt, S., Lipp, P. & Schlawin, S. (2010). *Der Fragebogen: Datenbasis, Konstruktion und Auswertung* (5. Aufl.). Wiesbaden: VS Verlag für Sozialwissenschaften.

Kline, R. B. (2011). *Principles and practice of structural equation modeling* (3. Aufl.). New York, NY: Guilford Press.

Krohne, H. W. & Hock, M. (2014). *Psychologische Diagnostik: Grundlagen und Anwendungsfelder* (2. Aufl.). Stuttgart: Kohlhammer.

Kuckartz, U. (2010). *Einführung in die computergestützte Analyse qualitativer Daten* (3. Aufl.). Wiesbaden: VS Verlag für Sozialwissenschaften.

Lahl, O., Göritz, A. S., Pietrowsky, R. & Rosenberg, J. (2009). Using the World-Wide Web to obtain large-scale word norms: 190,212 ratings on a set of 2,654 German nouns. *Behavior Research Methods, 41*, 13–19. doi:10.3758/BRM.41.1.13

Lang, P. J., Bradley, M. M. & Cuthbert, B. N. (2008). *International affective picture system (IAPS): Affective ratings of pictures and instruction manual* (Technical Report No. A-8). Gainesville, FL: University of Florida.

Leys, C., Ley, C., Klein, O., Bernard, P. & Licata, L. (2013). Detecting outliers: Do not use standard deviation around the mean, use absolute deviation around the median. *Journal of Experimental Social Psychology, 49*, 764–766.

Little, R. J. A. (1988). A test of missing completely at random for multivariate data with missing values. *Journal of the American Statistical Association, 83*, 1198–1202.

Luce, R. D. (1986). *Response times: Their role in inferring elementary mental organization*. Oxford, NY: Oxford University Press.

Lück, D. (2011). Mängel im Datensatz beseitigen. In L. Akremi, N. Baur & S. Fromm (Hrsg.), *Datenanalyse mit SPSS für Fortgeschrittene 1* (3. Aufl., S. 66–80). Wiesbaden: VS Verlag für Sozialwissenschaften.

Lüdtke, O., Robitzsch, A., Trautwein, U. & Köller, O. (2007). Umgang mit fehlenden Werten in der psychologischen Forschung: Probleme und Lösungen. *Psychologische Rundschau, 58*, 103–117. doi:10.1026/0033-3042.58.2.103

Luhmann, M. (2013). *R für Einsteiger: Einführung in die Statistiksoftware für die Sozialwissenschaften* (3. Aufl.). Weinheim: Beltz.

Macke, G., Hanke, U. & Viehmann, P. (2012). *Hochschuldidaktik: Lehren, vortragen, prüfen, beraten* (2. Aufl.). Weinheim: Beltz.

Mayring, P. (2002). *Einführung in die qualitative Sozialforschung: Eine Anleitung zu qualitativem Denken* (5. Aufl.). Weinheim: Beltz.

McKnight, P. E., McKnight, K. M., Sidani, S. & Figueredo, A. J. (2007). *Missing data: A gentle introduction*. New York, NY: Guilford Press.

Meade, A. W. & Craig, S. B. (2011, April). *Identifying careless responses in survey data*. Paper presented at the 26th Annual Meeting of the Society for Industrial and Organizational Psychology, Chicago, IL. Zugriff am 12.08.2014 unter www4.ncsu.edu/~awmeade/Links/Papers/Data_Screening(SIOP11).pdf

Milgram, S. (1963). Behavioral study of obedience. *Journal of Abnormal and Social Psychology, 67*, 371–378.

Miller, G. A. (1956). The magical number seven, plus or minus two: Some limits on our capacity for processing information. *Psychological Review, 63*, 81–97.

Mohr, A. (2001). *Sozialwissenschaftliches Wörterbuch*. München: Oldenbourg.

Moosbrugger, H. & Kelava, A. (2012). *Testtheorie und Fragebogenkonstruktion* (2. Aufl.). Berlin: Springer.

Mummendey, H. D. & Grau, I. (2008). *Die Fragebogen-Methode* (5. Aufl.). Göttingen: Hogrefe.

Musch, J., Brockhaus, R. & Bröder, A. (2002). Ein Inventar zur Erfassung von zwei Faktoren sozialer Erwünschtheit. *Diagnostica, 48,* 121–129.

Niedermair, K. (2010). *Recherchieren und Dokumentieren: Der richtige Umgang mit Literatur im Studium*. Konstanz: UVK Verlagsgesellschaft.

Orne, M. T. (1962). On the social psychology of the psychological experiment: With particular reference to demand characteristics and their implications. *American Psychologist, 17,* 776–783.

Osborne, J. W. & Blanchard, M. R. (2010). Random responding from participants is a threat to the validity of social science research results. *Frontiers in Psychology, 1,* 220. doi:10.3389/fpsyg.2010.00220

Pallant, J. (2013). *The SPSS survival guide: A step by step guide to data analysis using IBM SPSS* (5. Aufl.). Maidenhead, UK: Open University Press.

Paulhus, D. L. (1986). Self-deception and impression management in test responses. In A. Angleitner & J. S. Wiggins (Hrsg.), *Personality assessment via questionnaires* (S. 143–165). Berlin: Springer.

Peyre, H., Leplège, A. & Coste, J. (2011). Missing data methods for dealing with missing items in quality of life questionnaires: A comparison by simulation of personal mean score, full information maximum likelihood, multiple imputation, and hot deck techniques applied to the SF-36 in the French 2003 decennial health survey. *Quality of Life Research, 20,* 287–300.

Porst, R. (2014). *Fragebogen: Ein Arbeitsbuch* (4. Aufl.). Wiesbaden: Springer VS.

Raab-Steiner, E. & Benesch, M. (2012). *Der Fragebogen: Von der Forschungsidee zur SPSS-Auswertung* (3. Aufl.). Wien: facultas.wuv.

Raithel, J. (2008). *Quantitative Forschung: Ein Praxiskurs* (2. Aufl.). Wiesbaden: VS Verlag für Sozialwissenschaften.

Ratcliff, R. (1993). Methods for dealing with reaction time outliers. *Psychological Bulletin, 114,* 510–532.

Reisinger, M., Svecnik, E. & Schwetz, H. (Hrsg.). (2012). *Fehlende Werte und keine Normalverteilung? Tipps und Abhilfen für das quantitativ orientierte Forschen*. Wien: facultas.wuv.

Reiß, S. & Sarris, V. (2012). *Experimentelle Psychologie: Von der Theorie zur Praxis* (2. Aufl.). München: Pearson.

Literatur

Renner, K.-H., Heydasch, T. & Ströhlein, G. (2012). *Forschungsmethoden der Psychologie: Von der Fragestellung zur Präsentation*. Wiesbaden: Springer VS.

Revenstorf, D. & Zeyer, R. (1993). *Hypnotherapeutische Kurzbehandlung von Prüfungsangst*. Abschluss-Bericht. Tübingen (Psychologisches Institut, Abteilung Klinische Psychologie).

Rost, D. H. (2013). *Interpretation und Bewertung pädagogisch-psychologischer Studien: Eine Einführung* (3. Aufl.). Bad Heilbrunn: UTB.

Rost, D. H., Wirthwein, L., Frey, K. & Becker, E. (2010). Steigert Kaugummikauen das kognitive Leistungsvermögen? *Zeitschrift für Pädagogische Psychologie, 24*, 39–49. doi:10.1024/1010-0652/a000003

Rost, F. (2012). *Lern- und Arbeitstechniken für das Studium* (7. Aufl.). Wiesbaden: Springer VS.

Rothstein, H. R. & Hopewell, S. (2009). Grey literature. In H. M. Cooper, L. V. Hedges & J. C. Valentine (Hrsg.), *The handbook of research synthesis and meta-analysis* (2. Aufl., S. 103–125). New York, NY: Russell Sage Foundation.

Rubin, D. B. (1976). Inference and missing data. *Biometrika, 63*, 581–592.

Rubin, D. C. & Wenzel, A. E. (1996). One hundred years of forgetting: A quantitative description of retention. *Psychological Review, 103*, 734–760.

Sarrazin, T. (2010). *Deutschland schafft sich ab: Wie wir unser Land aufs Spiel setzen*. München: Deutsche Verlags-Anstalt.

Schendera, C. F. G. (2007). *Datenqualität mit SPSS*. München: Oldenbourg.

Schmid, L. (2010). Symbolische Geschlechterpolitik in Saudi-Arabien. In U. Freitag (Hrsg.), *Saudi-Arabien: Ein Königreich im Wandel?* (S. 89–105). Paderborn: Schöningh.

Schmidtke, D. S., Schröder, T., Jacobs, A. M. & Conrad, M. (2014). ANGST: Affective norms for German sentiment terms, derived from the affective norms for English words. *Behavior Research Methods*. Advance online publication. doi:10.3758/s13428-013-0426-y

Schmukle, S. C. (2005). Unreliability of the dot probe task. *European Journal of Personality, 19*, 595–605.

Schwarz, N. (1999). Self-reports: How the questions shape the answers. *American Psychologist, 54*, 93–105.

Sedlmeier, P. & Renkewitz, F. (2013). *Forschungsmethoden und Statistik für Psychologen und Sozialwissenschaftler*. München: Pearson.

Seidel, T. & Prenzel, M. (2010). Beobachtungsverfahren: Vom Datenmaterial zur Datenanalyse. In H. Holling & B. Schmitz (Hrsg.), *Handbuch Statistik, Methoden und Evaluation* (S. 139–152). Göttingen: Hogrefe.

Shrive, F. M., Stuart, H., Quan, H. & Ghali, W. A. (2006). Dealing with missing data in a multi-question depression scale: A comparison of imputation methods. *BMC Medical Research Methodology, 6*, 57. doi:10.1186/1471-2288-6-57

Sikström, S. (2002). Forgetting curves: Implications for connectionist models. *Cognitive Psychology, 45*, 95–152.

Snodgrass, J. G. & Vanderwart, M. (1980). A standardized set of 260 pictures: Norms for name agreement, image agreement, familiarity, and visual complexity. *Journal of Experimental Psychology: Human Learning and Memory, 6*, 174–215.

Spruyt, A., Clarysse, J., Vansteenwegen, D., Baeyens, F. & Hermans, D. (2010). Affect 4.0: A free software package for implementing psychological and psychophysiological experiments. *Experimental Psychology, 57*, 36–45. doi:10.1027/1618-3169/a000005

Steinberg, G. (2013). *Saudi-Arabien: Politik, Geschichte, Religion* (2. Aufl.). München: Beck.

Sternberg, S. (2014). *Reaction times and the ex-Gaussian distribution: When is it appropriate?* Philadelphia, PA: University of Pennsylvania. Zugriff am 12.08.2014. Verfügbar unter www.psych.upenn.edu/~saul/RTshape.invariance.not.pdf

Stickel-Wolf, C. & Wolf, J. (2013). *Wissenschaftliches Arbeiten und Lerntechniken: Erfolgreich studieren – gewusst wie!* (7. Aufl.). Wiesbaden: Springer Gabler.

Stroop, J. R. (1935). Studies of interference in serial verbal reactions. *Journal of Experimental Psychology, 18*, 643–662.

Tabachnick, B. G. & Fidell, L. S. (2013). *Using multivariate statistics* (6. Aufl.). Boston, MA: Pearson.

Tottenham, N., Tanaka, J. W., Leon, A. C., McCarry, T., Nurse, M., Hare, T. A. et al. (2009). The NimStim set of facial expressions: Judgments from untrained research participants. *Psychiatry Research, 168*, 242–249.

Tucker, P. (2003). The impact of rest breaks upon accident risk, fatigue and performance: A review. *Work & Stress, 17*, 123–137. doi:10.1080/0267837031000155949

Tukey, J. W. (1977). *Exploratory data analysis.* Reading, MA: Addison-Wesley.

Tuleya, L. G. (2007). *Thesaurus of psychological index terms* (11. Aufl.). Washington, DC: American Psychological Association.

Ulrich, R. & Miller, J. (1994). Effects of truncation on reaction time analysis. *Journal of Experimental Psychology: General, 123*, 34–80.

Van Zandt, T. (2002). Analysis of response time distributions. In J. Wixted (Hrsg.), *Stevens' handbook of experimental psychology. Methodology in experimental psychology* (Bd. 4, 3. Aufl., S. 461–516). New York, NY: John Wiley & Sons.

Voyer, D., Voyer, S. & Bryden, M. P. (1995). Magnitude of sex differences in spatial abilities: A meta-analysis and consideration of critical variables. *Psychological Bulletin, 117*, 250–270. doi:10.1037/0033-2909.117.2.250

Warriner, A. B., Kuperman, V. & Brysbaert, M. (2013). Norms of valence, arousal, and dominance for 13,915 English lemmas. *Behavior Research Methods, 45*, 1191–1207. doi:10.3758/s13428-012-0314-x

Westermann, R. (2000). *Wissenschaftstheorie und Experimentalmethodik: Ein Lehrbuch zur Psychologischen Methodenlehre*. Göttingen: Hogrefe.

Whelan, R. (2008). Effective analysis of reaction time data. *Psychological Record, 58*, 475–482.

Wilcox, R. R. (2010). *Fundamentals of modern statistical methods: Substantially improving power and accuracy* (2. Aufl.). New York, NY: Springer.

Wilcox, R. R. (2012a). *Introduction to robust estimation and hypothesis testing* (3. Aufl.). Amsterdam: Academic Press.

Wilcox, R. R. (2012b). *Modern statistics for the social and behavioral sciences: A practical introduction*. Boca Raton, FL: Taylor & Francis.

Zimmerman, D. W. (2004). A note on preliminary tests of equality of variances. *British Journal of Mathematical and Statistical Psychology, 57*, 173–181.

Register

A

Abbildungen, Software für 89–90
Abhängige Variable 53, 177, **180**, 186, 187, 197, 204, 214, 328
  siehe auch Testvariable
  Arten 33
Ablaufplan siehe Experiment/Ablaufplanung
Abschlussarbeit
  siehe auch Bachelorarbeit; Masterarbeit; Zulassungsarbeit
  Anmeldung 2, 58, **61**, 62, 67, 70, 71
  Arbeitsaufwand 32, 47–48
  auf Englisch schreiben 47
  Bearbeitungszeitraum 45–46, 58, **61–62**, 70
  Betreuung der 16–18
  Betreuungsgespräche 19–20, 78
  Bewertungskriterien 20–22
  eigene Ansprüche 47
  Erkenntnisfortschritt 6, 92–93
  falsche Erwartungen 26
  gemeinsame 29–30
  Note siehe Benotung; Note der Abschlussarbeit
  Nutzen für Berufseinstieg 7
  semesterbegleitend 46, 67
  Thema suchen siehe Themenfindung
  Themenvergabe siehe Abschlussarbeit/Anmeldung
  veröffentlichen 3
  Vorversion 18, 56, 65
  Zeitplanung siehe Zeitplanung
Abstract (schriftliche Arbeit) 334, 335
  siehe auch Band Schreiben und Gestalten
Abstract-Band 102
Affect 4.0 (Versuchssteuerungsprogramm) 209
Akademischer Mitarbeiter 11
Akademischer Rat 11
Akquise siehe Probandenanwerbung
Alphafehler 203, **330**

Alternativerklärung 94, **177–178**, 336
American Psychological Association (APA) 132, 337
AND-Verknüpfung 116, 126–127
  siehe auch Suchtechniken/logische Verknüpfungen
Anhang (schriftliche Arbeit) 334, 337
  siehe auch Band Schreiben und Gestalten
Annual Reviews (Zeitschrift) 108
Anonymisierung
  Erhebung 161, 220, 221, 230
  Gutachtenverfahren 99
ANOVA siehe Varianzanalyse
Anpassungslinie (in Streudiagramm) 261
Antwortmuster (in Fragebögen) 55, **237–238**, 252
Antwortverhalten
  auffälliges siehe Antwortmuster (in Fragebögen)
  inkonsistentes 264
  sozial erwünschtes 161, 200, 206, 211, 232
Anzahl der Zitationen 121, 129
  siehe auch Impact-Faktor
Aufgabenschwierigkeit 224
  siehe auch Itemschwierigkeit
Aufklärung (der Probanden) 54, 216, 220
Ausbalancierung (Kontrolltechnik) **184**, 185
Ausreißer 55, **244**, 245, 246, 247, 250, 252, 253, 255, 256, 259, 264–266, 278, 280, 308, 312, 324
  siehe auch Einfluss (eines Datenpunkts); Extremwert
  -analyse 247, 270, 289
  bei Online-Fragebögen 269, 289, 290
  -bereinigung 248, 249, 250, 251, 270–273, 287, 312
    siehe auch Bootstrap-Methode; Datentransformation; Robuste Schätzer; Trimmen; Winsorisieren
  Untergruppen 287
  Willkürlichkeit 276, 284

beschreiben 271, 272
bivariate 247, 249, 252, **254**, 260, 266, 273
-entfernung *siehe* Ausreißer/-bereinigung
in Reaktionszeitdaten 269, 278–288
multivariate 254, 266, 273
qualitative 244
quantitative 244
univariate 247, 248, 250, 252, 254, 264, 273
Ursachen für 269–273, 288, 289

Außenkriterium 180, 199

Auswertung, statistische 18, 19, 32, 34, 35, 36, 38, 39, 40, 44, 50, 55, 64, 66, 84–87, 94, 206, 223, 242, 278, 284, 314, 317, 326–331
siehe auch Datenanalyse; Hypothesen/-prüfung; Signifikanztest

B

Bachelorarbeit 155, 162, 337
siehe auch Abschlussarbeit
Arbeitsaufwand 45–46
Beispielprojekt 67, 70
Seitenumfang 47

BASE *siehe* Bielefeld Academic Search Engine (BASE)

Baseline 189

Behaviorale Daten 34–36

Beidnennung XVI
siehe auch Geschlechtergerechte Sprache

Benotung 12, 15, 17, 20
siehe auch Note der Abschlussarbeit
bei gemeinsamen Abschlussarbeiten 29
Berechtigung zur 11
Kriterien 20–22

Beobachtungsplan 37, 38

Beobachtungsstudie **37–38**, 39, 177

Beobachtungsverfahren 167, 200

Berufsverband Deutscher Psychologinnen und Psychologen (BDP) 202

Berufsziel 7

Betafehler 203, **330**

Betreuer
Absprachen festhalten 24, 25
Erfahrung des Betreuers 14, 15
Erfahrungen von Kommilitonen 15
externer 7, **11**
Konflikte mit 23
externe Unterstützung 26, 27, 29
Konfliktgespräch 23, 24
Machtmissbrauch 29
-suche 5
Trennung von Betreuer und Gutachter 10
-wahl 9

Betreuungsleistungen 16–18

Between-subjects-Design **185**, 186

Bewerbung 7

Bezeichner-Variable (in SPSS) 321

Bibliografie 133
siehe auch Referenzdatenbank

Bibliothek 82, 97, 98, 101, 102, 104, **106**, 107, 108, **109**, 110, 113
Deutsche Nationalbibliothek 113
(Online-)Katalog 52, 81, 105, 106, 109, 110, 112, 114, 119, 122, 123, 125, 128, 130, **131–132**, 136, 139, 142, 155
siehe auch Karlsruher Virtueller Katalog; WorldCat
Verbundkatalog 52, 107, 109, 128, 130, **131**
Zettelkatalog 112

Bibliotheksmagazin 136

Bielefeld Academic Search Engine (BASE) 107, 141

Bildmaterial *siehe* Untersuchungsmaterial/Bildmaterial

Binnen-I XVI
siehe auch Geschlechtergerechte Sprache

Blickbewegungen *siehe* Eye-Tracker

Blogs 104

Bodeneffekt 224

Boolesche Operatoren *siehe* Suchtechniken/logische Verknüpfungen

Bootstrap-Methode 273, 277–278, 331

Boxplots 250, 255–257

Break-Variable (in SPSS) 320–322

Buchstaben, griechische 170

C

Chi-Quadrat-Test 38, 327
Cited-reference-search *siehe* Literaturrecherche/Cited-reference-search
Clusteranalyse 328
Codeplan **236**, 237
Cohens *d* 161, 203, 275
Computerabsturz 59, 78, 222
Cook-Distanz 250, 266, 267
Corresponding Authors 140
Coverstory 213, 215, 232
Credit Points (CPs) 45
Cronbachs α 198, 314, 315
Cut-off-Wert 279, 283, 284, 285, 286, 287

D

Datei-Benennung 78
Dateien zusammenführen 244, 246, 323
Datei-Management 77, 78
Daten(ver)fälschung 242, 247, 250, 251, 252, 284, 285, 287
Datenaggregation 199, 246, 285, 288, **317–321**
Datenanalyse 84–87, 94, 206, 207, 223, 242, 278, 284, 314, 317, 326–331
  siehe auch Auswertung, statistische
  explorative 244, 255, 268
  vorbereitende 242–246, 324
Datenaufbereitung 55, 242–243, 247, 324
Datenbanken *siehe* Literaturdatenbanken
Datenbank-Infosystem (DBIS) 133
Datenbereinigung 55, 242, 247, 250, 251
  siehe auch Ausreißer/-bereinigung
Dateneingabe 69, 85, 206–208, **236–238**
  Codeplan 236, 237
  Eingabemaske 236
  Fehler bei der *siehe* Eingabefehler
Dateninspektion 235, 244, 245, 246, **251–269**, 278, 324
  Untergruppen 254, 282
Datenkontrolle 237
Datenrettungs-Service 76
Datensicherung 59, **77–79**, 216, **235**
  Antivirenprogramm 79
  Cloud-Dienste 79
  Programme zur 78

Datentransformation 245, 273, 276–277, 284, 285, **308–312**
  inverse 284, 285, 308
  logarithmische 284, 308, 310
Datenumstrukturierung 246, **321**
Datenverlust 76, 77
Debriefing *siehe* Aufklärung (der Probanden)
Deckeneffekt 224
Design *siehe* Experiment/Design
Deutsche Gesellschaft für Psychologie (DGPs) 201, 202, 337
Deutsche Nationalbibliothek 101
DfBeta 266
DfFit 266, 267
Diagramme, Software für 89
Differenzmaße 186, 242, 245, 246, 322, 323
Diskrepanz (eines Datenpunkts) **252**, 253
Diskriminanzanalyse 272, 328
Diskussionsteil (schriftliche Arbeit) 21, 55, 56, 64, 65, 94, 334, **336**
  siehe auch Band *Schreiben und Gestalten*
DOI (Digital Object Identifier) 81
Doktoranden 11
Dokumentenlieferdienste 140
Dokumententypen 120
Dokumentvorlage (Textverarbeitung) 88, 89
  siehe auch Band *Schreiben und Gestalten*
Doodle 234
Doppelblindstudie 184
Drop-out 41, 42
Dummy-Kodierung 272

E

E-Book 101, 136
ECTS-Punkte 45, 70
Editorial 120
EEG-Studie 36, 45, 216, 220
Effektstärke 44, 161, 275
  siehe auch Band *Schreiben und Gestalten*
  erwartete 204

Eidesstattliche Versicherung 334, 337
  siehe auch Band Schreiben und Gestalten
Eigenständigkeit 6, 17, 18
Einfluss (eines Datenpunkts) 245, 249, 250, 251–254, 264, 265, 266, 285, 303, 312
  reduzieren 269, 273–278, 285, 286, 308, 312
Eingabefehler **237**, 263, 270, 271
Einleitungsteil (schriftliche Arbeit) 334, 335
  siehe auch Band Schreiben und Gestalten
Einzelfallstudie 39, 177
Elektronische Zeitschriftenbibliothek (EZB) 82, 106, 109, **138–139**
  Ampelkennzeichnung 138
Elektronisches Testarchiv 201
Elimination (Kontrolltechnik) 184, 221
Empirische Studien
  siehe auch Studienplanung
  qualitative siehe Qualitative Forschung
  quantitative siehe Quantitative Forschung
E-Prime (Versuchssteuerungsprogramm) 208
Ergebnisteil (schriftliche Arbeit) 21, 64, 66, 287, 330, 334, **336**
  siehe auch Band Schreiben und Gestalten
Erhebungsaufwand **32–33**, 34–36, 40–42, 45, 69, 161, 182, 188, 191, 200, 228
Erhebungsinstrument siehe Operationalisierung
Erhebungsphase 42, 61, 65
Erhebungszeitpunkte, Anzahl der 41
Ermüdungseffekte bei Probanden 185, 214
Erschöpfung 59
  siehe auch Zeitplanung/Pausen
Erstautor 140
Ethikrichtlinien 160, 189, 191, **202**, 219, 220, 228
Excel siehe Tabellenkalkulationsprogramme
Expectation-Maximization-Algorithmus (EM) 298, 306–307, 308
  Hilfsvariablen 306
  Hintergrundmodell 306

Experiment 32, 33, 41, 158, 160, 168, 175, 177, **180–181**, 182–187, 190, 197, 210, 243, 318
  siehe auch Studienplanung
  Ablaufplanung 54, 184, **213–216**, 223
  Beispielprojekt 62
  Design 160, 187–190, 335
    Dreigruppen-Plan 189
    Eingruppen-Plan 190
    experimentelles 175, 182, 189
    gemischt faktorielles 185
    quasiexperimentelles 175, 182, **189**
    Solomon-Viergruppen-Plan 188
    vollständig gekreuztes 160, 186
    vorexperimentelles 190
    Zweigruppen-Plan 187, 189
  Feld- 160, 161
  Instruktionen
    siehe auch Instruktionen
    mündliche 212
    schriftliche 210–212
  Labor- 64, 161, 190, 220
  mehrfaktorielles 185
  Paradigma 198, 201, 202
  Probedurchführung 54, 218, **223–225**, 232
  Reaktionszeit siehe Reaktionszeitexperiment
  Versuchsplan siehe Experiment/Design
Experimentalbericht 2, 106, 122
Experimentalgruppe **181**, 184, 187, 188, 189
Experimenteller Faktor 181
  siehe auch Unabhängige Variable
Explorative Untersuchung 164, 167, 175, **176–177**, 190, 195, 196
Exponentialfunktion 192
Exponentiell modifizierte Gaußverteilung 279–281
Exposé 17, 51
Extremwert 244, 249, 250, 254, 255, 256–258, 264, 265, 270, 273, 275, 276, 312
  siehe auch Ausreißer
Exzerpieren 148, 149
Eye-Tracker 35, 208

F

Fachbereich 4
Fachschaftsrat 26
Fachzeitschrift siehe Literaturquellen/Zeitschrift, wissenschaftliche

Faktorenanalyse
    explorative 194, 195, 301, 314, 328
    Faktorenstruktur 195, 245, 314
    konfirmatorische 195, 196, 314, 328
Faktorstufen **185–186**, 328
Fakultät 4
Fälle hinzufügen (in SPSS) 244, 323
Falschinformation 104
Falsifizierbarkeit 166, 167
Fehlende Werte
    Arten 290–295
    bedingt fehlend 291
        siehe auch MAR
    Dateneingabe 236, 270, 271
    Diagnostik 295–298
    einer Skala 299–301
    Einfluss siehe Fehlende Werte/Folgen
    Ersetzen durch individuellen Mittelwert 299, 316
    Ersetzen durch Regression 298, 304–305
    Ersetzen durch Variablenmittelwert 298, 303–304
    Expectation-Maximization-Algorithmus (EM) siehe Expectation-Maximization-Algorithmus (EM)
    fallweiser Ausschluss 298, 301
    Folgen 292, 293, 295, 296
    Hilfsvariablen 296, 306
    Hintergrundmodell 306
    Imputation 244, 294, 303–307
        siehe auch Fehlende Werte/Ersetzen durch Regression; Fehlende Werte/Ersetzen durch Variablenmittelwert; Multiple Imputation
    Indikatorvariable 296
    Little-Test 295, 296, 297
    MCAR-Test siehe Fehlende Werte/Little-Test
    Muster 297–298
    paarweiser Ausschluss 298, 302–303
    systematisch fehlend 290, 291–293, 295
        siehe auch MAR; MNAR
    t-Tests zur Diagnostik 296
    Umgang mit 244, 290, 295, 298–301, 308, 324
    Ursachen 290–295, 296
    zufällig fehlend 290–291, 292, 293, 295, 297–298
        siehe auch MCAR
Fehler 2. Art siehe Betafehler

Fernleihe 59, 98, 107, 131–132, **137**, 138
    Kopienbestellung 137, 138, 140
Festplattendefekt 76
Follow-up-Messungen 41, 189
Forenbeiträge 104
Formatvorlage (Textverarbeitung) 88
    siehe auch Band Schreiben und Gestalten
Forschungsfrage siehe Fragestellung
Forschungspraktikum 7
Fragebogen
    siehe auch Studienplanung; Untersuchungsmaterial/Fragebögen
    Anordnung mehrerer Fragebögen 213, 214
    Antwortformat 206, 207, 208
    Antwortoptionen 206, 207
    Bearbeitungszeit 233, 235, 238, **289**, 290
    Beispielprojekt 67
    -daten 69, 243, 244, 245, 246, 271, 278, 312, 323
    Experimente per 33, 162
    -gestaltung 207, 208, 327
    Gruppenerhebung 221, 233
    Instruktionen 209, 210, 223
        siehe auch Instruktionen
    Kontrollitems 239, 264
    -konzeption 206–208, 306, 327
    Kopierkosten 222
    Online- 208, 229, **238**, 239
        Antworten erzwingen 238, 239, 289
    Recherche nach 201
    Rücklauf 233
    selbst erstellen 202
    übersetzen 202
    zuhause ausfüllen lassen 34, 229, 233
Fragestellung 21, 29, 52, 53, 92, 93, 94, 122, 123, 149, 159, 160, 162, **163–165**, 167, 173, 189, 191, 335, 336, 337
    Haupt- und Neben- 173
Freihandbestand (Bibliothek) 109
    siehe auch Bibliothek

G

G*Power (Programm) 203
Gemeinsame Normdatei (Schlagwortkatalog) 113, 114
Generalisierbarkeit 21, 40, 179, 180, 228, 272
Generisches Maskulinum XVI

Geschachtelte Versuchspläne 186
Geschlechtergerechte Sprache XVI
Geschlechtsneutrale Formulierung XVI
GESIS 201
Gliederung erstellen 71, 147, 148, 152–154, 156, 334, 336, 338
   siehe auch Band *Schreiben und Gestalten*
   Zettelkasten (Methode) 153
Go-/no-go-Aufgabe 280
Google 52, 107, 114, 139, 141
   Dateityp-Suche 139
   Phrasensuche 139
Google Books 107, 108
Google Scholar 52, 107, 139
Graue Literatur **97**, 98, 101, 102, **141–142**
Griechisch-lateinisches Quadrat 186
Gruppierungsvariable 296, 323
   siehe auch Unabhängige Variable
Gutachter 9, 10, 11, 12

H

Habilitation 12
Häufigkeitstabelle 247, 248, 263
Haupteffekt 161, 185, 186
Hausarbeit 2, 7, 106, 122, 155
Hebel *siehe* Regression/Hebelwirkung
Hebelwert 266
Herausgeberbände **100**, 130, 131, **136**, 137
Herauspartialisierung 194
Hilfskrafttätigkeit 8
Histogramme **257–258**, 268, 282, 288, 310
   Intervallbreite 258, 283
Homoskedastizität *siehe* Varianzhomogenität
Hypothesen 53, 160, 163, 336
   Alternativ- **170**, 172, 174, 275, 330
   Annahmenbündel 173
   begründen 164
   begründete Ableitung 21, 162, 164, 165, 167, 173, 177, 335
   empirisch-inhaltliche 168
   Geltungsanspruch 165, 166
   generieren *siehe* Explorative Untersuchung
   gerichtete 170–172, 203

Gütekriterien 166
   empirische Überprüfbarkeit 166
   Falsifizierbarkeit 166
   präzise Formulierung 166
   Widerspruchsfreiheit 166
   komplexe 174
   Null- **170**, 172, 203, 268, 269, 295, 330
   operationalisierte 162, 163, 165, **168–170**
   -paar 171, 172
   -prüfung 170, 326–330, 336
   Sach- 160, 162, 163, 164, **165–168**, 173, 174
   spezifische 172
   statistische 162, 163, **170–172**, 174, 326, 327, 328
   theoretisch-inhaltliche 165
   ungerichtete 170, 172
   unspezifische 172
   Unterschieds- 170, 171, 172, 203
   Veränderungs- 170, 171, 172, 186
   Zusammenhangs- 170, 172

I

ID-Variable (in SPSS) 321
Impact-Faktor 121, 128, 143, 144
Impliziter Assoziationstest 168
Imputationsverfahren *siehe* Fehlende Werte/Imputation
Indexvariable 321
Inferenzstatistische Tests *siehe* Signifikanztest
informed consent 219
   siehe auch Probanden/informierte Einwilligung
Inhaltsanalyse
   qualitative 39, 177
   quantitative 38, 39
Inhaltsverzeichnis 29, 150, 334, 335
   siehe auch Band *Schreiben und Gestalten*; Literaturrecherche/Inhaltsverzeichnis
   automatisches (Textverarbeitung) 89
   siehe auch Band *Schreiben und Gestalten*
Inquisit (Versuchssteuerungsprogramm) 208
Institut 4

Instruktionen
   siehe auch Experiment; Fragebogen
   Fehler entdecken 223
   Formulierung und Gestaltung 210, 211, 212
   Instruktionsverständnis sicherstellen 213, 216, 223
   Standardisierung 184, 210, 212, 216, 234
Interaktionseffekt 40, 89, 174, 185, 186, 190, 194
International Affective Picture System (IAPS) 205
Interne Konsistenz 198, 314
   siehe auch Cronbachs α; Reliabilität
Internet-Erhebung *siehe* Online-Erhebung
Internetseiten 104, 114, 141, 155
   siehe auch Literaturquellen/Internet
Internetsuchmaschinen 107, 112, 114, 141
   siehe auch BASE; Google; Google Books; Google Scholar
Interquartilabstand 255, 256
Interventionsstudie **41**, 44, 144, 172, **181**, 186, 187, 189, 205, 291, 306
Invertierung *siehe* Umkodierung (von Items)
ISBN-Nummer 81, 141
ISSN-Nummer 141
Itemanalyse 245, **313–316**
Itemschwierigkeit 300, 316
   siehe auch Aufgabenschwierigkeit

J

Juniorprofessoren 12

K

Karlsruher Virtueller Katalog 130, **131**
Karriere
   Thema der Abschlussarbeit 7
   wissenschaftliche 3
Kausalität/Kausalaussagen 180, 194, 195
Kinderbetreuung 61
   siehe auch Abschlussarbeit/Anmeldung; Abschlussarbeit/Bearbeitungszeitraum
Klassifikationssysteme (Signatur) 109
Kodieranweisung (in Fragebögen) 237
Kohorteneffekt 262

Kolmogorow-Smirnow-Test 267
Konferenzband 102
Konfundierung 169, **181–182**, 185
Konsistenztest 263
Konstanthaltung (Kontrolltechnik) 183
Kontrollgruppe 178, **181**, 184, 186, 187, 188, 189, 190
   Placebo- 144, 178, 179, **181**
   Warte- **181**, 187
Kontrolltechnik 182–184
   siehe auch Ausbalancierung; Elimination; Konstanthaltung; Parallelisierung; Randomisierung
Korrelation 193, 194, 198, 251, 260, 301
   Item-Skala- 315
   kanonische 174, 328
   manifeste 198
   Produkt-Moment- 191, 273
   Punktbiseriale 191
   Rang 273
   Schein- 193, 194
Korrelationsforschung 175, 176, 190–197
   explorative 176
Korrelationskoeffizient 170, 191, 277
Krankheit 59
Kreuztabellen 263, 264
Kreuzvalidierung **176**, 195, 196
Kurtosis (von Verteilungen) 267
Kurzzusammenfassung (schriftliche Arbeit) 335
   siehe auch Band *Schreiben und Gestalten*

L

Längsschnittstudie 42, 158, 291, 305, 306
Lateinisches Quadrat 186
Latente Variable 167, 191, 195, 197, 199, 200, 201
Lehrbefähigung 12
Lehrbefugnis 12
Lehrberechtigung 12
Leistungsdruck 48
Leistungshoch 59, 60
Leistungspunkte (LPs) 45, 70
Leistungstief 59, 60
Lemmatisierung 118, 119, 127
Lesemethoden 150, 151
Letter to the editor 120

Register

Levene-Test 268–269
Linearität 191, 192, 245, 251, 252, 260, 261, 262, 308, 309
LinkSolver (Zeitschriftenartikel) 139
Literatur beurteilen 142–146
    äußere Qualitätsindikatoren 143, 144
    innere Qualitätsindikatoren 144, 145
    Relevanz 146, 147
Literaturarbeiten 18, 19, **42–43**, 45, 146, 147, **337–338**
    siehe auch Band *Schreiben und Gestalten*
    Beispielprojekt 70–74
Literaturbeschaffung 136
    Abschlussarbeiten 141
    Anschaffungswünsche 137
    Bücher 136–138
    Buchhandel 137, 138
    Dissertationen 142
    Dokumentenlieferdienste 140–141
    Graue Literatur 141–142
    Zeitschriftenartikel 138–141
        Vorabversion 139
Literaturdatenbanken 52, 81, 84, 105, 107, **108**, 112, 113, 114, 115, 118, 119, 120, 121, 122–127, 128, 129, 131, **132–135**, 136, 138, 140, 141, 142, 155, 201
    siehe auch Social Sciences Citation Index (SSCI)
    Datenbank-Infosystem (DBIS) 133
    ERIC 113, 134
    Fachportal Pädagogik 134
    Medline/PubMed 134
    PsycINFO 113, 114, 133, 135
    PSYNDEX 114, 135, 201
    SocINDEX 135
    Sowiport 135, 156
Literaturquellen
    Abschlussarbeit 98, 102, 141
    Abstracts (von Kongressbeiträgen) 102
    Behördenbericht *siehe* Literaturquellen/Bericht
    Bericht 98, 101, 104–105, 141
    bibliografische Angaben 83
        siehe auch Quellenangabe
    Buch 52, 100, 104, 106, 107, 109, 110, 114, 123, 130, 131, 132, 136–138, 141, 144
    Buch, nicht- bzw. pseudowissenschaftliches 100
    Buch, populärwissenschaftliches 96, 100
    Buch, wissenschaftliches 98, 100
    dauerhafte Verfügbarkeit **97**, 101, 104
    digitalisieren 82, 83
    Dissertationen 52, 101, 102, 109, 137, 142, 144, 148
    Enzyklopädie 96, 98, 103
    Forschungsbericht *siehe* Literaturquellen/Bericht
    Habilitationen 52, 101, 102, 109
    Illustrierte *siehe* Literaturquellen/Publikumszeitschrift
    Internet 97, 98, 99, **104**, 105, 141
    Kongressbeiträge 102
    Lehrbuch 96, 98, 103, 108
    Lexikon 96, 98, 103
    Magazine *siehe* Literaturquellen/Publikumszeitschrift
    organisieren und speichern 82, 83
    Original- 81, 96, 98, 99, 104, 105
    Primär- 42, 43, 44, **96**, 97, 99, 103
    Publikumszeitschrift 97, 99, 100, **103**, 104
    Sekundär- **96**, 97, 99, 104
    selbstständige 130, 136, 139
    statistische Daten 101, 104
        siehe auch Literaturquellen/Bericht
    Überblicksarbeiten (Reviews) 43, 52, 96, 108, 127, 148
    unselbstständige 130, 136
    wissenschaftliche 95
    Zeitschrift, wissenschaftliche 52, 81, 97, 98, **99**, 100, 101, 105, 107, 108, 109, 121, 123, 127, 130, 131, 132, 133, 134, **143–144**, 201
    Zeitung 98, 103
    Zitationswürdigkeit **95–98**, 99–105, 120, 142, 143
Literaturrecherche 105, 106, 112, 155, 156
    siehe auch Suchtechniken
    Anspruch 106, 107, 128
    Cited-reference-search 106, **129**, 134
    Einstieg in die *siehe* Literaturrecherche/explorative
    explorative 52, 100, 103, 106, **107–109**, 129, 131, 148
    Filter 126, 127
        Dokumententyp 119, 120
        Forschungsfelder 120
        Publikationszeitraum 119, 127
        Quellentitel 121
        Sprache 119

in Bibliothekskatalogen 131, 132
    siehe auch Bibliothek
in Datenbanken 122–123, 132–135
    siehe auch Literaturdatenbanken
Inhaltsverzeichnis 131, 138
Literaturverzeichnis 128
Namen von Wissenschaftlern 129
Rückwärtssuche 128, 129
Schneeballsystem 106, **128–129**
Suchschema 123, 124
Suchwörter 105, 106, 108, **110–114**, 115, 116, 118, 119, 121, 122, 123, 124, 125, 126, 127
    siehe auch Stichwörter (Literaturrecherche); Schlagwörter
thematische 122, 123
Treffer sortieren 121
    Anzahl der Zitationen 121, 127
    Publikationsdatum 121
    Relevanz 121
Trefferauswertung 125
Trefferliste 81, 125, 126
    Dubletten entfernen 125
Vorwärtssuche 129
Literaturstudium 51, 52, 147–155, 156
    siehe auch Lesemethoden
    englischsprachige Texte 151
    Literaturberg 151, 152, 155
    Notizen machen 147, 148–150, 151, 152
    Texte überfliegen 148, **151**, 152
    Überblick verschaffen 92, 93, 103, 105, 108, 109, 147, 148, 150
    Ziele 92–95
Literaturverwaltungsprogramme 80, **81–82**, 83, 84, 125, 148, 149, 153
Literaturverzeichnis 22, 46, 47, 59, 80, 81, 82, 83, 334, 336
    siehe auch Band Schreiben und Gestalten

M

MAD (Median Absolute Deviation) 265, 266, 274, 284, 285
Mahalanobis-Distanz 250, 254, 266, 267
Manifeste Variable 167, 191, 195
Manipulationskontrolle 224
MAR (missing at random) **291–292**, 293, 294, 295, 296, 298, 302, 303, 306

Maskierung (Literaturrecherche) 118, 125, 127
Maskierung (statistische Ausreißer) 265
Masterarbeit
    siehe auch Abschlussarbeit
    Arbeitsaufwand 45–46
    Beispielprojekt 62–67
    Seitenumfang 47
MCAR (missing completely at random) **290–291**, 292, 293, 294, 295, 296, 297, 298, 301, 302, 303
MediaLab/DirectRT (Versuchssteuerungsprogramm) 208
Median 255, 257, 265, 266, 274, 277, 284, 285, 286, 312
Mediatoranalyse 194
Mehrfaktorielle Experimente *siehe* Experiment/mehrfaktorielles
Messbarmachung *siehe* Operationalisierung
Messfehler 192, 195, 198, 305, 316
Metaanalyse **43–44**, 128
Metaeffekt 44
Methodenteil (schriftliche Arbeit) 21, 50, 51, 64, 215, 334, 335, 336
    siehe auch Band Schreiben und Gestalten
Mikrofon 208, 216, 318
missing values *siehe* Fehlende Werte
Mittelwert 167, 252, 253, 265, 274, 277, 284, 285, 292
    getrimmter 274, 276, 277, 279, 284, 286, 287
Mittelwertscore *siehe* Skalenbildung
Mittelwertsimputation 303
    siehe auch Fehlende Werte/Ersetzen durch Variablenmittelwert
MNAR (missing not at random) **292**, 293, 294, 295, 296, 302
Moderator
    -analyse 194
    -variable 44, 53, 194
Monografie **100**, 130
    siehe auch Literaturquellen/Buch
Moving wall (Zeitschriften) 138
Multiple Imputation 299, 307, 308

N

NEAR-Verknüpfung 117
  siehe auch Suchtechniken/logische Verknüpfungen
Nebenjob 61
  siehe auch Abschlussarbeit/Anmeldung; Abschlussarbeit/Bearbeitungszeitraum
Nichtparametrische Verfahren 268, 277, 330, 331
Normal-Probability-Plot 258
Normalverteilung 242, 245, 246, 252, 255, 257, 258, 259, 260, 264, 265, 266, 267–268, 269, 273, 276, 279, 280, 285, 308, 309, 310, 312, 324, 330
Note der Abschlussarbeit 7, 15, 47, 48
  siehe auch Benotung
NOT-Verknüpfung 117, 127
  siehe auch Suchtechniken/logische Verknüpfungen

O

Objektivität 8, 37, 200, 201
OCR-Software 82
Online-Bibliothekskatalog *siehe* Bibliothek/(Online-)Katalog
Online-Buchhändler 132, 138
Online-Erhebung 34, 208
Online-Fachzeitschrift 99, 104
Online-Fragebogen *siehe* Fragebogen/Online-
Onlinelexikon *siehe* Wikipedia
Online-Umfrage-Tools **238–239**, 289, 290
OPAC *siehe* Bibliothek/(Online-)Katalog
Open access 107
OpenGrey (Literaturdatenbank) 141
Operationalisierbarkeit (von Hypothesen) 166
Operationalisierung 6, 94, 158, **167**, 168, 169, 177, 179, **197–202**, 204
  siehe auch Hypothesen/operationalisierte
  multimodale 200
  multiple 173, 179, 200
Organismusvariablen 190, 197

Originalarbeit *siehe* Literaturquellen/Original-
Originalquellen *siehe* Literaturquellen/Original-
OR-Verknüpfung 117, 127
  siehe auch Suchtechniken/logische Verknüpfungen

P

Parallelisierung (Kontrolltechnik) 182
Paralleltest 185
Parameterfreie Verfahren *siehe* Nichtparametrische Verfahren
Parametrische Verfahren 260, 262, 267, 268, 275, 277, 312, 330–331
Peer-review-Verfahren **99**, 100, 103, 104
Peer-review-Zeitschrift *siehe* Literaturquellen/Zeitschrift, wissenschaftliche
Perfektionismus 48, 154
Persönliche Mitteilung 97, **102**
Pfadanalyse 195, 196
Plagiat 148
Planung einer Studie *siehe* Studienplanung
Platzhalter (Literaturrecherche) 118
  siehe auch Suchtechniken/Wortteilsuche
Plausibilitätsüberlegung (bei Ausreißern) 251, **254–255**, 263, 289, 324
Populationsbeschreibende Untersuchung 164, 175, 176, 226
Postdoc *siehe* Postdoktorand
Postdoktorand 11
Post-Messung *siehe* Posttest
Posttest 41, **186–187**, 188, 189, 245
Potenzfunktion 192
  quadratische 192, 262
Power *siehe* Teststärke
Präsenzbestand (Bibliothek) 136
Prävalenz 94, 176, 275
Pre-Messung *siehe* Pretest
Presentation (Versuchssteuerungsprogramm) 208
Pretest 41, **186–187**, 188, 189, 190, 245
Primärdaten 97
Primärliteratur 96
  siehe auch Literaturquellen/Primär-

Privatdozent 10
Probability-Plot 258
Probanden
- -anzahl 45, 65, 162, 186, 204, 302
  siehe auch Stichproben/-größe/ Planung der
- freiwillige 34, 160, 161, 219, 227, 228, 229
- informierte Einwilligung 219–220

Probandenakquise *siehe* Probandenanwerbung
Probandenanwerbung 65, 69, **225–229**
- Aushang 17, 229–232
- Erinnerungs-E-Mail 234
- Terminplanung 232, 233
- Terminvereinbarung 233, 234
- Zielgruppe 225, 226, 230

Probandencode 220, 323
Probedurchführung *siehe* Experiment/Probedurchführung
Probedurchgänge 213, 216
Professoren
- außerplanmäßige 12
- Honorar- 12
- Junior- *siehe* Juniorprofessoren
- ordentliche 12

Prüfitems *siehe* Fragebogen/Kontrollitems
Prüfungsausschuss 26, 27
PXLab (Versuchssteuerungsprogramm) 209

Q

Q-Q-Plots 258–260, 268
- trendbereinigte 259

QR-Code (auf Aushängen) 231
Quadratischer Zusammenhang *siehe* Potenzfunktion/quadratische
Qualitative Forschung 32, **39–40**, 164, 177, 242
- Software für 80

Quantil-Quantil-Plots *siehe* Q-Q-Plots
Quantitative Forschung 32–39
Quartil **255**, 256, 257
Quellen *siehe* Literaturquellen
Quellenangabe 83, 148, 334
- *siehe auch* Band *Schreiben und Gestalten*; Literaturquellen

Querverweise (Textverarbeitung) 89
- *siehe auch* Band *Schreiben und Gestalten*

R

R (Statistik-Programmiersprache) 86–87
- Bücher 87, 324

Randomisierung (Kontrolltechnik) 33, 178, **182**, **183**, 187, 188, 189
- gleiche Gruppengrößen 183

Reaktanz 214
Reaktionszeit-Experiment 34, 35, 45, 243, 312, 317, 318, 323
- Beispielprojekt 62
- Umgang mit Ausreißern 278–288

Reaktivität, instrumentelle 160, 188, 189
Referat 7, 57, 155
Referenzdatenbank 114, 123, 129, 132, 133
- *siehe auch* Literaturdatenbanken

Regensburger Verbundklassifikation (Signatur) 109, 110
Regression 191, 194, 250, 251, 252, 253, 260, 262, 263, 264, 266, 267, 277, 298, 299, 301, 302, 303, 304, 305, 307, 326
- *siehe auch* Diskrepanz (eines Datenpunkts); Einfluss (eines Datenpunkts)
- aufgeklärte Varianz 193
- Beta-Gewicht 193
- Hebelwirkung 252, 253, 266
- hierarchische 194
- logistische 272
- Moderator-/Mediatoranalyse 194
- multiple 193
- nichtlineare 191–193
- Residuum 252, 262
- Scheinzusammenhänge 193
- stochastische 305, 306, 307
- Suppressionseffekt 194
- Varianzbindung 193

Regressionsimputation *siehe* Fehlende Werte/Ersetzen durch Regression
Reifungsprozesse 178
Reizmaterial *siehe* Untersuchungsmaterial
Reliabilität 198–199, 200, 201, 313
- *siehe auch* Interne Konsistenz
- experimentelle Aufgaben 198
- Retest- 198
- Split-half- 198
- Testhalbierungs- 198

Reliabilitätsanalyse 245, 313, 314–316
Residualdiagramme 262–263
Residuenanalyse 259
Review *siehe* Literaturquellen/Überblicksarbeiten (Reviews)
Robuste Schätzer 265, 273, 277, 284, 285
   siehe auch Median; Mittelwert/getrimmter
Rohdaten 22, 77, 243, 247, 323
Rückwärtssuche *siehe* Literaturrecherche/Rückwärtssuche

S

Sammelbände *siehe* Herausgeberbände
Sammelwerke *siehe* Herausgeberbände
Scatterplot-Smoother 261
Schiefe (von Verteilungen) 258, 267, 308
   siehe auch Verteilung/schiefe
Schlagwörter 107, 110, **111–112**, **113**, 114, 115, 124–125, 153
Schlagwortindex 111, 112, 113
   siehe auch Schlagwortkatalog
Schlagwortkatalog 113, 114, 122
   Gemeinsame Normdatei (GND) 113, 114
   PsycINFO 114
   PSYNDEX Terms 114
   Schlagwortnormdatei (SWD) 113
Schlagwortkette 111
Schlagwortnormdatei (SWD) 113
Schlüsselvariable (in SPSS) 323
Schneeballsystem *siehe* Literaturrecherche/Schneeballsystem
Schreibblockade 60–61
Schreiben 334
   siehe auch Band *Schreiben und Gestalten*
   empirische Arbeit 334–337
   Literaturarbeit 337–338
   während des Literaturstudiums 153, 154, 334
Schreibprozess 47, 56, 60, 71, 73, 93, 94, **146**, 147, 148, 152, 153, **154**, 155, 334
Schreibstil 334, 335
   siehe auch Band *Schreiben und Gestalten*
Sekundärliteratur **96**, 97
   siehe auch Literaturquellen/Sekundär-

Selbstberichtsdaten 33, 34, 243
   siehe auch Fragebogen
   Interviews 33
Selbstberichtsverfahren 167, 200, 221
Selbstselektion 144, **182**, 232
Selbstständigkeitserklärung 334, 337
   siehe auch Band *Schreiben und Gestalten*
Sensitivitätsanalyse 287
SFX (Zeitschriftenartikel) 139
Shapiro-Wilk-Test 267, 268
Signatur 109, **110**, 136, 139
Signifikanztest 170, 203, 251, 267, 268, 277, 292, 301, 302, 319, 326–329, 336
Skalenbildung 245, 316
   Mittelwertscore 245, 299, 300, 301, 316–317
   Summenscore 245, 316
Skalenniveau 191, 206, 207, 236, 254, 327, 328
Social Sciences Citation Index (SSCI) 114, 115, 118, 119, 120, 123, 124, 125, 128, 129, 133, 134
Soziale Erwünschtheit *siehe* Antwortverhalten/sozial erwünschtes
Speicherkarten 77
Sprachaufzeichnung 318
Spracherkennungssoftware 319
Sprachregistrierung 208
   siehe auch Voice Key
SPSS **85–86**, 87, 236, 295
   Anpassungslinie 261
   Bootstrapping 278
   Break-Variable 320
   Bücher 86, 324
   Dateien zusammenfügen 323
   Daten aggregieren 320
   Daten einlesen 243
   Daten umstrukturieren 321
   Datenansicht 236
   Dateneingabe 236
   Datentransformation 309
   Datentyp 236
   Diagramme 85
   Diagrammeditor 261
   Differenzen berechnen 322
   Distanz- und Einflussmaße 266
   explorative Faktorenanalyse 314
   Fehlende Werte (Umgang) 301, 308
      EM-Algorithmus 306, 307
      Multiple Imputation 306, 307

fehlenden Wert definieren 236, 271, 313
getrimmte Mittel 287
Kurs zum Umgang mit 85
Kurtosis 267
Little-Test 295
Lizenz 85
Mittelwertscore 317
Muster fehlender Werte 297
nichtparametrische Tests 277
Normalverteilungs-Test 267
Reliabilitätsanalyse 315, 316
Residualdiagramme 262
Schiefe 267
Umkodieren 313
Variablenansicht 236
Welch-Test 269
Wertebeschriftungen 236, 237
Wertelabels 236, 237
z-Transformation 264
Staatsexamensarbeit *siehe* Zulassungsarbeit
Standardabweichung 264, 265, 266, 274, 276, 284, 285, 286
Statistikprogramme 84, 85, 86, 87, 326, 331
siehe auch R (Statistik-Programmiersprache); SPSS
Statistisches Bundesamt 104, **141**
Stichproben
abhängige 204
anfallende 238
Art der 40
-beschreibung 21, 335
siehe auch Band *Schreiben und Gestalten*
bevölkerungsrepräsentative 40, 226
-größe 35, 161, 185, 265, 266, 268, 269, 273, 292, 302, 314, 315, 330
Planung der 203–204
-mortalität 41
nichtstudentische 225
-repräsentativität 179, 228, 238
spezifische 41
studentische 40, 225
unabhängige 204, 330
-verzerrung 41, 42, 169, 176, 198, 239, 249, 273, 275, 276, 292, 293
-ziehung 176
Stichwörter (Literaturrecherche) 107, **110, 111**, 112, 113, 116, 124, 127, 129
Stimulusmaterial *siehe* Untersuchungsmaterial
Stoppwörter (Stichwortsuche) 110

Störfaktoren 144
Störvariablen **181**, 182, 184
Streudiagramme 249, 251, 254, 260–262
Streudiagramm-Matrix 260, 261
Streuung 44, 258, 259, 265, 274, 275, 281, 303, 306
siehe auch Standardabweichung
Stroop-Aufgabe 317, 318, 319, 322, 323
Strukturgleichungsmodell 174, 195–196, 328
Fitindex 196
Messmodell 195
Strukturmodell 195
Studiengangsbeauftragter 26
Studienplanung 17, 23, 26, 42, **53–54, 158–162**, 228, 326, 328
siehe auch Experiment; Fragebogen; Fragestellung; Hypothesen; Korrelationsforschung; Operationalisierung; Untersuchungsmaterial; Zeitplanung
Forschungsansatz 159, 175–177
Geräte 216, 220–222, 335
Räumlichkeiten 220–221
Realisierbarkeit 29, 34, 38, 42, 158, 160–162, 192
Subito (Dokumentenlieferdienst) 140
Suchbegriffe *siehe* Literaturrecherche/Suchwörter
Suchtechniken 114
Expertensuche 115
Freitextsuche 114
Klammerungen 117, 125
Lemmatisierung 118–119, 127
logische Verknüpfungen 116–118, 123, 124, 125
Mehrfeldersuche 114, 115
Phrasensuche 115, 125, 126
Suchstring **116**, 117, 125
Synonyme einbeziehen 118–119, 124, 127
Treffer einschränken 119–121, 126, 127, 128
Wortteilsuche 118
Suchwörter *siehe* Literaturrecherche/Suchwörter; Stichwörter (Literaturrecherche); Schlagwörter
Summenscore *siehe* Skalenbildung
Suppressoreffekt 194

Synonymwörterbuch 113, 114, 124
siehe auch Schlagwortkatalog
Synthese 42, 43, 73, 96, 103
Systematische Aufstellung (Bibliothek) 109
siehe auch Bibliothek; Signatur

T

Tabellenkalkulationsprogramme 84, 85
siehe auch Band *Schreiben und Gestalten*
Täuschung der Probanden 219, 232
siehe auch Coverstory
Teilnehmercode *siehe* Probandencode
Testarchiv 201
Testhypothesen *siehe* Hypothesen/statistische
Testleitermanual 215
Teststärke 161, 162, 185, **203–204**, 268, 285, 292, 295, 301, 302, 330
Testvariable 296, 323
siehe auch Abhängige Variable
Testverlängerung 199
Testwiederholungseffekt 178
Testzentrale 201
Text
   -formatierung 57
      siehe auch Band *Schreiben und Gestalten*
   Korrekturlesen 56, 57
      siehe auch Band *Schreiben und Gestalten*
   Überarbeitung 56, 57
      siehe auch Band *Schreiben und Gestalten*
Textanalyse
   qualitative 39
   quantitative 38, 39
Texterkennungssoftware 82
Textverarbeitungsprogramme 87–89
   siehe auch Band *Schreiben und Gestalten*
Themeneingrenzung 122, 146, 147, 338
Themenfindung
   siehe auch Fragestellung
   Ausschreibungen 2
   Dozierende ansprechen 4, 5
   eigene Ideen 5, 6
Themenrückgabe 27

Themenwahl
   (intrinsische) Motivation 8
   Hinweise 7–9
   persönliche Betroffenheit 8
   problematische Themen 8
Theoretische Arbeiten *siehe* Literaturarbeiten
Theorieteil (schriftliche Arbeit) 21, 50, 64, 94, 146, 147, 152, 163, 334, **335**
   siehe auch Band *Schreiben und Gestalten*
Thesaurus *siehe* Synonymwörterbuch
Titelblatt 334, 335
   siehe auch Band *Schreiben und Gestalten*
Titelstichwörter 110
   siehe auch Stichwörter (Literaturrecherche)
To-do-Listen erstellen 66–67
Transformation *siehe* Datentransformation
Transkription 236
Transponieren 321
   siehe auch Datenumstrukturierung
Treatment **181**, 186, 187, 188, 189, 190
Trefferrate (Ratewahrscheinlichkeit) 282
Trennschärfe 315, 316
   siehe auch Korrelation/Item-Skala-
Trimmen 273, **274–275**, 276, 281, 282, 284, 285, 286, 288
Trunkierung (Literaturrecherche) 118, 125, 127
   siehe auch Suchtechniken/Wortteilsuche
t-Test 268, 269, 296, 323
   abhängiger 204, 322
   korrigierter 269
   unabhängiger 203, 204, 269, 296

U

Überblicksarbeiten *siehe* Literaturquellen/Überblicksarbeiten (Reviews)
Übungsdurchgänge 213, 222
   siehe auch Probedurchgänge
Übungseffekte bei Probanden 185
U-förmiger Zusammenhang *siehe* Potenzfunktion/quadratische
Umkodierung (von Items) 245, 313

Umpolung *siehe* Umkodierung (von Items)
Unabhängige Variable 53, 161, 162, 168, 175, 177, **180–181**, 182, 185, 191, 197, 204, 224, 328
    siehe auch Gruppierungsvariable
    mehr als eine 185
Unabhängigkeit der Fehler 252, 264
Untersuchungsmaterial 17, 18, 19, 21, 22, 65, **204**
    Bildmaterial 205–206
    Computerprogramm 208–209
    Darstellung in der schriftlichen Arbeit 335, 337
        siehe auch Band *Schreiben und Gestalten*
    Erstellung 54, 61, 64, **204–209**
    Fragebögen 206–208
    Gesichter 206
    Strichzeichnungen 206
    Töne 206
    Überprüfung des 223
    Wortmaterial 205
Untersuchungsplan *siehe* Experiment/Design
Ursache-Wirkungs-Beziehung *siehe* Kausalität/Kausalaussagen
USB-Stick 77, 78

V

Validierungsstudien 205, 314
Validität 95, 144, 169, 177–180, 181
    externe 40, 162, 169, 175, 177, **179–180**, 190
    interne 162, 169, 175, **177–178**, 181, 187, 189, 190
    ökologische 162, **180**
    von Operationalisierungen **199**, 200
        divergente 199
        Inhaltsvalidität 199
        Konstruktvalidität 199
        konvergente 199
        Kriteriumsvalidität 199
Variablen hinzufügen (in SPSS) 244, 323
Variablentransformation *siehe* Datentransformation
Varianzanalyse 84, 161, 174, 268, 269, 301, 326, 328
Varianzeinschränkung 260

Varianzhomogenität 252, 262, 264, **268**, 269, 308, 330
Venia Legendi 12
Verallgemeinerbarkeit *siehe* Generalisierbarkeit
Verbundkatalog *siehe* Bibliothek/Verbundkatalog
Verfassen der Arbeit
    siehe Band *Schreiben und Gestalten*; Schreiben; Text
Verlag 97, 100, 101, 102, 141, 144
    Selbst- 100, 144
    Wissenschafts- 100, 144
Verschlagwortung 111, 112, 114
Verschwiegenheit vereinbaren 216
Versuch *siehe* Experiment
Versuchsbedingung 33, 160, 180, **181**, 182, 183, 184, 185, 186, 187, 188, 189, 246, 254, 279, 287, 318, 320, 321
    siehe auch Versuchsgruppe
Versuchsdurchführung 54, 64, 69, 159, 214, 215, 216, 218, 229, 335
    siehe auch Experiment/Ablaufplanung
    Aufwärmphase 219
    Kontrolle 234
    Protokollierung von Auffälligkeiten und Störungen **235**, 272, 288
Versuchsgruppe 180, **181**, 184, 185
    siehe auch Experimentalgruppe; Kontrollgruppe
Versuchsleiter
    -effekte 184
    -manual 215
    mehrere 215
    -schulung 54, 184, **223**, 235
    -verhalten 184, 218–220
Versuchsmaterial *siehe* Untersuchungsmaterial
Versuchspersonenstunden 161, 216, 225, **226**, 230, 238
Versuchsplan *siehe* Experiment/Design
Versuchssteuerungsprogramm **208–209**, 318
Verteilung
    siehe auch Normalverteilung
    flachgipflig 259
    getrimmte 274, 275
    linkssteil 257, 265, 279, 309, 310

normalisieren 277, 308, 309, 312
rechtssteil 308, 309
schiefe 258, 267, 274, 277, 308
steilgipflig 259
-sunterschiede 277
Symmetrie 257, 265, 285
Verweise, dynamische (Textverarbeitung) 88
    siehe auch Band *Schreiben und Gestalten*
Verzeichnis lieferbarer Bücher 132
Verzeichnisstruktur (Datei-Management) 77
View related records (Literaturrecherche) 128
Voice Key 318
Volltextdatenbank 132
    siehe auch Literaturdatenbanken
Volltextsuche 107, 108, 112
Voraussetzungen (für statistische Verfahren) 245, 251, 252, 262, 264, 268, 269, 309, 312, 324, 330, 331
    siehe auch Linearität; Normalverteilung; Varianzhomogenität
Vorwärtssuche *siehe auch* Literaturrecherche/Vorwärtssuche

W

Web of Knowledge 133
    siehe auch Social Sciences Citation Index (SSCI)
Web of Science 133
    siehe auch Social Sciences Citation Index (SSCI)
Whisker 255, 256, 257
Widerlegbarkeit *siehe* Falsifizierbarkeit
Wikipedia 52, 98, **104–105**, 106, 108, 112, 124
Winsorisieren 273, **275–276**, 286, 312
Wissenschaftlicher Assistent 11
Wissenschaftlicher Mitarbeiter 11
Within-subject-Design **185**, 204
WorldCat 131
Wortmaterial *siehe* Untersuchungsmaterial/Wortmaterial
Wortnormen 205

Z

Zeitdruck 57, 62, 232
Zeitplanung **57**
    Arbeitszeiten 58–59
    Balkenplan 65
    Beispiel 62–74
    Experiment 64
    Feinplanung 66, 67
    Gantt-Diagramm 65
    Kalender 67
    Meilensteine setzen 60, 65
    Pausen 59–60, 61
    Puffer 59, 61
    Tabelle 65
    Verfügbarkeit des Betreuers 60, 61
    Vorgehen bei der 60
Zeitschriftenartikel *siehe* Literaturquellen/Zeitschrift, wissenschaftliche
Zentrale Tendenz 251, 275, 277, 284, 285, 312
Zettelkasten *siehe* Gliederung erstellen/Zettelkasten (Methode)
Zettelkasten (Programm) 153
Zitate 153
    siehe auch Band *Schreiben und Gestalten*
    indirekte 150
    wörtliche 150
Zitationswürdigkeit *siehe* Literaturquellen/Zitationswürdigkeit
Zitierrichtlinien 336–337
    siehe auch Band *Schreiben und Gestalten*
ZPID 201
z-Transformation 262, 264, 267
Zufallsgenerator 183
Zufallstreffer 282, 286
Zulassungsarbeit
    siehe auch Abschlussarbeit
    Arbeitsaufwand 45
    Beispielprojekt 70–74
    Seitenumfang 47
Zusammenstellung sozialwissenschaftlicher Items und Skalen (ZIS) 201
Zweitgutachter *siehe* Gutachter
z-Wert 262, 264–266, 267, 268